国外
马克思主义
研究
文库

黑龍江大學出版社
HEILONGJIANG UNIVERSITY PRESS

▶ 国家出版基金项目
▶ 国家"十二五"重点图书出版规划项目
▶ 国家哲学社会科学基金重点项目，10AKS005
▶ 黑龙江省社科重大委托项目，08A-002

◀◀ Culture,Science,Society:
The Constitution of Cultural Modernity

国家出版基金项目
NATIONAL PUBLICATION FOUNDATION

● 衣俊卿 主编

文化、科学、社会
——文化现代性的构成

[匈牙利] 乔治·马尔库什 著 ● 孙建茵 马建青等 译

黑龍江大學出版社
HEILONGJIANG UNIVERSITY PRESS

黑版贸审字 08－2012－032

图书在版编目(CIP)数据

　　文化、科学、社会：文化现代性的构成／(匈)马
尔库什著；孙建茵等译. －－ 哈尔滨：黑龙江大学出版
社，2015.7（2021.7重印）
　　（东欧新马克思主义译丛／衣俊卿主编）
　　ISBN 978－7－81129－892－5

　　Ⅰ.①文… Ⅱ.①马… ②孙… Ⅲ.①马克思主义－
研究 Ⅳ.①A81

中国版本图书馆 CIP 数据核字(2015)第080890号

CULTURE、SCIENCE、SOCIETY：THE CONSTITUTION OF CULTURAL
MODERNITY，György Márkus，Koninklijke Brill NV，Boston，2011
Copyright© Koninklijke Brill NV
WENHUA、KEXUE、SHEHUI：WENHUA XIANDAIXING DE GOUCHENG is
published by arrangement with Koninklijke Brill NV
ALL RIGHTS RESERVED

文化、科学、社会 —— 文化现代性的构成
WENHUA、KEXUE、SHEHUI——WENHUA XIANDAIXING DE GOUCHENG
[匈牙利]乔治·马尔库什　著
孙建茵　马建青　等译

责任编辑　林召霞　佟　馨　张　慧
出版发行　黑龙江大学出版社
地　　址　哈尔滨市南岗区学府路74号
印　　刷　三河市春园印刷有限公司
开　　本　720毫米×1000毫米　1/16
印　　张　46
字　　数　614千
版　　次　2015年7月第1版
印　　次　2021年7月第2次印刷
书　　号　ISBN 978－7－81129－892－5
定　　价　120.00元

本书如有印装错误请与本社联系更换。
版权所有　侵权必究

致玛丽希娅

目　　录

第一部分

1

第二部分

全面开启国外马克思主义研究的一个新领域

衣俊卿

经过较长时间的准备,黑龙江大学出版社从 2010 年起陆续推出"东欧新马克思主义译丛"和"东欧新马克思主义理论研究"丛书。作为主编,我从一开始就赋予这两套丛书以重要的学术使命:在我国学术界全面开启国外马克思主义研究的一个新领域,即东欧新马克思主义研究。

我自知,由于自身学术水平和研究能力的限制,以及所组织的翻译队伍和研究队伍等方面的原因,我们对这两套丛书不能抱过高的学术期待。实际上,我对这两套丛书的定位不是"结果"而是"开端":自觉地、系统地"开启"对东欧新马克思主义的全面研究。

策划这两部关于东欧新马克思主义的大部头丛书,并非我一时心血来潮。可以说,系统地研究东欧新马克思主义是我过去二十多年一直无法释怀的,甚至是最大的学术夙愿。这里还要说的一点是,之所以如此强调开展东欧新马克思主义研究的重要性,并非我个人的某种学术偏好,而是东欧新马克思主义自身的理论地位使然。在某种意义上可以说,全面系统地开展东欧新马克思主义研究,应当是新世纪中国学术界不容忽视的重大学术任务。基于此,我想为这两套丛书写一个较长的总序,为的是给读者和研究者提供某些参考。

一、丛书的由来

我对东欧新马克思主义的兴趣和研究始于 20 世纪 80 年代初,也即在北京大学哲学系就读期间。那时的我虽对南斯拉夫实践派产生了很大的兴趣,但苦于语言与资料的障碍,无法深入探讨。之后,适逢有机会去南斯拉夫贝尔格莱德大学哲学系进修并攻读博士学位,这样就为了却自己的这桩心愿创造了条件。1984年至 1986 年间,在导师穆尼什奇(Zdravko Munišić)教授的指导下,我直接接触了十几位实践派代表人物以及其他哲学家,从第一手资料到观点方面得到了他们热情而真挚的帮助和指导,用塞尔维亚文完成了博士论文《第二次世界大战后南斯拉夫哲学家建立人道主义马克思主义的尝试》。在此期间,我同时开始了对东欧新马克思主义其他代表人物的初步研究。回国后,我又断断续续地进行东欧新马克思主义研究,并有幸同移居纽约的赫勒教授建立了通信关系,在她真诚的帮助与指导下,翻译出版了她的《日常生活》一书。此外,我还陆续发表了一些关于东欧新马克思主义的研究成果,但主要是进行初步评介的工作。①

纵观国内学界,特别是国外马克思主义研究界,虽然除了本人

---

① 如衣俊卿:《实践派的探索与实践哲学的述评》,(台湾)森大图书有限公司1990 年版;衣俊卿:《东欧的新马克思主义》,(台湾)唐山出版社 1993 年版;衣俊卿:《人道主义批判理论——东欧新马克思主义述评》,中国人民大学出版社 2005 年版;衣俊卿、陈树林主编:《当代学者视野中的马克思主义哲学·东欧和苏联学者卷》(上、下),北京师范大学出版社 2008 年版,以及关于科西克、赫勒、南斯拉夫实践派等的系列论文。

以外,还有一些学者较早地涉及东欧新马克思主义的某几个代表人物,发表了一些研究成果,并把东欧新马克思主义一些代表人物的部分著作陆续翻译成中文①,但是,总体上看,这些研究成果只涉及几位东欧新马克思主义代表人物,并没有建构起一个相对独立的研究领域,人们常常把关于赫勒、科西克等人的研究作为关于某一理论家的个案研究,并没有把他们置于东欧新马克思主义的历史背景和理论视野中加以把握。可以说,东欧新马克思主义研究在我国尚处于起步阶段和自发研究阶段。

我认为,目前我国的东欧新马克思主义研究状况与东欧新马克思主义在20世纪哲学社会科学,特别是在马克思主义发展中所具有的重要地位和影响力是不相称的;同时,关于东欧新马克思主义研究的缺位对于我们在全球化背景下发展具有中国特色和世界眼光的马克思主义的理论战略,也是不利的。应当说,过去30年,特别是新世纪开始的头十年,国外马克思主义研究在我国学术界已经成为最重要、最受关注的研究领域之一,不仅这一领域本身的学科建设和理论建设取得了长足的进步,而且在一定程度上还引起了哲学社会科学研究范式的改变。正是由于国外马克思主义的研究进展,使得哲学的不同分支学科之间、社会科学的不同学科之间,乃至世界问题和中国问题、世界视野和中国视野之间,开始出现相互融合和相互渗透的趋势。但是,我们必须看到,国外马克思主义研究

① 例如,沙夫:《人的哲学》,林波等译,三联书店1963年版;沙夫:《论共产主义运动的若干问题》,奚戚等译,人民出版社1983年版;赫勒:《日常生活》,衣俊卿译,重庆出版社1990年版;赫勒:《现代性理论》,李瑞华译,商务印书馆2005年版;马尔科维奇、彼德洛维奇编:《南斯拉夫"实践派"的历史和理论》,郑一明、曲跃厚译,重庆出版社1994年版;柯拉柯夫斯基:《形而上学的恐怖》,唐少杰等译,三联书店1999年版;柯拉柯夫斯基:《宗教:如果没有上帝……》,杨德友译,三联书店1997年版等,以及黄继锋:《东欧新马克思主义》,中央编译出版社2002年版;张一兵、刘怀玉、傅其林、潘宇鹏等关于科西克、赫勒等人的研究文章。

还处于初始阶段，无论在广度上还是深度上都有很大的拓展空间。

我一直认为，在20世纪世界马克思主义研究的总体格局中，从对马克思思想的当代阐发和对当代社会的全方位批判两个方面衡量，真正能够称之为"新马克思主义"的主要有三个领域：一是我们通常所说的西方马克思主义，主要包括以卢卡奇、科尔施、葛兰西、布洛赫为代表的早期西方马克思主义，以霍克海默、阿多诺、马尔库塞、弗洛姆、哈贝马斯等为代表的法兰克福学派，以及萨特的存在主义马克思主义、阿尔都塞的结构主义马克思主义等；二是20世纪70年代之后的新马克思主义流派，主要包括分析的马克思主义、生态学马克思主义、女权主义马克思主义、文化的马克思主义、发展理论的马克思主义、后马克思主义等；三是以南斯拉夫实践派、匈牙利布达佩斯学派、波兰和捷克斯洛伐克等国的新马克思主义者为代表的东欧新马克思主义。就这一基本格局而言，由于学术视野和其他因素的局限，我国的国外马克思主义研究呈现出发展不平衡的状态：大多数研究集中于对卢卡奇、科尔施和葛兰西等人开创的西方马克思主义流派和以生态学马克思主义、女权主义马克思主义等为代表的20世纪70、80年代之后的欧美新马克思主义流派的研究，而对于同样具有重要地位的东欧新马克思主义以及其他一些国外新马克思主义流派则较少关注。由此，东欧新马克思主义研究已经成为我国学术界关于世界马克思主义研究中的一个比较严重的"短板"。有鉴于此，我以黑龙江大学文化哲学研究中心、马克思主义哲学专业和国外马克思主义研究专业的研究人员为主，广泛吸纳国内相关领域的专家学者，组织了一个翻译、研究东欧新马克思主义的学术团队，以期在东欧新马克思主义的译介、研究方面做一些开创性的工作，填补国内学界的这一空白。2010—2015年，"译丛"预计出版40种，"理论研究"

丛书预计出版 20 种,整个翻译和研究工程将历时多年。

以下,我根据多年来的学习、研究,就东欧新马克思主义的界定、历史沿革、理论建树、学术影响等作一简单介绍,以便丛书读者能对东欧新马克思主义有一个整体的了解。

二、东欧新马克思主义的界定

对东欧新马克思主义的范围和主要代表人物作一个基本划界,并非轻而易举的事情。与其他一些在某一国度形成的具体的哲学社会科学理论流派相比,东欧新马克思主义要显得更为复杂,范围更为广泛。西方学术界的一些研究者或理论家从 20 世纪 60 年代后期就已经开始关注东欧新马克思主义的一些流派或理论家,并陆续对"实践派"、"布达佩斯学派",以及其他东欧新马克思主义代表人物作了不同的研究,分别出版了其中的某一流派、某一理论家的论文集或对他们进行专题研究。但是,在对东欧新马克思主义的总体梳理和划界上,西方学术界也没有形成公认的观点,而且在对东欧新马克思主义及其代表人物的界定上存在不少差异,在称谓上也各有不同,例如,"东欧的新马克思主义"、"人道主义马克思主义"、"改革主义者"、"异端理论家"、"左翼理论家"等。

近年来,我在使用"东欧新马克思主义"范畴时,特别强调其特定的内涵和规定性。我认为,不能用"东欧新马克思主义"来泛指第二次世界大战后东欧的各种马克思主义研究,我们在划定东欧新马克思主义的范围时,必须严格选取那些从基本理论取向到具体学术活动都基本符合 20 世纪"新马克思主义"范畴的流派和理论家。具体说来,我认为,最具代表性的东欧新马克思主义理论家应当是:南斯拉夫实践派的彼得洛维奇(Gajo Petrović,1927—1993)、马尔科维奇(Mihailo Marković,1923—2010)、弗兰尼茨基(Predrag Vranickić,

1922—2002）、坎格尔加（Milan Kangrga,1923—2008）和斯托扬诺维奇（Svetozar Stojanović,1931—2010）等；匈牙利布达佩斯学派的赫勒（Agnes Heller,1929—　）、费赫尔（Ferenc Feher,1933—1994）、马尔库什（György Markus,1934—　）和瓦伊达（Mihaly Vajda,1935—　）等；波兰的新马克思主义代表人物沙夫（Adam Schaff,1913—2006）、科拉科夫斯基（Leszak Kolakowski,1927—2009）等；捷克斯洛伐克的科西克（Karel Kosik,1926—2003）、斯维塔克（Ivan Svitak,1925—1994）等。应当说，我们可以通过上述理论家的主要理论建树，大体上建立起东欧新马克思主义的研究领域。

除了上述十几位理论家构成了东欧新马克思主义的中坚力量外，还有许多理论家也为东欧新马克思主义的发展作出了重要贡献。例如，南斯拉夫实践派的考拉奇（Veljko Korać,1914—1991）、日沃基奇（Miladin Životić,1930—1997）、哥鲁波维奇（Zagorka Golubović,1930—　）、达迪奇（Ljubomir Tadić,1925—2013）、波什尼雅克（Branko Bošnjak,1923—1996）、苏佩克（Rudi Supek,1913—1993）、格尔里奇（Danko Grlić,1923—1984）、苏特里奇（Vanja Sutlić,1925—1989）、达米尼扬诺维奇（Milan Damnjanović,1924—1994）等，匈牙利布达佩斯学派的女社会学家马尔库什（Maria Markus,1936—　）、赫格居什（András Hegedüs,1922—1999）、吉什（Janos Kis,1943—　）、塞勒尼（Ivan Szelenyi,1938—　）、康拉德（Ceorg Konrad,1933—　）、作家哈尔兹提（Miklos Harszti,1945—　）等，以及捷克斯洛伐克的人道主义马克思主义理论家马霍韦茨（Milan Machovec,1925—2003）等。考虑到其理论活跃度、国际学术影响力和参与度等因素，也考虑到目前关于东欧新马克思主义研究力量的限度，我们一般没有把他们列入东欧新马克思主义的主要研究对象。

这些哲学家分属不同的国度，各有不同的研究领域，但是，共同的历史背景、共同的理论渊源、共同的文化境遇以及共同的学术活动形成了他们共同的学术追求和理论定位，使他们形成了一个以人道主义批判理论为基本特征的新马克思主义学术群体。

首先，东欧新马克思主义产生于第二次世界大战后东欧各国的社会主义改革进程中，他们在某种意义上都是改革的理论家和积极支持者。众所周知，第二次世界大战后，东欧各国普遍经历了"斯大林化"进程，普遍确立了以高度的计划经济和中央集权体制为特征的苏联社会主义模式或斯大林的社会主义模式，而20世纪五六十年代东欧一些国家的社会主义改革从根本上都是要冲破苏联社会主义模式的束缚，强调社会主义的人道主义和民主的特征，以及工人自治的要求。在这种意义上，东欧新马克思主义主要产生于南斯拉夫、匈牙利、波兰和捷克斯洛伐克四国，就不是偶然的事情了。因为，1948年至1968年的20年间，标志着东欧社会主义改革艰巨历程的苏南冲突、波兹南事件、匈牙利事件、"布拉格之春"几个重大的世界性历史事件刚好在这四个国家中发生，上述东欧新马克思主义者都是这一改革进程中的重要理论家，他们从青年马克思的人道主义实践哲学立场出发，反思和批判苏联高度集权的社会主义模式，强调社会主义改革的必要性。

其次，东欧新马克思主义都具有比较深厚的马克思思想理论传统和开阔的现时代的批判视野。通常我们在使用"东欧新马克思主义"的范畴时是有严格限定条件的，只有那些既具有马克思的思想理论传统，在新的历史条件下对马克思关于人和世界的理论进行新的解释和拓展，同时又具有马克思理论的实践本性和批判维度，对当代社会进程进行深刻反思和批判的理论流派或学说，才能冠之以"新马克思主义"。可以肯定地说，我们上述开列的南斯拉夫、匈牙利、波兰和捷克斯洛伐克四国的十几位著名理论家符合这两个方面的要件。一方面,这些理论家都具有深厚的马克思主义思想传统,特别是青年马克思的实践哲学或者批判的人本主义思想对他们影响很大,例如,实践派的兴起与马克思《1844 年经济学哲学手稿》的塞尔维亚文版 1953 年在南斯拉夫出版有直接的关系。另一方面,绝大多数东欧新马克思主义理论家都直接或间接地受卢卡奇、布洛赫、列菲伏尔、马尔库塞、弗洛姆、哥德曼等人带有人道主义特征的马克思主义理解的影响,其中,布达佩斯学派的主要成员就是由卢卡奇的学生组成的。东欧新马克思主义代表人物像西方马克思主义代表人物一样,高度关注技术理性批判、意识形态批判、大众文化批判、现代性批判等当代重大理论问题和实践问题。

再次,东欧新马克思主义主要代表人物曾经组织了一系列国际性学术活动,这些由东欧新马克思主义代表人物、西方马克思主义代表人物,以及其他一些马克思主义者参加的活动进一步形成了东欧新马克思主义的共同的人道主义理论定向,提升了他们的国际影响力。上述我们划定的十几位理论家分属四个国度,而且所面临的具体处境和社会问题也不尽相同,但是,他们并非彼此孤立、各自独立活动的专家学者。实际上,他们不仅具有相同的或相近的理论立场,而且在相当一段时间内或者在很多场合内共同发起、组织和参与了 20 世纪六七十年代一些重要的世界性马克思主义研究活动。这里特别要提到的是南斯拉夫实践派在组织东欧新马克思主义和西方马克思主义交流和对话中的独特作用。从 20 世纪 60 年代中期到 70 年代中期,南斯拉夫实践派哲学家创办了著名的《实践》杂志(PRAXIS,1964—1974)和科尔丘拉夏令学园(Korčulavska ljetnja Škola,1963—1973)。10 年间他们举办了 10 次国际讨论会,围绕着国家、政党、官僚制、分工、商品生产、技术理性、文化、当代世界的异化、社会主义的民主与自治等一系列重大的现实问题进行深入探讨,百余名东欧新马克思主义者、西方马克思主义理论家和其他东西方马克思主义研究者参加了讨论。特别要提到的是,布洛赫、列菲伏尔、马尔库塞、弗洛姆、哥德曼、马勒、哈贝马斯等西方著名马克思主义者和赫勒、马尔库什、科拉科夫斯基、科西克、实践派哲学家以及其他东欧新马克思主义者成为《实践》杂志国际编委会成员和科尔丘拉夏令学园的国际学术讨论会的积极参加者。卢卡奇未能参加讨论会,但他生前也曾担任《实践》杂志国际编委会成员。20 世纪后期,由于各种原因东欧新马克思主义的主要代表人物或是直接移居西方或是辗转进入国际学术或教学领域,即使在这种情况下,东欧新马克思主义主要流派依旧进行许多合作性的学术活动或学术研究。例如,在《实践》杂志被迫停刊的情况下,以马尔科维奇为代表的一部分实践派代表人物于 1981 年在英国牛津创办了《实践(国际)》(PRAXIS INTER-NATIONAL)杂志,布达佩斯学派的主要成员则多次合作推出一些共同的研究成果。① 相近的理论立场和共同活动的开展,使东欧新马克思主义成为一种有机的、类型化的新马克思主义。

三、东欧新马克思主义的历史沿革

我们可以粗略地以 20 世纪 70 年代中期为时间点,将东欧新马克思主义的发展历程划分为两大阶段:第一个阶段是东欧新马克思主义主要流派和主要代表人物在东欧各国从事理论活动的时

---

① 例如,Agnes Heller, *Lukács Revalued*, Oxford:Basil Blackwell Publisher, 1983;Ferenc Feher, Agnes Heller and György Markus, *Dictatorship over Needs*, New York: St. Martin's Press, 1983;Agnes Heller and Ferenc Feher, *Reconstructing Aesthetics – Writings of the Budapest School*, New York: Blackwell, 1986;J. Grumley, P. Crittenden and P Johnson eds., *Culture and Enlightenment: Essays for György Markus*, Hampshire:Ashgate Publishing Limited,2002 等。

期,第二个阶段是许多东欧新马克思主义者在西欧和英美直接参加国际学术活动的时期。具体情况如下:

20世纪50年代到70年代中期,是东欧新马克思主义主要流派和主要代表人物在东欧各国从事理论活动的时期,也是他们比较集中、比较自觉地建构人道主义的马克思主义的时期。可以说,这一时期的成果相应地构成了东欧新马克思主义的典型的或代表性的理论观点。这一时期的突出特点是东欧新马克思主义主要代表人物的理论活动直接同东欧的社会主义实践交织在一起。他们批判自然辩证法、反映论和经济决定论等观点,打破在社会主义国家中占统治地位的斯大林主义的理论模式,同时,也批判现存的官僚社会主义或国家社会主义关系,以及封闭的和落后的文化,力图在现存社会主义条件下,努力发展自由的创造性的个体,建立民主的、人道的、自治的社会主义。以此为基础,东欧新马克思主义积极发展和弘扬革命的和批判的人道主义马克思主义,他们一方面以独特的方式确立了人本主义马克思主义的立场,如实践派的"实践哲学"或"革命思想"、科西克的"具体的辩证法"、布达佩斯学派的需要革命理论等等;另一方面以异化理论为依据,密切关注人类的普遍困境,像西方人本主义思想家一样,对于官僚政治、意识形态、技术理性、大众文化等异化的社会力量进行了深刻的批判。这一时期,东欧新马克思主义代表人物展示出比较强的理论创造力,推出了一批有影响的理论著作,例如,科西克的《具体的辩证法》、沙夫的《人的哲学》和《马克思主义与人类个体》、科拉科夫斯基的《走向马克思主义的人道主义》、赫勒的《日常生活》和《马克思的需要理论》、马尔库什的《马克思主义与人类学》、彼得洛维奇的《哲学与马克思主义》和《哲学与革命》、马尔科维奇的《人道主义和辩证法》、弗兰尼茨基的《马克思主义和社会主义》等。

20 世纪 70 年代中后期以来,东欧新马克思主义的基本特点是不再作为自觉的学术流派围绕共同的话题而开展学术研究,而是逐步超出东欧的范围,通过移民或学术交流的方式分散在英美、澳大利亚、德国等地,汇入到西方各种新马克思主义流派或左翼激进主义思潮之中,他们作为个体,在不同的国家和地区分别参与国际范围内的学术研究和社会批判,并直接以英文、德文、法文等发表学术著作。大体说来,这一时期,东欧新马克思主义的主要代表人物的理论热点,主要体现在两个大的方面:从一个方面来看,马克思主义和社会主义依旧是东欧新马克思主义理论家关注的重要主题之一。他们在新的语境中继续研究和反思传统马克思主义和苏联模式的社会主义实践,并且陆续出版了一些有影响的学术著作,例如,科拉科夫斯基的三卷本《马克思主义的主要流派》、沙夫的《处在十字路口的共产主义运动》①、斯托扬诺维奇的《南斯拉夫的垮台:为什么共产主义会失败》、马尔科维奇的《民主社会主义:理论与实践》、瓦伊达的《国家和社会主义:政治学论文集》、马尔库什的《困难的过渡:中欧和东欧的社会民主》、费赫尔的《东欧的危机和改革》等。但是,从另一方面看,东欧新马克思主义理论家,特别是以赫勒为代表的布达佩斯学派成员,以及沙夫和科拉科夫斯基等人,把主要注意力越来越多地投向 20 世纪 70 年代以来西方其他新马克思主义流派和左翼激进思想家所关注的文化批判和社会批判主题,特别是政治哲学的主题,例如,启蒙与现代性批判、后现代政治状况、生态问题、文化批判、激进哲学等。他们的一些著作具有重要的学术影响,例如,沙夫作为罗马俱乐部成员同他人一起主编的《微电子学与社会》和《全球人道主义》、科拉科夫斯基的

---

① 参见该书的中文译本——沙夫:《论共产主义运动的若干问题》,奚戚等译,人民出版社 1983 年版。

《经受无穷拷问的现代性》等。这里特别要突出强调的是布达佩斯学派的主要成员,他们的研究已经构成了过去几十年西方左翼激进主义批判理论思潮的重要组成部分,例如,赫勒独自撰写或与他人合写的《现代性理论》、《激进哲学》、《后现代政治状况》、《现代性能够幸存吗?》等,费赫尔主编或撰写的《法国大革命与现代性的诞生》、《生态政治学:公共政策和社会福利》等,马尔库什的《语言与生产:范式批判》等。

四、东欧新马克思主义的理论建树

通过上述历史沿革的描述,我们可以发现一个很有趣的现象:东欧新马克思主义发展的第一个阶段大体上是与典型的西方马克思主义处在同一个时期;而第二个阶段又是与 20 世纪 70 年代以后的各种新马克思主义相互交织的时期。这样,东欧新马克思主义就同另外两种主要的新马克思主义构成奇特的交互关系,形成了相互影响的关系。关于东欧新马克思主义的学术建树和理论贡献,不同的研究者有不同的评价,其中有些偶尔从某一个侧面涉猎东欧新马克思主义的研究者,由于无法了解东欧新马克思主义的全貌和理论独特性,片面地断言:东欧新马克思主义不过是以卢卡奇等人为代表的西方马克思主义的一个简单的附属物、衍生产品或边缘性、枝节性的延伸,没有什么独特的理论创造和理论地位。这显然是一种表面化的理论误解,需要加以澄清。

在这里,我想把东欧新马克思主义置于 20 世纪的新马克思主义的大格局中加以比较研究,主要是将其与西方马克思主义和 20 世纪 70 年代之后的新马克思主义流派加以比较,以把握其独特的理论贡献和理论特色。从总体上看,东欧新马克思主义的理论旨趣和实践关怀与其他新马克思主义在基本方向上大体一致,然而,东欧新马克思主义具有东欧社会主义进程和世界历史进程的双重背景,这种历史体验的独特性使他们在理论层面上既有比较坚实的马克思思想传统,又有对当今世界和人的生存的现实思考,在实践层面上,既有对社会主义建立及其改革进程的亲历,又有对现代性语境中的社会文化问题的批判分析。基于这种定位,我认为,研究东欧新马克思主义,在总体上要特别关注其三个理论特色。

其一,对马克思思想独特的、深刻的阐述。虽然所有新马克思主义都不可否认具有马克思的思想传统,但是,如果我们细分析,就会发现,除了卢卡奇的主客体统一的辩证法、葛兰西的实践哲学等,大多数西方马克思主义者并没有对马克思的思想、更不要说20世纪70年代以后的新马克思主义流派作出集中的、系统的和独特的阐述。他们的主要兴奋点是结合当今世界的问题和人的生存困境去补充、修正或重新解释马克思的某些论点。相比之下,东欧新马克思主义理论家对马克思思想的阐述最为系统和集中,这一方面得益于这些理论家的马克思主义理论基础,包括早期的传统马克思主义的知识积累和20世纪50年代之后对青年马克思思想的系统研究,另一方面得益于东欧理论家和思想家特有的理论思维能力和悟性。关于东欧新马克思主义理论家在马克思思想及马克思主义理论方面的功底和功力,我们可以提及两套尽管引起很大争议,但是产生了很大影响的研究马克思主义历史的著作,一是弗兰尼茨基的三卷本《马克思主义史》①,二是科拉科夫斯基的三卷本《马克思主义的主要流派》②。甚至当科拉科夫斯基在晚年

---

① Predrag Vranicki, *Historija Marksizma*, I, II, III, Zagreb: Naprijed, 1978. 参见普雷德腊格·弗兰尼茨基:《马克思主义史》(I、II、III),李嘉恩等译,人民出版社1986、1988、1992年版。

② Leszek Kolakowski, *Main Currents of Marxism*, 3 vols., Oxford: Oxford University Press, 1978.

宣布"放弃了马克思"后,我们依旧不难在他的理论中看到马克思思想的深刻影响。

在这一点上,可以说,差不多大多数东欧新马克思主义理论家都曾集中精力对马克思的思想作系统的研究和新的阐释。其中特别要提到的应当是如下几种关于马克思思想的独特阐述:一是科西克在《具体的辩证法》中对马克思实践哲学的独特解读和理论建构,其理论深度和哲学视野在20世纪关于实践哲学的各种理论建构中毫无疑问应当占有重要的地位;二是沙夫在《人的哲学》、《马克思主义与人类个体》和《作为社会现象的异化》几部著作中通过对异化、物化和对象化问题的细致分析,建立起一种以人的问题为核心的人道主义马克思主义理解;三是南斯拉夫实践派关于马克思实践哲学的阐述,尤其是彼得洛维奇的《哲学与马克思主义》、《哲学与革命》和《革命思想》,马尔科维奇的《人道主义和辩证法》,坎格尔加的《卡尔·马克思著作中的伦理学问题》等著作从不同侧面提供了当代关于马克思实践哲学最为系统的建构与表述;四是赫勒的《马克思的需要理论》、《日常生活》和马尔库什的《马克思主义与人类学》在宏观视角与微观视角相结合的视阈中,围绕着人类学生存结构、需要的革命和日常生活的人道化,对马克思关于人的问题作了深刻而独特的阐述,并探讨了关于人的解放的独特思路。正如赫勒所言:"社会变革无法仅仅在宏观尺度上得以实现,进而,人的态度上的改变无论好坏都是所有变革的内在组成部分。"①

其二,对社会主义理论和实践、历史和命运的反思,特别是对社会主义改革的理论设计。社会主义理论与实践是所有新马克思

---

① Agnes Heller, *Everyday Life*, London and New York: Routledge and Kegan Paul, 1984, p. x.

主义以不同方式共同关注的课题，因为它代表了马克思思想的最重要的实践维度。但坦率地讲，西方马克思主义理论家和20世纪70年代之后的新马克思主义流派在社会主义问题上并不具有最有说服力的发言权，他们对以苏联为代表的现存社会主义体制的批判往往表现为外在的观照和反思，而他们所设想的民主社会主义、生态社会主义等模式，也主要局限于西方发达社会中的某些社会历史现象。毫无疑问，探讨社会主义的理论和实践问题，如果不把几乎贯穿于整个20世纪的社会主义实践纳入视野，加以深刻分析，是很难形成有说服力的见解的。在这方面，东欧新马克思主义理论家具有独特的优势，他们大多是苏南冲突、波兹南事件、匈牙利事件、"布拉格之春"这些重大历史事件的亲历者，也是社会主义自治实践、"具有人道特征的社会主义"等改革实践的直接参与者，甚至在某种意义上是理论设计者。东欧新马克思主义理论家对社会主义的理论探讨是多方面的，首先值得特别关注的是他们结合社会主义的改革实践，对社会主义的本质特征的阐述。从总体上看，他们大多致力于批判当时东欧国家的官僚社会主义或国家社会主义，以及封闭的和落后的文化，力图在当时的社会主义条件下，努力发展自由的创造性的个体，建立民主的、人道的、自治的社会主义。在这方面，弗兰尼茨基的理论建树最具影响力，在《马克思主义和社会主义》和《作为不断革命的自治》两部代表作中，他从一般到个别、从理论到实践，深刻地批判了国家社会主义模式，表述了社会主义异化论思想，揭示了社会主义的人道主义性质。他认为，以生产者自治为特征的社会主义"本质上是一种历史的、新型民主的发展和加深"①。此外，从20世纪80年代起，特别

---

① Predrag Vranicki, Socijalistička revolucija——O čemu je riječ? *Kulturni radnik*, No. 1, 1987, p. 19.

是在20世纪90年代后,很多东欧新马克思主义理论家对苏联解体和东欧剧变作了多视角的、近距离的反思,例如,沙夫的《处在十字路口的共产主义运动》,费赫尔的《戈尔巴乔夫时期苏联体制的危机和危机的解决》,马尔库什的《困难的过渡:中欧和东欧的社会民主》,斯托扬诺维奇的《南斯拉夫的垮台:为什么共产主义会失败》《塞尔维亚:民主的革命》等。

其三,对于现代性的独特的理论反思。如前所述,20世纪80年代以来,东欧新马克思主义理论家把主要注意力越来越多地投向20世纪70年代以来西方其他新马克思主义流派和左翼激进思想家所关注的文化批判和社会批判主题。在这一研究领域中,东欧新马克思主义理论家的独特性在于,他们在阐释马克思思想时所形成的理论视野,以及对社会主义历史命运和发达工业社会进行综合思考时所形成的社会批判视野,构成了特有的深刻的理论内涵。例如,赫勒在《激进哲学》,以及她与费赫尔、马尔库什等合写的《对需要的专政》等著作中,用他们对马克思的需要理论的理解为背景,以需要结构贯穿对发达工业社会和现存社会主义社会的分析,形成了以激进需要为核心的政治哲学视野。赫勒在《历史理论》、《现代性理论》、《现代性能够幸存吗?》以及她与费赫尔合著的《后现代政治状况》等著作中,建立了一种独特的现代性理论。同一般的后现代理论的现代性批判相比,这一现代性理论具有比较厚重的理论内涵,用赫勒的话来说,它既包含对各种关于现代性的理论的反思维度,也包括作者个人以及其他现代人关于"大屠杀"、"极权主义独裁"等事件的体验和其他"现代性经验"[1],在我看来,其理论厚度和深刻性只有像哈贝马斯这样的少数理论家

---

[1] 参见阿格尼丝·赫勒:《现代性理论》,李瑞华译,商务印书馆2005年版,第1、3、4页。

16

才能达到。

从上述理论特色的分析可以看出,无论从对马克思思想的当代阐发、对社会主义改革的理论探索,还是对当代社会的全方位批判等方面来看,东欧新马克思主义都是20世纪一种典型意义上的新马克思主义,在某种意义上可以断言,它是西方马克思主义之外一种最有影响力的新马克思主义类型。相比之下,20世纪许多与马克思思想或马克思主义有某种关联的理论流派或实践方案都不具备像东欧新马克思主义这样的学术地位和理论影响力,它们甚至构不成一种典型的"新马克思主义"。例如,欧洲共产主义等社会主义探索,它们主要涉及实践层面的具体操作,而缺少比较系统的马克思主义理论传统;再如,一些偶尔涉猎马克思思想或对马克思表达敬意的理论家,他们只是把马克思思想作为自己的某一方面的理论资源,而不是马克思理论的传人;甚至包括日本、美国等一些国家的学院派学者,他们对马克思的文本进行了细微的解读,虽然人们也常常在宽泛的意义上称他们为"新马克思主义者",但是,同具有理论和实践双重维度的马克思主义传统的理论流派相比,他们还不能称做严格意义上的"新马克思主义者"。

五、东欧新马克思主义的学术影响

在分析了东欧新马克思主义的理论建树和理论特色之后,我们还可以从一些重要思想家对东欧新马克思主义的关注和评价的视角把握它的学术影响力。在这里,我们不准备作有关东欧新马克思主义研究的详细文献分析,而只是简要地提及一下弗洛姆、哈贝马斯等重要思想家对东欧新马克思主义的重视。

应该说,大约在20世纪60年代中期,即东欧新马克思主义形成并产生影响的时期,其理论已经开始受到国际学术界的关注。

20世纪70年代之前东欧新马克思主义者主要在本国从事学术研究，他们深受卢卡奇、布洛赫、马尔库塞、弗洛姆、哥德曼等西方马克思主义者的影响。然而，即使在这一时期，东欧新马克思主义同西方马克思主义，特别是同法兰克福学派的关系也带有明显的交互性。如上所述，从20世纪60年代中期到70年代中期，由《实践》杂志和科尔丘拉夏令学园所搭建的学术论坛是当时世界上最大的、最有影响力的东欧新马克思主义和西方马克思主义的学术活动平台。这个平台改变了东欧新马克思主义者单纯受西方人本主义马克思主义者影响的局面，推动了东欧新马克思主义和西方马克思主义者的相互影响与合作。布洛赫、列菲伏尔、马尔库塞、弗洛姆、哥德曼等一些著名西方马克思主义者不仅参加了实践派所组织的重要学术活动，而且开始高度重视实践派等东欧新马克思主义理论家。这里特别要提到的是弗洛姆，他对东欧新马克思主义给予高度重视和评价。1965年弗洛姆主编出版了哲学论文集《社会主义的人道主义》，在所收录的包括布洛赫、马尔库塞、弗洛姆、哥德曼、德拉·沃尔佩等著名西方马克思主义代表人物文章在内的共35篇论文中，东欧新马克思主义理论家的文章就占了10篇——包括波兰的沙夫，捷克斯洛伐克的科西克、斯维塔克、普鲁查，南斯拉夫的考拉奇、马尔科维奇、别约维奇、彼得洛维奇、苏佩克和弗兰尼茨基等哲学家的论文。①1970年，弗洛姆为沙夫的《马克思主义与人类个体》作序，他指出，沙夫在这本书中，探讨了人、个体主义、生存的意义、生活规范等被传统马克思主义忽略的问题，因此，这本书的问世无论对于波兰还是对于西方学术界正确

---

① Erich Fromm, ed., *Socialist Humanism: An International Symposium*, New York: Doubleday, 1965.

理解马克思的思想,都是"一件重大的事情"①。1974 年,弗洛姆为马尔科维奇关于哲学和社会批判的论文集写了序言,他特别肯定和赞扬了马尔科维奇和南斯拉夫实践派其他成员在反对教条主义、"回到真正的马克思"方面所作的努力和贡献。弗洛姆强调,在南斯拉夫、波兰、匈牙利和捷克斯洛伐克都有一些人道主义马克思主义理论家,而南斯拉夫的突出特点在于:"对真正的马克思主义的重建和发展不只是个别的哲学家的关注点,而且已经成为由南斯拉夫不同大学的教授所形成的一个比较大的学术团体的关切和一生的工作。"②

　　20 世纪 70 年代后期以来,汇入国际学术研究之中的东欧新马克思主义代表人物(包括继续留在本国的科西克和一部分实践派哲学家),在国际学术领域,特别是国际马克思主义研究中,具有越来越大的影响,占据独特的地位。他们于 20 世纪 60 年代至 70 年代创作的一些重要著作陆续翻译成西方文字出版,有些著作,如科西克的《具体的辩证法》等,甚至被翻译成十几国语言。一些研究者还通过编撰论文集等方式集中推介东欧新马克思主义的研究成果。例如,美国学者谢尔 1978 年翻译和编辑出版了《马克思主义人道主义和实践》,这是精选的南斯拉夫实践派哲学家的论文集,收录了彼得洛维奇、马尔科维奇、弗兰尼茨基、斯托扬诺维奇、达迪奇、苏佩克、格尔里奇、坎格尔加、日沃基奇、哥鲁波维奇等 10 名实践派代表人物的论文。③ 英国著名马克思主义社会学家波塔默

---

① Adam Schaff, *Marxism and the Human Individual*, New York：McGraw‐Hill Book Company, 1970, p. ix.

② Mihailo Marković, *From Affluence to Praxis：Philosophy and Social Criticism*, The U-niversity of Michigan Press, 1974, p. vi.

③ Gerson S. Sher, ed. ,*Marxist Humanism and Praxis*, New York：Prometheus Books, 1978.

1988 年主编了《对马克思的解释》一书,其中收录了卢卡奇、葛兰西、阿尔都塞、哥德曼、哈贝马斯等西方马克思主义著名代表人物的论文,同时收录了彼得洛维奇、斯托扬诺维奇、赫勒、赫格居什、科拉科夫斯基等 5 位东欧新马克思主义著名代表人物的论文。①此外,一些专门研究东欧新马克思主义某一代表人物的专著也陆续出版。② 同时,东欧新马克思主义代表人物陆续发表了许多在国际学术领域产生重大影响的学术著作,例如,科拉科夫斯基的三卷本《马克思主义的主要流派》③于 20 世纪 70 年代末在英国发表后,很快就被翻译成多种语言,在国际学术界产生很大反响,迅速成为最有影响的马克思主义哲学史研究成果之一。布达佩斯学派的赫勒、费赫尔、马尔库什和瓦伊达,实践派的马尔科维奇、斯托扬诺维奇等人,都与科拉科夫斯基、沙夫等人一样,是 20 世纪 80 年代以后国际学术界十分有影响的新马克思主义理论家,而且一直活跃到目前。④ 其中,赫勒尤其活跃,20 世纪 80 年代后陆续发表了关于历史哲学、道德哲学、审美哲学、政治哲学、现代性和后现代性问题等方面的著作十余部,于 1981 年在联邦德国获莱辛奖,1995 年在不莱梅获汉娜·阿伦特政治哲学奖(Hannah Arendt Prize for Political Philosophy),2006 年在丹麦哥本哈根大学获松宁奖(Sonning Prize)。

应当说,过去 30 多年,一些东欧新马克思主义主要代表人物

---

① Tom Bottomore, ed. , *Interpretations of Marx*, Oxford UK, New York USA: Basil Blackwell, 1988.

② 例如,John Burnheim, *The Social Philosophy of Agnes Heller*, Amsterdam-Atlanta: Rodopi B. V. , 1994; John Grumley, *Agnes Heller: A Moralist in the Vortex of History*, London: Pluto Press, 2005, 等等。

③ Leszek Kolakowski, *Main Currents of Marxism*, 3 vols. , Oxford: Clarendon Press, 1978.

④ 其中,沙夫于 2006 年去世,坎格尔加于 2008 年去世,科拉科夫斯基于 2009 年去世,马尔科维奇和斯托扬诺维奇于 2010 年去世。

已经得到国际学术界的广泛承认。限于篇幅,我们在这里无法一一梳理关于东欧新马克思主义的研究状况,可以举一个例子加以说明:从20世纪60年代末起,哈贝马斯就在自己的多部著作中引用东欧新马克思主义理论家的观点,例如,他在《认识与兴趣》中提到了科西克、彼得洛维奇等人所代表的东欧社会主义国家中的"马克思主义的现象学"倾向①,在《交往行动理论》中引用了赫勒和马尔库什的观点②,在《现代性的哲学话语》中讨论了赫勒的日常生活批判思想和马尔库什关于人的对象世界的论述③,在《后形而上学思想》中提到了科拉科夫斯基关于哲学的理解④,等等。这些都说明东欧新马克思主义的理论建树已经真正进入到20世纪(包括新世纪)国际学术研究和学术交流领域。

六、东欧新马克思主义研究的思路

通过上述关于东欧新马克思主义的多维度分析,不难看出,在我国学术界全面开启东欧新马克思主义研究领域的意义已经不言自明了。应当看到,在全球一体化的进程中,中国的综合实力和国际地位不断提升,但所面临的发展压力和困难也越来越大。在此背景下,中国的马克思主义理论研究者进一步丰富和发展马克思主义的任务越来越重,情况也越来越复杂。无论是发展中国特色、

---

① 参见哈贝马斯:《认识与兴趣》,郭官义、李黎译,学林出版社1999年版,第24、59页。

② 参见哈贝马斯:《交往行动理论》第2卷,洪佩郁、蔺青译,重庆出版社1994年版,第545、552页,即"人名索引"中的信息,其中马尔库什被译作"马尔库斯"(按照匈牙利语的发音,译作"马尔库什"更为准确)。

③ 参见哈贝马斯:《现代性的哲学话语》,曹卫东等译,译林出版社2004年版,第88、90~95页,这里马尔库什同样被译作"马尔库斯"。

④ 参见哈贝马斯:《后形而上学思想》,曹卫东、付德根译,译林出版社2001年版,第36~37页。

中国风格、中国气派的马克思主义,还是"大力推进马克思主义中国化、时代化、大众化",都不能停留于中国的语境中,不能停留于一般地坚持马克思主义立场,而必须学会在纷繁复杂的国际形势中,在应对人类所面临的日益复杂的理论问题和实践问题中,坚持和发展具有世界眼光和时代特色的马克思主义,以争得理论和学术上的制高点和话语权。

在丰富和发展马克思主义的过程中,世界眼光和时代特色的形成不仅需要我们对人类所面临的各种重大问题进行深刻分析,还需要我们自觉地、勇敢地、主动地同国际上各种有影响的学术观点和理论思想展开积极的对话、交流和交锋。这其中,要特别重视各种新马克思主义流派所提供的重要的理论资源和思想资源。我们知道,马克思主义诞生后的一百多年来,人类社会经历了两次世界大战的浩劫,经历了资本主义和社会主义跌宕起伏的发展历程,经历了科学技术日新月异的进步。但是,无论人类历史经历了怎样的变化,马克思主义始终是世界思想界难以回避的强大"磁场"。当代各种新马克思主义流派的不断涌现,从一个重要的方面证明了马克思主义的生命力和创造力。尽管这些新马克思主义的理论存在很多局限性,甚至存在着偏离马克思主义的失误和错误,需要我们去认真甄别和批判,但是,同其他各种哲学社会科学思潮相比,各种新马克思主义对发达资本主义的批判,对当代人类的生存困境和发展难题的揭示最为深刻、最为全面、最为彻底,这些理论资源和思想资源对于我们的借鉴意义和价值也最大。其中,我们应该特别关注东欧新马克思主义。众所周知,中国曾照搬苏联的社会主义模式,接受苏联哲学教科书的马克思主义理论体系;在社会主义的改革实践中,也曾经与东欧各国有着共同的或者相关的经历,因此,从东欧新马克思主义的理论探索中我们可以吸收的理论资源、可以借鉴的经验教训会更多。

　　鉴于我们所推出的"东欧新马克思主义译丛"和"东欧新马克思主义理论研究"丛书尚属于这一研究领域的基础性工作,因此,我们的基本研究思路,或者说,我们坚持的研究原则主要有两点。一是坚持全面准确地了解的原则,即是说,通过这两套丛书,要尽可能准确地展示东欧新马克思主义的全貌。具体说来,由于东欧新马克思主义理论家人数众多,著述十分丰富,"译丛"不可能全部翻译,只能集中于上述所划定的十几位主要代表人物的代表作。在这里,要确保东欧新马克思主义主要代表人物最有影响的著作不被遗漏,不仅要包括与我们的观点接近的著作,也要包括那些与我们的观点相左的著作。以科拉科夫斯基《马克思主义的主要流派》为例,他在这部著作中对不同阶段的马克思主义发展进行了很多批评和批判,其中有一些观点是我们所不能接受的,必须加以分析批判。尽管如此,它是东欧新马克思主义影响最为广泛的著作之一,如果不把这样的著作纳入"译丛"之中,如果不直接同这样有影响的理论成果进行对话和交锋,那么我们对东欧新马克思主义的理解将会有很大的片面性。二是坚持分析、批判、借鉴的原则,即是说,要把东欧新马克思主义的理论观点置于马克思主义的理论发展进程中,置于社会主义实践探索中,置于20世纪人类所面临的重大问题中,置于同其他新马克思主义和其他哲学社会科学理论的比较中,加以理解、把握、分析、批判和借鉴。因此,我们将在每一本译著的译序中尽量引入理论分析的视野,而在"理论研究"中,更要引入批判性分析的视野。只有这种积极对话的态度,才能使我们对东欧新马克思主义的研究不是为了研究而研究、为了翻译而翻译,而是真正成为我国在新世纪实施的马克思主义理论研究和建设工程的有机组成部分。

在结束这篇略显冗长的"总序"时,我非但没有一种释然和轻松,反而平添了更多的沉重和压力。开辟东欧新马克思主义研究这样一个全新的学术领域,对我本人有限的能力和精力来说是一个前所未有的考验,而我组织的翻译队伍和研究队伍,虽然包括一些有经验的翻译人才,但主要是依托黑龙江大学文化哲学研究中心、马克思主义哲学专业和国外马克思主义研究专业博士学位点等学术平台而形成的一支年轻的队伍,带领这样一支队伍去打一场学术研究和理论探索的硬仗,我感到一种悲壮和痛苦。我深知,随着这两套丛书的陆续问世,我们将面对的不会是掌声,可能是批评和质疑,因为,无论是"译丛"还是"理论研究"丛书,错误和局限都在所难免。好在我从一开始就把对这两套丛书的学术期待定位于一种"开端"(开始)而不是"结果"(结束)——我始终相信,一旦东欧新马克思主义研究领域被自觉地开启,肯定会有更多更具才华更有实力的研究者进入这个领域;好在我一直坚信,哲学总在途中,是一条永走不尽的生存之路,哲学之路是一条充盈着生命冲动的创新之路,也是一条上下求索的艰辛之路,踏上哲学之路的人们不仅要挑战智慧的极限,而且要有执著的、痛苦的生命意识,要有对生命的挚爱和勇于奉献的热忱。因此,既然选择了理论,选择了精神,无论是万水千山,还是千难万险,在哲学之路上我们都将义无反顾地跋涉……

启蒙与现代性：
一种自我反思性的文化理论①

2011 年,已有超过三百年历史的著名学术出版社布里尔出版社(Brill)出版了《社会与批判理论系列丛书》的第十卷:乔治·马尔库什(György Márkus)的论文集《文化、科学、社会——文化现代性的构成》(此后简称为《文化》)。这卷丛书邀请了马丁·杰伊(Martin Jay)、曼弗雷德·弗兰克(Manfred Frank)、阿格妮丝·赫勒(Agnes Heller)等多位著名的当代学者作为顾问,陆续甄选并出版在批判理论领域内具有世界影响力的著作,以展现这一系列丛书的批判视野。作为这一系列丛书之一,马尔库什的这部论文集,收录了与主题密切相关的 21 篇论文。所收录的这些论文体现了一个共同的主旨,即在启蒙和现代性的视域下对文化进行一种批判性的分析。毋庸置疑,《文化》凝结了马尔库什现代性文化理论的精髓,体现了他在批判理论领域的重要性和独特性。

一、卢卡奇、布达佩斯学派与现代性文化理论的缘起

为了更好地理解马尔库什的现代性文化批判理论,我们有必要先

① 本书得到黑龙江省哲学社会科学研究专项项目《布达佩斯学派重建历史唯物主义思想研究》(14D030)、黑龙江省教育厅人文社科项目《异化理论与马克思思想的历史目的之维》(12542053)的资助。

从马尔库什学术生涯后期的理论与现实背景说起。在当代的批判理论中，马尔库什的独特之处体现在他以现代性文化为研究对象，进而展开对哲学危机、文化危机乃至现代性危机的批判性分析。围绕着文化概念的演进、现代性文化的悖论特征、现代性文化的构成以及文化哲学的历史与传统等主题，马尔库什建构了一种批判性的、自我反思性的文化理论。这一理论最有代表性的观点和思想就体现在《文化》所收录的这些论文之中。事实上，对文化的研究属于马尔库什后期学术生涯的主题，很难从时间上准确指出这种研究转向发生的时间起点。但是仅从《文化》收录的21篇文章的写作时间来看，现代性文化理论的研究开始于匈牙利境内布达佩斯学派时期，主要形成于马尔库什移居澳大利亚之后的30余年之中。如果将现代性文化理论时期称为马尔库什学术生涯的后期，那么可以粗略地将他此前的研究进一步划分为前布达佩斯学派时期和布达佩斯学派时期。

1934年4月13日，马尔库什出生于匈牙利的布达佩斯。从上大学开始，马尔库什就对哲学充满了兴趣。1957年，从苏联的国立莫斯科罗蒙诺索夫大学哲学系毕业回国后，马尔库什一直在布达佩斯大学的哲学系从事教学和研究工作。前布达佩斯学派时期，马尔库什的研究兴趣主要集中在西方哲学上，这与他的求学经历密切相关。1965年，马尔库什在匈牙利科学院获得了博士学位，他的博士论文研究的是维特根斯坦的《逻辑哲学论》。1965年到1966年，马尔库什申请到了美国福特基金会的奖学金，到美国从事博士后的研究工作。最初他在美国匹兹堡大学哲学系，跟随著名的分析哲学家塞拉斯（W. Sellars）从事研究，后转入哈佛大学哲学系师从著名的逻辑学家奎因（W. V. O. Quine）。因此，马尔库什有着非常深厚的西方哲学的知识底蕴，从他对现代性文化的研究中便可以发现，他的学识十分广博，对古希腊哲学、德国古典哲学、解释学、分析哲学、语言哲学等都有深入研究。例如《文化》的第二章《超越二分法　实践和创制》、第五章《形而上学的终结》以及第十章《文化:概念的产生和构成　一篇历史语义学论文》等篇章中，马尔库什从古希腊哲学的亚里士多德以及其后的犬儒学派、斯多葛学派，经由文艺复兴时期的弗朗西斯·培根、勒内·笛卡尔的近代哲学，再到康德、黑格尔等德国古典哲学，梳理了形而上学、二分法的哲学传统以及文化概念演变的历史进程。他对西方哲学史的详尽把握不仅体现在《文化》所收录的论文涉猎的众多主题之中，还体现在他移居澳大利亚后，在悉尼大学哲学系讲授西方哲学史课程时产生的轰动效应中。

　　20 世纪 60 年代开始，马尔库什在好友阿格妮丝·赫勒的引荐之下结识了格奥尔格·卢卡奇（György Lukács），在密切的往来之后，卢卡奇指定了四位青年学者作为他"复兴马克思主义"理论计划的核心人物。他们分别是阿格妮丝·赫勒、费伦茨·费赫尔（Ferenc Feher）、马尔库什和米哈伊·瓦伊达（Mihaly Vajda）。此外，两位青年社会家，马尔库什的妻子玛丽娅·马尔库什（Maria Markus）以及安德拉什·赫格居什（András Hegedüs）也在一定程度上参与了这个团队的研究活动。由此，以卢卡奇为核心、由青年理论家组成的学术团体开始阅读并重新阐释马克思的原著，力求冲破教条主义的马克思主义对马克思思想的歪曲，还原真正的马克思，激发马克思理论的当代有效性。这种目标明确、联系密切的团队性的学术活动不仅在成员与卢卡奇之间建立了深厚的师友之情，在成员之间建立了弥足珍贵的友谊，也成就了一个重要的东欧新马克思主义学派——"布达佩斯学派"。

　　布达佩斯学派时期的重要理论活动包括两个方面的内容，其一是阅读马克思原著并重新阐释马克思思想。马尔库什的成名之作《马克思主义与人类学》（*Marxism and Anthropology*）就是这一理论活动的产物。其二就是研读卢卡奇晚年的两部重要的哲学手稿《审美特性》和《社会存在本体论》，并针对手稿的内容与卢卡奇展开讨论。布达佩斯学派的成员们曾经回忆过这一段历史："卢卡奇经常每完成一章就把文本交给某个学生。在全书于 1968 年打印完时，他把完整的手稿给了我们几个人，即本文的作者，让我们提出广泛的批评性评论。他想把这些评论用于修改校样和最后修订。这样的讨论,即我们五个人都参加的讨论,在 1968 年至 1969 年的冬天进行;每次讨论一章或几章。辩论总是持续到深夜,尽管对卢卡奇的友谊、爱和尊敬弱化了我们的立场,但由于双方在理论上都固守己见,辩论经常是很激烈的。"①对《社会存在本体论》所持的反对意见和对以《审美特性》为代表的卢卡奇的美学理论的高度重视对于布达佩斯学派后期的理论研究产生了重要的理论影响。从这个意义上说,对文化的兴趣是从之前的研究阶段中逐渐产生和酝酿起来的,马尔库什后期的现代性文化批判理论的建构就是对卢卡奇未竟的美学理论的一种延续和发展。

作为没有完成的巨著《美学》的一个重要组成部分,《审美特性》被布达佩斯学派视为卢卡奇摆脱意识形态束缚,重新回到青年卢卡奇的一部重要的、里程碑式的著作。《文化》的第十八章《生活与心灵:青年卢卡奇和文化问题》就是马尔库什专门对青年卢卡奇的审美观念进行的评析。根据赫勒的回忆,布达佩斯学派初期,马尔库什的兴趣还在分析哲学和语言哲学上。然而出于友谊和忠诚,对美学毫不了解的马尔库什承担了编辑卢卡奇《海德堡美学手稿》和《艺术哲学》的工作。正是这项工作,激发了马尔库什对文化的兴趣。因此,卢卡奇对马尔库什的影响绝不仅仅体现在一篇论文之中,概括地说,卢卡奇至少从两个方面对马尔库什转而构建文化理论产生了重要影响。

一方面,卢卡奇的美学理论是一种对象化的理论(the theory of objectification)。换句话说,他的美学理论是对人类的实践活动及其实践产物的分析。这种对象化理论不再是基于必然性判断的立场,而是在实践中,在对象化的产物中来理解和反思人类活动与类特性。从这个意义上说,布达佩斯学派把卢卡奇的美学思想视为他哲学研究的真正创新所在。在马尔库什看来,"文化"是人类活动最有代表性的对象化形式。一方面,"它们是历史作用在我们身上的力量,限定我们生活

---

① 阿格妮丝·赫勒:《卢卡奇再评价》,衣俊卿等译,黑龙江大学出版社 2011 年版,第 166 页。

的方式"；另一方面，"它们也是物质材料、希望的宝藏，我们可以——如果我们没有被盲目习惯迷惑，没有受到非批判性接受'意见'的影响的话——选择性地用来创造某些**新**事物，在不断变化的生存条件下，有新收获、新发现以满足理性的要求"。① 由此，马尔库什认为，卢卡奇的对象化理论为新的研究方法奠定了基础。卢卡奇以艺术为特例，把对象化的活动和产物同创造它们、限定它们的历史、社会现实结合起来去研究和分析对象化领域的价值和有效性。这种方法开创了马克思主义研究的新思路，触及了许多马克思的哲学曾经论述过却未做解答的问题。因此，在马尔库什的现代性文化理论中，对象化是一个极为重要的概念。在《文化》的第一章《一个文化的社会：现代性的构成》、第三章《矛盾的文化统一体　艺术和科学》、第十章《文化：概念的产生和构成　一篇历史语义学论文》和第二十一章《文化的悖论》中，他都对"对象化"进行了较为详尽的解释，说明了现代性的文化所必须满足的一个基本条件就是"对象化"这一特征。以此为条件的文化就是脱离了创造者而体现在著作、绘画、音乐等文化体裁和类型中，本身具有价值和意义的活动以及一切产物。

另一方面，卢卡奇的美学是关于"个体性"的艺术理论，在强调个体性的基础上，卢卡奇建构了一种个体与类相统一的历史哲学。正如赫勒所言："这种历史哲学只有以美学的形式才能加以构造，因为，当一个人不去研究艺术，而去研究社会生活的总体时，他不可避免地陷入死胡同。"② 也就是说，卢卡奇要在独立于日常生活世界的艺术领域、美学领域中寻找个性与类相统一的方式。这一点对马尔库什影响巨大。马尔库什延续了卢卡奇的这种历史哲学。他认为"**文化**就是卢

---

① Györy Márkus, *Culture*, *Science*, *Society*: *The Constitution of Cultural Modernity*, Brill, 2011, p. 20.

② 阿格妮丝·赫勒：《卢卡奇再评价》，衣俊卿等译，黑龙江大学出版社 2011 年版，第237～238 页。

卡奇生命中'唯一的'（single）思想"①，文化领域是彰显个体性、特殊性、多样性的领域，高雅文化是卓越的、真正的个性的实现。不仅如此，他的批判性、反思性的文化理论又发展了卢卡奇的思想。马尔库什指出，现代性的危机就是一种文化危机，其根源就在于人并没有真正实现个体性与类的统一。正是以此为基础，马尔库什的现代性文化理论的一个指向就是批判启蒙运动和浪漫主义两大思潮取消多元性、差异性，完全同一化的趋势。

二、作为现代性文化理论核心的启蒙

马尔库什的现代性文化批判理论是从对现代性文化的内在构成的划分开始的。按照马尔库什的理解，现代性文化主要包含三个方面：处于两极对立的艺术与科学，哲学等人文学科处于中间的过渡地带。基于现代性文化的几个主要内容，马尔库什在导言中对《文化》收录的21篇论文进行了结构划分。论文集包括两个部分：第一部分包含前九章，集中体现了马尔库什对现代性文化中的科学与哲学问题所持的观点；第二部分是从第十章到第二十一章，主要体现了马尔库什对艺术的理解和分析。然而，如果打破文章主题的界限，就可以发现，马尔库什现代性文化理论研究的总体线索紧紧围绕着对启蒙的反思而展开。借用康德解释启蒙的名言，也是马尔库什在本书中反复引用的一段："启蒙就是人类脱离自我招致的不成熟。不成熟就是不经别人的引导就不能运用自己的理智。如果不成熟的原因不在于缺乏理智，而在于不经别人引导就缺乏运用自己理智的决心和勇气，那么这种不成熟就是自我招致的。*Sapere aude*（敢于知道）！要有勇气运用你自己的理智！这就是启蒙的座右

---

① György Márkus, *Culture*, *Science*, *Society*：*The Constitution of Cultural Modernity*, Brill, 2011, p. 525.

铭。"①应该说,在马尔库什的现代性文化理论中,启蒙所指的不仅是单纯的启蒙运动,而且是更为广泛的思想传统。正如马尔库什所言:"这一传统穿透了所有的历史断裂而激发了欧洲的思想史,而且这一传统主要是由哲学所承载的:批判的、反思性的自我意识的传统,在今天这种传统也竭力批判性地对自身的限度进行评价;如果让我用一个词来命名这种传统的话,在这个名字所负担的所有历史的意识中,我将把它称为**启蒙**。"②因此,对启蒙的反思与对现代性文化的批判成为马尔库什文化理论彼此纠缠的两条线索。

　　作为核心范畴,启蒙几乎贯穿了《文化》的所有篇章。即便在不是以启蒙与现代性文化为研究主题的篇章中,启蒙的传统以及启蒙运动的影响也是马尔库什展开分析所立足的基本语境。例如,在第六章《变化的科学形象》中,马尔库什就在启蒙运动和思潮的背景下讨论了作为文化形式的科学活动在研究方法和自身特征等方面的历史演变。此外,在第十七章《一种哲学的失落:19 世纪末的德国文化哲学》中,马尔库什同样详尽地论述了启蒙所引发的文化困境,分析了启蒙传统与德国文化哲学走向失落的内在联系。因此,毫无疑问,启蒙是马尔库什现代性文化理论的一个核心问题。

　　一方面,马尔库什始终致力于批判性地分析启蒙与现代性文化之间的内在关系。在《文化》的第二十一章《文化的悖论》中,马尔库什从启蒙计划中找到了文化概念分化的根源,并且指出,正是启蒙计划的两种逻辑矛盾的、悖论的关系导致了文化的悖论。马尔库什对文化概念进行了经典的划分,区分了广义的、人类学的文化以及狭义的、价值标示(value-marked)的文化。人类学的文化是一个社会共同体所共有的文化,它所具有的表意系统使作为个体的成员可以相互了解,用

---

　　①　詹姆斯·施密特:《启蒙运动与现代性:18 世纪与20 世纪的对话》,徐向东、卢华萍译,上海人民出版社 2005 年版,第 61 页。

　　②　György Márkus, *Culture*, *Science*, *Society*:*The Constitution of Cultural Modernity*, Brill, 2011, p. 284.

彼此理解的行为方式在社会中生活、交往。总的说来，人类学的文化概念是一个社会单位独特的、区别于其他社会单位的标志性的体系。而价值标示的文化在现代性条件下通常被视为是自律的，本身就具有价值，并且在一定程度上独立于社会与经济因素的影响。在马尔库什那里，狭义的文化特指科学、艺术、哲学等高雅文化。这两种看似无关的文化意义统一在一个名词之下正是启蒙计划的结果。广义的、人类学的文化概念起源于作为启蒙批判性的逻辑。正是在启蒙对传统否定性的批判过程中，一种全新思维方式的人类学的文化概念得以产生。然而，这种人类学的文化概念只是启蒙在理性地批判传统习惯惰性这一计划中的产物，它的出现同时深深地纠缠着另一种不同的文化概念，这个文化概念是启蒙计划的另一种逻辑的产物，也就是肯定性的、建构的启蒙所产生的价值标示的文化："正如广义的文化概念是要取代固定的和约束性的传统的理念，狭义的'文化'立志取代神圣的但无理性的、作为生活终极目标的宗教力量。"①由此，恰恰是启蒙现代性批判与建构、否定与肯定的两种逻辑之间矛盾统一的张力决定了文化以悖论的方式存在。在第三章《矛盾的文化统一体 艺术和科学》中，马尔库什进一步以启蒙现代性的悖论为基础，分析了高雅文化中科学与艺术两大组成部分之间矛盾而充满张力的关系。

另一方面，马尔库什仍然把哲学的功能和目标设定为启蒙。尽管启蒙在今天备受责难，尽管马尔库什明确指出对于今天的现代性文化危机，启蒙难辞其咎，但他始终是一个坚定的启蒙支持者。这一点在《文化》的第十一章《孔多塞：交流/科学/民主》中得到了很好的证明。马尔库什在很多方面尖锐批判了孔多塞乐观主义的观点，但是总体上，他对于孔多塞所代表的进步的人类历史发展图式体现出的启蒙精神持肯定的态度，对孔多塞这位启蒙运动的重要代表表达了深深的敬意。在第八章《体系之后：科学时代的哲学》中，马尔库什更加明确地回答了今天的

① György Márkus, *Culture, Science, Society：The Constitution of Cultural Modernity*, Brill, 2011, p. 639.

8

哲学所具有的功能和作用:"哲学并不'提供'定位,它只能为之提供一般的指导方针,而且首先,它能够有助于这方面有用的才能的培养:评判性的质疑和判断的能力,反思性地远离一个人习以为常的、社会的和文化环境的能力,为做出的选择负责任的能力。"①而这种能力恰恰是康德意义上的启蒙。曾经师从马尔库什并与其共同工作过的澳大利亚学者约翰·格里姆雷(John Grumley)在他主编的文集《文化与启蒙:关于乔治·马尔库什的论文》(Culture and Enlightenment: Essays for György Márkus)中指出,对启蒙的不懈追求始终是马尔库什文化理论研究的一个主题。② 正是马尔库什十分恰当地把文化与启蒙结合在一起来实现他的启蒙理念,使人性和人道主义在合理与自主的高度上实现,人类最终也因此获得了对自身和外部世界的自我反思的意识。

对于马尔库什在现代性文化理论研究中蕴含的这种启蒙情结,亚诺什·基什(Janos Kis)的一段话应该是最为明晰的阐释:"严肃的思想家一般都有一个独特的核心焦点问题来统摄他的全部著作。马尔库什的核心问题就是启蒙。所谓启蒙并不是单指18世纪中叶兴起的思想运动,而是作为其根基的更为古老的哲学传统。不过,马尔库什并不是受到传统内容本身的启发,而是受到启蒙内在困境的启示。他仔细考察了启蒙的矛盾冲突,认真与彻底的态度一点也不逊色于那些反启蒙的作家。但他并不是一个反启蒙者。他并不想要放弃现代哲学的纲领;他甚至不认为这种转变能有丝毫的意义。他所关注的问题是这样的:人们如何能够在中肯地批判启蒙传统的同时至少保留其关键的内容? 即使在遭受一切重要的质疑时仍然能够为启蒙的基本理念合理辩护的到底是什么?"③

---

① György Márkus, *Culture, Science, Society: The Constitution of Cultural Modernity*, Brill, 2011, p. 284.

② John Grumley, *The Paradoxes of Philosophy: György Márkus at Sydney University*, *Culture and Enlightenment: Essays for György Márkus*, Aldershot: Ashgate, 2002, p. 10.

③ John Grumley, *The Paradoxes of Philosophy: György Márkus at Sydney University*, *Culture and Enlightenment: Essays for György Márkus*, Aldershot: Ashgate, 2002, p. 73.

三、对马克思主义理论的发掘:现代性文化
理论的独特性

《文化》中所收录的 21 篇论文代表了马尔库什现代性文化理论的核心思想。除了 1 篇研究青年卢卡奇审美思想的文章之外,余下的 20 篇论文均写作于马尔库什移居澳大利亚之后。从时间上看,似乎可以得出结论,马尔库什的文化理论是最近 30 余年的研究核心和成果,1978 年似乎就是这种转折甚至断裂的时间节点:在此之前,是马尔库什致力于马克思主义研究的布达佩斯学派时期,自此之后则是马尔库什发展全新的研究领域的时期。基于这种判断,就会出现一种疑问:布达佩斯学派时期的理论研究与现代性文化理论之间是一种什么关系? 对此,我想阐述几点看法,并通过回答这个问题,阐明马尔库什现代性文化理论的独特意义。

首先,现代性文化理论是马克思主义研究的一种扩展和延续。我想,这种表述除了能够回答马尔库什个人研究不同阶段之间的关系问题,还能够回应普遍存在的质疑:布达佩斯学派是否已经终结? 事实上,1978 年,赫勒、费赫尔夫妇和马尔库什夫妇移居国外之后,匈牙利境内"有形"的布达佩斯学派就已经解体了。然而,在很多不同的场合,赫勒、马尔库什和瓦伊达这三位在世的布达佩斯学派成员都曾经表述过,虽然形式上的学派已经不复存在,但是他们之间集体研究的方式和习惯仍在延续。《对需要的专政》(*Dictatorship over Needs*)、《布达佩斯学派 II:关于格奥尔格·卢卡奇》(*The Budapest School II: Essays on Gyorgy Lukács*)等著作都是学派成员分处异地共同合作完成的理论成果。虽然,在费赫尔逝世之后,他们各自的理论兴趣发生了分歧,但是学派成员们仍然密切关注着彼此的研究成果并互相提出友好却尖锐的批评意见,就像布达佩斯学派时期他们常常做的那样。因此,用一种断裂的观点宣告布达佩斯学派的终结是不客观的。同样,

马尔库什在布达佩斯学派时期确立的马克思主义的视角为他后期的文化理论分析和解决问题提供了基本框架。

　　总的来说，马尔库什的现代性文化理论就是对马克思主义文化理论的一种发展，他完成了马克思曾经述及却并未详细研究的理论任务。在1857年的《〈政治经济学批判〉导言》中，马克思曾经指出过："但是，困难不在于理解希腊艺术和史诗同一定社会发展形式结合在一起。困难的是，它们何以仍然能够给我们以艺术享受，而且就某方面说还是一种规范和高不可及的范本。"①在马尔库什看来，马克思所谓的困难留下了一个理论任务，那就是说明当一种艺术形式的社会历史条件消失之后，这种艺术形式仍然具有有效性的原因何在。因此，马尔库什的文化理论研究的一个重要内容就是在马克思的理论中寻找可以阐释和解读文化作品的有效概念。在《文化》的第十五章《马克思主义与文化理论》以及第十六章《意识形态批判的批判》中，马尔库什分析并重新阐释了"基础与上层建筑"、"意识形态"等马克思所使用的重要概念的内涵，着重分析了这些概念对于解释文化实践活动及其产物所具有的意义和功能。毫无疑问，从这个意义来看，马尔库什的文化理论沿着马克思的视角发展了马克思主义的文化理论，发掘出马克思的关键术语和范畴在解释文化现象时所具有的有效性。以此为基础，马尔库什进一步对文化各个组成部分的内容以及彼此之间的关系和存在的困境进行了深入探讨，力求完成马克思主义文化理论留下的任务：对科学、艺术等文化形式的功能以及对人所具有的普遍意义进行解读和澄清。

　　其次，马尔库什试图将解释学与马克思唯物主义的研究方法进行结合，确立一种新的文化阐释方法，即历史解释学的阐释方法。在《文化》的第四章《哲学的解释与哲学中的解释》和第七章《为何没有自然科学的解释学？几个初步论题》中，马尔库什明确说明了这种历史解释学的独特性。这种解释学不同于当代哲学解释学的本体论方法，而

---

① 《马克思恩格斯选集》第2卷，人民出版社1995年版，第29页。

11

是把科学、哲学等文化形式置于历史境遇和当代的文化实践的选择中来理解和阐释。马尔库什的这种历史解释学关注的不是观点体系或价值目标，而是科学、哲学的历史和文化语境，因而其可以为传统的、备受责难的主观主义的认识论和社会学方法提供必要的补充。这种历史和文化的视角来源于马克思的唯物主义的方法。在《资本论》第一卷的脚注中，马克思做出了以下表述："事实上，通过分析找出宗教幻象的世俗核心，比反过来从当时的现实生活关系中引出它的天国形式要容易得多。后面这种方法是惟一的唯物主义的方法，因而也是惟一科学的方法。"①马尔库什对哲学、科学、艺术等文化形式的研究正是遵循了马克思的这种唯物主义的方法。

因此，现代性文化理论的构建并不是马尔库什思想上断裂的结果，恰恰相反，其是马尔库什转向马克思主义立场之后就一直在思考的问题的一种拓展和延续。从布达佩斯学派时期的《马克思主义与人类学》开始，马尔库什就从对"人的本质"概念的解读入手，试图对人的类特性、类本质进行描述和概括，从而对人类生活的"应然"状态做出解答。卢卡奇的美学理论为马尔库什的思考打开了新的思路。正如马尔库什所言，"从卢卡奇作为一位思想家的发展之初起，对他来说文化问题就意味着**是否有可能过上一种摆脱异化的生活问题**"②。马尔库什把对人类命运和未来的思考转向了文化领域，试图在文化中寻找摆脱异化的生存方式，通过批判性地分析文化现状，用一种历史解释学的方法，为人类摆脱生存危机、解决现实困境寻找出路。

最后，马尔库什的现代性文化理论往往通过批判性地分析经典的文化理论和当代有影响的文化理论而表达自己的观点。例如《文化》的第十一章《孔多塞：交流/科学/民主》、第十二章《货币和书：康德和德国启蒙危机》、第十三章《黑格尔的文化概念》、第十四章《黑格尔与

---

① 《马克思恩格斯全集》第44卷，人民出版社2001年版，第429页。
② György Márkus, *Culture, Science, Society：The Constitution of Cultural Modernity*, Brill, 2011, p. 526.

艺术的终结》、第十九章《瓦尔特·本雅明或作为幻象的商品》以及第二十章《阿多诺和大众文化：自律性的艺术与文化工业的对立》。在这些篇章中，马尔库什通过批判性地讨论从古至今关于高雅艺术或高雅文化问题最主要的、最有影响力的理论，阐述了这些理论在哪些方面对于解释和试图克服文化内在的困境与悖论的存在方式做出过理论尝试。在对这些经典的文化、艺术理论进行评析之后，马尔库什尖锐地指出了这些理论所存在的问题，从而阐发了自己对于文化和高雅艺术与现实的人类实践活动之间的紧密关系的理解。这种间接式的研究方法不仅便于我们了解文化理论的经典表述，同样有助于我们更好地理解文化的丰富性和复杂性，有助于我们深入地考量和评价文化内在的构成以及不同文化理论之间的张力和由此形成的动力。

结语

如前所述，《文化》的出版见证了马尔库什现代性文化理论研究的巅峰。将马尔库什散见于不同主题的论述集中到同一本论文集中使我们有机会从总体上把握和理解其现代性文化理论的概貌和中心主题。为了提供一个良好的平台来探讨马尔库什的文化理论，澳大利亚著名的学术期刊《提纲十一》(*Thesis Eleven*)于 2015 年第一期出版了马尔库什研究专号。在这一期中，收录了阿格妮丝·赫勒特别为耄耋之年的马尔库什所撰写的文章《我最好的朋友：致乔治·马尔库什》(*My best friend：For György Márkus*)，以此纪念他们半个世纪的、历久弥坚的友谊。在文章中，赫勒深情地回忆了好似昨日的初见，他们因马克思结缘，一番热烈的讨论之后，赫勒打破了原本对马尔库什教条的共产主义者的误解并建立了一生的友谊。她回忆了布达佩斯学派时期的快乐时光：每周一次在马尔库什夫妇永远向朋友敞开的、散发着咖啡香气的温暖的小家中，他们就感兴趣的话题展开热烈讨论；她回忆了在自己经历情感波折和丧夫之痛时，马尔库什夫妇积极的建议和无微不至的抚慰；她回忆了马尔库什为举荐自己而拒绝接受教授席位的深情厚谊……除了这篇充满感情的、回忆录式的散文以外，赫勒、基什、格里姆雷等学者还专门撰文，针对马尔库什这本最新出版的文集和他的现代性文化理论展开了批判性分析。例如，赫勒在《乔治·马尔库什的高雅文化概念：一种批判性的评析》一文中总结了马尔库什现代性文化理论的起源和基础，同时也尖锐地批判了他对哲学中浪漫主义传统的忽视。基什在《现代性晚期的哲学：反思乔治·马尔库什的〈文化、科学、社会〉》一文中着重对马尔库什的核心术语"悖论"展开了分析，指出了其中存在的歧义性问题。这些学者既高度赞扬了马尔库什现代性文化理论的创见，也肯定了马尔库什理论的价值。然而对我们来说更有意义的可能是他们对我们的哲学立场和理论视角的提示：不管是出于理智还是情感，对一种理论的批判性反思都可能是最好的热爱和尊重。

本论文集的翻译工作是集体劳动的成果。卷首语、致谢、导言、第一章、第二章、第三章、第九章、第十章、第十一章、第十五章、第十八章、第二十章以及第二十一章的译者为孙建茵；第四章、第五章、第十二章、第十三章、第十六章的译者为马建青；第六章的译者为王静；第七章的译者为教佳怡；第八章的译者为何莉莉、罗楠；第十四章的译者为李佳怡；第十七章的译者为温权；第十九章的译者为纪逗。虽然承担的工作量各有不同，但每一位译者为论文集付出的努力都是一样的，做出的贡献都是同等重要的。然而，由于论文集所收录的都是长篇幅的单篇论文，而且涉及的主题、人物和思想十分多样与广泛，加之译者的水平限制，因此难免存在错误和不当之处，敬请批评指正。

孙建茵

2015 年 1 月 28 日

卷 首 语

　　《社会与批判理论系列丛书》喜迎乔治·马尔库什的《文化、科学、社会——文化现代性的构成》一书出版。这一颇具创新性和内容丰富的论文集是马尔库什的研究走向巅峰的见证。马尔库什现定居澳大利亚，他是布达佩斯学派的核心代表与领军人物。不仅本卷收录的论文，而且事实上，马尔库什的整个思想轨迹都紧紧围绕着一个核心观点展开，那就是现代文化概念，对于马尔库什来说，它不仅包括高雅文化，还包括科学活动。在这本重要的论文集中，乔治·马尔库什致力于批判性地研究这一问题，他追溯了现代文化的发展谱系、产生的问题、遇到的困难与留下的遗产。应该说，直到今天，这些问题仍然与我们看待和理解我们自身的方式休戚相关。

丛书编辑 约翰·朗德尔

澳大利亚墨尔本大学

致　谢

　　这部论文集,其中一部分是相当近期才完成的,还有一些是几十年前的成果,可想而知有很多人在它的出版过程中一直大力支持,因此他们理应接受我最真挚的感谢。我不可能一一列举所有人的名字。在这里我只能提及给予我至关重要而且历久不衰的积极影响的那些人。

　　首先我想要提到的是我在悉尼大学哲学系的一些同事。约翰·伯恩海姆(John Burnheim)教授和保罗·克里滕登 (Paul Crittenden)教授在我刚到澳大利亚的时候就已经在哲学系工作了,他们一直鼎力相助,帮助我克服一个初来乍到的匈牙利人在全新的环境中不可避免会遇到的那种"文化冲击",帮助我处理和适应与当时的匈牙利迥然有别的学术氛围和学术活动的制度要求。在比我年轻的同事中,我最要感谢的是约翰·格里姆雷博士,他在论文集发表之前就已经阅读过其中的许多文章,并且提出了很多中肯、尖锐又十分有益的批评意见。

　　我同样要深深感谢来自墨尔本的同人们。首先是大卫·罗伯茨(David Roberts)教授,这些日子以来他一直手不释卷地处理我的手稿,把我的私人语言(抱歉,维特根斯坦的说法)翻译成通俗易懂的英语。此外,感谢约翰·朗德尔 (John Rundell)副教授不吝赐教、全力相助——没有他的贡献这卷书不可能完成。

无论如何,我44岁这一年来到澳大利亚时,已经取得一些重要的理论成果(包括三本著作)。这些成果是小范围的理论家群体集体努力和共同计划的结果,今天,这个群体往往被称为布达佩斯学派。布达佩斯学派基本上是由四位年轻的哲学家组成的——阿格妮丝·赫勒和她的丈夫费伦茨·费赫尔(Ferenc Feher)(他已经去世了)、米哈伊·瓦伊达和我,同时还有两个"加盟的"批判社会学家安德拉什·赫格居什和我的妻子玛丽希娅(Marysia)①。最初,布达佩斯学派是一个围绕着卢卡奇形成的小组,致力于实现他的"复兴马克思主义"的计划,这个计划指的是要恢复马克思理论本身的批判性和解放性的特征,而马克思的理论在当时完全被扭曲和转变成一种无意义的意识形态,只是为了把苏联模式社会的极权主义特征合法化。但是即使我们在从马克思主义的幻想中清醒过来之后,这种联系对我们来说仍然具有重要影响。阿格妮丝及家人到达澳大利亚后去了墨尔本,与此同时我们来到了悉尼。阿格妮丝、费伦茨和我随即写了一本书(被广泛翻译)②——对当时东欧各国的社会、经济和意识形态结构进行了批判性的分析。自此之后,我们理论兴趣的特征和研究方向分歧越来越大。但是我们仍然保持友谊,而且我们以不减的热情,有时是非常尖锐的——但通常是友好的——批判来关注彼此的著作。人们不用因为友谊而感谢一个人,只需要以德报惠。尽管如此,我还是必须郑重地感谢我的朋友阿格妮丝·赫勒给予我的深情厚谊,感谢她对我最新的著作提出的往往带有尖锐批判性的评论和意见。

此外,我还必须感谢我的一些年轻的匈牙利同人。我在这里只想提一个对我来说最重要的人,亚诺什·基什(Janos Kis)。阅读他的政

---

① 马尔库什的夫人玛丽娅·马尔库什(Maria Markus)是波兰裔社会学家,也是布达佩斯学派的研究者之一。——译者注

② 这里指的是三个人合写的著作《对需要的专政》(Feher, F., Heller, A. and Markus, G., *Dictatorship over Needs*, New York: St. Martin's Press, 1983)。——译者注

治哲学著作让我醍醐灌顶、兴味盎然。影响之大以至于激起我独有的、论战性的热情去涉足这个总的来说相异于我自己研究兴趣的哲学领域。这些著述让我茅塞顿开,成功地将我从这些问题妄自专断、愚钝麻木的理解中唤醒。

最后,我将最真挚的感谢送给我的家人。我的小儿子安德拉什(Andras)和他的妻子朱迪(Judy),一直帮助我们照顾他的兄长,我们的久里(Gyuri),他由于20多年前的一次不幸的体育事故而严重致残。与此同时,安德拉什一直在技术性工作上帮助我——因为我在这一方面完全是外行——包括出版手稿的准备工作。但我必须还要感谢久里,在这样的情况下他还总是尽其可能地理解我们。但是,我最感谢的当属我的妻子。不论我写什么,她永远都是第一个读者,而且 ^{xiii} 我的原始手稿总是写满她的页边评注:注释、问题标记、参考文献等等诸如此类。一直以来,她都是我最严苛的批判者,文章的最终成稿都有她的积极参与。与此同时,她总是在那里,用她不屈不挠的顽强生命力鼓励并推动我继续前进、永不言弃。这卷论文集是我特别献给她的。

以下文章在得到出版商的允许下收录在本卷中。

'A Society of Culture: The Constitution of Cultural Modernity' first published in *Rethinking Imagination. Culture and Creativity*, edited by Gillian Robinson and John Rundell, Routledge,1994, pp. 15 – 29.

'Beyond the Dichotomy: Praxis and Poiesis' first published in *Thesis Eleven*, August,1986, Vol. 15, pp. 30 – 47.

'The Paradoxical Unity of Culture: The Arts and the Sciences', *Thesis Eleven*, November, 2003, Vol. 75, pp. 7 – 24.

'Interpretation in, and Interpretation of, Philosophy', first published in *Critical Philosophy*, Vol. 1, No. 1, 1985, pp. 67 – 85.

'The Ends of Metaphysics' first published in *Graduate Faculty Philosophy Journal*, New York, 1995, Vol. 18. 1. pp. 249 – 270.

3

'Changing Images of Science', *Thesis Eleven*, August 1992, Vol. 33, 1, pp. 1 – 56.

'Why There Is No Hermeneutics of Natural Sciences?' previously published in *Science in Context*, Volume 1, 1, March 1987, pp. 5 – 51.

'After the System: Philosophy in the Epoch of Sciences' first published in *Science, Politics, and Social Practice: Essays on Marxism and Science, Philosophy of Culture and the Social Sciences: In Honor of Robert S. Cohen*, edited by Kostas Gavroglu, John Stachel, Marx W. Wartofsky (Dordrecht; Boston: Kluwer Academic Publishers, 1995), pp. 139 – 159. (Boston Studies in the Philosophy of Science; v. 164).

'Culture: The Making and the Make-Up of a Concept', first published in *Dialectical Anthropology*, Vol. 18, 1, July 1993, pp. 3 – 29.

'Condorcet: Communication/Science/Democracy', first published in *Critical Horizons*, Vol. 8, 1, pp. 18 – 32.

'The Hegelian Concept of Culture', first published in *Praxis International*, No. 2, 1986, pp. 113 – 123.

'Hegel and the End of Art', first published in *Literature and Aesthetics*, October, 1996, Vol. 6. pp. 7 – 26.

'Marxism and Theories of Culture' first published in *Thesis Eleven*, February, 1990, Vol. 25, 1, pp. 91 – 106.

'On Ideology-Critique-Critically', first published in *Thesis Eleven*, no. 43, 1995, pp. 69 – 99.

'A Philosophy Lost: German Theories of Culture at the End of the Nineteenth Century', first published in *Divinatio*, Volume 8, Autumn-Winter, 1998, pp. 53 – 74.

'Life and the Soul: The Young Lukács and the Problem of Culture', first published in *Lukács Revalued*, edited by Agnes Heller, Oxford, Basil Blackwell, 1983, pp. 1 – 26.

'Walter Benjamin, or the Commodity as Phantasmagoria', first published in *New German Critique*, No. 83, Summer, 2001, pp. 3 – 42.

'Adorno and Mass Culture: Autonomous Art against the Culture Industry', first published in *Thesis Eleven*, August 2006, Vol. 86, 1, pp. 67 – 89.

'Antinomies of Culture' first published in *Collegium Budapest Institute Discussion Paper Series*, No. 38, February, 1997.

导　　言

　　本卷中的文章在写作上经历了相当长的时间跨度——近四十年。按年代来看,这个合集里的第一篇文章(关于青年卢卡奇的审美观念)还是在匈牙利时创作的,写于 20 世纪 70 年代初,最初于 1973 年在德国发表。这篇文章的历史颇有铤而走险的意味。那个时期的我,与被称为布达佩斯学派的其他成员一样,没有任何稳定的工作并被严格禁止出版一切著述。所以这篇文章(没有任何政治锋芒)实际上是由一位德国朋友从国内私运出去的。至少它的发表没有带来任何进一步的处罚,除了不是特别愉快的那几个小时讯问。

　　然而,除此之外,这里收录的所有其他论文都是从 20 世纪 80 年代早期,我们被迫移民之后开始写作的,那时我们在澳大利亚有了新家。这些论文记录了我在悉尼大学授课的岁月,此后伴随着新的千禧年的开始,也记录了我从哲学系教授的职位上退休后的岁月。

　　能够把所有这些文章统一在一起的基础是它们主题上的基本同一,**现代的文化理念**(modern idea of culture)。然而,这也许仍然是一种太过宽泛的表述。兴起于 18 世纪下半叶的文化概念是一个特别复杂的概念,覆盖了大量密切相关,但却不尽相同的观念,从而产生了各种歧义和矛盾。在其中的一些文章中,可以说,我确实试图绘制一幅认知地图，能够把这些难题放在其中，并同时披露它们并非偶然性的特征。然而，这些论文设法解决的基本主题和题目，是某些更为狭义的、特殊的、刻画现时代特征的**高雅文化理念**(idea of high culture)。

正如我试图展示的那样，这个概念经历了一个长期的转化过程，最后的结果是，经典的心灵培养(*cultura animi*)[马库斯·图留斯·西塞罗(Marcus Tullius Cicero)的]概念，培养合适的、社会界定明确的精英(男性)成员的概念，被(高雅)文化概念所取代，高雅文化指代的是一些活动、社会实践(主要是科学和艺术实践)，其结果被假定为**普遍有效的**产物，而实践本身被视为在本质上是**自律的**(autonomous)。科学的发展被假定为朝着越发具有一般特征的客观的、非个人的(impersonal)真理而进步。引导研究(体现在它的方法上)的规范性标准/原则确定并保证了这种进步，它与客观真理的观念直接相连并以这种观念为基础。另一方面，真正的、高雅的艺术作品，虽然它们指向受众情感的意义和影响的本性始终都是"个人的"，但是在能够吸引即将到来的、未来几代人的情感的意义上，它们却被认定为是普遍有效的。

正是与这一对普遍有效性的要求和目标相关，科学和高雅艺术，如文中所示，被认为是自律的。这就意味着，这些活动成功的结果和产品本身就是有价值的，不需要根据外部目标来判定，而是根据这些实践内在的规范和标准来判定，此外，原则上，这些结果和产品不只是对那些(通常是一个少数)实际上随时都对它们有直接兴趣的人来说是有效的，而是对每个人来说都是有效的。

然而，高雅文化，绝不仅仅是一个宝库，只储藏着过去的、作为现存的传统对常新的一代代接受者来说仍保留着重要意义和相关性的此类作品。因为可以理解，每一代接受者主要感兴趣的都只是那些直接针对他们自己特定的关注点、言说他们自己语言的作品。高雅文化一直鲜活，因为它始终是活跃的和具有创造性的，创作出来的新作品既是直接现实的，同时又具有持久的、普遍的意义。然而，就这种新文化产品而言，它们属于高雅文化仅仅是一种**要求**，是作者的意图，这种要求往往能够找到好识别的、制度化的表达方式。然而,到底什么才能决定这种要求是否合法? 其有效性的实证标志是什么呢?

在试图回答这个问题时,我们不得不面对现代高雅文化概念尖锐的矛盾特征。如文中所示,高雅文化理念,包含两个主要领域:科学和艺术(哲学与人文科学处于两者之间的无主之地)。然而,这两者统一在同一个文化概念之下,体系上具有并被赋予了使它们两极对立、处于严格互补关系的特征。因此在回答这个问题时,它们同样采用了根本不同的方式。

在科学中(这里主要指的是"硬"的自然科学),某些理论上的创新或者实质上新的试验是否是可接受和有效的,是否促进了预设的科学进步,要想对此做出评判,根本上要取决于一个小范围的、特定的"专家组"以及相关的特殊研究共同体的成员的(激辩后得到支持的)意见。这当然是一个不够可靠并且可以修改的决定。但是就这个决定本质上由这个群体共享这一事实而言,它都有权暂时性地决定一切要求科学有效性的特殊主张的命运。广大的公众只不过被视为不能理解和评判这些作品的人。相应地,现代性中的科学作品普遍的、永久的意义(特别是在科学世界观的理念解体之后)基本上取决于它们在影响和塑造我们所有人的生活中所发挥的巨大作用(主要地,虽然不是独一地,通过它们的技术应用来完成)。然而,这种实践上的作用,是主体间证实的科学理论**真理**的**结果**,绝不能作为它们有效化的终极基础。事实上,当代科学结构中最基本的理论("大爆炸"理论)并没有直接的实践应用。

当然专家意见(像文学批评的意见)和特殊的决定(像美术馆主管的决定)在判断某些新作品提出的属于高雅艺术的主张是否合理时也发挥了一定的影响作用。然而,这只是一种短期的、转瞬即逝的影响。从根本上说,能够真正衡量(至少在某些时候)一个特殊的新作品确实是成功的高雅艺术作品的标准,恰恰是相关接受者(读者、听众、观众)持续的、长期的积极关注。然而,只有一个基本的、可信赖的实

4

证标志能够证明这种关注——这个作品在现代文化市场的适当位置上成为长期热销的商品。

然而，这种稳定的、互补的对立统一体，几乎从一开始就在敌对性的纲领和趋势之间产生了冲突性的动力：启蒙运动（Enlightenment）①和浪漫主义。前者旨在唯科学化（scientisation），后者旨在文化的唯美化（aesthetisation）。两者在各自的时期内都举足轻重并且大获成功，影响着高雅文化的创造者和接受者。然而，总的来说，它们在克服直接对立的统一体内在的矛盾特征上所做的伟大尝试都是失败的，而且慢慢地，到19世纪末，这两种努力就完全销声匿迹了。但是对这种理念的根本特征的忧虑却仍然存续。20世纪，在一些主要的西方国家的"文化之争"里可以发现这种迹象，然而，它却体现出一种更独有的特征，那就是依赖于各民族文化的实际构成和状况。

然而，这种焦虑，并不是毫无根据或偶然的。至少乍看起来，这种不安有（或目前还有）其合理性的根据。因为随着时间的推移，高雅文化的两个伟大的组成部分内在的困境已经浮现。

乍看起来，关于科学研究结果非时间的、非个人的普遍有效性的主张陷入困境源于一个简单的事实，即它们的真理性是受时间限制的，不论在实验还是认知仪器方面都依赖于特定的状况（例如可用的数学仪器等实验设备和认知工具）。无论如何，这种张力融入了当代科学的特定结构和实践之中。因为，很明显，它把所有结果和理论都设定为**可证伪的**。这就意味着它实际上鼓励不断更新的实验验证甚至包括验证公认完美的和最基础的理论。当代科学承认自身的历史性，不断探索着自己主张不受时间限制的、普遍有效的极限。

还可以争辩的是（有时的确如此），所谓科学对其结果普遍有效性

① "Enlightenment"这个词在马尔库什的著作中是一个重要的、关键性的术语，几乎贯穿了他所有文化理论的研究。这个词在马尔库什的研究中并不专指启蒙运动本身，更多的时候指的是作为启蒙运动思想基础的精神传统。在本卷中，这个词根据不同的语境翻译为"启蒙"或"启蒙运动"。——译者注

的主张得到所有有理性的人的承认,这种假设至少与一个事实直接矛盾,正如我们已经指出的那样,只有非常专业的专家群体、特定研究组织的成员才被认为有能力评判任何一个具体主张的有效性。毫无疑问,接受一般教育的普通人,既没有兴趣也没有能力领会这些理论的相关细节。但是为什么他或她能够很容易地接受这样一个小范围的、无疑也有自己特殊兴趣的专业人群的结论呢?

无论如何,与此相关的事实是,这样的结论往往确实能够得到广泛接受,而且这样做也是合理的。当然,科学家们不是道德大师——他们也可能沽名钓誉、谋求认可。在现代科学的历史中确实发生过虚假陈述和少数的明显欺诈的案例。然而,这样的情况极为罕见和短暂。通过这样的方式这一点能够得到确保,即当代实验科学在社会－制度上根植于大量彼此独立、激烈竞争的研究中心和机构当中。任何宣称根本上是全新的、意想不到的实验结果和基于它的理论总是会通过之前提到过的反复(尽可能准确的)实验和以此为根据的推论,而立即得到验证。当然,普通人是不可能这样做的,无论是在实践上还是认知上。因此当面对相关专家群体共享的、共同的意见时,对他/她来说唯一合理性的态度就是接受它是有效的。当然,他们往往对这些"细节"没有兴趣。今天的人们普遍**对科学有信心**,主要因为科学的实践应用基本上是朝着积极的方向发展的,在塑造我们今天的生活状况方面发挥了巨大作用并不断延伸这一范围。

因此,看起来似乎怀疑论对于科学研究结果普遍有效性的质疑,以及对于以此为基础、作为高雅文化基本成分之一的科学自律性的怀疑,都是毫无根据的。不过,这是一个过于草率的结论。因为就科学研究最成功和最重要的领域,自然科学领域而言,现代的发展似乎破坏了它们的自律性,这个属于高雅文化的基本前提。正如前面所指出的那样,科学专家共同体一定扮演着集体的代言人的角色,他们拥有适当的认知权威,能够对理论的和/或经验的有效性以及特殊出版物或实验装备的价值做出判定。然而,这不足以确定科学发展本身的一

6

5

般方向(general direction)。当代实验科学,以及它要求的所有设备,一般来说需要巨额的长期投资,只有当政的政治(国家)或经济权力才能提供。当然在一些情况下,可以并且确实存在这些权力中心迫于公众压力去支持旨在解决特殊问题(从一些医学问题到生态危机)的科学活动。科学家本身也不需要成为这样决定的被动目标。然而,总的来说,这并不能改变当代实验科学的发展从根本上受"外在"力量影响这一基本事实;如此看来,科学是**他律的**(heteronomous)。绝非偶然,我们时代的某些最伟大的发现,例如核裂变,过去和现在主要服务的目标很可能会危及整个人类文明的存在。由此,从这个隐含的意义来看,当代科学最重要的分支似乎没有被合理地当作高雅文化活动——在根本意义上说,它并不是自律的。然而这是一个可以接受的结论吗? 这是一个必须去正视的问题。

关于"高雅艺术"理念同样也有不少严重的内在问题和困境。我在这里讨论这些问题主要指(或至少考虑)的是"高雅文学艺术"(纯文学意义上)这个概念。相对而言,它无疑是具有最广泛、稳定、整齐的受众群体的艺术创作领域,同时,也是这些张力以最尖锐和最直接的形式表现出来的艺术分支。

在现代性中,所有文学作品(和所有其他艺术分支)通过书店这样的文化市场机构的中介,或成功或失败地与它们预期的、适当的接受者(所有艺术创造力种类内在的**终极目标**)相遇。似乎,这样一种"商品化"意味着文学作为一种高雅艺术的贬值。为这样的作品标价等于把它们与其他代销商品相提并论,去满足一些真实的或仅仅是想象的、一般而言完全外在于它们自身本性的人类需求。这样的作品可以有意义地主张自己在本质上就是有价值的,然而这种理念也被商品化过程变得毫无意义。

7　　无论如何,这完全误解和歪曲了在早期现代性中出现的文化市场的历史作用和现实影响。能够促使高雅艺术理念兴起的恰恰只有艺术的市场化。因为只有市场伟大的均质化力量才能够并且确实成功摧毁前现代的主从关系（patron-client），在此之前，艺术活动（或许被理解为一种更复杂的手艺活）是被社会地嵌入这个主从框架之中的。一方面，这使其**摆脱了**为居于高等地位的主顾的期待服务，并遵从他们的指令。同时，至少在原则上，它使其成果，艺术作品可以面向所有对此感兴趣的受众，完全不在乎他们的社会地位如何。当然，他们必须有能力并愿意按市场价格购买它们（文学作品一般不如此限制）。甚至社会上基本条件有限的问题也由于公共图书馆这样的现代机构的发展而得到缓解。

　　然而，所有艺术创造产品的这一市场化，在使高雅艺术的观念成为可能的同时，似乎却在实践上破坏和推翻了高雅艺术普遍意义的主张。历史上，这一理念与被假定为同其尖锐对立的、截然相反的、"低层"（low）的艺术同时诞生：通俗的、流行的、商业的或大众的艺术作品。这些作品被想象为仅仅服务于某些无思想、无价值的娱乐目的，由生产者临时兴起而产生，受它们直接的、广泛的市场性驱动。然而，在文化市场中，这两种文化产品却是潜在的**竞争者**。它们共享相同的交流渠道和媒介，它们通过同类型的机构实现生产和销售，具有类似的对象化形式，等等。毋庸置疑，它们之间差异性的明确指标始终都存在，一个懂行的文化消费者可以极好地做出辨别。但是在某个给定的场合，总归要由他/她来决定如何使用他/她的钱。

　　无疑，从艺术品的接受观点来看，在这样一种竞争关系的预设中存在某些荒谬之处。一个人也许精通文学经典（甚至一次次地重读其中的一些）并带着极大的兴趣密切关注着高雅文学艺术的最新作品，然而在其他某些时候，他也十分乐于阅读一部不算十分糟糕的惊悚小说。好吧，他或她只是想要娱乐一下——何错之有呢？

　　然而，文化市场本身，似乎把这种高雅艺术的特定理念设定的差异性相对化为不可调和的、最尖锐的对立。当然，正如已经说明的那样，它用（广义理解的）文化生产者的不同策略来阐述这一点——市场上的短期成功**对**长期成功。然而，这似乎已经把一种截然对立转变成

8

7

某种数量上特性化的差异,似乎允许不同程度的等级和中介。

如果是这样的话,那么文化历史只是支持并证明了市场的这种模糊迹象。因为实际上高雅和流行的－商业艺术曾经并且现在仍然代表着一个界限模糊的连续统一体的两极。一直都存在并仍然存在整个范围的"中间格调的"(middle-brow)艺术作品,"双重性的"(double-coded)作品,它们既可以带着真正审美愉悦的期望也可以仅仅作为享受的娱乐来阅读、聆听。[例如,就音乐而言,约翰·施特劳斯(Johann Strauss)、奥芬巴赫(Jacques Offenbach)①的作品或雷哈尔(Franz Lehár)②的作品。]

这种情况变得更加复杂的原因是,文化市场把艺术从主顾的控制和导向中解放出来,同时把它的接受者也设定为"自由的"。他们自己来决定要寻找什么、想要什么并且实际上可以享受何种艺术作品。费尼莫尔·库柏(Fennimore Cooper)③的小说是最早的真正的美国文学经典。但是今天,青少年(往往是男性)把它们绝大多数当成一些现存的、伟大的冒险故事来读。也就是说,没有什么能阻挡一个接受者把巴尔扎克(Balzac)的《高老头》(Old Goriot)仅仅当成一个好故事,也许只是快速浏览所有那些稍长的、"乏味的"描述性章节。

过去伟大的审美理论,从 18 世纪晚期一直到 20 世纪早期,都在直面和企图应答这些难题。通过为真正的艺术作品(主要视它的形式而定)提供一般的特征描述,清楚地表明了其与商业－流行的伪艺术作品之间根本的、不可调和的差异,同时用一种有理有据、论战的方式阐明了所有恰当的、真正的艺术的接受方式都必须满足的规范要求。

但实际上晚期现代主义和后现代主义的艺术趋势为审美传统披上了导向功能的外衣。先锋派和后现代主义艺术,在其越发激进的

① 雅克·奥芬巴赫(Jacques Offenbach,1819—1880),法国作曲家,19 世纪法国轻歌剧的奠基人和杰出代表。——译者注

② 弗朗兹·雷哈尔(Franz Lehár),匈牙利血统的奥地利轻歌剧作曲家。——译者注

③ 詹姆斯·费尼莫尔·库柏(James Fennimore Cooper,1789—1851),19 世纪初的美国作家,主要写作美国西部主题的文学作品。——译者注

"原创性"的探索过程中,甚至向有教养的接受者的期望发出了挑战,它们有意识地拒绝某些被传统(在其自己的时代里相当正确地)视为所有真正的艺术作品基本成分的特性。就美术而言,当代环境艺术或行为艺术运动实际上否认了艺术"作品"是一个稳定和持久的对象化产物,是独立于其作者/生产者的行为这种观念。后现代的文学作品程序上旨在消除作者个人的声音(抒情诗中)或是叙述者的声音(在**新小说**中)而使文本完全自我指涉(self-referential)。当然,这也将拒绝任何可能被接受的内在关系,从而将破坏特殊的艺术观念。在实践中,实际期待的就是即将到来的接受,它的"未来化"(futurisation)——在"未来博物馆"中,艺术作品是为观众或读者准备的,他们自己的作用和影响将第一次得到创造和培养。

但在这个过程中,在晚期现代主义和当代艺术方面,更多东西丧失了,不仅仅是审美的导向作用。审美传统从更加广泛和更加基本的期待中获得生机。高雅艺术(或一般来说的高雅文化)被认为有能力并注定要取代和接替宗教力量——提供一个方向趋向普遍有效的,但世俗化的人类目标,能为每个人的生活赋予意义并因此填补规范性的不足,这种情况出现在世俗化持续过程的结果中。

这个亘古不变的信念和期望——将高雅艺术的普遍性的要求转换为经验现实——最终证明是站不住脚的。即使在基本的、依据社会基础的文化不平等(没有文盲,义务基本教育体系的建立)消失之后,高雅艺术仍然只是有限的、相对较小的接受者群体长久的兴趣所在——一般来说,至今没有超过整个成年人口的1/5。毫无疑问,读者的数量已经明显增长了——只是他们有规律地阅读"低层"的垃圾而不是高雅文学作品。类似的是,今天的音乐有非常广大的听众,只是他们不是倾听莫扎特(Mozart)或贝多芬(Beethoven)的作品,而是最新潮的、往往几年之后就会被遗忘的摇滚明星的作品。

这绝不意味着否认高雅艺术的实际影响和重要意义。首先,它独特构成的传统往往在国家认同意识(特别是在民族主义的意识形态

10

中)的建构和维持上发挥了重要作用。然而,这是某些最终——对立于它的普遍有效性的主张——要分裂和无法统一的东西。另一方面,对于它少数的真正的接受者来说,它的作品确实能够产生一种改造生活的效果,能够打开一条路让人们彻底反思习以为常的过程。[在马塞尔·普鲁斯特(Marcel Proust)伟大的小说中,伯格特之死的情节就是高雅艺术力量的一次伟大的艺术表现。]

但是,正是由于其自律性,高雅艺术在现代性中所失去的是其作品可能需要或期望履行的一些**预设的**社会功能。从这个意义上说,它变成了"去功能化的"(defunctionalised)。今天,每一个新的高雅艺术作品必须创造自己的功能,在某种程度上或某些方面去发现能够对其产生启示 – 改造意义的接受者。就这一点而言,康德认为属于真正艺术的基本功能之一的那些内容恰恰是相当有特点的——要想成为社交的媒介,在一个高度竞争的社会中,在当代环境中,为平等的人创造一个友好的社会交往的平台,确切地说是通过"低层的"作品、商业艺术来实现的。正在上映的、最新的好莱坞喜剧或是最近在体育场表演的盛大的摇滚音乐会当然更适合履行这样的任务,它们对此驾轻就熟。对近期高雅艺术作品的兴趣,由于品味极大的个性化和可供选择的极大丰富化,即便在其少数忠实的受众之间也只能产生微乎其微的共鸣和社会契合。

然而,许多最初坚持的、促使引入高雅艺术观念的那些期望和信念,被证明是根本虚幻的——这一事实使提出一个批判性的、关于高雅艺术概念的一致性,或至少是当代相关性的问题变得明智甚至势在必行。并且这样的研究也引发了严重的怀疑——怀疑其概述性的概念在认知和经验 – 实用两个方面的适当性。

关于第一个:把高雅艺术等同于(至少在原则上)对每个人来说都是具有内在价值的作品,等同于过去和现在的"经典",这给我们留下了一种"概念上的不足"。因为它没有为大多数当代艺术生产的特征描述提供概念空间,这些艺术生产当然与文化概念密切相关。正如之

11

前强调的,就它们想要属于高雅艺术这个方面而言,当然只是一种主张,而且在大多数情况下往往是失败的主张。创造杰作,"未来的经典"是一个非常艰巨的任务,成功者少之又少。但这种主张,即使失败之后,无论如何也都是真实的。有一些作品,根据作者意图、受众的期望和适当的制度示意,被定位于属于高雅艺术的文化生产领域。它们的失败仅仅因为它们没有成功地实现这些清晰可辨的意图以及没有成功地满足有文化修养的接受者的适当期望。在所有这些相关方面,它们虽然是高雅艺术作品(它们当然既不属于"低层"的‑流行的作品也不属于"双重性"的作品范畴),但是它们将相对迅速地消失,被遗忘——也许只是特别详细的艺术史中的一处脚注。高雅艺术概括的、通常公认规范的概念简直无法对它们进行解释。

　　鉴于这种失败,似乎很适宜转向文化市场提供的用来划分"高雅"和"低层"的、经验实用的区分——更重要的是因为,正如我认为的那样,实际上使"高雅艺术"概念得以形成的正是市场的出现。因为在这个方面,它们的区别在于两种相反的成功策略,不依赖于在何种特定情况下这些策略是有效还是无效的事实。长期的、历史上稳定的、累积性的成功(是"经受时间考验"这个传统上已经被认为是艺术有效性真正指标的经验表达)对立于一夜成名却转瞬即逝的大众影响。一部真正伟大的高雅艺术作品只有历久(当然,在历史累积的意义上)才能获得一个同样广泛的受众群体,而一种大众文化产品只需要很短的时间就能实现,在这个时间段内,在被完全遗忘之前它能够吸引读者或听众的注意力。但是高雅艺术作品在市场上要通过在上述意义上成为大众文化成功的竞争者来证明它的伟大和艺术的有效性。

　　然而,这种假设能通过现实的考验吗?普鲁斯特的《追忆似水年华》(*Recherche*)和詹姆斯·乔伊斯(James Joyce)的《尤利西斯》(*Ulysses*),都是很久之前的著作,写于 20 世纪的头 20 年,它们是真正的开山之作(path-breaking),是现代主义文学的伟大经典。然而,它们每一部都得花费多么长的时间(以及被翻译成许多种语言)才可以拥 12

有同《哈利·波特》(*Harry Potter*)小说相提并论的读者数(特别是如果人们把它们所有的"衍生物"都计算进来:电影、DVD、CD 的观众,更不用说其主题公园的游客了)? 更重要的是,如果它们没有经受住考验,没能成功地在任何可预见的时间内达到这样一个目标,那后果会如何呢? 这是否将证明它们不能合法地被划定在具有内在价值的高雅文学艺术作品之内?

如果有人对此回应,认为正是这两部伟大的小说"曲高和寡"(high-brow)的特点才使它们成为极特殊的例外,那么艺术的接受史很可能会破坏这样一个可能的抗辩。我们举例,劳伦斯·斯特恩(Laurence Sterne)①的《项狄传》(*Tristram Shandy*)对于我们来说作为英国文学伟大经典著作之一已经有二百五十多年的历史了。无论在任何意义上它当然都不能算是"格调高雅的"——只是一部鸿篇巨制、妙趣横生和引人入胜的故事。但是我坚信在与我们的《哈利·波特》争取读者数量的"竞争"中,它肯定毫无胜算。

所以我们似乎陷入一种困境。无论是规范的,还是经验–实用的研究路径似乎都不能提供适当的方法(虽然以非常不同的方式和原因)令人信服地描述"高雅艺术"概念的特征并且对其进行界定。毋庸置疑,有人可能想要用这样一个事实进行反驳,即高雅艺术的概念是文人和知识分子的意识形态建构,为他们自己的产品/对象化提供一种伪造的神圣化,非法地赋予它们普遍的人类意义。这当然不能代表本论文集的观点。另一方面,他们把这些张力和内在困境看得过于严重——把它们当作根本目标之一。

针对这一点,请允许我提出关于这些困境的一个重要原因,同时它也能说明把所有论文统一在这部论文集中的一个主要的方法论设想。试图澄清"高雅艺术"概念(更一般地来说:"高雅文化")讨论的–批判的尝试归于失败,原因在于其想要一劳永逸地回答这个问

---

① 劳伦斯·斯特恩(Laurence Sterne),18 世纪英国文学大师,被誉为意识流乃至整个现代派小说的鼻祖。——译者注

题。这是可以理解的,因为这个理念一经出现,它确实指明了一个有效的、重要的、**连续的**任务。然而,这不应该掩盖同样重要的事实,那就是解决这项任务的研究方式和条件,在历史上发生了改变——有时是非常彻底的——由于它们依赖于历史转折和改变的方式,因此这些活动根植于实际的社会经济结构和持续的文化斗争之中,并在一定程度上反作用于它们。收录在本集中的论文具有一种强烈的、明显的历史取向也正是基于这种考虑。

　　以这样一种内在统一的背景为基础,本卷收录的论文可以清晰地分为两个不同的部分。其中第一个部分试图直接解决我们的高雅文化概念的困境和张力,但是这些论文主要(尽管肯定不只是)研究的是其理念的认知成分,即科学与哲学。与高雅艺术(及其与流行的－大众艺术的敌对关系)的理念和过去与现在的实践紧密相关的问题,是选集第二部分的论文主要解决的内容(尽管其中一些仍继续讨论与高雅文化理念相关的、更一般化的问题)。然而,它们研究这一内容是通过间接的方式完成的——通过批判性地讨论真正高雅艺术方面主要的、最有影响力的理论,从康德一直到西奥多·阿多诺(Theodor W. Adorno),讨论这些理论解释和试图克服高雅艺术概念内部困境与歧义的方式而完成这一研究任务。我希望这样一个多方面的,虽然间接的研究路径能够有助于我们更好地理解文化概念的丰富性和复杂性,同时也包括它内在的张力。

13

第一部分

第一章　一个文化的社会：
现代性的构成

　　一方面是理性(reason)和想象(imagination)，另一方面是作为文化的现代性(modernity as culture)，两者之间的联系可能太过隐秘以至于不能只用因果的影响和作用来理解。理性和想象之间的对立本身就是文化现代性的产物，与此同时，它又赋予这种文化(至少在文化这个词的一种基本意义上)现代的特征。当然，"理性"和"想象"的观念都有发展谱系，完全独立并远远超出这个对我们的概念知识储备来说相对新来的成员，也就是"文化"概念。但是只有作为文化力量，也就是说，只有作为文化－创造，理性和想象才能在一个对立统一体中取代理性与感性(passions)、感觉(senses)或者启示(revelation)之间古老的悖论。只有通过这种方式来理解，幻想(*phantasia*)，这种最初被理解为感知和思考之间的中介①，或者甚至被理解为一种为"把握"(*katalepsis*)思想提供主要材料、理性知识本身的低等内容②，才能获得尊严成为理性的额外补充，成为人类的能力中同样原始和基本的内

---

① 参见 Aristotle, *De Anima*, III, 427b-429a。
② 参见 Cicero, *Academica II*, I, 40-42。

容。在黑格尔式的语言中,文化概念是理性和想象得以对立的基础,也是由它们填补的空间,并因此转化为一种由自身赋予力量的连接性领域。因此想要彻底地(*gründlich*),想要在其起源的**基础**上把握这种对立,那么去研究它与文化概念紧密相连的基本联系也许是非常明智的做法。

马丁·海德格尔(Martin Heidegger)曾经列举过①——伴随着这种几乎不证自明的特征,例如机械技术、现代科学或世俗化(secularisation)——在现代性各种最基本的现象中,作为文化的人类活动的理解和表现,也即文化概念。至少暂时,让我们换一种更合适的说法:只有在现代性的条件下,人们在这个世界上的生活和行为方式,以及他们理解这个世界的方法才能被视为是一种文化形式,也就是说,不是作为简单自然的或者上天注定的,而是符合同样由人力创造的、可变的标准与目标的、某种人造的和可再造的事物。文化现代性是这样一种文化,它清楚地知道自己本身就是一种文化并且是众多文化中的**一种**。并且恰恰因为这种自我反思意识专属于现代性,它自愿地想要成为一种文化的社会(a society of culture)也使它确实变成了**这种**文化的社会,或者,正如黑格尔所言,将之定义为教化(*Bildung*)的世代(world-epoch)。②

然而,这种文化意识的深处即便不是分裂的,也是充满歧义的,因为"文化"这个名称相互关联并统一了两个似乎迥异的概念。一方面,在其主要的当代理解中,"文化"指的是所有非生物学固定的人类活动所具有的某些普遍渗透的方面:人类实践及其结果的意义 – 承载(meaning-bearing)和意义 – 传递(meaning-transmitting)的方面,是个人能够在一个生活世界(life-world)中生存的"社会事件的象征维度"[克利福德·格尔茨(Clifford Geertz)],人们从本质上共享对这种文化的

---

① Heidegger,*Die Zeit des Weltbildes*, In *Holzwege*, Frankfurt, Klostermann, 1972, pp. 69 – 70.

② 参见 Hegel, *Phänomenologie des Geistes*, ch. Ⅵ, B. Ⅰ.

解释并且遵循相互理解的方式进行活动。

然而,"文化"这个词广义的或人类学的应用,伴随着另一种似乎相当无关的、可以被称为"高雅的"或价值标示的(value-marked)意义。在后一种意义上,它指的是一系列限制性的、非常特殊的人类实践活动——首先就是艺术和科学——在西方现代性的条件下被认为是自律的,也就是说,本身就具有价值的实践。虽然常常努力在两种文化观点之间建构一种内在的意义关联,或者干脆彻底分离它们,但是它们仍然在当代话语实践中,保持着这种矛盾的、联系无比紧密的关系。把它们凝聚在一起的力量不是逻辑上的,而是它们历史起源上的因素。按照我们的理解,文化是启蒙的创造,或许更确切地说,是启蒙自我创造和自我定义方式的结果,既是否定的批判性的力量,又是肯定的建构性的历史性力量。文化这两种意义的复杂统一正是启蒙计划中这两个方面的统一。

广义的或人类学的文化观念起源于**批判**的启蒙,它努力"在观念的废墟上建立起理性的大厦"。通过试图摧毁那个时代的非理性的、被视为所有弊端之症结的"迷信",启蒙调动起迄今为止都被忽略的人类时空领域。它致力于证明人类生活超越了传统的界限,遵循着别样的行为戒律并拥有另外的信仰体系,然而却已经发展出一种美满的和/或文明的生存方式。此外,日益明显的是,"偏见"(prejudices)扭曲了理性,具有"外部的"、社会 – 制度上的支持,因此这种批判也变得越来越激进,寻找全新的目标,蔓延至新的生活领域和场地:最初,是过去的神学和形而上学体系;然后是经典文献的标准;接下来是禁欲主义道德和教会(Church)的总体权威;"英雄的"编史学和英雄神话;宫廷虚伪的礼节和贵族的寄生生活,连同封建制度和支持它们的陈腐的经济体制;最后是政治领域本身和专制主义国家机构。在批判范围 20 的稳步扩大中,不仅历史的主题(subject-matter)被极大地扩充,而且还提出了一种理解当下的新方式。我们不再用祖先神圣的传统来看待当代性(contemporaneity),虽然那些传统曾经赋予其体制合法性并为我们提供可效仿的行动模式。总的说来,过去的遗产丧失了传统的意义,即那些对现存生活具有规范有效的、内在约束性主张的事物。**如今**,它的意义体现在所有那些积累的、不朽的"作品"和前代人创造的成就上——哪怕是最粗陋和最平凡的——它们传递了特定的行为和思维方式,体现了在促进或妨碍人类精神臻于完美和生活得到改善过程中获得的能力和品味。因此文化概念以继承的和可继承的人类的对象化形象出现,既成为我们活动的**决定性力量**(determining force),同时又是**可决定的资源**(determinable resource)。它们是历史作用在我们身上的力量,限定我们生活的方式。但它们也是物质材料、希望的宝藏,我们可以——如果我们没有被盲目习惯迷惑,没有受到非批判性接受"意见"的影响的话——选择性地用来创造某些**新**事物,在不断变化的生存条件下,有新收获、新发现以满足理性的要求。由此,启蒙宣告了一个新时代和新型社会的到来——不同于传统社会,不同于"因袭的"社会(traditional societies)①的一种文化的社会。在"现代性"无意义的(nonsensical)名义下,新的时代能够获得自我意识恰恰是因为这个原因。

"现代的"(*Modernus*/modern),简单地说指的是那些此时的、当代的事物,对立于"古老的"(*antiquus*)、以往的、过去的事物。想要获得一个非相对化的、可以指代整个新的世界历史时代的意义,所谓"现代的"就必须有一个新的反义词,这样它可以不再对立于"古老的"事物,而是对立于"传统的"事物,对立于那些无法跟得上历史进步时代无情的力量的事物。通过宣称自己是现代的,这个时代把自己的本质定位在不断实时更新的能力之上,能够并肩于时代,在这样的时代中,

———

① 或者,例如年轻的、仍然有"希腊人"(Graecoman)风格的弗里德里希·施莱格尔(Friedrich Schlegel),他也许是第一个对这一思想提出真正历史哲学表述的人,这样陈述了这种对比:现代代表一种"人造文化"(artificial culture)的社会,其特征表现为无限进展的体系(*System der unendlichen Fortschreitung*),与之相对的"自然文化"的社会发展遵循的是循环系统(*System des Kreislaufes*)。参见 *Vom Wert Studiums der Griechen und Römer*, In *Kritische Ausgabe*, Padeborn, Schoningh, 1969, Abt. I, Bd I, pp. 631ff.

时间不是惯性的侵蚀力量,而是创造性的变革力量,这种力量可能被错过但也可能为人类的目标所利用。

　　然而,时间的这种创造力需要治理。在这一点上,启蒙将广义的、人类学的文化概念与在同一个实践计划中、作为它的必要补充的另一个概念整合在一起。用理性的革新原则取代模仿原则,启蒙所开创的新时期自身表现为人类潜能的空前扩大和稳步完善。然而,这种历史预期界限的敞开并不意味着肯定了无法预料的、无法控制的变化动力论(dynamism)。即将来临的理性大行其道的时代同时也被认为是一个具有前所未有的社会凝聚力、安全性和稳定性的时代。启蒙希望创造一种崭新的情景,在这里改变不再象征着由偶然性或者情感与赤裸裸的利益作用而引发的规范秩序的崩溃和社会同一性、连续性的丧失。启蒙肯定性的纲领要为变革的进程附加一个由理性指引的、独一无二的方向,其道路早已被批判的、破坏性的力量清理干净。这一点需要一种适当力量的保证,这种力量源自并直接表达人类的特殊性和优越性:为意义和价值制造等级,并将其添加到无意义事件的因果序列中的人类能力中。只有体现并直接实现人类精神(*esprit humain/Geist*)的活动才能摆脱所有限制,社会和文化变革——广义的文化——才能服从于最高、最真实意义上的"高雅文化"所提供的**普遍有效的目标**。一方面是创新发展,另一方面是社会的完整性和稳定性,两者只有到那时才能协调一致,因为那时文化将不再只是习俗(conventions)和意见(opinions),而是建立在有意识的价值逐步实现的基础之上,这种价值是人真正"自然"的、合理性的自由精神制定出来的。

　　阶层分化的社会往往把不同的活动类型进行等级分类,并且在适合杰出的、有权力或威望的人的意义上,把其中某些活动解释为"更高雅的"或"高尚的"类型。毋庸置疑,现代性的"高雅文化"的具体形成和理解方式,在很大程度上依赖于对社会实践预先给定的、承袭下来的评价标准,作为与特殊历史发展同时发生的结果,它既代表了启蒙自身的前提也代表了它非反思性接受的传统。但是它并没有通过

22

赋予这些活动新的合法性标签来简单地将之法典化:从属于**礼貌**(politesse)和教养的事物转变成文化的(在这个词狭义的/"高雅"的意义上)事物,这种文化被强加了一种解释性的网格,服务于一种隐蔽的选择性原则。这种文化概念隐含着标准,公认**文化上独一无二的**实践才能满足。通过这种方式,启蒙给新兴的高雅文化领域附加上了系统的、概念上的组织等级,既强化了进行中的过程又赋予它们新的方向和意义。其中最重要的标准和要求也许可以用**对象化**(objectivation)、**革新性**(innovativeness)、**非物质化**(dematerialisation)和**自律性**(autonomy)①的提示词来表示。

一种实践要想具有属于高雅文化领域的资格,首先,需要在两种意义上满足**创造力**(creativity)的要求,一方面,它要能够被解释为**生产性的**,也就是说,能够产生与从业者行为和个人相分离的某物,这些产物在其存在的连续性中可以在主体间传递累积的经验、观点或能力。在 18 世纪和 19 世纪早期,我们今天用来指代各种高雅文化活动的分支和种类的所有术语("科学"、"哲学"、"艺术"、"文学")几乎同时经历了一种基本的语义学转向,从暗示个人性情(思维习性)或能力的特定类型,转向标志**对象化**的特殊活动和/或其全部产物。

然而,在这个词的另一个更严格的意义上,高雅文化活动也必须被认为是有创造性的:它们所生产的产品必须是新颖的,不是简单的传承而是要扩大人类可能性的范围。历史转型成一种文化社会指的是把作为遵循标准的**起源**(origin)的权威替换为**原创性**(originality)的要求,这是任何"作品",**对象化**被认为属于严格意义的文化领域而必须满足的。对于所有主张具有独一无二的文化重要性的事物来说,新颖性(novelty)既是基本条件也是评价标准之一。

① autonomy 一词是马尔库什用来表述文化特性的一个核心概念。这个词强调现代性的文化自身就是有价值的,并且可以按照内在的标准获得评价,体现了与"他律"概念相对的意义。然而,在马尔库什涉及科学领域的篇章中,这个词则更强调科学自主的特性。因此,全书中,这个词根据不同语境分别译为自律性和自主性。——译者注

然而,一些新事物的创造只有作为一部作品,一种"精神"的化身时,也就是说,当结果的对象化履行了只有在**观念的**对象的特征中才具有的功能的时候,它才具备这种重要意义,也即,是一种意义的复合体。在它们的社会解释中,具有高雅文化资格的实践已经经历了一种"非物质化"的过程:其产物的物质的现实性被认为是构成基本现实性的、易懂的、透明的意义载体。文化作品只有被理解才能被占有。这种"观念化"(idealisation)的过程,其开始当然远远早于启蒙运动,在主流的美术概念中可以发现它最生动的表现——从文艺复兴晚期的素描(disegno)和概念(concetto)理论,经由艺术作品本体论地位的经典概念,例如表象①(Schein),"从其纯粹的物质自然的束缚中解放出来"的感性存在②,到表现主义的艺术理论,例如贝奈戴托·克罗齐(Benedetto Croce)和柯林伍德(R. G. Collingwood),或者像让 - 保罗·萨特(Jean-Paul Sartre)把艺术作品的特征描述为虚构。可能没有这么壮观,但是本质上类似的过程也可以在散文的和文学的文本实践中看到。对于这一点,人们可能会发现一种趋势,就是一部科学、哲学或文学著作(直到现代主义的伟大转型)真正**所是**的内容与它表现和直接标题的语言中介出现断裂。这种现象不仅非反思地体现在"科学理论"或"哲学体系"这些概念的习惯性使用上,而且还成为我们许多基本文化实践的基础,例如现代意义上的"翻译"或"引用"。

在这里我并不是试图描述这些"文化"基本标准的特征,哪怕是粗略地。我只想要强调它们的有效性,或许最鲜明的例子要数**宗教**了。 ²⁴ 在大多数"因袭的"社会中,通过为现存经验赋予意义,宗教的表述和实践提供了基本和最终的解释框架。启蒙运动的大多数代表认为这种功能是必不可少的。宗教的有效性紧密联系着至高无上来源的神圣和永保纯度的起源,尽管如此,宗教并没有进入高雅文化领域。世俗化过程的一个重要方面,恰恰体现在这种中心**文化**力量功能的丧失

---

① 也可译作假象、幻象等。——译者注
② Hegel, *Aesthetics*, vol. 1, Oxford:Oxford University Press, 1975, p. 38.

上,这种力量区别于信仰和作为社会现实的怀疑的实际传播。

　　然而,我想要就**自律性**概念至少进行一些极为概略的评注,作为其区别性的标志,其往往与现代性文化紧密相连。首先,自律性不能简单地等同于某些**自成目的性**(autotelic)活动的社会评价,也就是说,独自、本身就具有价值。这样一种理解非常普遍,并且作为最高和最纯的**实践**(praxis)形式的哲学(*philosophia*)的经典概念可以很好地做出证明。但是在前现代社会,活动通常能够被认为是自成目的的,因为它们被当作满足高尚人类愿望的活动,所以它们的实行与过一种最好的、最充实的人类生活是一致的。现代的自律性概念,在一种意义上直接否定了这种思想,因为它意味着,根据全部内在的,并且完全独立于对其生产者和/或接受者的生命活动产生直接影响的标准来说,特定实践的对象化结果自身就是有价值的。在这种(否定的)意义上,文化自律性理念表达并强化了一个过程,在这个过程中,特定实践活动成为**从社会脱域的**(socially disembedded)(通过主从关系的解体、商品化、专业化等等)活动,也就是说,一方面,其不再附属于预先给定的、外部固定的社会任务;另一方面,其不再内在地围绕限定的社会因素和情境并且针对某些特殊的、有限的受众群体。

　　这种社会解体过程被理解为解放,理解为专门适用于"精神"活动(*geistige Tätigkeiten*)的自由的保证,这种观念本质上属于启蒙的文化理念。文化自律性也意味着**原生性**(autochthony),对相关活动的决定只是由固有的、内在的因素做出的,它们在变化和发展中遵循的不是他者的要求和逻辑,而是自己的。文化实践在这种理解中形成了一个领域,在这里不注重权威只注重才能,不运用强制力而只进行更有益的争论。它们可能是趋向实现真正有效目的的、当政的、指引的和导向性的社会变革进程,因为在其内部组织中,它们体现了也许从来不能完全实现的事物,社会发展的**终极目标**(telos):当每个人都遵循着"普遍的声音"的口令时,每个个体自觉的自律性与一切和谐的融合保持一致,便能够成为可能。作为社会演进目标的具体化,以及作为社会演进约束性目标的创造者,从附属于外部强加的、特殊的社会任务中解放出来的"高雅文化"活动,并不是机能缺失(afunctional)——只有通过这种方式,它们才能获得一般社会定位和融合的**普遍**功能,在过去,这些功能通常是由历史上限定的宗教信仰神圣化的、僵化的体系来执行的。

最先始终如一、全面呈现这个高雅文化领域内部构成的人正是康德,并且通过概念上的详细叙述,康德同时还揭露了高雅文化深刻的内在张力。因为区别于**技巧文化**(culture of skill)——一般而言,就是培养我们实现目的的能力并使其得到发展,包括任何种类的目的,不管是对是错——训练的文化(*Kultur der Zucht*)指的是培养我们自由设定活动有意义和有效目标的能力:它旨在"把意志从欲望的专制中解放出来,由于这种专制,我们依附于某些自然物,而使我们没有自己作选择的能力"①。这个"更高雅的文化"领域"使人类对一个只有理性才应当有权力施行的统治作好了准备"②,它一方面包括科学,另一方面包括美术(*schöne Künste*):这个领域通过它们的截然对立得以构成[尽管,在某一个场合③,康德提到过人文学科(*humanioria*)是两者间的一种调解连接]。 26

科学是以**理解**(understanding)的立法权力为基础的,正如它逐渐从人类感觉的经验限制中解放出来,以及从自然需求强加给认知旨趣的实用约束中解放出来一样。另一方面,艺术创造力根植于**生产性的想象**从理解和预先给定的概念束缚中的解放。表述和对象化的态度,以及作为经验的－现象的现实的世界观,两者是可交流的、可共享的

---

① Kant, *Kritik der Urteilskraft*, section 83, In Werke, Cassirer edn, Bd 5, Berlin, Cassirer-V, 1914, p.512.(参见康德:《判断力批判》,邓晓芒译,人民出版社2002年版,第287页。——译者注)

② Kant, *Kritik der Urteilskraft*, section 83, In Werke, Cassirer edn, Bd 5, Berlin, Cassirer-V, 1914, p.513.(参见康德:《判断力批判》,邓晓芒译,人民出版社2002年版,第289页。——译者注)

③ Kant, *Kritik der Urteilskraft*, section 83, In Werke, Cassirer edn, Bd 5, Berlin, Cassirer-V, 1914, p.432.

并且主体间是相互约束的,但是这些态度也是彼此完全对立的。它们彼此对立,正如知识的客观性对立于感觉的主观性,正如理想地形成的单一、一致系统的科学真理的统一性,对立于美的对象不可消减的、每一个都是独特和不可替代的多元性,正如概念明确的、单一的意义对立于审美理想(aesthetic ideal)多重的、不可穷尽的意义("想像力的那样一种表象,它引起很多的思考,却没有任何一个确定的观念,也就是概念能够适合于它,因而没有任何言说能够完全达到它并使它完全得到理解")①;正如严格的、普遍的和可再现的科学方法规则对立于自由的创造力,没有确定的规则可以将之限定,并且其统一体只能以独具个性表达的、无与伦比的风格来表现。科学代表了一种集体的努力,其中甚至最重要的个人成就也会在认知的积累中被超越,因此即使是最伟大的科学家也只是理性的工匠和技师(Vernunftkünstler)②,因为他们解决的任务必须是非个人的,而由于其成就完全是科学的,因此他们的解决方法也是可以被他人复制的。另一方面,美术"是天才的艺术"③,一种自然的最珍贵馈赠,具有"不可传达"④的技巧,美术作品只能作为可追随的典范,却不是再生产或模仿的产物。此外,最重要的,在科学中我们所遇到的自然是所有可能经验到的对象的总和,就它们依据经验法则处在完全相互联系的关系而言,其意义和必然性是人类洞察力难以想象的。另一方面,在艺术中,我们在想象中创造了"第二自然"(second nature),这个自然"让我们受到恩惠"⑤,Gunst

① Kant, *Kritik der Urteilskraft*, section 83, In Werke, Cassirer edn, Bd 5, Berlin, Cassirer-V, 1914, p.389.(参见康德:《判断力批判》,邓晓芒译,人民出版社2002年版,第158页。——译者注)

② Kant, *Kritik der reinen Vernunft*, B867.

③ Kant, *Kritik der Urteilskraft*, section 83, In Werke, Cassirer edn, Bd 5, Berlin, Cassirer-V, 1914, p.382.(参见康德:《判断力批判》,邓晓芒译,人民出版社2002年版,第150页。——译者注)

④ Kant, *Kritik der Urteilskraft*, section 83, In Werke, Cassirer edn, Bd 5, Berlin, Cassirer-V, 1914, p.384.

⑤ Kant, *Kritik der Urteilskraft*, section 83, In Werke, Cassirer edn, Bd 5, Berlin, Cassirer-V, 1914, pp.458-459.

(恩惠),而且它与自由发挥我们意识的基本力量和谐共处并因此满足我们最深的、特别的人类需要。合理性 – 智力的与想象的二元对立至此得到了一种清晰的表述,并且在它们的两极中,它们划定了文化的合法领域——但是带有重要的附加条件。

这一伟大的重建为高雅文化实际上的表述赋予了概念基础,同时也"解构"(deconstructs)了它在启蒙中的概念。如果文化是围绕着智力(理解力)和想象(以及与之相连的判断力)的直接对立而组建起来的,那么文化统一的思想怎样能够——没有它,其指导性的作用是不可想象的——得到支持? 在康德的构想中,审美经验的自律性应该在理论和实践理性之间提供过渡和中介以便证明它们的统一——事实上它的介入只产生了一种新的二元。康德认为科学与艺术之间的关系是互补性的,但是他从未表明怎样划分这两种对立的、被对象化的并且变得自律的世界观的合法领域。关于伟大文化价值领域之间不可调和的冲突,马克斯·韦伯(Max Weber)结论的前提已经被康德规定了,即使是无意为之的结果。

这个无意的结果部分原因是,康德的"训练的文化"领域的先验构成中存在一种似乎奇怪的构造性失衡。三种出众的认知力(*Erkenntnisvermögen*),在它们的相互作用中构成了人类意识的特殊结构,并且在它们不同的关系中奠定了人类可能对世界所持态度的基础,三种能力中只有两种具有文化的"表现":而履行了统一的最高功能并独自在道德领域里立法的理性,却不是任何独立文化活动领域的基础。或者说它是? 因为用康德自己的观点来看,如果不是实践理性的文化体现,那么什么是肯定性宗教的历史形式(康德称作 Kirchenglaube)? 然而,康德没有承认它们属于更高雅的文化领域。因为,截然对立于科学和艺术,在某种"教会信仰"形式中的宗教,没有解放它潜在的先验原则,而是以相反的方式行动:也就是说,它将他律的刺激动机引入道德行为领域,为了名副其实,它必须早已被认为是自律的。正因如此,还是对立于真正的文化形式,一种肯定的宗教形式"不可能

28

普遍具有令人信服的力量"①。它的必然性只是建立在作为经验事实的"人的本性的特殊弱点"②之上，产生一种对支持的需要以保证外部的事物全部顺应道德命令。

但是，由此康德似乎破坏了启蒙赋予高雅文化的特殊意义。因为不仅是"人类弱点"的情况，可能社会有效性问题也必然出现在关于那些只有通过文化发展才能获得它们的自律性的领域（真和美的领域）之中：众所周知，从19世纪80年代中期开始，康德逐渐对启蒙的蔓延问题忧虑重重、态度悲观。更重要的是，他的概念阐述不可避免地提出问题：如果道德本身的唯一的目标和价值不能被转变成直接的文化力量，那么文化怎样才能为我们提供社会发展的全部导向目标？直到临终前，康德在历史中为"道德培养"（moral cultivation）何以可能的问题提供了矛盾的答案。但是，这个与他的体系逻辑相对应的唯一的答案（并且是在他的系统著述中唯一发现的一个）却是**否定的**：对于人类遵循真正有效的、适合人性的目标的能力来说，高雅文化的培养只能提供否定性的条件，而绝非保证。它只是削弱或消除了我们按自己的选择去行善**或**作恶的自然愿望的专制。文化是自然与人的终结目的（*letzter Zweck*），但是它并没有赋予我们可以接近人类存在的最终目的（*Endzweck*）的指令。总之，它的自律性必须依赖于其他事物。

因此，对于启蒙的文化概念做出哲学表述并使之合法化的这一最初的和典范的尝试，事实上以这个计划的基本理念的取消而告终。不出所料，此后几乎立刻就出现了一种反启蒙的文化乌托邦，动因是要实现启蒙失败了的承诺。在这个世纪之交之前，这就已经在（黑格尔的）《德国唯心主义的最初的体系纲领》（*Earliest System-Program of German Idealism*）这个深奥的文本中得到了典型的表述。它宣告了将"理性与内心的一神论"同"想象和艺术的多神论"统一在一个"新的

---

① Kant, *Die Religion innerhalb der Grenzen der blossen Vernunft*, *Werke*, Bd 6, p. 255.
② Kant, *Die Religion innerhalb der Grenzen der blossen Vernunft*, *Werke*, Bd 6, p. 248.

神话"中的思想,而这种神话"必须服务于观念,必须是一种理性的神话"①。不是要实现文化领域的分化和自律,这个纲领宣布了重新融入生活总体中去的需要;不是用价值创造的精神的自由活动取代宗教和神圣化的传统,而是计划对这些活动再神圣化(re-sacralisation)。不是文化上制造"第二自然",其最有代表性的特征是要求和唤起一种批判的距离和反思的态度,而是旨在把"第二自然"综合创造为更高水平上向直接性(immediacy)回归。但是,让哲学成为神话,仍然只是想要"使人变成有理性的",想要"创造一个更高的统一",在这里"启蒙的和非启蒙的能够相互结合",由此再也不会有"在智者和神父面前盲目的、颤抖的人",相反"普遍的自由和平等的精神将长盛不衰"②。

从早期浪漫主义开始,这种仍然至少保留着启蒙某些目标的反启蒙,具有文化现代性历史的规律性循环的特征。其思想的某些内容甚至在后现代的理论中产生回响:一种纲领上的融合,不仅是理论上的,而且是伦理和政治的一种唯美化趋势。总的说来,人们可以在所有话语的叙述中发现一种不过是神话稀释后的版本。但是,今天,这种神话并没有以未来无所不包的统一的乌托邦名义出现。虽然一些后现代主义的代表用赞颂的语气谈论差异、无意义和分散时,的确唤起了与无政府主义计划(本身是启蒙的继承者之一)的某些联系,但是这些理论总的推动力和意义还是强烈反对乌托邦。后现代提议的判断中,许多基本要素——比如,让 - 弗朗索瓦·利奥塔(Jean-François Lyotard)对所有**宏大叙事**的分解,或者让·鲍德里亚(Jean Baudrillard)拟像(*simulacra*)的盛行——在内容上与文化现代性最绝望的批判具有相似性(在海德格尔或阿多诺那里),现在这些现象在唯美化的自我满足或顺从的幻灭的态度下得到接受。

30

---

① Hegel, *Das älteste Systemprogram des deutschen Idealismus*, In *Mythologie der Vernunft*, ed. C. Jamme and H. Schneider, Frankfurt, Suhrkamp, 1984, p.13.

② Hegel, *Das älteste Systemprogram des deutschen Idealismus*, In *Mythologie der Vernunft*, ed. C. Jamme and H. Schneider, Frankfurt, Suhrkamp, 1984, p.14.

毫无疑问,历史经验联系着一个事实,即反启蒙——或者,较少异议的说法是对启蒙的基本批判——不再呈现出再神话化(remythologisation)的乌托邦形式。但是它也不再需要表现为这样一种形式。因为,此时,不仅是启蒙的承诺——退化为在唯一的"科学世界观"基础上设计一个普遍幸福的社会神话——而且还有其最初计划得以表达的基本概念,也已经丧失了可信度和吸引力;不仅如此,一种"更高雅的文化"思想本身似乎已经被剥夺了实证支持。对它们的批判无须再调用其他的可选的方案来一起抨击它们合法化的方式。通过证明这些思想不再支持当代现实,或与当代现实无关联就可以实现批判的目的。

现代主义和后现代主义已经提出了一种文化进程,这个进程似乎破坏了"高雅文化"概念在现代性中可以并已经被明确表述的条件和标准。人们可以轻松地把**去对象化**(desobjectivisation)、**再物质化**(rematerialisation)、**新颖性与创造力的分离**(divorce of novelty from creativity),以及**异生性**(heterochthony)的过程,说成是在适当的实践和/或它们主要的解释特征中表明变化方向的趋势。

我所说的**去对象化**指的是一种倾向,使文化"作品"是一种自我存在的(观念的)对象的理念得以还原——要么,在硬科学中,支持也许只是由互联的电子设备信号介导的、偏离中心交流的连续**过程**,要么,在艺术中,支持间断的、分裂的**事件**,没有清晰界限的一种存在。(人们在此处也可以把一些解释包括进来,根据这些解释,甚至传统的"艺术作品"也只有在飞逝的、不可复制的适当接受行动中才能获得审美重要性。)**再物质化**指的是**感觉蒸发**的过程,要么(在科学中)它还原为一个公式的复合体,在高度专业和特殊的实验情境中,其不工作的构成似乎只是履行一种指涉职能,而不构成可理解意义的总体,也就是系统上可理解的所谓指示物的解释;要么(在艺术中),一种对意义关系有目的的阻塞,以便在自我指涉上突出象征符号,也就是传播物质中介本身,并且要达到释放其"符号的活力"的目的。毫无疑问,**新**

31

颖性,保持着其文化重要性的基本标准的作用。然而,它愈发激进地要求脱离**创作主体**是自觉意愿原创性的来源这一理念。这不仅体现在如"作者已死"的解释的－理论的观念中,而且,在某种程度上,也表现在各自实践特征的变化中,可以发现,例如,在硬科学中,众多作者的身份是很突出的,往往包括不同专业的科学家,他们之中没有谁能拥有(至少形式上是这样认为的)驾驭整篇论文的内容和主旨的能力。在某些互文性理论中,一般而言,文化活动类似于诺瓦利斯(Novalis)①"巨大磨坊"(monstrous mill)的想象,没有建造者和坊主,只有研磨本身。

最后,是**自律性**的问题。当然,不仅在某些功能分化的体制网络框架内,作为专门专业化活动出现的社会学意义上,高雅文化实践是自律的。在它们的结果被社会设定为本身有价值的这个意义上说,它们同样也是自律的,也就是说,只有按照内部和内在于所提到的特殊领域的标准和条件才能对它们进行评价,并不需要说明它们潜在的和"外部的"社会－实践影响。然而,文化实践这种规范的自律性却无法保证它们的**原生性**,这种原生性既是内部独立的决定也是它们发展的方向。对于这一点**经验的自然科学**就可以充分说明,它是实践的作用最令人信服的候选者,其动力由自己的逻辑限定——问题－产生、问题－解决范式的逻辑——并且在科学中,适当的内部评价标准得到了最明晰的表述和共识性接受。

现代科学的合理性在根本上要受到理论结果主体间性的、经验上(实验上)可检验性/可证伪性的约束。要发挥这种作用,科学实验本身必须根据"实验报告"式的、推理的标准来解释。简略地说,它们需要一个完整的无个性说明,用于描述依当前实验室条件而定的意向行动和相互作用的复合体,换言之,这是一种程式化,把它们转变成在标准条件下发生的、拥有连贯顺序的事件,在这种境况下,实验员－"作

① 诺瓦利斯(Novalis),18—19世纪德国浪漫主义诗人。——译者注

者"（通常是许多人在复合的、等级的组合中）只是匿名的操作者,以及方法上编程操作的、疏离的观察者。为了能够履行一种可检验性/可证伪性的功能,就要提到实验报告,把它作为一种认知标准,只有那些,而且是**所有**那些如此描述的物质条件和过程才可能影响实验的结果。只有满足这些条件才能保证它的可复制性,也因此使主体间的有效性的要求成为合理合法的。

然而,很明显,一般而言,原则上,这样的标准很难满足:在一种难免犯错的科学里,假定的适当条件范围是敞开的。事实上,任何实验的描述都将被理解为在非指定的、未知的,其他条件不变(*ceteris paribus*)的前提下提出的有效性主张。因此,任何实验报告都能够接受没有说明所有相关可能性因素和原因的异议。既然这样的批判始终都会出现,那么也就没有什么力量。只有人们可以对某些未说明的相关因素的具体本性和特征提出实质性评述时,其才是有意义的。然而,通常只有以理论论证为基础时,这才具有可能性,只有用实验数据证实在既定的解释下,它与原始实验结果相矛盾时,理论论证才变成对最初实验解释(以及支持它的理论)的**尝试性证伪**。但是,这需要对它进行"再实验"。然而这种再实验是否**实际上值得并可行**,在高度专业化和非常昂贵的当代研究形势下,取决于限定条件,其中外部的观点和标准发挥着即便不是决定性的,也是非常重要的作用。事实上,通常,这样"再实验"的可能性最终依赖于主体和组织的财政和管理决策,从科学的角度看,这些组织没有能力合理地做出这样的决策,因为通常它们的大多数成员并不是特殊研究领域里的专家。总的来说,这意味着事实上,科学发展实际的决策并不是由科学合理性内部的认知标准来决定的。但是这并没有使认知标准失效——它们构成了一个标准的框架,使主体间评价和再评价那些研究结果具有可能性。但是,这些规范的特征(它们的反事实性),从科学认知结构的角度看,它们的完成**需要**"外部的"介入,这些同时发生的因素既依赖于自己的社会组织(研究垄断的存在/缺席)又依赖于其与整个社会权力结构的联结。科学与权力的联结内在于科学本身的**机能**中。科学发展的"合理性"没有内在的保障。它使"客观真理"(在康德使用这个词的意义上)理念具有可行性的条件和标准,原则上保证了结果的可修正性,这些结果是早前的、受"外部"影响的、在众多对抗性理论和解释中做出的选择,但是只有在具有"外部"的社会空间和推动力帮助其完成的条件下,其才能获得保证。

所有这些涉及"高雅文化"实践特征上不同的变化进程的因素——在不同程度上——都是片面的,无法为它们今天正在经历的复杂蜕变提供一个均衡的图景。然而,整体上,它们充分的经验事实和力量,却让源于启蒙的"高雅文化"的"经典"概念,在解释描述这些实践是什么的方面变得不可适用,在可以并应该成为什么的理想方面变得站不住脚。今天的科学不再提供,或承诺提供一种"世界观";它们已经变成彻底单一功能的(monofunctional)产物:一项技术的智力成分,仅仅是一种专业知识。"自由"的艺术真正从所有的功能中解放出来;它们不再是想象与理解和谐的表现,在其规则不断和无法预料的变化中,它们成为复杂的游戏和毋庸置疑的娱乐,当然这些规则仍然为游戏者赋予不同的社会象征。这些自律领域和象征 - 解释体系之间的联系,引导着我们的日常活动,也就是广义上的文化,其似乎看起来不过是由可见的和不可见的、渗透到它们两者中的权力机制构成的。

尽管如此,启蒙打造的高雅文化的观念,对于我们来说,虽然是站不住脚的,但同时依然是必不可少的。正如所描述的那样,它是与趋向性相对抗的矫正物。它仍然发挥着微弱的、当然非救世主式的作用,使文化的发展方向保持开放性的离心的驱动力。这种理念仍然不仅存在于批判性地质疑这些实践的功能及其与权力的关系之中,而且也存在于那些具体 - 实践性的自我反思的形式中,它的出现在米歇尔·福柯(Michel Foucault)看来是一种标志,是从启蒙的任务中遗留

34

下来的,今天由"特殊知识分子"来肩负的使命①;它同样也根植于**这些特殊**实践本身之中。

仍然希望从科学中揭示这个世界的真实"面目",使我们在其中的处境变得可以理解,允许我们不仅能判断成功的条件还能判断我们目标的意义,保持这种希望的不仅是一群天真和被误导的民众。"终极本体论"的预期在科学实践本身之中也是有效的。因为,为了矫正早前的片面性,在科学内部和外部,理论选择不仅由半政治协商的结果以及权威者的判断从外部决定;它还往往受到科学共同体成员某种真理形态的、多种信仰的影响。上帝不会"掷骰子",统一的域论还不够疯狂——从科学合理性的现存标准的角度来看,这种暗示和感想,甚至内心感受,不仅是外部的,还是"非理性的",不是因为它们同时发生,而是因为它们假定真理的观念不能还原为保证性的断言。然而,在批判性的重新检验指引着科学一般发展方向的主要研究范式中,它们曾经发挥过并仍然发挥着重要的作用。

无论我们时代的艺术关涉的是什么——尽管它能够讽刺性地自我反思——它都不是由艺术史的意识单独规定的。创造力和解释力的双重努力,以及要表达关于什么超越了艺术和什么是仍然难以言说的"思想"的要求,一次又一次地回归,打断或扼杀了越来越激进的革新要求或艺术概念本身的问题引发的、形式谱系意欲发展的逻辑。如果说后现代主义艺术作品,这种最异质性的群体,不再为我们呈现封闭的意义总体性,即一种乌托邦式协调一致的审美预想,那么它们也仍然保持着挑战我们惯常的感受力的意图和冲动,要使我们体验喜悦,或更经常地体验别样的和他者的痛苦——应该说它们甚至更深谙此道。想要成为一种普遍性的语言,"心灵与心灵之间的桥梁",这种雄心壮志仍然是艺术的抱负——只是今天谁还能对这样的主张信心不减?

① 参见 Foucault, *Truth and Power*, In *The Foucault Reader*, ed. P. Rabinow, New York: Pantheon, 1984, pp. 67-73。

抱残守缺,似乎是典型的"言而无信"(bad faith)的例子。我们是启蒙的后继者;它是我们文化"言而无信"的体现,但是这种文化仍然——让精神魂牵梦绕。祛魅甚至消除它的努力当然也可以理解。然而,我深信,如果真的成功的话,那将使我们的文化丧失其批判活力的基本动力。这恰恰是我们害怕看到的。

第二章　超越二分法　实践和创制

亚里士多德在当代的实践哲学、政治哲学中得到了一次真正的复兴。创制（*poiesis*）和实践（*praxis*）、制作（making）和做（doing），以及相关的技艺（*techne*）和实践智慧（*phronesis*）之间的概念二分法，成为一些逍遥学派（peripatetic）所倚重的观念，当代哲学经常由于这些观点与我们当今的处境息息相关而在理念上复苏它们。这种被长期忽视的、把人类活动分为两种基本类型的划分方法——有人如此认为——引发了对我们社会存在的根本顽疾的关注：原本作为行动的实践的萎缩（atrophy of *praxis*），全部有意识的人类活动向某种制作模式的转变、向技术上有效的行为模式的转变。实践理性退化为纯粹的工具控制，这是我们在汉娜·阿伦特（Hannah Arendt）和尤尔根·哈贝马斯（Jürgen Habermas）①的著作中看到的一种判断，在汉斯－格奥尔格·伽达默尔（Hans-Georg Gadamer）②和迈克尔·奥克肖特（Michael Oakeshott）以及

---

① 尤尔根·哈贝马斯（Jürgen Habermas, 1929— ），德国当代著名的哲学家。著有《公共领域的结构转型》、《知识与人类旨趣》、《现代性的哲学话语》、《交往行为理论》、《晚期资本主义的合法性危机》和《后形而上学思想》等书。——译者注

② 汉斯－格奥尔格·伽达默尔（Hans-Georg Gadamer, 1900—2002），德国哲学家。著有《真理与方法》和《科学时代的理性》等书。——译者注

所谓"人道主义的"马克思主义的许多杰出代表那里,当然也包括阿拉斯代尔·麦金泰尔①(Alasdair MacIntyre)的著作中也都有相关论述,我在这里只是提到其中一部分名字而已。可以说,这种判断已经成为一种文化上的常识,形成了我们对所面临的困惑和任务的理解。

这或许是人们对于构成这些特征基础的亚里士多德基本的对立图式——或明确或隐含地——感到不满的第一个原因所在。

在对"我们这个时代顽疾"的共同理解中,这些杰出的思想家使用的一般陈述具有惊人的相似之处,因此这在某种程度上确实掩盖了更为实质性的区别,有时候甚至是不可调和的对立。对于破坏了我们的"家园",即周围的人类世界的永久性和稳定性的生产和技术,我们应该主要归咎于它们不受限制的动力机制吗?对于工具性活动的整合来说,组织标准和形式是必要的,当这种仅对整合具有必要性的标准和形式非法侵入了公共领域时,技术统治解放性的力量在本质上便已经摆脱了公民理性的控制,或者说这个事实才是罪魁祸首?如果一种强大的意识形态不按技术理性的逻辑,而是按照自己的逻辑有效地伪装实际上权力利益的统治,那么技术专业在当代生活中的支配难道就是这种强大的意识形态吗?再或者,它只不过是隐藏了统治者们彻底的无能和非理性吗?

所有这些必然存在巨大分歧的观点都能在我提到的那些作家的著作中找到。同样,在他们中的一些人看来,实践的萎缩与一些共同体的解体密切相关,这些共同体植根于流传下来的传统的有机连续性,植根于共有的传统习俗和行为方式,它们的解体过程表现在无理地要求对于所有损害道德－政治交往诚信的行动也要给出普遍正当的理由。但是,这种萎缩还可以通过一个事实得到解释,在现代条件下,技术进步与社会的生活世界之间的调解是由自发的、非反思地接受的、缺乏合理合法性的传统机制和形式完成的。而且被我们可悲地

---

① 也译作麦金太尔。——译者注

39 遗失了的真正的实践领域,被视为充分表现不可简化的个人独特性和人类多元性的自我启示(self-revelatory)活动的领域,**或者**在实行共同分享的标准和行为规范的意义上,实践领域还可以被视为"文明礼仪"的领域,这些标准和规范是无法从有意识的个人意图和目标中推断出来的,**或者**还被理解为通过纯粹理性的和辩论的手段达到的、能够确保多种意图汇集成共识的那些活动的总和。

这些理论家全都有意地使用同一的传统概念图式(scheme)、带着相同的使用目的以及看起来似乎相同的结果,然而在他们之间存在的根本的不一致性——可以轻易地列举下去——可能会促使我们停下来询问这样一个问题:如果这一系列分歧性的观点能够在术语上用几乎完全相同的方式进行表述,那么这种概念图式,即亚里士多德的创制和实践的二分法,就其本身及其在我们社会政治经历中的应用而言是足够清晰的吗? 带着这个疑问,如果我们更仔细地探查现代的概念阐述与亚里士多德使用的表述方式之间的关系的话,我认为我们能够得出一些中肯的结论。

实践和创制之间的区别——正如我们在注释文献中所了解到的那样——在亚里士多德那里被许多严重的解释性困难和悖论所困扰。从我们的观点来看,至于这些困难到底是实际的还是纯粹表面上的问题并不重要,如果人们把亚里士多德实际上明确表述这些范畴的形而上学**框架**考虑在内的话,这个问题自然就迎刃而解,因为没有任何一个现代作者能想到这样理解亚里士多德的形而上学。至少**看上去**有一些问题和晦涩难懂之处与这种概念区分有关,我将仅仅指出其中三点:

1. 想要把亚里士多德的**实践的定义**[做以及狭义－原意上的行动(action)]与他对所有特定人类活动(广泛意义上的行动)**目的论**(tele-ological)结构的始终坚持进行调解,这一定会困难重重。通常,如亚里士多德所言,行动"是为了自己之外的事情"①。"在我们的地球上,拥有最丰富多样的行动的是人——因为人能够争取到很多物品,所以人类的行动是多种多样的并指向超越这些之外的目标——而拥有完美条件的东西就不需要行动了,因为它本身就是目标,行动总是需要两个条件,目标和手段。"②然而,亚里士多德通过把实践定义为除了自身以外没有任何其他目标的行动,通过成为自己的目标,进而把实践和创制[制作、生产(production)]区分开来。

40

2. 亚里士多德在其各种著作的语境下提到的与实践有关的实际例子看起来是如此的异质(heterogeneous),以至于是否能够对此类不相干的行动和活动做出某种有意义的主张都成了问题。在好生活(well-lived life)的总体之外,实践的例子似乎覆盖了从简单的感觉行动(经常看到亚里士多德称之为实践)③到消费或使用活动④,娴熟地演奏竖琴⑤、治愈某种疾病⑥等复杂的技艺,再到所有道德上美和善的行为,其中首要的就是政治和军事活动。⑦　而且,应该补充一点,亚里士多德还将管理家庭称为实践。⑧　此外,更重要的是,有一些活动,在某种语境下被亚里士多德称为实践,而在另一种语境下又被称为制作、创制。我们仅仅列举一个在亚里士多德二分法的所有现代理解中

---

①　Aristotle, *Nichomachean Ethics* In *The Basic Works of Aristotle*, ed. with intro. Richard MeKeon, New York: Random House, 1941, Book III, ch. 3, 1112 b 33. 除非另有说明,否则之后所有对于亚里士多德作品的引文指的都是此版本。(由于作者对亚里士多德的引用源自英文版,为了避免误解,相关引文都附上译自希腊文的中译文。此句还译为"各种行为都是为了他物",参见《亚里士多德全集》第 8 卷,苗力田主编,中国人民大学出版社 1992 年版。——译者注)

②　Aristotle, *De Caelo*: *The Complete Works of Aristotle*, Oxford: Clarendon Press, 1908-1952, Book II, ch. 12, 292 61-66.

③　例如,参见 *Metaphysics*, Book IX, ch. 6, 1048 b 23 ff。

④　*Politics*, Book I, ch. 4, 1254 a 1 ff.

⑤　*Magna Moralia*, Book I, ch. 34, 1197 a 9, In *The Complete Works of Aristotle*: *Nicomachean Ethics*, Book I, ch. 6, 1098 a 11.

⑥　*Metaphysics*, Book IX, ch. 6, 1048 b 25.

⑦　*Nichomachean Ethics*, Book X, ch. 7, 1177 b 6-7.

⑧　*Nichomachean Ethics*, Book VI, ch. 5, 1140 b 10.

具有决定性意义的例子:对于亚里士多德来说政治学毫无疑问代表着实践的主要领域,但同时他还主张卓越和高尚的政治和军事行动"针对某一目的而不是为了行动本身"①;他把立法这一最高级的政治活动与体力劳动者的工作相提并论②;他经常把在政治上必须以正确方式进行的习惯性部署称为技艺,即技巧。不过,亚里士多德确实坚持技艺"必定是**制作**问题,而不是行动问题"③,因此它完全不同于并脱离作为"行动能力的理性状态"的实践智慧,因为"行动不是制作,制作也不是行动"④。

3. 最后,虽然可能很难划定实践概念所包含的人类活动的确切范围,但是,构成人力所及的最高可能的、最完美的和自足的实践形式的东西对于亚里士多德来说是没有任何异议的。这就是沉思生活⑤(*bios theoretikos*)。现在,这确实是矛盾的,因为亚里士多德一贯将**理论**(theoria)、沉思的特征描述为既对立于实践也对立于创制。⑥ 实践最完美的体现如此一来似乎就缺少了行动的特征。

然而,亚里士多德实践/创制二分法的这些困难(不论它们是真实存在的还是想象中的)似乎是要让我们进行十分无意义的文献学活动。因为我之前提到的那些作者不仅不接受正在讨论着的逍遥学派形而上学的特征框架,他们也同样不接受亚里士多德对它的表述,并因此往往针对生产和行动之间的范畴特征(categorical distinction)提出一些多少有些激进的重新阐释。但是,正是这一事实为上述思考赋予

---

① *Nichomachean Ethics*,Book X,ch. 7,1177 b 17. ("并不是为了他们自身而选择,而是为了追求某一目的",参见《亚里士多德全集》第 8 卷,苗力田主编,中国人民大学出版社 1992 年版。——译者注)

② *Nichomachean Ethics*,Book VI,ch. 8,1141 b 39.

③ *Nichomachean Ethics*,Book VI,ch. 4,1140 a 16.

④ *Nichomachean Ethics*,Book VI,ch. 4,1140 a 5-6. ("实践并不是创制,创制也不是实践",参见《亚里士多德全集》第 8 卷,苗力田主编,中国人民大学出版社 1992 年版。——译者注)

⑤ 英文为 the life of contemplation,也译作理论生活或理论活动。——译者注

⑥ *Nichomachean Ethics*,Book X,ch. 8,1178 b 10 ff.

了一些兴趣和重要性,姑且不论所有那些修改,主要是因为上述困难仍然**经常反复出现**在这种二分法的现代应用之中。

这无疑是一种广泛的陈述,对其进行论证就要对相关著者的每一部著作进行一次彻底的分析。在此,我必须将讨论限制在几个实例范围内——尽管它们只涉及上述第一个和最后一个困难。

让我们从最近的一个实例开始。弗雷德·多迈尔(Fred Dallmayr)多年以来一直是最坚决地把实践的经典概念重新引入政治理论当中的美国哲学家之一。他最新的著作《实践和城邦》(*Praxis and Polis*)极具启发性地、批判地简要论述了那些尤其旨在概念澄清的理论尝试。然而,有关实践目的论特征让人大伤脑筋的问题似乎抵制着这种努力。因为多迈尔在对哈贝马斯的批判中坚持一般意义上的行动,即便是交往行动(就作为"行动"的一种模式这一意义而言),也"总是受到某种'目的'的推动并因此是目的论的"[1]。但是,在同一部著作的其他地方,多迈尔却主张,"在极端意义上,非工具性的行动必须被解释为与结果和目标实现无关的行动"[2]。在这个问题上的举棋不定似乎特别奇怪,因为恰恰是这种未解决的冲突构成了多迈尔对哈贝马斯批判的一个中心点。他指责哈贝马斯的观点中存在着一种特有的窘境,一方面,这是由哈贝马斯承认目的论结构对所有类型的行动来说都是最根本的因素而造成的;另一方面,这是由以成功为目标的目的论行动和以共识为目标的交往行动(我们还应该补充一点,对于哈贝马斯来说交往行动完美地实现了实践的功能)之间假定的尖锐对立而造成的。多迈尔的批判似乎十分具有说服力,不过似乎也同样伴随着没有解决的窘境。尽管如此,我要马上进行补充,这不是他们特有的问题。这一问题还表现在汉娜·阿伦特的开创性著作《人的条件》

42

---

[1]　F. Dallmayr, *Praxis and Polis*, Cambridge MA: Cambridge University Press, 1984, p. 240.

[2]　F. Dallmayr, *Praxis and Polis*, Cambridge MA: Cambridge University Press, 1984, p. 180.

(*The Human Condition*)一书中。阿伦特从根本上拒绝把任何目的论图式应用于某种行动之上(她甚至在这一点上对亚里士多德的"不一致"进行了批评):她主张,行动"完全处于手段和目的范畴之外",目的本身自在的目的(end-in-itself)这一概念要么是同义反复的,要么是自相矛盾的。① 然而,尽管她强调了行动的自我启示的、表现的和主动的特征,但她确实没有把它与自由行动(*action gratuité*)等同起来。行动是有意义的,它的有意义性与它的"为了……的利益"(for-the-sake-of)这一结构有关②,与它具有某种目的这一事实有关③,即便后者几乎永远也不会实现。而阿伦特事实上认为行动具有某种目的,然而这种目的不是"被追逐的",而是存在于行动本身中的。但在她的作品中仍然没有说明如何使这些特征和谐一致。

43　　看起来,当代的作者至少避开了悖论,即亚里士多德将沉思生活提高到好的行动(*eupraxia*)这种最完美形式上的悖论。在直接的意义上,这当然是真实的。但是寻找能够一直与生产的工具性活动相对立的某种活动似乎又产生了一种实践概念,它还是缺乏某些根本的行动特征,这种行动特征是在打算进行或完成某事的具体情况下,对事情进展过程的积极干预和为实现目的而竭尽全力。沉思的位置在今天经常被**话语**(speech)所占据。对于真正的实践,我们这些作者各自有代表性的见解之间并非无足轻重的差异有时似乎可以简化为话语和交往(communication)的模式——交谈、争论或对话——他们当作范式的那些。这一点经常出现在批判性文献中,对此我不需要再详细说明。由于有一类范畴能充分体现出被今天的科层化(bureaucratisation)

---

① Hannah Arendt, *The Human Condition*, Chicago: Chicago University Press, 1958, pp. 207 and 154.

② Hannah Arendt, *The Human Condition*, Chicago: Chicago University Press, 1958, p. 154. (参见汉娜·阿伦特:《人的条件》,竺乾威等译,上海人民出版社 1999 年版,第 150 页。——译者注)

③ 例如,Hannah Arendt, *The Human Condition*, Chicago: Chicago University Press, 1958, pp. 184,198 and 206。

过程、决策和所谓的专家意见破坏掉的政治活动的具体特性,因此当代的实践哲学在很大程度上已经重新引入了古代的**做/行动**概念。但是,这种哲学似乎最终忘记了政治领域不仅仅是交谈和争论的领域,而且还是制定和执行某种事物的领域。

有一些经典和重建性的理论将固有的行动与生产、做和制作在范畴上绝对割裂为两种根本对立的人类活动,在这些尝试中也许存在着某些有疑问和误导性的东西,我曾经试图为以上这种怀疑提供某些依据。然而,在尽力对有关这些困难的来源进行有些零散的思考之前,我首先要稍稍离题一下。

我在一开始提到的那些具有吸引力和启示作用的现代性评价并不仅仅,甚至并不主要在于将我们的注意力引向一些已被遗忘的概念性区分及其当代的相关性上。其实,它们还叙述了一个有关抑制和遗忘的完整历史故事。毫无疑问,在我提到的那些作者之间也存在着有关这些"叙事"特征和实质的巨大分歧。但是,他们的共同点在于都试图以对我们过去的一致理解为基础而得出重新思考当下的某种特定方式,正是对我们过去的一致理解既造就了我们的处境也形成了我们对它的思考方式。尽管程度不同,但这些评价都努力为我们展现关于我们的理论传统的历史,展现它是如何发展起来并对自己社会背景的挑战做出应对的,展现它与变化着的生活实践是如此彼此紧密相连的。尽管他们的观点存在着巨大的差异,但正是这种思维方式首先将这些作家团结在一起,并且在很大程度上正是这些历史故事为他们的分析赋予了一种论战(argumentative)能力——也为我们提供了如此多的深刻见解。想要对他们代表性的观点进行批判就不能简单地回避他们全部著作中的这个方面,否则争论就是无的放矢的。

当然,我无法勇敢地面对我已经阐述过的挑战——我无法在这里对现代性的起源和发展进行倒叙。这不仅是因为有限的篇幅肯定不能充分地承载这种理论尝试,更主要是因为我**不知道**有什么故事是足够清楚明白能去讲述的。但是我至少想要提示,有关"实践的萎缩"的

44

故事可能无法用我们习惯的用语来重新讲述,而是具有不同的结果和不同的寓意。为此,我打算重新审视两个人物和思想传统,当然只能以草草的方式进行,也就是可能——往往确实——在所有此类叙述中起到突出作用的:康德和马克思。

毫无疑问,康德在实践哲学的历史中代表一种断裂。在其伦理学中,实践领域同公共领域彻底分离:它不是变成简单的私人化(privatised),更主要的是变得主观化(subjectified)了。因为,根据康德的**批判**,只有完全道德的东西才属于实践哲学的主题,且道德价值只能无条件地从属于意志(will)的决定,这样行动就从哲学的可见领域中消失了。随之,作为有意义的卓越行动统一体的实现,满足的生活(fulfilled life)的道德理想也开始被无法满足的、没有限制的主观努力所取代。相应地,实践理性(practical reason)的意义也被彻底转变:如果实践智慧的理智德性(intellectual virtue)在此之前一直被视为一种性情,能够正确地判断在具体情况下适宜去做什么以及在积极的道德体验中获得什么,那么今天它则体现在能够测试各种行为准则的道德所容许的、普遍化的形式程序中。综合以上,康德必定要完成一种伦理学革命;反对亚里士多德及通常意义上经典传统的革命。这种断裂的根源可以追溯到最根本的一点:对行动本身的一种限制性的理解。因为,当康德在一般意义上将行动定义为规则规定的"达到其自身目的这种效果的手段"时,当他把行动等同于经验上无条件的、自由发起的**产生**的形式时,他实际上仅仅将其与创制和生产等同起来。一旦这种等同得到实现,一旦实践被遗忘,那么不可避免接踵而至的所有后果就是道德的私人化和内在化。

这不是对康德与亚里士多德之间关系的一种不熟悉的解读,而且肯定不是一种非启发性的解读。但是,我认为它有可能描绘了另一幅图画。我们不应该忘记,康德所回应的直接挑战主要是晚期启蒙的道德哲学,尤其针对大卫·休谟(David Hume)①否认实践理性是一种有效的道德手段。要证明理性能够是实践的,而不仅仅是情感的仆人这一任务是康德在其实践哲学中的主要努力方向,他在其中当然与亚里士多德有着共同的基础。而且,他提出这一任务的方式与亚里士多德本人的努力并不抵触。因为康德也首先做出了一种主要的区别和二分法,这一点他用不同的题目反复进行了表述,例如经验上有条件的和纯粹实践理性之间的区别、假言和定言律令之间的区别以及技术实践规则和道德实践原则之间的区别。当然,康德的二分法不涉及特定行动本身的结构,而涉及决定行动的理性意志及其原则的结构。从康德的立场来看,具体的行动不仅能够体现不同的准则,而且能够在不同的情况下归入不同的实践立法原则中。对于康德来说,做出这种区分在许多方面都类似于亚里士多德的实践智慧概念的**判断**(judgement)任务。("对于包括规则的理智概念,实践者如何区分某事物是否为一个规则的实例必须加入判断行为。"②)但是,对于做出正确判断的行动者来说,任何具体情况下的行动都分为两种轮廓分明并相互排斥的类别:在其中一种行动中,唯一决定性的考虑因素是技术的－审慎明辨的(technical-prudential③);而另一种则是道德的。

就这两个领域而言,康德似乎重现了亚里士多德分别赋予创制和实践的根本特征,但也带有一个根本的例外。被归为技术实践规则的行动具有外部的和有条件的目的,它在整体上被最终划归为自我保护(self-preservation)的自然目的,生活同样如此(对立于道德意义上善的生活)。在这个意义上,它们都归属于必然性的范围。④ 它们实行的

46

---

① 大卫·休谟(David Hume,1711—1776),英国著名哲学家、经济学家和历史学家。主要著作有《英国史》、《人性论》、《人类理解研究》等。——译者注

② I. Kant, *Über den Gemeinspruch: Das mag in der Theorie richtig sein, taugt aber nicht für die Praxis*, In *Kant's Gesammelte Shriften*, ed. Preussische Akademie dei Wissensehaften, Berlin, 1902, vol. VIII, p. 275.

③ prudence 这个词也被翻译为明哲、智慧。——译者注

④ 参见亚里士多德评论艺术"只是为了追求必然的事物", *Eudemian Ethics*, In *The Complete Works of Aristotle*, Book I, ch. 4。

是技能和审慎[在类似于亚里士多德的神秘叵测(*deinotes*)的意义上],要以成功来进行判断,仅就知识的数量和意图而言是不重要的。[1] 与之相对,只有某一行动仅仅是为了它的善而不是为了某种外部目的,这一行动才是道德的。这种行动是真正的自由的实行,因为只有通过这种行为,人才是亚里士多德所说的"自己的法则"(law to himself)[2],而且人类只有通过这种行为才能展示他自己的特性。道德的行动因此能够归责(imputation),而且不能脱离意图来对它们进行判断。对于道德行为来说,我们再一次引用康德和亚里士多德都完全同意的一个观点,即实施者"必须对行为进行选择,而且必须按照自己[3]的目的进行选择"。

康德并没有取消亚里士多德关于创制和实践之间的区别,而是煞费苦心地以自己理论的语言对这种区别进行了重新构建。那么他又为什么拒绝接受亚里士多德关于生活(living)和好生活(living well)之间的区别这个基本的二分式的表述方式呢?他为什么拒绝接受幸福(*eudaimonia*)概念这个人类所有可实行的最高的善?并且他为什么始终如一地把它曲解为——或者看起来如此——一种满足我们所有需要之事物的外部状态这个意义上的"幸福",而不是像行动一样完整的、有意义的和满足的生活?

47 关于这些问题的答案——能够解释康德与所有经典伦理学根本对立的答案——对我来说,他进行了极其清晰的解释。一旦我们询问在那种争取幸福的努力中**所有**人必然共有的东西是什么的时候,幸福就仅仅被简化为安乐(well-being),并最终简化为自我保护。一旦对人类共同体的具体特征的参照以及在此之上不同的生活形式被排除在外,生活和好生活之间的区别就无以立足了。对此,亚里士多德当然完全同意:他将那些"被自然奴役"的人定义为最高的善对他来说就

---

① *Nicomachean Ethics*, Book II, ch. 4.
② *Nicomachean Ethics*, Book V, ch. 8.
③ *Nicomachean Ethics*, Book II, ch. 4.

是生活本身的人,因此所有人共有的东西不过就是对自我保护的追求。康德对亚里士多德的异议来源于他对伦理学**普遍性**(universality)的不懈坚持:道德法则对所有人来说都是强制性的,也同样是可理解和可实现的。人**作为**(qua)人,是具有自主性的,并因而具有尊严。但是在另一方面,按照康德的观点,我们不能用物质名称来定义道德意义上的善。和亚里士多德一样,康德倾向于坚持技术的－实际的活动和实践的－道德的活动之间的严格区分,以及后者对于前者的绝对优先性和支配作用;但他只是在极其普遍化的情况下看待这种区别。

这同样解释了为什么一般意义上的人类行动,虽然存在着公认的二分法,在康德那里获得了一种完全生产的(*poietic*)特征。在其内容上,康德的伦理学——尽管它存在着主观主义的特征——是公共的。但是,必然与之相关的共同体不是其给定的、存在着的先决条件,而是其具有明确意志的目标。仅仅为了它的正确性(责任性)而追求的道德行动假设了一个超越行动本身的最高目标:根植于德性和幸福相称的生活中,整个人类的道德共同体。每一个理性的人都有义务和决心把他们的行动变成实现这种共同体的手段,即便我们都知道——正如康德所确信的一样——它永远不可能**实现**。

但是,现在让我们转向马克思,在现代性的条件下,他往往在所有有关实践概念是如何消失并被某种无限制的创制(制作)所吞噬的故事中发挥核心作用。当然,马克思从程式上把生产变成所有人类活动的一般形式和范例形式。他对于这种理念的阐述是最清楚和最彻底不过的。"宗教、家庭、国家、法、道德、科学、艺术等等,都不过是生产 48的一些特殊的方式,并且受生产的普遍规律的支配。"①"整个所谓世

---

① Karl Marx, *Economic and Philosophical Manuscripts*, In *Early Writings*, trans. R. Livingston and G. Benton, Hammondsworth, Penguin, 1975, p. 349. (参见《马克思恩格斯文集》第1卷,人民出版社 2009 年版,第 186 页。——译者注)

界历史不外是人通过人的劳动而诞生的过程。"①由此,旨在成为一种**实践**理论,马克思的理论实际上是把塑造作为自然的客观世界的工具性生产方式,转变为所有的人类活动。理论上,它把技术创新视为所有历史变革过程之中真正的核心,而把政治和文化简化地理解为仅仅是社会经济结构的上层建筑及功能性的派生物。在实践上,一方面,它产生了对技术进步的崇拜,对物质生产力无限发展的崇拜;另一方面,它产生了一种社会理想,通过对社会活动进行适度理性的和统一的组织及控制来确保前者的实现。作为必然结果,马克思关于解放的未来的憧憬暗含着取消私人/公共区别和消除真正实践的 – 政治的活动的制度化领域("废除国家"):它是对真正**创造**自己历史的、已经计划好的和计划中的一种社会的憧憬。但是,这种理论不仅没有认清有关人的软弱和有限性的根本事实,而且——更重要的是——它把合理的历史变革与人类事务中的工具理性发展等同起来。

此外,将马克思解释为劳动(labour)或技术的理论家,这种常见理解不仅在哲学正确性方面而且在对于其理论或至少是后期理论的基本结构和相应意图的精确性方面可能都会并应该受到质疑。马克思关于**劳动**的定义无疑完全符合亚里士多德的创制概念:劳动是一个主动的过程,劳动者通过这个过程按照他的既定目标制成自然材料来满足这一过程之外的人类需要的目的。这一定义非常惊人,因为它似乎既完全否定了马克思的一般理论也否定了他对资本主义条件下的劳动状况的具体分析。关于第一点,马克思总是强调生产不仅在于为了预先存在的需要而制造新客体,而且在于创造**新需要**,这种新需要——至少在一定程度上——内在于这一过程之中。而且,正是由于这一原因,生产构成了一种独特的人类活动。关于第二点,马克思经济分析的中心概念,即抽象劳动的概念,实际上蕴含着——首先便蕴

① Karl Marx, *Economic and Philosophical Manuscripts*, In *Early Writings*, trans. R. Livingston and G. Benton, Hammondsworth, Penguin, 1975, p. 386. (参见《马克思恩格斯文集》第 1 卷,人民出版社 2009 年版,第 196 页。——译者注)

含着—— 一个主题,即工人的具体劳动在资本主义条件下完全独立于他自己设想的目标和目的;也就是说,它的目的论特征只能通过服从资本家的意志而得到保证,而资本家的意志最终又反过来由市场和资本积累不受控制及非个人的需求所决定。个体劳动的这种"无力",即主观意义上目的性的丧失——最终——表现出了整个生产过程的**目标**,伴随着一种半技术必然性,服从于经济行动自动和自发运转的机制,它是马克思对资产阶级社会劳动异化批判的中心要素。

如果没意识到马克思并没有把生产的概念同劳动的概念等同起来,就会觉得马克思的这些思想与他自己对劳动的定义(他一贯坚持这一定义的普遍有效性)产生明显的矛盾。甚至在术语上,从《政治经济学批判大纲》(Grundrisse)开始,马克思就在两者之间做出了明确的区分:作为人和自然之间技术过程的劳动只构成了生产的**一个方面**,仅在理论抽象中才能从其复合体中分离出来。生产本身总是双重过程的统一:劳动的工具性活动,即创制;特定社会关系的"再生产",即人与人之间社会互动形式的积极维持和改变,它作为最卓越的实践,决定了历史上特定社会制度的整个生产过程的"目标"。这两者构成了马克思将其称为生产的那种范例活动的"物质的"和"形式的"成分——而且在阐述这种"质料/形式"(matter/form)二分法的时候,他(在 19 世纪 60 年代早期)直接回溯到亚里士多德。但是,只要这两个方面以及它们对人类活动提出的独特要求仍然是**制度上融合的和不可区分的**——和所有历史中的情况一样——异化和物化就将以这样或那样的形式继续统治社会生活。在马克思的理解中,在前资本主义的、传统的社会中,劳动活动直接根植并从属于以个人依赖和统治为基础的公共组织的预设形式,所以共同体必然会伴随着新需求无意的出现和侵入而消失。只有资本主义,作为一种最卓越的**动态**社会,才把新需求的生产和技术变革变成其社会再生产的一种紧迫要务,但是它只是通过使整个社会生活服从于社会自动作用来实现这一点的,这种社会自动作用就像自然的盲目力量一样从经济的似乎理性的组织

50

中显露出来并以不受控制的方式决定其发展的方向。

希腊**城邦**为马克思提供了一个伟大的历史范例("人类童年时代")来展现如何为全体公民自主的、参与性的决策创造自由和独立的空间——但是,它完成这一任务的方式是免除公民的劳动任务并将后者加诸被排除在特定和特殊的["狭隘的"(borniert)]政治共同体之外的大多数人之上。未来人的解放必须解决一个类似的任务,但是要在**现代性动态的和普遍的**要求的背景下来解决这个任务。社会主义因而是一种社会形态,在其中劳动任务的完成及其在共同体成员中的分配——通过"社会经济核算"(socio-economic bookkeeping)——只服从于某种技术合理性(rationality)的需求,但社会生产目标及其发展的整体方向建立在所有个体的自由交流和决策中,这些个体从所有特殊的制度限制和等级制度中获得解放(废除国家)。作为"必然王国"的劳动不得不仍然"由需要和外部刺激"来决定;任务就是要转变其组织形式,通过这样一种方式,即超越它所出现的"自由王国"成为目的本身的人类活动的制度空间——一个自由交往、决策和自我实现的王国,使工具合理性的逻辑服从于所有人的共同意志。整个人类社会的生活被马克思设想为"生产",因为实践和创制之间的区别,为了不要成为一种理论抽象而是成为实际现实,要从它们两者在过去和现在形成的物化融合的状态中解放出来,在这样的未来中被人类有意识地、共同地**制造**和积极地维护下去。

51　　我在这里已经提到这些有关康德和马克思的,不仅零碎而且非常片面的解读,只是为了证明经常看到的对于现代性及其思想史的描述是对作为实践的人类行动真正意义的不断"遗忘"的过程,这些描述当然可以说是不充分的。重申实践和创制二分法的当代理论尝试以及批判性地提出其实现的可能性条件,在某种意义上并不像它们一开始出现时那么新鲜。在现代思想史上,尽管存在着许多差异性将我们的时代与**城邦**时代区分开来,但是我们仍然一次又一次地遇到坚持这种二分法的努力,在**普遍主义**(universalism)和**动力论**的现代要求下继续坚持这种二分法。从我们的观点出发,如果这些尝试在许多方面被证明是不符合要求的(以及我曾提到过的关于康德和马克思的类似批判,在这个方面确实包括许多有理有据的评论),那么我们不应该认为,用他们过于自满地接受了某些现代性的条件这种说法就能简单地解释这一点。因为此时此刻,我们也不能轻易地放弃普遍化和动力论的双重要求。在这种意义上,在我看来,麦金泰尔关于"启蒙时代的运动不仅是错误的,而且可以说一开始就不应该有"[①]这一纲领性论述,在我们所面对的实际情况中,似乎不仅是灾难性的而且是虚假的。因为即便我们渴望一个多元社会的世界——或者,按照奥克肖特的话说,不是一个企业组成的世界,而是由"友谊"和以独特传统为基础的共同的生活形式联结在一起的、公民联合的世界——我们也仍然不**应该**(甚至不能)——我确定麦金泰尔也不会——**希望**出现一个个体被**束缚**在预先给定的共同体中的、从归属上附属于某些习惯性的生活形式,并且按照非敌即友的方式来对待所有其他人的世界。同样,就各种操纵力量无限的积累而言,即便我们反对一个社会把无限制的增长既当成一种必然也当成价值本身(value-in-itself),我们仍然不会(或许也不应该)**希望**在我们的实际情况中出现一种规范上用模仿(*imitatio*)原则取代发现(*inventio*)原则的社会文化生活形式。

　　所有这些论述把我们带回到了关于在使用实践/创制二分法中涉及的困难的最终来源问题,尤其在现代条件下。并且,我们现在可以为它再加上另外一个问题:为什么这种思想——不考虑它所遇到的所有困难——在我们的思想文化史中保持着巨大的吸引力?

　　做和制作之间的根本区别经常被设想为——甚至在经典传统本身中也是如此——不同行动的客观结构中关于某种根本差异的区分。更确切地说:就是一种观察结果,即在我们通常的行动描述以及将其

52

---

　　① Alasdair MacIntyre, *After Virtue*, Notre Dame, University of Notre Dame Press, 1981, p. 118.(参见麦金泰尔:《德性之后》,龚群等译,中国社会科学出版社 1995 年版,第 149 页。——译者注)

归为两类的划分中,这种概念阐释的说服力在一定程度上所依赖的观察结果。第一类通过确立标准把有意识的行动确定为某种特定类型的行动,这些标准是关于某种客体或状态的,由其产生并构成了脱离行为本身的目标。相反,第二类在不涉及外部结果的情况下详细说明了某种行动——它所实现的目标(或物品)在这里被设定为内在于其自身的过程并且在其全部表现的始终都是真实的(与在其结果中变得真实截然相反)。因为有意义的人类行动只能出现在某种解释中,所以就这两类描述能够合理地被应用于不同行动实例而言,将这种划分视为指向截然不同的方式,这种理解并不是没有道理的,正是通过这些方式,一种行动——就其结构而言——能够体现出意图。在这个意义上,我们可以将**完成**(achievements)与**实现**(accomplishments)①区分开来。

但是(除了过于模糊和肯定不足以包含所有类型行动之外),这里所做的区分却使这样异质性的行动类别统一在一个范畴之下——正如我在引用亚里士多德时已经指出的那样——其信息上的价值似乎是贫乏的。因为鞋匠做一只鞋与凡·高(Van Gogh)画一只鞋都是实现的例子,吃东西和帮助困境中的人同样都属于完成,这些术语似乎能阐述的理论和实践的意义少之又少。创制和实践二分法当然不能被仅仅简化为这种差异。通常是那些进一步的区分(主要是暗中包含的)所论证的区别。一方面,在对行动进行社会评估的理性标准中可以发现这种区别——主要依据各种**有效性**(efficiency)标准之间的对比以及固有的**公正与优秀**(rightness and excellence)标准的对比来表现。另一方面,它与行动者拥有的、用于从事某项活动的、在本质上不同种类的理性动机相互关联——广义上说,就是不同于与价值相关的主观目的,而是与功用相关的各种主观目的。正是这三种对立——行动的目的论结构、对行动进行评价的社会标准和主观意图(伴随着行

①　achievement 和 accomplishment 是近义词,都有成就、成绩等意思。在本书中,按照著者的意思,为了对应实践/创制的二分,因此,分别翻译为完成和实现。——译者注

动者相应的行动策略)——之间的相互联系构成了实践和创制二分,使它更加尖锐、更有意义。

应该强调,这些步骤中的任何一个都不是动机不明的。按照它们完成自己的目标有多么成功和多么有效来判断、评价各种完成活动是相当自然的,而对于实现来说则经常按照活动本身的内在标准进行评价。此外,在许多情况下(尽管不是在所有情况下),就什么样的行动描述能够被合理地归于其中而言,行动者的主观目的(和知识)确实是基本的甚至是决定性的。然而,刚才提到的三种对立不能以一般的和系统的方式相互关联,它们是不一致的——而且与实践/创制二分法(我此前提到的)的应用相关联的所有分析的–逻辑的困难都是这一事实的结果。

不去考虑一些确实重要但只是第二位的因素,一个根本性的问题因以下这个众所周知的事实而出现了,即在一种环境中认为行动及其涉及的结果能够发生,依据这种环境的范围和理解,同一个带有意图的行动具有许多不同的,但同样正确的和正当的描述——并且就我们已经提到的三种对立而言,这些不同的描述**能够**归入不同的范畴。"做一条裙子"同时可以是"谋生"、"从事一种业余爱好"、"进行艺术创作"或"帮助困境中的某个人"。因此,不同的、有时对立的评价标准可能同时适用于同一个行动。此外,行动者的意图可能既与功用相关又与价值相关,或者仅仅与它们中的一个相关(在后一种情况中,不会永远或唯独如此)。而且,不同的有效描述不可能——正如经常认为的那样——按照层级分明的目标等级制度来排序,因为与行动相关的情况没有构成一系列扩展的范围而可能只是部分的重叠,还因为在描述中所暗示的目标可能牵涉到矛盾的行动策略。与亚里士多德的格言相反,按照"行动(实践)不是制作,制作也不是行动",那么事实就是,我们的许多制作活动同时也是做的活动,狭义上的行动,而我们的大多数行动同时也是这种或那种制作。试图将这两者作为不同的有目的性的人类活动**类别**而严格区分开来的尝试,不仅导致了逻辑上

54

的不连贯(在这些术语的使用中从客观到主观层面的不断转变,反之亦然;关于行动目的论结构的晦涩难懂等等),也激发了对真正实践的追寻,追寻那种不是且永远也不可能是创制的实践——这种实践进而变成不再是行动。

那么,如果这种二分法与许多基本的考虑因素和经历背道而驰的话,我们怎么解释这种二分法长久以来的巨大吸引力呢? 答案存在于以下事实当中,即行动的结构、其评价标准和主观意图之间的联系一旦确立起来,实践和创制范式上的区分——似乎与关于我们行为的基本考虑因素相联系的两个术语——成为形成根本哲学洞见的媒介。创制现在指的是那些活动范围,那些有意识地与功用联系在一起的,与仅仅是其他目标的手段联系在一起的,自身最终与生活的必需品和便利设施联系在一起的,与不同于好生活的安乐联系在一起的活动。因此,恰恰因为这一点,这些活动总是受到必然性的支配—— 一种外部的、我们自己的物理本性的强制。在这一领域进行理性选择并充分地运用这种选择意味着要为预设目标而有效地利用这些必然性。所以,这些行动只能按照技能和知识进行评价,独立于行动者的性格和个性——因此它们是可授予的、可转移的活动,构成了**专业**(expertise)的合法领域。与之相对,实践包含了所有那些我们人类**设定目标**的独有能力得以展现的活动。它是指向对我们有益的行动领域,我们是能够进行选择因而承担最终责任的自由行动的存在物。它构成了我们集体的和个人的特性自我表现与自我实现的领域;生命对于我们的**意义**通过实践得到肯定和表达。所以,二分法使我们能够把我们有限生命所遵循的这两个规则——**自我保护**和**自我肯定**(self-affirmation)的规则——与可区别的、本质上相分离的人类活动的两种类别和领域联系在一起。通过这样做,我们有可能辨别我们不可转移的个人责任和社会责任应该根植于哪里并且其终点在何处。尤其是它为我们追求一个良善的共同体或社会提供了一种有意义的、明确定义的方向:我们要找到使实践能够控制、统治并向创制活动"发布命令"的,公共生活的那些制度安排形式。

只要行动者潜在的社会角色在很大程度上由有意识的或制度性的传统预设和相对固定,并且行动的情形是相对稳定和透明的,那么二分法——不考虑其表述所牵扯到的所有分析困难——就具有极大的指导性意义。但是,当这些条件消失的时候,它不可避免地转变成一种批判工具,可能——越发如此——漏掉我们实际困境的特征,既包括个人的也包括社会的。

"……生活是行动而不是生产"①——毫无疑问,亚里士多德的这句名言即便在今天仍保持着它的启发力。幸福、好生活,并不是精神欢快或自足性的某种状态,人们可以期盼它的到来,也能够将它作为某种有意识的努力的结果或回报而生产出来。良善生活是始终为善的整个人生的实现——它是在各种目标的高尚行动中实现的,通过这种方式其构成了一个有意义的统一体。但是,在承认亚里士多德深刻洞见力的同时,我们必须立刻补充:**对我们来说**生活不可避免地,也是一种生产。一部分原因是,在某种工作——既在名义上也在实际上——构成生活本身的中心要素的那个社会中,良善生活的概念不可能与人们所进行的那种劳动相分离。还有一部分是因为,在社会角色至少原则上没有被归属性地固定下来的社会中,生活也是——在其不同阶段、方面和部分——一个制作的问题,是完成那些**我们已经选择**的并设定为自己目标的能力、承认和结果的问题。有许多针对完成原则的意义深远的批判,但是我不认为我们应该选择去过那样一种生活,只是纯粹非常好地完成我们**期望**去做的那些事情。最后,当生活对我们来说既是行动又是生产的时候,它当然也就变得什么都不是,因为在很大程度上它是一连串不可预测的事件,既不是我们制造的也不是我们发起的,而是降临在我们身上的,对此我们只能应对和反抗以便在这个过程中保护某种脆弱的统一。没有人比亚里士多德更了

56

---

① *Politics*, Book I, ch. 4, 1254 a 8. ("生命属于实践而非创制",参见《亚里士多德全集》第 9 卷,苗力田主编,中国人民大学出版社 1994 年版。——译者注)

解这一点,而且在某种意义上也没有人像亚里士多德这样对此彻底地不屑一顾。他的现实精神毫不犹豫地将运气(fortune)或顺利(faring well)视为幸福的组成部分,只是将所有人最大的运气,即生为自由人或非自由人的运气视为伦理考虑因素范围之外的东西。因为我们不能,当然也不应该在这一点上效仿他,我们必须不仅要问,哪一种公共的制度安排能够为人类卓越品质的实行和显露赋予自由的社会空间,而且还要问哪一种制度安排能够向所有人保证,连续的非理性事件不会彻底剥夺人们为自己的生活赋予意义的可能性——既是在完成某些选定目的的意义上也是在实现具有独特意义的事情这个意义上。

作为解决这两个任务的最大威胁,现代社会的批判性分析首先强调,为了遵从这些公共机构的有效运行,"实践的萎缩"主要表现在将所有公众论坛和机构转变为对公众进行控制与操纵的机构。某种自我延续的工具合理性对生活各个层面的控制当然是现代社会的基本趋势之一。但这只是其中之一。同时——恰恰是这一点构成了我们独特的窘境——我们能够观察到一种"反向的"过程:传统上被认为专属于创制领域的所有事物和活动都在实用化(practicalisation)。有力地将人们的注意力吸引到这一事实上的人正是汉娜·阿伦特——用她的术语来说:社会领域入侵政治领域——这是她所厌恶和抵制的。但是在我看来,这却给她留下了一个政治概念去处理,这一概念在很大程度上与解决我们今天无法忽视的那些重要任务并不不相关。而且,在过去几十年里,我们能够看到这一过程的巨大加速:创制的缩影,这种技术和生产的特征,已经变成了一种社会政治和道德关注的问题,而且这肯定不是没有原因的。

在当前的条件下,我们必须对以下问题做出**选择**:在什么地方为专门知识的所辖范围与个人或社会责任画出分界线? 在什么地方或如何遵循效力原则或正确性原则? 或者通过什么样的行动策略和以什么样的方式使它们一致——这往往要参照具体情况和相关的行动者。作为活动类型的实践和创制之间的区别在社会实践中已经被彻

57

底地相对化,而能够被正当地应用于各种活动的不同原则、政策和规范之间的差异,甚至对立,肯定还没有消失,而且在今天看起来甚至比以往更加尖锐。行动本身因其固有的特性而分成某种自然的等级——设想为奴隶的和自由的对比、技术的和道德的对比以及基础的和上层建筑的对比——并因此为我们打开了特殊的空间来行使必需性和自由,这种想法无法再发挥理论的或实践导向的作用。我们生活在这样一种局面中,也许对所有人来说都没有最低限度的良善生活——自由、相互尊重和团结的生活——纯粹的生活(mere life),我们的生存也许会变得不可能。我们必须在我们积极生活的具体情况中对应该被认为是"实践"的东西和应该被认为是"创制"的东西**做出**区分或折中。我们必须以"实践智慧""明智而审慎地"做出这些选择——按照这些词语的双重含义:一种意义是这些选择不是随意的,而必须建立在理性思考的基础上,进而另一种意义是我们为这些选择承担责任。对于这些选择我们可能犯了令人发指的错误——正如我们所知道的,人类甚至有可能把灭绝数百万人的行动转变为高效生产组织的一项任务。另一方面,就我们没有一种普遍的、要么程序上要么物质上的、能够有效地引导我们如何在每一种情况中理性地做出决定的原则而言,这种选择也是一个实践智慧的问题。我们只有道德和实践经验及思想方面丰富的,但又令人困惑地相互矛盾的传统——以及所依赖的各自的意见。

我主张,实践哲学应该超越实践和创制二分法而重新思考它的任务。而且,在这项事业中,亚里士多德的精神代表了一种典型的对照,而不是为我们指明前进道路的指南。

第三章　矛盾的文化统一体
艺术和科学

　　首先为了阐明这篇文章的主题,我要做些介绍性的评论。这里使用的"文化"不是广义的、人类学意义上的文化,而是在它经常相对于"自然"的意义上的,并专门在对立于"低层的"或"大众"文化意义上的"高雅文化"。在这个意义上,文化涵盖了艺术和科学领域,此外可以含糊地称为"人文科学"的领域处于两者之间阈限模糊的中间地带(关于这一点我在本文中不做特别研究)。

　　首先,鉴于其中不包含——宗教,这样的文化组成是值得注意的。当然,现代性中的世俗化过程不会使无信仰成为这个社会占主导地位的态度。世俗化不是导致宗教的消失,而是使宗教私人化(privatisation)。随着宗教转化成私人信仰的问题,宗教失去了其早期中心文化的作用。

　　正如评论所表明的那样,即将展开讨论的文化概念相对来说起源
并不久远,当然,它的出现是长期复杂发展过程的结果。但是,宽泛地讲,我们可以指向 18 世纪晚期,因为在这一时期,新的文化概念获得了稳定的内容。这是如下讨论的起点。尽管如此,它也有自己的终

点——同样有点独断地——这个终点可以确定在第二次世界大战结束的时候。所以本篇文章的主题是关于过去的问题:"古典的现代文化",一个惊人的逆喻(oxymoron)。

一

在本文当中我只想解决一个问题——用单数形式来讨论文化是否合理并且具有意义,是否存在某种统一体可以把科学和艺术的不同领域连接起来。从康德经由黑格尔,一直到德国文化哲学(*Kulturphilosophie*)的后期代表,对这个一般性问题的积极回答几乎一直是不言而喻的。但是,这种文化统一体的信念在 20 世纪的头几十年就消失了,和社会阶层、文化市民(*Kulturbürgertum*)一起,对他们来说这样的统一体至少是个理想或许也是一种经历。促使我提出这个问题的是面对当下得到的观察结果和体验,两个重要的文化领域在当代的处境中有着奇异的相似之处:科学和艺术。今天,它们完全不相关的话语系统特征,长久以来一直受到悬而未决的争论的影响,即规范导向的本质主义 - "内在论的"(internalist)方法同经验导向的相对主义 - "外在论的"方法之间的争论。这些对立的方法在回答这个看似简单的问题时充满了矛盾:是什么确定某种事物属于科学或者属于艺术?更有甚者,最近的"科学之争"也紧密地反映在艺术的"文化之争"中。现在,我们经常听到关于"艺术的终结"和"科学的终结"这种同样类似的预测。这样的类比可以很容易继续列举:文学理论中著名的"作者之死"的口号,在科学研究中与之类似的是"自我反思的"方法,倡导一种新的"多义的"科学书写形式。一个被我们忽略已久的统一体现在正有力地提醒我们,实际上这个统一体正在走向瓦解,在这两种截然不同的实践领域之间难道还存在着某些更深层、更隐蔽的联系吗?

当然,只有当人们能够设计出一个概念图式,既能阐明这些领域 61

59

的基本相似之处也能说明同样重要的差异性时,那么对这个问题的积极回答才有意义。我的观点是,至少在"古典的调制解调"(classical modem)阶段,存在过这样一个概念框架。换句话说,按照这种理解,任何属于文化范畴的事物都必须满足一种由作者 – 作品 – 接受者关系定义的功能性作用,从而能够符合这一术语对人或对象提出的普遍要求的、特殊的方式。正是通过这种关系——"文化关系"——所有文化实践形式必然共享的一般特征才得以表述并且同功利的 – 技术性活动划清界限。因为技术活动的结果是人工制品,不是这里所说的有意图创造的作品。它们也许有制造者,但绝不是作者。人工制品在这里是为了供使用者/消费者购买,而不是为了供接受者欣赏。在每一个特定领域中,根据作者、作品和接受者想要获得满足的规范性要求和期望,这个关系的基本术语在不同文化领域都有各自不同的规定性。然而,这些规范性的作用既不会按惯例决定这些实践的实际特征,也不会决定它们结果的有效评价标准。它们不是(用康德的术语)构成性的,只是调节性的特征。它们只能说明限定条件,即某事物想要被认为属于一般文化领域和特殊文化领域应该满足的条件。但是,从这层意义上说,它们既为文化作品的接受**导向**,也间接地为它们的生产导向。

在这种文化关系的基础上,所有文化实践的共同特征可以用对象化、观念化、自律性和新颖性来说明。

首先,文化是由作品组成的领域,即对象化。很多前现代社会区分出一系列具有特殊精神重要性和优越性的活动。因为能够有助于形成某种特定心理状态和实践者相应的行为,这些活动才被人理解并获得价值。但是,从现代意义上讲,文化首先并不被理解为一种启迪性的活动,而是一种**生产性**活动。归属于文化实践的意义以其产品所具有的价值为基础——公众可以获得的、可传播的,并且脱离了其生产者活动的对象化。事实上,随着文化的发展,它的"培养"作用已经逐渐衰微。因为在某种意义上——的确,仅仅是消极意义——当今的文化是彻底自律的：它**不是任何人的文化**，甚至仅就概述它的整个范围来看，也没有人可以掌控它。

　　文化对象化有时是公共事件的展现或演绎，但是它们通常是特殊种类的对象：文章、画作、建筑等等。这些对象被认为在文化上具有意义，只是因为它们是一些观念上的复杂意义的载体和化身。这些意义被认为是这些对象本身固有的，但绝不能还原为这些事物的物质属性或基本的、直接的重要性。科学实践真正"产生"的不是短期的科普文章，而是观念的建构——实验、假说、理论、范式。尽管只有凝结为一本乐谱并且只有通过演奏的完成，其存在才能被认定为艺术作品，但是，一部音乐艺术作品既不能等同于它的乐谱也不能等同于任何对乐谱的演奏。这种实际的对象化与其观念意义之间的区别还体现在亲笔完成的艺术（绘画、雕刻）中，尽管在这些情况中，无法在对象化和意义之间做出实际的划分。为了阐明这种差异，文化现代性发展了一整套词汇——复制、再现、引用、翻译、改编、整理、反复实验等等。

　　作为具体化的意义复合体，文化作品被认为具有**内在价值**。它们不是因为某些外在的目标，而是因为这些实践本身固有的规范和标准才具有价值。同样，不仅对于有目的地需要它们的人来说，文化作品是有价值的，原则上对每一个人来说都是如此，尽管事实上，只有少数人对其真正感兴趣。这并不意味着它们不能完成某种"外在"目标，比如说履行一种社会功能——只是说它被理解为**结果**，不是其内在的价值标准。这就是文化**自律性**的积极意义。这种自律性不仅代表这些实践的理想要求，而且获得了广泛的、一般的社会认可。

　　最后，为了具有文化意义，对象化还必须是**原创的**（original）（艺术）或**新颖的**（科学）。制作一个有效用的实物，只是现代工业生产重复循环中的某个单一瞬间。无论如何，一种单纯的再生产行为绝不可能属于文化范围。文化实践不能简单地理解为生产性的，而是**创造性**的行为。但是，只有依据稳定的背景来判断某事物在某些方面是新颖的，这样的需求才具有决定性的意义。这就为"作品"概念增加了进一

63

61

步的规定。为了被认为是文化作品,相关的对象化必须以某种系统的方式融入适当建构的**传统**中去,然后再发展、变革或挑战这种传统。在独立存在于传统的背景下,作品既稳固了传统又动摇着传统。由此,彻底的时间化(temporalisation)和历史化构成了文化现代性的要素。文化实践证明了一贯的、趋向越发加速的创新节奏的趋势。从它们的发展状况来看,科学和艺术越来越接近一种"持久的革新"状态。

这些共享的特性显示了我们概念图式的内在一致性,也即作者－作品－接受者的关系。一部作品就是对象化的意义复合体。这样一来,作品就能被理解为必须归属于主体的、作为**意图性**活动的结果。这就是作者——不必然是对象的实际制作者,而被认为是在作品中用唯一决定性的方式实现意义的原创者。因为这个意义必须是全新的,所以作者就被认为是创造者、发明者或第一个发现者。

作品被设定为本身就是有价值的。对于其他人来说,它是对象化——不是指有特别需要或目的的人,而是指**匿名的**人,即接受者。它属于公共领域,原则上每一个人都可以得到它。只有如此才能允许文化作品成为体系上新颖的东西——对它们的承认并不取决于特定群体是否必要的需要或期望,也就是传统的顾客。既然作品是对象化的意义复合体,那么接受者对于作品的恰当的关系就是理解、解释、欣赏和评价。消费者/使用者对于人工制品的实践关系,也就是,消费/使用这个产品,迟早会导致赋予它相对价值的目的形式的毁灭。至于文化作品,作为一种选择,接受者对其的恰当关系只能是保护和维持它们的文化重要性。如果没有文化意义,它们就只是历史文献而已。

64　　　　我们的文化关系不仅包括各种文化实践形式及其创作所共享的共同特征。文化关系还要阐明主要文化领域之间的根本**差异**。为文化赋予基本的统一体的不是它们的共同特性,恰恰是它们之间的差异。文化最重要的基本领域,艺术和科学,系统上构成的以及被赋予的特征使它们处于**两极对立的关系**。文化的这种结构具有持久性,至少在一个半世纪内是稳定的,文化的两个主要领域被认为是**互补**

性的。

首先,让我们从**艺术**开始。在审美领域,作品对于作者而言——我们一般通过意图概念来表示——被指定为**表达**。总体上说,有意义的艺术作品极为重要地、鲜明地体现了原创的、无与伦比的创作主体性。审美上所谓的"作者意图"不能简单地等同于作者观点和目的的明确表述。通常,内涵指的也不是作品所表现的(如果有的话)、与此直接相关的事物。因为使作品审美上具有意义的不是作品**所呈现的事物**(它的"内容"),而是它得以表现、得以呈现的**方式**,最广泛意义上的"形式"。形式是构成作品意义的主要因素。如果追溯起来的话,这个意义归属于作品的作者,是他们的个性和独特世界观的(或许无意识的)表达。

这样一个相当空洞的"作者意图"概念对于注释或解释目的来说并无裨益。它真正的成就体现在其他方面——那就是把艺术作品的重要性牢牢确定在**主观性**(subjectivity)领域。主观性最为紧密地联系着使某种事物成为艺术作品的东西。因为它能够被如此构想,那么对象化必须具有一种原创的和独一无二的意义,它不可能以任何其他方式得到充分、适当的表达。因为这个意义不包括抽象的、概念的理解,它必须是**想象上经验可感的**。

当作者的主观性成为艺术领域组成部分的核心要素时,作为社会角色的作者身份却没有明确的认证机制。成为一个作者(从文化相关的意义上),不是一种专业资格。确切地说它是一种对成就的承认,这 ⁶⁵ 种承认受制于非常不明确和多方面的环境,由各种与艺术相关的机构组成。因为许多这样的机构彼此之间是相互竞争的,所以在较短的时间内,其对于我们的同辈人很难形成共识性意见。

审美意义的"主观化"(subjectivisation)同样也暗示着接受和"品味"的"主观化"。这种能力的构成十分矛盾。一方面,理想的接受者的特点在于要能够沉思般地全神贯注于作品,面对作品的独特意义自我放弃并保持敞开。另一方面,这种态度又必须是积极的,因为接受者被认为能够用批判性的眼光去判断"作品"所提供的内容是否值得关注。另外,接受的最终目的是通过想象再次体验作品意义的构成(对于我来说),就个人而言,这让作品具有启发、安慰、颠覆或挑战的重要意义。艺术的自律性同样使其接受者也变成自律的,变成可以自由选择的主体,不需要合理的理由,只要"喜欢"——他们究竟是否喜欢或对艺术感兴趣。这样的兴趣和相关能力的分布在很大程度上——从平均数据统计上看——是由社会决定的。取决于匿名接受者的教育水平、专业和社会地位。18世纪旨在审美教育的伟大的文化努力,后来变成了通识教育体系的制度化目标。然而,想要把普遍的艺术诉求转变成经验上的真实状态,这些努力彻底失败了。"高雅"艺术文化仍然主要是自称为精英的小众文化。

随着审美现代性的发展,这两种自律之间的裂缝越来越大。演变成了艺术实践与(有限的)公众之间的一道鸿沟。原则上,对原创性的要求总是暗示着作为意义复合体的作品与接受者根深蒂固的期望之间存在某种不协调。随着先锋派的出现,创新的节奏越来越快,往常抱怨无法理解的公众转变为充满敌意的态度。艺术则宣称自己独立于接受者而更加自律。虽然在直接的意义上,这是不可能的,因为那将削弱艺术品对文化意义的主张,但是,现在恰当地接受其实投射到了未来。今天创作的作品实际上是未来的艺术作品,只接受合理的"时间的考验"的评判。艺术实践的"未来化"是艺术历史性的基本方面之一。

但是,这只是它的一个方面。正如指出的那样,原创性的理念预设了一个特别的传统,反对这种传统的事物就是新颖的。艺术传统的两个基本特征是,作品是鲜活而有效的,它的范围也要不断扩大。就持续可得的意义而言,审美遗产的整体范围是"鲜活的",对于接受者和作为想象资源的实践来说都是如此。过去的艺术(所有形式和种类的艺术)已经博物馆化了。这为无限多样的个人品味提供了历史性的合法化,而这些品味已经成为个性的代表。同时,它促成了审美评价

66

所有固定标准的分解,更笼统地说,就是艺术边界的分解。

这种状况的原因是审美传统范围的持续扩展。不管我们为这种扩展贴上的是现代性不可思议的开放性的标签,还是永不满足的文化霸权主义的标签,现代艺术的历史都在恢复并吸收被遗忘的、不同的审美传统——而且这一进程仍在继续。这必定会促使艺术自由得到成长。今天的传统丧失了它一直想要拥有的东西——对当代实践的约束力。但是,传统**力量**虽然消散,它的**分量**却在不断增加。因此,需要不断创造新鲜事物以应对其广大的资源和种类,就像看起来的那样,其中所有的事物都已经尝试过了。创新不仅在持续加速,它的驱动力也变得越发激进,超出了公共受众认可的艺术边界。

但是,这种新颖性生产的加速和激进化只是促进了驱动它的博物馆化传统的扩大。随着过时的旧事物和激进的新事物之间的时间差距越来越短,新事物的寿命,也就是它仍然能被当成是新事物的时间段、当代相关性的寿命,也在随之缩短。新颖事物越激进,博物馆化的速度就越快。艺术实践越接近永久性革新的状态,未来的艺术作品直接变成过去的艺术作品的速度也就越快。它的新颖性只是一个褪色的回忆,记录了它只如昙花一现般短暂的创新。

接下来我要用最简略的图式来比较艺术领域和现代**科学**领域的文化构成。我把评论限制在科学研究最有意义和范式性的领域,即自然的实验科学,并且在这里主要指的是**实验**理念。

围绕着实验谈论"作者意图",似乎非常古怪。然而,我只是想要明确陈述这样一种意图,那就是将实验室中的物质、社会和认知活动的混合物转变成科学的相关实验的意图。实验的结果必须通过报告向公众展示。作者——往往是拟制的人(*a persona ficta*),因为多重作者身份在科学中非常普遍——被假定为设计和指导实验过程的人,并且自动等同于实验报告的"写作者"。在后者的角色中,他们必须明确地把实验方法和结果与研究领域的实际情况联系起来,并且阐明在何种意义上它们是新的。这只是在科学相关性的意义上赋予实验一种

67

意义。这确实包含着意图，一些"主观的"事物——只是一种**主张**的意义。至于完成这个结果真正"意味着"什么，同研究共同体的其他成员相比，作家并没有特定的权威。他们可以接受、重新解释或拒绝他的主张。因为实验结果必须是新颖的，而它们不能是**独一无二的**——必须是可复制的。在适当的情况下，只有再现性（reproducibility）能够赋予实验以文化意义，那就是关于自然的新的**事实**发现。作者最先公布了这个发现，但是他是通过成为研究共同体中有能力的成员才得到这个结果的。方法论上，他们在报告中是证实操作的可靠执行者，结果的准确记录者，依照公认的分析方法得出数据的称职的解释者。就认知权威而言，作者立场与合格的接受者之间具有一种完全的对称性。

作者的发言权及作者在科学中扮演角色的**去个性化**（depersonalisation），使作者和接受者角色的可互换性成为可能。文本的对象化将实验室里发生的和所做的事件转换成"实验"，同时又将本地的、复杂和混乱的历史转换成"客观的"一般性描述。报告中只可能提及典型的物理对象和材料、编纂过程，以及属于公认的物理现象之类的事件。它不可能提到谁做了什么以及什么时候做的，而是说明在可复制的条件下发生了什么。甚至连这样一篇论文的一般性结构都是规定好的——它要由一些部分按照适当序列而组成。可以说，实验科学的文本对象化将文学**形式**减少到最低的可能，目的是突出它们参考的、**实际的内容**。

当然，作者和接受者的"可互换性"还有另一个先决条件——狭小的适当的接受者范围。科学中，收件人一定是匿名的（出版物不只是指定或归属特定的人），但是，公认有能力的读者范围却划定得非常狭窄。其基本上局限在特殊研究共同体的成员当中。这并不意味着这个圈子是封闭的。而是取决于实验更广泛的理论含义，更广阔学科的成员，甚至科学共同体或许都在关于作者主张的可接受的讨论中，合理地扮演着积极的角色。然而，对于一般群众甚至是有兴趣的公众而言,原则上,他们的意见被认为无法胜任、无关于这些问题。事实上,在被科学同行证明之前,向无法理解的"公众"提出这样的科学主张,也被认为是严重违反正确学术规范的行为。

鉴于科学中的"作品"针对的是狭义的专家群体,这里将提出一个问题——如果文化被规定为是具有内在价值的,原则上对每个人都是有意义的,那么究竟在何种意义上,科学才能够属于文化领域? 常识性的正确答案会指出,科学在持续的技术进步之中发挥了基本作用。乍看之下,这个答案似乎削弱了本应合理的要求,因为它似乎把科学转变成为了其他目的而服务的手段,否定了自己的自律性。然而,技术的适用性既不是科学有效性的必要条件,也不是充分条件。它被理解为科学实践固有特征的**结果**,为我们提供了其研究对象的**真实**(即使是有问题的)**知识**。这就是科学作为一个整体可以成为技术发展的巨大动力的原因,尽管它通常是不可预测的,但是它具体的领域和研究路线会在未来有直接的实践相关性。当然,实践相关性并不是科学意义的标准。

因此,就它们的自律性而言,文化的两个伟大领域构成的方式是 69 截然不同的。正如已经强调的那样,它们的自律性并不意味着它们不能履行某些"外部的"社会功能。但是对于艺术来说,自律性意味着它们的去功能化,也就是说,没有任何要求它们或期望它们满足的预设的社会目的。今天,每一部艺术作品都必须**创造**自己的功能,去寻找接受者让作品的含义在**某种**意义上具有真正的人类重要性,就像情绪与情感教育,更透彻的自我理解,关于一个更好的未来理念的展示,等等。这些内涵的范围是开放性的和未决定的。另一方面,现代科学在其发展中,已经从本质上变成**单一功能的**存在。作为其专业化和专门化的结果,以及稳定的"科学世界观"理念的消解,由于在其基本学科中快速"革命"的演替,科学逐步失去了其启蒙和培养的作用,18 世纪仍然把这种作用视为科学对人类进步最伟大的贡献。

关于**传统**是怎样构成的以及新作品是怎样融入传统之中的,艺术和科学之间也同样存在着根本差异。正如我们所看到的那样,审美相关的传统不断地扩大,而且适时地体现出其深刻性。而另一方面,科学传统却是短期的,因为它是一个"进化着的"传统。

一方面,自然科学中的有效传统——指的是在科学实践和写作中,本文研究者使用、讨论或至少参考的传统——只会持续极短的时间。甚至有创见的理论出版物在 30 到 50 年之后其新意就会逐步"消失"。而另一方面,这个表浅的传统通常会明确地出现在每一篇新的研究性论文之中,这些论文被期望以重新阐述相关领域的"研究现状"为开篇。每一篇论文以这种方式划定了一条界线,一边是它正在呈现的过去的状况——所知道的或假定要知道的——另一边是它自己的贡献,也即它所提供的东西,它之前存在的知识总量的填补、修正或辩驳。因此,科学不仅处于不断变化的过程中,而且一直在"前进"。它在文化上形成了一种趋向其目标——**真理性**的**进步**。

在某种意义上,构成有效传统的这种形式是科学进步和加速发展所必然要求的。其文本在一些科学结果或思想上呈现出的短期有效性,至少部分是因为这种文本具有"内在的陈旧性"。文中提到的那些实验装置现在已经从实验室中消失了,彼时得出的结果已无法满足当代标准的准确性,所使用的理论概念或许已经更加精练或被修正了,等等。为了能够使用它们,科学家需要他们的学科的某些有效的历史知识。然而,这样的知识不属于他们的能力范围。

这种知识不属于能力的一部分,这一事实可以通过自然科学实践的另一个基本特征来体现。这个特征通常以实践者们广泛共享的**背景性共识**为基础。在实验科学中,争论是十分盛行的,但是通过共同体共识性地接受或拒绝有争议的主张这种方式,争论通常在短时间内就可以解决,尽管可能总是会有人争辩(一些"疯狂的局外者"经常这样做)认为这样的决定拿不出有目共睹的认知依据。通常来说,估计科学界中的争论持续的时间不会超过十年。科学是不断前进的,因为它不断常态化并稳定这种状态。它能够接近永久变革的状态,因为它

70

成功地将在过去完全意想不到和不可思议的事物转换成现在不足为奇的事物。

从原则的角度看,通过调节作者－作品－接受者的关系,艺术和科学(至少是自然实验科学)体现出**直接相反**的特征。这种直接的对立反映在制度机制的根本差异中,科学与艺术正是通过这个机制融入更广泛的社会之中的。简单地说——艺术作品在法律上和经济上被打造成私有财产,但同时它又是一种共同利益(在经济学的意义上)。作为科学的真正产物,科学知识被当作共同利益,对科学知识的适当运用则可以合理地产生私有财产的特殊形式。

在艺术领域,不仅是作者制造的实体对象,当然他们往往(尽管不必然)只是制造者,还有作为创造者的他们创作的独特的观念对象,都属于私人的"知识产权",被定义为"版权"。作为其持有人,作者对作品作为观念上的意义复合体拥有适当的处置权,作者可以将其出售、遗赠或转让。在大多数情况下,正是通过这样的交易,艺术作品最终才会到达接受者手中。

但是,"知识产权"是一个非常特别的概念。它涉及活动的产物,对它们的社会承认首先要认可它们的主张,即主张创造了对每一个人都"有益"的、具有普遍价值的事物。垄断式的私人占有的对象似乎和它们存在的理由(*raison d'etre*)相互抵牾。这一点也被考虑在法律制度的范围内。尽管知识产权被看作是私有财产自由劳动理论的范式代表,但是——不同于大多数其他的所有权——知识产权有一个**暂时受限**的有效性,它是一种自熄性(self-extinguishing)的权利。特定时间一过,艺术作品在法律上就变成了公益事业,在经济上也变成公共利益。**作为观念的对象**,没有人可以要求享有对它的处置权,与仍然属于私有财产领域和市场交换范围内的、它的物质对象化相区别。艺术品的公共利益在其他的限制里(尤其是在欧洲大陆的立法中)也是得到承认的,这些限制是关于通过合法的交易从作者那里获取版权的人的相关权益:也就是说,关于对象属于"国家遗产"的规定,作者对他们

71

的作品的完整性具有"道德权利",等等。

然而,伴随着所有这些限制,艺术实践得以融入现代社会的经济体制,而且接受者可以得到作为商品的艺术作品,这主要都是通过私有财产的对象的市场交换实现的。这是主要的融合方式,但却不是唯一的。在现代社会,艺术实践同样能够得到社会公众的支持,也就是说,非直接的市场操纵的,以新的资助形式获得国家机构和市民的支持以及私人单位和个人的支持。我使用这个术语是为了强调这种形式的支持同前现代的资助实践形式在原则上是有区别的。用其最理想的形式,前现代的资助是人与人之间的关系,具有礼物交换的形式特征。另一方面,新资助形式通过非个人的关系,用隐秘或公开的契约形式来实现。

这种支持的范围、分布和具体的方式因国情而异。但是,要说明一个一般性的问题。虽然新资助形式仅仅是文化市场运作的补充,但是这种补充本身在经济层面上也是必要的。这就是所谓的"成本弊病"(cost disease)问题。笼统地说,所有高雅文化活动的特点以不同的程度体现在一个事实当中——与物质生产过程相区别——一般技术的进步不会系统地引起艺术(或科学)生产力的增长。从经济角度讲:只在非常有限的程度上才允许资本替代劳动力。如果艺术家不想成为他们在文化神话中的样子,也就是他们所赞扬的贫困和饥饿的烈士,那么新资助形式就是必要的,因为完全市场化将会缓慢但不可避免地给他们的作品定价,这个价格超出了广大社会公众所能承担的程度,所以,其也破坏了文化市场本身。

由此,文化构成与艺术实践的法律-经济制度化之间具有相互匹配的关系。这不意味着暗示文化对社会具有一种单向的因果依赖,反之亦然。事实上,最开始,版权制度和保护作者权利没有任何关系。有效审查制度的注意细节和调节日益增多的印刷厂之间竞争关系的必要性促进了它的发展。它之所以能够获得当代意义完全是斗争的结果,在这些斗争中作者扮演着重要的角色。他们扮演这样的角色是因为他们已经凭借自己的文化地位和声誉成为公众人物。但是制度化不是简单地把现存的文化角色和意义"编为法典"。有一点似乎特别重要；据我所知，在现代艺术理解的一个基本问题上，也就是**形式与内容**之间的区别问题，首先在法律领域中被明确表述过。当涉及意义和版权范围的英语纠纷时，构成公共财产的文学作品所表述的思想和它们的表达方式之间就会出现概念上的区别。"风格和情绪"［布莱克斯通（Blackstone）］是原著和作者所特有的，因而被认为是版权唯一合适的对象。

科学的制度化无法通过艺术领域的这种有效机制来实现。因为"风格和情绪"不是可以对科学出版物进行区分的因素。科学全部都是"内容"。它的内容被认为就是"事实"，按照定义，它属于公共领域。当然，科学作者是版权持有人，没有他的同意，作品和结果不能出版也不能被抄袭。很多科学出版商是以利润为导向的企业，正如科学出版物一般来说都是商品一样。但是，所有这些和科学活动得以维持并融入更广泛的社会背景的方式没有关系。

作者身份在科学的组织中扮演着根本性的角色。但这不是因为它是商品化的私有财产而应得的权益，而是因为它是获得科学家同行认可和赞誉依赖的基础。至少在理想的情况下，得到认可决定了个人的实际回报——晋升、终身职位、奖励等等。科学活动的组织现在，或者至少过去得以可能是因为在那个时期，新资助形式成为"纯"科学实践和它更广泛的环境之间的纽带。国家机构和非营利性质的私人学术机构通常会资助"纯"学术研究。这就把它和"应用"科学区分开来。应用科学组织通常是以长期的经济回报为目的的大型工业企业创立和支持的。通过**专利**法律制度，盈利成为可能。

科学知识属于公共领域——每个人都可以出于自己的合法目的而使用知识。但是，当使用这种知识产生新的发明可付诸工业应用，并且对其他人有潜在的有用性的时候，它就可以申请专利，也即，在有限的期限内变成属于发明人或机构的、适于销售的知识产权。因此，当实验自然科学最初主要因其技术－实践上的巨大产能而变得合法时，与此同时，科学，本来的"纯"科学却全面远离了其有用性在实践中的实现，也就是所谓的纯粹的"应用"。两者遵循着截然不同的社会经济逻辑。艺术实践的社会体制通过市场机制而组织起来，并且由新资助形式作为**补充**。科学的社会体制的功能体现在两种不同的组织原则的**互补性**上——纯科学通过新资助形式，应用科学通过市场，两种科学截然分开。毫无疑问，这种分离往往只是一个理想，而它提出的问题在我们的时代中才刚刚开始浮现。

74

二

　　文化现代性具有一个持久的结构，这个结构使它成为一个统一体，但却是一个矛盾的统一体。它的统一不是建立在主要成分渗透并约束所有其他实践的基础上。也不是在适应融合不同元素不断相互调适过程中建立起来的。统一体建立的事实基础是，不论在范畴上还是在制度上，文化中的两个最有意义的领域都以**两极对立**的方式构建在一起。该怎样解释这种特殊的结构形式？它是否发挥某些特殊的功能，只有这样的文化，这种自律领域和统一体才能发挥这种功能吗？面对这一问题，有一种可能性是通过**补偿**（compensation）的观点来对此做出解答的。

　　这一观点的背景是对现代性的悖论（antinomy①）达成的共识性判断。一方面，现代性的动力破坏了过去的有机共同体，将原子化个体

---

　　① antinomy 这个词是马尔库什现代性文化理论的核心术语。在哲学上，antinomy 被翻译为"二律背反"，而 paradox 是"悖论"。然而，在马尔库什的现代性文化理论中，这两个词常常是在不加区别的意义上使用的。这些词语都是用来描述现代性文化的特征的，意在说明文化矛盾的、充满歧义的特性。这几个词语的共同之处就是都含有"悖论"的意思。此外，马尔库什对于文化这种矛盾特性的论述不仅仅局限在理论层面上，而是扩展到科学、艺术等社会文化活动的现实层面上。因此，在本章及本书其他涉及这一概念的文章中，译者统一将 antinomy 翻译为"悖论"。也可参见本书第二十一章《文化的悖论》等。——译者注

无拘无束的自由转换成自己就能够赋予生命意义的最高价值。另一方面,这同一过程使最初嵌入式的社会交往领域变成具有自己不受控制的发展逻辑,独立的、自动控制的体系,个人只能服从于它。通过摧毁个人的完整性,这个过程最终把个人转换成顺从于非个人的社会影响的对象。个性崇拜和大众化是这个过程的两个方面。

首先,文化本身是这个社会的**一部分**;它是社会中的一个自律的领域。但是,它也是一个非常特殊的领域:文化重要的组成部分之间的二元对立深刻**反映**了现代性本身的悖论性质。既然文化是由**意义－创造**的实践组成的,那么它的二元论既表达了这种悖论,同时又赋予它意义。尤其,因为文化的两个主要领域被认为是**互补性**的对立面,所以每一个都可以作为**补偿**,来弥补被对方提升为内在价值的原则危险的片面性。

科学在现代社会发展中发挥的核心作用往往笼罩着客观必然性和合理性的光环。但是,这只是科学变成单一功能的副作用。科学对于技术发展至关重要,成为现代性整个矛盾的动力因素赋予动能的条件,这意味着它也要为所有现代性的缺陷和弊病负责。在这种处境下,**艺术**——主要由于它们的去功能化——可以发挥补偿的一般功能。艺术是现代性中**最卓越的**补偿领域。

在这个祛魅的、丧失了完美的形而上学尊严的世界里,艺术提供了一个复魅的、人造美的相反－世界。当一切都被转变成了完全可以更换的、一次性的对象时,卓尔不群的艺术作品为这种遭遇提供了独特的、不可替换的事物。同时,在一个已经把人自身转换成可互换的、标准化角色的执行者的世界里,艺术——不受预定功能的束缚——是一个无限制的自由创造力的领域,或至少是自由选择的领域。只有在这里,个人才能够在所有不同的形式中体验真正的自我享受,这种享受是纯粹的,因为它仅仅是想象中的。

当然,这种补偿概念尴尬地徘徊在虚假的代用品和真正的补救方法之间。但是,不管评价是什么,归属于艺术或文化的这种功能,一般而言主要代表着稳定的、"肯定"的力量,升级的释放压力的安全阀作用,可以使个人以某种方式学会接受现代性的基本矛盾。

但是,所有这样的概念化阐述都必须面对一个基本异议。那就是,高雅文化始终是相对小范围的,通常是享有特权的少数人才可以享用的。当它与主要承受着现代性矛盾和缺陷负荷的大多数人无关时,它能怎样发挥补偿性的安全阀作用呢?

我认为这是一个错位的异议。一方面是实际的文化**接受者群体**,另一方面是文化的**影响力和社会共鸣**,这种质疑并没有把两者之间的差异考虑在内,也就是说,其真正的公众与公共性(publicity)之间的差异。后者总是比前者范围要广得多。在广泛的社会意识中,"英雄化"文化的存在与它在其他现代性产物的构成中发挥的作用密切相关,此外,它在平息直接的社会冲突中也发挥了补偿性功能:作为"想象的"共同体的民族(nation)意识。

现代的"文化"理念与"民族"理念大约同时出现,这不是偶然的。现代民族主义(nationalism)①,特别是它的排他主义形态,主要是——还是种族主义思想的作用———种**文化**民族主义。毫无疑问,这里的形容词"文化的"没有清晰确定的意义,因为民族主义意象的内容过于异质化。但是,或许一个民族最重要的组成部分是建构共享命运的集体历史性记忆。而且,不仅是文化英雄——但丁(Dante)、莎士比亚(Shakespeare)、伽利略(Galileo)、艾萨克·牛顿(Isaac Newton)——属于这种身份。所有英雄的表演和神话传说,通过改造,它们选择出来的内容最终都来自高雅文化的表现方式:诗歌、绘画、雕塑和历史著作的形式等等。文化在这种内容的形成中起着决定性的作用。

在此论文的开篇,我提到了我们当下的文化之争。应该指出的是,它们不过是争斗了两个世纪之久的同一个问题的一般化和全球

---

① nation 一词既可以翻译为"国家"亦可翻译为"民族",同样,nationalism 也有"国家主义"和"民族主义"两种译法。马尔库什这里强调的不是政治意义上的国家,而是强调文化意义上的共同体。因此,在本卷中,这两个词分别采用民族和民族主义的译法。——译者注

化:标准如何组成的问题。早期,这些争斗在每种民族文化中都会发生。一个民族的文化遗产中真正的宝藏是什么?谁是其中真正的英雄?无论他们有什么样的名望——谁又应该被排除在外?这些都充满着激烈的情感纠纷,往往有直接的政治意义。

虽然这些纠纷主要在每种民族文化的内部独立进行,但是它们表现出非常相似的特点。因为在一定程度上,它们依据的都是两个伟大的国际化的意识形态倾向,它们在有关文化的意义和作用上代表两种相反的方向,并且在发展方向上争斗不休——**启蒙运动**和**浪漫主义**。反映在这种意识形态中,科学和艺术之间的关系不再表现为一种静态的二元对立。今天它演变成文化优势和霸权的激烈**竞争**。

当宗教在现代性中失去了中心的文化权力之后,文化便丧失了所有能够引导和直接调节个人行为的、一致的思想体系与象征体系。启蒙运动和浪漫主义**都有**一个共同的意图,让文化重获以宗教为生活导向的作用。然而,在根本上,它们关于实现这样的目标以及在实践中完成这一目标所依据的现实文化力量都是相反的。

启蒙运动和浪漫主义——即使在这里仅仅被理解为观念形态——都代表着复杂的思想趋向,绝不可能简化为"科学救赎"对"艺术宗教"的思想。但是,它们计划中的一个基本主张就是这些领域中的某一个要成为主导。启蒙运动看重的理性 – 批判思维,今天只体现在科学实践和方法中,从其一般化的传播角度讲,既是社会转型的方法,又是社会转型的目标。它的目标是实现真正的公共民主,其自律的成员将会重新掌控自己的生活,他们可以平等地参与常规社会事务的决策。科学就是这样的社会组织模式,是其庞大收益的有力证明,科技进步可以为创立其实现条件做出实质性贡献。当然,关键不是让每一个人都成为某种科学的专家,而是使日常生活和思维合理化。通过社会传播和实际应用,把通用的规则和合理性交谈与决策的程序变成经验上普遍的事物,每一个个体都将可以独立思考。

另一方面,对于浪漫主义而言,只有艺术才是文化的载体和所向

77

往的转型形态。它的计划旨在有意志地重建已经失去的有机共同体，这个共同体由共享传统的现存力量来维持，它的独特性不可消磨并具有赋予生活意义的能力。只有成为这个共同体中的成员，个人才能过上实现自己抱负的生活。艺术是这种"原创性再现"得以可能的最好的范例，它创立了一种全新的传统，能够再次证实和重拾一直有效的事物。当然，关键不是让每一个人都成为艺术家或鉴赏家，而是使日常生活和行为唯美化。艺术伟大的想象力和情感诉求使得它可以有效地通过创造"新神话"来促成这个目标的实现。

这两种意识形态倾向的争论和斗争伴随并渗透了文化现代性的整个历史。为这两种意识形态倾向提供基本思想常新表述的主要是"人文学科"——可以理解，因为人文学科的基本功能之一就是自我反思性地解释文化本身。而且在"投身其中的知识分子"中其找到了代言人，这些知识分子既拥有自己的自律性又具有公共性，他们在某一文化领域具有公认的成就并且可以凭借这种成就在公共事务中进行有担当的干预。

正是通过相反的意识形态棱镜的折射，对文化的自我反思才获得了**批判**的特征。文化批判首先是对文化堕落状态的批判。但是，它必然也针对更广泛的目标：现有的社会安排。因为启蒙运动和浪漫主义都以让文化重获生活导向的权力为目标，所以它们必然要对那些基本原则否认文化具有这样作用的社会进行批判，只不过有一个事实是，它们把自己直接限制在少数范围内。对于启蒙运动来说，问题在于现代社会从来没有真正克服传统的过去，这是它们承诺要打破的。它们的运行和发展仍然取决于盲目的自发性，因为——即使通过非个人的机制——它们用对无声大众的决定权的影响重建了无法驾驭的权威。结果却引发了日益严峻的失去自由的危机。因此启蒙运动着手去**完成**现代性的计划——在这个尝试下，它却似乎常常依赖于产生目前这种僵局的制度。

对于浪漫主义来说，问题的根源在于现代性与过去历史的有机延续性的中断。通过摧毁传统的盲目性力量,现代性分裂了社会结构。它把孤立的个体原子化,并且把他们转换成所谓"进步"的、客观机械的、纯粹的对象。这一切使我们濒临一种终极灾难,我们不能感知的危险,因为我们已经失去了所有的尺度和意义。因此,浪漫主义要求**有意识地断裂**与现代性自发的连续性——因为现代性有意识地打破了与一个基础之间无意识的连续性,这个基础可以独自维持历史生活。

通过对这两种意识形态的解释——也深深影响了各自领域内的文化实践——文化作为一个整体,除了它可能实现的任何肯定性的作用外,还获得了批判的功能。然而,这暗示文化作为批判性的存在最终要陷入幻觉之中。今天,想要发现这两个宏大计划的虚幻本质并不是难事。实际上努力谋求实现的根本尝试——或至少要求这样一种继承的尝试——彻底失败了。它们引发了社会和人类的灾难。同时,它们不仅因为失败而名誉扫地,也同样因为"成功"而备受谴责。因为,很明显,日常生活的唯科学化/合理化**和**唯美化**都**在现代性中取得了显著的进步——它们的结果却与启蒙运动或浪漫主义的预期相去甚远。应该说,作为批判的文化陷入了双重幻觉之中。文化的作用主要通过对立的,但同样虚幻的意识形态来表达,这让它对自己的社会力量和有效性怀有不切实际的想法。

虽然如此,这些幻觉带给文化批判的社会影响并不只是消极的。如果它对现代性激进的批判可能促成了某些灾难性的历史事件,那么这种激进性——基于普遍价值的考虑,是总体化的现代性批判固有的——也让它发挥了积极的作用。它让文化不只是一种虚无的补偿,更是——以间歇和适度的方式——现代性自发倾向的一种矫正。这种普遍化的激进主义提供了理念——或许只是老生常谈——使它在公共舞台上代表特殊群体的特定不满情绪具有了可能性,这是一般性的问题,因此也是共同关注的问题。虽然往往以夸张的和过分夸大的方式,伴随着虚假的期望,但是这些伟大的意识形态确实指出了现代

79

发展**真正的**去功能性。它们提供给个人可以借鉴的思想,尤其是在社会危机的时期;它们为动员社会、统一寻求问题的现实解决方案提供资源。在不同程度上断断续续的成功,批判的文化有助于暂时团结个体去维护**他们自己的**主权,以抵制现代社会自我控制的制度体系的自律性所产生的自发后果。

今天,启蒙运动和浪漫主义伟大的意识形态似乎都受到了怀疑。它们主要的发言人,"有担当的"公共知识分子的力量也日渐衰弱,逐渐被媒体名人所取代。如果这样的判断是正确的——这还需要批判性地检验——这是否意味着文化批判的功能也消耗殆尽了? 换一种更一般化的说法,就我想要努力呈现的意义而言,把现代文化作为一个整体来讨论是否仍然合理? 今天,我们的时代特征表现为仍在继续的,更加包罗万象的统一力量:拟像和仿像无处不在的世界,不仅取消了高雅文化和大众文化之间的差异,也消解了想象的虚构和由知识分子披露的事实真相之间的差异,那么这个时代——所谓的后现代——是一个"后文化"的世界吗?

第四章　哲学的解释
与哲学中的解释

　　人们常指责汉斯－格奥尔格·伽达默尔的解释学陷入了肆无忌惮的主观主义困境之中,而只要在狭义的解释理论上理解它的结果和内涵,这种指责就会出现。通过从根本上拒斥作为一种遭误解的和客观化的方法论理想的关于"正确的"解释这个问题,通过用我们为什么对同一文本和同一文化生活的表现形式有不同的理解这个问题代替如何"更好"地理解这个问题,它表现为——有人认为它是——一种事与愿违的相对主义。伽达默尔本人反对这些批评,认为这是对其所从事的工作的误解,对哲学解释学的误解,以及对他的理论包含的坚决地反主观主义的意图和内涵的误解。后者研究一切理解方式和方法的共性是什么(在有可能的条件下),研究当我们理解时对我们而言主要发生了什么,并且对我们而言还发生了什么;它揭示理解不仅仅是认识主体对某些客体的可能的认识关系之一,而是包括我们整个世界经验在内的我们有限的和短暂存在的基本方式。这样一种哲学研究当然具有其解释理论和方法论的后果,因为,在传统出现问题或面临危机的条件下,解释是对传统明确的、自觉的和自我反思的理解。但是,它绝不意味着一种具有规范导向的解释方法论是不可能的,这种解释方法论与那些——在目前的认知水平上——应该保证其可靠性或科学性的规则相关。

在这篇文章中,我想提出,一个基础的、根本的事实性的哲学解释与建立它的规范(至少对目前来说具有合法性)这个方法论问题之间无法达到恰当的和解,并且事实上伽达默尔本人也不支持这种和解。有些批评家认为其理论是无节制的相对主义,具有"一切都行"的危险,但是,在反对这些批评家的过程中,我也受以下事实困扰:至少在某些地方,他的哲学似乎将一种历史文化地存在的具体有限的解释模式假定为其普遍有效的形式,而与此同时,它压制——通过它的作为现实历史事件的本体论化——他所主张的规范性力量。

让我更清楚地表达上述观点:在谈到解释理论时,我的确将这种问题转换,即从我们从事解释时我们应该做什么这个问题转换到作为历史活动的解释是什么这个问题,视为哲学解释学的决定性成果。它所涉及的是对注释、历史重建、原则构成以及批判等不同文化实践的功能的揭示,这些不同的文化实践是传统"富有成效"的同化的不同形式,在同化过程中,它们自身根植其中并调解这种同化。但是,对我来说,从这一步迈到"本体论的"解释概念仅仅是绕过了它的规范性问题(属于另外一个不那么本质性的分析),不仅是不合逻辑的也是一种失败。至于它的成功,这必然将解释还原为一种在现在和过去之间形成的确实有效的调解,并由此彻底破坏它与误解的区别,因为这种区别不能被视为关于一个仅仅事后(post facto)才可确定的实际有效性。将解释视为"时间的生产性"(productivity of time)的自觉现实化就会忽视它具体的生产性,忽视它作为一种总是时刻受规范调节的文化成果的特征。尽管解释受一种明确的解释学的方法论规则的调节并不很多,一种给定的文化也许包含,也许不包含这种明确的解释学,但是,它的对象、作用和程序被整合进时代的不断发展的文化实践中(大部分是非反思地,部分地是以一种制度化的方式被整合进其中)。

83

　　值得庆幸的是,伽达默尔并没有一直在上述道路上前行,而只是通过将一种具体的解释类型假定为它的普遍结构性模式就与之分道扬镳。就伽达默尔使这两种不同的思想路线相互关联来说,他是以一种成问题的"黑格尔的"方式使其相互关联的。他假定"自在"(An-sich)和"自为"(Für-sich)具有终极同一性,也就是说,他默然主张,只有正确地认识到我们自己具有不可超越的短暂性,因而认识到一切文化作品都是内嵌于"效果历史"之中的,解释才能真正产生历史效果,并且,他坚持认为,它独自即能保持历史的连续性并"挽救"一种传统免于被"遗忘"的危险。由此,他努力揭示仍是前历史的和"天真的"解释学意识与真正历史的解释学意识之间存在的一种终极的结构上的同一性。

　　接下来我想说明伽达默尔声称这种解释概念具有普遍性是不恰当的——也就是说,因为作为我们参与其中并决定我们的先入之见的一个总体化的传统环境中的一个活动,作为融合两种历史地不同的视域的活动,解释是通过一种解释学循环来实现的,而解释学循环涉及这样一种问答之间的对话关系,它最终允许某一文本的问题出现在我们的语言中,向我们讲话,由此其为文本提供一种解释学应用。这种解释概念——以及从中得出的直接的调节原则,正如对于解释者来说文本的至高无上性,等等——可能遭到批判,因为其普遍性是从两个实际对立但对我来说同样具有合法性的立场出发得出的。

　　一方面,这种解释概念强调参与到一个传统中是其可解释性的前提条件,并将解释视为这种传统的一个结构性的组成部分。这种传统通过自觉地占用它而得到进一步发展,并相应地要求承认解释项对于解释者来说具有至高无上性,等等。就此来看,它被批评而且可以被批评为**仿古化和保守派**(archaising and conservative)。这种观点通常被用来强调解释能够,并且至少在现代条件下,在实际瓦解传统的束缚力当中发挥作用,在从某种程度上已然成为我们束缚的过去之中批判地解放方面发挥作用。这种批判和伽达默尔对其的回应都是众所

84

周知的,我在这里不做赘述。

相反,我将提出另一个观点。在现代性条件下,前面提到的解释的特性似乎失去了它基本的文化功能之一:在一点也没有传统的条件下**创造**传统。也就是说,将文化重要性已经丧失或与我们的文化完全不同的仅仅是过去的文献(documents)转变为一个对不断发展的实践来说是有效的传统。伴随着罗马式建筑、模仿主义、东方文化和早期艺术家的"发现",最近百年来的艺术的历史可以作为一个有力的例证。原始的人工制品从自然历史博物馆(它们表明——主要对孩子来说——外国人的奇怪的谋生之道)转移到艺术博物馆是这种转变的物质方面的象征。

毫无疑问,解释不是这一进程的造物主。一方面,我们必须要记录一个异质的过去,在这方面,伽达默尔对"历史意识"的批判相当片面——他只强调它对于现存传统的破坏作用,它把现存传统仅仅变成一个他者、一个客体,但是他没有重视它在一个真正异质的过去的文献积累中的作用,而当今解释学的解释活动在**寻求**适合于当下的传统时便是以此异质为生。另一方面,解释依靠自己的力量不是仅仅使"记录"具有文化相关性而使其成为传统,它是通过如下方式做到这一点的:它将这些记录与为争取其合法地位而与完全植于实际上占优势地位的传统中的其他实践进行斗争的新兴的、发展中的实践联系在一起。因此,这种类型的解释也是与被共享的有效传统紧密相关的,但是与之的联系不如与其支撑基础的联系那么紧密,却比与其支持者的联系更为紧密。它的肯定方面的内容,即它的选择性和感受性特征在本质上是由新文化实践决定的,这种新文化实践试图通过它获得一种历史合法性。原始艺术的"发现"和立体主义流派的出现之间的关系,或者,事实上,对整个解释学传统的欣赏和当代对哲学"变革"的明确尝试之间的关系是显而易见的和无须详细阐明的。

然而,伽达默尔解释学理论的其他方面从相反的方向提出了解释的普遍性问题,按照那些理论它表现为一个**现代化**的解释概念。接下

85

来我将以纯粹例证的方式,通过在历史上产生重大影响的哲学解释的
例子来证明这种观点,尽管也许它不符合伽达默尔通常规定的任何条
件和特征。我使用这个例子和对比的直接意图是坦率地表现一种历
史主义和相对主义观点:我想要通过它指出内在于一切解释的**普遍性**
中的危险。关于文本和其他文化客体的解释的特征是**历史地和文化
地具体的**,不仅在不同的**历史**时期,而且在同时代共存的不同的"**文化
风格**"中遭受着变化和分歧。与被要求解释的内容联系在一起,时代
的发展中的文化实践总是通过解释**预先形成**,这种解释本质上是一种
制度化的和非反思方式的解释,而这种解释程序却被视为恰当的。只
有与这种被广泛地和含糊地勾勒出来的规范性背景联系在一起并以
其为基础,关于解释在方法论上的正确性这个问题的提出才具有
意义。

　　为了说明这个观点,我想在这里指出古代晚期哲学的解释的某些
特性。为了达到这个目的,我将借助于一个文本,它至少在特定方面
是我们可以得到的最全面的证据——第欧根尼·拉尔修(Diogenes
Laertius)[1]的哲学史。当然,这既是一个成问题的选择,也可能是一个
招惹是非的选择。因为,对于一个不是古典文献学家,只是基本熟悉
古希腊哲学(我本人当然也是如此)的现代读者来说,《名哲言行录》[2]
(*The Lives and Opinions of Eminent Philosophers*)无异于一长串的误解,
经常近乎荒谬。而且,许多古典学者还会赶紧补充说,这本书是一本
业余级别的编著,缺乏识别力和可信度,肯定要低于古代学术研究的
水平。然而,这部著作具有超越其包罗万象特征的重要性并具有有价
值的历史影响。它是——尽管实现得很平庸——试图统一三种基本
方法和做法的一次雄心勃勃的融合性尝试,古代就是以这三种基本方

86

　　[1]　第欧根尼·拉尔修(Diogenes Laertius,约200—约250),古希腊哲学史家,犬儒学派
的主要代表。著有10卷本的《名哲言行录》。——译者注
　　[2]　Diogenes Laertius, *Leben und Meinungen Berühmter Philosophen*, Berlin, Akademie Ver-
lag, 1955.

法和程序来对哲学的过去进行解释的：汇编史学（doxographic historiography）、传记史学（biographical historiography）和二元论史学（diadochist historiography）。在这方面，如具体地从一种解释学的观点来看，它是一个重要的文献：我认为，它最令人疏远的特征尤其可以证明，不是它的作者愚笨，而是他使用的这种共有的和继承下来的方法愚蠢。因此，也许最适合的正是去审视在第欧根尼的著作中对我们来说那些最奇怪和最被歪曲的内容。

对这部著作最常见的不敬评论之一是关于**传记**在其中占了过大的篇幅。这种评论认为，它包括一些没有用的信息和逸闻趣事，这些中的大部分也完全是不可信的。一些显然是坊间传闻，被任意武断地归于这个或那个哲学家身上。然而，所有这一切并不是第欧根尼所特有的。他不仅确实采用了哲学家传记的公认标准，挖掘了他们的素材，而且他以似乎相等和对应的方面将"行"和"言"简单地结合来表现哲学们的精神。因为，古代哲学家的生活不是具有纯粹历史特征的素材或故事，它们可能会与**哲学**史相关，这种关联也仅限于作者的某些生活经历能被用来解释他们学说的某些独特性的程度上。生活和著作之间的关系并不是以可能的因果关系为基础，而是具有一种规范的一致。作者的特点和举止行为被视为决定性**例证**，它成了对他们学说的意义和合法性来说令人厌烦的证据：因此，传记本身是哲学史的一部分。

这在古代恰恰是与作为一种文化活动的哲学的意义自然紧密地联系在一起的。因为古典时期哲学知识不仅仅是真命题的对象化的体系，而且——最重要的是——作为一种**习惯**，灵魂的天性，哲学不仅是一种学说，也同样是一种生活方式。正是它所根植于其中的这种传统才决定了古代传记的这种基本的结构性特征。它们具有辩护的或争论的显著特征：它们要么通过它们的作者在道德上的杰出来试图证实一种学说的合法性，这种杰出从他们的举止行为和死亡中，以及他们各种各样的成就和声望中表现出来；它们要么试图通过其创造者生

87

84

活的肮脏细节来反驳一种学说。然而，在这两种情况下，它们都有意识地使生活**风格化**，哲学家由此变成了一个（正面的或反面的）"文化英雄"。继而出现了枯燥乏味的素材的非常奇怪的和无机的结合，其试图通过某些传说或编造的故事提供看似真实的事物，这些被设计出来是为了使意欲达到的道德特征成为焦点，通过示范效应赋予作者以圣徒言行般的解释形象。

因此，在所有这些方面，第欧根尼坚定地立于未被打破的传统的传播（tradition-transmission）这种语境中，这与传统本身的特点有机联系在一起。但是，同样重要的是我们要想想他对传统的删改到了什么程度。因为，即便考虑到他所说的这一切，他的传记看起来还是未经大脑的。他在撰写传记的实践当中丧失的恰恰正是言行之间有意义的、范式性的一致。小心仔细的哲学研究常常能通过对学说特点的反思而确立一个故事或逸闻趣事的原"**点**"，但是这一点在第欧根尼本人那甚至一点暗示也没有。然而，这不仅仅是他不加鉴别地从所有资料来源，甚至是相反意图的资料来源中选择素材的结果，而是与他整部著作的基本解释学目的紧密联系在一起的，而他的这部著作在他自己的那个时代无疑具有典型意义。第欧根尼·拉尔修通常为古希腊哲学遗产的**总体性**辩护和歌功颂德。然而，从这种观点来看，作为**例证**的生活和一个学说的**具体**特点之间的意义关联就变得无法说清了。如果所有哲学家代表一种杰出的规范，那么他们的杰出无法与构成他们之间差异的他们学说特有的**内容**联系在一起。在这方面，第欧根尼改变了他所处于其中并直接承继的传统的基本内容。

这种矛盾同样出现在他所使用的第二个并且是更令人疏远的**汇编史学**中。因其任意武断地将观点复述到文本中，拉尔修对哲学学说的描述不仅是碎片化的和不可信的，有时甚至没有任何可想象的根据。由于看起来完全不能区分一种给定的哲学中什么是本质的和什么是非本质的，什么是其所特有的和什么是完全偶然的，他还在某种更深的意义上误传和误解了哲学传统。对现代读者来说，在第欧根尼

88

认为值得提及的和他在记述中遗漏的方面存在令人困惑的任意性。这些在后来破坏了所讨论的观点的任何有意义的统一;各种哲学被他转变为无关联的断言的集合,不同观点的一览表。他只对回答,只对哲学家就看似无意义的各种问题提出的"解决办法"感兴趣,而对这些回答的**逻辑依据**毫不在意,通常也对哲学方法置之不理。因此,他实际上恰恰未领会并破坏了哲学中什么是哲学的:它们争论性的-论证性的特征。他再一次把理性的和合理的知识变成不知什么原因而被视为具有权威性的没有支撑的意见(*doxai*)。这样,一种维护传统的好古兴趣到底还是毁了它。

然而,在阅读第欧根尼著作时产生的这种几乎不可避免的印象在某方面存在误解:他的汇编程序确实不是任意武断的。相反,总体来说他是按照一个相当严格的方法进行的。他关于哲学是什么有一个严谨的观点,基于斯多葛学派的划分方式,他把哲学分为三个部分,并且他有一个长长的、有序的问题清单与这种划分的每个部分相关,他在他的资料来源中寻求这些问题的答案。关于宇宙的本质的观点,对于"超自然"的态度,与元素和原则以及物质、原因和运动,乃至最终与生活、灵魂和身体相关的哲学问题(philosophemata)——例如,这些都是他的物理学的基本"问题分类"。产生令人困惑的任意武断的印象是因为他在大多数问题上所使用的最终资料来源并未包含对所有这些问题的直接回答,所以在其结论中肯定也没有这些问题的答案——因为问题不是他们的,而是第欧根尼的。因此,即使他遵照联系相对紧密的原始的资料来源,比如柏拉图(Plato)的《蒂迈欧篇》(*Timaeus*),他也完全没意识将其"现代化";因为他戴着斯多葛学派的这个有色眼镜来阅读它。

89　　但是还要再一次强调,这种主题和问题的分类也并不是第欧根尼所特有的。他运用的这种分类清单至少要追溯到二百年前,据说得追溯到爱底乌斯(Aetios)的《学说》(*Placita*)。后者与更早的遗产相关:亚里士多德直接的追随者,以及亚里士多德本人,因此如果指责它误识了古希腊哲学的基本意图将是无意义的。实际上,在上述提及的自然哲学的基本问题的清单中,我们可以很容易看出这些基本主题在泰奥弗拉斯托斯(Theophrastus)①的《物理学意见》(*Physikon doxai*)中已经有过探讨,而它直接来源于亚里士多德的《形而上学》和《物理学》(*Physics*)中著名的史料编撰部分。就此,让人很自然想到——如果我们相信诸如蒙多尔福(Mondolfo)、彻尼斯(Cherniss)、麦克迪尔米德(McDiarmid)这些文献学权威——第欧根尼和亚里士多德本人的解释方法没有多大差异。亚里士多德最初的"哲学史"也完全是受他自己的系统的取向所影响。他也使所有之前的哲学家看似是要试图回答他自己的问题,并且他也不合逻辑地专注于使从它们的语境中被孤立出来的哲学问题分离开来并任意武断地(常常是矛盾地)解释它们。因此,在第欧根尼著作中那样不可否认的传统的基本哲学意义的丧失,最终并不是一种对待它的具体文献学态度的结果,而是:据说**整个**古代以其为特征的一种本质上的非历史性的意识,这种解释学的天真(hermeneutic naivety)用伽达默尔的话来说——无法在现代和过去之间设想任何历史距离。

　　但是,说解释学的天真涉及亚里士多德本人就显然是一种误导了。如果他"现代化"他前辈们的观点,他这么做不是因为他还没意识到,而恰恰是他完全意识到了历史距离的问题。他最初关于哲学史的碎片化的观点——这一点应该被补充提及,实际上完善并使它清晰地分化为自成一格的文化活动,使它首先成为单独的"文化风格"——是以在他整个哲学框架中获得合法性的清晰、老练的解释原则为基础的。恰恰因为哲学对亚里士多德来说是**真理**的科学,理解它的历史不能是简单复制之前的**意见**。为了把这些后者解释为**哲学**,我们必须使它们与真理相关,也因而要超越它们作者的令人困惑的和隐晦的语言与不完全的或错误的意图——超越那种"口吃",与此同时第一哲学开

90

———————————

　　①　泰奥弗拉斯托斯(Theophrastus,约公元前372—约公元前287),古希腊哲学家、自然科学家。——译者注

始出现。① 我们必须把它们与其真正的主题联系起来,在这些观点中得以表达自身的主题往往没有涉及其作者方面的知识。亚里士多德解释学的基本原则就是比作者本人更好地理解他们所做的事情和他们自身。当他在关于一个问题全部有可能的答案的逻辑空间中发现主见(definite view)的时候,这一点就能够实现——例如,就像他在《物理学》184b中对第一原则(archai)问题所做的讨论一样。② 这样一来,即便是那些完全错误的,也能够被视为与真理相关并促成了真理,也就是,在于它的哲学意义和重要性。由于这种解释方法,过去本身就变成对现在具有哲学意义的生产性的东西:历史描绘了问题的现状,描绘了当代思维需要解决的"难题",同时,其使最基本的真理得以出现,因为对亚里士多德而言,公论和哲学(consensus gentium et philosophorum)是一个可靠的真理指标。

这同样不能说明亚里士多德解释学上的任意性。它牢固地建立在这样一种坚定的信念之上,即每个人都为真理做出了自己的贡献,人类坚持与真理最初的联系。③ 人类最终所面临的总是一些永恒不变的问题,但无论是最简单的问题(例如哲学思考最初面对的质料因的问题)还是最复杂、最高级的问题(例如有终极因的问题),从本质上来说,其相同之处在于寻求解决办法的途径。只有那些反复循环出现的自然灾难才会使人们一再丢失所获得的知识,尽管在神话、谚语和诗性智慧中残余一些令人困惑的、高深莫测的东西,但正是由此哲学逐步开始新的发展。

因此,通过把哲学史建构成无限接近真理的东西,通过从困惑走向澄明,通过从对其片面和部分的理解走向其包罗万象的总体性,用

---

① *Metaphysic*, 993a16, In *The Complete Work of Aristotle*, Princeton: Princeton University Press, 1984, vol. 2, p. 1569.

② *Metaphysic*, 993a16, In *The Complete Work of Aristotle*, Princeton: Princeton University Press, 1984, vol. 1, pp. 315-316.

③ *Eudemian Ethics*, 1216b30, In *The Complete Work of Aristotle*, Princeton: Princeton University Press, 1984, vol. 2, pp. 1924-1925.

自己的学说代表整个知识进步的**目的**(telos），亚里士多德提出了一种
解释各种过往哲学的明确方法。由于这种总体化的努力，历史变成了 91
对真理不变构造的复制，而每种"意见"则可以通过它在这种构造总体
性中令人困惑的、片面的位置来理解其真正的哲学意义。

紧随亚里士多德之后产生的哲学汇编史仍然牢牢植根于这一系
统化的努力和由此产生的概念图式。另一方面，古代汇编史就是这种
框架解体的历史。有关过往哲学的一系列问题变成自律性的，独立于
试图从各种学说及其矛盾中找出统一真理的尝试。如今，这些问题仅
仅引发了根据确定类别汇集起来的各种意见的不一致和不可还原的
多样性。尽管看起来他们似乎因为犯了相同的解释学错误而会受到
谴责，而且第欧根尼明显遵循了可追溯至亚里士多德的过程，但是这
一点足以说明将处于这一过程后期的第欧根尼·拉尔修与亚里士多
德进行某种比照是多么不公平。但是，对第欧根尼来说，这些过程不
仅失去了它们与哲学现存实践的联系，而且失去了因哲学现存的实践
而获得的正当性。

似乎解释这一退化的整个过程是相对容易的事。逍遥学派对于
哲学史的综合只是由于历史的开放性便直接陷入崩溃。亚里士多德
去世之后，已经出现新的一代，即伊壁鸠鲁(Epicurus）和斯多葛学派，
他们的学说迅速崛起并取得了巨大成就。这一事实使亚里士多德哲
学及其继任者的哲学仅仅成为众多学派中的一支，并且实际上驳斥了
他们综合化的主张。在他们伟大的融合的努力中，遗留下来的只是一
种死板的、越来越复杂的对历史分类的图式框架，这个框架仅仅符合
那些在今天只具有传统正当性的、预先给定的问题。所有的这些都只
是某种文化常规化的一种典型现象，这种文化已经失去其原创性创造
力，而且已经变成一种追随性、完全竞相仿效的文化。

然而，这种解释并不能说明所有问题。历史本身可能已经败坏了
逍遥学派哲学解释学的具体的结果和实现形式，但是，它肯定还没有
自动驳斥其原则的有效性：通过它们在现代的综合来理解各种过往哲

92　学的真实意义。事实上,在古代晚期,这些努力都在不断更新改变。早在新学院(New Academy)中,阿斯卡隆的安条克(Antiochus of Askalon)①就试图通过道德角度来解释过往的哲学,以此说明柏拉图、亚里士多德以及斯多葛学派的学说是内在统一的。从根本上说,古代哲学都会在最后用最大的努力来证明各种过往观点让人为难的多样性中存在真理的同一性,普罗提诺(Plotinus)②认为③他自己的哲学只是对古代学说以及"古代圣贤的观点"的注释说明,他还再一次有意于一种复杂精细的解释方法,这种解释方法的基础就是对哲学史进行一种哲学建构,一方面在清晰的阐述和争论中把它解释为一种辩证的、双重运动的进步;另一方面,在对真理的理解上却伴随着一种实质性的倒退,伴随着对其最初赋予的直觉力的遗忘过程。真正的问题是为什么这些不断更新的融合性尝试还在继续,它们给过去的传统,本质上是古代晚期边缘的宗教事务赋予一种**哲学**意义,同时,看起来似乎无须动脑的汇编工作也可以尽享不受打扰的持续性并广受欢迎。文化的常规化(routinisation)只是从其众所周知的结果的角度来描述这一过程,但它并没有回答这个问题:这种对传统的传播和解释在它自己的时代能够发挥怎样的**文化意义和功能**。

正是从这个问题的角度来看——我认为——体现在一般的汇编实践中,尤其体现在第欧根尼·拉尔修的观点中的过往历史,对其所具有的根本解释学的态度,表现得极为令人费解而且特别矛盾。正如霍普(R. Hope)所说,第欧根尼对**整个**古希腊哲学的态度是一种赞美的态度。他不知疲倦地强调哲学对人类生活的至关重要,强调它比起日常知识和所有其他文化活动形式都更具优越性。他试图区别、保护和捍卫的哲学的价值特征和有效性,对他来说是毋庸置疑的,正是因

---

① 公元前120—公元前68年的希腊哲学家,因为古希腊有多位名叫安条克的思想家,例如同为哲学家的还有雅典的安条克,因此用地名作为限制以示区分。——译者注

② 普罗提诺(Plotinus,205—270),新柏拉图学派最著名的哲学家。主要作品有《九章集》等。——译者注

③ 参见 Plotinus,*The Enneads*,Ⅴ,1,London,Penguin,1991,pp.347ff.

此也完全不需要任何证明——最多，这一点可通过体现在传记中的不同作者的杰出和优秀获得清楚的证明。在此，解释完全从有效性和相关性的问题中解脱出来，因为后者被假定为体现了某一类作为无形的权威的文本所具有的不证自明的特性。

93

　　然而，对于作为权威的过往历史的这样一种坚决独断的态度，至少在我们的理解中，在本质上与同样突出强调各种哲学学说中不可还原的多样性以及彼此之间的矛盾性的做法是相互冲突的。对于第欧根尼而言，哲学就是相互竞争的派别所代表的一套有限的**充满争议的信条**。他的阐述不是一般地揭示这种多元性，有分歧的哲学（*dissensus philosophorum*），而是特别着重强调这一点，因为他把各种哲学之间相互竞争的关系理念当成建构哲学历史的基本原则。正是基于这一点，第欧根尼遵循第三种也就是最后一种古代哲学史学传统，并将其纳入自己的作品中，即二元论史学。后者的本质是各种哲学间关系的拟人化（personification），一方面，它补充了一个学派内部的继承关系；另一方面，它补充了不同学派间的对抗关系（一般既是伪造的也是编造的）。第欧根尼将这一框架运用到他全部材料的组建中（至少形式上允许他将其传记和汇编的内容联系在一起），并且他运用的是由索蒂翁（Sotion）①开创的最为极端的形式。据此，古希腊哲学已从根本上与双重起源相对立——爱奥尼亚和意大利起源，并产生了两条独立的承袭和发展轨迹。这样一来，哲学的整个历史就转变成一种象征性、悬而未决的竞争体制，这一体制总是不断呈现出新的形式。最初，可以肯定的是，在这一框架的背后可能存在一些真正的哲学意图和正当理由——既可能是怀疑论的，也可能是原子论的，伊壁鸠鲁派的历史观，即把历史当作新的质料和社会有机体连续、偶然的创建过程，为了自我保护反对不同程度的成功（哲学流派就是照此类推来理解的）。无论如何，在第欧根尼那里这种背景再一次遗失，因为他认为哲学历

----

①　索蒂翁（Sotion，公元前200—公元前170），古希腊哲学家论述的编撰者和传记学家。未有作品存留。——译者注

史是一个彻底完结的故事：哲学始于古希腊，也终于古希腊。

然而，也许这最后的评论已经为寻找文化意义和探索令人困惑的教条主义的功能指明了方向，即在这个方向上舍弃所有教条，除了坚信在其内容上本身似乎无效的传统仍然具有至高的重要性和有效性。在其作品中，第欧根尼唯一极其详尽地发展并说明自己观点的部分就是在该作品的"导论"(*proëmium*)中，涉及哲学起源的问题。在此，他发起了针对逍遥学派观点的辩论，不同意哲学开始于野蛮人的观点。这种概念阐述在亚里士多德那里根本不算稀奇：这与他用知识循环发展的说法解决真理永恒性与意见的史实性之间矛盾的方式紧密相关。第欧根尼用大量的篇幅来反驳这一观点［例如，接受传奇诗人慕赛俄斯(Musaios)①和利诺斯(Linos)②，但并不因此在众多哲学先驱中接受色雷斯的奥菲俄斯(Thracian Orpheus)③］；他坚持拥护纯粹的古希腊哲学特征。捍卫古希腊哲学遗产，防止混入任何外来元素，这可能是我们在第欧根尼作品中发现的唯一清晰的目的。作为一个整体，它弥漫着一种文化分裂主义精神，通过固定一种给定传统，它旨在维持一种濒危的统一性和个体性。

在一个庞大的帝国中，很容易理解这种精神的产生，实际上，这个帝国的统治精英在地理起源、社会出身、实际背景和生活条件等方面已经越发异质化。第欧根尼提出并认为哲学(在这方面，他当然不是最初这样做的人)只是文化统一的方式和核心元素，精英通过这种文化统一来维持自己的自我认同(self-identity)。

从哲学到文化物品的这种转变有待获得和拥有，它强调了第欧根尼·拉尔修所处的整个传统，这必然涉及在它反对经典模式的理解中所发生的基本改变，据称整个实践都试图保持完好性。这种转变中的第一个元素就是哲学逐步"对象化"的一个过程。通过问答对话或志

---

① 慕赛俄斯(Musaios)，古希腊著名的诗人、哲学家。——译者注

② 利诺斯(Linos)，古希腊著名的诗人、神学家。——译者注

③ 奥菲俄斯(Thracian Orpheus)，古希腊著名的音乐家、诗人、预言家。——译者注

同道合者开放式的研究来探寻关于存在(Being)和善(Good)的真理,哲学如今变成了一种老师传给学生的**学问**。早在亚历山大时期,当作为学问的**传授**(didache)和作为正当生活行为的训练(*paideuma*)①的相关术语也出现时,哲学便被理解为某种确定的内容,而且此内容可通过这种教学三角关系获得阐明。原始的、根本的人类学意义上的知识概念,主要意指一种态度、一种精神习惯,在某种程度上开始变得物化。它现在基本上指的是一套命题,作为要被传递和占有的所有物,为其拥有者赋予实用及精神的卓越性。然而,从某种意义上说,另一个相反的过程与这个哲学教义化(doctrinalisation)的过程紧密联系。因为哲学在实践中逐渐被当成一种建立第二位的、文化统一体的方法,关于文化传统的其他元素也变得越来越均质化,它们也可以实现类似的功能。从古希腊时期开始,就存在一股不断强化的趋势要把哲学与诗歌、神话和众所周知的传说,以及通神学的传闻相互融合——一切都要仰望至高无上的修辞学。由于哲学的这种"再修辞化"(re-rhetorisation)——理论上最有影响力的倡导者就是西塞罗(Cicero)②——它作为独一无二的文化努力的特性逐渐丧失。这种文化拉平过程的主要的解释学工具就是寓言性解释的实践应用,它首先应用于荷马(Homer),然后应用到广泛的古典诗人中,它从第一世纪开始就占据优势,并且与新毕达哥拉斯主义(Neo-pythagoreans)和新柏拉图主义(Neo-platonists)一起,侵入了哲学本身。圣经字面义(*sensus literalis*)和灵性义(*sensus spiritualis*)间的区别在很大程度上决定了后来的解释学历史,在它出现的最初的历史形式上不仅要服务于克服,

95

---

① 在翻译过程中,我们曾就书中有关术语的理解问题,致函请教马尔库什先生。他在复函中写道:"Paideuma means in Greek philosophy the fundamental manner of creating meaning";"Didache or didagma means teaching something, while mathema means the learning of something"。根据这样的理解,同时参考文德尔班在《哲学史教程》中关于古希腊哲学围绕着"理论问题"和"实践问题"所建立起来的两种哲学范式的划分,我们把"didache"译为"学问的传授",而把*paideuma*译为"正当生活行为的训练"。——译者注

② 西塞罗(Cicero,公元前106—公元前43),古罗马著名政治家、演说家、雄辩家、法学家和哲学家。主要作品有《论至善和至恶》、《论神性》等。——译者注

或者更强烈点,要清算把过去的文本与现在区分开来的历史距离;而且还要清算各种文化类型之间的差距,要使它们与终极意义一致,并且由此使它们全部成为有效的和权威的培养口才的资源。

现在看来,第欧根尼明确地站在这一趋势相反的立场上。当然,他的目的正是如此划定哲学传统并且他不断重申它区别于并且高于诗歌、修辞学或宗教猜想。他还极其慎重地诉之于寓言,基本只在他第一卷的早期部分。然而,正是第欧根尼的解释学实践清楚地说明了这种划分真正的意义已经被侵蚀到了什么程度。这一点不仅体现在他对修辞学上有资格的哲学家的关注,忽略了他们辩论性的相互联系,而且更明确地体现在他处理整个哲学论证问题的方式中。因为辩证法是哲学的三个公认的分支之一,第欧根尼也按照目录分类提供了对哲学家逻辑观点的概述。此外,他还对哲学家们的"著名的论点"表示出明显的兴趣。但是,他在处理这些论点时,再一次——甚至在芝诺①的阿基里斯(Achilles of Zeno)这样明显的例子中——完全没有试图把这些论点与使用它们的学说的特征联系在一起。也就是说,实际上,只有当它是修辞学手段的源头并且把论证当作——引用昆提利安(Quintilian)②的说法——可以适用于最多样化场景的"思想宝库",或者是修辞学论据(*probatio*)的组成部分时,第欧根尼才对哲学论证感兴趣。因此,他自己不断违反他支持的哲学的文化界定原则也是不足为奇的。正如他的引证观点所说明的那样,他的确将欧里庇得斯(Euripides)、卡利马科斯(Callimachus)、不太著名的历史学家和喜剧诗人等视为完全可以接受的来源和权威,甚至是关于"物理学"的问题。在这个方面,他属于被亚里士多德定义为哲学文化的希望的典型例子③:"在每个问题上都不能在适合于主体和与主体无关的论证之

① 芝诺(埃利亚)(Zeno of Elea,约公元前490—约公元前436),古希腊数学家、哲学家。——译者注

② 昆提利安(Quintilian,35—100),古罗马教育家、著名的演说家。主要著作有《论演说家的培养》等。——译者注

③ *Eudemian Ethics*, 1217a, *Complete Work of Aristotle*, vol. 2, p. 1926.

间做出区分。"对第欧根尼而言,哲学与其他形式的文化活动的分离并不意味着将其视为具有特定和独特目标与方法的努力;这只是与其他能够发挥同样功能但是不够优秀的文献相比突出某一类文献。

人们可能会坚持认为,所有这些转变实际上将古典哲学一致追求的实践意义转变成了截然相反的事物。作为单在寻找真理的过程中用理性竭力塑造灵魂的活动,哲学通过成为公民教育新概念和实践中的主要内容,形成了其作为独立且**独特的**文化类型的结构。这是历史上第一次,并且迄今为止也许是最大胆的尝试,旨在实现生活行为的纯世俗合理化(在韦伯的意义上)。但是,随着其生活基础、民主的城邦的消失,哲学开始变得私人化,以致最后变成相反的意义。它保留了实践合理化的功能——如果有什么功能的话,古代晚期十分强调它的启迪作用——但是消极意义上的合理化:只是**事后**证明已经做出和给定的选择与生活方式的正当性并使之合法化。与同样已经丧失所有直接的、司法政治相关性的修辞学统一之后,哲学真正成了一种纯粹的理性修辞——一种有理性(reasonableness)的通用语言,通过这种语言,生命形式中的实际分歧能够融入有教养的交流与探讨的统一体,这种语言可在神圣和特有的传统中为所有人找到同样有效的理由。昆提利安告诉我们,杰出的演说家是聪明和善良的人。而且正是因为哲学体现了竞争的各派别的不可简约的多元性,尽管如此,其已通过纵横交错的血统和纷争实现统一;它才能够成为这种有教养的雄辩的范式元素与核心内容。哲学家之间的冲突并没有迫使其中某个人最后坚持真理的立场,而是他们认为所有其他看法都是错误观点并使之失效,也没有以怀疑的态度反驳哲学学说的关联性。正是这种多样统一才使哲学具有了一种文化有效性。

在通常的文化背景下,第欧根尼·拉尔修的解释实践最具异化的特征,因而似乎特别适合特殊的功能,就是在当时的现实文化实践框架内,解释应该履行的功能。正是这些确定了解释实践本身的特殊的恰当性,形成了始终由方法论正确性问题默然预设的规范背景。就后

97

者而言,第欧根尼当然是一位最不符合要求的作家。但是在其自身的历史背景下,一种"更好"的解释并不意味着能够更成功地为文本提供统一的意义(与古希腊哲学家论述集的精神完全不同的标准),而是以更为系统的方式着手处理各种问题,以更为积极的方式将所谓的答案与问题联系起来,并从相同文本中得出更多更加详细的答案,等等。

再次强调:并不是《名哲言行录》有如此多的奇异的特征,而是在传统传播的不间断过程中在历史上得以出现的,其方法一般共享的预设,对我们来说使这部著作完全不符合古代哲学解释的要求。而且当然——我认为这是不言而喻的——这些原则和解释实践未显示出哲学解释学提出的作为一般解释特征与条件的任何特征。第欧根尼应用的方法严重地破坏了解释学循环,因为它不允许提出的问题与发展出来的答案之间存在任何对话式关系。通过把解释者的预想的偏见严格固定为一系列独立于相关学说或文本的具体特征的问题,它允许后者进行陈述——更确切地说口吃般地——但只是在其能与这些偏见直接相关的范围内。毫无疑问,这些偏见也属于传统有效的延续,但是在其非反思性的固定化状态下,它们破坏了其固有的意义联系。因此,这种解释实践并没有将有待实现的两种历史视野进行任何融合,因为文本的视野并未出现——传统与现实之间的历史距离未被弥合,而是通过迫使前者进入后者的模式将之强行抛弃。

然而,在这种方式下,似乎至少伽达默尔明确指定为最基本的前提和普遍特征的解释特色被保留了下来:说明性理解与解释学应用的统一。但即使这一点也被证明是错误的——这个事实顺带证明将法定的(与圣经的)解释学——像伽达默尔那样——视为一般解释的范式案例是相当有问题的。法定的有效性属于法律概念,在某种程度上,认知的(或实践的,或任何其他的)有效性不能作为无疑的前提和简单的**基准**(datum)而属于哲学概念——至少当后者包括多样的可能性观点和学说的时候,并且与宗教启示的概念不一样。因此,援引伽达默尔的说法,关于解释者当下的具体情况,如果应用被理解为"使一种观点具有有效性"[1],那么第欧根尼的解释学实践从根本上来讲就是非应用性的。从所有现代的观点来看,其作品最奇怪的特征正是将一种学说的说明与其认知或实践有效性的问题完全分离开来。在此,解释学应用被视为是与说明相分离的,并且是继说明之后的行为,不是解释者的行为,而是接受者的行为、读者/听众的行为,这些接受者从多种哲学观点中选择这种或那种,能够让其生活态度提升至有教养的、反思性的阐明和雄辩的水平。

　　然而,这种情况的寓意何在? 作为第欧根尼作品基础的解释学原则,尽管可能适于其自己的文化背景,但并不满足任何所谓普遍性的特征或解释前提。那又如何呢? 它们不符合要求是因为依据这些原则而理解过去的哲学遗产的一切尝试必然会导致彻底的误读,难道这不是不言而喻的吗? 并且从我们自身的观点来看**对我们来说**是误读,这样说难道不是一种不被允许,甚至欠考虑的相对主义吗? 不,哲学作为一种现存的、继续的、不间断的文化活动,**从哲学本身的观点来看**,这种解释学会产生误读。也就是说,这类解释学的基本预设之一正是哲学的有效**终点**,因为它被视为一种纯粹的**过去的**传统。很明显,根据在既定年代内有效的文化标准,用第欧根尼提示的方式理解哲学文本的人可能是具有哲学素养的人,但绝对不是一位专业哲学家。

　　无论看起来有多么不言而喻,这种评论唯一的问题或异议就是,**如果**解释被视为作为有效历史的传统传播过程中的一个事件,一种发生(*Geschehen*),那么这绝对是错误的。在其实际的历史影响下,第欧根尼的作品所做的恰恰是它根本无法办到的事:它通过现代早期的鲜活的哲学实践,极大地促成了对希腊哲学遗产的**创造性**占有和同化。《名哲言行录》——就其实际影响而言——很可能是整个西方哲学史中最重要的历史解释学作品。关于前苏格拉底、斯多葛哲学和伊壁鸠

99

---

[1]　参见 H. -G. Gadamer, *Truth and Method*, New York, Crossroad 1984, pp. 274-278。

鲁学说的知识通过这本书被广泛地传播至 14 世纪之后的哲学;不用说,许多现代哲学也受惠于这些传统的恢复和复兴。[在这个方面,伽森狄(Gassendi)①出版第欧根尼的第十卷本几乎可被视为一种象征意义的行为。]此外,第欧根尼的作品不仅是绝对不可替代的**来源**——直到 18 世纪上半叶,实际上直到布鲁克(Brucker),它始终是所有哲学的历史的**范式模型**。其倾向与方法深深影响了哲学最初的形式,受其影响,中世纪后的哲学已经对自己的历史性进行了说明。

100   毫无疑问,它在实际上发挥的作用在很大程度上是一种偶然结果,归功于 3 世纪和 13 世纪中间的一千年时间里手稿的偶然保存。虽然如此,但我认为——尽管当然是以一种试探性的方式——如果问题不仅与第欧根尼作品的个性特点有关,还与其解释学实践的普遍特征有关,那么明显曲解解释传统本义的后者同时也是使得这种遗产在范围巨大的社会文化错乱和变化过程中得以**保留和保存**的重要因素。也就是说,至少能够出现这样一种情况,古希腊哲学遗产全部嫁接到犹太－基督教的传统之上,这在一定程度上成为可能,或者至少被解释方法和更为普遍的文化态度的可用性大大促进,而这种文化态度——通过消灭知识和意见之间、哲学与修辞之间的基本区别——无疑贬低了哲学,但同时提供了可用于调和这一情况的解释学工具。

为了更清楚地说明这一问题:自称是通往能使人类行为变得正确和合理的真理的唯一道路的古典哲学,必然代表了与所有普救主义的救赎宗教不可调和的竞争关系,这些宗教代表自己也发出了同样的主张。一种文化态度将巨大声望赋予文化良善的哲学,但把与真理的最初关系置于括号内,正如它所做的那样,这种文化态度的发展——除了别人以外,我们发现体现在第欧根尼身上的一种态度——大致打开了通往可能实现特定调和方式的道路。无论如何,事实是,古希腊哲学实际并入作为后者预备的典籍,正是通过使用那些在古代晚期得以

---

① 伽森狄(Gassendi,1592—1655),法国哲学家、物理学家、天文学家。主要著作有《伊壁鸠鲁哲学汇编》、《对笛卡尔〈沉思〉的诘难》等。——译者注

详细阐述、我们在第欧根尼身上发现的解释方法而实现的。亚历山大的犹太教[首先是斐洛(Philo)①]已经充分启用它们,例如,通过详述一种特别的摩西传记(Bios of Moses),将摩西等同于慕赛俄斯,并以一种特有的二元论方式,将摩西转化为古希腊哲学真正的创始人(archaget)。而早期基督教会的辩护者和教父,比如亚历山大的克莱门特(Clement)②、奥利金(Origen)③和杰罗姆(Jerome),使用古代晚期哲学家论述集的整个解释学宝库,利用所有既适用于圣经也适用于异教哲学的古文物研究和寓言化的解释方法,来确定两者之间的基本一致性,并将哲学转变成上帝赐予希腊人的真正的教会学说的初步介绍。

　　如果从这种说明中能得出任何结论的话,对于一般而言作为一种哲学计划的解释学,这些结论似乎更具有破坏性。回答什么使解释成为真实的或正确的这个问题被视为一种科学,一般的解释学似乎是无法做到的,因为设法找寻的标准是相对的,并取决于一种不断变化的文化框架,而且这种框架为解释赋予一种明确的功能,并且可能针对不同的时代和不同的文化类型以完全不同的方式完成。但是这种对解释的不可避免的历史视角,即历史立场的制约性(*Standortgebunden-heit*)的承认,也未打开通向作为效果历史中的一个事件的本体论理解的道路。关于在后者的意义上解释起到了什么作用这一问题,仍然不可能有一个普遍性的答案。即使这种,乍看之下"令人恐惧的相对主义"的概括,正如伽达默尔所说,"要去解释意味着解释总是在别处",也显得不是真正的相对论。解释不只是不断变化的生活场景的自发结果;它们总是根据文化中界定的规范标准发生,并且无论既定的文

①　斐洛(Philo,约公元前30—约公元45),古犹太神秘主义哲学家、亚历山大里亚学派犹太人宗教哲学的主要代表。相传写有《论世界的创造》、《论赏罚》、《论牺牲献祭》等作品。——译者注

②　克莱门特(Clement,约150—约211),著名的基督教学者、亚历山大里亚学派的代表。主要著作有《杂文集》等。——译者注

③　奥利金(Origen,约185—约254),克莱门特的学生、亚历山大里亚学派的代表。——译者注

化只有一种标准还是多种标准,也无论它们是被假定为稳定的还是变化的,所有这些都取决于相关历史文化的特征。传统解释可能证明存在巨大的稳定性或者在长期的文化历史中具有伪 - 有机增长的特征,比如在被流放后的犹太人那里对圣经的希伯来语的解释,或者中国几千年历史对儒家学说的解释。所有解释共有的一般化、本体论的特征的似乎合理性,在我看来,在伽达默尔那里,似乎隐含着对两种问题的同一化,即把关于文化传统传播的连续性问题和整个历史的连续性与社会认同问题视为同一。但两者是不一致的。主要是由于解释的历史生产力在本体论上并不是固定的,解释可以解答很多与我们相关的事,也为我们解决很多问题。它在维护社会认同中当然是一个重要的因素,但它同时也能传播传统,尽管历史连续性被严重破坏,它还能在历史上不相关的文化间创造传统,或者在基本上连续的社会变革过程中挣脱约束性传统。

102 　　然而,关于作为哲学计划的解释学,这种纯粹破坏性的结果也许源自一个事实,解释学的方法论和本体论概念似乎歪解地体现了解释成为一个哲学问题的方式和意义的特征。也许值得一提的是,哲学解释学著名的三段式发展——浪漫主义时期、人文科学时期(*geisteswissenschaftlich*)和当代时期——指的是在那些时段中,最初完全没做任何解释学努力的哲学编史方法论,也相当突然地变成[从格雷夫(Garve)和莱因霍尔德(Reinhold)①到里特(Ritter)和阿斯特(Ast)②;以及雷诺维叶(Charles Renouvier)③、里尔(Riehl)④、威廉·文德尔班

---

① 莱因霍尔德·尼布尔(Reinhold Niebuhr, 1892—1971),美国神学家。主要著作有《人的本性与命运》等。——译者注

② 阿斯特(Georg Anton Friedrich Ast, 1778—1841),德国哲学家。主要著作有《哲学原理》等。——译者注

③ 雷诺维叶(Charles Renouvier, 1815—1903),法国哲学家。主要著作有《道德科学》等。——译者注

④ 里尔(Alois Riehl, 1844—1924),奥地利哲学家。——译者注

（Wilhelm Windelband）①等人；最后还有盖鲁（Gueroult）②、艾哈特（Er-hardt）、帕斯莫尔（J. Passmore）等人］热烈讨论的内容。此外，这些讨论是在明确意识到哲学出现危机时发生的。总而言之，在我看来，不管在解释过去的文化遗产时我们实际该做什么以及我们到底能做些什么，当它变得严峻并总的来说成问题的时候，哲学中解释的问题就会出现，正如它实际上是由我们自己当代的文化实践而标准地决定的，能够捕捉遗产中真正具有创造性的和有意义的事物。在这个意义上，哲学的解释学问题总是与批判性地质疑当代文化生活的有意义性息息相关。然而，它是，并且应该成为文化批判理论不可或缺的一个部分，不能仅通过解释学的方法解决自己的问题。

参考文献

J. Bollack, "Vom System der Geschichte zur Geschichte der Systeme," in *Geschichte Ereignis und Erzählung*, Hg. von R. Koselleck und W. -D Stempel, München, Fink, 1973.

L. Braun, *Histoire de l'historie de la philosophie*, Paris, Ophrys, 1973.

J. -M. Charrue, *Plotin lecteur de Platon*, Paris, Les Belles Lettres, 1978.

E. R. Curtius, *European Literature and the Latin Middle Ages*, London, Routledge, 1979.

A. Dihle, *Studien zur griechischen Biographie*, Göttingen, 1956.

A. Eon, "La notion plotinienne d'exégèse," *Revue Internationale de la Philosophie*, vol. 24, 1970.

O. Gigon, "Die Geschichtlichkeit der Philosophie bei Aristoteles," *Archivio di Filosofia*, 1954, pp. 129ff.

---

① 威廉·文德尔班（Wilhelm Windelband，1848—1915），德国哲学家。主要著作有《哲学史教程》等。——译者注
② 盖鲁（Gueroult，1891—1976），法国哲学家。主要著作有《费希特研究》等。——译者注

103   O. Gigon, "Das Proemium des Diogenes Laertios: Struktur und Problem," in *Horizonte der Humanitas: Ein Freudesgabe für Prof Dr. W. Wili*, Bern, 1960, pp. 37ff.

W. K. C. Guthrie, "Aristotle as a Historian of Philosophy," *Journal of History of Ideas*, 1957, pp. 35 – 41.

M. Hadas, *Hellenistic Culture*, New York, Columbia University Press, 1959.

R. Hope, *The Book of Diogenes Laertius*, New York, 1930.

J. Passmore, "The Idea of a History of Philosophy," *History and Theory*, Beiheft 5, 1965.

H. Rahn, *Morphologie der antiken Literatur*, Darmstadt, Wissenschaftliche Buchgesellschaft, 1969.

F. Wehrli, "Von der antiken Biographie," in *Theoria und Humanitas*, Zürich-München, Artemis, 1972.

第五章　形而上学的终结

　　通过形形色色的"后"主义,当前的思想既试图开创一个关乎其历史地位和可能性的方向,同时又试图表达它因缺乏这样一种方向而导致的挫败感和焦虑。而在这许多"后"主义当中,有一种——肯定早于所有其他的——似乎广为人们所接受,很可能是它们当中独有的。我们生活在后形而上学时代,生活在形而上学终结的时代,甚或生活在形而上学终结之后的时代。当然,这种总体性描述取得相对广泛的一致也许是由于这样的事实,即它似乎与哲学内部的事态——这种活动在今天几乎无法赢得人们特别大的兴趣或尊敬——相关。即便如此,如果考虑到整个哲学历史的特征是不可消除的派别冲突,那么哲学家们关于哲学状况的这一共识即使从其本身来讲也似乎是一个引人注目的事件。

　　因此,即便同一性哲学(*concordia philosophorum*)仅仅成了海市蜃楼,仅是一个纯粹的言语约定,也大可不必感到惊奇。因为"后形而上学的"性质不仅能——并且在当今——以不同的方式被理解,而且主要是通过相对立的方式被理解的。一方面,它可以被看作是对我们的 时代实际是什么的描述:匮乏之状以及它萎靡不振的根源——文化缺乏的事实。而且,这种状况或者可以通过现代性批判的保守立场获得

103

清晰的描述,或者真正尝试性地对它的最终结果进行彻底思考。在第一种情况下,就会产生对最终复归的朦胧希望或怀旧渴望;在第二种情况下,就会产生明确的重建形而上学的计划。

另一方面,"后形而上学"也不是用来指明普遍意识(general consciousness)的真实状况的,而指向的恰恰是克服后者——它的曾经宏大的和多产的工程的残余或最后的成果——的思想任务,尽管其仍陷入尤其是无思想的和危险的形而上学形式中。并且,作为当今任务的后形而上学思想要么可以被看作是现代性(或后现代性)需求的不断实现,要么可以被看作是它所期望的终结的预言者。

当然,形而上学的重建和与形而上学决裂这两种对立的计划被有力的哲学争论所支撑。可能是出于兴趣,这种哲学争论几乎始于20世纪的一开始,也经常伴随着相互对立的关于当代哲学状况的诊断。一些争论显而易见含有重建对形而上学的理论兴趣的迹象,其他争论则无可挽回地降低了对形而上学的理论兴趣。发生在迪特·亨利希(Dieter Henrich)[①]、奥多·马库阿德(Odo Marquard)[②]与尤尔根·哈贝马斯之间的新近争论这股潜流似乎只是重复某种逐渐成为惯常的文化星丛。

更为重要的是,这两种相对立的计划在理论上的成功仍是相当成问题的——并且从它们自身的标准、预期和支持者来看是成问题的,尽管它们现在都很有声望,百年来这不断体现在其他理论学说之中。重建形而上学的要求通常只成了一种计划。重建形而上学的尝试——如果不是通常被简单地断定[像尼古拉·哈特曼(Nicolai Hartmann)[③]所做的那样]为回到一种在现在看来不合时宜的思想风

---

① 迪特·亨利希(Dieter Henrich,1927—),德国当代著名的哲学家。著有《在康德与黑格尔之间:德国观念论讲座》等书。——译者注

② 奥多·马库阿德(Odo Marquard,1928—),德国当代著名的哲学家。著有《告别原则问题》等书。——译者注

③ 尼古拉·哈特曼(Nicolai Hartmann,1882—1950),德国哲学家。著有《伦理学》、《自然哲学》和《美学》等书。——译者注

格——经常是被它们自己一方指控为篡夺已被拔高的形而上学之名。难道不是"分析的形而上学"——提出一个更常被提及的例子——的各种各样的模型没能对抗,反而是积极履行了驱动逻辑实证主义者对形而上学进行猛烈攻击的原则吗?唯一能从彻底的无意义中挽救一点它的传统的方法是从物质转换为言语的形式模型吗?

107

然而,站在另一立场上也不必然就是更好的。从"克服"、"破坏"和"解构"方面重建形而上学的尝试只是在说明康德对"冷淡主义者"的告诫,他们"不可避免地后退到他们那么公然鄙视的形而上学的主张中"①。不管怎样,对于那些在其哲学中以上述任务为中心的思想家来说,相似的指责(对他们的严厉指责和被别人指责)相继有规律地重复着:海德格尔反弗里德里希·尼采(Friedrich Nietzsche),雅克·德里达(Jacques Derrida)②反海德格尔,近来的理查德·罗蒂(Richard Rorty)③反德里达(但是公正起见,需要补充的是,他们——尤其是海德格尔和德里达——也是最清楚地认识到和表达出"后形而上学"思想这种观念的矛盾特征的人)。而且,如果我们转向那些更大的哲学运动,其最初的出现被一种强烈的反形而上学态度所激发——像现象学或逻辑实证主义——我们能够发现,它们后来的发展不仅导致形而上学的复兴,而且促成了在它们自己的基础上阐述某种形而上学的尝试。

当然,这些不仅是肤浅的意见,而且在某种意义上是相当不恰当的。因为在对于哲学来说是极为重要的问题上,以一种准中立的仲裁人的态度裁决一场结果仍处于开放状态的争论,这是不恰当的。但

---

① I. Kant, *Kritik der reinen Vernunft*, AX, Berlin-Leipzig, de Gruyter, 1938. *Kant's gesammelte Schriften* – Akademie Edition(in the following:*KAE*) , vol. 3, p. 6.

② 德里达(Derrida,1930—2004),法国哲学家、符号学家、文艺理论家和美学家,解构主义创始人。著有《人文科学话语中的结构、符号与游戏》、《论文字学》和《言语与现象》等书。——译者注

③ 罗蒂(Rorty,1931—2007),美国哲学家。著有《哲学和自然之镜》、《后哲学文化》、《偶然、反讽与团结》和《哲学、文学和政治》等书。——译者注

是,在某些关键问题上,也就是说在其一般层面上,以论辩性的方式加入——像一个哲学家所应该的那样——到这场争论中面对着可怕的困难。首先,是它的对象的不确定性。在关于形而上学命运的持续的讨论中,后者的不变的本质在如此多的没有关联的和不成系统的方式中被界定或解释,这使我们感到困惑,在争论中到底是否存在一个普遍问题。形而上学是存在论神学吗? 或者它主要与描述世界的奇特命题的结构的适用性的终极前提相关吗? 或者也许它是对历史地变化着的世界观的隐含前提的澄清? 它必然依赖于超验的本质和经验的表现之间的二元对立吗? 或者它实际上是以力求揭示自觉的生活的统一原则为动机吗? 可以很容易列举这些看似完全不相关的描述,甚至这些描述与它们的作者对待形而上学的最终态度也不能明确地一一对应起来。

对形而上学实际上是什么的回答的不确定性更令人好奇,因为在另一方面我们当然很清楚通过它我们要理解什么:我们指的是柏拉图和亚里士多德的哲学、笛卡尔和斯宾诺莎(Spinoza)的哲学、康德和黑格尔的哲学。但是,正是这份(显然是不完整的)范例性的名单是我们困难的根源所在。因为我们不清楚,笛卡尔第一哲学(*philosophia prima*),甚至在它的基本意图方面,是否在某种程度上可以与亚里士多德的第一哲学(*philosophia prote*)相同一,前者讨论"能被理性思维活动以一种有序方式发现的一切首要的事情"①并且包含"知识的原理,包括……我们心中的一切清楚明白的观念"②。而且,我们甚至更不清楚康德的"道德形而上学"是否与这两种形而上学中的任何一种有任何本质上的同一性。一些论题毫无疑问是共同的,但仅是与它们被理解和被处理的方式无关的主题的集合不能保证一个学科的统一。无论形而上学是否有一个不变的本质,它自身是有问题的,而且,从这

---

① R. Descartes, "letter to Mersenne", II Nov. 1640, *Oeuvres*, Adam-Tannery edn(hereafter *DAT*), Paris, Vrin, 1976, vol. III, p. 239.

② Descartes, *Principles of Philosophy*, *DAT*, vol. IXB, p. 14.

个问题来看,任何直接的定义都不可避免地显得武断——这个问题只能通过概念化它的历史而得到回答。

这种概念化相对来说在最近才被提供出来,例如,哈贝马斯这样做了。他把形而上学的命运内刻于整个哲学历史的范式变化过程中:从存在的宇宙本体论,经由反思的意识哲学到当代语言学转向。构成所有形而上学思想的内容现在从其变化的主要趋势的重建中显露出来:理念的、心灵的或精神的"一和多"概念作为终极的、同一的基础和原则,在某种程度上构成一切经验差异的基础。鉴于此,哲学的历史表现为发展的逻辑:从超验概念,经由超验主义到引领后形而上学思想的语言范式。因为,语言作为"第三"范畴在只有形而上学能被阐明的框架内逐渐削弱那些排他的和严格的对立:精神和物质、一和多、无限生产和历史制约、有限产物和最终完成。考虑到哈贝马斯自己的交往理论在探讨许多哲学传统问题方面所取得的令人印象深刻的成就,就其朴素性而言,这不仅是一个诱人的方案,而且它具有相当大的启发力量。但是另一方面,我们立即面对这样一个事实,即在当代哲学中有其他的,无论是在特征还是在结果方面都与之有明显差异的形而上学的历史的重建理论,这些理论也不能不被提及或应该被提及。我们不提其他为人所熟知的例子,只说说海德格尔的作为衰落的历史(*Verfällsgeschichte*)的西方形而上学历史的重建,也许我可以提到一种观点,如今已不常见,但仍似乎有一定道理:哲学的历史是形而上学时代及其批判循环往复的历史。

虽然它体现在黑格尔哲学的精神目的论中,但马克思的博士论文也许仍是证明这种概念化的可能性的最好例证。在这种历史的重建中,伟大的形而上学体系的本质的和普遍的完成,即"世界哲学",存在于"是"和"应该"的总体的概念统一中。它们是世界历史的理念化,而在世界历史的经验实在中,事实和规范总是并且必然分崩离析。因此,它们的完成引发批判的实践力量首先针对与它自己的理念相矛盾的虚假的实在。但是,批判在与实在的斗争中揭示后者的局限,这实际上与它的哲学的理念化的内在局限和矛盾是不可分离的——通过促成第一(the first)的真实变化,它破坏它自己的形而上学基础,并且由此产生一个服从同一发展逻辑的精神历史的新时代。

110   这种重建的哲学前提在当今很难获得太多支持。但是,它提供了一个清晰表达作为整体的西方哲学史的视域,在这种视域中,每次形而上学思想的绽放都有规律地伴随着它的主要由实践所推动的批判之波:古代的怀疑论、中世纪晚期的唯名论、启蒙运动反"体系"的斗争,当然还有在众多思想中以马克思晚年的意识形态理论为特征的当代思想。如果你被这一视域诱惑,你有理由期待形而上学的重生,它不会离我们太远。

存在着的一些历史的重建,它们每一个在一定意义上阐明并成功地以这一历史为基础提供了一个清晰但又大相径庭的关于形而上学的意义和命运的描述,这只能增加我们目前的困惑。因而,它们共同的影响只是它们每一个着手去做什么并实际上确实做了什么的对立:赋予形而上学传统以明确的意义,并在此基础上澄清它对我们思想的真正重要性。但是,也许正是这种成功形成了这些历史的重建的不充分性——一种既是解释的又是实践的不充分性。就解释的不充分性来说,因为从目前的视域出发要求解释和重建的恰是我们关于形而上学及其意义根深蒂固的和持久的困惑状态,而它们却如此令人钦佩地消除了这种困惑。并不是对形而上学的不可或缺的需要或形而上学的终止,而是既不能被驱散又不能回到全部生活中的它的真正幽灵般存在的传统需要历史的理解。还有实践的不充分性。因为这种困惑状态需要关心哲学的每个人做出选择和决定,这种决定需要在矛盾中做出,然而还要具有理智上的具有说服力的动机,或至少是有力的动机。也许我们不该使历史承担上早已为我们做出选择的这种重负,以至于我们只需去理解它的经验教训,然后在时代中随波逐流。也许我们不应该试图去揭示形而上学历史所隐含的意义,而是应该试图去理解它,就像它如今看起来的那样:一种奇异组合,缺乏单一综合的本质或意义,同时具有难于理解却又确定无疑的连续的文化相关性。请允许我做出不仅是不完全的和肤浅的,而且毫无疑问是相当不充分的历史评论来阐明我的本意,这些评论仅仅是一些提示。

让我们从一个非常普遍的意见开始。形而上学的历史是其批判的历史。在这个历史中,每一重要范式都从质疑它所继承的传统的意义开始,在这种质疑中,根本性的和无法绕开的问题和意图被不合理的预设,错误地形成的问题和异想天开的目标所掩盖和埋葬。形而上学传统的身体看似一个可怕的大建筑,不是伫立于其典型表现之中,而是以一种连贯性伫立于形而上学的危机之中,即使只是建造于沙子之上。为了理解形而上学的历史是其批判的历史,我们必须打探它的意图、它的目标——立足于由它所谓的终结问题决定的我们自己的观点。

为了这一目的,我们首先不得不转向亚里士多德。因为亚里士多德,即便当然不是开端,也是我们形而上学传统的起点。每一新的伟大的形而上学的努力正是在他所创建的概念框架之上——至少到德国古典唯心主义的终结——主要通过形成它的批判锋芒并与此同时通过不管怎样激进的修正来建造它自己的范畴体系。

亚里士多德在他的《形而上学》中介绍了"第一哲学"(在第一卷中)作为基础科学的重要性,同时它也是终极根据("第一原理"和"最高原因")和"最高程度的普遍知识"的科学。于是,科学的目标被界定为(在第三卷中)不是追问这样或那样的存在,而是追问"作为存在的存在",追问它是什么,它之所以是其所是的确定性。并且,正是通过语言,通过命题论的(apophantic)言说方式,他既保证了这样一个一元科学合法的可能性同时发展了其内容。如此被构想出的形而上学的基本概念从各种意义的分析中得出,在这些意义中某物能被言说,

111

范畴占有优势地位①;这些范畴自身既是表达形式又是存在样式,并且,通过考察命题的条件,亚里士多德得出了实体(ousia)概念,实体概念是卓越的存在样式,保证了第一哲学的统一。形而上学从这个意义上讲是真正的本体论(onto-logic),所有科学中的普遍科学,即便本体论这个术语本身只伴随着郭克兰纽(Goclenius)②和克劳伯格(Clauberg)③的理论才出现。我们总是经由语言形成的博识的理解力揭示了它的存在。

但是,众所周知,亚里士多德也清晰地表达了(主要是在第五卷和第十一卷中)关于第一哲学的任务和性质的另一种理解。在这里他把它界定为神学:存在的特殊种类或领域,即"永恒的、不动的和可分离的"实体的科学④,这种实体也就是"最高的,并且最完美的存在"(what the most, and the most perfectly, is),不动的第一推动者,思想自身的思想(自我认知)或者上帝。他⑤从可感知的和易毁灭的自然实体入手,概述了主要的存在领域,由此论证了第一实体的必然存在和本质。上帝被视为作为第一原因和最高目的而存在的存在,它能独立解释一切不断变化的存在的永恒秩序并为这种秩序确立实体基础——不是所有一般性存在的永恒秩序,而是它们等级化地构成的总体的永恒秩序。在这种意义和理解中,形而上学是宇宙神论(theo-cosmology)。

亚里士多德清楚明白地主张第一哲学(philosophia prote)是这两个概念的统一,并认为它是不证自明的。不动的实体的科学是"普遍的……因为它是第一"。⑥ 然而,它们的和解已经成为一个问题,从托

---

① Compare Aristotle, *Metaphysics*, 1026a33-b4, 1051a33-b2, and so on; *The Complete Works of Aristotle*, ed. J. Barnes (in the following *CWA*), Princeton University Press, vol. 2, pp. 1620-1621, 1660 and so on.

② 郭克兰纽(Goclenius, 1547—1628),德国哲学家。著有《哲学词典》等书。——译者注

③ 克劳伯格(Clauberg, 1622—1665),德国哲学家。——译者注

④ *The Complete Works of Aristotle*, 1026a10f, *CWA*, vol. 2, p. 1620.

⑤ Compare *The Complete Works of Aristotle*, Book Lambda, 1 - 5, *CWA*, pp. 1688-1692.

⑥ *The Complete Works of Aristotle*, Book Lambda, 1026a31, *CWA*, p. 1620.

马斯（Thomas）到苏亚雷斯（Suarez）①的经院哲学试图去解决它。在我们的时代，从保罗·纳托尔普（Paul Natorp）②和耶格尔（Jaeger）③开始，它们之间的关系构成了亚里士多德《形而上学》诠释工作中最基本和最紧迫的争论问题。

　　我没有能力参与到这一争论中。我只想在这方面给出两点意见。

　　第一个意见是，对我们来说，这两种类型的形而上学意图已经不可改变地分崩离析了。这一点变得清楚明白得益于那些证明它们连贯统一性的尝试。对我来讲，我仅仅是一名亚里士多德的读者，他们 ┊113 当中最富于启发性的是帕齐希（Patzig）④、欧文斯（Owens）和古佐尼（Guzzoni）⑤，他们通过对亚里士多德经常使用的异形异音关系（the *pros-hen* relation）的扩展式的和本体论的理解来解释这种统一。但是，对我们来说，清楚地表达隐含在这种关系中的那个预设——（本体论和价值上的）范畴实例和一般实例的同一——不仅代表一种令人不满的意义理论，而且一般来说是一个相当奇怪的观念。实际上，亚里士多德通常阐明这一关系的备用例子——手和所有种类的工具、朋友的道德价值促进的友谊和所有其他类型的友谊、实体和所有其他范畴，还有，主要的三段论形式（Barbara）和三段论的剩余形式——在它们的结构中没有出现，甚至哪怕是模糊的类似也没有。

　　另一方面——这是我想给出的第二个意见——这两种意图在亚里士多德那里必然彼此相依，因为只有他的宇宙神论所独有的特征——我想笨拙地称之为概念有限论（conceptual finitism）——能使他

---

①　苏亚雷斯（Suarez，1548—1617），西班牙神学家，中世纪经院哲学的最后代言人。——译者注

②　纳托尔普（Natorp，1854—1924），德国哲学家、教育家。新康德主义马堡学派的主要代表人物之一。著有《精密科学的逻辑基础》等书。——译者注

③　耶格尔（Jaeger，1888—1961），德国思想家。著有《Paideia：希腊文化理想》等书。——译者注

④　帕齐希（Patzig），德国著名学者，注解的亚里士多德《形而上学》已经成为经典。——译者注

⑤　古佐尼（Guzzoni），德国哲学家。——译者注

的本体论的不受限制的普遍断言成为可能。我所说的概念有限论指的是经由一种不间断的概念转换,使人能从存在的最低领域上升到最高领域,因为后者被认为是那些肯定特征的统一和全部实现,而这些肯定特征也被更小程度地分别归于较低领域(即不动性和独立性)①,与此同时摆脱它们的否定的和"二元对立的"属性。只有它能保证所有的一切在一个单独的概念框架里被充分地描述出来,这个概念框架在一个同质的概念空间中占有某种界定清晰的位置。亚里士多德的形而上学只知道超越现世(the supra-mundane)和现世之外(the extra-mundane)而不知道超验(the transcendent)。这是对他的宇宙神论许多特有特征的反思:神的身份也归属于圣体,不动的动者的多重性,一切在某种意义上被不可分的第一者包含,等等。但是,我们在他多次重复的命题中找到了最清晰的表达:作为非合成的实体、纯本质和实在的神是——尽管最难想象,因为距离感觉最远——最易知的,因为它要么根本不是思想,要么在它的真理和完成中被知晓。②

正是在这一"有限论"的基础上,本体论和宇宙论在它们假定的统一性中为第三者的实现划定一个空间,虽然未被阐明但仍是重要的,那就是亚里士多德的形而上学的意图:人类学。因为如果形而上学作为最高科学代表最好的和最值得拥有的人类知识形式,那么,它必然与自我的知识一致,因为它对每个人来说都是最值得拥有的和最令人愉快的。③ 并且,如果像亚里士多德论述的那样④,它也是所有科学中最有权威的,它必然也能指出在所有各种人类结局中的那个它们都从属于它的最终结局。在存在的宇宙论等级中,人的位置被这一事实所界定,即他是这样一种存在,在他的言说中,作为存在的存在的本质特征被揭示、"被断言",甚至他所说的、他所"证实"的是错的;他的陈述

① Compare *The Complete Works of Aristotle*, Book Lambda, 1026a10 – 20, *CWA*, p. 1620.
② Compare *The Complete Works of Aristotle*, Book Lambda, 982a24 – b2, 1051b25 – 1052b3, *CWA*, p. 1554 and 1661 and so on.
③ Aristotle, *Magna Moralia*, p. 1213a13 – 15, *CWA*, p. 1920.
④ Aristotle, *Metaphysics*, 982b6, *CWA*, p. 1554.

即便错误他也处于真理中。参与到神圣**努斯**中有限的人类思想为本体论的基本前提提供基础,为人类言语和思考的本体合法性提供基础,并因而再次证实本体论和宇宙论的必然统一。与此同时,通过将自身提升为从根本上决定一切存在的,同时也是自己自我决定的有意识的思想,理智由于提升到永恒的必然和本质领域而构成人类生活的最高潜能和隐德来希(*entelecheia*)。为了弄清人是什么,他在宇宙中的位置,也指出他应该为什么而奋斗:理论(*theoria*)、沉思作为最适当的生活方式,是实践的最高形式。只有这样,形而上学才不仅是第一科学,而且是第一智慧(*prote sophia*),第一和最高的学问:不仅是所有理论科学的基础,也同样是实践和生成哲学的向导。

笛卡尔哲学的超验概念,上帝的明确的无限性概念对于人类理性来说是难以理解的。其不仅必然与根深蒂固的形而上学的一些特定内容冲突,也把它的同一性变成一个明确的问题。从原则上讲,这仍能被解决(通过适当的概念调节,像高级因和低级因这样的学说),只¹¹⁵要在被恰当地界定的**自然神学**(*theologia naturalis*)和**信仰的确定性**(*certitudo fidei*)之间保持和谐一致是可能的。然而,唯名论和早期人道主义打破了这种预设,从两个方面攻击它:一方面,鉴于神的绝对权力观念和创造世界的偶然性,通过神学的非理性化来攻击它;另一方面,通过破坏语言的本体论尊严和限制(或重新定向)有限人类对于具体的物质个体的认识来攻击它。

正是笛卡尔哲学充分地面对这一挑战,从其观点来看,具有一种矛盾性特征的形而上学的任务是达到清楚明白的理解(*intelligere*),而就其本质而言,它是难以理解的,并且是根本不可能被理解的(*comprendere or capere*)。笛卡尔在形式上保留了亚里士多德关于第一哲学的描述,即作为存在的既是最普遍的科学又是第一原因和原理的科学,它既是普遍(*katholou*)又是第一(*prote*)。但是,他又赋予这两个特征完全崭新的含义。第一哲学仍研究"一般的所有第一者"①(all the first things in general),但它们在知识秩序中是第一位的,鲜明地与任何存在秩序相对立。这不是认识论转向。形而上学仍主要探究存在和存在者,但现在它是在"这个存在比任何其他存在更为我们所知,以至于它能作为一个发现它们的**原则**"②的意义上寻求第一者的。而且,这已经表明了所谓形而上学真理普遍性已变化的含义。因此:第一者和第一原则的普遍性不是存在于它们的本体的一般性之中,而是存在于作为终极的和不可简化的根据所具有的生产性之中,它能有条不紊地产生为人所知的一切。

首先,这意味着笛卡尔哲学是形而上学但不是本体论。后者的可能性——作为对"存在的存在"的追问——在原则上是不存在的,一旦它被认为是完善的存在者和无限者(*ens summe perfectum et infinitum*),神就其本质而言对于人类理性来说是不可理解的,它只能在它的不可理解性中并通过这种不可理解性被理解,因此,没有谓词能在严格意义上赋予它和人同样的含义。通过抨击"哲学家的范畴",也即通过抨击只存在于想象之中的经院哲学的实体,笛卡尔系统地破坏和解构了经典本体论建立于其上的那些基本区分:**潜能**(potentia)和**现实**(actus)的区别、内容和形式的区别、本质和属性的区别。

它现在不是一种本体论,而是一种人类学,并且是一种崭新的人类学,它成了形而上学的起点和基础。这种存在为人们所熟知,关于它的思想是每一种思想得以可能的条件,它就是我的心灵,它首先在我思中达到自我澄明:从身体和感觉彻底抽象出来的心灵观念,纯粹自我意识的心灵。但是,我思不仅对作为理论领悟的我自己的本质提出一种新的理解——它也是在面对被彻底欺骗的可能性引出的存在的不确定性时所做出的一系列解答的结果。它代表问题的真正回答:我是什么,我所应该是的是我的意志自由的合法使用:理性的存在。

---

① Descartes,Letter to Mersenne,11 November 1640,*DAT*,vol. Ⅲ,p. 239.

② Descartes,Letter to Clerselier,June-July 1646,*DAT*,vol. Ⅳ,p. 444.

它不再是对存在的总体性的总的看法,这种看法通过人的地位决定他的本体的和规范的自我理解,正是后者限定了人理解世界的最大潜能。

这种人类学也是笛卡尔神学的基础。唯一通向我思的途径是引入怀疑(*dubito*),彻底的怀疑:我思所提供的存在的确定性和自我理解的清晰性与对我的理性存在本质的有限性、不可靠性和依赖性的认识是不可分的。清楚明白的有限自我概念总是已经预设了一个无限的和全能的存在概念,即上帝。

在我想象中的必然的上帝观念和上帝通过精神表现的宇宙而必然存在的观念之间,笛卡尔架起了一座桥梁。笛卡尔区分了被表现的(represented)存在和表现的(representing)存在(后者作为一种特殊的实在即观念的客观存在),即使是在最小程度的(因为既是形式上又是因果上的依赖关系)区别上。通过将存在视为被表现的,他拓展了存在概念。他正是把实在等级、完善和因果功效的传统观念应用于这个思想(*cogitata*)的宇宙,也就是可能的表现的总体性之上,把它安排进一个等级化秩序中,这个秩序从我们最费解和最困惑的、表现着无的"实质上的错误"观念,延伸到作为最高的善、全能者和实在总体(*omnitudo realitatis*)的上帝观念。但是,一旦上帝的存在被证明,笛卡尔就把第二宇宙论,也就是物质世界的宇宙论当作是他的形而上学的完成——至少按照他的设计安排——论证他的物理学原则。然而,这种物理学的宇宙论在其所有特征上与第一宇宙论,即"精神"宇宙论相对立:它不知道实在、完善或因果功效的等级和阶段——它把物质宇宙界定为仅仅是空间客观性的充满,没有任何质、自我生成的运动甚至内在固有的时间性(因为有限实在的持存是通过神的连续创造的活动被解释的)。

笛卡尔的形而上学的一致性问题从其理论出现之时就被提出来了,并且在今天仍存争议。但是,与其解决办法无关,笛卡尔一系列思想在形式上的一致甚至也只是通过其所缺乏的本体论来保证的。因为它恰恰是没有追问关于我思的自我的存在方式——用海德格尔的表达方式来说就是"'我是'(sum)的存在的意义"①——这使他从我思故我在(the *cogito ergo sum*)转变为我是思想之物(the *sum res cogitans*),使原来被视为行为及其作用者之间的关系转变为物及其性质的关系。而且,同样晦涩和无法言明的物性本体论在另一个重要时刻又出现了,也就是在引入观念是物的表现这种概念时,在意识内容被转变为心灵独特的客体时。如果没有这种隐蔽不明的和未经思考的,甚至将"无"视为"非物"(*non res*)②的物化倾向,笛卡尔的形而上学将缺乏基本的一致性。

笛卡尔的双重宇宙论使他的哲学在相互对立的唯心主义和自然主义之间转换成为可能。但是,正是他的隐蔽的物的本体论最终产生出了新的形而上学危机。一方面,休谟对作为最终精神客体、简单观念的集合的心灵的经验分析破坏了笛卡尔哲学的自我概念。但是这种危机也来自另一只是否定的方面:将一切视为物质的无限堆积的哲学唯物主义无法解释自我意识现象。新的形而上学体系的**不可动摇的基础**(fundamentum inconcussum)被动摇了;它的全部计划再一次表现为"人类自负的徒劳,而这种自负渗入完全无法理解的主体之中"③。

康德的哲学吸收了这种批判的成果。它把形而上学计划的这种矛盾特征明确转变为它的可能性这个一般问题,就像在笛卡尔哲学中早已表现出来的解释(*intelligere*)和理解(*comprendere*)之间的区别那样。形而上学的这种问题化被如下二者之间的开放性矛盾所规定:一方面,一切理论论证的知识必然依赖于仅仅是给定的感性材料,因而这种知识在可能的经验条件下必然存在局限;另一方面,根植于它不

---

① M. Heidegger, *Sein and Zeit*, Tübingen, Niemeyer, 1977, § 6, p. 24.

② Compare Descartes, *Meditations on First Philosophy*: *Third Meditation*, *DAT*, vol. VII, p. 43.

③ D. Hume, *An Enquiry Concerning Human Understanding*, ed. Selby-Bigge, Oxford: Clarendon Press, 1975, p. 11.

断提出问题和寻求解答的本质,理性的内在需要原则上要求超越它的经验活动。形而上学关于存在的问题作为主体形而上学的先验哲学被解答了,这种先验哲学将笛卡尔所忽视的自我的存在方式问题明确主题化了。从否定方面来讲,这意味着对独断论的破坏,尤其是破坏了对主体统一性的实体化理解,而这种主体将其转变为一个既与其他在世的存在对立又伴随其存在的独立实体。从肯定方面来说,这是一种人类的形而上学,它有限地将主观性的存在理解为相互对立的本体论立场的统一,视为相互对立的知行本身的认知视域的统一:人类世界和自我知识必然是受制约的,它们受一种彻底的决定论原则所支配,同时受独立于所有经验动机、条件和结果的道德律的绝对义务以及其各种义务所支配,这证明理性存在的行动主体是自由的,因为在意志的道德决定中理性不是去认识而是立法。

因此,尽管形而上学的最高使命在于展示在理性的最高目的层面 119
理性的系统统一,但康德哲学导致了两种特殊的形而上学,它们在结构上相互对立,并彼此被"巨大鸿沟"①所分隔。自然形而上学,也就是"内在的"知识的形而上学是不包括宇宙论在内的作为现象的在世实体的本体论。道德形而上学,也就是"先验的"实践的形而上学假定的一种超感官的宇宙神论,而它的本体论地位一定是仍未确定的。

感性和知性的**先验**(priori)形式构成了我们遭遇到的作为知识对象和实用技术活动存在的地平线。一切能成为外在对象和内在经验的本体的特征都被有限主体性的先验构成事先规定。因此,知识所能得到的一切都只是现象。在其广义上来讲,被理解为自然的世界永远是处于开放状态的领域,它不断追问总是——按照知性的先验规则——把经验规则的彻底的联系加于仅仅是给定的不可预知的经验材料之上。因此,理解什么是总体的努力,也就是宇宙论表现为一种将知识的任务转变为某种对象的无意义的尝试——最终它必然产生

---

① Kant, *Kritik der Urteilskraft*, *KAE*, vol. V, p. 175.

自相矛盾,因为它把认知主体的具体视角误以为是自我面对现实的唯一合理的和有意义的立场。

另一方面,道德活动经验作为我的自由的和理性的自我决定的意识,直接展示我的本体论存在以及我与一个非时间性的和无条件的目的世界的从属关系。它赋予实践实在"一个可理解的世界的宇宙论观点和我们存在于其中的意识"①,这是道德行动主体不能具有却需承担的一种视角。在自然欲望和道德意志之间确立起关联的至善(*summum bonum*)提供了这一目的王国(this kingdom of ends)的系统的统一:在理想世界中,幸福依赖于德性,并与德性相称。为了从原则上保证道德行动的最高目的的实现,为了赋予我们不断地与自然倾向的专制进行斗争的意义,需要在实践－神学方面假定不朽和上帝(目的领域的"最高首领"),它们是理性和道德信仰的"对象"。然而,对康德来说,所有这一切的详细说明仍不足以证明和不能解决道德的宇宙神学的本体论地位。我们认为超感觉领域只有在知性范畴中仅仅通过和由于暂时的方案才具有确定意义,也就是说,其应用于经验客体才具有确定的意义。"现实"、"因果性"和"统一"等等只有在象征的意义上,也就是在与得自于现象世界的关系具有一种无法言明的形式类似的意义上,是清楚明白的。当康德在他的一个反思中做如下论述时,"我承认我不知道神自身的性质是什么,但是,只有像人类的性质与他们的产物之间的关系那样设想它的性质与世界的关系"②,人们才能发现他的观点在形而上学神学的合法化方面,同时在从人类学方面削减和清算形而上学神学方面,都起到很好的作用。

康德的这两种形而上学,这两种倾向于视无限主体为存在的必要且合法的立场从根本上来说是一种兼容关系:理论理性和实践理性这两种相对立的立法彼此并不矛盾,因为,尽管它们的"地盘"也许相同,但是它们的立法适用于不同的"领域"。然而,当涉及在我们的现世活

① Kant, *Kritik der praktischen Vernunft*, *KAE*, vol. V, p. 133.

② Kant, *Reflection 6286*, *KAE*, vol. XVIII, p. 555.

动中把我们的最高目的——至善的实现作为我们责任的意义问题时，这种回答是不充分的。为使我们为了完美正义的世界的到来贡献力量的义务有意义，康德需要并最终要提供一种经验实在的宇宙论作为从自然形而上学到道德形而上学的"过渡"。他以自然目的论和历史目的论的双重形式表现它，使二者都成为内在固有的但又被隐藏着的理性的表达。他甚至将二者在一种文化理论——在《判断力批判》中作为自然的最终目的——中联系起来，但是，他坚决反对把任何客观的－构成性的作用和意义归因于由美学的、自然的和历史的目的论所开启的主观合法的视角——没有第三种形而上学与《判断力批判》相一致。判断力不能为任何客观领域立法，只能反思自身，给主体开一个**先验**的规则，依此来比较"正在发生的事情"和"从别处"①（自律之为自己而律的原则）赋予它的概念。只有以一种主观必然的方式解释自然和历史现象，才使它们好像是一种自由的但非自觉的理性。它只提供一种希望的主观根据，希望我们内在的超感觉之物和潜在于自然之中的超感觉之物最终统一，希望有一个"理性独自控制"②的可能性世界。

〔21〕

　　黑格尔的绝对唯心主义没有简单粗鲁地视康德的警告不顾。他要回到一种前批判的形而上学中去，更糟的是，这种形而上学现在包含了总是被视为其对立面的东西，以及作为经验事件领域的历史。他的哲学基于以前所有形式的形而上学思想，包括康德哲学在内的双方面而又紧密相关的批判。一方面，他的批判直接反对所有历史地提出的，作为所有被思想和（或）能被思想的东西的必要限定的范畴体系——以此为基础它们不可能毫无矛盾地阐明思想自身的可能性，它的必然的自我指称性。另一方面，他揭示了在现代哲学体系中起基础性作用的自我意识的理论反思的不适当性和不充分性——这不仅是一个恶性循环，而且使它不能理解构成自觉的自我关系本质的自我的

①　Kant，Erste Einleitung，*Kritik der Urteilskraft*，*KAE*，vol. XX，p. 225.

②　Kant，*Kritik der Urteilskraft*，*KAE*，vol. V，p. 433.

必然普遍性和事实的奇特性。而且,他还在以下两方面将历史引入形而上学中。一方面,通过纯逻辑形式,他把范畴构建的方法,即辩证法视为相左的(实践的和认识的)主张不断地理性调解的模式,他也把其作为历史进化的隐含逻辑。他也将历史引入到形而上学的物质内容中,只要他的自我意识构成的主体间性理论直接导致承认理论,而这种承认嵌入到绝对精神的历史实体中与自我相关的一切具体形式中,包括理论的实践的。以这种方式,他还在形而上学中引入一种新的世界概念:世界历史概念(客观的绝对精神的形成),它——在个人之后——限定他们的实践世界及其自我态度的可能性,以及他们的理论世界及其自我理解的可能性。

基于这些变化,黑格尔很可能自亚里士多德以来第一次成功地实现了形而上学的所有原初意图和承诺:通过一种方法把本体论、宇宙论、神学和人类学统一于一个连贯的概念框架之中。但是,他的成功只是通过对历史的有限理解,历史是这种统一的媒介和黏合剂。黑格尔的历史有限论(historical finitism)不能被简化为他的体系中像"历史的终结"这样的某个特殊的命题。它是一种形而上学预设,预设了有限主观性的特征,预设了它的理论可能性和实践可能性的可竭尽性和可明晰性。所有一切在它的统一性和总体性中都是清楚明白的——因为没有可供我们选择的可能性让我们仔细思考。

这一原理的运作及其矛盾性的后果能在黑格尔的核心的并且是最具有影响的概念之一中被理解:自我意识的主体性的主体间构成。在《精神现象学》中,它表现得最深刻和最详尽,通过对意识的一般自我关系的必要条件的分析——一种明确"向我们"显现为精神现象学的观察者,也就是关于自我意识**自身**(An-sich)的分析,它被介绍出来。这种分析论证了只有通过主体和另一主体的特殊关联才能使自我关系成为可能:以彻底的可逆性和相关性为特征的承认。"他们承认他们自己是相互承认的彼此"①。于是,随即出现了自我意识经验地显现于其中的一连串的形式。然而,这些形式不满意于所有之前建立的自我关系的一般条件。当黑格尔将主奴关系描述为一种"单方面的和不平等承认"的形式时,他使用的是一种未澄清的与它之前的解释相矛盾的"承认"概念,在这种承认中,一方只是去承认对方而另一方只是被承认。② 然而,这并不是使人困惑或矛盾的例子。因为,被阐述为自我意识可能性的普遍条件实际上是它的典型例子,也是它有意设定的例子,完全符合于它在它的——和我们的——历史终结处的观念。我们早已在亚里士多德那里遭遇的成熟的形而上学思想的矛盾,也即作为范式的"第一"和普遍的同一又在黑格尔的理论中出现,并且是以一种特别神秘的形式,因为对他来说作为范型的"第一"也是历史的"终结"。

123

　　这些形而上学历史中的逸闻片段,这些关于形而上学的碎片化描述,只打算说明一个观点:形而上学是统一一些思想意图和兴趣的持续努力,这些思想意图和兴趣在形而上学的历史中再三地分崩离析,也许从未十分成功地形成一个完全一致的统一体,然而却总是一次一次地——并且常常是无意识地——表现出一种特别的亲密关系。如今,这种凝聚力,甚至是为其凝聚在一起的努力,似乎也最终消失了。但是,这仅仅意味着形而上学在传统意义上提出的许多基本问题已经不再是哲学的兴趣和生长点所在,不再是不断发展中的思辨所追问的重要问题。它们只是彼此分离,不再被认为是能够被一个单一的概念框架所包含或在一种单一的方法中被讨论。但是,形而上学所徒劳地将其相互联系在一个有机的意义整体中的基本的问题集合体,即便在很大程度上改变了形式,但实际上对我们来说,每一个都是独立的,而

---

① G. W. F. Hegel, *Phänomenologie des Geistes*, ed. J. Hoffmeister, Hamburg, Meiner, 1952, p. 142.

② G. W. F. Hegel, *Phänomenologie des Geistes*, ed. J. Hoffmeister, Hamburg, Meiner, 1952, p. 147.

且每一个很可能以独特的和不同的方式靠近了哲学。传统意义上理解的作为统一原则的形而上学终结了,但是在全部问题和事情的意义上的形而上学仍继续存在。

在某种意义上来讲,这不是对当代哲学状况的不公平的描述。即使某人可以忽视已经变成哲学的几个专门化学科之一而非哲学主流——"本体论"、"宇宙论"和"人类学"——的形而上学神学,我们也无法忽视某些哲学领域和方法在今天仍具有吸引力。

显然,"本体论"主要表现为追问:为了解释说明日常我们关于世界和我们自己的谈话或思想的一些本质特征,为了说明它的意义和(或)真理,我们关于世界和我们自己不得不做出的最低限度的预设是什么? 或者,用戴维森(Davidson)[①]的更有力的表达方式来说就是:从语言的最普遍方面到实在的最普遍方面,从中可以得出什么结论?

考虑到各种经验科学已经分化开来——或者至少它们断言——一切存在,一个"宇宙论"的问题框架的连续性就不那么明显。但是,因为科学的统一充其量是一种成问题的断言,所以对哲学来说仍有关于存在总体性的一系列有点杂乱的问题。这里所说的问题与科学的,首先是作为基础科学的物理学的最普遍的、非经验的预设相关,比如这一点反映在量子力学的"或然形而上学"之中。更坦率地来讲,在这里我们应该提到总体问题框架,它与研究不同层面的自然实体的组织和结构的科学之间的关系相关联——像还原和涌现(emergence)问题。并且,在后面这些问题中,占据形而上学宇宙论的最显著的位置问题仍是 17 世纪以来的问题:心身问题。

这两种类型的追问都属于哲学的腔调,它们通常公开承认它们继承了形而上学的遗产。然而,除了这种明显的关系和被承认的关系,我们的确犹豫——像我已经指出的那样——是否把它们视为形而上

---

① 戴维森(Davidson,1917—2003),美国哲学家,20 世纪下半叶最重要的分析哲学家之一,实在论的代表。著有《论行动与事件》、《关于合理性的一些问题》和《真理、语言、历史》等书。——译者注

学真正的、合法的,即使是部分合法的继承人。

"分析本体论""配得上"传统意义上的本体论之名,只要能证明它们不仅是从语言的某种普遍特征中分离出来的——这本身常是争议之事,而且是从其使用的基本功能和成就中分离出来的。实际上,它们的不同类型之间的明显差别至少部分地取决于语言的实用主义的特征已经事先被接受为:像信仰的表达,或者事实的陈述,或者事物的主体间的认同,等等。然而,这些语用学的选择并不被普遍流行的语义学分析方法认可——最终它们需要一种"人类学"的视角来详细阐明语言交际在人类对待世界的总体态度中的作用。

类似的观点也同样适用于当代关于"宇宙论"问题的讨论。它们构成了形而上学传统兴趣所在的一部分,只要我们接受它们的前提:经验科学表现为客观知识的享有特权的和最可获得的形式。但是对这一前提的证明超出了它们自身的概念资源和概念兴趣,因此它们也总是处于否定它们具有形而上学重要性的开放的批判之中,因为这种基于"人类学"论证的批判把一种更为受限的认识功能归于科学。

这产生了更一般性的第二个观点:无论形而上学原来的知识关注点和兴趣如何多样化,以及它们的统一有多么困难,它们被一个可解释其亲密关系的唯一的和一元的动机所规定。无论它是否是从世界的普遍性和总体性出发来界定人类关于世界——能提供一个更高级和稳定的生活意义——的态度,或者,无论它是否把主体的被视为构成主体性本质的某种享有特权的态度作为出发点,来勾勒世界能被和应该被如何对待和理解,形而上学总是力求创造这样一种在我们的世界和我们的自我理解之间的关联,我们的自我理解能够揭示我们"真正的"自我认同,这种自我认同不能被生活的异想天开或偶然遭遇所动摇,因为它只以知识为基础。当形而上学的各组成部分成为独立的问题集合体,它们就不再能为这种终极动机服务——恰恰就是在这个意义上它们丧失了"形而上学的"重要性。

然而,那些继承"人类学的"形而上学传统的当代哲学在这方面处于矛盾状况。它们在最终动机方面仍然是最接近形而上学的——而在其实现的特点和方法方面与形而上学最为不同。

126 　　因为这些哲学不可能不追问,调和关于我们的世界联系的主观视角是如何可能的,这种主观视角根本上是一种实践潜能,允许与我们的自然环境和社会环境保持一定距离,以便使其成为我们有意识的活动的对象,并在一定程度上形成和选择我们对自然和社会对象的客观力量的认识,这些客观力量制约着我们是什么和我们是谁。这样的哲学试图将同时代的冲突和张力刻进这些相对立的两极之中,以便于:在作为一个总体事实的人类状况的某种普遍特征的基础上,在人及其世界之间关系的某种概念性表达的范式框架内,在当今的自相矛盾之中规定一个方向。无论它们之间的区别是什么,无论它们的努力是否是主要为个体的生活方式或作为另一选择的集体的生活方式的两难境地提供启示,这种类型的哲学仍然试图在我们的自我理解和世界理解的情境化形式之间创造某种意义关联,这不仅提供远见卓识,而且也提供某种实践方向。

　　但是,即便这些哲学仍然与形而上学传统的更深刻动机保持着关联,它们实现它的方法却与形而上学的观念是根本对立的。形而上学是一些科学的基础的断言当然已成为过去。但当代的"本体论"和"宇宙论"仍然与科学的思维模式保持着本质上的亲密关系:它们提供——或至少声称要提供——可驳倒的分析和解释。然而,以"人类学"逻辑为导向的哲学最终是非 - 解释性的。它们在某种描述普遍的人类真实性的范式和我们目前状况之间建立的关联只是一种有意义的和具有启发性的叙事。首要地,这种哲学提供了一般概念框架,根据这种框架,通过对过去的某些事实做出有意义的选择,通过它发生的某种"历史"进而解释它萎靡不振的根源和它的潜力,由此当前的某些事获得了解释。这并不意味着,至少并不必然意味着哲学"美学化"。它仍然是一种概念叙事,按照假定为事实的概念的清晰性、意义的连贯性和经验的可证明性的要求,它仍对理性批判开放。但是,它的根本完成(和重要性的标准)最终在于它的相关性和启发性,即在于 能否为我们目前所关注的问题、两难困境及其替代提供解释。

但是,也正是通过这种"叙事化",放弃形而上学是解释性的知识这个最基本的断言,这种类型的哲学才能依旧忠于形而上学的富有生命力的动机。一种在当今承担"思想中的方向"的任务的哲学,不仅承担提供解释性的真知灼见的责任,而且,从某种程度来说,更一般来讲还要成为我们对待作为新纪元的现代的冲突和矛盾的一种适当的、不可避免是基于价值的实践态度的指南。从我个人来讲,我不认为还可能从某些事实中推断出来或理论构建出来——考虑到它们最普遍——某些价值的具有约束力的特征。当今的哲学,只能通过启发性地推荐一个"故事"才能在事实和价值之间创造一种关联。它阐明我们的历史,而且,尽管不能赋予其终极意义,但如果我们此时此刻以一种通过反思选择出来的价值所选定的明确的方法和方向来肩负起继续这种哲学的义务,那么就能使它产生更少的焦虑,使它更容易摆脱冲突,而且使它更有意义。

形而上学的终结或复兴——也许,在我们的思想状况中,这是一个错误的二者必居其一的选择。形而上学的传统紧密地伴随着我们,它并不是因为我们没有其他资源可供我们哲学思考而被接受下来的,它不只是过去的重负,一堆我们无法摆脱的陈旧概念。它是作为一整套仍吸引着我们的问题而伴随着我们的,同时还伴随着一些范式性的、替代性的解决方案。但是,这不意味着当代哲学在它的某些任务和趋势中从根本上或至少部分地继续着形而上学的事业,并不意味着它只是在一种修正,也就是更适中或有意义的形式下给形而上学传统的一些古老内容披上一种新的、更适合的外衣。因为有意义地继续这种传统的唯一方法是宣布某物对它来说是基础的和本质的。当如今的哲学继续提出并研究古老的形而上学问题时,它以一种或另一种方式将其置于与形而上学思想的某些基本目的和动机十分不同甚至不相容的语境中。而且这里所说的"一种或另一种方式"是非常重要的。

因为被视为仍然值得注意的传统问题在很大程度上决定在何种意义上和何种方面我们与之决裂;没有一种单一的、预先建立起来的方法能够如此有意义地使我们这样做。这是我们思想选择的重大事件——毫无疑问,首先由我们的观念决定,当今哲学能够和应该做什么,它对谁以及为什么而讲话。

现代性在其历史地展开的过程中已经侵蚀了文化传统的规范实体:为现代确定方向的力量和对现代具有约束力的主张。毫无疑问,这一进程以不同的,在某些情况下甚至是对立的方式发生在基本文化活动的不同领域。在"严格的"科学中,能够有效调动的和可认识利用的过去被简化还原为所谓的"当前研究状况"的当下历史的瞬间,并在实践上包含过去的几十年。相反,在艺术中,美学意义上的相关传统的范围被无限扩大到不仅包括整个一系列的历史地对立的风格,而且还包括彼此相距遥远的和不相关的文化所形成的创造物和人工产物。在哲学中,同样的结果在很大程度上来自对抗性的文化有机体及其对其过去和现在的理解。从康德哲学将哲学的认识能力状况问题化以来,哲学成了不可调和的"派别"之间不断斗争的核心。但是它们之间的分化原则也经历了一个不断变化的过程:教条主义与怀疑论的对抗,唯物主义与唯心主义的对立,理性主义或非理性主义、主体哲学和主体间性哲学、反基础主义与基础主义的对立——这是一些典型的例子,每一个都以不同形式清晰地表达了在哲学家们的争论中真正的关键所在。因为通常说来,每一次分化都宣称以前的分化是暂时的,它们仍共享一个必然会被问题化和受到挑战的共同基础。所以,在这个不断再概念化的过程中,推动这个不可知的历史结构的最初的信仰,也就是对创造一个更高的和终极的综合的信仰逐渐被削弱和摒弃了。"系统冲突"无法得到解决——取而代之,恰恰是"系统"这一概念消解了,现代性早期的哲学正是通过这一普遍的文化形式清晰地表达了它们特有的认识论主张和意义形态,使其文化功能合法化,并在它们多样化的问题复合体或不同学科的努力中创造了一种统一。(并且需

要再一次指出:文化现代性的占主导地位的形式复合体消解这种现象
不仅限于哲学中:在小说或"纯"音乐的经典形式方面也可以得出类似
的结论。)

但是,只有在哲学,像一些其他学科一样失去了其明晰性和明确 129
被认可的社会功能的情况下,这种作为传统的传统的侵蚀才会发生。
与"严格的"科学相比,这些"严格的"科学对它们的技术的－实用的
贡献的不可或缺性有信心,它们能将自己过去历史的工作安全地转变
为圣徒言行录,通过提及它们的过去,通过提及现代性意识的形成和
其在维持中起到构成性作用的工作,这些文化创造的形式在很大程度
上不仅获得它们的合法化,而且获得它们作为文化实践具体形式的身
份。因此,将传统视为一种规范性约束的例证加以摒弃仍然是以它现
在的可理解性和重要性这些现实条件为参考的。作为被赋予规范合
法性的传统的这种侵蚀伴随着一些作为决定力量的传统的重建,因为
它被认为是不幸已经失效的和需要被恢复的,或者仍然是灾难性的有
效的,需要被抵抗和结束的。

形而上学在其长期的历史中始终是哲学的基础分支或学科。因
此,它的危机不仅涉及内在于哲学话语的一些特殊问题,而且也等同
于现代性晚期条件下哲学可能的作用和重要性这个"外在的"问题,这
个问题从理论上来讲不能与关于当代"高雅文化"的命运这个从实践
方面提出我们作为哲学家义务的更普遍的问题分离开来。

这肯定不意味着对这一危机的回答要在某种一般文化社会学或
含混不清地参照的"承诺"中去探寻:文化功能和认识内容彼此是不可
分的。但是,要对这一危机做出回答意味着,哲学必须使它自身的问
题作为哲学问题处于更广阔的我们时代的历史文化语境中,这就为形
而上学的两难境地与它的替代方案这些主题的问题化和系统化提供
了一种方法。

这篇论文当然不是试图完成这样一种任务。它只是浅尝辄止地
描述我们哲学家在我们当前的学科状况下实际上正好做了什么:它研

究细枝末节。但是，其时常提醒我们自己注意某些相当微不足道的事实——这丝毫没有使我们能够提出更尖锐的和更重要的问题——也许不是完全没有用的。

第六章　变化的科学形象

科学是一种自我反思的活动。我这样说，并不是想把一些特殊的尊严以及被提升的关键性的自我认知的特权给予科学实践。我只是想关注这样一个事实：在某种意义上，我们倾向于认为"科学"只有在这种文化本身中，作为一种专门的"学习"领域清晰地与一种普通的、日常的认知活动相区别，并合法化地宣称它是通向真理的神圣的道路，我们才把一些在一种文化中已经成为惯例的知识描绘成"科学"的组成部分。很明显，这对于一些作为"科学的"文化的实践并不能构成一个充足的标准，但它是——我认为——科学的一个必备的条件。这意味着科学不仅仅包含一些断言某些现实片段或探究领域为真的命题作为主体，同时也或多或少包含着这种作为清晰的**科学形象**（images of science）①的知识的详尽的表达。这些形象履行了一种双重角色，既有"外部的"也有"内部的"。一方面，它们为获得知识的一些

---

① 这个概念对于科学史的重要性已经由埃尔卡纳（Y. Elkana）强调过。参见 *A Pro-grammatic Attempt at an Anthropology of Knowledge*，in E. Mendelsohn and Y. Elkana（eds），*Sciences and Cultures*，Dordrecht，Reidel 1981，esp. pp. 13-27。然而，我对这个词的使用与他对这个词的使用有点不同。埃尔卡纳区分了科学的"形象"和"思想体系"，后者由科学的思维和行为规范组成。在我的理解中，科学的特定形象一直具有一种规定的－标准性的力量。

专业化的实践活动,或者相反,为众多的从文化角度被有组织地规范的"较高级的"活动在知识等级中保证一种合法化的地位;也就是说,它们**区分并合法化**具体的认知活动。实际上,它们的内容在很大程度上由给定文化背景中构成科学的东西以及由在通往真理的特权途径上构成其主要竞争者的东西所决定。通过这种方式,科学的形象也把认知的权威(epistemic authority)放到了一些社会的或专业的群体当中,这些群体通常是科学实践的代理人,并把他者从这种权威中排除出去。另一方面,它们无论从主观上还是从客观上都实现了关于正在进行的科学实践的**导向**功能。通过把"科学"定位于各种有意图的人类活动中,它们引导着科学实践者们在心中承认并实施一些应该指引他们行为的明确的目的、态度和价值。同时,它们也能够在为了他们的活动而选择性地组织起来的传统中提供一种框架,并影响择优的方法、思考类型和优先排列的问题域的选择;也就是说,它们影响着目前的、正在进行的探究方向。

由此可以断定,科学的形象从来都不仅仅是描述性的:它们不可避免地、清晰地或者绝对地包括规定的 – 标准性的因素。通过清楚地表达科学**是**什么,它们也确定了何种知识具有明确的认知权威的**权利**。然而很明显,任何有效的科学形象都不能独立于作为科学传统已经在一种文化中被接受并成文的东西,它不只是简单地反映了这种真实性,而是由较宽泛的社会 – 文化背景和对其不同的社会态度共同决定的,在那儿这种知识体被投入到变化多端的使用中。因此,科学的形象会历史地发生转变,这不仅依赖于科学知识的主体和特征,而且依赖于科学知识运用和发展所环绕的社会环境。

133　　然而,任何想要概览这种历史性转变过程的尝试都要面对这种不可估量的困难,即这些图景不仅具有历时性,而且具有共时性的多元化特征,并且体现在两个不同的方面。一方面,科学的形象经常在大量的不同的文化类型中被表达出来:在科学自身的著作中,在哲学中(就目前而言,它与"积极的"科学相区别),在"民间的"文化中,经常在文学、神学中,有时甚至在绘画的肖像的传统做法中被表达出来。由于这个事实,即这些很可能是在特定时代为争夺最高的认知权威而形成的文化形式,因此各自的科学观点在内容上完全不同,而且理所应当,它们通过不同的方式并在不同程度上被表达就不足为奇了。然而,既然,在现代条件下,文化的自我反思的任务明确地被分配给哲学(以及一些人文和社会学科),那么最详尽的图像经常展现在今天我们当作完全是哲学的著作中——而且我将主要探讨它们。但是即使有这种限制,任何时候在哲学本身也同时存在着完全不同的多样的科学的形象——只因为这些图景是正在进行的文化斗争的因素,是表达差异的手段,或者甚至是对立的意识趋向的手段。

因为这种复杂性,所以想通过一篇论文去涵盖在我们的文化中科学的形象已经经历的历史的转变的一般轮廓,很可能与其说这是雄心勃勃,不如说是一件有勇无谋的事情。为了简化我的任务,我将集中关注这些图景一个方面的变化:明确的特征描述;可以说,是科学概念的一般定义。目前我必须加一句:这在那些我将讨论的哲学著作中不仅是单一的,而且是一个十分边缘的因素。作为一个原则,不但有创造力的科学家们,而且连哲学家们都不太热心为那些意义能够被预先假设的概念提供规范的定义。这正是我执意地选择这个问题的原因。我希望通过它能在通常是科学的无特定主题的前理解中、在那些有重大意义的预断中显示一些基本的转变,而那些是哲学的对手们无意识分享的。当然,我意识到了这种方法的危险性;在这个意义上,专注于边缘化的东西,很容易以纯粹的意外,或者以无价值而结束。为了减少这种结果的危险性,我将尽量尝试着在各种观点中把这个主题同一些不同的科学形象中较显著和较重要的因素联系起来。总之,我要呈现的东西仅仅是一种初步的而且是片断的叙述,一个"故事"。除了与这种故事相适应的,其他的东西我什么也没说。

我想用经常被认为是"我们的",也就是现代西方的科学的诞生,同样也是现代的科学概念的诞生来开始我的叙述,即从 16 世纪到 18

134

世纪,尤其是伴随着培根和笛卡尔的出现,来开始我的叙述。而且我主要想关注这个事实,即这两位哲学家经常被看作是科学哲学两个对立的传统的各自的起源,他们享有一个共同的特征:对于科学本身的明确的界定极为**模棱两可**,经常在**主观主义的**和**客观化的**理解中摇摆不定。为了更清楚地解释我的意思,或许参考那些为了清晰地表达它们能够引征的传统,以及参考它们必须对立的,对科学的新的理解和科学的"定义"都是有益的。

确实有两种这样的传统。占优势地位的,事实上被明确地表达出来的只有一个,它来源于亚里士多德。他用**主观的 – 心理的**术语界定了科学知识,即知识[*episteme*,无论在古罗马还是在中世纪都被翻译成科学(*scientia*)]。这是因为,在某种程度上,他像柏拉图一样,主要想把科学同仅仅作为"意见"(*doxa*)的日常知识区分开来,包括依赖于明显的相似性的经验(*emperia*)以及特殊事实的记载(*historia*)。他把知识看作是一个人能够获得真知的较好的途径,通过这种途径人们能够获得对另一个,较高种类(不能是其他种类)的物体的认识,这与日常的被称为意见的东西和事实相区别。① 因此,与其他的理智知识形式一起,科学被亚里士多德看作是一种状态,凭借这种力量心灵拥有一个明确的、高级的种类的真理。更确切地说,它被定义为品质(*hek-sis*),即,被界定为一种习得的,但却是持久的而且是坚定的才能,抑或,使用它平常的翻译,作为一种心理**习惯**。明确地说,它通过一种论证的习惯("一种论证的才能状态")与理智知识的其他形式相区分,那是一种占有和赞同知识的才能,一方面是**中庸的**(mediated),来自不属于科学,但构成了**智慧**的原则;另一方面它又是普遍的、必需的,同时它关系着事情产生的原因。②

135

---

① 参见 *Posterior Analytics* II, 88b30 – 89b9. *The Complete Works of Aristotle*(abbreviated as *CWA*) Ed. by J. Barnes. Princeton, Princeton University Press 1984. Vol. I, pp. 146-147。也可参见 Plato, *Philebus*, 58a – 59c. *The Collected Dialogues*(abbreviated as *PCD*). Ed. by E. Hamilton and H. Cairns. Princeton, Princeton University Press 1982, pp. 1140-1141。

② 主要参见 *The Nichomachean Ethics*, VI, 1139b14 – 36. *CWA*. Vol. II, p. 1799。

　　然而,对科学知识的主观主义的理解并不意味着,亚里士多德的概念是个人主义的和独白式的。相反,与此对立的评价才是真的,而且涉及古典传统的整体。柏拉图比照了辩证法的许多修辞说服方法,并把它们作为发现科学真理的方法,然而他也把后者看作是一个能够产生真正共识的相互影响的对话的过程:检验之下所形成的人们观点的一致性。① 事实上,亚里士多德确实在一篇文章②中把辩证法(在他对这个术语的理解下)与哲学(即,理论科学)相对比,坚持认为前者总是考虑另外一方,而哲学家总是独自调查研究。但是,根据他所说的,科学证明的起点和跨学科的原则是通过对普遍持有的"具有良好声誉的观点"的辩证的调查而后天习得的③,而且他经常把争辩本身作为一个共同的事业。而且主体间的信息传递、可传授性对他来说是科学的一种定义:他通过争辩科学没有可传授性和可学习性来否认偶然性科学的可能性。④

　　因此知识,作为一种习得的才能,尽管具有主观主义的定义,但是却能在人们之间合作的背景中显现。但这种主体间的背景是有科学介入的,而且就它的习得和运用来说,是**从人到人的**。如果没有完全的敌意的话,这就解释了为什么柏拉图在其著作中表达了对经典作品哲学客观化的强烈质疑的态度,而且在一定程度上,亚里士多德也产生了共鸣。⑤ 不同的知识类型,以及这里我们谈及的科学－概念"主

136

---

　　① "……但若我也不能从你身上举出一个证据来支持我的观点,那么我想自己在当前争论的这个问题上也毫无建树。另外,我想,如果惟有我这个证人不支持你的观点,不能向你证明你的错误,使你放弃其他那些解释,那么这种情况对你来说也是同样的。"(*Gorgias*, 472bc) *PCD*, p. 254. (参见柏拉图:《柏拉图全集》第 1 卷,王晓朝译,人民出版社 2002 年版,第 352 页。——译者注)

　　② *Topics*, 155b7ff. *CWA*. Vol. I, pp. 261-263.

　　③ *Topics*, 101a36 – b4, p. 168.

　　④ 参见 *Metaphysics*, VI, 1027a20 – 23. *CWA*. Vol. II, p. 1622。

　　⑤ 参见 Plato, *Protagoras*; 329a, *Phaedrus*; 274b ff., *Letter* VII, 341c ff. 亚里士多德在 *Eudemonic Ethics*(1217b22)中对"大众的"和"哲学的"区分的讨论很明显与这个问题有关,后者涉及了他在朋友圈和学科领域所做的演讲,尽管其被写下来,但是他从来没有想给平淡无奇的阅读公众看。

观化"的根本意义,对于经典哲学来说,主要具有在理智自身与宇宙顺序结合一体的不同方式的感知中,对世界不同的精神态度的意义。它们的作用首先是**启迪的**,与特征、可能的意义以及生活的美德有一种亲密的关系。科学在这里的理解不是个人主义的,而是亚里士多德所说的具有**人格**的感觉。

高级经院哲学学派继承了亚里士多德的这个作为习惯证明(*habitus demonstrandi*)的科学的概念和定义。它通过很多有代表性的东西重复这些变化。① 然而,尽管这个定义正式恒定,但是亚里士多德的"科学"概念已经不足以解释实际的文化实践。随着希腊化时代的到来,希腊**城邦**的陷落,以及哲学或科学②能真正创造性地运用它的个性－构成功能的条件的消逝,科学逐渐获得一种固定的传统特征,即个体面临着需要掌控和占有一些事情从而获得通向文化－社会精英的路口,或者,在中世纪晚期,是通向一种职业的途径。但正是这种传统主义的文化实践和文化态度排除了为实际上已经包含新的理解的"科学"定义提供一种清晰表达的可能性。因此,后者,通过使用一套新的术语基本上建立了它的表达方式,在那里科学知识现在可以被描

---

① 为了说明这个问题,参见 Thomas Aquinas,*Summa Theologiae*,Ⅰ,14.1. ob. 1;*Summa contra Gentiles*.Ⅱ,73;*Questiones Disputatae*:*De Veritate*,ⅩⅡ,1. c.;Pseudo-Grosseteste,*Summa Philosophiae*.,Ⅲ,4;Duns Scotus;*De Primo Principia*.(*Philosophical Writings*,trans. A. Wolter,Indianapolis,Franciscan Herald Press 1964,p. 10);William Ockham,*Expositio super Ⅷ libros Physicorum*,*Prologus*(*Philosophical Writings*,ed. P. Boehner,Edinburgh,Nelson 1957,pp. 3-6);Buridan,*In Metaphysicam Aristotelis Questiones*,proëmium etc.[罗伯特·格罗斯泰斯特(Robert Grosseteste,约 1175—1253),英国政治家、经院哲学家、神学家和伦敦大主教;布里丹(Buridan,约 1295—约 1358),法国哲学家。——译者注]

② 古典时期,哲学仅仅意味着包括我们今天通过哲学所理解的科学知识。随着亚里士多德哲学等同于理论知识,并被分成(参见 *Metaphysics*,Ⅵ,1026a18 and Ⅺ,1064b1)数学、物理学和神学,后者经常被称作哲学(形而上学)。在罗马帝国后期,这个词的意思被进一步扩展,甚至由于哲学和雄辩术(而后者,我们应该记得,它包括诗歌)的混合变得更不确定了。这个过程在中世纪早期没有减弱的趋势;哲学成为任何和每一种非实用学问的同义词。只有高级经院哲学重建了这个词作为理论科学的古典的(亚里士多德的)意义。关于这个问题可参见 J. E. Heyde,"Das Bedeutungsverhältnis zwischen *philosophia* und 'Philosophie'",*Philosophia Naturalis*,7(1961),pp. 144-155;以及 E. R. Curtius,"Zur Geschichte des Wortes Philosophie im Mittelalter",*Romanische Forschungen*,LVII(1943),pp. 290-303。

述和描绘。在这种情况下,我关注学问和训练的术语(以及希腊前辈的学问的传授和正当生活行为的训练的原有的意义)。起初,它们只是表明了教授和学习知识的过程和结果,而且经过这些时代它们的"正式的"定义保留了这个意义。因此,我们可以在伪 - 格罗斯泰斯特的书中读到:"科学在人的教授中被恰当地称为,**学习**(doctrine);在人的学习中,被称为**训练**。"[①]但是在基督教之前的罗马,这些术语之间的区别在时间中慢慢地被销蚀,当其被放置到给定教授背景的权威著作中时,其便开始指定能够被教授/学习的**内容**。这种趋势在中世纪越来越强,因为随着教堂的权威性解释,《圣经》被看作是最高级的和最崇高的科学——所以产生了如基督教教义(doctrina Christiana)(或规训)(奥古斯丁[②]、爱留根纳[③]),上帝的教诲[doctrina Dei(奥古斯丁)],神圣的教义[sacra doctrina(托马斯)]这样的概念。当然,在这种意义上,按照一种心理习惯来想象教义 - 科学是荒谬的。更进一步说,有一种趋势,再一次受神学需要的支配,通过文本在水平和意义方式上的差别,调和不同层次的权威文本,从而把作为理想内容的"教义"和客观的意义,从当前原文固定的意义中区别开来。德尔图良(Tertullian)早已提出把圣书作为教义的**工具**。[④] 因此,事实上,整个中世纪,都存在一种对"科学"的非 - 心理的理解(在理智学习的较高类型的意义上),即把它作为一种**原本客观化的理想的意义 - 内容**。但

138

---

① *Summa philosophiae*,Ⅱ,4. 也可参见多米尼克斯·古蒂萨利纳斯的著作 *De divisione philosophiae*:"就所学的东西而言,与信徒有关的时候,人们称它为规训,但当它在人类的心灵中保留下来时,它就被称为科学。"引自 A. Diemer,in *Beitrage zur Entwicklung de Wissenschaftstheorie im 19 Jahrhundert*,Meisenheim,Hain1968,p. 20。(Domenicus Gundissalinus,又被称为 Domingo Gundisalvo,多米尼克斯·古蒂萨利纳斯是中世纪西班牙塞戈维亚的领班神父,又是经院哲学家。——译者注)

② 圣·奥古斯丁(Augustine,354—430),早期西方基督教神学家、哲学家。著作有《论上帝之城》、《论三位一体》等。——译者注

③ 爱留根纳(Eriugena,约800—877),是"加洛林朝文化复兴"时期最著名的学者,被称为"中世纪哲学之父"。著作有《论自然的区分》、《论神的预定》等。——译者注

④ *De preascr*:*haeret.*,38,引自 H. -I. Marrou,"'Doctrina' et 'disciplina' dans la langue des Peres de l Eglise",*Bulletin du Cange*,Ⅸ(1934),p. 14。

是它又同对知识不变的、教条的传统－权威性的理解有机地交织在一起,在那里对科学的创造性理解,也就是说,作者身份的概念,同过去的权威概念紧密联系。① 有时规训也不总是意味着权威,意味着被强迫的顺序和规则。

完全可以理解的是,"新"科学的伟大的传播者和倡导者们,带着善辩的热情,反对所有形式的"书本－学习",他们与科学的概念化的第二个传统毫无共同之处。因此,他们回到主观主义的理解中去并不奇怪。② 这完全符合笛卡尔所说的情况。他把科学直接定义为"肯定的和明显的知识"③。它"独特地构成了我们获得的一种确定类型的清晰的感觉"④,或者,用另一种说法,它清楚地区分并准确地把原初概念黏附于适当的事物。⑤ 这一点,或许培根做得不那么明显。但是他的科学的一般定义同样地使用主观－心理的术语:"我认为,在哲学之下包含所有的艺术和科学,也就是,用一句话说,它包括了所有从个体发生并由精神消化整理成一般概念的任何东西。"⑥相应地,真正的科学依赖于两种才能,即经验和理性之间的"较为紧密和较为纯洁的联合",允许"在变化和消化的理解中"⑦"贮藏"由观察和实验聚集而

---

① 参见 A. J. Minnis,*Medieval Theory of Authorship*,2. ed. Aldershot,Scolar 1988,pp. 5-14。

② 然而,这里它们的直接来源,对我来说,不是亚里士多德的传统,而是拉米斯的逻辑心理学。[拉米斯(Ramus,1515—1572),法国逻辑学家、哲学家、教育改革者,在逻辑学、方法论、数学、天文学、力学等方面都颇有造诣。他首次提出"方法"一词,曾深入研究希腊数学史,否认数学缺乏应用性,坚持将数学的起源和实际应用作为自然哲学理论的基础。——译者注]

③ Descartes,*Regulae*,X,p. 362;*PW*,Ⅰ,p. 10. 可首先参见 Adam-Tannery 修订编辑的 *Oeuvres de Descartes*,Paris,Vrin/CNRS 1964－1976。其次,若适用,分号后的参考书籍为英文版的 *Philosophical Writings*(abbreviated as *PW*),by J. Cottingham et al.,Cambridge,Cambridge University Press 1985－1991。

④ Descartes,*Regulae*,X,p. 427;*PW*,Ⅰ,p. 49。

⑤ Descartes,*Letters to Elizabeth*,*21 May 1643*,Ⅲ,p. 665;*PW* Ⅲ,p. 218。

⑥ *A Description of the Intellectual Globe*,Ⅴ,504. 除了我通过引用格言的编号而参考 *Novum Organum*(*NO*)外,参考文献均为 Spedding 等人编辑的 *The Works of Francis Bacon*,London,Longman 1857－1874。

⑦ Bacon,*NO*,Bk. Ⅰ,p. 95。

来的物质。培根经常用轻视的态度引用人们关于数学的评论,诸如数学"弥补和消除了智慧和才能上的许多缺陷"①,但这并不能表明培根对数学评价过低,它只是反映了他的观点,即真正的科学方法是为了"更好更完美地使用人类理性"②而"装备头脑"。在这方面,培根和笛卡尔不仅对书呆子式的学习持有敌意,而且还明确地怀疑科学结果的语言表达和客观化。科学真正的、质朴的形式,仅存在于头脑中,更确切地说其存在于科学家的有创造性的能力中。

当然,人们可以猜测所有这些表达仅仅是对长期占统治地位的传统的保留。然而,事实上,它们指向了一种对科学的新的理解并产生深远的结果。在后者的理解中我将阐述两个发展。首先,是智力知识体系的组织和科学在其中的地位;其次,是科学方法的概念。

第一个问题占据了培根的思想。他对学习的所有存在和可能的形式以及理智世界的"地图"(mappemonde)所做的具有深远影响的分类,都从理性心灵的基本才能中获得知识的主要分支。就像他说的,很明显,等同于科学的历史、诗歌和哲学,分别是记忆、想象和理性的"产物"。③ 这种分类是很令人奇怪的,因为它看起来与培根关于科学的基本概念背道而驰。自然史,也就是观察和实验的系统的记录,突然从科学本身(哲学)分离出来,并各自被组织到不同的知识体系和传统体中。在科学研究范围逐步扩大的条件下,你可以在完全采用了培根原则的法国大百科全书中清晰地从知识树形图中看到这种分类疏离的结果。例如,在庞大的**历史**分支下,你可以发现流星群的自然史,土地和海洋的自然史;在同一分支下又有各自不同的分支,如天文景

140

---

①　Bacon, *The Advancement of Learning*, Ⅲ, p. 360.

②　Bacon, *Preface to the Great Instauration*, Ⅲ, p. 22.

③　Bacon, *De Augmentis*, Ⅳ, p. 293. 培根的心理才能本身依赖于(很大程度上是没有阐明的)与有关灵魂"部分"的传统学说相对立的原则。后者主要根据适当的正规的对象的不同,区分了它的各种不同的功能。另一方面,培根才能也根据精神产生对象的不同方式来区分过去印象的同一物质。(参见 *De Augmentis*, Ⅳ, pp. 292-293; *A Description of the Intellectual Globe*, Ⅴ, 503-504 etc. 。)

观史、异常流星史以及陆地和海洋景观史。与所有这些相区别,在科学/哲学主干下,你能碰到属于应用数学的几何天文学,再离开这一分支,有作为"特殊物理学"部分内容的物理天文学和宇宙学。毫无疑问,这种分类方法能够保持两个多世纪的有效性和普及性,因为它与科学活动的实践组织机构没有任何关联。早期现代科学是简单的而不是专业化的。因为学术载体(carriers)经常涉及从"较低"到"较高"才能的提升,也就是说"专业"会持续地发生变化,所以个别科学家经常的研究兴趣的范围只能由个人的爱好来决定,而不是由公共机构来决定。但是这种分类的普及却有着十分理性的根据。而且现在我们会遇到早期现代科学概念的第一个悖论,从我们的观点看,这一悖论看起来只是统一的研究对象 – 领域的随意分割。在这种历史背景下,141 这确实是统一所有知识的有决定性的尝试。一方面,这种分类推翻了亚里士多德 – 经院派的基本分类方法,常常被理解为理论知识和实践知识的等级制的划分,因此,建立一种新的科学**功能**的概念是可能的。另一方面,甚至说是更重要的,从基本的精神才能中获得的知识的所有分支在可能的知识整体中表达了一种建筑的统一性,这内在地只能由人类精神的本质决定,然后它被设想成一个简单的、一致的和自我支撑的**体系**。下面我将返回到这两点。

　　然而,首先,我必须论及另一个问题:科学的主观主义理解联结科**学方法**的新观点的方式。这个问题在 16 到 18 世纪的哲学中极为突出,它由这样的事实来解释,即科学从日常认知中的划离常常通过宣称对科学方法的占有来实现,这确保了所获得的知识的**肯定性**。划分科学和日常认知之间的分界线暗示着科学知识获得了独特的方法,并能够**产生**前所未有的**新的**成果。

　　培根和笛卡尔学说的传统之间,经验论和唯理论的方法概念之间的区别,构成了哲学史导论课程最基本的部分。但是,这两种方法概念所共有的东西却依旧很重要。① 培根和笛卡尔都提供了一种**发现的方法**，其本质上是一种对真理的探索方法，他们都反对说明或陈述的方法，这种说明或陈述的方法从根本上说包括传统逻辑学和修辞学。从我们现在的视角看，培根和笛卡尔各自的方法组成了一个心理建议、方法规诫和逻辑规则的整合体。然而，依据建立在基本的心理数据之上的一些基本的精神活动，这些规则借助于表达而成为统一体并被同化，并具有相同的规范力量。这样，方法就成为一个"通向心灵的适当的外援"②，或者说，就像《方法论》(*Discours*) 的副标题所说的，它"直接引导人的理性"的方向。它的结果和承诺就是使得个体能够依靠他们自己去发现科学的所有真理，而这些真理是他们不厌其烦地去寻找的③，只需有我们的智力的正确的引导，"不需要找任何前辈们来帮助和支持，只要依靠我们自己的力量"④来**提出**它们。科学是"解决任何给定问题的智力能力"⑤。它联系着个人精神的生产能力，通过理性的调查程序，拉开新的，以及新的真理的帷幕。

142

　　这就是两个主观主义的科学概念，古典的和现代的，根本的不同之处。后者是真正的个体化的，依据一种单一的知识概念。关于此的辩论，如此强烈地受培根和笛卡尔的引导，反对"旧"逻辑和辩证法，它不仅直接反对把问题推给课本而不是推给自然的处理方法，而且它在

---

　　① 当然，这里我不能讨论所有包含的基本相似性。从认识论上看，它们中最重要的是这一预设，即科学知识的整体从有限的最终的元素体系中建立了一个组合结构，我们有一些简单的途径通向这些元素：通向培根的"形式"或"单一的本性"，并通向笛卡尔的"首要的"或"共同的观念"。

　　② 更特别的是，培根关于"自然的解释"的三个阶段是对感官、记忆和理性各自的"服役"(ministrations)。(参见 *NO*, Bk. Ⅱ,10)(相关的内容可参见培根：《新工具》，许宝骙译，商务印书馆 1984 年版，第 117～118 页。——译者注) 正如 L. Jardine 所说："[方法的]每个阶段模仿了精神才能的感觉的运作，改正了其内在的和习得的缺陷。" *Francis Bacon, Discovery and the Art of Discourse*, Cambridge, Cambridge University Press 1974, pp. 71-72.

　　③ 参见 Descartes' formulations in the *Recherche*, Ⅹ, p. 496 和 p. 503; *PW*, Ⅱ, p. 400 和 404, 或者 in the *Treatise on Light*, Ⅺ, p. 48。

　　④ Bacon, *NO*, Bk. Ⅰ, 122.

　　⑤ Descartes, *Regulae*, Ⅹ, p. 367; *PW*, Ⅰ, p. 13.

语言上是硕果累累的,在著作上却少之又少;同时,正是对知识观的批判,让我们意识到真理的发现必然在遭遇着传递出的传统的一系列的争辩过程中,以及不同观点的冲突中体现,并且因此,这种争辩把语言而不是思维过程作为自己首要的研究对象。新科学的主观主义的概念不是把科学理解为,心灵通过一段时间参与精神交谈的过程所累积的,像安全的所有物一样的**一大把真理**,而是把科学理解为由独立的英勇的个体,有创造力的科学家来实施的**智力的生产**实践。当然,这种观点与一种事实是不可分的,即现代科学伟大的开创者是智力的冒险者,具有真诚的宗教信仰,相信通过自身的召唤能发现知识的新的阿基米德点,在这项事业中所面对的不仅仅是智力的冒险。我们与他们的距离可以生动地用一些习惯性的适合描述科学活动的比喻来说明。从培根到康德,科学家被比作勇敢的先锋,打通了未曾尝试的和未知的道路,或者科学家被比作引导船只在神秘海域寻求新大陆的舵手。解谜活动(à la Kuhn),今天如此流行,它描述了科学家"通常"所做的事情,而它正是笛卡尔抛弃的传统算术和几何学谴责的词语,因为真正的科学不应该接受这个名字。①

然而,理智上独立的英雄这个修饰语,常常与谦逊的修饰语是等同的。培根和笛卡尔一遍又一遍地强调他们思想的普通性,强调他们高级智力能力的缺乏。他们以普通人的"良好的感觉"②的名义劲歌飞扬,而且这不只是对基督教美德的小恩小惠。矛盾的是,它是科学的个体化的概念,它至少在原则上允许"认识论上的民主化"。一直以来人们都认为,只有精英才可以自由地参与思想的交流,这或者有原则上的理由,或者是一个明显的社会 - 文化的事实。在中世纪,对知与学的较高类型的认知的观点获得了一种直接的身份 - 界限感。从语言学角度来说,这种表达方式被发现在这样的事实中,即在中世纪

① Descartes, *Regulae*, X, p. 374; *PW*, I, p. 17.

② 参见 Bacon, IV, p. 12 and 41; *NO*, Bk. I, 122; *Descartes*, VI, pp. 1-3, and X, pp. 395-396, 496-498, etc.。

盛期(High Middle Ages),无论在英语还是在法语的土语中,这个术语最常使用在"学者"这个意思上,最初被指定为具有较高社会地位的神职人员的一员:"牧师"(clerk/clerc)。它也经常适用于古代的或阿拉伯的非基督教哲学家、犹太先知等等。在这一过程中,它丧失了它的基督教的意义。[①] 但是,它清晰地保留了它的身份地位的含义:医药和法律行业的从业者不能被称为"教士"(学者),因为这些人把"艺术"作为一种谋生的手段。与此相对,科学的新观念,它作为个体在可靠的方法的帮助下能够依靠自己产生新的真理的能力,在原则上,暗示着科学活动对所有具有良好感觉的人都是开放的。方法依据每个普通人都享有的最基本的智力才能和行为被表达出来(或者至少,给这个时代,每一位男性,提供了通常的心理学上的预设)。这既保证了其结果主体间的有效性,又保证了其一旦被发现,对于每个时代每个人的可获得性。正是这一点,无论是培根还是笛卡尔都有意识地使新科学同学者化的学习相对立,而且同炼金术的–魔幻的传统相对立。科学与其说要求有抓住自然的深奥、**艰深知识**的卓越的智力能力,不如说要有勇敢的(和绝对"男子汉气概的")道德品质:思想的独立性,对人性和真理的无私热爱,研究中的韧性和耐性等等。"对于我来说,科学发现的方法更多地与普通人的智慧水平和资质有关,而不关乎个体的美德,因为它通过最确定的规则和证明履行每一件事"[②];它"像一架机器一样"[③]做它的工作。因此,新科学也有另外的接受者;它不再

144

---

① 因此,乔叟(在《声誉之宫》中)称柏拉图、亚里士多德、泰奥弗拉斯托斯、罗马史学家为"教士",威廉·郎格兰(在《农夫皮尔斯》中)甚至说穆罕默德为"一个伟大的教士"——对于这些更进一步的引用可参见 K. Krebs, *Das Bedeutungswandel von me clerk und damit zusammenhängende Probleme*, Bonn 1933, pp. 31-40. 有关"clerc"的法语用法参见 U. Ricken, *"Gelehrter" und "Wissenschaft" im Französischen*, Berlin, Akademie Verlag 1961.〔乔叟(Chaucer,1343—1400),英国文学之父、哲学家,代表作为《坎特伯雷故事集》。威廉·郎格兰(Langland,1332 至 14 世纪末),是一名改革者,创作了《农夫皮尔斯》,这是一部中世纪伟大的讲道作品,一部关于拯救的基督教诗歌。——译者注〕

② Bacon, *NO*, Bk. I, 122;也可参见 Bk. I, 61。

③ Bacon, *NO*, Bk. I, 122;也可参见 Bk. I, 61,作者序言。

被直接限定在"学"的群体中①，而是，至少委婉地，被限定到所有具有开放思想和无偏见判断的正直的人当中：一个好奇的诚实的人（L' homme honneste et curieux）。"一个好人（诚实的人，honneste homme）不需要阅读每一本书或者勤奋地掌握学校教授的每一件事情。事实上，如果他花太多的时间放在书本学习上，那应是一种教育的缺陷。"②

145　　但是，在科学理解上个人英雄主义的和"认识论的民主主义"的这两种趋向，无论对培根还是对笛卡尔来说，在本质上都是不可调和的。从最抽象的概念层次来说，这种现象反映在一个事实中，即他们谁都没能坚守住对科学的主观主义的理解，在方法论上引导有创造能力的个体，产生新的确定种类的真理，或者产生所获得的知识的真理。他们经常在独立于个体的"明显的"客观的 - 客观化的知识体意义上使用这一术语，然而，他们却没有清晰地建立它的意义。必须补充一句，他们两个都前后矛盾地尝试着在术语学上区分这两个概念。培根有时在第二种背景中使用"精神的作品或产物"这一表达方式，而笛卡尔则更多体现"学说"或"科学团体"的传统表达。③ 然而，总的说来，他们对"科学"这一术语的使用仍然是模糊的。

　　正如我们所看到的，不仅在培根，而且在笛卡尔那里，对科学的主观主义的理解都联系着他们概念的基本方面。但是在很大程度上以一种自我反思的方式，这把他们推向了一种客观主义概念化的思考，对于他们关于"新"科学的观点并不那么必需和重要。首先，科学的观点，作为新的真理和发明的智力产品，在他们的作品中注定要归于知识的**进步**观念，这超出了单一个体的事业，而且是一个必然联系着后代的共同的、合作的、超个人的事业。除了这一明显点，培根比笛卡尔肯定更强调，他们关于科学**功能**的观点，以及作为一个**体系**规范性的

① 例如，笛卡尔讽刺地使用"学究"（docte）这个表达。参见 Ricken，"Gelehrter" und "Wissenschaft"，pp. 160-165。

② Descartes，Recherche，X，p. 495；PW，II，p. 400.

③ Descartes，VI，p. B；X，pp. 374，513etc.

理解都不能与科学的主观主义定义相一致。我想进一步地讨论后面的这两点,即使以一种纲要的方式。

关于**科学的功能**的问题对于古代一直是无意义的。对于理论知识的探索一般来说被认为是人类根本的、最高的愿望。"本性上所有的人都渴望知",是亚里士多德的《形而上学》①的开场白,随后证明只有对它的满足才能带来完全的幸福。因此,科学被无休止地追求下去,但是因为渴望达到自己的目标,所以它是自给自足的,而且目的就是其本身。② 正是这种观点构成了我先前描述的对科学的"个性化"的理解的基础,也正是这种观点使得科学从知识的所有形式中区分开来,把目标设定在人类活动和行为的取向与方向上[技艺(techne)和实践智慧(phronesis)上]。科学的对象是必然存在的,因此它不会被人类活动所影响,而且它也超出了千变万化的实践的人类兴趣的范围。

只有当人类的真正幸福作为拯救被重新安置在超验的王国里,而且依赖于恩泽和信念之时,诸如有关科学的功能和明确的合法化的问题才会出现。目前对于以自身为终点的知识的探索获得了把无根据的好奇心作为一种主要罪行的意义。只有就目前科学获得了一种工具性的功能来说,它才是合法化的:也就是说,它值得拥有拯救的终极目的。③ 因此,科学保留了它的主要的个性的意义,而且它联系着不可改变的超验的人类力量④,但是其只能以附属于并受限于制度化的宗

---

① *Metaphysics*,Ⅰ,980a22;*CWA.* Vol. Ⅱ,p. 1552.

② Aristotle,*Metaphysics*,Ⅰ,982a3 – 983a10;*The Nicomachean Ethics*;Ⅹ,1177a11 – 1178a8. *CWA.* Vol. Ⅱ,pp. 1553-1555 and 1860-1862.

③ 整个过程已经由 H. 布鲁门格(H. Blumenberg)在 *Die Legitimität de Neuzeit*:*De Prozess der theoretischen Neugierde*(Frankfurt,Suhrkamp 1973)的第 3 部分中令人信服且详细地分析出来了。我不同意他关于早期现代科学的概念的处理——他低估了他们反对唯名论传统主义的"现实主义"转向的重要意义——接下来会清晰地展现。

④ 托马斯·阿奎那把科学按其本身的含义界定为沉思理智的习惯——与艺术相区别——"没有被预定为"身体或者是心灵的"任何作品"。(参见 *Summa Theologiae*,Ⅱ.Ⅰ. 57. 3. ad. 3。)

教为代价,作为宗教的准备和辅助。

早期的现代科学的图景主要被指向引导科学在保证对自然的因果过程的探索的**自主性**方面从宗教中区分出来。培根和笛卡尔都以相似的方式,而且肯定受忠诚的宗教动机的鼓动,拒绝经院哲学家把科学工具化并把它作为神学的婢女;也就是说,拒绝把科学作为理性的非法化侵入到神秘的信仰之中。同时,他们保留了对传统基督教的"无意义的好奇心"的指责。他们**发明**了一种新的对科学有用的功能,"来建立和扩展人类种族自身的力量和统治权从而反对宇宙"①,"使我们自己,就像过去一样,成为自然的主人和主宰者"②。换句话说,为了改进这个世俗的生活状况,他们支持技术对自然的统治。他们假定并构造了科学和令人鄙视的、"缺乏独立性的"手工操作的艺术之间必然的联系。

我有意识地使用了"发明"这一措辞。事实上,这个新科学的功能的定义肯定不是独断的:它"考虑了"一个复杂的社会变革的过程,这一社会变革导致了对手工艺术以及,一般说来,对与物质生活相连的职业态度的转变。它"考虑了"加速科技发展的巨大影响,尤其是一些新发明的出现,比如技术文化的成长,一些受传统束缚的手工艺性的活动向机械"构造"的转变,缩小技术和传统智力之间裂痕的尝试,等等。但是,它肯定没有考虑实际的或者甚至是潜在的,16 和 17 世纪科学的社会角色。事实上,直到 19 世纪,对社会的影响主要来自技术,手工技艺的积累仍然是技术发展的主要来源,技术的加速发展主要因为在科学上的新的经济回报,而且没有倒退。在技术发展中,人们无论把什么地位归因于新的科学精神,归因于在具有较高技能的技工和工程师中的基本的科学文化的作用,归因于他们和一些学术的科学家之间的联系,但是这一事实在 17 和 18 世纪仍然存在,即新获得的科学知识在技术上的直接应用,尽管承担了许多有抱负的项目或者至少

① Bacon, *NO*, Bk. I, 129.
② Descartes, *Discours*, VI, p. 62; *PW*, I, pp. 142-143.

是可以设想的项目,但通常以彻底失败而告终,或者其至少没有在技术上产生有意义的成就。初期的"新科学"对技术发展唯一的最重要的贡献存在于这一事实中,即它的传播者成功地创造了对这一领域的变革的文化兴趣的氛围和社会的认可。声称主宰技术的人同样强调哲学的普遍性,像康帕内拉(Campanella),他对科学的理解完全处于炼金术的－魔幻的传统中。① 尽管现代科学新知识的开创精神由于它"对舒适生活的贡献"使得其对权威的声称合法化,但正是它在占支配地位的传统方面所具有的毁灭的－决定性的和系统的－好辩的力量,增强了这一声称的可信度,而不是相反。把获得人类对自然的统治的功能分配给科学,最初是一种思想上的冲动;从填补神学所创造的空白到从神学中夺取一块知识领域。这就是一种历史地**使**自身成为真理的意识形态。

　　然而,这种解释的直接结果就是从认知特征来看,科学已经被理解为生产性活动和**个体的**占有权,关于科学的作用目前稳固地位于一个超个体的、完全**社会的**王国里。现在科学活动的充分的**动机**也同构成个体的生活－兴趣的个性相脱离。无论是培根还是笛卡尔,他们都不仅对科学追求像获益、野心或骄傲这样卑微的目标充满敌意,而且他们还谴责把追求真理作为本身的终结的观点;也就是说,科学活动

---

　　① 归属于科学的技术掌控功能不只联系着炼金术的－魔幻的传统。有理由证明[正如它曾经被不同的动机的作者证明,例如 M. -D. 切努(M. -D. Chenu,法国中古史家——译者注)、林恩·怀特(Lynn White Jr,美国历史学家,主要研究中世纪历史——译者注)或罗伯特·施佩曼(Robert Spaemann,德国当代最具影响力的天主教哲学家和伦理哲学家——译者注)]这种观点直接联系着关于自然的内在目的论的经典的概念(以逍遥学派的内在目的论的观念表达)转变为一种由经院哲学含蓄地完成的人类中心说的目的论,而且其与人的观念相联系——以上帝－创造者的形象存在——作为人类工艺品(homo artifex)。无疑,尤其是培根,我们可以发现这两个传统的直接的痕迹。然而,或许是一种误解,把新的科学功能的概念作为一种纯粹的"世俗化"或者预定的宗教的祛魅或者超自然的观点。它的详尽的阐述涉及了一个基本概念的(更普遍地说:社会－文化的)重新定位——首先一种对人类实用－技术活动的激进的新奇的理解,不再被想象成——正如它们根据古典的和中世纪的"艺术"概念——对自然的**模仿**,而被看成是像仅有的真实的必然性一样的新形式和实体的**产物**,通过运转掌控它的法则脱离了中立和"惰性"物质的实体。

149 是由人内在的理智和情感的满足来承担的。培根曾经争论到"科学这种错误的目的和目标"是其停滞不前的主要原因。[1] "仅仅趋向于满足的知识只是一个妓女,没有快乐也没有果实或者没有后代。"[2]现在,活动的特点和动机具有鲜明的差别。真正的科学家既不是由个体－个性的兴趣所推动,也不是因毫无兴趣的好奇心而前进。难怪,他是一个孤独的英雄:他是道德的艺术大师,是"每个人"的化身,他被人类兴趣的完全的普遍性所激发,并作为人类自身的代表。[3] 甚至培根,因为把所有的重点都放到了科学合作的必要性上,所以他主要把兴趣定在了创造社会的惠顾来获得教育,并支持这样的行为。在《新大西岛》的乌托邦中,科学家们按照等级建构了有组织的、准－宗教的秩序,在其顶端是三个自然的解释者,他们独自号召把实验提升到"更伟大的公理和格言"中:世俗的博爱的教士。

　　然而,把科学理解为生产活动的所谓"去个性化的个人主义"的奇怪的组合拥有了更进一步的特征,它又一次阻碍了科学的主要的主观主义－个人主义的定义。前文中,我写到科学的新功能的"发明"时,我并不十分清楚在那个概念中真正的新是什么。它没有把实用主义的功能指派给科学,这构成了这个观点的真正的新奇:从 13 世纪的托

150 勒密,到后来,当然也有哥白尼,天文学经常被看作并被合法化为一种唯一的预测性科学计算的有用的工具,一些唯名论者大体上看起来很

---

[1] 参见 Bacon, *NO*, Bk. Ⅰ,81-82。

[2] Bacon, *Valerias Terminus*, Ⅲ, p. 222.

[3] 例如,这是莱布尼茨对理想的科学家的描绘:"科学家必须被选择并被安排在这项事业之首,他们不仅在能力、判断,以及学识方面是突出的,而且被赋予了独特的思想精华;在他们身上,敌对和妒忌是没有的;他们不会为了自己使用卑鄙的手段去侵占他人的劳动成果;他们是没有党派的,而且也不希望被看作是派别的建立者;他们为了对学问本身的爱而劳作,而不是为了野心或污秽的金钱。这种人肯定会成为他人的朋友,而且会**向前推进**他者值得称赞的事业,因此,他们应该从人类那里得到的更多。很早以前,伟大的梅森〔(Mersenne,1588—1648),是 17 世纪法国著名的数学家和修道士,也是当时欧洲科学界一位独特的中心人物。梅森的学术成就以素数研究最为著名。——译者注〕就是这种人,我应该更喜欢今天这些人在科学上而不是在正直上落后他一点。"*Philosophical Papers and Letters*, ed. L. B. Loemker, Dordrecht, Reidel 1969, p. 282.

愿意把这种观点扩展到物理学。但是在这些例子中,知识的一些形式通过它们的实用功能的辩护,伴随着的是它们的地位及它们对真理声称的减弱。它们被想象成有用的虚构,或者充其量是为了"拯救现象"的似是而非的假说。在古典的、亚里士多德的意义上,实用的观点和科学真理的立场看起来是不可调和的。后者与事物的普遍性、必然性和永恒性有关,而前者从特殊性的观点来看,只是把它们当成偶然的和短暂的人类物质的兴趣来看待。尽管它完全疏离了我们的后-康德的思想,但是功用,无论是在古代还是在中世纪,都常常不与真理相联系,而与(感官的和非永久性的)被理解为考究的美相联系,完美的事物适合了它的目的。色诺芬(Xenophon)写道:"有用性对于有用的东西来说是美的。"

因此,当培根和笛卡尔(肯定不独立于发生在当代天文学和物理学中的"现实主义的转向"之外)使一种**固有的结果**,并且同时使得内容充实的、亚里士多德的意义上的一个科学真理的"信号"变成实际的可利用的时候,科学就真正地意味着一个重要的概念革命。他们两个人都批判"对实践过急的和没有理性的渴望"的做法。① 科学是"人类理解世界的真正的模型"②。在所创造的作为一个庞大的偶然机构的世界的整体中,它为每一个人,提供了真实的、恰当的理智方向,并通过这种途径,它也获得了一种宗教的意义。它打开了一条独立的道路,通向对创造者的力量和智慧的理解与崇拜,因此,它不能是一些特殊的和受限制的使用,而更可能是人类对自然整体的正当统治的媒介。当然,这意味着由培根和笛卡尔所做的预言性地对现代科学功能的宣告最终与他们的观点所体现的最突出的反现代的特征相连:保留了亚里士多德的只包含严格的无可置疑的必然的真理的科学知识概念,因此,否定了科学假说的合法性地位。这看起来是反对中世纪晚

¹⁵¹

---

① Bacon, *NO*, Bk. Ⅰ,70,也可参见 pp. 99,107etc. 并比较 Descartes, *Regulae* Ⅹ, p. 361; *PW*, Ⅰ, p. 10。

② Bacon, *NO*, Bk. Ⅰ,124.

期唯名论者"概率论"(probabilism)的一个巨大的退步,甚至是很少能被理解的一步,因为,他们二人作为实践科学家,在这方面不能胜任他们工作的意义,他们非常了解假说在研究中的实际地位。例如,笛卡尔,当涉及描述他自己的物理学的确切的认识论地位和声明时,他肯定是焦虑的、犹豫不决的,甚至可以说是小心谨慎的,这不仅体现在公众场合,即《哲学原理》(*Principia*)的总结性的段落中,而且体现在他的私人信件中。① 然而,当他们清楚地表达**一般的**科学的图景和概念时,他们不可避免地坚持非﹣可能性、严格的必然性和科学真理的肯定性的特征。

这种明显地堕落到教条主义,并如此地与我们关于科学精神的观点格格不入的原因之一,就是我们传承下来的有关知识和信仰的论述仍不够充分,不足以阐释科学理论的假说﹣谬误概念。正如伊恩·哈金(Ian Hacking)②所说明的③,直到17世纪的最后十年,"可能的"并不意味着要有证据支持,而是被可信的权威支持,或者至少值得一些有理智的人支持。那就是正确的观点的态度,与知识相对。因此,新科学的宣传者,为反对这些权威而战,并认为科学几乎不能用可能性来描述。

这种解释,尽管完美,但是看起来却并不充分。因为通过真理的无可置疑的必然性和肯定性来描述的"科学固有的"(science proper)特征,甚至在现代概率(probability)概念已经被清晰地表达出来并使用之后,仍被广泛地保留下来。莱布尼茨,人们几乎不能指责他忽略152 假说在科学中的地位,然而,他却通过肯定的证明重复科学作为知识

① 例如参见致梅森的信,1638年5月27日,以及致马林(Morin)的信,1638年7月13日(Ⅱ,pp. 142-144 and 198-200;*PW*,Ⅲ,pp. 102-105 and 106-111)。关于笛卡尔对科学假说的观点的详细讨论,参见 R. M. Blake, C. J. Ducasse and E. H. Madden, *Theories of Scientific Method*, Seattle, New Impression 1966, pp. 79-99。

② 伊恩·哈金(Ian Hacking,1936—),西方思想界的优秀哲学家,研究领域涉及科学哲学、语言哲学、社会学等,代表作为《表象与介入》。——译者注

③ 参见 *The Emergence of Probability*, Cambridge, Cambridge University Press 1975, esp. ch. 3。

的传统定义。① 同样的情况在约翰·洛克（John Locke）②和克里斯蒂安·沃尔夫（Chr. Wolff）③身上也体现了出来。事实上，正如我们将要看到的，在某种意义上，康德也保留了这种做法。然而，持久的"科学教条主义"必须在它适合的文化背景中被领会——它是建立科学研究自主性和至上性的必需的预设。④ 只要科学在对世界的描述和解释上与宗教竞争，那么对科学理论的可能和谬误特征的接受就只能通过对比人类理性的弱点和天启的肯定性使科学屈服于制度化的信仰的权威。这种观点可以使与直接的实用性（而且在这个阶段很少有理论能满足这一标准）有关的特殊的理论合法化，但是这不能保证科学有一个独立的领域，并将拥有最终的权威。只有在有关自然事物是什么，以及它们的原因是什么的问题上，坚持科学真理在理性上的毋庸置疑以及严格的必然性的特征，同时保持对它们存在的意义和最终目的的完全沉默，才能把科学和宗教作为认识论中两个和谐的但却是独立的形式区分开来。只有宗教自身在文化上从用主观化的态度和意义解释世界现象的任务中撤退出来，从而使它至少不再作为一种与科学抗争的文化规范，那样关于科学的不可靠性的观念才不再具有拒绝科学的认知自主性的特征。

　　科学和宗教之间的区分同时暗示了上面的预设，即就目前自然成为科学研究的对象而言，"意义"和"目的"的概念完全与对自然的解释无关。一方面，对科学"掌控"功能的新的理解与作为偶然联系的事 153

———————————

　　① 比照 *Opuscules et fragments inedits.*, ed. L. Couturat, Hildesheim, Olms 1961, p. 496。[L. 古图拉特（L. Couturat, 1868—1914），法国逻辑学家、数学家、哲学家和语言学家。——译者注]

　　② 比照 *An Essay concerning Human Understanding.* Ed. by P. H. Nidditch. Oxford, Oxford University Press 1975. Book Ⅳ, chapter 3, section 26。

　　③ 比照 *Preliminary Discourse on Philosophy in General.* Indianapolis, Bobbs-Merrill 1963, p.17。[克里斯蒂安·沃尔夫（Chr. Wolff, 1679—1754）——译者注]

　　④ 本杰明·尼尔森（Benjamin Nelson, 1911—1977, 社会学家——译者注）的许多论文都表达了相似的观点。例如参见《16 和 17 世纪科学的"或然论"和"非或然论"的来源》以及《早期现代科学和哲学革命》，二者均再版于他的著作 *On the Roads to Modernity*, Totowa, Rowman&Littlefield 1981。

件的中立场所的主体－物质的概念化之间的联系;另一方面,由缺乏内在意义和普遍必然性的法则来决定这些规则,今天都被认为是寻常的事情。因此,或许这些关注表明,甚至在这一方面,早期现代科学的图景比起通常被设想的样子更加不清晰和更加不明确。

伊夫林·福克斯·凯勒(E. Fox Keller)一直关注性别想象(imaginary)的矛盾性,或辩证性特征①,培根曾经经常以此清晰地表达他对自然和作为科学资源库的人类精神之间关系的概念。这一概念经常在暴力攻击性(征服自然并使"她"成为我们的奴隶)和显著的回应(战胜自然以求合法的婚姻)的比喻之间摇摆不定。因此,"女性"逆来顺受的角色在一种背景中也被归于自然,而在其他的背景中被归于精神。然而在我看来,这些观察能超越性别的王国而实现一般化。总的说来,在培根看来,有一种双重的概念化的自然,培根把它作为唯一的**操纵和控制**的对象,一方面,自然作为主体,是与他者**交谈**的伙伴。自然被定型为"一种铁砧"②,它被解剖③,被放到"压力和烦恼之下","挤压铸模"。④ 然而,另一方面,人只是"自然的仆人和解释者"⑤:"真正的哲学……最忠实地重复着自然本身的声音,而且以世界自己之口记录它原本的样子。"⑥此外,人们应该"以谦卑和崇敬的心态接近自然,去掀开宇宙的画卷,在那儿徘徊、沉思……因为这是我们走进

154

---

① 参见 *Reflections on Gender and Science*, New Haven, Yale University Press 1985, pp. 33-40.〔伊夫林·福克斯·凯勒(E. Fox Keller, 1936—),美国物理学家、作家、女权主义者,目前是美国马萨诸塞科技学院科学史和科学哲学的退休教授。——译者注〕

② Bacon, Ⅳ, p. 343.

③ *NO*, Bk. Ⅱ, 52.

④ 或许那只是偶然,然而在西方的传统中,实验与烦恼和痛苦联系得么么频繁是相当令人吃惊的。事实上,在我们的传统中,看起来第一次清晰地谈及实验,是在柏拉图关于毕达哥拉斯对音程的调查的讨论中,这立即引起了这种景象:他们"拷打琴弦,把它们绞在弦柱上"。(*Republic*, Ⅶ, 531b)(相关内容可参见柏拉图:《理想国》,郭斌和、张竹明译,商务印书馆1986年版,第296~297页。——译者注)

⑤ Bacon, *NO*, Bk. Ⅰ, 1.

⑥ Bacon, *De Augmentis*, Ⅳ, p. 327.

所有土地的声音和语言,而且不会招致巴别塔的困惑……"①一旦说出这些话,人们就立刻能够辨认出笛卡尔的双重想象的重现,对于他来说,任何性别的隐喻都是极为不相容的。然而,尽管笛卡尔的自然概念是完全机械的,但是它再一次显现为交流对话中的伙伴:自然在教导我们②,但是它也会欺骗我们③,因为它会犯错误④,尽管它能独自排解困惑。⑤

很早以前,卢卡奇表明,一个有意义的、和谐的宇宙或神圣的秩序的观点并没有简单地被把宇宙理解为规律 – 调节事件的总体观点所代替,而是它的解体导致了自然概念的分裂:首先,作为纯粹的客体,自然是人类行动的来源和工具;其次,自然是作为一个价值 – 突出的主体。在早期现代的科学形象中,这两个概念仍然能被一起发现(而且在斯宾诺莎和莱布尼茨的形而上学中,我们看到了有意识的努力,试图达到理论的和解)。它们经常是不稳定地共存的,但是这不能被全然认作先前的自然观的残留,这种自然观没有被彻底克服;至少,在结果上,这不是毫无目的的。正是在这种模棱两可中,它提供了一个框架,在那里,人们能尝试着一起拉近真正的证明性科学和诸如医学或"化学"这样"较低级的"智力或专业的事业之间的距离,这些职业主要依赖于证据角色中"自然的标识"和"事物的鲜明特征"的概念。然而,更重要的是,这种双重性与文化实践特征和知识的类型特征相一致,这些是早期"科学的形象"试图去表达和合法化的。在某种意义上,这不是自然科学,而是"**自然哲学**"。它声称表现了世界的因果机制的知识,**因为**它展示和证明了上帝的智慧和力量,因此,它不仅仅提供了一个中性的人类力量的工具,而且开启了对这种力量的理性使用。只有作为上帝的"第二本书"的自然概念才不会把自主性的科学

① Bacon, *De Augmentis*, V, pp. 132-137.
② Descartes, *Meditiationes*, VII, pp. 38, 76 etc.；*PW*, II, pp. 26, 53 etc.
③ Descartes, *Meditiationes*, VII, p. 85；*PW*, II, p. 59.
④ Descartes, *Meditiationes*, VII, p. 85；*PW*, II, p. 59.
⑤ Descartes, *The World*, X, p. 36；*PW*, I, p. 92.

想象成冷漠的或有敌意的,而是想象成对真正宗教的真实的补充和补足。同时,相比较而言,有意地或无意地,科学对上帝作品的明确解释(这种语言没有发生巴别塔的困惑)使它同宗教派别围绕着它的解释的语言而斗争,并因此奠定了科学后来成为智力和文化霸权的基础。

　　然而,尽管自然的双重图景对"自然哲学"的观点是必需的,但是,至于哪一个概念占统治地位是毫无疑义的:作为纯粹的控制客体的自然观点不仅在相关的文本中占优势,而且在其内部的一致性方面占据主导地位。它逐渐从科学中祛除了作为一种"可理解的"和共鸣的合作‐主体的自然图景。这并不意味着后者的消逝——它同样内在于现代文化当中。它被重新安置下来,从科学到艺术,这两个领域之间的区分越来越明显。艺术现在被视为我们练习"模仿"能力的中心,而且它允许我们邂逅自然,并以未生效的合作"回答"我们的需求。这一发展过程的开端可以追溯到培根。他早就把"诗歌"的功能界定为补偿自然秩序中"比例失调"的偶然事件,并把艺术的使命想象成"使事物的展现适应精神的需求"①。尽管"交流的"的观点联系着自然,对它的"理解的"要求,不同于对它的解释,且其从未完全从自然科学中消失②,尤其是从相对"较年轻的"分支中消失,这一概念,一旦对科学的形象是必需的,它就会逐渐成为一种文化批判的媒介。

　　随着对客体理解的转变,"自然哲学"的**文化形式**也发生着一种变156 化。当现实的统一性被理解为等级的秩序,而且在其实体的基本形式和目的的多元化中,和谐通过它们之间的想象的存在或者讽喻地令人满意的"一致"确定下来,这一直预设了一种真实的文化背景、一种信仰和一种想当然的分类‐体系,它独自允许这些非‐感官的关系被理智地表达和掌握。另一方面,如果现实的统一体被认作是解释所有现象的单一的方式,并需要通过**发现**统治它们变化的一套连贯的规律来完成,那么无论什么样的未经审视的前提,这都暗示了一种在概念化

---

① *De Augmentis*, Ⅳ, p.316.
② Bacon, *NO*, Bk. Ⅰ, 112.

的既定和共同形式的有效性中,信仰中止的因素。在可以实现的新的前景中,它找到了它的表现方式:它的持有者,哲学/科学借助早期的宣传者理想地获得了**体系**的形式①,(说完这个,在几经迂回之后,我们回到了有关对科学的主观主义**和**客观化的理解上来)。

体系的概念应该不能与企图建立有序的、百科全书式的、存在总结性的知识体相混淆,或者不能与确定的阐释性的文学形式相混淆,甚至不能与一些未经改变的逻辑建构原则相混淆。② 从 17 世纪早期 157 至 19 世纪末,只要科学没有从哲学中区分开来,体系就是哲学中占统治地位的文化形式,尽管这是肯定有争议的。也就是说,体系更应该被看作一系列的基本的规范要求或者是文化地预定的期望,这个类型的作品应该满足决定它们的意义和真理声称的方式,以及它们被理解、评价和批判的态度。

系统这一概念起源于神学:它产生于 16 世纪晚期的新教神学,新

---

① 鉴于培根经常攻击哲学体系的"危险的影响"和"有害的权威",所以,把哲学/科学理解为体系归因于培根或许看起来是完全武断而又歪曲事实的,然而哲学体系也激励了他对格言这种表现形式的有意的偏爱和选择。然而,这种批评所关心的不是把科学理解为一个体系,而是其过分 – 草率的、矫揉造作的和主观的("根据个人的想象")结构,因此疏漏了知识的"自然体系",也就是说,自然的反映的部分。因为,尽管遭到了猛烈抨击,培根还是认为提供"一种一般的正确的学习漫步"是有可能的(而且是必要的),这不仅包括"已经发明和知道的"科学,而且包括那些"应该在这儿却被省略的"科学。这是必然的,因为特殊科学从一般知识中的"解散"构成了它们前进的一个重大阻力(*Valerius Terminus*,Ⅲ,p. 228),部分因为科学命题的"力量"依赖它是否同其他命题相适合,彼此相互支持,才能促成整个的证明(参见 *Cogitata et visa*,Ⅲ,p. 286)。更进一步说,人们必须牢记培根方法的适用性依赖于呈现至少拥有所有简单性质的一个有序列表的可能性——这一事实他不是完全没有意识到,因为在某个时候,他承诺只提供这种"宇宙中所有性质的总览"(*De Augmentis*,Ⅳ,pp. 149 and 155)。有关后面的问题,请参见 M. Hesse,*Francis Bacon's Philosophy of Science*,In B. Vickers(ed.),*Essential Articles for the Study of Francis Bacon*,London,Sidgwick,1972,esp. pp. 123-131。最后,培根科学的最高目标是作为最一般原理体系的总结性哲学,它是"其他事物之母"(*De Augmentis*,Ⅳ,p. 337)。

② 各种体系 – 形式——公理演绎的、起源的、超验的以及辩证的(只说几种重要的形式)——它们的顺序构成早期现代哲学史的一个重要的方面,它们在构成的基本逻辑和认识论原则方面彼此相同。因此在哲学上唯独体系的概念不能依据某种逻辑结构来定义。

教神学坚持《圣经》本身的单一性和自我－解释的意义。① 这种观点转移到哲学／科学,意味着,这类文本应该不能被看作相互交流的临时中介,至少理想化地,应该作为自我－封闭和自我－解释的意义－综合体,它的真理对每一个要理解真理的从事合适的理性劳动的单一接受者来说都是可得的。一方面,这涉及了非假设性的知识观点,这不是一个共同－分享的文化背景,而是向理性开放的洞察力,它构成了理解的唯一条件。这不仅要求答案,而且要求问题提出的方式合理正当。问题,作为组成经院哲学**总论**的基本单位,实际上是一个命题,或者是两个相互矛盾的命题,主要来自传统权威,它的真与假都不是明显的,因此它要通过对或错(*sic et non*)的方法而成为争辩的对象。现在,问题被转换成了**难题**。无论问题表达得是否正确,也无论它们是否有意义,它们都是批判的基本观点和对象之一。将哲学－科学知识想象为一个系统预设,并且这是要说的第二点,通过抛开一些最终的确定性,它们获得了意义和理性,并且按照这种方法继续研究,人们总是能决定和判断,在探索的特定阶段,哪些问题有意义,或者哪些问题没有意义;当然,这也为每一个可能的真实的问题在科学知识的整体体系中提供了肯定的空间:这一空间预定了认知的意义,权衡出了它对整个知识的贡献。

最终这一体系概念,通过保证这种科学方法不仅能产生独立的和特殊的确定性,而且还能产生连贯的、完整的和自立的世界知识,它能够解答有关作为纯粹对象的自然的所有有意义的问题,这承认了对科学的自主性的激进的宣告,以及对作为技术掌控功能的普遍主义的设

---

① 关于体系概念的起源和发展,最全面的哲学概述仍然是 O. Rietschl, *System und systematische Methode in der Geschichte des wissenschaftlichen Sprachgebrauchs und der philosophischen Methodologie*, Bonn, 1906。A. von der Stein 的论文对 Rietschl 的观点做了一些重要的修改和补充,"Der Systembegriff in seiner geschichtlichen Entwicklung" in A. Diemer (ed.), *System unde Klassifikation in Wissenschaft und Dokumentation*, Meisenheim, Hain, 1968。有关体系－概念的神学起源参见 H. -G. Gadamer, *Wahrheit und Methode*, 4th edn, Tübingen, Mohr, 1975, pp. 162-164。

想。当然,有关我们现在考虑的真正的自然科学问题,其中隐含的图景仍然只是模糊的完美未来的理想(另一方面,在哲学方面,有一种直接的文本 – 构成和解释 – 定向的力量)。然而,这并不意味着,它没有效果。例如,在自然哲学中,对专业化的强烈的文化抵制,已经由培根和笛卡尔清楚地表达出来,这成为 19 世纪上半叶科学领域内实际斗争的一个主要问题,它一直都受这个理想的激励;也就是说,这些斗争的实际结果,自然科学探索的彻底专业化(和专门化)和其假定的公众,也将驳倒并毁灭这一科学的形象,在科学的统一体中,潜在地构成一个单一的体系。①

　　事实是,哲学/科学,作为一个体系,也不能仅仅被理解为不可实现的未来的完美理想。一种无限的科学进步观点,只能无限地接近体系的完成,这一思想首次清楚地出现在法国和德国的启蒙运动时期(而且甚至在那时,它主要被理解为无限的**扩展式**的增长)。培根与笛卡尔都认为,科学的前进是一个走向完美的有限的过程,到达这一终点并不遥远。培根,尽管在这一方面,他的观点比较模糊,但事实上,培根反复声明,尽管他的方法需要大量受过训练的人来实施,但是收集所有必要的观察与实验,"发现所有的原因,科学只需几年的时间"②。然而,他们二人都承认哲学/科学,作为一个完整的系统,靠他们不仅无法完成,而且它也超出了任何单个个人的生产的,或接受的能力。总的来说,一旦体系作为充分的文化形式和科学知识的理想被严格地建立起来,就个人主观精神的生产能力来说,那么关于科学的

①　对 19 世纪科学的各种分类的极大兴趣,以及分类的扩散可以被解释为一种尽管面对越来越快速发展的专业化过程,但还要保持这种观点的尝试。自 20 世纪初,这些努力的完全消失标志着这一概念的瓦解。现在甚至那些强烈想保持所有科学是统一体的观点的人也拒绝系统化的 – 知识体系的统一体观点——因此,例如,维也纳学派的代表们将把他们的争辩建立在科学的语言的统一体上。

②　Bacon, *NO*, Bk. I, 112.

主观主义定义,将逐渐变得站不住脚。①

160　　因此,在对科学"主观主义的"和"客观化的"理解上,培根和笛卡尔所表现出的模棱两可和犹豫不决,并不是完全偶然的。这两者的概念化与对文化过程的基本方面的认知相连,由此现代科学获得了它的自主性。科学形象的变化将解决这一模棱两可的现象:它的客观化的概念具有文化的自明性。但是最初的模糊并没有简单地消失,它们以变化的形式重现,导致了最终对立的和自相矛盾的理解,这看起来既质疑了科学的自主性的事实,又质疑了它的意义。

　　对客观化的理解的转变最初发生在非反思的语义变化的水平上②,并作为较宽泛的意义转换过程的一部分。尽管我已经指出,一些具体的概念和文化的缘由使得盛行的对科学的主观主义理解不再能站得住脚,但是,在所有主要术语的使用上,意义的转变完全与语义的转变相类似,借此,我们指出了高雅文化的主要分支;这种转变发生在17 至 19 世纪之间。起初,**艺术**包含任何种类的技能、**文学**、阅读能力,或更狭义角度的教养学习,**文化**自身,较高智力和道德能力的形成过程及其结果,培养心智的模式。从隐含的主观能力或状态到体现到"作品"的转变,作为超个体的感觉和意义的对象化,它肯定反映了西方现代性形成的基本过程之一:社会的**高雅文化**以其特殊的现代意义而兴起。也就是说,社会的实践领域的构成,作为意义 – 综合体,被假定能够产生体现非时间的和普遍的价值的**理想**的客体,但是同时,存在着理想的**客体**,即,人类的作品,在那里,个人能够,根据他们各自的

----

① 事实上,有关体系概念的神学讨论,凯克曼(Bartholomäus Keckermann,1572—1608,德国作家、加尔文主义神学家和哲学家,因分析方法而闻名。——译者注)已经将作为习惯的科学与作为体系的科学区分开来,并把它理解为方法论上清晰地表达出来的真理的整体性(*Inbegriff*)(比照 Rietschl,*System und systematische Methode*)。

② 迪默(A. Diemer)——唯一一个已经在某些细节上讨论过这一过程的人——参考 Watts 的 *Logick*(1725)中的科学定义,他第一次向我们如此自然地清晰地表达了这种客观化的意义。"科学一词通常适用于任何关于推测主体的有规律的或系统的观察或命题的总体"(*System unde KIassifikation*,p. 23)。R. Williams 在 *Keyword. A Vocabulary of Culture and Society*,London,Croom Helm ,1976 年版一书的第 233 页中也列举了相同的例子。

兴趣、能力等进行自由的选择。这种文化被认为展现了拥有普遍的人 161
类意义的最伟大的人类成就的宝库，在这种意义上的文化是高级的，
因此，原则上每个人都会面临着它的对象化；包括社会上不特定的和
未知名的公众。但是，同时，正是这种意义上的"高级"文化才能与大
众的或粗俗的文化相对立，因为它的作品要求个体把他们自身"提升"
到它们的水平，根据它们内在的规范和标准来理解它们，这经常是专
业化的实践而且是脱离了日常生活和公众的理解。

　　然而，只要没有被问题化，对于客观化理解的意义转向就没有导
致新的科学形象。只有当对科学的两种定义和理解的模棱两可的混
合被直接地挑战之时，这种情况才会发生，而且不是以逻辑澄清的名
义，而是以通过批判为科学的自主性提供合法性的基本假设的名义。
这是让－雅克·卢梭（Rousseau）的功绩。卢梭直接否认了作为知识
累积增长的科学进步与真正有用的个人能力和对真与善的个人洞察
力之间的联系。除了"经验丰富，但理解力有限"的普通人能够从周围
环境的实践中学习，并投入使用外，爱弥儿所学的物理学、科学对个体
的幸福毫无用处，而且因为其"扰乱了所有的简单的公理和原始的推
理"[①]，科学对于道德来说是毁灭性的和致命的。卢梭推翻了经典的
知识概念："一般来说，科学并不适合人类。人类在研究中无休无止，
最后只能误入歧途；甚至有时人获得了科学知识，但是那总会导致他
的偏见。人生来要行动和思考，但不是反思。反思只能使得他不快
乐，却不能使他过得更好或更有智慧。"[②]科学和艺术的发展一直与公
共道德的堕落和社会关系纽带的解散为伴。因为科学，向我们许诺，
幻想着对永恒的和不可改变的自然的统治，这只能歪曲我们人类的本 162
性并创造一个人人都争夺对他人进行统治的世界，事实上，每一个人
都被极其明显的、虚假的自我兴趣的体系所控制。这里兴趣与真正的

----

　　① 我提及卢梭的内容均来自 Gallimard 出版社（巴黎，1959—1969）出版的四卷本的
Oeuvres Completes（*ROC*）。
　　② *Preface à Narcisse*, *ROC*, Ⅱ, p.970.

需求毫无共同之处,但是却要符合无形的社会压力和"观点"。化学家和物理学家在可怕的实验室里痛苦劳作,这种辛劳并没有导致对伟大的自然活动的认识,反而导致了对渺小的艺术结合体的无意义的骄傲。卢梭对比了纯粹的和纯真的快乐,一种重新获得的与周围环境相融和内心平静的独特的感觉,这是"植物学家"在漫无目的的、非系统的和无方法论的、没有任何损坏的世界里,观察各种美丽的植物时发现的感觉。① 这种"与植物的交流"是对"与人类交谈徒劳地尝试"的慰藉和补偿。②

正是在回应卢梭对科学的批判中,科学的客观化概念获得了它最初的范式的表达;新的科学形象由此诞生。形象之一在某种意义上是"回顾式的"而且是今天被不公平地遗忘了的,它从理论上给出了启蒙运动时期"科学的乌托邦"的最高的表达。另一科学的形象,同样捍卫了启蒙的地位,表现了面对危机的伟大的尝试,并承担后果。第一个是**孔多塞**③的作品,第二个是**康德**的。

孔多塞在写作《人类精神进步史表纲要》④时四处躲藏,以躲避拘捕搜查,这是一种向公众辩白的行为,在生命中花费在对科学的追求和捍卫的行为上与花费在民主自由的行为上同样重要。人们呼唤人的历史整体去见证并反对雅各宾派政治的罪恶,愚蠢的自我毁灭,以及它的理论来源,卢梭的"虚假哲学"和"耀眼的悖论"⑤。从整体上来

163

---

① 参见 *Les Reveries du Promeneur Solitaire* ,ROC, I ,pp. 1067-1070。

② *Rousseau juge de Jean Jacques* ,ROC, I ,p. 794.

③ 孔多塞是 18 世纪法国哲学家,同时也是一位数学家、启蒙运动的最杰出代表人物,有法国大革命"擎炬人"之誉。——译者注

④ 我所指的孔多塞的作品源自 *Oeuvres de Condorcet* (*OC*) ,ed. A. C. O' Connor and M. F. Arago ,Paris ,Didot ,1847 – 1849。引用《纲要》的内容来自 J. Barraclough 的英译本(缩写为《纲要》) ,London ,Weidenfeld & Nicholson 1956。

⑤ *OC* , VI ,p. 195; *Sketch* ,p. 142.

看,《纲要》展示了一个关于**科学和激进民主**①是有机的、不可分割的**整体**的持久性的争辩,展示了唯一的能够在实践上实现永久的道德法律的社会秩序。正是在这一框架内,孔多塞形成了他的历史的科学理论,把它作为一种社会机构与客观化的理智和交流实践的具体形式。②

就科学在历史中的地位而论,孔多塞理论的出发点是起源于一种洛克自然主义解释的人类学。人和动物之间仅有的原则性的区别存在于这一事实中,即起初人由于大量偶然的生理特征保证了在心理能力上的一定量的优越性③,人类,与动物相对,是"不再受限制的……达到**纯粹的个体的**完美"④。因为**社会性学习**构成了区分人类的标志,这使**历史**本身作为类完善的进步过程成为可能,对于孔多塞来说,这是可以理解的,人类历史的基本转折点是**交流**的革命,也就是说,以这种方式,知识才能在社会中累积,并通过作为主观－心理内容的观念的客观化的形式进行传播。三次这样的伟大的革命决定了人类进步的道路。

第一次革命是一种发音的传统**语言**的发展,这与人类起源于动物王国具有相同的意义。⑤ 正因如此,个体才能够从彼此的经验中学习,

164

---

① 孔多塞,与种族主义和殖民主义做斗争,追求女性在政治、社会和教育上的彻底的平等,是法国大革命时期少数知识分子和政治家之一,被称为一个激进的民主主义者。在大革命本身的影响下,由于长期发展的结果,他形成了这一观点(这只有在《纲要》中能发现一致的构想)。他较早地宣称了精英主义者的科学概念,而且他的社会地位已经由 K. M. Baker 做了详细的分析。这体现在其作品中,*Condorcet：From Natural Philosophy to Social Mathematics*,Chicago,University of Chicago Press,1975。有关孔多塞的政治观点的演变过程,可参见 M. Ludassy 的优秀作品："Condorcet, avagy az emberi értelem eszkatológiája", *Világosság*,7 and 9,1972。

② 在这篇论文中,我必须彻底忽略孔多塞的科学方法,以及数学、物理学和社会科学之间的联系的同样有趣的观点。

③ "感觉和思考的原则(规则)是人类和动物的相同的本性,他们拥有同样的才能,只是在不同的程度上……" *Fragment de l'histoire de la IVe époque*,*OC*,Ⅵ,p. 448。

④ *Fragment de l'histoire de la Ive époque*,*OC*,Ⅵ,p. 16；重点参见 *Sketch*,p. 6。

⑤ 他有关人类学的令人印象深刻、更加详细的表达体现在孔多塞的 *Fragment de l'histoire de Ia premiere époque* 一书中,他指出,促成人类种族形成的同时发生的三大成就是:工具的制造、语言的发展以及基于未成熟的对错观所形成的社会结构的最初形式的出现,参见 *OC*,Ⅵ,尤其是第 305～322 页。

从而能够形成一个稳定的传统体,也就是说,形成一个社会知识的贮藏室。但口头交流是受限制的,不但受个人交往范围狭窄的限制,而且受个体记忆程度的限制。口头交流也缺乏语言的精准和分析的手段,总的来说,具有感情色彩。①

这些限制由历史上第二次伟大的革命所克服:**文字**的发明,"**随着它的发展**,文字成为建立和保持传统,交流和传播知识的唯一方法"②。此时此刻,出现了孔多塞认可的历史上的唯一的选择,对他来说,走东方和西方的发展道路的分歧,暂时主要依赖于**社会**对文字的**使用**。在伟大的东方帝国,知识对象化和交流的新方法被教士神职人员(精神进步永远的反叛者)和"教育-阶层"所垄断,而且被改变为统治的工具。③ 在早期发展的象形文字阶段,文字也常常受到冷漠,因为文字的复杂性使得一般读写能力的获得变得不太可能。在此基础上,可以获得伟大的艺术和智力的成就,但是被当成社会等级的专有财产的知识不可避免地会变得墨守成规,同时东方发展之路导向了停滞。只有当最发达和最简单的,并因此是最"民主的"形式,也就是,**拼音**文字,符合适当的社会环境,才能真正实现交流的新形式的潜能,例如,很多竞争不大的"共和国",没有中央集权化的政治权威,也没有统一的神职人员,却和许多外国的文化中心相联系。这是希腊的奇迹:创造了**理性和批判的哲学对话**,在那里,每个人都能平等地参与交流他们自由地发现的真理。④

但希腊哲学在完整的意义上仍然不是科学。在希腊哲学所欠缺的要素中,孔多塞部分地重复了启蒙时期思辨体系的常有的批判,孔

165

---

① 比照 *OC*,Ⅵ,p.16;*Sketch*,pp.6-7。口头表达的限制是《纲要》和附加段落中反复出现的主题:这一问题对孔多塞来说具有政治的重要性。作为反民主主义的,他反对雅各宾对城市群众运用雄辩和煽动的方法(构成了公民微不足道的一小部分),而且与此相比,政治宣传和辩论的方法比较正当。通过这种方法,书面的语言说出了每一个人和每一个公民的理性。

② *OC*,Ⅳ,p.54;着重参见 *Sketch*,p.36。

③ 比照 *OC*,Ⅵ,pp.54-58; *Sketch*,pp.36-39。

④ 比照 *OC*,Ⅳ,pp.59-63;*Sketch*,pp.39-43;此外还有,*OC*,Ⅳ,pp.384-388 and 402-405。

多塞专门提到了与手抄本文化特征相关的不足。一方面,手抄本的稀少使得它不可能拥有广泛传播的、同质的大众群体;因此,古代哲学具有"宗派和学派"的问题。另一方面,当赋予思考与讨论自由的政治状况消失的时候,这种文化的脆弱性就使得随之而来的长期的文化衰落成为可能,尽管它曾蓬勃发展过。只有在学问重新诞生之后,当新发现的实验方法和交流思想的新手段统一以后,正确的科学才能诞生。**印刷**,在中国的文化中未产生出成果①,却意味着人类史上的第三次革命。② 这种"与全世界的人们交流的工具"③一方面授予思想以力量(依靠创造公众观点,把它作为一名"法官,独立于所有人类压迫之外,其青睐于理性和正义"),而另一方面,它产生了持久的连续性,使得进步不可逆转且不受干扰。④

　　一方面,孔多塞在科学的出现和发展之间建立了紧密的联系,知识的对象化形式和交往形式的历史性的转变⑤是作为新真理**进步产物**的现代科学观念激进化的结果。科学不是一个学说,不是一套储存在头脑里的建立起来的真理,而是连续的、批判的、方法的和实验的社会过程,探究无限的和没有穷尽的自然。并且由此,他得出了一个更进一步的结论。作为自我推进的社会实践,科学只能存在于一定的**社会组织**形式中,它保证了连续性的条件,同时创造了一个能够超越宗派和民族的界限的框架,以交换和对抗不同的观点,并且它使得压制事实和把理论变成不可争辩的教条等等现象不再可能。只要这些"真理的伦理"规范被习惯性地强迫服从,科学就能有一个稳定的存在:实际上,它只**是一个科学共同体**,是"在一个普遍的科学共和国中的世界科

166

---

　　① 比照 *OC*,Ⅳ,p. 58;*Sketch*,p. 38。
　　② 比照 *OC*,Ⅵ,pp. 137-143;*Sketch*,pp. 98-103。
　　③ *OC*,Ⅵ,p. 139; *Sketch*,p. 100。
　　④ 比照 *OC*,Ⅵ,pp. 141-143,191-192,243;*Sketch*,pp. 102-103,140,178。
　　⑤ 孔多塞也将这一联系置于未来的背景下。他把在他的乌托邦的第十个纪元中科学的、更深远、更激进的加速进步与为科学创造出一个专门预定的国际化的、理想的逻辑语言联系起来。参见 *OC*,Ⅵ,pp. 17-18,89,261,269-272;*Sketch*,pp. 7-8,62,191,197-199 等。

学家的总的联盟"①。

然而,科学共同体是一个最特殊类型的社会组织:它是平等的个体自愿的联合,"在那里,不考虑出身,不考虑职业,不管地位,只是授予一个判断的权利,这在某种情况下是不被理解的"②。同时,它对所有拥有必需的理解力和把自己服从于科学方法的规范与原则的人开放。这些规定确保在争辩和辩论中产生有关真理的一致认同,而且这样,尽管或许个人的动机和竞争目标有所不同,但是其对科学的普遍兴趣总是占优势的。③ 总之,这是由并依据于理性对话和理性争辩而形成的共同体,而不是依赖力量和屈服的关系。这种共同体,即使没有一个正规的组织框架,本质上它已经在物理科学领域形成,而且,它不仅为其他科学,而且也为总体的科学提供了"一个仿真模型"的示范④:它是民主的组织的范例。

然而,科学并不只是代表民主模式的范例,它也是依据自由、平等和普遍的幸福而建立的社会进步的基本原因之一。把自然科学应用于艺术,就会创造一种社会状况,在那里"每一个人将无须工作太多,就能生产更多,并能更充分地满足他的/她的需求"⑤。把概率演算应用于社会经济学,就为社会保障体系机构提供了理论工具,从而能真正地根除那些使一些人悲惨和痛苦的经济不平等。"社会数学",这个孔多塞的主要科学兴趣,也会使未来的公共事务简单化,并易于普通人理解。它将允许每个人根据他们的行为结果做出合理的期望,然后认识到什么才是他们真正的、长期的兴趣。最后,科学哲学,分析了人类本性的构成和它的能力并以这种方式发现了真正的人权和依据此而形成的道德和政治的基本法律,科学哲学已经成为伟大的启迪力

---

① *Fragment sur l' Atlantide*, *OC*, Ⅵ, p. 603.

② *OC*, Ⅵ, p. 224; *Sketch*, p. 164.

③ 重点参见 *Fragment sur l'Atlantide* 中有关科学共同体特征的描述部分,引自 *OC*, Ⅵ, pp. 603-612 and 653-660。

④ *OC*, Ⅵ, pp. 224 and 164.

⑤ *OC*, Ⅵ, p. 256; *Sketch*, p. 188.

量,把人们的思想从支持专制和压迫的偏见中解放出来。加速和强化这些技术以及科学启蒙的社会和文化的影响所需要做的是,假设一种有意识的和理性的控制,用来掌控科学本身发展的方向,照字面解释称其为"计划"科学,它为科学共同体创造一个恰当的、自愿的、民主的和国际化的组织形式:这一方案持续地占据孔多塞的思想,直到他生命的终结。

然而,科学和民主社会之间的联系是相互的。如果第一个能够促进第二个,那么只有第二个,一个真正的民主的社会形成,并取得全球的最终胜利,这才能创造一种环境,**保证**未来的科学进步不可改变且不受干扰。对孔多塞来说,这既来自科学探究的方法论,又来自科学探究的社会特征。至于第一个问题,科学方法的本质特征一方面存在于观察和实验之间的不断互动中,而另一方面,则存在于理论假设中,它们自身建议,并导致新的实验。但理论是抽象的,它包含了"不可避免的不精密性",存在"大量与需求、方法、时间、费用相关的条件,这些在理论中必然被忽视",而且只有在"出现了真正的直接的实践应用时才会考虑这一问题"。① 因此,"由这些实际需求刺激的"存在才是理论本身发展的条件。否则,理论总是容易受到教条主义的影响,也容易受到仅依据确定情况的实验的制约。然而,这样一种永恒的联系,要求科学共同体本身融入一个更为广泛的社会阶层,不是要求这一阶层积极追求和创造科学,而是要能够理解它的原理并应用它的成果。

然而,甚至更为重要的是,与科学在社会中的地位有关的考虑。科学不仅仅是在地位相同的人中的自由批判的讨论,而且**原则上**也是对每个人的交谈。当然,它向每一个"理解它"的人开放:孔多塞不仅接受,而且一直捍卫科学活动的专门化和不断发展的专业化。但是如果,事实上通向科学理解的道路只有特定的社会群体或特定阶级的成员能找到,如果知识再一次可能被垄断,那么它将转化为一种反对他

---

① *OC*, Ⅵ, pp. 217-218; *Sketch*, p. 159.

人的力量,而且随之而来的衰落和衰退,就会保持一种实际的危险。只有由民主的社会所独自创造的一个自由的、完全由精英管理的和反独裁的教育体制①才能确保"受教育的和未受教育的人之间的界线(将)几乎完全被抹去,天才和傻瓜两个极端之间的等级变得不易被察觉"②,从而提供最终的保证,即科学共同体,作为专家的自愿性组织,所追求的不是自身,而是普遍的对真理的兴趣,这是人类本身的利益。因此,科学的进步,不仅"由已知的真理的数量"来衡量,而且"根据熟知更明显和更重要的真理的人数"来衡量。③

169

这样看来,孔多塞反对卢梭的情况是完全有根据的。只有对科学的基本误解才能把科学的进步与道德的进步相对比。这两者是不可分离的。而孔多塞,在某种意义上是十分合理的,他能够描绘自己的人类进步的**草图**,是曾经被写下的人类史中最狭义的理智的处理,作为一部真正的"哲学史",它的主题不是一部分被选定的个体、领导者和天才,而是一直被忽视的普通群众,"人类种族的绝大部分"④。

为了回应卢梭的挑战,孔多塞在涉及从启蒙运动的规划中引出的

---

① 对于孔多塞来说,自由教育,向每一个人提供了平等的机会的权利,这独立于他们的性别、社会身份或经济地位,这是一个基本的民主权利。教育特权,在孔多塞看来,是造成顽固的社会和经济不平等的最主要的来源。他有关教育改革的观点已经充分地表述在他的 5 卷本 *Mémoires sur l'instruction publique* 中,这构成了他的 *Rapport et projet de decret sur l'organization générale de l'instruction publique* 的基础,该宣言于 1792 年提交给国会(参见 *OC*, Ⅶ, pp. 167-576),但是最终被雅各宾派的大多数人拒绝。有关孔多塞的教育观念,可参见 R. Waldinger and M. Albertone in *Condorcet Studies*, Ⅰ, ed. L. C. Rosenfield, Atlantic Highlands, Humanities Press, 1984。

② *OC*, Ⅵ, p. 192; *Sketch*, p. 14. 孔多塞的人类学确信这样一个设想的社会 – 文化局面是可能的。创造新的观点(术语 *genie* 在哲学中的适当含义)的结合体的能力是人类精神基本的、普遍的特征,即使从整个人类种族(*genie* 的日常含义)的观点看,只有少数人曾经能够提出新的,且有用的知识。"人们不该把发明的天赋视为一种特殊的能力,视为自然赋予一些特权人群的一个礼物,而应把它看作不平等分配的普通的才能": *Fragment de l'histoire de la Ve époque*, *OC*, Ⅵ, p. 476. 历史再一次呼吁,要经验性地描述这一根本的心理预设的真理。这表明,"不知不觉中,我们从野兽进化成野人,又从野人进化成欧拉(Euler)和牛顿": *OC*, Ⅵ, p. 346。

③ *OC*, Ⅵ, p. 166; *Sketch*, p. 120。

④ 比照 *OC*, Ⅵ, pp. 232-235; *Sketch*, pp. 170-172。

科学理解时得出了激进的结论。他的科学的图景并未与宗教相**区分**。宗教保证科学通过控制世界的**实用**功能来实现自身的自主性,同时将 170 科学从由宗教信仰所提供的最终的**实践 – 道德**取向中严格地区分开来(正如培根所做的,而且在最后一个例子中,如笛卡尔所做的)。在孔多塞看来,科学**接管**了所有的社会有用的功能,而在迷信观念占主导的时代里,这些功能一直由宗教所履行。科学,在与社会的相互作用中,不仅仅是智力和技术进步的工具,也是道德和社会进步的媒介。它不仅保证了人类对自然的主宰,而且也保证了人们对个人和集体历史命运的控制。人类完美的历史画卷,孔多塞的这一最后的遗产,它不仅服务于理论的目的,而且为即将到来的"预测、**指引并加速**人类种族进步的**科学**"提供了"首要的基础"。①

　　然而,追求科学的宏伟的乌托邦,要以沉重的理论为代价。《人类精神进步史表纲要》是一部天真的哲学作品。② 孔多塞只是对这一事实感到困惑,即科学本身是一种用科学的道德规范的证明力"伦理地"控制社会的活动。总的说来,他关于自然的观点和道德进步的观点是绝对不相关的。他顽固的历史理智化使得其对各种文化分支中变化的特征和机制的差异毫无感觉[与他极为敬重的父亲般的朋友和前辈杜尔哥(Turgot)③相反]。例如,他有关艺术发展的构想,依赖于启蒙运动晚期最保守的非历史的古典主义和认知主义的美学形式。④ 而且最为重要的是,他所有的争论都依赖于一个不可动摇的信念,相信真理的力量能够征服所有的思想,而且依赖于人类本性的彻底的理性特

---

　　① 正如孔多塞在《纲要》最后一段中所说的。引自 Baker, *Condorcet*,我建议参见第 252 页。

　　② 关于孔多塞进步理论中未经核实的理论假设的更普通的方式,可参见 J. Habermas, *Theories des kommunikativen Handels*,vol. I,Frankfurt,Suhrkamp,1981,pp. 214-218。

　　③ 杜尔哥(Anne Robert Jacques Turgot,1727—1781),法国经济学家,重农学派最重要的代表人物之一。著有《关于财富的形成和分配的考察》等。——译者注

　　④ 例如:"因此,书信、口才以及诗歌艺术能被认为适合形而上的科学,作为它们的原则适用于作用于其他人的思想和灵魂的,使他们信服、感动或取悦他们的直接的目的", *Fragment de l' histoire de la Ve époque*,*OC*,Ⅵ,p. 499。

171　征,这在每一个个体中显现,也为人类兴趣的最终一致和和谐提供了基础。在他后期的一篇期刊论文①中,孔多塞着手证明只有"不公正的法律"和"腐败的机构"的存在才会导致社会成员之间的持久的利益冲突——他最后告诉我们,如果不是这样,那么"一个或几个专制政体"的重新建立,即大革命的失败,是不可避免的。

　　正是这种哲学的天真产生了一种奇怪的现象,如果不是不正当的,这促使康德与孔多塞为伍。但是在哲学深度和复杂程度方面的确定性差异不该使我们无视某些并非不重要的相似性。康德也在回应相同的挑战时,部分地发展了自己的哲学立场②——他也捍卫科学以对抗卢梭的批判。知识的发展属于人类的"适当的目标",而阻止科学发展的企图是"一种违反人性的罪恶"③。此外,对康德而言,科学只是作为一种集体的④连续的历史进程而存在,而这一进程的支持者为人类种族。⑤ "知识的革命",每一种科学的历史都从其开始,被这样

172　的事实精确地描绘出来,即它们使得同时确保所有参与者信念的一致性的"无尽的扩展"的知识成为可能。⑥ 其中,科学似乎不仅是普通人理解箴言,理解无偏见的原则,理解拓宽的一贯的思维方式的最高的

---

　　①　"*Que toutes les classes de la société n'ont qu'un même interest*":*OC*,XII,pp. 645-650.

　　②　当然,康德同时面对休谟的怀疑论这一事实,这使得洛克的经验主义不太可能保持一种合适的认识论(和人类学)。

　　③　当我谈及《纯粹理性批判》时——使用的是 N. 康蒲·史密斯(N. Kemp Smith)的英译版,伦敦,麦克米兰——我采用了人们普遍接受的方式,标明了作品的版次[第 2(*B*)版或第1(*A*)版]以及相应的页码。引用康德的其他所有作品时,我引用了恩斯特·卡西尔(Ernst Cassirer)编辑的 *Werke*,Berlin,Bruno Cassirer Verlag,1912 – 1922。使用的英译本的标注通常(若合适)位于分号之后,而且我使用了如下缩写:*CPR - Critique of Practical Reason*, L. W. Beck 译,Indianapolis,Bobbs-Merrill,1956;*CJ - Critique of Judgment*, W. S. Pluhar 译,Indianapolis,Hackett Publishing,1987);*Pr - Prolegomena*,P. Carus 与 J. W. Ellington 译,以及 *PMN - Philosophy of Material Nature*,J. W. Ellington 译,published together,Indianapolis,Hackett Publishing,1985;*FMM - Foundations of the Metaphysics of Morals*,L. W. Beck 译,Indianapolis,Hackett Publishing,1959;*History - On History*,L. W. Beck 译,Indianapolis,Bobbs-Merrill ,1963。

　　④　要求个人与多方面才能结合,参见VIII,pp. 117-118。

　　⑤　VIII,p. 220.

　　⑥　与"任意组群"以及"对立论辩的冲突"相反,其描述了知识的前 - 科学状态,参见第 2(*B*)版,pp. xi-xv。

实现形式①,而且它还构成了公民秩序的典范,它的实现是地球上人类的目的和终点。关于在人们中创建法律的一致性、和谐和永久的和平,对康德而言,科学共同体的确切特征②,这一"普遍性条件"是与人类相伴的自然的最终目标。③ 而且在某些时候,康德自身充分利用了这一观点,至少作为一种隐喻;例如,他把自己关于形而上学和将其转变为科学的哥白尼式的革命描述为只通过理性的合法化确保了哲学上的"法的秩序"的"永久和平"。④

那么,为什么康德不继续沿着这一方向前进,使科学在与社会的相互作用中,成为进步的**道德和社会的**变革的规范的理想和理智力量⑤,事实上取而代之的却是通过对理性的理论应用和实践应用,科学和道德做出严格的区分,以最果断的方式结束这一发展之路? 这个问题更为合理,因为康德,激进化地将现代科学概念作为真理的"产物",并将所有理论知识视为理性[作为知性(understanding)]依据直觉所获得的数据而进行的积极的和自发劳动的结果。这似乎提供了将自

173

---

① 比照 V,pp. 368-369;*CJ*,pp. 160-161。

② 比照 Ⅷ,p. 13。

③ Ⅳ,pp. 161-163;Ⅵ,pp. 446-449;*History*,pp. 21-23 and 106-108 etc.

④ *B*,p. 779;也可参见 pp. 451-452。

⑤ 此类论述并不与康德的基本**认识论**观念相矛盾,这已经由皮尔斯(Pierce)证实,他的"无限研究范围"的观点在某种意义上,以语言论与知识论为依据,复兴了孔多塞的科学乌托邦概念,基本上保留了康德批判哲学的基本原则。有关这一点,可参见 K. O. Apel, *Transformation der Philosophie*, Frankfurt, Suhrkamp, 1976, vol. 2, pp. 164-177 and 188-198。最近,阿佩尔以及在某种程度上哈贝马斯也试图在同一方向关注"商谈伦理学"(discourse-ethics)的观点。[皮尔斯(Charles Sanders Peirce,1839—1914),美国哲学家、逻辑学家和自然科学家,实用主义的创始人,有志建立一个能适应于各门学科的科学的逻辑,代表作有《如何使我们的观念清楚》、《什么是实用主义》。K. O. 阿佩尔(K. O. Apel,1922—),德国当代著名哲学家,"批判理论"或"新法兰克福学派"的代表,提出以"语言交往共同体"为中心观念的先验解释学 – 语用学理论,代表作有《哲学的改造》、《从但丁到维科的人文主义传统中的语言观念》等。——译者注]

由概念应用于理性的理论实践的可能性。① 在现象给定的情况下,我们仍能就应该如何对事物做出判断运用自如。② 在理论知识的王国里,我们将优先权给予大自然并为自然立法,在道德的领域内,我们把优先权给予自己。那么为什么要在两者之间树立原则的对立呢?

毫无疑问,答案部分存在于康德从卢梭那里所**学到的**东西中:使道德具有一种学习、教养或特殊认知能力的功能是**不可接受的**,因为这将否认每个人的平等的道德价值和尊严,科学家在这方面不能凌驾于普通人之上。康德深奥的**伦理民主主义**(ethical democratism)使得他不可能接受类似于孔多塞的相对激进的社会和政治观点。这一观点肯定有力地鼓舞了康德,但是这几乎不能构成他对所提出问题的全部答案,因为它代表了一种假定,而不是论据。人们也不应该忘记的是在一个想象的对话中,孔多塞或许已经回答了科学和常识之间的"无意义的分级"的假设,至少对于未来,不是科学知识,而是批判性思维的"向下"的传播,而这将使人类个体之间的伦理的平等成为现实。作为一个经验事实,康德并不否认"道德修养"存在教育的和历史的作用。

答案部分地存在于他的**科学形象**当中,因为这个问题涉及康德哲学的整体建构和内容。康德用如下的方式在最宽泛的意义上定义科学:"每一个学说,如果它能成为一个体系,也就是说,一个有关原则的认知(*Erkenntnis*)整体,就可以被称为科学。"③然后他缩小了这个定义的范围,首先通过把关于事实(自然史)的纯粹分类体系从科学中排除——科学是"理性的",也就是,"知识",一个"连贯的原因和后果

① 康德在提出他的批判观点时,不知怎么地确实提出过这一观点,即从理论自发性中"推导"出道德自律性,这曾经被 G. 普奥斯(G. Prauss)在 *Kant uber Freiheit als Autonomie*(Frankfurt, Klostermann, 1983, pp. 116-120)一书中指出。这种想法的共鸣至今在 *Foundations of the Metaphysics of Morals* 中还能找到。

② Ⅵ, p. 40; *Pr*, p. 34.

③ Ⅳ, p. 369; *PMN*, p. 3.

的"解释的系统化①,目的是最后达到"科学固有的"概念:一个体系,在那里最终的解释依据和原则不是经验的普遍化(比如,在康德看来,这种情况与在化学中相似,它应当被称为系统的艺术而不是科学),而是毋庸置疑的必然的(先验的)原则。当然,这并不意味着"正当的科学"只包括先验真理:经验的自然科学,像物理学,完全具备资格,因为它们的最终解释原则,所有经验法则都必须遵循的,是先验的原则。而且正是这些最终原理,与调查的确切的准则一起,使它们从根本上具有了经验的**法则**。换句话说,来源于经验而且因此取决于经验的假设,只是纯粹可能的假设或推测,但仍然具有**必然性**特征,而且不被认为是观测事实的纯粹归纳的概括。②

然而,即使在这种附带条件下,康德对科学的理解看起来并没有比笛卡尔对科学的理解进步多少:它或许对主观主义的科学概念结合体显示出同样的不稳定和模棱两可,它无法支持这些特征。然而,这是对其含义的误解,这种情况因为翻译的困难而被加强。引用的定义谈及了"**认知**(cognition)整体",而康德在此使用了认知(Erkenntnis)这一术语。然而,这一术语的主要含义,在康德那里不是主观 – 心理学的意义。正如他在《判断力批判》(*Kritik der Urteilskraft*)③中解释的那样,一种精神状态(*Gemütszustand*)只构成一种主观条件,如果而且只有当前者被**普遍地交流**时,这种条件的"影响"(*Wirkung*)就是一种**认知**(知识)。同样,康德在《未来形而上学导论》(*Prolegomena*)中对知觉判断和经验判断[只有后面这些构成认知(Erkenntnis),知识]所做的区分是基于这样一个事实,即与前者对比,后者的有效性"没有受

175

---

① Ⅳ,p.370;*PMN*,p.4.

② 对照 *B*,p.198;Ⅳ,pp.378-379 and 391-394;Ⅴ,pp.248-255;*CJ*,pp.18-25 等。毫无疑问,康德很难在其他作品中同时准确地表达自然的经验法则的偶然性及必然性特征——甚至在《康德遗稿》(*Opus Postumum*)中,康德仍然十分关注这一问题。在《判断力批判》(*Kritik der Urteilskraft*)的构想中,这种法则在其本身(也就是,客观地说)是偶然发生的,但必须把"作为我们知性的需要"(也就是,主观上的)看作是必然的,Ⅴ,p.252;*CJ*,p.23.

③ Ⅴ,p.309;*CJ*,p.88.

到特定时间的主体或它的状态的限制"。因为"客观的有效性和必然的普遍有效性(对每个人而言)是相同的概念……"①而且在他的《逻辑学讲义》(*Logik Poelitz*)中,他专门系统地讨论了认知的属性特征,他严格并坚持区分这一术语的客观含义与作为认知衍生的和主观的意义的区别:这是由某个人提出的、获得或学到的知识[我的知识,知识在我身上(*meine Erkenntnis, Erkenntnis in mir*)]。因此,从上面定义的意义来说,科学是"客观的知识",是头脑中产生的,而不能被简化为在某一时刻个体精神中实际存在的东西。当然,这预设了它以某种形式客观地存在,也就是,客观化地交流。这种超验的可能性得到了自称为知识的必然命题结构(*Form des Urteils*)的保证。这种可能性如何实现,以及"经验"如何交流,康德根本不感兴趣。对他而言,这部分地是关于经验人类学和历史学的问题而不是知识和科学哲学的问题,但更为重要的是,部分原因是科学当然地不能与它客观化的具体形式等同。物理科学不是有关物理书籍的总和,不管怎样,大部分物理书籍随着物理科学的发展被废弃②,这些知识仍然不能保证物理学知识。③康德在《未来形而上学导论》中告诉我们,纯粹的数学和纯粹的物理学是"实际的和被给定的",它们毫无疑问作为正当的科学而存在,他没

176

---

① Ⅳ, pp. 49-50; *Pr*, pp. 42-43. 也可比照康德在《纯粹理性批判》(*KrV*)中关于知识与信念,以及确信与置信之间的区别的论述:"置信是一种单纯的幻相,因为那只存在于主观中的判断根据被看做了客观的。因此这样一个判断也只有私人有效性,这种视其为真是不能传达的。但真理是建立在与客体相一致之上的,因而就客体而言,每一个知性的判断都必然是相互一致的……所以,检验视其为真是确信或只不过是置信的试金石是在外部,即它的传达的可能性,以及这个视其为真对于每个人的理性都被认为有效的可能性。"(*B*, p. 848)(参见康德:《纯粹理性批判》,邓晓芒译,人民出版社 2004 年版,第 621~622 页。——译者注)。然而,显而易见的是,此处,康德只是将主体间的交流和一致的可能性视为客观有效性的外在的(假设性的)标识。然而,在上述引语中,康德在其随后的作品中将**两者**视为相同的,也就是说,主体间性被看作具有知识的本质的和定义的特征。对此康德犹豫不决,这明显反映在单一的知识理论范围内,概括主体间的有效性概念是困难的。然而,康德一直想把知识的概念与主体间的有效性概念联系在一起,这是毋庸置疑的。

② Ⅷ, p. 359.

③ 若仅学习书本知识,即使这些书本中包含"理性"知识,在主观上这也只能构成"历史"知识。*B*, p. 864; Ⅷ, pp. 341 and 344.

有对存在于思想中的东西做出说明,也没有提及某些书籍的存在;相反他宣称存在一种特定种类的知识,就像(人们或许会说的)"理想的客观性"。康德的意识哲学肯定不允许对相关的客观性进行更详细的描述,尽管人们必须补充说他经常谈及"包含命题"(*enthalt Satze*)的科学,一个对我们来说比谈论认知更为熟悉的术语。(如果所有的困难都与命题的情形有关,那么这一术语的变化在多大程度上有助于阐明问题本身是另一个问题。)

　　"客观性理想"这一概念必须与康德对科学的理解的另一特征相联系:也就是说,它必须假定在一个必然的规范背景下。正如我们所看到的,科学知识,主要通过"体系"的概念与理论知识[常识、"历史的"知识、学问(*Gelehrtsamkeit*)等等——所有体现认知的"简单集合"]的所有其他形式相区别。只有体系的统一体才能确保每一种科学具有适当的**客体**,即,一个统一的研究领域,否则不仅无法判断什么东西属于科学的兴趣和能力,而且也无法判断是否一个给定的命题真正代表新的知识,或仅仅表明已知的事实。① 然而,体系是指"**一种观点下各种知识的统一体**"②,即,在纯粹启发式的,而非"事实例证的"理性概念下,它表达了一种必然性,但从来没有完全地实现拓展经验知识的目的和目标。作为体系的科学"只是一个被规划的统一体,不是被视为本身被给定的,而只是作为一个问题"③。体系,就经验的自然科学而言,不与一些固定的、外在的逻辑结构形式相同—④,也不能被视为未来可获得知识的最终状态。它是一个无限的任务,对于这个任务的解决,科学只能在它发展的每一个阶段靠新的努力来"渐渐"接近。知识的这种增长可以有一个确定的方向,可以被判断为进步,它由"理性的箴言"所保障,这些箴言是引导其发展的科学探究的方法与规范

177

------

① 《康德遗稿》着重强调且详细描述了这些要点。有关该方面的信息,可参见 H. Hoppe,*Kant's Theorie der Physik*,Frankfurt,Klostermann,1969,pp. 72-81。

② 我建议重点参见 *B*,p. 860。

③ *B*,p. 675.

④ 通常仅展现了技术,而不是体系的整体。可与 *B* 版进行比较,第 861 页。

的先决条件,以及那些自然现象的同质性、专业性和连续性的原理。①因此,在科学的连续发展中,有一个目标明确的理性——但它是超个体的和非个人化的。理解的先验原理保证了自然的类似规律性,但是它们没有保证发现控制各种现象的具体法则的无条件的可能性。理性的箴言指明了应该朝着哪个方向去探究已发现的经验法则的统一,但是它们没有使预见和甚至更少地(根据孔多塞所设想的)计划科学进一步前进的过程成为可能。在自然科学中没有发现的逻辑,没有某个绝对可靠的科学方法②,"只有无尽的猜想"③,而且,在科学中朝向系统统一的无限的进步是这个词在日常意义上的准 - 系统的、自发增长的传递者。"体系看起来以缓慢的组织方式形成,通过来自聚集的概念的纯粹的汇合的自然发生(*generatio aequivoca*),起初是不完美的,而且只是逐渐地达到完满……"④为了描述作为科学手段的某些命题或认知,就要假定把它规划到这个规范的控制领域,这是独立于个人的直觉和知识进一步长期发展的决策过程。

到目前为止,我主要讨论了康德对科学理解的**形式的**方面。然而,我们所发现的——科学的独立既与它"存在"的模式有关又与发展的特性有关,这来自个人的主体发展及"去个人化"的特征——完全与康德所设想的自然科学的认知**内容**相一致。在某种意义上,作为它们的客体的自然是"我们的构想",即现象界。我们根据我们的知性的先验原则为它的领域立法。但是"我们"这些立法者,科学的主体,是没有主观性和个性的主体,总的来说是意识,"思想的超验的主体 = X"⑤,这**不是自身**,既不是经验的(自我保存的经验),也不是本体的

---

① 比照 *B*,pp. 538-548;V,pp. 251-253;*CJ*,pp. 21-23。

② "……用于实际生产的工具论……主观断言"(*B*,p. 85);也可比较他对培根的批判,Ⅷ,p. 113。

③ *B*,p. 508.

④ *B*,p. 863.

⑤ *B*,p. 404.

（自我决定的本体）。我们从理论上为自然立法，与道德的**自我**立法相对①，它排除了所有有意识的决定和选择，通过这种方式，我们使我们自身担任了自己真正的角色："……这种理解通过这些法则（分类统治），以及它自己本性的必然性无目的地前行。"②人们或许说：就目前我们对自然的立法而言，我们不是自由的；同时就我们在理论理性（正如我们肯定处于普遍化、假说和推测条件下）上的应用而言我们是自由的，我们根本没有立法，我们必须从自然中"学习"。③ 而且一般说来这一立法保证，一种确定的选择方式以及占统治地位的把我们的主观直觉同客观的自然秩序联系起来，这恰好暗示着，没有任何东西与作为个体的真实的自我具有**有意义的**关系，而且为了它们的目的，可以走进对自然的科学的理解和解释中。严格地说，分类的工作包括从我们的陈述中排除"纯粹主观的"东西，也就是说，依靠认识主体经验的特征和状态，而且只要科学始终**继续和持续**这种日常经验的客观化趋势，它就会逐渐使知识从社会－历史的还有人类学的特性中解放出来。根据知性（understanding）的先验原则，只有那些在时间和空间中准确定位的，可测量和可量化的，有规律的和可进行严格复制的事物，才能成为自然的科学概念化的元素——所有这些都使自然受控于我们，但对我们却毫无意义。④ 在康德的构想中，所有这些都只属于建构的自然王国，没有任何内在价值，仅仅作为手段具有相对的价值。⑤ 因此，康德从作为宇宙的自然概念的解体中得出了最终的结论：拥有的一个理性的－科学的路口所通向的自然是一个对所有人类有着重要

179

---

① 道德代表着**自由**的立法，理论科学因必然的立法而成为可能。道德法则作为一种应然适用于主体，也就是说，它使主体有义务并要求主体根据客观的道德原则**选择**其意愿准则。在道德中，个体的受经验控制的意愿被自由地提升为普遍的客观的意愿（法则），科学的普遍性消除了个体性。

② Ⅴ, p. 256；*CJ*, p. 27.

③ *B*, p. xiv.

④ 参见 O. Marquard, *Skeptische Methode im Blick auf Kant*, Freiburg, Alber, 1958, esp. pp. 57-73.

⑤ Ⅳ, pp. 286-287；*FMM*, p. 46.

性和意义的被"我们"掏空的自然。因此,自然科学在所创造的世界(自在之物的世界)中既没有给我们提供普遍的理智的方向①,也没有在作为我们的"住宅",我们的生活环境的世界中为我们提供实用的生活－取向(Weltkenntnis)。

然而,尽管他的论辩或许看起来有些新奇,但康德只是再创造并合法化了旧有的,已经出现的,一方面是科学,另一方面是宗教道德之间的界限。一切都未远离真理。首先,在积极的意义上,宗教对康德来说,是一个本身教条的制度化的体系,不具有任何理性的权威。它不是依赖于宗教信仰,并由宗教信仰所判断的道德,而是相反,它是纯粹实践理性的世俗道德,构成了宗教信仰的唯一基础,是一个"仅在理性限制下的宗教"。其次,康德的目标不是要以这种方式区分实证科学(数学和自然科学),这确保它们拥有一个独立的领域,在那儿,它们独自拥有认知的权威。对他来说,这些科学的自主性是一个被广泛接受的**事实**;而且正如他明确地声明的②,它们在其自身(是"为了它们自己的安全和确定性")之中是"实际的和被给定的"。康德的目的是为了**理性的其他形式**,限制这些科学的合法化权威和能力,他主要想通过有限的、人的主体(也包括对自然的非理论的主体态度的形式)设定**目的和意义**。启蒙道路上的重大阻碍不在于我们缺乏科学知识,或者甚至缺乏批判的思考的能力,而在于超越前者限制的倾向。③ 实现了上述任务,康德随后明确地划分了科学理性(在上述意义下)和哲

---

① 比照 V,pp. 111-112;CPR,p. 106。
② Ⅵ,p. 79;Pr,p. 69.
③ 比照 V,p. 368;CJ,p. 161。

学①、道德、宗教、审美态度、理论的自然观和人性观（*humaniora*）的范围与合法化兴趣的界限。② 这样，在历史上第一次，康德基本上描绘了他的学说的建筑体系；基本描绘了自律的现代高雅文化主要领域之间的相互关系。

　　因此，康德有关实证科学作用的观点与启蒙运动时期经常提及的观点明显不同。科学和常识之间"没有察觉的分级"的观点与他的观点格格不入，不是因为他对启蒙运动的快速传播和早期胜利的远景越来越放弃和质疑，而更主要的是原则性的理由。在通常的思考方式下，科学的出现一直是思维方式革命的结果，是打破"普通意识"的结果③，因为科学和常识的"认知水平"在原则上是不同的。④ 科学不可避免地是少数人的专业化的活动。而且它的代理人，科学家，与哲学家不同，不是早期现代科学概念的道德英雄，也不是启蒙运动的天才："数学家、自然哲学家（*Naturkündiger*）和逻辑学家，无论前两者或许在理性知识的领域取得了很大的成就，以及后两者在哲学知识领域中取得了更大的进步，他们仍然只是**理性领域的工匠**（*Vernunftkünstler*：理性的工匠）。"⑤作为拥有或多或少技能和能力的科学家执行由（理论）理性确定的任务，而且在这一点上，扮演了（不存在的）"世界公民社会"（*Weltbürgerschaft*）的一员。在"他的理性的公共使用"中，他向匿

---

　　① 对康德来说，或者哲学与形而上学等同，或者形而上学仅仅构成了哲学的主要的和最高的部分，这是一个他的文本也没有给出清晰答案的问题。无论如何，对康德来说，哲学/形而上学是一种理性的先验的**科学**，也就是，一个绝对的理论认知体系，但是，科学，无论从它的内在的目的还是从它的科学方法来看，都与数学和自然科学有着原则上和根本上的不同。证明作为科学（**当涉及实证科学时**，它的不可能性）的形而上学的可能性是第一《批判》的主要任务（"主要的超验的问题"）。"超验的哲学，也就是关于所有先验知识可能性的学说，总的来说是纯粹理性批判……其目的是为形而上学奠定基础……"：Ⅷ，p. 251。有关该问题的信息，参见 Marquard，*Skeptische Methode*。

　　② 最后一点**随处**可见，如，可参见 Ⅴ，pp. 431-433；*CJ*，pp. 230-232；Ⅷ，p. 361。

　　③ *B*，p. xi。

　　④ 有关这一方面的信息，请重点阅读 F. Kaulbach，"Weltorientierung：Weltkenntnis und pragmatische Vernunft bei Kant" in *Kritik und Metaphysik*（Heimsoeth-Festschrift），Berlin，Akademie Verlag，1966。

　　⑤ 特别强调 *B*，p. 867；也可参见 Ⅶ，p. 343。

名的阅读公众演讲,此时他应当是绝对自由的。① 批判的科学演说原则上必须是每一个人的自由——而且(在政治上)允许它是自由的,不受任何约束,因为事实上,根据它的这个特征,它几乎是独一无二的。② 另一方面,就科学家在具体的实际的共同体内所扮演的某些公众社会角色(公务员职位)而言,在"他的理性的私人使用"中,他合法化地受到国家可能施加于运用这种功能上的所有限制。

182

　　这个奇怪的术语,在那里完全是公众的和社会的东西却被称为"私人的",这不是偶然的。关于科学的功能,每个具体的社会功能都有点特别,即"私人的"。把科学从专业化活动中排除不是遵循于它服务于一些特殊利益,而是遵循于它服务于人类种族的总体利益这一**事实**。实证科学是人类**文明**史进程中的重要因素。它们构成了被康德称为"技能文化"的决定性因素:"普遍地促进目的的才能的主观条件"的发展③:任意的(*beliebige*)目的。它们是一种中立工具,它们既允许人类扩大所设想的目标(正确的和错误的)范围又加强了它们实现的力量和安全。因此,康德始终没有对科学的理论命题和相关技术的生产性规则做出任何原则性的区分。两者的**内容**是相同的,而后者"作为技术规则,作为后果……属于我们的自然的理论知识"④。但这是人类种族的教化而不是大多数个体的教化。"在人类中发展技能是困难的,除非通过人类的不平等方式。"⑤康德反对卢梭对文化发展的批判;对卢梭而言,某些个体的进步是以类的衰退和丧失为代价而实现的;对康德而言,作为类的人类的进步只能以大多数个体的痛苦和悲惨为代价来实现。尽管它具有对抗性和悲剧性特征,然而,这却是真正的进步,缓慢,并带有许多倒退,它朝着消灭敌对观点和"完美的

---

① Ⅵ,p. 171;*History*,p. 5.
② 也可比照 *Streit der Fakultäten*,Ⅶ,pp. 340-342,康德关于普通人与科学的关系的论述。
③ Ⅴ,p. 511;*CJ*,p. 319.
④ Ⅴ,pp. 183-184;也可参见 pp. 29,240-242;*CJ*,pp. 390 and 10-12;*CPR*,p. 25。
⑤ Ⅴ,p. 512;*CJ*,p. 319.

共和国结构"前进;这一目标或许从来没有被完全实现,但却是可以接近的。科学是这一对抗性文化进步的构成要素。通过一般性地不断加强人类有目的活动的范围和力量,科学服务于"所有人的幸福"①,即使科学自身,科学也绝不能保证,甚至不能影响,那些科学使用的、良好的且正确的目的。

    183

的确,康德不仅把实证科学看作是一种教化,而且潜在地也把它看作是文明化(尽管不是道德化)的因素,**如果**它们"受助于……形而上学"②,当然,是科学的形而上学。哲学,在其"广袤的"意义上(*Weltbegriff*),作为**智慧**③的器官,"是与人类理性基本目标有关的所有知识的科学"④。在哲学的指引下,实证科学本身促进了对理性力量**和**限制的认知,促进了"给予(理性)的能力的最终界限"的决心⑤,并因此促进了理性自我 – 认识和自我 – 约束的进程的发展,这为人们准备了"一个理性统治的主权国家"⑥。

不仅作为"智慧的科学"的哲学概念,而且他对这项计划坚定不移的支持都证明了启蒙的观念深深地扎根于康德的思想中。他极为强调理性形式的不可简约的多元化,以及因此 – 产生的"利益"的多元化,最终的**理性的统一体**仍然是康德哲学的一个主要观点。超验的能力,它们的相互影响构成有限的人类理性,最终,其实现了"自由的一致性"。**如果**每个界线,以及它们之间的等级,都能被观察到,那么它们就处于彼此和谐的状态中。而且甚至它们的不一致,它们之间有关

    184

---

①   *B*,p. 879.

②   *B*,p. 878.

③   在这个意义上来理解,哲学就是"**每个人必然有兴趣**"的唯一科学(*B*,p. 867,特别强调)。但是在这个意义上,哲学只是一个规定的观点:"典范……服务于每一个其结构经常如此不同和易变的主体性哲学的目的,因此认为,哲学是一种可能的科学的观念,它从来不存在于具体的科学之中,但是,我们努力通过很多途径接近它,直到发现一条正确的道路……至少已经被发现,而且形象,迄今为止如此失败,但就授予(道德的)人类而言,其取得了通向典范的可能性":*B*,p. 866。

④   *B*,p. 867,比照Ⅷ,pp. 342-345。

⑤   Ⅳ,p. 478;*PMN*,p. 134.

⑥   Ⅴ,p. 513;*CJ*,p. 321.

界线的持续的争斗,有关"能力的纠纷"是一个历史事实,只是最终其促进了人类的进步,尽管人类的进步不再被认为导致普遍的幸福,但它却继续承诺一个更有意义和更理性的,而且至少是外表上看(法律和政治上)更自由的,而且或许更加公正的人类生活。

马克斯·韦伯的全部作品生动地展示了,一个本质上来源于康德的科学图景如何在启蒙运动的基本预设下被破坏,而且不再被认为是在想当然的情况下完成转变的。韦伯对现代文化危机的分析是从对形势的这样一种观察出发,在这种形势中,"划界的纷争"反复变化,而且因为结构的原因,在原则上是无法解决的。在一个具有讽刺意味的"启蒙辩证法"中,正是理性的实际的**普遍化**,也就是说,社会的所有行为和象征体制彻底的理性化和理智化,作为西方现代性的典型特征,它导致了理性的**破碎**并摧毁了它的统一性。

> 因为理性化和人与各价值领域的关系的有意识的升华,外部的和内部的,以及宗教的和世俗的,逼迫着个体领域的内部和法律的自主性变得有意识:从而让它们不知不觉地陷入那些隐藏于外部世界的原始的朴素的关系的紧张状态中。①

自律性文化的出现,是这一理性化的历史过程的结果之一,它使每一个分支具有一种固有的、非个人的和普遍的价值,它能够产生自己的无条件的规范和要求。但是"不同的价值领域被**紧密地结合并纠**

185

① 我引用的韦伯的语言依据下列英译本:*From Max Weber: Essays in Sociology*(*FMW*), ed. H. H. Gerth and C. W. Mills, New York, Oxford University Press, 1958; Weber, *Selections in Translation*(*ST*), ed. W. C. Runciman, Cambridge, Cambridge University Press, 1978; Weber, *The Methodology of the Social Sciences*(*MSS*), ed. E. A. Ehils and H. A. Finch, New York, Free Press, 1949; Weber, *Scribner*, 1984。有关韦伯的未翻译的文本,我参考了 *Gesammelte Aufsätze zur Wissenschaftslehre*(*WL*)第4版,Tübingen, Mohr, 1973。[H. H. 葛斯(H. H. Gerth, 1908—1978),德国流亡学者,与米尔斯合著《性格与社会结构》,合译《韦伯社会学文选》等。C. 赖特·米尔斯(C. W. Mills, 1916—1962),美国社会学家,文化批判主义的主要代表人物之一,著有《权力精英》和《社会学的想象力》等。——译者注]

缠在真实的人们所采取的每一种单一的重要的态度中"①。然而,对每一个价值领域(科学、艺术、宗教等)的普遍性和它们规范的无条件性的宣称,都使得人们不可能在它们之间做出原则性的让步,也不可能把它们每一个限制到边界 – 清楚的领域,而它们价值中的非个人的、"祛魅的"特征使其远离"内部真实的可塑性",通过它,古代的多神教至少可以对个人所经历的价值 – 冲突赋予一个广泛的意义。因此,"世界上的各价值领域彼此之间都存在不可调和的矛盾⋯⋯如果有的话,今天我们再次意识到事物可以是神圣的,不仅因为它不是美丽的,而且更因为到目前为止它都不是美丽的⋯⋯而且,因为尼采,我们认识到事物尽管在这方面不是很好,但在那个方面却相当好。事物或许是真实的,尽管它不是美丽的,不是神圣的,也不是好的,这是司空见惯的事情。事实上,正因为那些方面它才或许是真实的"②。

科学,作为这种文化的一个要素,被迫通过努力获取文化霸权和宣称自己为理智上合法的世界 – 解释的唯一拥有人,来坚持其普遍性的声称:"科学,以理智完整性的名义,随着声称代表一种理性的世界观的唯一可能的形式挺身而出。"③然而,如果这种声称被认可,如果科学真正想回答我们向世界提出的所有问题,不是被迫的,它就不再是实证科学,而是被转化为"科学的世界观",一个伪 – 宗教的特别无吸引力的和不令人满意的形式。

在现代文化冲突以及危机 – 隐藏的总体性中,对科学的这种矛盾地位的感知必然深深地影响对科学的理解。韦伯发现清晰地表达一个**整体的**科学形象不再可能:对它作为**客观化知识**的理解要求可经验地证实的、主体间有效的真理,而对它作为一种特殊的**社会组织活动**形式的理解,变得彼此分离。两者都被看作是科学定义的自律性特征的必然结果,但在概念上它们是不相关的,要求完全不同的理论解释

---

① 重点是 *ST*, p. 84。
② *FMW*, pp. 147-148.
③ *FMW*, p. 355.

框架,因为它们不能再被视为彼此之间自然地和谐地互为条件并相互补充。现在,对作为知识的科学的理解和作为社会实践形式的科学的理解看起来,至少是潜在地,出现了冲突。

一方面,科学是一个独自的且独特的价值领域(*Wertsphere*)①,这是它自律的意义。它是一个概念和命题("判断" – *Urteile*)的体系,允许以声称客观的和经验的,主体间可证实的真理的方式对经验现实进行理智的(*denkend*)排序。② 那样的真理(与通过天启证明的真理、通过特殊的文化传统证实的真理、靠神秘启发证明的真理,或基于实践知道 – 怎样的真理,基于移情等获得的真理相对立)是"值得被了解"的并且本身是有价值的,这独立于我们对它们的使用之外,这是自律的科学的最终的价值假定,作为一般的价值假定,它们从来不能通过科学方法被证明或合法化。③ 科学活动,其目标旨在扩大本身作为目的的真理的范围,这仅在这种最终的且不可简约的价值前提下才有意义——在这种意义上,它是**价值 – 理性**活动的明显的例证。

187　　尤为特殊的是,自然科学④旨在通过一个更为一般、更为精确和经验可证实的依据普遍的关系概念假定了因果律的体系,对经验的现实事件进行理智的排序和解释。从它们的视角来看,个别事件只要能被视为一个开放的种类的成员,与另外的这个种类的一些成员之间具有某些可量化的因果关系,其就"值得被了解"(与科学相关的)。这些科学的最终的"逻辑理想",指向了它们的发展,将世界转变成"具有自然的因果关系的宇宙",这体现在使得所有未来的事件可计算并能

---

① 比照 *FMW*, p. 154。
② 比照 *MSS*, pp. 58-59 and 111; *WL*, pp. 4 ,89。
③ 比照 *FMW*, pp. 143 and 152-153; *MSS*, pp. 110-111。
④ 我把我的讨论限制在——与这篇论文的目的和主题相一致——韦伯的不容置疑的有关自然科学的稀少的和片断的评论中,完全忽视他对社会和人文学科更复杂和更详尽的讨论,在这些科学中他论及了价值 – 自由、价值 – 关系和价值 – 解释的相关问题。然而,这些后面的问题,并不影响与韦伯的"科学形象"有关的那些(更基本的)观察的有效性,这里我只是关心这一点。

预测的"绝对普遍有效的**规则**的体系"中。① 正如韦伯所说,这些科学由于历史的联结已经被形成,这种联结使得针对直接地和技术地使用的实用的取向的"联合"变得可能,带着获得一种有关现实总体性的纯"客观的"和一元论的希望(与古代的传统相联系,也具备宗教的动机)。② 正是这种联结影响了直接实用 – 技术利益的"虚拟化":也就是,转变成一种总体的理智态度,寻求一般的和精确的,同时是可计算的和可控制的、反复发生的事件中的因果关系,借助于方法论的数据 – 选择的固定程序、概念 – 形成和理论 – 验证的方法,这些目前被假定能够创造有效的和有价值的知识,无论其是否具有直接的有用性。这样,理论的自然科学实现了它们的自律性,然而它们的延伸保持了"与技术 – 实践的**可能性**的扩展紧密相连并相一致"③。"如果我们希望技术性地掌控生活,那么自然科学为我们提供了我们必须解决的相关问题的答案。它完全没有考虑,或设想它的目的,无论我们是否应当希望或确实希望技术性地掌控生活,也无论这样做最终是否有意义。"④

　　毫无疑问,这本质上属于康德的科学形象。然而,这种把科学作为一个理想化地体现了绝对非个人的和主体间的真理的价值的,客观的和客观化的知识体系的理解,在韦伯看来是作为制度化组织的社会活动的绝对非 – 康德的科学概念的补充。作为自律(而且现在在技术发展中拥有确定有效的,而不只是被宣称的角色)的结果,科学活动在特殊的机构中被严格地专业化⑤和专门化地组织起来。它的组织不再被看作志愿的和开放的,非正式的共和国(*republique des lèttres*)或理智

188

---

① 比照 *WL*,pp. 4-5 and 12-13;*FMW*,pp. 350,355。

② 比照 *MSS*,p. 85;*FMW*,pp. 141-142。

③ *MSS*,p. 86.

④ *FMW*,p. 144.

⑤ "(科学)已经进入了前所未有的专业化阶段,而且这种状况将永远持续……只有通过严格的专业化,科学工作者才能充分意识到他已经获得并将永久获得的东西,而且仅此一次,在其生命中或许不会再有第二次":*FMW*,pp. 134-135。

国家(*Weltbürgertum*)的平等的联合体。因为有关"国家资本主义企业"①的原则的研究被组织起来,所以韦伯,主要依据美国的经验,描述了科学的制度性结构的转化过程。这包括从劳动的智力的、实验的手段中,从依据雇佣劳动原则的科学活动的经济组织中,以及从直接的研究机构的官僚化中逐渐分离出来,并伴随着所有随之而来的特征:正式界定的(教育上认证的)专业化,根据非反思地接受的准则的活动取向("被证明"的研究方法),任务的非个人特征,以及权力和能力的等级秩序。② 用最一般的说法,这意味着科学的进步(跟随其本身制度化的逻辑)方向以社会上固定和结构上确定的方式从参与和有助于个体的动机与理性的决定中分离出来。

在韦伯看来,科学的两次概念化,认识论的和社会学的,不只是迥然不同的,它们还代表了潜在的冲突:前者明确要求一种**价值－理性**的取向,第二个预设了科学活动**目标－理性**的取向。③ 追求客观真理的坚定的个人的承诺与对它们的意义毫无反思的非个人的假定任务的程序化技术解决方案相对立("解谜")。④ 韦伯当然知道这种潜在的冲突:他有关文化人的职业定位和专家的专业知识之间斗争的评论,"涉及了所有相关的文化问题"⑤,并清楚地指向这一方向。然而,这一主题在他的作品中一直没有得到彰显。此外,他试图在两个图景

---

① 比照 *FMW*,pp. 131 and 223-224。

② 能感知到的科学活动特征的变化,我在这篇论文中试图粗略地追溯它的过程,甚至反映在语义学的层次上,体现在这些活动代理人通常指称的变化上:从**学者**(*Gelehrter*, savant)到**科学家**(*Wissenschaftler*, *homme de science*)然后到**研究者**(*Forscher*, *chercheur scientifique*)。有关语言学发展的早期阶段(体现在英语上的)参见 S. Ross,"*Scientist*:The Story of a Word",*Annals of Science*,18(1962),pp. 65–85。

③ 比照 S. N. Eisenstadt,*Tradition*,*Change and Modernity*,New York,1973,pp. 253-259。[S. N. 艾森斯塔德(Shmuel Noah Eisenstadt,1923—2010),以色列社会学家,专长在历史社会学、比较文明研究,早期集中在对结构功能论的一些中心假设及概念,如结构分化、现代性社会特征等的研究上,用比较历史的手法来辩驳更正,晚期则进行多元现代性的理论阐述工作。著有《帝国的政治系统》、《现代化、反抗与改变》等。——译者注]

④ 韦伯写道:"专业化的科学是技术"《致 E. 贾非》,1907 年 9 月 13 日,引用于 E. Baumgarten,*Max Weber*:*Werk und Person*,Tubingen,1964,p. 647。

⑤ E. Baumgarten,*Max Weber*:*Werk und Person*,Tubingen,1964,p. 243。

之间进行调解,想既从实践又从理论上将它们联系起来。韦伯把现代文化的根本的危机 – 现象定位在各种文化价值 – 领域**之间**的对抗性的相互关系中,定位在无法调和的"各种秩序中的众神之间的斗争"和它直接的影响中。① **每一种**文化价值 – 领域的普遍性 – 声称,对韦伯来说,尽管本身是"非理性的",**内部来说是没有问题的**,但至少在某种意义上其是"最终对待生活的可能的态度"的完整的**连贯的**表达。②

为此,韦伯的努力主要指向了连接两个迥然不同的科学形象,指向了证实它们结合的可能性。在实践层面上,这是通过他对"作为职业的科学"的理解和他对关于科学家的标准形象的理解来实现的。③对韦伯而言,科学家是独立于"所有个人的伦理品质"④之外的道德艺术大师和"追求真理的反宗教的苦行者"⑤。把科学看作是"内在的天命"的观点的中心是完整的、热情的自我认同与作为唯一的激起生活兴趣的智力任务的结合。一个只能在有限的范围内进行自我选择的任务,而且其最终的意义永远不能与将时间花费在"相对琐碎的计算"和接下来的"固定且可靠的工作程序"上的能力一起进行理性的判断,无论作为"技术"的科学中的任务的"固有的逻辑"要求什么,它都是:一种"职业的日常生活"中两种对立的价值取向的形式的结合。

更加有趣和重要的是韦伯考虑在科学的两个图景之间建立一种理论的联系。尽管是片断式的,但他对现代西方社会和文化产生的历史条件以及类型特征的伟大的重建表明了(至少)两个不同的理性化

190

---

① 在科学方面,大众对科学不满的潮流刺激了"文学"和"咖啡馆"知识分子的反理智主义。
② *FMW*,p. 152.
③ 在某些方面,后一种观点似乎有点奇怪有点落伍,或者至少与他关于作为"事业"的科学的特征不一致。在谈论科学家的职业时,韦伯的语言有时呈现出奇怪的伪宗教的言外之意。他谈及将"人的灵魂的命运"进行正确的推测,谈论了"沉醉"、"迷乱"和"内心的挚爱",谈及自愿接受的"一叶障目"、"命运"和主宰生活品质的恶魔。参见 *FMW*,pp. 134-137,156,355-356;*ST*,p. 73.
④ *FMW*,p. 355.
⑤ *FMW*,特别强调 p. 293.

过程,这两个过程起源于不同的源头,却都停留在确切的联结点并决定了西方理性主义的逻辑。一方面,存在着观念体系的理智理性化的过程(根据它们不断增长的内部一致性、精确性、普遍性等),这导致了单一的宗教世界观的毁灭,导致了文化上有效象征的,基于无法调和的最终价值的世界解释体系的不可简约的**多元化**,也导致了它的各领域彼此之间处于一种冲突的关系的自律性文化中。另一方面,与前者相类似,存在着社会行为制度秩序的实践的理性化过程(依据它们不断提高的可计算性、可预测性、有效性等),根据目标理性化(所有生活领域的官僚化)的要求,这导致了社会制度的所有形式的组织结构的**同质性**。

> 理性主义或许意味着完全不同的事情。如果我们想到系统思想家对世界图景所进行的那种理性化,那么它就意味着一件事情:通过越来越精确和抽象的概念对现实进行不断增长的理论掌握。如果我们考虑到通过越来越精确的适当的计算方法,来获得一个在方法上明确被给定的和实际的目标,那么理性主义就意味着另外的事情。这些类型的理性主义是完全不同的,尽管事实上它们最终属于不可分割的整体。[1]

在这种意义上,"认识论"和"社会学"的科学形象之间的分歧只展示了西方理性主义的基本的潜在特征——在"逻辑"的层面上,两者属于"不可分割的整体"。

然而,韦伯的这些思考进一步提出了令人担忧的问题。通过它们,科学,"我们的"科学(或者如韦伯所说:"科学已经达到一个今天我们应把它作为真实的科学而接受它的发展阶段")[2]被毅然地置于一个历史的和比较的视角当中:它是**一种借助于概念而理论地掌握世界的形式**,其中包括对真理特征和**我们的**文化有效性的特殊理解。

---

[1]　*FMW*,特别强调 p. 293。

[2]　*ST*, p. 331.

"应当记住的是,对科学真理价值的信仰是特定文化的产物而不是人类的原始的本性的产物。"①它是"对西方而言独一无二的"理性化过程的结果。② 然而,这是否意味着,在这种意义上科学只是对现实,对每一个相关的文化和每一个理性化的理智的理解的一种形式,只不过来自不同的方向和为了不同的目标呢? 或者说西方科学在这些比较中,是否展现出它独立于特殊的历史起源问题之外,独立于一个特权情况之外呢? 从它内在的理性和客观有效性来看,它是否具有绝对的"优势"呢? 在韦伯后期的一部著作中,带着这种纲领性的构想意图,韦伯开始提出这个问题:

> 本身作为现代欧洲文明产物的人着手处理世界历史中的问题既是不可避免的又是正确的,但需记住下面的问题:通过哪些联结的背景使它在西方世界特定的文化现象中确切地、独一无二地发生,至少我们想思考,它是否代表了普遍的意义和有效性发展的方向?③

192

然而,我们有任何合理的理由这样想吗? 或者它仅仅是一种文化中心主义的问题吗?

韦伯在其作品中并没有就这个问题给出明确的答案,同时在我看来,它们也暗示着这一问题根本没有清晰的和明了的解决办法。④ 一方面,韦伯极力强调理性化和"理性主义"形式的多重性,以及它们意义的多样性,这不仅体现在它们应用于不同的生活领域,而且还体现

① *MSS*,p. 110.

② *ST*,p. 339.

③ *ST*,特别强调 p. 331。

④ 关于这一问题不同的解释立场紧密联系着与韦伯理论的基本意图以及它的形成和发展过程的重建有关的各种观点。对于一些有代表性的新观点已经在最近的讨论中出现,参见 F. H. Tenbruck, "Das Werk Max Weber", *Kölner Zeitschrift für Soziologie und Sozialpsychologie*,vol. 27,1975,pp. 663-702;W. Schluchter, *Die Entwicklung des okzidentalen Rationalismus*,Tübingen,Mohr,1979,chs Ⅰ-Ⅱ,esp. pp. 34-38;Habermas,*Theorie des kommunikativen Handelns*,vol. Ⅰ,ch. Ⅱ,esp. pp. 252-261;and W. J. Mommsen, "Rationalisierung und Mythos bei Max Weber",in K. H. Bohrer(Hg) *Mythos und Moderne*,Frankfurt,Suhrkamp,1983,pp. 382-402。

在每一领域之内。尤其,他特别强调理性主义的不同类型在知识领域本身内的存在①,在那里,文化上最有意义的类型彼此不同,这体现在"终极的观点和……目标"(或"方向")上,由此产生它们的理性化,而且区别如此强烈,以至于"从一种观点看是'理性的'东西可能从另一个视角看就是'不理性的'"②。因为韦伯拒绝接受有关历史演变的任何一般理论的可能性或一个可以一劳永逸地确定它们的秩序和意义的普遍的价值体系的可能性,结论看起来是必然的:就那些属于完全不同的文化的伟大的世界解释体系而言,人们能做的仅仅是弄清楚它

193 们类型的区别,因为它们是"不能比较的"。另一方面,韦伯的很多构想都清楚地暗示了知识发展的跨文化逻辑的预设。③ 他毫不犹豫地谈到"世界图景的终极形式"④,并反复将现代西方文化的自主的价值领域描述为表达"对待生活的最终的可能的态度"⑤、"我们对待生活的最终的观点"⑥,以及作为"朝向理性的内在的和超俗的价值观发展"结果的自律性(着重强调被称为"合法的"东西)。⑦ 至少他的说辞能唤起人们的印象,即现代伟大的文化冲突显示了基本价值之间的最终选择,这些基本价值最终归于它们完全连贯的形式,这样它们的特征现在才能以自我反思的形式被认可:换句话说,在一个缺乏任何意义的世界里,意义 – **产生**有多种不同的方式。但是其暗含的选择理论,如果确实存在的话,对韦伯来说,这个问题永远不会发生:它如此坚定地相信我们超越的不可能性,至少是以一种理性地可以预见的方式,以现代性的立场(这将作为一种历史事实随着时间而变得更具普遍性,席卷其他所有的社会 – 文化综合体),以至于这个问题,在任何情

---

① 比照 *FMW*,p. 293。
② *ST*,p. 340;也可参见 *PE*,pp. 77-78 and 194-199。
③ 比如,"理性的世界概念包含在救世主神话内的萌芽之中",*FMW*,p. 274。
④ *FMW*,p. 352.
⑤ *FMW*,p. 152.
⑥ *FMW*,p. 143.
⑦ *FMW*,p. 328.

况下都不属于经验科学家的能力范围,这对他来说没有任何可以想象的实际的关联。而且这个信念的一个基本构成是韦伯的坚定的信仰,即对那些已经从知识之树中获得果实的人来说,根本没有其他途径去获得关于世界的连贯的经验的知识,除了由实证科学家提供:"科学真理对所有**探寻**真理的人来说都是确切**有效的**。"①

因此,有关科学的普遍有效性与文化相对性的困境作为一个真正迫切的问题出现或许绝非偶然,它影响了当今的科学形象,在公众对科学的信心逐渐削弱之时,人们对引起一种相当模糊的探索某些"对科学的替代"(alternative to science)或"替代的科学"(alterative science)的迥然有异的原因表达了各种担忧。在韦伯与我们的时代之间,科学的两种图景已经被固化为毋庸置疑的不同学科的方法:一段时间里,哲学与科学社会学处于一种彼此善意地忽视和无视的状态。科学的历史维度早已被两者暂时地舍弃,但韦伯曾试图通过此将这两种方法有机地联系起来。② 然而,尽管科学的不同的学科图景没有任何接触点,但它们也并非无法兼容,事实上它们彼此处于相互补充的关系中并且具有类似的结构。科学哲学家[以在卡尔纳普(Carnap)③、赖兴巴赫(Reichenbach)和亨佩尔(Hempel)的著作中出现的"逻辑经验主义"为传统]自身从事科学语言的"逻辑重建",即对那些理论的句法和语义特征进行恰当的描述,这些理论被理解为复杂的逻辑**陈述体系**,这使得它们满足(在不同程度上)科学性("认知的意义")的准

194

---

① *MSS*,p. 84.

② 接下来的——在任何情况下都是非常概要化的和过于简单化的——评论与说英语的文化区域的发展有关。比如,在法国,科学哲学[在梅耶松(Meyerson)、加斯东·巴舍拉尔(Gaston Bachelard)、康居朗(Canguilhem)等人的著作中]始终保持强烈的历史指向。它与科学社会学(作为一个独立的学科,其出现晚于美国)之间的差距通常不那么明显。[梅耶松(Meyerson,1859—1933),法国科学史家、古典唯理论科学哲学代表;巴舍拉尔(Gaston Bachelard,1884—1962),法国哲学家、科学家、诗人,力图调和理性与经验,建立一种新的唯理论,著有《新科学精神》等;康居朗(Canguilhem,1904—1995),法国哲学家,他发展并修正巴什拉的科学观,将其扩展至生物及医学课题。——译者注]

③ 卡尔纳普(Carnap,1891—1970),美国哲学家。——译者注

确阐述的标准:证实的程度、充分解释的条件等等。这些标准被视为对实际情形的纯粹的逻辑阐明和精确－正式的陈述,尽管它们通常也采用模糊的且无法自我反思的标准来引导对假说和理论的接受或拒绝,因为它们的满足说明什么被作为一种不证自明的事实而被接受。另一方面,有关科学具有**良好的认知功能**的陈述向我们提供了一种**经验证实和技术可行**(预测性的)的有关世界所获得的事物的状态的系统知识。科学社会学家[如斯托尔(Storer)或哈格斯特隆(Hagstrom)正按照默顿(Merton)的后期作品的传统工作]也忙于构建一种科学模型,该模型被理解为一个通过指向追求特定社会目标的制度化的规范而建立的独立的**社会行为功能体系**。这一模型后来用于确定和评判奖励、晋升、交流等效果的各种经验的和可量化的措施(指标),并被作为具体的科学组织的准备。科学的制度化规范再一次被视为(整体的和在"常规"的情形下)有意识地内化的箴言,它实际上引导和激励了科学家的活动,因为这个充分地说明了所接受的是一种不证自明的事实:科学(排除一些特殊社会环境:纳粹德国、俄罗斯斯大林时期)**在社会中运转良好**,也就是说,科学成功地生产出一个逐渐**被社会证实的**(被有关人员一致认可的)和**全新的**知识体。

然而,这种无意识的"预设的和谐"的幸福状态自 20 世纪 60 年代后期开始缓慢地解体。这与科学的**历史**观的再次出现有关——由卡尔·波普尔(Karl Popper)①发起,他强调假说和证据之间纯粹的暂时的关系对于科学理论有效性的重要性。在这两门学科中,托马斯·库恩(Thomas Kuhn)②的"标准的"和"革命的"科学理论唤醒了人们对这

① 卡尔·波普尔(Karl Popper,1902—1994),批判理性主义的创始人。他认为可证伪性是科学的不可缺少的特征,科学的增长是通过猜想和反驳发展的,理论不能被证实,只能被证伪,因而其理论又被称为证伪主义。著有《历史决定论的贫困》、《科学发现的逻辑》等。——译者注

② 托马斯·库恩(Thomas Kuhn,1922—1996),美国科学史家,科学哲学中的历史主义创世人,著有《科学革命的结构》。库恩反对把科学知识的增长看成直线似的积累,或者不断推翻的增长,提出了科学和科学思想发展的动态结构理论,第一次明确地使用了这个理论的核心概念"范式"。——译者注

一问题的关注。同时,人们对社会的、"现象论者"的科学史表现出极大的兴趣的复兴。然而,科学的全球性的再 – 历史化并没有导致两种概念化的,认识论上和社会学上的,明显的连接。它的结果恰恰相反:两种科学形象出现明显的**不兼容**。诚然,绝大多数(或许是大多数)工作在两者中任一领域的人员对两个竞争的观点都保持"中间的"立场,然而这与其说是连贯的理论考虑的结果,也就是一些科学的统一的概念的结果,还不如说它具有一种实际的妥协的特征,这一妥协来自人们对简单地接受由任一观点产生的所有结果的事实难以置信。

　　这两种对立的图景不再与学科界限严格地相一致。然而,为方便起见,我将按照普遍的方式将它们等同于学科。在**科学哲学**中,兴趣已明显从证实孤立的理论问题转移到对理论变化过程的"理性重建"上来。科学进一步被理解为"理想地客观化的"知识,即,一套陈述体系,现在通常被视为一个具有几个层次的复杂的等级组织,并且包括不同的逻辑 – 认识论的类型。① 人们正努力构想这种逻辑的和认识论的(在某些情形下,定为理论上的)标准,它将允许在相互冲突的理论之间做出理智的选择;某种理论在认知上的特征要"优"于它的对手。这一企图预设了科学发展的**内在**逻辑和理性的存在,它足以解释科学是如何**能做它显然做了的**事情:创造一套变化的和发展的知识体,它考虑逐渐做出更加精确的预测并对自然进程实行更加有效的控制。但是这一方法也导致一些不愉快的后果。因为有关理论变化的(通常与哲学中——以一种高度理想化的形式——作为先进理论的替代品相同)同时期的历史的或社会学的调查案例都极具说服力地宣称,所建立的理性理论选择的标准不足以解释科学家在相关情形中的实际

196

────────

　　① 尽管出现了所谓的"非 – 陈述观点"(斯尼德、施坦格缪勒),但总的来说,我认为,这保持着一种公平的描述,即使科学的概念阐释,强调了它的多层次结构,但是其现在通常直接被表达在程序、范例、价值论的规范等中。[斯尼德(J. D. Sneed,1938—),美国物理学家、科学哲学家,著有《数学物理学的逻辑结构》;施坦格缪勒(Wolfgang Stegmuller,1923—1991),德国哲学家,以对现代英美分析哲学、逻辑学和科学基础论的研究著称,著有《科学哲学的新道路》等。——译者注]

行为。不仅杰出的科学家们经常在一些情形中做出"错误"的选择,此时,鉴于构想的标准,他们已经能做出更加合理的选择,然而,更重要的是,"正确"的选择也经常被证明是由(至少是部分地)"错误的原因"激发而来的,也就是,由这些在标准的意义上是"不合理的"想法而产生的。反常的是,科学认识论的历史化导致了科学的**真实的**(现在被称作"表面的")历史是"大量的异常现象"的结果。① 因此,如果科学发展的内在的、理性的逻辑这一假设能圆满解释科学是如何做到它实际做到的,它就通过制造一个新的谜团获得了答案:如果作为科学家的科学家的实际行为在很大程度上(从上述意义上说)是不合理的,那么科学发展的实际进程最终是如何与这一逻辑相一致的?

同时,在**科学社会学**领域中,人们的研究兴趣也已发生了显著的转变:从建立功能主义的作为独特的社会体系的科学模式中和从对科学制度各种形式的有效性进行的统计评估中,转移到对研究的实际进程进行详细的实证调查,经常考虑从活动者自身的视角对它进行重建,重塑他们对形势(不仅包括社会的,而且包括认知的,以及更广义

---

① 参见"不用说,任何历史哲学研究计划都不能或不该把**所有的**科学史解释为理性的:甚至最伟大的科学家也会采取错误的措施或在判断中失败。因为这种**理性的重建保持着永远被淹没在异常现象的海洋中**":I. Lakatos, "History of Science and Its Rational Reconstructions" in *Philosophical Papers*, vol. Ⅰ, Cambridge, Cambridge University Press, 1978, p. 134。[伊姆雷·拉卡托斯(Imre Lakatos, 1922—1974),英籍匈牙利人,著名数学哲学家和科学哲学家,现代科学哲学"历史学派"的主要代表人物之一,著有《证伪和科学研究纲领方法论》等。——译者注]

的文化层面)以及彼此相互作用的策略的解释。① 并不意外地,这些
调查倾向于显示,科学家们在实践中确实表现得很理性,只是这种作
为科学家行为的理性并不是简单地遵从任何"科学理性的逻辑",例如
他们决定要追寻何种研究路线,是否接受或拒绝他人有争议的实验结
果,在竞争的假说或理论中该如何抉择,等等情形;论证性的考虑会在
一个更加宽泛的、普遍化的文化预期和方向的"外部"环境中产生。他
们与纯粹的实用主义考虑交织在一起,带着由专业的和制度性的兴趣
决定的动机,并带着获得或维持"公众"对研究的支持的需求等。最终
科学共识的出现往往是相关的活动者之间复杂的社会谈判的结果,在
那里,他们的权力地位、声誉和豪言壮语所发挥的作用或许不亚于辩
论。在客观－公正的科学语言中对这些选择和决定的辩护,只允许在
适当的出版物上发表,从这个视角来看,它被视为狂欢之后(*post fes-
tum*)的理性化,表达一种特定文化下的专业的意识形态,而不是真实
的原因和动机。我们没有理由怀疑那些充分地备有证明文件的调查
的精确性,但是对科学家们实际行为的解释却让人产生另外的困惑:
如果说这一行为仅仅在这一社会学的意义上是合理的,如果科学的发
展事实上主要由,或至少在一定程度上由这种"外部的"因素所决定,
而且科学的客观性是只受社会和文化控制的意识形态,那么这种科学　198

---

① 参见 B. 拉图尔(Bruno Latour,法国科学哲学家,"科学技术学"领域巴黎学派的代表
人物,著有《行动中的科学》、《潘多拉的希望》等。——译者注)、S. W. 伍尔加(S. W. Wool-
gar,英国社会学家,在科学和技术的社会研究、社会问题以及社会理论方面出版了大量著
作。科学家如何工作? 他们如何"发现"科学事实? 为试图回答这些问题,拉图尔以及伍尔
加深入到美国的一个神经内分泌学实验室,对科学家进行观察。与拉图尔合著《实验室生
活:科学事实的建构过程》等。——译者注)、K. D. 诺尔－塞蒂纳(K. D. Knoor-Cetina,美国
著名科学知识社会学家和科学人类学家,主要学术成就在于建立并完善了科学知识实验室
建构论,著有《制造知识——建构主义与科学的与境性》等。——译者注)、M. J. 马尔凯(M.
J. Mulkay,英国科学社会学家,爱丁堡学派代表人物之一,著有《科学与知识社会学》。——
译者注)、G. N. 吉尔伯特(G. N. Gilbert,科学社会学家,研究科学的"社会修辞学",对科学
家的谈话进行语用和语义分析,从而分析影响科学家谈话的语境及社会因素。——译者
注)、H. M. 科林斯(H. M. Collings,英国科学知识社会学家,发展了库恩的相对主义,著有《改
变秩序》等。——译者注)等人的著作。

在为控制自然的进程提供理论基础时,怎么能成为至少**技术上如此有效的**(而且日益明显)呢? 人们努力将社会学的研究兴趣从科学活动的制度条件拓展到"科学家们真正做的事情",这似乎又自相矛盾地导致了这一活动的认知方面的消失,而这一认知事实上构成了它的独特性。

"社会学的理性与认识论的理性必须在某一点上重叠",在辩论①初期阶段一位参与者如此写道。大多数人会同意这一观点,因为看起来完全拒绝两种科学形象中的任何一种并且不加限制地接受对立观点的所有结果是不可能的。然而,在两者之间的纯粹"折中",它们的混合(在科学的发展中有一种既适合外部决定又适合内部决定的角色)也是不可行的,这不仅因为它看起来最终没有回答任何一个相关的理论问题,而且因为这两种相关的图景既表达了不同学科的兴趣与方法,又表达了最初对科学**对立的实用的态度**。但是这两种态度的理论表达,对科学的"认识论的"辩护和"社会学的"批评,如今看起来在完全不同的平面上发展,而且似乎根本没有接触过,因此它们相互之间也不可能交战,以进行一场有意义的交锋与对话。

在我看来,所需要做的是,在这两种概念与方法之间做一个"调解":如果你愿意,可以称之为科学的"第三种"形象。既没有关于科学实验、假说和理论的认识论的声称,也没有发生在封闭状态中的科学家们的社交策略和谈判:它们在一个特殊的社会关系体系中被清晰地表达出来,通过这一体系变得具体化,并受这一体系的约束,这个社会关系体系构成并界定了科学,把科学作为一种历史上特定的和特殊的**文化形式**

---

① R. Whitley, Introduction to *Social Processes of Scientific Development*, London, Routledge, 1974, p. 5.〔R. 惠特莱(R. Whitley),英国科学社会学家,强调科学共同体的作用。——译者注〕

或类型。在一篇早期的论文中①我曾试图详细说明这种方法并把科学
作为一种文化类型来描述,这依据制度化的规范、预期和评估标准,涉及
被归责的作者、"正确"的公众以及有效的传统之间的关系;总的来说,
依据被制度强加的和规范性的**作者 - 作用 - 观众**的关系。在那篇文章
中,尽管只是以概略的和预想的方式,但我试图辨析这种科学的"文化学
的"观点与刚刚概述的两种现有的对立的图景之间的纠纷相关。科学在
良好 - 界定的意义和清晰的真理主张的精神的客观性中被理解为一种
陈述体系;在他们的社会动机和结果都是模糊不清的情况下,科学被理
解为科学家们(包括他们的口头和书面**表达**)**行为**的复杂序列,以及他
们相互作用的复杂序列;在这两种理解之间存在一种科学,它是高度组
织化(且不断重组)的文体(body of texts),就像**文化的对象化**一样,具有
明确定义的范围和可接受的意义形式,而这些意义又由规定它们书写方
式的文化规范来决定,而且这些意义不能被解释、被批判或被积极地参
考和同被放入其他文本类型的关系中。科学的认知语义学和科学家行
为的社会民族学作为一个整体应该由受历史导向的,作为文化对象化的
一种特殊形式的科学的**文化语用学**进行补充和调解。

　　科学的这种"文化学的"图景和研究方法,肯定至少就**现代自然科
学**而言是片面的;它的解释潜能,甚至在自己的术语上都是有限的。
因为这些科学不能**仅**被看作文本上的客观化的话语实践。它们也包
含确切的,平等地社会地建构的操作性的"实验室"实践,这些实践具

---

① G. Markus,"Why is There No Hermeneutics of Natural Sciences? Some Preliminary The-ses",*Science in Context*,Ⅰ,1987,pp. 5-51. 描述"如果用各种可列举的和适当语境的方法来描绘科学家的行为与信仰的方式,那么科学家的探究在这些方式中是如何被组织起来的"的必要性已经被 M. 马尔凯(M. Mulkay)和与其合作的其他社会学家反复强调:参见 M. Mulkay,"Action and Belief or Scientific Discourse?",*The Philosophy of Social Sciences*,vol. Ⅱ,1981,pp. 173-181;M. Mulkay,J. Potter and S. Yearley,"Why an Analysis of Scientific Discourse is Needed",in K. D. Knorr-Cetina,M. Mulkay(eds),*Science Observed*,London,Sage,1983,pp. 171-203。然而,马尔凯等人提供的"话语分析"——特别参见 N. Gilbert,M. Mulkay,*Opening Pandora's Box*,Cambridge,Cambridge University Press,1984——无论在方法论上还是在理论前提方面都与我提出的观点有很大不同。

200 有它们自己的客观性(科学仪器),自己的部分传统(来自实验的学派和程序),以及同社会活动(通常为技术、物质文化)的其他领域的独特的联系。自然科学的特征主要由历史地转变的和文化地规定的方式所决定,这是人类活动的两种基本上不同的类型,文本的"表现"和实验的"干预",在科学本身内也是相互联系和相互协调的。[①] 因此,对自然科学的分析肯定以一种非常明确的形式使我们面对,一个哲学的基本问题:我们如何用这两种基本的方式创造意义,并试图把感觉授予话语和行为 – 彼此相关的世界? 然而,为解决与科学相关的这一点,首先我们必须能充分地分析每一个特殊的实践是如何文化地在其中构成的? 只有那样我们才能有希望回答更加深入的问题:构成式的科学能**告诉**我们**有关**世界的什么呢,而且作为**在**世界**上**的社会存在,它**确实**对我们做了什么呢?

---

① 在一些方面,类似的观点参见 I. Hacking, *Representing and Interviewing*, Cambridge, Cambridge University Press, 1983; P. Gallison, "History, Philosophy and the Central Metaphor", *Science in Context*, Ⅱ, 1988。

第七章　为何没有自然科学的
解释学？几个初步论题

一、问题－情境

1. 自然科学的解释学——作为一个有着鲜明认知特点的领域——如今已不复存在。专门研究这一领域的著作凤毛麟角，为数不多的几篇通常不过是一般性的论战－纲领性文章，且主要局限于对"主流"问题，即关于科学的分析哲学的解释学批评。总的说来，今天的情况依然如故，关于解释学，仅有一份过时的文献目录罢了。① 这份书单列出了上百本关于历史、法学和语言学的解释学书目，却没有一本是关于自然科学的解释学的。与自然科学的解释学多少有点关系的著作仅仅出现在陈旧的**关于方法论的争论**(Methodenstreit)之中，这一争论主要围绕着因果性解释与解释学认识之间的关系展开。

2. 当然，解释学之所以能够成为一个哲学学科，恰恰与这种争论有关，或从更广泛的视角来看，与人文科学试图摆脱自然科学研究范

① N. Henrichs, *Bibliographie der Hermeneutik*, München, Saur, 1968.

式、建立独立的方法论和认识论体系的斗争有关。然而,在现代,后海德格尔时期的解释学却以解释学方法的普适性为名,对作为解释学研究对象的这一有限的方法论理念发动猛烈攻击。这种解释学理论强调指出,不应将对解释学的"理解"视为知识的主体与某些特定客体之间的某一种可能性认知关系,而应将其看作一种人类存在的基本方式,即在有限的存在中包含完整世界体验的模式。正是由于这一普适性要求——特别是考虑到这个学科的早期历史——自然科学的解释学在现代的默默无闻才显得奇怪。

3. 如果你密切地关注"解释学转向"发起者的观点,那么这种感觉就会更加强烈,他们将自然科学视为一种文化形式或者文化类别。在此,我仅以伽达默尔为例。伽达默尔一方面同样从自然科学自身的角度出发,明确认为解释学应具有普遍适用性。另一方面,伽达默尔认为自然科学体现为**文学**形式,有着与文学作品同样的基本特性,与语言有内在关联,能够用文字记录下来(语言性 Sprachlichkeit),因此科学与文学之间的差异并非人们通常所想的那样格格不入。伽达默尔进一步强调指出①,重要的科学著作同时也可能是文学作品中的杰出典范,可以被归为世界文学的一部分——他的这一观点多少显得有些过时,因为它更适用于伽利略时代,而不适合当前的自然科学研究状况。确实,当伽达默尔明确谈及**现代**科学时,他似乎又收回了上述观点。伽达默尔不仅重复了海德格尔著名的(对许多人而言许是臭名昭著的)论断,即"科学本身不会思考",而且还补充道:科学"实际上也未必能用多准确的语言说话"②。他着重强调科学的"符号系统"的**独白**

203

---

① H. G. Gadamer, *Wahrheit und Methode*, 4th edn, Tübingen, Mohr, 1975, pp. 155-156.

② H. G. Gadamer, *Vernunft im Zeitalter der Wissenschaft*, Frankfurt, Suhrkamp, 1976, p. 10.

式特征，认为这些符号系统完全取决于与之相关的研究领域。① 这样一来，他似乎否认了文学实践与自然科学著作中存在着的最基本的语言性特征：在"两位会话者"的对话中构建谈话"内容"，以及与之相关的语言的世界性和开放性。简而言之，伽达默尔最终想表明，一方面，自然科学的解释学方法对日常语言和交往具有无法忽视的依赖关系；另一方面，考虑到它们在人之存在的总体性中所起的作用，又需要在更高层次上实现一种理性 – 哲学的"统一"（作为一个开放式过程）。这样，解释学就能够在自然科学领域扮演一个重要的文化**重构**角色，但在自主科学研究的正确文化 – 认知实践方面却乏善可陈。这一直是关于科学的分析哲学的传统研究领域，分析哲学的研究对象是人为构建的第二"符号系统"，即关于自然科学的理想化"语言"，所蕴含的逻辑关系和方法论。

4. 这种对自然科学采取的放任（或有时甚至是敌对的）态度在某种意义上接受了自然科学的实证主义形象，不仅代表了伽达默尔的观点，也代表了他的前辈诸如海德格尔以及他的批评者诸如哈贝马斯的观点（至少是其早期作品中的观点）。然而，这种观点却在今天遇到了自然科学的哲学、史学和社会学领域内多种发展趋势的对抗，自然科学对这一占主导地位的实证主义解释提出了令人信服的批评意见，并（明里暗里地）强烈呼吁构建一种针对科学活动自身的解释学方法。显而易见，针对那些用传统的"辉格"（whig）史观②（将过去描述为形成该学科当前状况的一系列持续贡献）解读科学的做法所提出的强烈批评，从不同角度重新提出了与幼稚的发展观相对立的著名的解释学

① H. G. Gadamer, *Vernunft im Zeitalter der Wissenschaft*, Frankfurt, Suhrkamp, 1976, p. 11. 汉娜·阿伦特在《人的条件》（芝加哥大学出版社 1958 年版，第 3 页）中，哈贝马斯在其早期作品，如《解释学与意识形态批判》（法兰克福，Suhrkamp 出版社 1971 年版，第 130～131 页）中的《解释学的普遍性要求》一文中也表达过类似的观点。

② 辉格史观即"历史的辉格解释"，来自英国历史学家巴特菲尔德（Herbert Butterfield）1931 年的一次演讲。19 世纪初期，属于辉格党的一些历史学家从辉格党的利益出发，把历史作为工具来论证辉格党的政见。辉格史观者相信在历史学中存在演变的逻辑，他们用现在的标准评判过去。——译者注

204
观点,那些幼稚的发展观不承认解释学差异在历史和历史阐释过程中的作用和"创造性"。有趣的是,即使持后一种观点的科学史家——这些人当然不是"修正主义者"——例如 A. C. 克龙比(A. C. Crombie)①,如今也将哲学史中的解释学方法看作科学史研究中应效仿的方法论范例。在自然科学的社会学领域也能观察到同样的现象,即研究兴趣已明显从科学家之间的非正式社会交往转为(或起码是扩展到)对其活动的文学描述构建方式上来了。②

5. 直接研究自然科学解释学的文章虽然寥寥无几,但却轻而易举地证明了解释学的某些概念和思想足以恰当描述自然科学的认知活动。波普尔曾指出科学研究中**问答**(question and answer)的解释学逻辑,并据此详尽描述了某些科学活动的问题模型。科学知识的预判性为包括波兰尼(Polanyi)的"隐性维度"(tacit dimension)③、库恩的范

---

① A. C. Crombie, "Philosophical Presuppositions and Shifting Interpretations of Galileo," In *Theory Change*, *Ancient Axiomatic and Galileo's Methodology*, ed. J. Hintikka and D. Gruender, Dordrecht, Reidel, 1981, vol. 1, p. 279. 在本卷中,N. A. Jardine 表达了相同的观点("Philosophy of Science and the Art of Historical Interpretation," p. 347)[A. C. 克龙比(A. C. Crombie, 1915—1996),澳大利亚动物学家,后成为科学哲学家、科学史家。——译者注]

② N. Gilbert, "The Transformation of Research Findings into Scientific Knowledge," *Soc. Stud. Sci.*, 1976; L. J. Gusfield, "The Literary Rhetorics of Science," *American Sociological Review*, 41, 1976; B. Latour and P. Fabri, "La rhétorique de la science," *Actes de la Recherche en Sciences Sociales*, 13, 1977; S. Woolgar, "Discovery: Logic and Sequence in a Scientific Text," In *The Social Process of Scientific Investigation*, ed. K. D. Knorr et al., Dordrecht, Reidel, 1980; N. Gilbert and M. Mulkay, "Contexts of Scientific Discourse: Social Accounting in Experimental Papers," in *ibid.*; M. Mulkay, "Action and Belief or Scientific Discourse?" *Phil. Soc. Sci.*, 11, 1981; C. Bazerman, "What Written Knowledge Does: Three Examples of Academic Discourse," *Phil. Soc. Sci.*, 11, 1981; K. D. Knorr-Cetina, *The Manufacture of Knowledge*, Oxford, Pergamon, 1981; N. Gilbert and M. Mulkay, *Opening Pandora's Box*, Cambridge, Cambridge University Press, 1984.

③ 波兰尼(Michael Polanyi, 1891—1976),英籍犹太裔物理化学家和哲学家。在其于1958 年出版的《个人知识》和 1966 年出版的《隐性维度》(又译《隐性方面》)中,波兰尼最早系统论述了显性知识与隐性知识(知识的显性维度与隐性维度)的区别,并对隐性知识及其与科学研究的关系进行了较为系统的探讨和分析。——译者注

式(paradigm)概念①或爱尔卡纳(Elkana)对"科学意象"(images of science)②作用的强调等理论提供了基础,它是历史传承下来的"**偏见**"(即预判)的体现(或者具体案例),这种先验之见构成解释学中任何认识的前提。同样,通过**解释学循环**(hermeneutic circle)③这一概念可以对理论与观察的关系做出启发性分析。隐喻在新理论产生过程中所起的作用,以及科学史中呈现出来的科学理论产生与承认之间的密切关系④——所有这些无疑都代表了各种各样的主题和问题复合体,在这种复合体中,自然科学的研究方法与解释学方法之间有着密切的联系。

6.但是,这类观点——仅仅在为数不多的几篇试图将哲学解释学理论引入自然科学研究中去的文章中有所体现⑤——在我看来,却代表了成功的**类比**,其影响力和意义均不可小觑。这些观点将形成已久的解释学研究与另一条独立发展的研究和问题路线出乎意料地结合起来,从而为解释学提供了新的启示。不过,这些观点同样无法摆脱

① 范式概念是库恩范式理论的核心,它指的是常规科学所赖以运作的理论基础和实践规范,以及从事某一科学的研究者群体所共同遵从的世界观和行为方式。——译者注

② 爱尔卡纳(Yehuda Elkana,1934—2012),以色列希伯来大学科学哲学家。爱尔卡纳提出要把科学作为一种文化系统来考察,将科学作为文化解释的对象。——译者注

③ 西方解释学理论的核心概念之一,它的经典表述是:整体只有通过它的部分才能得到理解,而对部分的理解又只能通过对整体的理解。——译者注

④ 关于后一观点,可参见 G. Holton 和 G. A. Blanpied 主编的 *Science and Its Public:The Changing Relationship*(Dordrecht, Reidel, 1976)一书中的几篇论文;也可进一步参见以下论文:R. G. A. Dolby, "Sociology of Knowledge in Natural Sciences," *Sci. Stud.*,1, 1971, pp. 16-21; S. Shapin and A. Thackray, "Prosopography as a Research Tool in the History of Science," *Hist. Sci.*, 12, 1974,parts 2-3;S. Shapin, "The Audience for Science in Eighteenth-Century Edinburgh," *Hist. Sci.*, 12, 1974;R. Porter, "Science, Provincial Culture and Public Opinion in Enlightenment England," *British Journal of Eighteenth-Century Studies*, 3, 1980。

⑤ 类似观点还出现在下列英文文献中,P. A. Healan, "Hermeneutics of Experimental Science in the Context of the Life-World," *Philosophia Mathematica*, 9, 1972;T. Kisiel, "Comments on Healan, 1972," *Zeitschrift für allgemeine Wissenschaftstheorie*, 4, 1974;T. Kisiel, "Hermeneutic Models for the Natural Sciences," in *Phänomenologische Forschungen*, ed. E. W. Orth, Freiburg, Alber, vol. 2, 1976;T. Kisiel, "Heidegger and the New Images of Science," in *Radical Phenomenology*, ed. J. Sallis, Atlantic Highlands, Humanities Press, 1978; and J. Farr, "Popper's Hermeneutics," *Phil. Soc. Sci.*, 13, 1983。

类推过程中常见的缺陷:在转换的过程中,一些原始问题或概念会丧失其最基本的要素。例如,卡尔－奥托·阿佩尔曾明确指出[1],当人们将理论－观察之间的关系视作一种"解释学循环"时,就已经错过了通过引入这一概念解决问题的整体问题－背景(这个问题是,对特定认知距离下不同的交往意义－目的进行调和的必要性)。但是,在我看来更重要的是,这些做法多少有些牵强附会,它们只是简单地将现成的一般哲学解释学概念移植到自然科学活动的文化领域中去。解释学与自然科学的关系不仅受到解释学观点的限制;从自然科学的观点来看也是成问题的。直言不讳地说,自然科学似乎并**不需要**解释学的帮助——即使没有解释学,自然科学也已经是成绩斐然了。

　　7. 上述观点不过是陈述了一个客观事实。如果将人文科学和许多"软"科学中的专业社会化现象与发达的自然科学学科中的同类现象进行比较,可以很好地说明上述观点的最大关切。哲学、历史和社会学专业的学生在受教育期间花费大量时间学习基本的解释学技能:他们重点接受的教育和训练是如何用特定的方式理解、阐释和运用特定类型的文本。而另一方面,尽管物理学的文献在外行看起来艰深难懂,但没有人明确教授物理专业的学生如何阅读本学科的这些经典文献。不论学生被传授了什么样的知识和技能——物理学理论、数学技巧、在实验室环境中使用各种仪器和设备并准确分析实验结果等等——通过这一学习过程,学生能够学会"物理的语言"。一旦掌握了这种语言,学生就应该能清晰无误地读懂这个学科的文章。有趣的是,物理学的学习同样需要严格训练学生**撰写**此类文献。在不同的人文学科中,有形形色色的指南教会学生如何阅读,而在自然科学中,同样有各种各样的指南教会他们如何写作——但不是相反。看起来,这两大学科领域各代表了莎翁笔下角色道格培里(Dogberry)[2]的两种对

---

　　①　K. O. Apel, "Comments on J. Farr, 1983," *Philosophy of Social Sciences*, 13, 1983, pp. 186-187.

　　②　道格培里(Dogberry)是莎士比亚喜剧《无事生非》中的人物。——译者注

立的信仰：**要么写**，**要么读**，"生而如此"。

8. 建立一套生动而清晰的理想物理语言的想法，可能会被从事科学哲学研究的哲学家掷地有声地击碎；研究科学发展史的学者可能会发现，在科学领域的所有重大争论中——从哥白尼的学说到量子力学——争论双方常常误解了对方的意思，而这些误会却起到了建设性的作用，因为它们在争论中影响了相关理论的实际发展方式；研究实验室实验寿命[1]的"常人方法学者"（ethnomethodologists）[2]可以证明，本已简单化了的"实验报告"对其所传达的意义通常未进行充分论证，因而如果不补充一些附加条件的话，即使某些专家型的读者也会看出其中的不严谨之处——尽管有一些批评意见，但自然科学的"素朴的解释学"并未消失，因为它"有效"。换言之，自然科学的"意识形态"（**假如**它是纯粹的意识形态的话）认为任何可接受的科学文本都能自圆其说（因而对有判断力的读者而言是清楚明白的），这种意识形态之所以能够站得住脚，是因为按其构想展开的实践的**解释学**结果似乎证实了其自身的合理性。考虑到自然科学实际取得的**解释学成就**，自然科学似乎比人文科学和"软"社会科学学科更适合解释学。

不论人们对科学技术的线性发展持何种观点，确定无疑的是，现代自然科学起码为"历史的渐进发展"观提供了几近完美的诠释——连续不断的**传统**传承以及对传统的创造和补充，这一过程始终以一种典型的方式进行着。因此，在任何一个历史时期，自然科学都具有——尤其是与人文科学领域永无休止的"派系斗争"形成鲜明对比的——广泛的**背景共识**（background consensus）[3]特点。由于存在着这

---

① 例如，B. Latour and S. Woolgar, *Laboratory Life*：*The Social Construction of Scientific Fact*, Beverly Hills, Sage, 1979；or, in some respects, Knorr-Cetina, *The Manufacture of Knowledge*。

② 常人方法学（ethnomethodology），又译本土方法论或民族方法学等，是 20 世纪 60 年代发展起来的微观社会学理论之一，是分析人们在日常社会相互作用中所遵循的全部规则的社会学方法，创始人是美国社会学家芬克尔。——译者注

③ 哈贝马斯认为背景共识是一种比世界观、道德观、历史观等更为根本的共识，它是一个民族的潜意识。——译者注

种共识,因此前沿研究领域中的争议和不同观点都能相对快速地得到"化解"(即使争端有时候不得不通过"决议"来解决,这一"决议"可能是错误的,随时可能被撤销)。最后,不论实际发生的误解有多频繁(无法判断的事实),至少**"因误解而引起的争议"**,这种也许在哲学领域(以及许多其他人文科学领域中)经常出现的对抗,在当代自然科学界并不是一种"常态"。总是担心自己的思想被误读似乎成了**哲学家的心病**(neurosis philosophicus),从柏拉图的第七封书信开始并贯穿整个哲学史,但在公开发表的自然科学文献中我们几乎不会发现这种情绪。因而,考虑到所有必备条件,现代自然科学似乎代表了一个真正的解释学伊甸园:一种无须费力劳神即可实现的完美状态。因此,任何对自然科学所做的解释学考察都要首先回答这一问题:为什么从自然科学实践的观点来看,解释学自身的认知兴趣和方法变得**无关紧要**了(或者,至少可以这样问,为什么它们似乎变得无关紧要了)?但是,如果仅仅指出或证明某些哲学解释学观点和概念在某种程度上对自然科学研究依然适用,那么这样的回答是不足以说明问题的。

9.众所周知,伊甸园式的幸福和单纯有其自身的局限性,并且这种纯真和美好需要我们做出取舍:在伊甸园中生活是要付出代价的。我们将在接下来的各小节中历数这些代价。或者,用不大"诗情画意"的方式来说:我将试着以一种概要的方式,阐述当代自然科学的某些基本特征,即自然科学作为一种特定的文化实践和文化类型的特征(或者用另一套术语来说,一种约定俗成的话语 – 类型)。这些特征至少可以部分地解释为什么自然科学的解释学成果既"成功"又"天真"。同时我还想指出(哪怕只是简要提示)形成这些特征的历史 – 文化过程。(如果说我们的分析停留于这一本质上的"文化"层面,并**不**意味着我否认其与更深层次的社会变革之间的相互作用。我的态度恰恰相反,只是囿于篇幅,无法对二者的相互关系做有意义的探讨。我还要补充一点:关于科学的"文化学"方法确实反映了本人的观点,不仅从公认的、现代社会文化活动的"相对自主性"角度来看如此,而

且在特定的、自成一体的**关系体系**的存在中亦是如此,这种关系体系
与文化的生产、传播、接受、创新有关。)

10. 以下分析所采用的方法就其本身而言——至少在我看　209
来——是解释学的方法,但是这些方法不大常见,而且带有"修正主
义"色彩。为了同当代哲学解释学的本体论方法相区别,我将其称为
文化制度的历史解释学范畴。① 这种方法强调对作者－文本－读者
(ATR)关系的比较性分析,这一关系构成了不同历史时期的不同文化
类型。无疑,ATR 关系的术语本身并不仅仅属于解释学;它们也可被
视作(文学)交往社会学的概念域。但是,下列三个要点明确属于解释
学范畴:

(1)作者和读者的角色并不完全取决于经验－社会学和/或心理
学－变量,也决定于具体文本的类型特征所提出的**规范性**要求。每篇
文本都深深**烙印着**作者的立场和"心声",同时还假定了一个鲜明的读
者角色以及这个角色所**规定的**(与其角色相适应的)一种或多种读者
态度。

(2) 某一文本只能在与其他文本的关系中获得自身的"类型"特
征,一个文本必须以文化的方式嵌入这一关系传统中,并且这一传统
可以(或应该可以)在文本中得到体现和部分重构。

(3)文化对象化(或狭义的文学对象化)的历史"产物"只能通过
与其同步的接受过程进行理解,这一过程一方面包含着第一个活动的
特定**目的**;另一方面,它作为一个主动的过程,在交互对话中,与其他
因素共同决定这些活动的进程。

在接下来的第二节至第四节中,我们将从以上论述的三个方面,
即文本的署名作者、预先假定的合格读者,以及一篇文本与其他文本

---

① 在方法论意义上,我从所谓的"接受美学"中,特别是从 H. R. Jauss 的 *Literaturge-schichte als Provokation*(Frankfurt, Suhrkamp, 1970)和 R. Warning 编辑的 *Rezeptionsästhetik: Theorie und Praxis*(München, Fink, 1975)两书中借用了一些概念(虽然只是笼统地使用,而且对其含义也做了相当大的改变)。

的关系传统进行简要分析。

210

二、自然科学文本的署名作者

11. 在我们复杂的文明体系中,与文化相关的文本都被约定俗成地视作"带有作者个人色彩"的作品,即是说,这些作品属于某一特定的个人(或是几个人合作的结果),是他或她(或他们)的"创造"。但这些文本(或广义上的著作)的这一文化特性不能简单地被视作某个人或某些人有意识的、相对自主的非习惯性活动的结果。传统文化认为这些作品是不应署名的,而另一方面,在当前的文化环境中,人们又有着强烈的冲动要为意义重大的文化客体找到其明确的作者,这种冲动是如此强烈,以至于人们要去"发现"过去传承下来的无名作品的真实作者,即使大家也知道,囿于这些作品当年的创作条件,这个想法的可行性是相当值得怀疑的。①

从上述归属－"所有权"的角度来看,自然科学的文本带有强烈的作者个人色彩。这一点明确体现在(当前常见的)多作者合作的情况中:关于"作者排名",有一个精心推敲、高度正规的习惯做法,对每位作者在合作成果中所"承担的份额"给予认定。这样看来,著作权在现代科学发展中起着至关重要的作用,因为社会对作者的奖励(以及激励)机制深深植根于这一观念之中。

12. 尽管有着如此高度个人化的著作权观念(以及与之相应的个人主义思想),当代自然科学文本的**署名**作者(作为一种常规)却完全

---

① 在艺术史实践中,这一趋势尤其明显,因为这个领域对"属性"问题特别感兴趣。过去的艺术作品往往归功于艺术家个人,尽管大家都知道,这些作品产生于内部严格分工的团队,其制作"计划"有可能完全出自其捐赠人或赞助商(之所以"制作"这一作品是因为赞助者生活于作品发生的年代),而且在这些作品产生的年代,在文化领域中并不重视现在对"原本"和"复制品"的区分。在艺术领域里,大家特别关心著作权的归属问题,这似乎不是偶然的,因为在我们的文化范畴内,艺术作品大多被看作是与众不同的杰出人物的自我表达和自我实现方式。

是去个性化的。作者角色的**去个性化**是这些文本的一个基本特征,构 211
成了一个独立的、特色鲜明的话语类型。① 以下几个观点可能与此
相关:

(1)当代自然科学(作为一种**文化**类型)的特点是极端**缺乏**普遍
接受的**文学类型或形式**(一般来说,文学类型或形式的多样化能够让
作者以符合文化规范的方式表达他们对交流内容所持的不同的态度
和义务)。"科技论文"(被不够严谨地划分为实验性论文和理论性论
文)、"综合性教科书"和"理论专著"等都是自然科学领域里的主要文
字类型。② 这里要补充说明的是,自 19 世纪末以来,"理论专著"这一
类型在逐渐减少。由于教科书的主要功能是全面系统地将某个研究
领域内业已取得的成果加以固化,因此"论文"几乎就成了形成(或者
至少是公开记录)新科研成果和新思想的唯一文字类型。③

(2)当代科技论文(特别是实验性的"研究报告")都为作者严格
规范了常规的标准结构,这一结构规定了著名的论文写作格式:摘
要 – 引言 – 材料与方法 – 结果 – 讨论 – 参考文献。后面我们还会讨
论这种结构的解释学意义(§39 – 40)。这种论文组织方式有着深远的
影响,因为它揭示了论文**应被理解**的特有方式。摘要的存在假定了概
括论文的基本"内容"是可能的,也就是说,后者独立于论文的文字形 212
式和论证语境之外。引言部分和讨论部分的区别以及方法部分与结
果部分的区别暗示了将"阐释"与"描述"区分开来的可能性,而方法
部分和结果部分的划分也意味着有可能将研究与研究"结果"区别

---

① 比照 Bazerman 在"What Written Knowledge Does"(第 365 页)中的观点:"作者似乎
只是被用来填补一个空缺,仅仅是与其他试图填补同一个空缺的作者竞争。一个人也许在
面对其他同事时感到自豪,但是在大自然面前却是微不足道的。"考虑到科学家之间日益
减少的日常交流强化了每个人的个性和思想交锋,这一文本对象化的去个性化特点越发显
得引人注目。

② 在这个清单中,也许还要加上相当规范化的"类型",诸如博士论文和学术会议或学
术研讨会"论文集"。

③ T. Kuhn, *The Structure of Scientific Revolutions*, 2nd edn, Chicago, University of Chicago
Press, 1970, pp. 136-138.

开来。

（3）研究性论文有其自身独特的写作风格和严格遵守的惯例；它们通常都有一种共同的特定"语域"①，我们之前提到的"写作训练"基本上源于其使用的社会化。特别是在过去的十年里，社会学家（语言学家次之）对自然科学的这个"文学修辞"领域给予了大量关注。② 由于不可能详尽地逐一介绍每个人的具体观点，在此仅概括他们共同的某些最具代表性的特点。我们已经指出，实验性论文的"语言"首先是高度**去语境化**（decontexiualised）的：在这些文章的主体部分中，人们根据实验室的具体条件，从一套限定的词汇中选取规范、简洁和通用的公式来表达具体的实验行为。去语境化的另一个标志是，这些文章（与其他类型的文本相比）中很少出现"索引性表达"。特别是——与作者的去个性化直接相关——在所有的人称代词（用来表达主体与文本内容的不同关系）中只允许使用无差别的"我们"。此外，自然科学文本喜欢使用被动语态，通过这种语态的使用，实验者（"真正的作者"）在实验室中通过实际选择有意识采取的**行动**被转变成一系列前后相继的**事件**。最后，这些文本不仅排除任何明确的价值判断，而且

213

---

① "语域"这个概念是指关于词汇-语法和文本-组织的选择（"域"、"本体"和"话语模式"），这些选择通过根据**社交情景**中确定的语言使用来系统实现。关于这个概念的详细解释，可参见 M. A. K. Halliday, *Language as Social Semiotics*, London, Arnold, 1978, pp. 31-35, 63-68, etc.

② 参见 M. Gopnik, *Linguistic Structures in Scientific Texts*, The Hague, Mouton; A. Hofstadter, "The Scientific and Literary Uses of Language" in *Symbols and Society*, ed. L. Bryson, New York, Harper, 1955；以及 N. Gilbert, "The Transformation of Research Findings into Scientific Knowledge," *Soc. Stud. Sci.*, 1976; L. J. Gusfield, "The Literary Rhetorics of Science," *American Sociological Review*, 41, 1976; B. Latour and P. Fabri , "La rhétorique de la science," *Actes de la Recherche en Sciences Sociales*, 13, 1977; S. Woolgar, "Discovery: Logic and Sequence in a Scientific Text," In *The Social Process of Scientific Investigation*, ed. K. D. Knorr et al. , Dordrecht, Reidel, 1980; N. Gilbert and M. Mulkay, "Contexts of Scientific Discourse: Social Accounting in Experimental Papers," in *ibid.* ; M. Mulkay, "Action and Belief or Scientific Discourse?" *Phil. Soc. Sci.* , 11, 1981; C. Bazerman, "What Written Knowledge Does: Three Examples of Academic Discourse," *Phil. Soc. Sci.* , 11, 1981; K. D. Knorr-Cetina, *The Manufacture of Knowledge*, Oxford, Pergamon, 1981; N. Gilbert and M. Mulkay, *Opening Pandora's Box*, Cambridge, Cambridge University Press, 1984。

不使用情绪化、不规范、暗示作者个人态度的词语。

从以上列出的这些特点来看，自然科学文本的"署名作者"更像是一位无名的执行者，按照适当的方法论和严格规范的程序开展活动，并以客观的观察者身份分析活动结果——他只需具有必需的专业能力，而无须任何个性化标签。通过这种作者去个性化的做法，实验性论文获得了**报告**这一文学类型的基本文化特征。

13. 当然，作者角色的去个性化代表的是一种"类型"要求；它不是事实，但是起到**规范**的作用（而且具有规范意义）：

（1）实验报告不与作者个人挂钩，这在很大程度上是一个**虚设的**命题，因为做同样实验的两位科学家绝不会（根据公认的"雷同性"标准，因为原则上实验不可能从文字表达角度加以复制）以一模一样的方式写报告。此外，各种"解释方式"之间存在的差异，不仅反映无关紧要的个人特质，也具有深远的认知效果。一般说来，实验数据（取决于其理论语境）允许人们对结论做不同的解释，这些解释又可以用不同的"认知力"予以重构，有的解释是有条件的，而有的则是确定无疑的。因此，尽管科技论文有着纯粹的去个性化"语境"色彩，但总是留有个人选择的余地，例如，对于某些可能的知识性论断，需要在对其进行最大化处理还是最小化处理两种策略之间做出选择。

（2）然而，很有特点的是——这一特点属于上述"作者角色"规范效应——对文中的知识性论断（即认真考虑所有可能遇到的反对意见、以适当怀疑的态度提供解读数据等）进行最小化处理的策略被认为是一种正确的科学态度。这不仅仅体现在作为科学精神的一部分，应以谨慎和怀疑的态度对各种可能观点进行评估，更重要的是，如果采用了这种最小化处理的策略，那么即使实验结果不为科学界所接受，也不会被看作是作者的错误或失误。通常只会被看作"运气不好"，是由于以现有的知识水平无法预见和解释的"异常事件"而导致 214

的结果,它可以"发生"在任何实验者身上。① 从这个意义上看,作者角色的去个性化——在适当的条件下——与减轻公开发表文章的**作者责任**(认知意义上的)是联系在一起的。这当然意味着作者因减轻了文中知识性论断的分量而得到了"回报"——不过这个策略对于科学**进步**而言却几乎毫无益处。然而,这一趋势又被科学对象化的另一条规范性要求抵消了:知识性论断必须对现有知识体系有**新的**贡献。由于成果的创新性既是科学界接受任何研究成果的**基本**标准,又是对其重要性进行评估所遵循的准则,因此从这一要求的角度看,对认知论断进行最大化处理的策略更为适用。由于这两条规范同时有效,因此可能在选择时发生冲突,所以每位科学家在每个研究课题中都必须在"怀疑论"和"独断论"表述之间选择一个折中方案。

(3)如果说署名作者的去个性化减轻了文本真正作者的责任,那么这种去主体化的做法同时也削弱了作者对文本**意义的权威性和控制权**。在前面的章节中(§8)我提到过一个事实——与人文科学相比——在自然科学领域内关于蓄意或不慎误解的指责是相对罕见的(仅就发表的**文本**而言,因为这样的指责在非正式信函中频频出现)。然而现在还得用一个观察结果来补充这个说法,即在自然科学领域中常常发生另外一种,而且是更奇怪的误解。人们常常指责**作者**(即使只是轻描淡写地)误解了他人论文中"描述"的内容。研究性论文的主体部分所阐述的内容被认为是超出作者控制的,它属于非个体和多个体范畴。在这个意义上,科技论文在这一文化 - 解释学实践中确实被视为无限的"自然之书"中的不完美片段。这或许同时解释了为何

215 这个关于"自然之书"的不完美片段的比喻能有如此长久的生命力,为了表达对自然的"同情",这一比喻起初作为神创的意义 - 联结被引入

---

① 想了解说明这个观点的案例研究,可参见 B. Harvey, "The Effects of Social Context on the Process of Scientific Investigation," in *The Social Process of Scientific Investigation*, ed. Knorr et al., esp. pp. 149-151;还可以进一步参见 Knorr-Cetina, *The Manufacture of Knowledge*, pp. 102, 124-126; Gilbert and Mulkay, *Opening Pandora's Box*, ch. 4, etc.。

奥古斯丁的传统之中，即使在其全部神学－本体论背景发生首次变革之后，其依然保持着生命力，只是后来彻底消失了。①

14. 作者角色的去个性化和去主体化出人意料地将自然科学文本置于与某些现代主义文学相似的路线上，现代主义文学有计划有意识地试图排除作者的个人色彩［用马拉美（Mallarmé）②的话来说，叫作以"诗人话语的消失"（*disparition élocutoire du poète*）为特色的"纯作品"（*oeuvre pure*）］。正是因为这样一种对比看上去似乎（我还得加几个字：它实际上就是）相当荒谬，反倒值得我们去认真研究一番。

有计划地将作者的主观色彩从"纯诗歌"中排除（或者将叙述者从"新小说"中排除），其目的是使这些文本完全成为**自我指涉的**。就是说，它坚持让读者因文本"自身"而接受文本：它强调文中的语言应该是组成文本的**质料**，而不仅仅是一种纯粹的交流**手段**（关于某种事物的交流手段，不论它是真实的还是虚构的）。这要通过对直接指代关系的同一性和统一性进行有意识和系统的摧毁来实现（只要它有可

---

① 当然，最近一次引用这一比喻是在我们将"生物密码"氨基酸分析比作"解码"的时候。还有这样一个有趣的现象，经常反复引用这个**惯用语句**的思想家，居然是一些在理论上完全反对将知识的理解比作对某些已经清楚表达的东西的"正确解读"的人。例如，马克思在他首次试图从激进的历史观点出发，将知识的理解看作一种特定的生产类型的时候，就干脆将"自然之书"的比喻转化为工业领域中"一本打开了的关于人的本质力量的书"（Marx，"Ökonomisch-philosophische Manuskripte，" 1844，reprinted in *Marx-Engels：Werke*，Berlin，Dietz，1968，vol. 1，p. 543）。关于这个比喻的历史和作用，可参见 E. Curtius，*Europäische Literatur und lateinisches Mittelalter*，Bern，Francke，1948，ch. 16；B. Nelson，"Certitude and the Book of Scripture，Nature，and Conscience，" in *The Nature of Scientific Discovery*，ed. O. Gingerich，Washington，Smithsonian Institute，1975；E. Rothacker，*Das 'Buch der Natur'*，Bonn，Bouvier，1979；E. L. Eisenstein，*The Printing Press as an Agent of Change*，Cambridge，Cambridge University Press，1980，ch. 5；以及 H. Blumenberg，*Die Lesbarkeit der Welt*，Frankfurt，Suhrkamp，1981。

② 马拉美（Stéphane Mallarmé，1842—1898），法国诗人、文学评论家。——译者注

216 能实现),这些指代关系在语言的使用中自然地呈现出来。①

自然科学文本在各个相关方面都表现出与此完全对立的特点。有限的词汇量,平直的句法结构,修辞手段、诗意形象和**惯用语句**(to-poi)的禁用等,所有这些都使得自然科学文本的语言(对于合格的"说话者"而言)直白易懂,完全没有语言上的雕琢润饰。它们将语言的作用确定为规范的交流工具,将表达作者态度的成分排除在外(至少排除在论文的主体之外),这种做法旨在实现其指代功能的统一,而它欲统一和强调的恰恰是**直接(对象)指代**功能。

因此,两种"去个性化"文本恰好在大量文化性文本中处于两个相对的极点。那些主张让"语言自己来说话"的文本和那些主张让"事实自己来说话"的文本代表着多种解释学立场中的两种极端观点,从这些解释学观点出发,我们的文化允许**我们**(或使我们有可能)在我们只是偶然生活于其中的世界中发出声音(或谈论这个世界)。

15. 据我所知,还没有关于"科学"文本的基本"类型" – 文字特点演变的系统化、历史性研究。但是,初步的历史思考又表明,如果把自然科学一词置于普遍接受的历史坐标和意义范畴中进行考量,对作者个人色彩和立场的去个性化并不能完全代表"自然科学"的特点。简要回顾一下前面(§12)描述过的"类型" – 文本特点,就可以清楚看出,这样一种解释学的特点只属于相对晚近的自然科学阶段。从文艺

217 复兴的全盛时期到18世纪末,一直有多种特点鲜明的文献类型可供作家 – 科学家们根据环境、作者意图和态度等因素进行选择。② 这些文献形式受到的规范性限制要比今天少得多。另外,在17世纪和18

---

① R. Warning, "Der inszenierte Diskurs," in *Funktionen des Fiktiven*, ed. D. Henrich and W. Iser, München, Fink,1983,pp. 198-200; R. S. Zons, "Über den Ursprung des literarischen Werks aus dem Geist der Autorschaft," in *Kolloquium Kunst und Philosophie*, ed. W. Oelmuller, München, Schoningh, vol. 3, 1983, pp. 122-127; M. Riffaterre, *Text Production*, New York, Columbia University Press, 1983, pp. 221-239.

② 所以 L. Olschki 才有可能用将近一百页的篇幅来讨论16世纪意大利科学文献的各种类型。参见 L. Olschki, *Geschichte der neusprachlichen wissenschaftlichen Literatur*, Leipzig, Olschki, vol. 2, 1922, pp. 219-300。

世纪的许多重要的自然哲学和自然历史著作中都带有明显的作者个人色彩,在涉及神学－形而上学或方法论问题的章节中更是比比皆是(常常如此)。直至19世纪,实验报告还遵循一个带有强烈"叙事"特点的组织结构,作者在其中担任叙事者的角色。总的说来,在19世纪末以前,如上所述的作者角色去个性化现象还没有完全形成。

16. 我们对自然科学文献形式的演变缺乏严密的历史考察,但这种缺失可以用一种间接的方式弥补:对自然科学如何摆脱人文艺术领域,建立独立学科的过程做一简要回顾,而这个过程更为人所熟知。这一历史性的独立与作家－科学家角色的去个性化现象有关,因为在我们的文化传统里,文学艺术作品被首要地阐释为——尽管存在着前面提到过的、与此对立的现代主义倾向——一种不可复制的、极其个性化的表达方式,也就是说,它们通常与作者强烈的个性化形象和角色有关。

因此,令人颇为感兴趣的是,在文学艺术作品与自然科学各自获得文化自主性的漫长过程中,一开始它们看起来似乎是一个紧密相关的统一体,因为二者都被看作个性化－个体化创造的体现。文艺复兴时期的**大师们**将艺术家和学者统称为"科学家",这样一来,像布鲁内莱斯基(Brunelleschi)或列奥纳多·达·芬奇(Leonardo da Vinci)这样的全才①就很难在自己的艺术、技艺和科学追求之间划分严格的界限。达·芬奇断然将绘画归入科学的范畴,并认为绘画与诗歌不同,理由是诗歌与道德哲学有关,而绘画则与自然哲学有关。② 一般认为,这种将建筑艺术和视觉艺术的"融合"划分为一种类型,将自然"科学"划

218

---

① 布鲁内莱斯基(Filippo Brunelleschi, 1377—1446),意大利文艺复兴早期颇负盛名的建筑师与工程师,在建筑艺术上取得了杰出成就,并在透视学和数学领域做出了重要贡献;列奥纳多·达·芬奇(Leonardo da Vinci,1452—1519),意大利文艺复兴时期的多个领域的博物学家,同时是画家、解剖学者、艺术家、工程师、数学家、发明家。布鲁内莱斯基与达·芬奇无穷的好奇与创意使得二人成为文艺复兴时期全才型的代表人物。——译者注

② Leonardo da Vinci, *Notebooks*, selected and ed. I. A. Richter, Oxford, Oxford University Press, 1980, p.200.

分为一种类型的方法到 15 世纪就结束了:"到了 16 世纪中叶",本－戴维写道,"科学与艺术的关系又回归到早期的模式,二者分道扬镳,几乎没有任何有意义的交集"①。

但是,以上描述显得过于简单了,因为科学与艺术的彻底分化过程是相当漫长的。就那些技术创新(比如旋转、圆形浮雕、雕刻等)在其中起到重要作用的"小艺术"领域而言,一人身兼艺术家和科学家二职的情况甚至一直持续到 18 世纪②,而且这看起来更加容易,因为那些艺术的实践者同时又是"哲学工具"的制造者。甚至像绘画这样的主要艺术领域也与某些自然哲学分支(主要是光学)保持着相对密切和直接的关系,直到 18 世纪都是如此。二者间的交集既有实践特色[比如维米尔(Vermeer)、法布里蒂乌斯(Fabritius)或 霍赫斯特拉滕(Hoogstraaten)③等画家对最新光学装置的使用],又有意识形态特色(比如在绘画手册中错误地运用牛顿光学原理),这一交集使得这个时期的风景画家们继续将自己看作自然哲学的实验者。④ 甚至到了 19 世纪,约翰·拉斯金(John Ruskin)⑤还在意味深长地告诉画家们首先要学会把大自然看作**来自科学**的大自然(符合那个时代的特点,他所指的科学是地质学)。

17. 然而,就我们讨论的主体而言,自然科学与**文学艺术**分化的问

① J. Ben-David, "The Scientific Role: The Conditions of Its Establishment in Europe," *Minerva*, 4, 1965, p. 29. 类似的观点请参见 G. de Santillana, "The Role of Art in the Scientific Renaissance," in *Critical Problems in the History of Science*, ed. M. Clagett, Madison, University of Wisconsin Press, 1959; and J. S. Ackerman, "Science and the Visual Arts," in *Seventeenth-Century Science and the Arts*, ed. H. H. Rhys, Princeton, Princeton University Press, 1961。

② 有个与此相关的有趣的例子,参见 P. M. Gouk, "The Union of Art and Science in the Eighteenth Century: L. Spengler, Artist, Turner and Natural Scientist," *Annals Sci.*, 40, 1983。

③ 维米尔(Jan Vermeer,1632—1675)、法布里蒂乌斯(Carel Fabritius,1622—1654)、霍赫斯特拉滕(Samuel van Hoogstraaten,1627—1678),同为荷兰黄金时代著名画家,其作品注重对光影的巧妙运用。——译者注

④ 参见 J. Gage, "Newton and Painting," in *Common Denominators in Art and Science*, ed. M. Pollock, Aberdeen, Aberdeen University Press, 1983。

⑤ 约翰·拉斯金(John Ruskin,1819—1900),英国作家、艺术家、艺术评论家、哲学家、业余地质学家。——译者注

题有着更为重要的意义。这个问题超出自然科学发展给文学带来的影响，以及文学对科学理论认可程度的影响①，勒佩尼斯（W. Lepenies）②在一篇有趣的论文中对此做过详尽探讨。他的主要结论是："直到18世纪以前，科学和文学的分化是毫无意义的"③，如果按照字面意思来理解的话，这种说法显然是过于夸张了。比如说，肯定没有哪个当代读者会忽视这样一个事实，即马里沃（Marivaux）④和莫佩尔蒂（Maupertuis）⑤二人分别属于不同的文化类别。但是，当勒佩尼斯强调说直到18世纪上半叶，将明确的美学 - 修辞学要求和标准运用到自然哲学和历史学的写作中是一个不言自明的正确做法时，他是完全正确的。据我所知，最先明确提出科学与**文学**关系问题的是瑙泽（De La Nauze）于1740年（为了反对科学与文学的分离）向皇家学术委员会雕塑与文学院提交的一份备忘录。⑥ 只是到了18世纪的下半叶才有越来越多的人发表与此不同的意见［例如，关于布丰（Buffon）⑦著作的讨论和争议］，他们一方面强调科学的客观性和精确性要求，另一方面强调科学应具有文体的"美感"，而二者之间存在着潜在的冲突。然而，只要文学和科学首先**都**被看作智慧和道德修养的力量，即只要二者均从其与个人的关系角度，而不是从对象化的角度去理解，那么就无须对二者做严格区分。因此，第一个从理论上明确区分科学与艺术

---

① 与牛顿主义和英国诗歌有关的观点请参见 M. H. Nicolson, *Newton Demands the Muse*, Princeton, Princeton University Press, 1946; and D. Bush, *Science and English Poetry*, New York, Oxford University Press, 1950。

② 勒佩尼斯（W. Lepenies,1941— ），德国著名社会学家，柏林自由大学社会学教授，曾任柏林高等研究院院长（1986－2001），并曾在世界多所大学任职。——译者注

③ W. Lepenies, "Der Wissenschaftler als Autor," *Akzente*, 25, 1979, p.137.

④ 马里沃（Pierre Carlet de Marivaux,1688—1763），法国小说家、剧作家。——译者注

⑤ 莫佩尔蒂（Pierre-Louis Moreau de Maupertuis,1698—1759），法国数学家、哲学家、物理学家。——译者注

⑥ 参见 U. Ricken, "Le champ lexical 'science-littérature' en Français et en Allemand," *Dix-Huitième Siècle*, 10, 1978, p.39.

⑦ 布丰（Buffon,1707—1788），法国博物学家、作家。——译者注

220　的人是康德就不是偶然的了。① 自然科学摆脱文学 - 修辞学特点（以及作者那纠缠不清的个人 - 叙述者角色）的实际过程在不同国家的文化环境中具有不完全同步性——例如，这一过程在法国就比在德国长。可是，到了 19 世纪末，科学家的作者角色去个性化现象已经牢固地建立起来，成了不言自明的惯例，以至于福楼拜（Flaubert）②能够把自己以实现叙事非个体化为目的的艺术纲领描述成文学的"科学化"。③

　　18.有必要强调的是，早期"自然知识"形态所具备的文学 - 修辞学特点，并不仅仅意味着某些**外在的**（我们理解为外来的）、与科学文献的"阐释"特点有关的某些要求的在场和有效性。自然哲学和自然历史（作为一个成型或不成型的文化规范）著作那令人愉悦和引人入胜的写作特点一直与其认知结构、文化功能和社会制度化方式有着密221　切关系。首先，加斯东·巴舍拉尔④曾指出，"实验性自然哲学"注重论证和解释**强大神奇的**自然力，因而其将实验活动集中在公开演示惊

---

　　① "不存在美的科学，只有批评。同样也不存在优雅的科学（*schöne Wissenschaft*），只有优雅的艺术（*schöne Kunst*）。因为关于美的科学必须用科学的方式（即通过证据）来证明一件事物是美还是丑，所以，如果对美的判断属于科学的范畴，那么它就不再是对审美鉴赏力的判断标准了。至于什么美丽的科学（即这门科学应该是美丽的），它根本就不存在。因为，如果把它当作一门科学来看，就需要得到理由和证据，**优雅的词语**（bons mots）只能让我们反感。"（康德《判断力批判》§44，J. C. Meredith 译）

　　② 福楼拜（Gustave Flaubert，1821—1880），法国重要的批判现实主义作家。——译者注

　　③ 这一进展即使从其语义学的角度来看也不是没有遇到阻力。所以拉斯金在1874年还写道："在现代数学家、化学家和药剂师们中间，自称为'科学人'已经成为公认的时尚，借以与神学家、诗人和艺术家相区别。他们知道自己的领域与众不同：但是在我们的大学里不应该允许这种荒唐理念的存在，即他们的领域属于特别科学的领域。我们有道德科学、历史科学、语法科学、音乐科学和绘画科学。所有这些学科都属于无与伦比的人类高级知识领域，都比化学、电学或地质学有着更高的精密观察要求。"（*Ariadne Florentine*，quoted by S. Ross，"Scientist: The Story of a Word，" *Annals Sci.*，18，1962，p.70.）

　　④ G. Bachelard，*La formation de l'esprit scientifique*，Paris，Vrin，1938，ch.2；亦可参见 S. Schaffer，"Natural Philosophy and Public Spectacle in the Eighteenth Century，" *Hist. Sci.*，21，1983；S. Schaffer，"Natural Philosophy，" in *The Ferment of Knowledge*，ed. G. S. Rousseau and R. Porter，Cambridge，Cambridge University Press，1980，pp.72-86。

人现象上,这种做法与早期自然科学文献中的对话 – 修辞风格存在着密切关系。这产生了重要的认知效果。这类形形色色的非量化实验,通常使用非标准的仪器设备和非标准的实验材料,并用纯文学语言撰写报告,缺乏公认的可复制性标准[1]:一般来说,这样的实验能够**激发**理论的建构,但是不能在相互对立的理论之间起到**系统控制**(证伪)的作用。另一方面,这种注重直接证明隐秘惊人的自然力的做法与关于自然的本体论概念有关(将大自然理解成无所不在的、隐秘的和千差万别的力量,它要么来自物质内部,要么是上帝所赋予的),同时将科学所扮演的文化角色理解为一种具有道德(常常与宗教有关)提升和升华作用的力量。这里再一次涉及潜在科学受众的特殊形象,而反过来,科学与其自身主要的制度化形式不无关系,尤其与科学活动获得并确立社会支持的方式有关。因此,作者角色去个性化趋势的出现是发生在 19 世纪的那场变革中的一个不可或缺的组成部分,在那场变革中,自然科学作为一个制度化的文化实践形式所具备的全部特征被彻底颠覆了。

三、预期读者

19. 正如上述讨论中指出的那样,自然科学文本的署名作者的角色不能独立于文本所**预期**的**读者/对象**之外,因为预期读者是一个文本的合格受众(即有能力对文本进行理解、判断、讨论、批评的人)。正

---

[1]　可复制性**规范**——例如,在皇家学会的鲱鱼配方中已有明确体现——已经得到公认。然而,在前述条件下,如果第二位实验人未能复制某些报告的实验结果,那么这总会被解释成因为第二位实验人缺乏"艺术水平"。(这不是没有道理的。克莱斯特发明莱顿瓶时,最初向四名科学家通报了他的成果,但是这四个人都无法重复他的实验。)另一方面,如果不质疑实验人的诚实(意味着他的受众容易接受暗示),然后指出某些特意不描述清楚的、无法控制的量化因素(将其说成"复杂化原因"),借此证明成果无效的话,那么最初的实验有可能同样轻易地被抛弃不用。总之,这个时期的典型特色是,可复制性被说成事关科学界进行"监督管制"的问题,事关与学术造假做斗争的问题,也就是说,它被看作对个人道德进行管控的手段。

如所有严格意义上的文化活动一样,规范定义的"合格受众"(在各个历史时刻)是科学文献实践过程中的一个组成部分,只有当科学文献对象化运动以某种明确的方式得到理解、解读/使用的时候,其才具有文化意义。不论是什么文本(包括科学文本),只有当它被"充分"接受时,它的实际历史含义和文化意义才能被建立和完善起来。① 因此,从文化角度假定的"科学的公众"不仅从属于"影响"自然科学研究方向的社会语境,而且构成了这个社会的一个重要特征,那就是对象化的活动。

223

所设想的当代科学文献的"预期"(合格/有能力)读者是——且仅是——**专家型专业人员**,他们应与文献作者同属一个**研究领域**。诚然,这一研究领域——以及被认可的读者圈子——的概念有着各种各样的定义,但是作者基本上能根据现有科学分类的体制结构(细分为公认的具体分支领域,各分支有其特定的关注点和能力要求)事先确定其读者范围,还可根据论文的内容部分地进行重新定义。但是,原则上,自然科学话语的受众应限定为那些能够平等参与下一步研究工作的人。科学话语自我设定的**社会性封闭**条件:**预期/潜在受众的专业化和职业化素质**——既与作为科学家的作家/"生产者"的专业化与职业化素质之间有关联——又是一种相当独特的现象,这又构成了作为一种文化类型的当代自然科学的具体特征。

20. 人们可以当即对这一构想提出反对意见,他们可以指出,上述

---

① 比如,如果考虑到研究成果的**新颖度**是任何作品被认可为一项科学贡献的必要前提条件,那么这一点就自然清楚了。然而,"科学新颖度"却不能用该作品本身的产出过程来定义(是否"原创"或"首创")。作品的新颖度取决于其与这个主题的当代文献的关系。一件科学作品可能是高度原创的研究成果,但是它却"复制"了别人刚刚发表的成果。在这种情况下就完全不能认可它是一项科学贡献。由于在科学界通常不存在关于"雷同性"的严格判断标准(因此在竞争激烈的领域中才常常见到"半复制"这样的概念),因此只有置于**接受过程**内以后,新颖度(作为一个似乎是作品的内在的特征)才有可能被确定下来(往往还要经过谈判和争论)。可以理解的是,随着文献规范的变化,有些作品可以出现在**回顾栏**目中。这类作品一般都包含虽然没有复制嫌疑,但起初未被认定为"新颖"的内容。关于最后这一点,可参见 G. Holton,"Can Science Be Measured?" in *Toward a Metric of Science*,ed. Y. Elkana et al.,New York,Wiley,1978,pp. 43-44。

意义上的"受众职业化"不仅仅适用于自然科学；在当今条件下，它可以描述所有形式和类型的**学术**活动的特征。虽然这个说法听起来几乎是不言自明的，尤其是在英语国家的文化背景下，而且毫无疑问，它合理地指出了一个明确的历史**趋势**，但不能认为它是没有问题的。

确实，如今在自然科学和"软"社会科学领域里，甚至在更广义的人文科学领域里，都存在着学术作品和普及作品（各自有着不同的评估标准）之分。此外，还必须承认，最近发表的学术著作中，以哲学著作为例，大概有99％的作品都是为"专业人士"（也包括希望成为专业人士的学生）写的，而且实际上也是这些人在看。令人感兴趣的反倒是剩下的那1％。因为这1％的作品不仅具有无可置疑的学术价值，而且一般被本专业领域认为对研究现状有着最重要的贡献。例如，只要以爱因斯坦和迪拉克的学术著作为一方，以维特根斯坦、海德格尔或蒯因的学术作品为另一方，对双方在国际上公开发行的出版物及其发行量做一个比较（相对于一个较长的时间段），立刻就看出差别了。同时还要指出的是，这一现象不仅限于哲学领域，如果把上述哲学家换成像马林诺夫斯基（Malinowski）、列维－斯特劳斯（Lévi-Strauss）或格尔茨这样的人类学家，或者像涂尔干（Durkheim）、韦伯，甚至默顿或拉扎斯菲尔德（Lazarsfeld）这样的社会学家，也会得到同样的结果。

即使在今天，在人文科学和社会科学领域，最重要、最具影响力的学术著作也经常发现其受众不仅局限于该领域的"专家"。这些受众一部分由**其他**学科和专业的学者构成，一部分由可遇不可求的"高知型读者"构成——并且其数量似乎在不断增长而非减少。当然，这部分受众与相关专家相比不具备同等的知识基础，因而不能参与到与著作相关的讨论中，但是，他们的态度、评价和观点却以不同的方式影响着这些讨论。这些读者被视作该作品的合格的接受者，仅仅处于"从属"地位（参见§24）。在完善的自然科学作品中没有类似的现象。

21. 关于这一差异的原因，最简单又最常见的解释是，这两类文本

224

"晦涩难懂",为非专业读者带来了不同程度的阅读困难。人们常常认225 为①,自然科学文本采用自主话语模式,或者说,它们至少与日常语言相去甚远,因为文中讨论的问题与日常生活没多大关系。另一方面,人文社会科学尽管也使用了一些专用术语或词汇,但是这些词汇深深依赖于自然语言和日常兴趣点。这一特点可以看作理论欠发达的标志,或者与其认知兴趣的具体特点相关的构成特征;不论怎样,这些都足以解释为何人文社会学科的文本较容易被外行或非专业人员所接受。

虽然这一假想出来的,与日常语言有关的差异一般而言是正确的,但是我仍怀疑它能否充分解释为什么我们所讨论的文化类型有着不同的受众构成。首先,我们还完全不知道像《逻辑哲学论》或者《存在与时间》这样的著作(如今无疑也有很多非哲学家读者在看这些书)是否要比理论物理或生物学作品更容易被文化程度不高的外行所接受。看起来即使想达到初步理解这**两类**文本的程度,也需要接受过相当高深的教育(或自我教育);而且这两类文本之间在强度和长度方面还存在很大的差异,这些都还有待证明(能否证明似乎还是个问题)。其次,即使上述情况属实,也不能解释为何自然科学文本预设的合格读者是该研究领域的专家型人员,因为我们所谈到的这些困难,对于工作在其他**研究领域**内的同学科或同专业的科学家而言不可能构成困难,或者说起码不能形成严重的障碍。

22. 最后这个问题的答案确实与日常语言和自然科学话语之间的关系有关,但是却具有完全不同的意义。(在我们的文化背景中)自然

---

① 在相对晚近的文献中,这种观点可参见 C. J. Lammers, "Mono-and Poly-Paradigmatic Developments in Natural and Social Sciences," in *Social Process of Scientific Development*, ed. R. Whitley, London, Routledge, 1974; K. D. Knorr, "The Nature of Scientific Consensus and the Case of Social Sciences," in *Determinants and Controls of Scientific Development*, ed. K. D. Knorr et al., Dordrecht, Reidel, 1975, pp. 232-235; P. Bourdieu, "The Specificity of the Scientific Field and the Social Conditions of the Progress of Reason," *Social Science Information*, 14, 1975, pp. 34-36,等等,但是这些作者在评价时使用的语气却相差甚远。

科学活动不仅具有论证－推理功能，还具有实验－操作功能。因此，该领域内的新知识不仅要用文本对象化的形式固定和累积下来，而且还要与实验室活动**结合**起来。实验室活动由于带有工艺技术的特点，只能通过在相关情景中的示范和可控性来掌握。特别是，实验性自然科学那套自成体系的"观察"术语与这种特殊形式（常常是工具型）的行动－语境和行动－目的有着密切的关联。一些基本概念被置于操作活动的实际背景中，考虑到这种情况，自然科学话语与日常语言非常**相似**（但有一个重要的**前提条件**，即实验室内的活动与日常活动不同，作为理所当然的技术活动，前者通常在社会和道德层面上保持中立）。自然科学当然没有自己的自主"语言"（独立于日常话语之外的语言），但是鉴于在实际情境、操作性行动和语言－概念的表达之间存在着密切的本质关联，其话语确实含有不同于人文社会科学语言的、自成体系的（即使是"派生出来的"）**语言游戏**。因为人文社会学科所表达的基本上是与实际操作活动无**直接**关系的**元话语**（metadiscourses）。

这样一来，对于自然科学文本的充分理解便不能**仅仅**通过**文本**之间的互动来实现。要想充分理解研究报告的内容（即了解实验者是如何做的，为什么这样做，这个实验原则上是否可靠，换句话说，实验是否具有科学意义），首先必须有能力将抽象的、公式化表达的"方法"转化为作者所描述的实验室场景中的具体行为，这样才能判断它们是否"适合"我们所关注的问题。因此，理解的前提是必须具备与实验者相似的某种程度的工艺技术和实用技巧：这种**"隐性"知识**实际上仅仅存在于同一研究领域内（或密切相关的领域内）的有限的专家圈子中。①

23. 因此,有充分理由将当代自然科学文本(或者其中的某一重要类别)看作只能被小圈子内的职业专家所读懂的文本。然而,如果仅把科学文本注重**事实**这一性质作为其合格受众不多的原因,那是不够充分的。相关读者群体的文化结构必定在科学文本中起到**规范性强制**的作用,因而不能被看作是某些不可回避的事实的纯粹后果。限制和禁锢自然科学话语的界限并不是先天存在的,而是积极**维护**的结果。② 在自然科学界,外行和非专家型人员**不应**在科学著作的讨论中提出自己的解释和观点。他们的观点在这个文化圈子里一直被视作是荒谬的或至少是无意义的。这一现象直接体现在下面这一条(作为制度予以强制执行的)规矩中:在研究成果被相关的权威性专业团体接受和"认可"之前,严禁研究人员以任何方式求助于外部公众。于是,通过正规的科学出版物来发表文章就被看作"诉诸公众"的反面。按照惯例,谁违反了这条规定就会受到严厉制裁;否则就意味着认可了严重违反职业规范的行为,而对这种行为的认可就是对客观公正准则的严重亵渎。③ 然而,在其他学术领域里并不存在这样的制度化规范。

---

① 参见 M. Polanyi, *Personal Knowledge*, New York, Harper, 1964, pp. 49-63; P. A. Healan, "Hermeneutics of Experimental Science in the Context of the Life-World," *Philosophia Mathematica*, 9, 1972; H. M. Collins, "The TEA Set: Tacit Knowledge and Scientific Networks," *Science Studies*, 4, 1974; N. Gilbert and M. Mulkay, "Contexts of Scientific Discourse: Social Accounting in Experimental Papers," in *The Social Process of Scientific Investigation*, ed. Knorr et al., pp. 282-293。

② 出于同样的理由,我对库恩关于自然科学话语中,科学社会 - 心理特点(其教育的同质化,较为严重的社会孤立)意义上的社会终结理论并不满意。

③ 参见 B. Barnes, "On the Reception of Scientific Beliefs," in *Sociology of Science*, ed. B. Barnes, Harmondsworth, Penguin, 1972, pp. 283-287; P. Bourdieu, "The Specificity of the Scientific Field and the Social Conditions of the Progress of Reason," *Social Science Information*, 14, 1975, pp. 23, 42; R. Whitley, "Changes in the Social and Intellectual Organisation of Sciences," in *The Social Production of Scientific Knowledge*, ed. F. Mendelsohn et al., Dordrecht, Reidel, 1977, pp. 146-148; R. G. A. Dolby, "On the Anatomy of Pure Science," in *Scientific Establishments and Hierarchies*, ed. N. Elias et al., Dordrecht, Reidel, 1982。

24. 这样,自然科学受众的专业化就成了一个**规范性**文化素质要求,而不仅仅是一个事实。这一点也可以反过来证明。必须假定,这个文化类型中的作品甚至在今天也经常被非专业局外人士阅读,而且这些人的阅读也**确实**对相关学科的实际进展产生了影响。首先,似乎某些科学出版物确实能引起本专业或本学科**以外**的科学家的兴趣,因为任何一个研究领域都要借鉴其他领域的技术、成果和理论。其次,某些科学文章(工程项目、报告等)应该接受某些机构成员的阅读和评估,因为他们要决定为各种研究项目提供何种支持,选择哪些科研人员,以及如何分配维持科研活动所必需的经济和社会资源。而这些人大多不是同行专业人员。

因此,在这个意义上,当代自然科学实践需要拥有一批"非专家型"读者。但是,这一解释学结论又具有下述特点,即这些潜在的或实际的读者并不能被看作严格意义上的相关文本受众(连勉强为之的受众也算不上),而应被看作作品成果或信息的**委托人 – 使用者**。我们承认,他们有能力以"局外人"的观点来判断某些成果的工具价值,但是不能判断其内在价值和意义,而这些内在价值应由相关研究机构做出权威性判断。

以下观点虽未得到证实,但是也可以在某种程度上说明问题,即上一段落中关于合格受众与委托人 – 使用者的对立,与仍然被人文科学所接受的、关于**受众类型多样化**的假设(尽管面对各种专业化趋势)有何不同。① 数学家和哲学家(我本来还可以选择其他例子)都抱怨(至少在他们的圈子里抱怨)物理学家或社会学家没有能力清楚阐发数学或哲学观点。但是,数学家不会公开批评物理学家对数学的"误解"(这与在数学计算过程中犯技术性错误明显不同),因为他们也没指望物理学家能把数学搞明白。不过,对于社会学家对哲学观点的误

---

① 当然,这一潜在受众类型的多样性在艺术领域中表现得更加明显。在艺术领域中,对艺术同行、艺术批评家、艺术鉴赏家和"天真"的读者(或观众)各自的立场和态度进行区分,这已经不足为怪了。针对各方面的相对重要的问题,还展开了多次重大的思想论战。

读,哲学家则会提出指责。举个例子,在最近的哲学文献中我们可以看到不少对科学社会学家提出的尖锐批评,认为他们错误地解读了维特根斯坦和库恩的观点。[①] 哲学家有时候也会在所谓"哲学旅行"的过程中直接采用社会学家提出的观点。他们承认社会学家是哲学思想和哲学文本的受众和解读者,但是其能力值得怀疑,而且他们理所当然地属于档次不高的那一类受众。

人文学科的受众类型多样化概念甚至在今天仍在扮演一个**多功能的**文化角色。自然科学文献假定的预期读者"专业化"这一理念与其文化**功能单一性**理念是同义的。根据后面这个理念,对自然科学文献成果和资源的"非专业化"应用只不过是一种表面上的**技术－工具型应用**而已。

25. 考虑到由于某些科学出版物所归属的研究领域一般划分得不够严密而且多变,因此存在于合格读者与自然科学文本的普通使用者之间的差别也就具有了同样的特点。在多数情况下,这个特点并不是预先给定的,而是在一个复杂过程中逐步形成的,这个过程始于对研究中遇到的难题进行描述和定义,止于为不同的立场和批评意见贴上合格/不合格和重要/不重要的标签。在这个过程中,争论和社会协商**都**起作用。[②] 至于某些科学调研工作的"内部性质"与"外部性质"之间的界线,那是在社会互动过程中形成的,实际参与互动的不仅有科学家,而且还有科学家的某些"客户"。然而,这样一条界线**应该被划出来**,因为它是作为制度化文化实践的当代自然科学对象化的进程和"成果"的一个组成部分。

26. 尽管如此,受众专业化的最重要解释学成果还是体现在这样

---

① 参见 G. Gutting, ed. ,*Paradigms and Revolutions*, Notre Dame, University of Notre Dame Press, 1980, pp. 9-11 的编者序言。

② 参见 M. Callon, "Struggles and Negotiations to Define What Is Problematic and What Is Not," in *The Social Process of Scientific Investigation*, ed. Knorr et al. ; Knorr-Cetina, *The Manufacture of Knowledge*, ch. 4 ; H. M. Collins, "Son of Seven Sexes: The Social Destruction of a Physical Phenomenon," *Social Studies of Science*, 11, 1981。

一个事实上，即，鉴于前面提到的作者角色去个性化倾向，它规范性地假定作者与受众的角色**完全可以互换**。（署名）作者仅以相关研究组织成员的身份出现，而这个组织是其论文的合格读者，同时也是"我们"这个代词的承载者，文本就是以"我们"的名义写成的。这个"组织"中的每一个成员都有同等的能力和权利去判断报告内容的真实性和**解释**这些内容的**意思**（正确解释）。

　　这种作者与预期读者共享的平等解释权肯定是文本特征所内含的一个反事实假定——在当代自然科学领域中——并**不完全**是虚构的。如今手稿和预印本的流行，以及"审阅人"所发挥的作用，都能够将一批重要的预期读者吸收到文本的形成过程中来，因为读者的反应、评论和批评可能对论文最终的"公开"版本产生重大影响。① 从这个意义来看，现代自然科学比其他类型的文化实践更接近于罗马时代解释学的直接实现，即关于受众的协同创造作用这一假定。

　　27. 上面我们讨论了作者与读者角色的可互换性假设，如果把这一问题的重要性放到某些现代虚构性理论的框架中去审视，它就显而易见地变成了问题的焦点。瓦宁（Rainer Warning）②曾经特别指出过：一方面，文学艺术作品的"虚构"特征获得了文化上的认同；另一方面，文本中出现的作者（或叙事人）声音是否与作品真正的创作者具有同一性，这一点是存有争议的，而这两方面存在着密切的关联。这种"二分"造成了文本**内部的**"内在"交流情境与"外在"**实际接受**情境的分离，为读者创造了一个**双重约束**条件。结果是，一方面，这类文本强迫或至少是刺激读者利用自己的想象对"信息"采取不同的立场；另一方面，读者自身由此获得一个纯粹的"故事"的虚构特征，即由无法确定身份、观点等等的人所讲述的，因此**基本上**无法以明确的方式去定下

231

---

① 这是 Knorr-Cetina 在 *The Manufacture of Knowledge* 一书中第 104～106 页以及第 125～126 页所表达的观点。

② Warning, "Der inszenierte Diskurs," in *Funktionen des Fiktiven*, ed. Henrich and Iser, pp. 191-198. 还可以参见 F. K. Stanzel, *Theorie des Erzählens*, 2nd edn, Göttingen, Vandenhoeck, 1982, 特别是其中的第四章到第五章。

来,也理所当然地无法(也**不应该**)核实故事。

用这种方式虚构出来的文本,如果系统地排除掉对话角色的可互换性,那么就可以将这种互换性认定为自然科学文本的**不二法则**,这种可互换性是日常信息交流的总体特征。① 这些文本所讲述的是任何一位具备必要(而且原则上是普遍可得的)能力的人士都能(而且,根据基本的真实性规则也应该能)讲述的事情。至于**严格的主体间性**和**客观性**的要求,这与自然科学的文化对象化运动在其现代实践中的构成方式有关。

28. 就"研究报告"而言,严格的主体间性的要求体现为实验结果的可复制性这一基本原则。这一原则具有自相矛盾的特点。② 自然科学文本的一些特性为可复制性**提供可能**,但需要**排除**以"字面"或普通意义实现该要求的可能性。一方面,我们用极为固定和典型的描述方式将实验过程作为"方法"来介绍,这使得论文中的信息不够明确,因而无法进行真正的复制。而另一方面,只有用这种描述方式才可能实现可复制性的要求。之所以这样,不仅是因为考虑到某些精细环节,没有一种实验条件和行为是真正可复制(甚至描述)的。更重要的是,因为文本仅**关注**实验室事件中那些不可再现的、与特定地点相关的因素,这就直接将文本的作者置于一种享有特权的观察者地位,他的作用原则上无法被"任何人"取代。关于实验的"科学报告"与关于实验室活动的报告文学或新闻"报道"之间的差别就在于此。

这样看来,通常在科研论文中出现的"方法"一节应该被看作一个

---

① "…… 作者并不认为自己与其受众相比,拥有任何优越的地位或观点。…… 受众知道的信息不比作者多,也不比作者少。他们处于同一个层面……这种写作模式缩短了二者的距离,也避免作者声称自己拥有权威或超越常人的判断力。"L. J. Gusfield, "The Literary Rhetorics of Science," *American Sociological Review*, 41, 1976, p. 21.

② 参见 H. M. Collins, "The Seven Sexes: A Study in the Sociology of a Phenomenon, or the Replication of Experiments in Physics," *Sociology*, 9, 1975; Collins, "Son of Seven Sexes...," *Social Studies of Science*, 11, 1981; B. Harvey, "The Effects of Social Context on the Process of Scientific Investigation," in *The Social Process of Scientific Investigation*, ed. Knorr et al.; A. Pickering, "The Hunting of the Quark," *Isis*, 72, 1981.

主动声明,它具体描述那些公式化的实验条件,依赖这些条件,所有的合格人士(具备必要的"隐性"知识和实验技巧)都能在与所描述的内容基本相同的知识层面上得到实验结果。如果就实验结果发生了争议(多数争议的焦点集中在什么样的结果是合格的可复制结果),这些争议往往围绕着上述声明是否站得住脚展开。在当代自然科学领域的文化实践中,这样的争议**照例**会在短时间内通过互谅的方式得到解决,即使**从原则上看**,这样的解决方案绝不可能完全令人信服(当然,这并不意味着这一解决方案一定是缺乏理性或不能激发认知兴趣的)。在解决争议的过程中,"内部的"**争议**(例如,关于竞争对手在其报告中暗自假定的各种其他条件均同这类用语的合法性问题等)与"协商的"、受社会"影响"的**决定**(例如,关于继续进行一系列实验的利与弊等问题),通常共同起作用。当科研团体无法通过上述方式重建共识(这种情况当然会发生)的时候,常常不会使争论无休止地进行下去,而是采取**折中**的方式将原始的研究领域拆分为两个具体的研究方向。(关于在自然科学领域里将"专门化"作为解决争议的办法,可参见§37。)

29. 在 19 世纪**以前**,预期受众的专业化和职业化这两个概念显然不能被看作自然科学知识的规范化特点。关于这个方面,我们将对以下众所周知的历史事实做一简要回顾:

(1)在自然科学话语凸现的时期,传统学术团体与新兴自然知识形式的代表人物之间频繁地发生争论。在这些争论中,后者不断呼吁更广泛的高素质受众为他们提供支持。他们新建的学术机构(学院等),不仅包含科学知识的产出者,还将作为业余爱好者的赞助人一并吸纳进来。

233

（2）17 至 18 世纪的"自然哲学"仍然带有明显的多功能特色（见§24）[1]，因而它一般能成功地与各种不同的社会和文化受众进行沟通。即使是那些对于当时的高素质读者来说都难以理解的艰深之作，比如牛顿的《原理》，不仅很快就成为被广泛阅读的"普及"读物，而且对其他不同文化形态的话语也产生了深刻影响，并且在这些领域中被彻底讨论了一番，这些领域包括神学、哲学，甚至文学。反过来，这些发生在"异类"文化范畴的讨论又大大影响了相关作品狭义上的科学影响力，并且通常认为它们也直接关系到作品的真实性问题。[2]

（3）在 18 世纪下半叶，关于科学著作合格受众的问题和科学文献的"普及性"与"专业性"特征的问题成了文化纷争的主题，并在法国大革命期间被直接赋予了政治色彩。[3] 只是到了 19 世纪，整个自然科学活动的组织框架发生了深刻变革，而且科学活动获得社会支持和赞助的方式也有所改变以后，受众的专业化和职业化（在不同的学科里以不同的进展速度）才形成了规范，也变成了现实。广义地看，它是与科学家-作者角色的职业化同步推进的。就是在这个过程中，18 世纪的学者共同体，当时仍然是个由科学家、哲学家、评论家和高素质业余

---

① C. Lawrence 对 18 世纪科学文献的多功能性问题做过直接探讨，参见 C. Lawrence, "The Nervous System and Society in the Scottish Enlightenment," in *Natural Order: Historical Studies of Scientific Culture*, ed. B. Barnes and S. Shapin, Beverly Hills, Sage, 1979。也可参见 S. Shapin 对这个问题的探讨（"History of Science and its Sociological Reconstruction," *Hist. Sci.*, 20, 1982, pp. 187-194）。还可以参见 Shapin 在探讨这一问题时提到的著作。在我看来，虽然 Shapin 倾向于将以下两个性质不同的问题混淆在一起，即关于科学作品在不同社会文化背景中为不同类型的文化受众（以并非偶然的方式）所扮演的多种**角色**的问题，以及决定科学家理论选择结果的多种动机和兴趣因素问题。

② 关于神学争议的直接影响，关于早期粒子理论的构想和发展，以及关于牛顿主义的各类文章，可参见 J. R. Jacob and M. C. Jacob, "Seventeenth-Century Science and Religion: The State of the Argument," *Hist. Sci.*, 14, 1976; J. B. McGuire and J. G. McEvoy, "God and Nature: Priestley's Way of Rational Dissent," *Historical Studies in Physical Science*, 6, 1975 等。

③ 参见 C. C. Gillispie, "The Encyclopédie and Jacobin Philosophy of Science," in *Critical Problems in the History of Science*, ed. M. Clagett, Madison, Wisconsin University Press, 1959; E. Mendelsohn, "The Emergence of Science as a Profession in Nineteenth-Century Europe," in *The Management of Scientists*, ed. K. Hill, Boston, Beacon, 1964, pp. 7-13.

人士组成的松散联合体,演变成许许多多由特定领域专业人士组成的
独立**研究团体**。这些团体的成员就是我们今天假定为科学对象化运
动的唯一受众的那些人。①

30. 这个历史过程初步形成了当代自然科学的单一性特征,同时　235
也逐步**限定了自然科学的文化意义**。② 要讨论这个问题,首先需要对
自然科学与神学和哲学分离的各个主要阶段进行回顾,但本文却无法
做到这一点。因此我只能就这个问题给出一些非常粗浅的提示。

早期的现代自然科学体系还声称其具有直接的本体 – 神学意义,
因而也有直接的道德和政治意义。有人可能会想到丰特奈尔(Fon-
tenelle)③的构想,而他当然不是一个宗教狂热分子:

天文学和解剖学是最能证明造物主两个伟大特点的学
科;天文学能用众多天体的规模和距离证明上帝的无限性;
而解剖学则通过动物机体的结构来证明上帝的无穷智慧。　236
真正意义上的物理学则我行我素,最终变成了某种类型的

---

① 对这一过程的较早的、简洁的描述,可参见 Mendelsohn, "The Emergence of Science
as a Profession"。但是,这篇文章既未对专业化和职业化概念做清楚的区分,也未对这些过
程与科学从业者的关系及其与受众的关系加以区分。关于第一种区分,可参见 R. Porter,
"Gentlemen and Geology: The Emergence of a Scientific Career," *The Historical Journal*, 21,
1978,以及他援引的相关文献。Shapin 和 Thackray 在"Prosopography as a Research Tool in the
History of Science,"第 4 ~ 13 页中(从较为宽泛的社会 – 文化背景角度)部分地探讨了科学
受众被限定为专业人员的复杂过程。关于这些制度性和文化性变革过程与**认知**变革之间的
关系,可参见 Diemer 和 Böhme 在 *Konzeption und Begriff der Forschung in den Wissenschaften des
19. Jahrhunderts*, Meisenheim, Hain, 1978, 第 228 ~ 231 页中的讨论和述评。

② 当然,由此也形成了科学理性普遍化这一**悖论**。后者是马克斯·韦伯关于现代性
的历史社会学的核心思想之一(应与他关于新教在这一过程中所扮演角色的特殊设想区分
开来)。F. H. Tenbruck 和 M. Riedel 近来又令人信服地对韦伯这一基本理念做了重新阐述
(F. H. Tenbruck, "Fortschritt der Wissenschaft als Trivialisierungsprozess," *Kölner Zeitschrift für
Sociologie und Sozialpsychologie*, Sonderheft 18, 1975; and M. Riedel, "Die Universalität der eu-
ropaischen Wissenschaft als begriffs-und wissenschaftsgeschichtliches Problem, " *Zeitschrift für
allgemeine Wissenschaftstheorie*, 10, 1979)。

③ 丰特奈尔(Fontenelle,1657—1757),法国哲学家。——译者注

神学。①

科学发现了大自然的"秘密秩序",一般认为,而且文化上也这样假设,它提供了一条理性路径,可接近神的创世计划,沿着这条道路可以了解上帝创造整个世界和人类的意图。特别是在 16 世纪和 17 世纪的重大宗教危机和政治动荡中,各式各样的"自然之书"读物为各种竞相解释"上帝之书"和基督教传统的理论起到了辩护和证明的作用,被看作是"社会黏合剂"。②

自 18 世纪中期以来(国家不同,发生的时代也不同。例如,在法国就比英国发生得早些),自然科学逐渐失去了为真正的形而上学做注解的功能。现在它们自己承担起为新创建的情结和**文化**概念提供关键要素的任务,试图为人类提供一种完全属于内心世界的固有生活取向,以此来取代宗教的作用。自然科学现在不仅能最雄辩地证明人类通过自己的努力和理性行动会取得什么样的成就,而且通过实际取得的成就——通过发现的永恒的宇宙规律(或者通过后来发现的宇宙演变过程)——能够找到建立理性和公正的道德与社会秩序所应依据的基本理念。③ 主要是受到这一说法的启发,社会上的新兴中产阶层才把自然科学教育和自我修养当作实现社会 – 文化进步的一条重要途径。19 世纪早期实证主义的战斗口号是"自然科学**世界观**"的口号,完整地表达了这些思想倾向,在其具体内容中已经预先显现出消

237

---

① B. L. de Fontenelle, "Préface sur l'utilité des mathématiques et de la physique," in *Oeuvres*, Paris, Bastien, vol. 6, 1790, p. 70.

② 关于相关当代文献的简短综述,可参见 Jacob , "Seventeenth-Century Science and Religion"; P. M. Heimann, "Science and the English Enlightenment," *Hist. Sci.* , 16, 1978; S. Shapin, "History of Science and its Sociological Reconstruction," *Hist. Sci.* , 20, 1982, pp. 180-184。

③ 这一观点在托马斯·亨利·赫胥黎(Thomas Henry Huxley)的讲话稿《增进自然知识的好处》(1866)中已有生动的描述:"我要说,自然知识在需求实现自然欲望的过程中已经找到了能够抑制精神欲望的办法。我要说,自然知识在探索安逸法则的过程中已经发现了建立新道德观的行为规范。"(转引自 Tenbruck, "Fortschritt der Wissenschaft als Trivialisierungsprozess," p. 30)还可进一步参见 Shapin and Thackray, "Prosopography as a Research Tool in the History of Science," 第 5 到第 11 页中关于这个问题的论述。

亡的迹象。

当自然科学话语给自己套上的文化禁锢变成了不得不承认的事实以后,当自然科学成果和理论意义已从文化角度限定在这类话语圈子内部,而对这个圈子以外的世界只具有实用性技术**价值**的时候,自然科学研究与普通文化教化的分化也就不可避免了。自然科学现在承担了一项基本社会功能,即为采用重大**技术**措施来干预环境而寻找新的、原则上是无限多的可能性。自从承担了这一社会功能后,自然科学就不再能够为自然现象提供固有的内在意义诠注了。对于其他文化形式而言,它还能保留其**方法论**的作用,但是现在人们认为,这些方法在其应用领域所取得的成果对确定人在这个世界上的行为取向来说没有任何意义,换言之,无助于人们了解这个世界。弗里德里希·滕布鲁克(Friedrich Tenbruck)对此有恰当的阐释:科学所提供的自然观不再是一种世界观了。[①] 至于那个天真单纯的简单问题:为什么如今自然科学的对象化文献超出专业人士的狭窄圈子以外就没有什么人阅读了? 答案绝不仅仅是这类文本对于非专业人士来说非常难懂这么简单。即使你回答说,这些文本只是按照规范写作,给专业化读者看的,这个答案仍然不够充分。还应该加上一句:因为它们对于非专家型读者而言不具有文化兴趣和文化作用。如果不是出于无聊的好奇心,今天的读者**应该**完全没有理由去翻看自然科学的文本。

四、传统语境中的作品

238

31. 与所有被赋予文化意义的文本一样,当代自然科学著作所传达的意义具有主体间的可理解性和文化上的相关性(在此情况下是科学的),这是因为这些文本与构成其"文献传统"的旧有文本储备之间存在关联。意义的**互文性**(intertextuality)是所有文化对象化(至少是

---

① Tenbruck, "Fortschritt der Wissenschaft als Trivialisierungsprozess," p. 24.

文本形式)的构成特征。在我们的文化体系中,即在西方现代性条件下,自然科学的存在以决定这一文化特征的基本条件——**创新要求**为前提,而自然科学作为一种广义上的文化类型本身也处于现代性背景之中。一些文化体系,将保存、整理和加工"传统"(宗教的或世俗的)的功能视作作品的文化意义和价值;与此不同,在现代性背景下,作品必须突破传统有所**创新**,成为自成一格的文化客体。

自然科学著作的互文性特征正需要这种创新性,只有当一部作品包含某种类型的"新成果"时,它才被视为与**科学**有关的作品——**相比之下**这一点与"文学"不同,在文学语境中,作品作为一种文化形式,被接受还是被拒绝,完全由人来决定。

32. 自然科学具有文学传统,这一传统最显著的特点是其在时间上的短暂性("透入深度")。[1] 一般说来,自然科学的整个发展历程与自然科学的**活跃传统**(意即科学家直接和有意识地利用过去的著作,因此通常也在其著作中加以引用)[2]在时间跨度上是不一致的——而这种差异正在不断地扩大。这样看来,在当代自然科学领域中,对传统的传承和保护的文化组织形式不仅与哲学等人文学科有显著差异,而且与社会科学也相去甚远——人文学科与社会科学在这方面(至少在基本的**理论性**著作中)并没有如此大的差异。(更不用说艺术了,特别是在过去的一百年中,我们可以明显看到艺术在美学传承方面的长期性。)例如,物理学著作不会引用发表时间超过 50 年的文献,而另一方面,哲学家却可以名正言顺地引用或讨论柏拉图或亚里士多德(而且是在处理"当代"问题的非历史性论文或著作中)。我们在此所讨

239

---

① 几乎所有致力于研究自然科学传统特征的作者都意识到了这一点。参见 T. Kuhn, *The Essential Tension*, Chicago, University of Chicago Press, 1977, pp. 228-229; E. Shils, *Tradition*, Chicago, University of Chicago Press, 1981, pp. 109-113; 以及 H. G. Dosch, "Geschichtsbewusstsein in der Naturwissenschaft," in *Geschichtsbewusstsein and Rationalität*, ed. E. Rudolph and B. Stove, Stuttgart, Klett-Cotta, 1982, pp. 51-52。

② 当然,科学家**积极利用**的**体现**在科学术语、科学仪器和程序中的传统,通常比文学传统持续的时间更长。

论的差异问题很好地反映在作为所谓"价格指标"的"文献计量指标"（过去五年的文献引用百分比）中。这个比例在物理学中为 60%—70%，在社会学中（主要是 20 世纪 60 年代的美国社会学文献）约为40%，而在哲学期刊中为 15%—30%。①

然而，其他文献计量数据②则有力地表明，不可能用这些学科领域内知识进步的速度（无论这意味着什么）来解释这一差异。对所谓的"引用行为"所做的历时性研究并不能证明不同学科间在**平均折旧速率**方面存在显著差异（例如，物理学与社会学论文的平均折旧速率之间的差异）。我也想从常识性的角度出发做一点补充：虽然谈论哲学领域里的"进步"似乎毫无意义，但是当代哲学文献的**改变**速度似乎是 $\quad$ 240相当快速的——各种流派、各种趋势、各种错综复杂的问题等，往往在学术领域独占鳌头一段时间后，就很快消失得无影无踪，取而代之的是其他的流派、趋势和问题。无论怎么说，在过去 50 年的哲学历程中发生的（至少哲学家自己是这样认为的）"转向"和"革命"比整个物理学历史发展进程中的变革还要多。

在某些具体方面，物理学和哲学之间确实存在差异，但并不能因此将其视为二者之间在作为当代经典的**平均寿命**上的差异——因为在这两个领域中，绝大**多数**文学对象化趋势很快就变得过时了。至少应该可以分析一下存在于这两个领域各自的"积极的传统"中的那些独特的组合方式和结构化倾向，以此对这一差异进行部分的说明。物理学（以及其他自然科学学科）中实际兴起的文字传统包含两种类型

---

① 　J. D. de Solla Price, "Citation Measures of Hard Science, Soft Science, Technology and Nonscience," in *Communication among Scientists and Engineers*, ed. C. F. Nelson and D. K. Pollock, Lexington, Heath, 1970, pp. 10-21.

② 　参见 R. N. Broadus, "The Literature of the Social Sciences," *International Social Science Journal*, 23, 1971; M. Oromaner, "The Career of Sociological Literature: A Diachronous Study," *Soc. Stud. Sci.*, 7, 1977。我深知获取这些数据的方法是存有争议的（可参见 D. Edge, "Quantitative Measures of Communication in Science: A Critical Review," *History of Science*, 17, 1979）。但是，这些数据仍然可以说明问题 – 因此在我看来 – 它们粗略地反映了一种总体趋势，而在此，这些总体趋势才是最重要的。

的作品:**近期**文献(即最近 5 到 10 年)中的相关著作和该领域中的**奠基性**论文。奠基性论文包括那些在建立新研究领域、新理论、新实验技术方面起到开拓作用的,并且可能在 30 年至 50 年内①——直到整个研究前沿转移到其他领域,或者直到能用更加现代化的术语对之进行彻底重建并取而代之为止,被反复引用的出版物。

哲学家在引用过去著作的过程中也遇到过这两种类型的作品。"奠基性著作"是指那些"旗手人物"的著作。这些人物为某自成体系的"潮流"或"流派"提出各种纲领性思想。同样,只要这个流派的直接文化意义和身份依然存在,这些作品也就会经常被拿来讨论。[因此,我会将玻尔(Bohr)②1913 年关于原子结构的文章和卡尔纳普或纽拉特(Neurath)在《认识》(*Erkenntnis*)③中的一些关于知识的纲领性论文同样称为"奠基性著作"。]

241 但是,哲学还有第三类传统,即**经典作品**。**经典作品**是(通常较为久远的)过去的文学产品,**当代**文化实践认为它们具有"永久的"(或至少具有划时代的)效力:也就是说,它们有能力为解决任何时代的问题提供启示,即使我们知道它们是某个特定文化背景的产物,而且当时用它们来直接解决的问题在现在看来已经过时了。正是由于这个原因,这些文本才被哲学家们**以哲学家的身份**(而不是以具有哲学思想的历史学家的身份)一遍遍地反复阅读、引用、讨论、争论,尽管文本作者们的当年被奉若神明的那些"教义"(即学术观点)已经不再站得住脚了。而且,尽管有些著作中的当年被广泛接受的观点和方法今天几乎已被所有人摈弃,但有时还要将其作为经典作品保留下来:它们

---

① 这些引用中有相当大比例的部分实际上可能是"敷衍了事"或纯粹是出于"礼节需要"。但是因为我不关心实际"影响"的问题,而是关心自然科学传统的文化组织,这一点似乎与话题并不特别相关。

② 玻尔(Bohr,1885—1962),丹麦物理学家。——译者注

③ 纽拉特(Neurath,1882—1945),奥地利哲学家。他和卡尔纳普同为逻辑实证主义的重要代表人物。卡尔纳普与赖辛巴赫(Hans Reichenbach)一起出版逻辑实证主义的机关刊物《认识》杂志,后在纽拉特的影响下,《认识》于 1939 年更名为《统一科学期刊》(*Journal of Unified Science*)。——译者注

被看作"错误的典型"。不仅在哲学界有这样的古典传统，许多社会科学——尽管其历史要短得多——似乎也拥有自己的经典作品。在理论社会学中，马克思、韦伯或涂尔干的著作（虽然在**某些**方面被认为是相当陈旧过时的）被认为对于解决当代问题和争议来说具有高度重要的意义。即使在经济学中，将当今的一些观点视为新李嘉图学派、马克思主义学派或凯恩斯主义学派等等，也不无道理。

　　由于我的整个观点是想表明**当代**自然科学中**没有**经典文本，因此也许不必在此对"经典"这个概念做进一步说明。然而，至少应该指出，具备（或不具备）古典传统是某些**当代**文化实践的特点（特别是它们在主动地，有选择地与其过去的活动成果发生联系并与之融合方面所具备的特点），而不应被看作相关传统本身的固有特点。在这方面，当然不能忽视这样一个事实，即虽然一旦被奉为经典就意味着作品的效力"不受年代限制"，但是在经典作品的实际构成中，也就是经典著作的"核心书目"却常常随着时代的不同而发生很大的变化。[①]　此外，人们可能认为某些文化类型在某个时代中不可能产生具有重大意义的经典作品，但是后来却"发现"其有一整套很古老的古典传统（如文艺复兴过渡时期的视觉艺术就是如此）。与此相反的情况当然也有。如果说，今天的自然科学没有古典传统，这并不意味着它们从未有过这种传统。牛顿的一些著作无疑在19世纪早期物理学中起到了这样的作用。同样，欧几里得（Euclid）的《几何学原理》也许一直到本世纪初都被奉为几何学的经典文献。然而，在**当代**自然科学领域里却没有哪个文本能够起到这样的作用。因此，毫不意外的是，从19世纪下半

242

---

　　① 在这一语境下，不妨回顾一下这段话："也必须承认这一点，即最长久以及正直的名声，已经被那些用简单易懂的文字表述观点的哲学家所获得；而擅长抽象推理的哲学家似乎迄今只能从同时代那些怪僻的或无知的人那里获得短暂的声誉，但一直无法得到后来者的公正支持……目前，西塞罗的名声显赫，但亚里士多德的名声则是完全衰落了。拉布吕耶尔漂洋过海，仍然保持着他的声誉：但梅尔布朗斯的荣耀只是局限于自己的国家和自己的时代。而当洛克被完全遗忘的时候，也许爱迪生还能被愉快地记住。"这一荒谬错误论断的作者多少对哲学还有些了解——他的名字叫大卫·休谟（*An Enquiry Concerning Human Understanding*，1748，Sect. I，§4.）。

叶开始,自然科学的史学和自然的实际科学研究彼此日益脱离,成为完全不同的两个学科和两种文化追求,尽管此前它们通常由同一批人完成,并被看作同一项工作。

33. 缺乏古典传统导致当代自然科学——与其他文化类型相比而言——的**历史记忆特别短暂**,这就不可避免地形成了"历史失忆症"。①（或者,如果这个说法看起来过于消极,那么我还可以这样说:它确保能够轻易地遗忘一些事情,而根据尼采的说法,没有这种遗忘,生活本身就不可能继续下去。）然而,这个说法比较片面,而且不完全准确。自然科学实际上拥有自己的长期记忆（而且这个长期记忆被固定在了当代文本之中）。伽利略力学、牛顿定律、达尔文自然选择学说、孟德尔遗传学、洛伦兹变换、迈克耳孙－莫雷实验等等,所有这些都是现代科学的"文学丰碑"。通过这些文献,人们对这些久已远去的英雄保持着敬重与怀念,尽管英雄们的著作在今天的科学实践中已不再被频繁使用。自然科学用编制**大事记**的方式来代替长期的历史记忆。用科学的语言将科学史所特有的事件记录下来,不仅起到"树碑立传"的作用（虽然并没有将"迈克耳孙－莫雷实验"作为一个历史事件记录下来,但是这个术语本身就代表了一个情节复杂的**故事**）②,而且也毫不客气地将这些事件**现代化**了。③ 在最近出版的物理课本中,

---

① Y. Elkana, "A Programmatic Attempt at an Anthropology of Knowledge," in *Sciences and Cultures*, ed. B. Mendelsohn and Y. Elkana, Dordrecht, Reidel, 1981, pp. 35-36.

② 参见 I. Lakatos 对此的描述和分析（"Falsification and the Methodology of Scientific Research Programmes," in *Criticism and the Growth of Knowledge*, ed. I. Lakatos and A. Musgrave, Cambridge, Cambridge University Press, 1970, pp. 159-165）,他还强调,通常"该"实验的意义只有在 25 年后通过回顾的方式才能了解清楚。

③ 库恩特别强调这一点（*The Structure of Scientific Revolutions*, pp. 136-143）。但是,库恩从根本上将这一事实解释为**意识形态**的产物,这一意识形态需要在教学实践中予以培养并起到创建一种群体思维来促进"进步"的作用。关于这一点参见本文的 §40 和 §43。关于科学"民俗史"中谈到的"无意识的现代化",请参见 Y. Elkana, *The Discovery of the Conservation of Energy*, London, Hutchinson, 1974, pp. 175-197, and Y. Elkana, "A Programmatic Attempt at an Anthropology of Knowledge," pp. 59-60,其中也谈到了自然科学中"同步发现"的著名案例的回顾性特征。

对牛顿定律的描述方法正是牛顿当年如果掌握了现代数学符号和现代物理概念的话，**本可以**采用的那种表达方式。因此，科学表达的含义随着科学的进展而变化，虽然一般认为它们的作用是专门为那些可明确识别的独特历史现象和事件进行定义。①

这种内在的学科"民俗史"提出了其发展特征的一个很明确的概念。首先，它确认了科学认知变化的主要动因是那些真正重要的英名永存的文化 – 英雄有着高度个体化的特征。其次，它将过去与当今直接**融合**在一起，而一般认为，这个当今包含了过去一切有价值（和值得回忆）的东西。我们——不论是否微不足道——只是因为站在巨人的肩膀上，所以才能看得**更远**——而**不是相反**。再次，这些历史**大事记**也相当于**死亡通知书**：科学，在其不懈前行的进程中，会将哪怕是最伟大的思想成果也转变成历史遗迹，对科学而言，只有这种无休止的前进是确定无疑的。

哲学同样拥有并利用其历史发展中的这些"文学丰碑"。毫无疑问，"笛卡尔的二元论"、"斯宾诺莎的一元论"、"黑格尔的辩证法"等，都是同一类型的历史**大事记**，其具有现代化和模糊的含义。但是，哲学与科学在此问题上存在差别。在**哲学的**讨论中（我要强调：是哲学的讨论而不是历史的讨论），如果条件确定，那么相关意义的解释学合理性能够得到提高。例如，在对吉尔伯特·赖尔（Gilbert Ryle）的《心的概念》②（这本著作没有历史主张）的批评意见中，人们经常提到并着重强调赖尔对笛卡尔二元论概念的解释是否充分和正当的问题。因为，无论当代哲学对此持何种观点，二元论形而上学的**经典和范式**

① 我们可以认为，在解释学的语言中，在历史理解的隐匿形式下，伽达默尔意义上的**应用**层面完全主导了正确的阐释方式。自然科学的"幼稚的解释学"在这方面是一种教条式的解释学，类似于传统的圣经阐释方式：二者都将**某些**文本的合法性要求**认定**为理解的**前提**。当然，二者之间存在着根本的区别：在现代自然科学条件下，这些文本**不是**关于过去的权威性经典，却是对永恒变化的**现在**进行即时编纂的文献。

② 吉尔伯特·赖尔（Gilbert Ryle，1900—1976），英国哲学家。《心的概念》（1949）是赖尔的代表作，他在其中通过批评心物二元论，尤其是笛卡尔式的心物二元论，系统阐述了他的心的理论。——译者注

并未给所讨论的问题提供好的答案 – 纲要,这与赖尔的不当阐释密切相关。在我看来,当代自然科学不可能发生类似的情况——没有人会因为指出牛顿定律在叙述方面不准确或已经落伍过时而受到指责。当然,之所以不大可能发生这种情况,是因为只有哲学家具有关于经典文献(至少是某些经典文献)的专业能力。

34. 当然,自然科学的这种"历史失忆症"也不无良好的存在理由。在这方面,下面这个事实有着特别重要的意义,即实验性自然科学所积累的知识不能在文本中被完全对象化(见§22)。特别是对实验报告的理解需要具备一定的"隐性知识",没有这些知识就不可能将公式所表示的程序性规则和技术规定的实验材料、设备等转化为对规定对象实施的可行性实际操作。由于实验设备、材料变化的计量标准以及测量程序等发生了改变,这种对理解文本所必需的隐性操作专业知识就**消失**了(被其他知识所取代);现在,也只能通过适当的历史研究对这些知识进行重建。自然科学低层次理论(或独特的观察)术语的操作意义以这种方式在进行改变,而其所指的对象却没有改变,这种情况只能使局面变得更加复杂。在阅读年代久远的研究报告时,科学家往往无法搞清楚实验者实际上在做什么,其测量的可靠性如何,甚至不知道其数据实际代表**什么**意义。(科学史上有很多这样的例子,其中某些过去测量的数据的**意义**已经在回顾性研究中被彻底修改了;例如,电力研究的早期历史不断地告诉我们:所测量到的结果其实与实验者原来设想的完全不是一回事。)纯理论性文本中也出现过类似的,尽管多少有些不同的情况。**鉴于**当今科学家的专业能力是在其文化背景中形成的,那么自然科学的文本就具有了"**固有折旧率**",这就使得跨越时间界限去扩大"文献搜索"范围的做法基本上没有了任何意义。

35. 然而,就经典文本的理解而言,类似的困难在人文和"软"科学领域也并不少见。即使经典文本代表各种形式的"元话语"——也就是说,虽然与隐性操作技巧消失得无影无踪相关的具体理解难题并未出现——但是其意义也绝不是简单地"奉送给"现代读者的：必须用历史－解释学的手段进行意义恢复。由于人们认为这些文本的意义与**当代**问题相关且具有启发性，就需要一遍又一遍地对其进行重新诠释。因此，两种文化类型之间在其有效传统组织方式上存在的差异（"长期"与"短期历史记忆"的差异）不能**仅仅**根据构成其各自历史的文本的不同特征来解释。（更不要说还发生过这样的情况了，即在历史久远的案例中，同样一个文本既可被看作物理史文本，又可被看作哲学史文本，而阅读它的常常是哲学家，而不是物理学家。）还是这样来提这个问题比较合适：为什么了解亚里士多德并具备阅读亚里士多德文章的基本能力是当代哲学家的职责，而为什么对于物理学家来说却没有这样的要求呢？对这个问题的回答最终还是要归结为：第一，在两种不同的文化类型中，**当代科研或学术活动**具有各自不同的文化表达方式；第二，这一组织方式得到了强化、合法化并被继承和发扬，方式是对其活跃的过去进行结构化。

36．人文和社会科学学科的文化表达一般采取**论战－争论**的方式。① 虽然它们通常被分成（通常以一种短暂的、重叠的和流动的方式）若干"协同性"专业，这种分类至少部分地被另一种形式的分类所遮蔽，即把它们划分成相互竞争的各种理论"学派"、"趋势"和"潮流"。② 这些趋势之间的关系是**无偏差的竞争性**关系。通常认为，针对本质上基本相同或密切相关的问题（尽管这类**问题**在其显性表达方式上有所**不同**），它们给出的各种解决方案虽然代表各自学科的**理论模型或形象**，但原则上它们却是互不相容的。要想将各种知识统一起来（以及经常性地实际接触）就要在它们之间进行选择。

学科或学科分支的传统组织形式则**支持**其在当代领域中论战的

① C. J. Lammers 已经在相关意义上谈到了其"多范式"特征。参见"Mono-and Poly-Paradigmatic Developments in Natural and Social Sciences," in *Social Process of Scientific Development*, ed. R. Whitley, London, Routledge, 1974。

② 这一学派出现在很多（虽然不是所有）构成这一学科的专业中，并对这些专业产生了重要影响。

结构化。它将目前各种相互关联的不同理论（各种理论中的各种组成概念）回溯到其"本原"，并将理论中那些可在学科间相互引为**范例的**文本固定为经典作品：所谓可引为范例的文本，即那些具有"永久性"效力或至少具有时代性效力的文本，因为这些文本向读者最清晰地展示了接受某些基本理论模型或形象的理由、动机及其结果。由此可以将学科的传统又划分为多个"传统"，而且其中的每个当代"流派"通常——利用"经典作品"这一公共资源——建立起多少有些与众不同的专有"书目"，并提供与其他学科流派不同的（有时是截然相反的）诠释。[1] 这样一个"无偏差"重建的历史使得一些非常久远的历史著作可直接应用于当代的论战中（既为了给自己寻找合法依据，又为了给自己提供论据），同时也**最大限度地**增加了目前**可供选择的**概念的数量。[2] 以极大的历史深度追溯充满文化色彩的传统，在某些情况下可能会超出该学科开始存在的时间点。（今天有一个马克思主义社会学，虽然在马克思生活的时代没有这一社会学形式。）另一方面，这样的问题或选择——即使是在容易把其当作永恒延续的问题和争议的哲学领域——**最终**也取决于学术研究的现状。例如，哲学家们倾向于追溯唯心主义与唯物主义之间的争论，至少要追溯到德谟克里特和柏拉图之间的"冲突"，他们却忽略了哲学思想的上述两种趋势，直到18世纪其才被视为两种对立的选择。

37. 与上述论述相反，当代自然科学的文化领域是以**一种既容许多元化存在又强调协调一致的**方式组织起来的。这些学科不仅相当明确地分为多个专业，而且这些专业又非正式地分解为多个研究领

---

① 哲学史学正是始于亚历山大时代对哲学发展的论战式的－"对抗式的"解释：参见 G. Markus, "Interpretations of, and Interpretation in Philosophy," *Critical Philosophy* (Sydney), 1, 1984。

② 因此，作者在这些学科中提出的具体断言和知识主张通常只在更广泛的背景下接受评估，反过来，这些背景既不是严格固定的，也不是一致认可的。贝泽曼（C. Bazerman, "What Written Knowledge Does: Three Examples of Academic Discourse," *Phil. Soc. Sci.*, 11, 1981, pp.370-373）特别强调这一点。

域,这些领域是创新探索的主阵地。同一学科内的各个领域和专业以松散的方式进行**合作**,形成对**不同但相关问题**的各种研究形式,它们处于同一(理论和实验)学科背景之下,而其基本内容则在其实际使用的"**基础教科书**"中予以了表述。即使人们认为——或根据常识或诉诸科学的本体论而理所当然地认为——不同专业实际上在研究**同一**"对象",各专业所形成的理论、成果等也不能被看作是相互对立的或可供取舍的备选模式,而应被视为该学科**不同研究领域**的概念化结果,这些结果至少在原则上是彼此兼容的。这一假设甚至在所涉及的各种理论(以其目前的形式)逻辑上不可调和的情况下仍然站得住脚:如果发生这种情况,我们可以前瞻性地假定,"未来的研究"能够实现不同理论之间的协调统一(例如,广义相对论与非相对论量子力学之间的关系)。通过这种方式,至少在"正常"的发展时期内,可以解决自然科学的**异议**,将其**容纳、限定**为特定研究领域内就如何回答某些具体问题而提出的不同看法——而不去争论如何理解这个问题本身和如何去实现研究目标。

　　研究领域中的这种既强调一致性又容许多元化的组织形式,与其说是"规范的科学"(即自然科学领域里大部分时间为真的状态描述)的一个真实特点,还不如说是这一文化实践类型试图加以"规范化"的一种状态。也就是说,这些实践**旨在**采用一系列具体手段来努力遏制和限制具有相关认知背景的不同意见。如果说在目前的学科知识水平下,缺乏充分的理论和技术资源为某些争议找到看似合理的解决方案,那么就干脆把这些争议贴上"不科学"或者"形而上学"的标签搁置起来(也许在以后的某个阶段会重新启动)。经久不息的论战会起到长期分裂相关研究领域的作用,于是其常常将最初的不同**观点**分解为具有同等合法性的多个独立专业,各自研究同一个现象的不同**方面**,从而达到"中和"争议的效果。由此将不同派别之间的竞争从争论－认知的层面转移到"社会"层面(依据其"丰硕成果"和重要意义争取在学术上和更大范围内得到认可,以及争取财政资金等)。因此, 249

不断发展中的研究领域的专业化运动就在自然科学界承担了解决冲突的功能。① 以这样一种方式,强有力的科学**客观主义**(§27)被很容易引起共鸣的**视角主义**(perspectivism)②"调和"。视角主义采用具体化的方式,从理论上、方法论上和技术上将不同的,有时是相互冲突的**研究方法转化成研究现实**的不同层面的差异。

当这些科学规范化的做法未能有效平息争议,那么就会导致异常事件的发生:如果其后果后来被视为有意义和积极的,那么这就是一场"革命";如果是无果而终,那么这就会被看成一次"越轨行为"。下这种判断的依据不是相关事件在科学史中的发生频率——判断一件事是否属于异常事件与其是否罕见毫不相干。

38. 自然科学对于传统的实际组织方式为其当代活动的这一透视化、多元化和协调化提供**支持**。教科书往往包含(如引言)学科的官方历史——一个理想化的故事将其最重要的"大事记"连接成简单的序列。但实际的文化 - 认知**传统**却是**在**每一个研究领域**中独立**地进行组织和建构的。自然科学中被激活的过去表现为众多共存、并行的**"研究状态"**,每种状态持续时间相对较短,并有部分的重合,而不是一些持久的倾向 - "传统"(其争议性的竞争保证了学科中研究分支的统一)。每一篇研究论文直接有助于对这种传统的巩固和完善。自然科学可以容忍历史意识的缺乏,因为**每种文学对象化可以立即**从其当前活动的角度参与到对有关(浅显的)历史的表达和解释之中。

39. 在今天,这种传统 - 组织方面的功能是自然科学出版物的**形式**特征和要求。这与前面已经提到的当代科研论文的传统和标准化

① 关于科学专业化和"细分"在化解冲突中的作用,首先可参见 W. O. Hagstrom, *The Scientific Community*, New York, Basic Books, 1965, pp. 187-226。关于说明这个过程的历史案例研究(贝特森和皮尔森之间的争端和生物统计学的出现),可参见 L. A. Farall, "Controversy and Conflict in Science:A Case Study," *Soc. Stud. Sci.*,5,1975。类似的例子还有很多(热力学和气体动力学理论之间的分离,遗传学和分子生物学之间的分离等)。

② "视角主义"(perspectivism),亦作"透视主义",由尼采开始形成影响,为后现代主义所充分发挥。视角主义认为认识取决于认识者的生存条件、主观需要等等,就如透视画面取决于画家的位置、视角一样。——译者注

文学结构的解释学功能与意义有关(§7)。

　　研究报告的**引言部分**(连同其**参考文献**)的任务就是进行关于"当代文献"的给定研究,即短期历史的文字记载。为此,相应的传统被以一种特有的方式进行重构和解释:它被转换成一种单一、局部和开放式的**争议性复合体**。最初可能完全无关的著作,现在从特定问题的观点来看或者证实或者证伪,总之互相有了联系;出版物的实际时间顺序(和实际影响)在很大程度上被忽视并被争议关系所取代。[①]这样,作者——作为以往科学著作的一个真正的、创造性的接受者和阐释者——不仅要在它们之间做出选择,同时还要将复杂的,通常是多中心和混杂的历史故事转变成"逻辑化"的故事,从而将其组合成一种**瞬时状态**:"研究现状"。对于这种短期历史的逻辑化和瞬时化的目的非常明确,就是要将一个关注的具体领域界定为一个相对独立、合理的研究领域——更重要的是——在其中划分出问题得以解决的已知领域,以及尚未解决争议的领域和未知领域。以这种方式,过去被理解为**客观地提出一个(或多个)问题**,而论文的任务就是解决这些问题。因此,引言通过对传统的明确构建,通过缩小客观上预先给定的不确定性和未知性领域,为论文中对知识现有状态的"贡献"提供了正当性解释。为使自己的著作合理地建立起与科学的相关性,科学家必须"承认"其作品与一些早期出版物的相关性,他们以这种方式将这些早期出版物转换为对当代富有意义的文化传统。[②]

　　自然科学家这种对于传统经常性地、草率地组织当然是一种"主观性"的解读活动,也就是说,它需要个人(或小组)对研究领域的界限、相关性、创新性及其早期意义等做出决断——当然,所有这些取决于这些科学家阐释其结果和可能意义的方式。并没有一个认知标准

251

---

① 在关于科学的主流分析哲学中,这种真正的实践通过"发现语境"和"证明语境"的概念差异获得规范化、合法化特征。

② 参见 N. Gilbert, "Referencing as Persuasion," *Soc. Stud. Sci.*, 7, pp. 100-101,110-113;Knorr-Cetina, *The Manufacture of Knowledge*。

能够规定(或允许)对这些问题进行清楚明白的选择。很可能出现的情况是,两位科学家进行大致相同的实验,却建构出完全不同的相关文献传统,并据此将各自的研究结果置于不同的理论背景中加以阐释。[①] 然而,这种对于传统的**建构(或重建)**被视作是对预先存在的(知识)状态的一种简单**描述**。要保证做到这一点,不仅要明令禁止直接表达个人的选择和态度,还要(且首要地)建立一些规范性要求,这些要求旨在确保这一建构的"客观性"。"文献查找"应该全面,所有著作的影响和意义应予以承认,对其他作者的成果的阐释——除非在直接论战的情况下——不能完全脱离作者的解释,等等。当然,虽然这些要求的含义已经得到普及,但是在实践中对此明目张胆的违反(完全忽视对手的理论)仍是时有发生。但是,这些要求仍被**假定**是有效的。也就是说,如果论文明显不遵守这些要求,可以对其进行批评(甚至否认其科学性)。也许最好是把对传统的构建(在引言中介绍)作为一种**自愿接受的建议**,即给出究竟什么应该算作特定领域中知识的实际状态的建议。那么,在相关出版物的文学关系中,这一传统——在一段时间内——就保持相对稳定(选择某个领域内引用率高的、内容相关的"重要近期著作"),论文是否能够使**自身**成功地进入这一传统同样在这一过程中得出结论。

40. 如果引言部分的任务主要是构建一种短期历史,客观地提出一个需要回答或解决的问题,那么方法部分就是证明科学家着手"发现"答案的途径及其产生新科学知识的方式是一种有根据的方式,并已纳入到以前的文献和研究中。在结果部分介绍答案的所谓"原始数据",在讨论部分指出这些数据为前面提出的问题提供(或贡献)解决方法。但是,讨论部分通常还要完成更多任务:对于不确定的解释性替代理论、有待**进一步**研究的理论和实证性问题,应以科学研究固有的怀疑态度至少给出某种预测。这样,论文不仅将自身置于当下的历

---

① 例如,对比 Gilbert 和 Mulkay 在 *Opening Pandora's Box*(第43~51页)一文中提供的材料。

史之中,并且建立起与计划(建议)的未来研究的某种关系。

41. 因此,自然科学论文的正式－常规组织整体上服从于**问题与答案**的解释学逻辑 ——以呈现给我们自己的问题(取决于当前的知识状况)为必要限定条件,而答案在很大程度上是客观化和归化的(答案由作为"朴素的事实"的,具有决定性的数据提供)。因此,如此完成的实验真正成为一种"强迫自然回答我们的问题"(康德)的方式——第二种全能的比喻,就像"自然之书"的比喻(§13),直接将主体间性、解释学－对话关系转换成自然与人的关系。

解释学过程的这种"归化"部分地通过将问题与答案的逻辑应用于自然科学领域予以保证,这种问题与答案的逻辑是其历史传统的**直接组织原则**,历史以这样的方式被强烈地"逻辑化"①,并且(从当下的观点出发)转变为一个线性过程。通过上文提到的建构,每一篇论文扎实地嵌入到短期历史中,并且在其中清晰地划出了已知和未知之间的分界线。接下来应进一步推进这一前沿,从而开启对新问题的研究。因此,文献对象化的这些制度化特征为它们赋予了重要意义,即对始终开放的、不断进步的集体事业所做出的**贡献**。因此,自然科学的所有文献著作只属于某一暂时性阶段,是人类知识坚持不懈向前迈进过程中转瞬即逝的步进点和停靠地。

因此,科学进步的理念既不单纯是科学家(和一些哲学家)的意识形态,也不仅仅是表达科学史的某些事实:而是一个**基本条件**和准入证,只有有了它,才能为自然科学活动赋予**意义**,因为自然科学活动在当代以文化的方式组织起来。之所以如此,不仅仅是在现代自然科学患有"历史失忆症"这个意义上,只要人们认识到古老著作中的一切认知价值都完全包含在"近期"的文献中,则其活跃的传统的短暂性即可

253

---

① 历史的这种"逻辑化"与实验的可复制性有直接关系。科研论文描述实验者行为的原则是实验结果可被复制,因此必须去除与实验者动机有关的行为的真正历史性。必须用理性取代行为者可能的个体或历史动机,因为理性对于每一个致力于在特定知识领域进行科学研究的人来说都是具有说服力的。具体的实验做法是仅仅关乎特定"知识状态"的理性的过程。

被视作是理性的。我想指出的是,考虑到科学论文的形式特征,对科学论文进行"适当**理解**"是将它视作对于认知这个不断前进、无所不包的不可逆过程所做出的贡献。因此,进步的理念被设想为一个**具有历史－文化偶然性的规范性理念**①,它本质上与自然科学活动的当代文化组织及其文献对象化密切相关。当然,有这样一个问题:在科学或研究的具体分支中是否有"进步"的概念,这一"进步"是在准绳的意义上的——是一个实证性问题。但是,总体上,自然科学知识能够累积进步这个前提是一个历史性的假设,它与这一认知形式的当代文化组织形式有关。然而,其"偶然性"并不意味着它的随意性。只要此种组织形式的认知实践可以实际满足对它的基本社会期望、要求和需要,或至少是它没有受到以其他方式组织起来的实践的挑战,自然科学就是"能够进步"的。

42. 当然,有充足的**社会理由**可以解释人文科学和自然科学在文化领域和相关传统建构方式上的显著差别。人文和社会科学著作仍然——要么以一种公开的方式,要么以一种非反省的方式——与分化的、部分对立的社会利益,与各种现存社会机构的合法化或批评,以及与对不同社会群体社会地位产生不同影响的实践活动密切相关。另一方面,在我们的文化中假定我们与自然的关系主要是技术关系,只能根据通常被视作道德和社会中立的有效性评定标准进行判断。有良好的社会文化基础可以理解上述差异的存在,但这并不是解释这一差异的**令人信服的认知理由**。在后一种意义上,人文科学的传统**不应**被组织为与漫长的历史时期相竞争的对立"趋势",而自然科学的传统也没有必要组织成许多共存的、仅仅部分重叠的"研究状态"。

事实上,哲学的历史传统(举一个在此方面最为极端的例子),**可以很好地按照哲学知识持续增长的模式进行排序**。这是由从亚里士

---

① 在此,我在准康德的意义上使用"理念"一词。"理念"是非任意的**有意义概念**:自我解释的形式,通过为实践赋予特定的意义,实现规范和引导的作用,然而,这个意义不是一个"自由发明"的个人行为,而是与相关实践的文化－社会构成密不可分。

多德到黑格尔再到新康德主义史学这一最伟大的"哲学的哲学史"（主要是将作者的体系描述为整个进化过程的内在**目的**）完成的。不应该只承认这些著作的历史有效性［在效果历史（Wirkungsgeschichte）①的意义上］，但是——我认为也不能断言它们毫无启发性可言。此外，当然它们很可能在任何特定的历史时刻"调节"哲学的"派系"之争，并消除其争端，这主要通过视角主义相对化的方法和与其（在"范围"或"角度"上）对立的适当限制，正如我们所看到的，这些方法往往在自然科学中使用。今天这样的尝试被轻蔑地评价为"折中"。在哲学史上，一直有这种强烈的调和主义冲动，今天我们在贬义的意义上将它称为"折中主义"。然而，这种消极的判断既很难准确地反映其历史上的意义（历史上一些最伟大的哲学成就——如莱布尼茨和康德——就是被这样的目标所激励），也不能反映其现在的角色（很可能大多数当代学院派哲学家不是清晰界定的"学派"的正统信徒，而是"折中主义者"）。但是，这种评价的确正确表达了在当代条件下，折中主义作为解决永恒的"学派争端"的**哲学纲领**在文化上的不相干性。但是，必须补充一点：**存在**一些整体性文化时期（例如，罗马共和国和罗马帝国晚期），其中某种融合的尝试确实取得了相对持久的优势地位。（诚然，这并不是哲学史上成果最丰硕的时期。）

43. 就自然科学而言，情况恰好相反。直到 18 世纪初，自然知识的接受形式一般体现在一些具有文化（和民族）特异性的、多功能的理论中，这些理论作为彼此对立的、不可调和的自然世界"模型"而存在，人们不得不从中做出选择。笛卡尔、牛顿和莱布尼茨"物理学"之间的关系（在此仅举一例）原则上与竞争的形而上学体系之间存在的关系并无不同（当然，它们只能通过一个现代化的、与历史无关的抽象从这个体系中分离出来）。这种情况在整个 18 世纪已经逐渐改变了。尽管主要还是牛顿时代的语言风格，但它并**不是**在此期间实际发生的范

256

---

①　效果历史的概念由伽达默尔提出。伽达默尔认为历史或传统不仅仅是过去，而且也是一个实现的过程，历史通过制约我们的历史理解力而产生效果——译者注

式上的共识性胜利和普遍接受(比如人们将库恩理论应用于真实历史中的方式太过轻率),而是这些模型的一种"杂交",这些模型在早期被视作彼此排斥的;一种"机会主义的折中主义",将各种特征和成分进行混合和结合,方式是首先诉诸占主导地位的中心研究兴趣(以及特定社会背景下的主流文化传统)。① 自然科学中出现"视角主义调和"这种认知策略的时间或许应该从这个时候算起。在此之前,在对哥白尼理论进行解释的争议过程中,这种调和被明确拒绝。无论如何,正是各种范式的这种"折中性杂交"为在理论上和在方法论上将"实验性自然哲学"的问题、结果和模型更严密地结合到"普通物理"的数学原理中准备了概念性根据,主要是(适当地重新解释)了牛顿力学定律,并使物理学作为一个统一(和日益专业化的)学科在 19 世纪上半叶得以出现。这个过程也涉及在理解实验与理论之间的关系以及经验和数学之间的关系时深远的认知改变,这种改变影响了学科的操作(实验)实践和文学实践。②

257

44. 然而,即使在 19 世纪人们也不认为自然科学中的传统文化构成等同于他们当前实践的相关特征。在此期间牛顿被当成了"经典物理学",从这个词完整的意义上来说,仅凭这一事实就已经表明了其区别。无尽的科学进步这一概念当时已经在自然科学的文化实践之中被牢固地建立起来,仍然与明确的(实现或即将实现的)"科学世界观"同样坚定的信念结合在一起,其原理不容置疑,为知识的**广泛增长**

---

① 爱尔卡纳整理了这一效应的证据和简洁论证,参见 Y. Elkana, "Newtonianism in the Eighteenth Century," *British Journal for the Philosophy of Science*, 22, 1971; H. Guerlac, "Newton's Changing Reputation in the Eighteenth Century," in *Essays and Papers in the History of Modern Science*, Baltimore, Johns Hopkins University Press, 1977; and R. E. Schofield, "An Evolutionary Taxonomy of Eighteenth-Century Newtonianisms," in *Studies in the Eighteenth-Century Culture*, ed. R. Runte, Madison, University of Wisconsin Press, vol. 7, 1978。

② 参见 R. H. Silliman, "Fresnel and the Emergence of Physics as a Discipline," *Hist. Stud. Phys. Sci.*, 4, 1973; C. W. Smith, "A New Chart for British Natural Philosophy," *Hist. Stud. Phys. Sci.*, 9, 1978; S. F. Cannon, *Science in Culture: The Early Victorian Period*, New York, Dawson, 1978, ch. 4; and E. Bellone, *A World on Paper*, Cambridge MA, MIT Press, 1980。

提供了保证。又是康德第一次在他的理论哲学中清楚地说明了这种发展观念的两个方面。

只是从 19 世纪末 20 世纪初起，科学知识无限增长的观念已经与原则上的**可证伪性**（fallibilism）交织在一起。现在，科学的进步意味着一个不可逆的过程，不断逼近一些不可能实现的目标，而这些目标的内容的任何实质特征也是无法描述和不可预知的。大约在自然科学的文学对象化的同一时间，关于其适当构成和文献使用的传统和规则也获得了其当代、现代的形式。特别值得一提的是，目前已知的引用规则，结合上述的自然科学特有的"短期历史记忆"，从 19 世纪下半叶逐渐建立起来。科学历史学家最近开始越来越频繁地谈论发生在 19 世纪的"第二次科技革命"——这意味着**或**在科学（首先是物理学）的理论取向和标准方法上的一些激进性转变，**或**在科学活动社会组织的一般形式上发生根本性转变。① 自然科学的解释学分析表明，这两种 ²⁵⁸ 类型的转变通过一系列同时发生的变化而相互联系、相互结合，这些变化不仅发生在其文学实践中，也更广泛地发生在维持这种实践的文化（ATR）关系的集合之中。自然科学作为**我们**知道的文化流派，作为我们熟悉的制度化话语行为的形式，是 19 世纪发展的产物，在这些发展中，认知结构、机构组织、客观化的文化形式和整体社会功能等都发生了改变。

五、推测性的结语

45．总体而言，上述我们尝试从解释学分析中得出的任何与自然科学有关的实质性结论，都是推测的和不确定的。首先，这种分析能

① 第一种观点体现在 Bellone 的 *A World on Paper* 和 Cannon 的 *Science in Culture*: *The Early Victorian Period* 两部著作中。第二种观点参见 E. Mendelsohn, "The Emergence of Science as a Profession in Nineteenth-Century Europe," in *The Management of Scientists*, ed. K. Hill, Boston, Beacon Press, 1964。

够以**现象学描述**文化状况,从而赋予当代自然科学话语以对象化的文学**意义**。因此,自然科学的文化规定,相较于其他文化类型或时间更久远的"自然知识"而言就会引起更大的关注。由于我们在此所关注的现代自然科学不仅包含文学推论功能,因此我们所做的解释学分析并不能详尽阐释主体问题。此外,解释学的分析主要关注文化**意义**的历史的和文化的偶然现象,而认识论和社会学的分析分别关注真理和社会问题,它们更加传统,因此,解释学的分析并不能取代认识论和社会学。

但是,这三大问题域当然不是彼此孤立的。自然科学的解释学阐

259 释可以为传统的认识论和社会学方法的某些偏见提供必要的修正。

从事科学哲学研究的哲学家经常或者曾长时间地将自然科学研究的成果作为非实体化的"理论",换言之,与一些"理想化"的语言相关的**观点体系**。另一方面,在默顿传统科学社会学影响下,研究科学问题的社会学家则一度将这些成果视作传达演讲者自身价值和目标的**演讲**,目的是使聆听者实现这些价值目标。而自然科学的解释学研究则可以有效矫正哲学和社会学的观点,只要它坚持文化实践的成果是严格规范的**文本**这一原则:具有强烈"类型化"特征的文学对象化,将其生产、传达、接受和阐释的方式限定在特定的历史 – 文化语境中。

46. 同时,解释学的阐释或许还可以缓和那些修正主义对于上述主流哲学和社会学观点的抨击,这种抨击似乎要将哲学和社会学带向一种激进的认识论上的相对主义或社会学上的形式主义,或两者兼而有之。观点的客观性、可复制性、集体性、创新性以及知识的发展不仅仅是意识形态,这是一种错误的意识形式(一些机构出于自身的利益考量),使得对于实践本质的正确认识变得不可能;因为它们不是(在默顿看来)激发科学家们行动或形成对于他人行为预期的准则,而是施加给行为者的行为与文字的相互作用的**规范性要求**,方式是文化实践及其对象化的历史的构成,而这很大程度上与我们所说的某些机构的实际行为动机和准则无关。当然,可以肯定的是,如果不考虑文化 – 社会语境,这些要求不

可能实现。此外，在任何实际情况中，并没有确定无疑、一成不变的方法论或认识论准则，无论这些要求是否遵照甚至与智力和技术资源**有关**。对于相关机构而言，这必须成为其做**决定**时要考虑的问题。但是，这并不是说，决定是变化无常的，虽然它总是在某种程度上决定于具体情况 260 的本质和特征，即是说，决定必须是**谨慎的**，同时可能是包含**错误**因而需要及时**修正的**。此外，不仅仅是认知上的争论，一些"外在的"因素同样会影响我们做出决定。但是，这并不能使关于"外在"和"内在"因素的区分变得不具合法性或者无效，因为它属于当代自然科学实践的文化组织，因此**需要**——再次以一种不确定的、可商议的，但并非随意的方式——做出这种区分。总体而言，**考虑到**当前自然科学实践的构成，在当前科学界各成员的文化互动过程中，科学活动"内在"要求的"慎重"实现是这些活动的意义所在。

47．在我看来，自然科学的解释学使得所有在普遍理性条件下为当代自然科学的认知特征辩护的努力变得难以实现（当然，自然科学的解释学并不能**证明**自然科学的认知特征是错误的），无论这种努力是在严格的超验意义上，抑或在与人类知识有关的不大严格的超验的人类学限制的意义上。解释学的分析凸显了那些偶然的文化状况和与这些认知特征紧密相关或至少历史地统一的关系。这表明即使是在古代西方思想发展中也有作为不同的文化类型存在的关于自然的各种形式的"科学"知识，它们不仅实现了不同的社会－文化功能，并且具有独特的认识论结构（它们有对于实验、理论、科学论证、创新和发展的标准等等的统一理解）。**重建**这些形式的次序（和它们所体现的理论的次序），使它们在我们关于自然现象的理性认识中构成一种**渐进式**的发展；甚至可以说，当代自然科学作为一种人类活动的文化形式要求我们如此。**一旦**我们接受了作为这一整体发展之**目的和准则**的自然知识的现状，我们便能够成功地进行这种"进化的"重建。我们成功地进行重建的事实——科学的"自由主义的"历史对我们而言不仅比起诸如绘画的"进化的"历史等等更加令人信服并且更为明确——并非是 261

无足轻重的;其与我们的文化和科学**都**有关系。但是,这一成功及这一成功之"轻松"不应让我们忽略这一事实,即它们是对历史的解释性的重建,而这一历史由我们自身的文化前提决定,并且,被理解为过去的"科学的进化"的实际过程事实上随着我们**当前**知识的构成和特性的每一次重要的改变而改变(有时是显著地改变)。由于有了现代性的社会‐文化前提,自然科学就成为一项具有"进步"的内在能力的复杂理性活动,但是,在我看来,任何基于这一进步概念的、在不包含历史‐文化的不确定因素的框架内的努力,似乎注定要失败,最终只能导向作为一种人类理性普遍构成的某种特定文化特征的本质。

48. 这样一种"强烈的历史主义"立场并不能否定一种"非传统的"自然科学理念的(**原则上**)可能意义。当代自然科学的解释学方法本身能够表明(虽然这并非本文阐释的重点)自然科学现实发展过程中明显的张力,并且必然显现出与对于启蒙运动的伟大传统已经与科学进步理念建立起有机联系的期待相去甚远,甚至完全相悖的特征。但是,解释学的方法并未实际地为关于科学的浪漫批评提供很多支持,同样,也没有为认识论上的相对主义提供过多的理论支撑。这表明,现代自然科学实践所具有的不同的认知的文化与社会功能特性之间具有广泛的历史同步性和明显的亲和力。特别是,强调了自然科学已**丧失**其直接的和普遍的文化意义(在马克斯·韦伯意义上,即,作为自然存在的生活世界中无所不包的认知倾向),自然科学的话语变成自我封闭的(即仅仅是专家的话语)话语,自然科学**获得**那些认知和社会特征,与此同时,这些特征使得自然科学可以在技术进步中实现某种直接的功能(将自然科学转化成一种马克思所说的"适当的生产力")。虽然自然科学特征当中所具有的历史同步性与文化亲和力尚未证明在任何条件下这些特征都是彼此依赖、不可分割的,但是其严重削弱了对于当前自然科学的文化焦虑特征的大规模批评,并预先假定了自然科学不必牺牲某些可能对于现代社会而言根本性的特征和持续的发展,这些特征也可以被改变。我们在(理想的)普遍性意义上

262

所阐述的"非主流科学"的理念至多只是一个无法理性思考的完全空洞的可能性。一种经过系统发展的社会－文化实践，如若要对其进行有效批评，必须在一种有意义和明确选择的层面上才能实现，因为这种选择可以改变或替换这种社会－文化实践。一种强烈的历史主义立场与那种认为"什么都可以"的令人鼓舞的相对主义信仰是刚好对立的：如果历史教会我们一切，它教会我们的这一切——很不幸——只能是在所有历史时刻，在大量可能的，也许是理想的事物中，微乎其微的实现实践－社会可能性的机会。

49. 自然科学的解释学只能使自然科学的各种特征明确地展现出来，而在当前形势下，这些特征使得解释学对于成功的自然科学实践的反映和认识变得无足轻重；它仅仅暗示了忽视自然科学解释学成果的"代价"。对于"这一代价是否值得"这一问题的回答是无可奉告，因为对此问题，哲学家与其他所有人一样束手无策。自然科学的解释学只能试图——像哲学所需要的那样——澄清当我们提出这一问题时，真正至关重要的是什么，阐明我们按照当前的方式从事自然科学研究时——作为一种文化的存在——需要为自己做些什么。

致 谢

本论文的部分内容初次发表于 1985 年在以色列举行的"关于科学的历史、哲学和社会学"会议上。我很荣幸地接受耶路撒冷大学万·利尔学院的邀请为其撰写论文。我还要向我的一些同事和朋友表达谢意，他们在一些正式和非正式的讨论中，为本论文的最终完成做出贡献。特别感谢理查德·伯恩斯坦（Richard J. Bernstein）（哈弗福德）、约翰·伯恩海姆（John Burnheim）（悉尼）、罗伯特·S. 科恩（Robert S. Cohen）（波士顿）、耶胡达·爱尔卡纳（Yehuda Elkana）（耶路撒冷）、乔纳森·雷（Jonathan Ree）（伦敦）和约翰·施塔赫尔（John Stachel）（波士顿）。

第八章 体系之后：
科学时代的哲学

一

当代的文化受到科学的支配。这并不意味着科学的方法、理论或范式能够决定性地影响今天的日常思维，或者在更为宽广的环境中，在"生活世界"（life-world）中为有效的定位充当指南。事实恰恰相反。一部分原因是随着现代意义上的科学变得自律（autonomous），它们将自身从习惯的、日常的解释图式中抽离和分割出来，这一后果使它们的方法与结论只能被一个日益狭小的专家群体所理解；另一部分原因是，从 19 世纪末开始，一种统一的"科学世界观"能够完成一般的认知和实践导向的任务，这一启蒙运动和早期实证主义的伟大的目标和许诺，越来越失去了科学自身发展的相关性。今天这些概要性的概述已经明确从本来的科学领域中被删除掉了。它们沦入"大众化"和普通知识的传播范围，与真正的科学实践严格地区分开来。在其技术影响下统一、均质化了日常生活环境，也即人类世界的科学，已经被证明无法提供唯一的、一致的、与其相连而可理解的对现实的解释——或者至少它们不再承担这样的任务。20世纪20年代伊始,马克斯·舍勒(Max Scheler)就已经说过"没有**所谓的**科学,只有各门科学学科"。如果我们在广义上即人类学的意义上使用"文化"这一术语的话,那么在西方的思想文化史中很少有某段时间,所谓的"科学"不像今天这样直接影响文化的形成。

　　然而,我认为这是真实的,甚至更为明显真实的是,科学——更确切地说:主要是所谓的"硬"自然科学,以及更少遵循它们认知模式的那些社会科学——是当代**高雅文化**的主要组成部分。因为,就它们变得自律这一点并不意味着它们同时失去了所有的社会功能,它们是这种文化的独有的组成部分,或者——以一种更为谨慎的方式来说——就它们在人类生活中可能的功能来说,这并没有产生明显的怀疑和不确定性。硬科学,通过其广泛了解的技术应用,成为一种塑造现实的力量,这种力量的贡献和进步对于现代社会的持续存在是十分必要的。有一些社会的物质生活以过度开发利用和耗尽有限的、人力不可再生的自然资源为基础,对这些社会来说,从长远看,只有在同样快速的技术进步的情况下才能维持自身。而且只有通过不断利用科学研究的成果,才能保证这一点。在这个意义上,科学已经成为社会变革的主要决定因素和操控性机制。当然,人们可能会用完全不同的方式来**评估**它们的角色、它们的影响对人类产生的后果。它们具有社会重要性,这一**事实**是毋庸置疑的。而且,更为清楚的是,**没有**它们自身的贡献它们的消极后果也是不能补救的。

二

　　"哲学是一切科学之母。"如果我们姑且接受关于文化历史的这一(而且最多是)令人将信将疑的老生常谈的话,我们不得不遗憾地指出文化领域中的家庭关系(family relations)似乎没有比大多数平淡无奇的家庭关系表现得更好。因为,在科学的眼中并且从科学的视角来

265

看,哲学看起来像是从没长大、爱惹麻烦的父母。科学理论给后者赋予清楚明了的意义并且尽可能通过经验性的证明与证伪解决矛盾理论之间的冲突,与界限清晰的科学理论的概念相反,思辨的哲学理论大厦的真理价值始终具有不变的不可判定性,原因在于它们特殊意义的主题就是永无止境地解释冲突。因此,当代科学研究前沿争论的基础和背景往往是公认的知识文献("教科书科学"),并且它们的解决方法促进了知识文献的扩大和修正,然而,迄今为止的整个哲学史的特征则表现为对立的学说和甚至无法共享一个共同范式的知识派别之间持续不断的斗争。专业性科学存在的文化形式是一种持续前进、集体性实践的**研究**,甚至最重要的知识成果也不过隶属于它的伟大**贡献**。然而,哲学主要体现在"大师 - 思想家"的全部著作中——体现在个人的和封闭的理论建构中,正是如此,它只能以一种追随者的方式持续下去。由此,在所有这些方面,从科学的立场来看,不可避免,哲学就是一种文化形态,它以前不能,现在仍然不能克服初期的混乱,这种状态代表其自己形成阶段的、科学发展的前范式性阶段的特征。从这种观点来看,哲学不过是——用胡塞尔(Husserl)的表达方式——概念剩余物(*Restbegriff*):它指的是纯粹的剩余和剩余物;它指涉的领域是由不能转变为可以凭经验解决的科学问题的那些问题组成的——要么由于它们被错误地陈述,成为伪问题,要么由于在现有知识的水平上我们缺乏合适的概念和技术方法能够使它们变成经验上得以阐释并且得以确定性的表述。

三

很容易——援引当代理论和科学编史中的一些最新观点和见解——能够弱化这里凸显出来的对立的尖锐性,在这种形式下的这种对立与其说属于科学实践的对象化特征不如说属于科学研究内在的意识形态。然而,在这里,我更倾向于一个事实,根本上说,当代哲学最具影响的趋势之一是接受如此解释的对立关系的,只不过完全颠倒了与之相连的价值标准。因为科学已经并且仍然还在为它们毋庸置疑的成功付出代价。在某种程度上,我已经提到过:它们成为有效地满足迫切的社会需求的一个因素,只能通过变成**单一功能的**存在,通过"摆脱"所有的任务来实现,这些任务在别的文化中是由最受社会尊重和认可的知识形式完成的——首先要摆脱的任务就是用统一、一致的世界阐释方式给日常活动中的人类行为以直接导向。当代的科学具有建设性,但不再是启蒙的。这主要是因为它们是**关于事实**的经验科学。就科学研究实践预设了特定的社会和文化环境而言,它们并不是不受价值影响的,社会和文化环境使活动成为可能并为其赋予意义,这种环境的特点体现了事实上特定价值的主导地位。但是总体上科学没有也不能研究由此设想的价值的重要性与有效性。由此,尽管它们提供了关于我们的实践中能够使用和利用的、关于可能性领域的,不断增长的总体信息,但它们并没有说明对我们来说什么才是**正确**的。

　　然而,在这一点上,这里提到的对科学合理性限制的哲学批判并没有停止。它的核心目标是关于"事实"的概念,这是实际的现代科学要处理的问题。从科学的角度来看,事实就是可以被描述为许多一般性的,概念上可区分的和有特征的事件,因果上或者功能上的相互依赖性,在这个词广义的理解上,其组成部分就是对象,也就是说,是原则上我们能够处理和控制的实体,我们曾经找到它们潜在的相互影响的规则。科学的认知观点是一个彻底对象化的观点。但是,在这一特殊意义上说,并不是事实上影响我们生活的每件事情都是一个"事实",而且并不是我们的所有行为都致力于产生和改进这样的事实,因为原则上我们不能处理所有的事情,而且我们也不能把在生活中起作用的每件事都仅仅作为对象来对待。更重要的是,甚至在今天被理解为研究的动态过程的科学,对我们来说,也越来越具有"非任意使用"的特征。它的发展方向和速率,它的应用特征越发不受人们有意识的

267

255

决策的影响——相关研究共同体的成员——这些人表面上看具备完成这一任务的适合的理性能力。这完全成为各种不同的政权、经济和其他机构与组织的截然不同的、短暂的决策的结果。总体上看,它呈现出一种匿名的、无法控制的形态。因此,专业化的科学——如此批判之下——不仅不能够证明那些实际上由自己的实践预设自身实现的价值标准,而且它们同样不能通过自己的概念手段说明自身活动的真正特征,不能说明所有伴随着它们并通过它们才得以"发生"的事物。

仅就我在这里所提到的对科学的哲学批判而言,其本身发挥的作用在于表明了在这个意义上什么才是"不可处理的"和"难以控制的"。它们可以依据自己的概念框架,用"生活"、"个体的具体"、"存在"、"实体的存在"或者"一般化的文本性"的名称来进行命名。然而,无论它们以什么方式来描绘它,从其自身的角度来看,有关事实的经验性科学现在都具有一种概念剩余物的特征,一个剩余的概念:如果这些观念被片面地和曲解地限定为对实际 – 客观存在物、对仅仅作为对象存在的事物的描述和计算性预测的话,它们就是从合理性或者原始思维的普遍观点中存留下来的。

四

然而,这一争论的双方,处于不平等的位置上。而这不仅因为经验科学,在它们必不可少的社会功能的意识中,能够自信地面对这样一种揣测性的批判,而且还因为哲学,作为"一切学科之母",在(所谓的或真正的)现代科学的不充足方面也难辞其咎。由此出现了非常矛盾的情形:一般来说,哲学对科学的态度越具批判性,它就越少去具体地研究科学而是越多地关注——哲学。这就解释了在相当自我陶醉式的当代哲学著作中最受欢迎的问题:"什么是哲学?""今天的哲学是什么样的?"——毫无疑问,本文正是这种老套形式的一个例证。

然而,当一个人想直接问答这个问题时他会面临巨大的难题。而且并不是因为无法得到这样的答案。哲学家个人和哲学派别通常都会非常清晰地表述什么是应该被视为哲学论述和探究的真正的主题(subject-matter)。他们必须如此恰恰是因为哲学家与科学家不同,他们并没有任凭使用的、一致接受的、以统一的方式阐释的背景知识,这些背景知识能够从总体上划定有待解决和可解决的问题的界限。但是对这一问题给出的答案简直是五花八门。当代有影响的哲学思潮分配给它的任务有对先验主体性的现象学分析,对科学的语义和句法结构的揭露,对认知知识的复兴,对社会批判理论的产生甚至是哲学自身传统的解构。今天,哲学不仅要与其社会和文化功能变得有问题这一事实斗争,而且还处于认同危机之中。威廉·狄尔泰(Wilhelm Dilthey)在 19 世纪之交就已经表述过这一危机的事实:"只有各种哲学学科,但没有所谓的哲学。"

狄尔泰的表述很明显使人想起舍勒早些时候关于科学的引用语。然而,这两种命题,实际上指涉两种根本不同的事态。当然,在两种情况下我们面对的都是矛盾性的表述,因为多样性与差异性只有基于某种默认的整体观时才得以确认。然而,关于整体的隐含的界定,在我们这两种情况中,有着根本不同的特点。就科学而言,主要是通过不同的学科和专业之间的相互联系得以保证,通过在其他知识分支中得到发展的科学结果和方法的部分应用,以及通过跨学科调查的广泛实践。结果,没有某一专门的研究领域能够同其他研究完全分离;它们共同组成**同一个科学的复数形式**,尽管在整体上它们并没有提供唯一的、统一的和一致的认知体系。这样,科学的普遍概念证明了维特根斯坦的**家族相似性**(family resemblance)原则。另一方面,各门哲学的统一,主要通过持续不断的争论和对立学派与思潮的辩论而实现,在这一过程中,每一个都参照一个大体相同的,但也是竞争性组织起来的传统,然而,这一传统以截然不同的方式被表述、解释和评价。如果它有任何意义的话,可以说这样的哲学的普遍概念就是基于**家族敌意**

269

（family animosities）的形态而建立的。

五

哲学的现状是分解过程的产物。后者并不能维持早期占主导地位的**文化形式**——从 18 世纪到 19 世纪晚期——这些文化形式仍然使哲学与仅仅新兴的现代理论科学［在当时被称为自然哲学（*philosophia naturalis*）］保持一种可表述的统一。**体系**的理念构成了这一文化形式。因为体系概念不是要与特定的文学创作形式相同一，它确实也不能简化为作为"内在"形式的某种特殊的逻辑结构类型。事实上，在后文艺复兴的哲学史上，人们会发现许多彼此不同的体系类型（system-types），这甚至涉及最根本的建构原则问题。在这方面，人们能够清楚地区分出公理化演绎的、演进的、先验的体系和辩证的体系。使它们得以统一的不是它们逻辑特性的抽象同一性，而是在人类生活的整体中，认为哲学的作用与功能等于科学的理解方式上的根本相似性。而且，接下来，这将决定什么是标准化的期待，至少在理想的情况下，被现有的文化成就所满足；也就是说，它界定了它们的意义和有关真理的主张得以被理解的方式，而且这也是它们能够，或者应该，被评价和批判的方式。

六

当然，在这里，我只能以最简略的方式提及被理解为文化形式的这种体系理念最基本的组成部分。尽管如此，我想要至少简短述及其中的三个重要方面。

270　　1. 首先，在体系理念充分的概念实现中，暗含着哲学等于科学（philosophy = science），在其存在的方式上，从某种程度上说其是一系列**对象化**（而且由此在原则上能够接近每个人）的认知。对我们来说这一观点太自然了,以至于我们轻易地忽略了它根本的新颖性:它与作为知识(拉丁语 *scientia*)的古希腊概念哲学出现了断裂——知识概念甚至也被大多数早期的现代思想家所认同。因为在最初的理解中,知识意味着一种获得的、不能脱离个人全部个性的、持久且稳定的精神禀赋或习性——心灵的一种倾向性,要去洞察最高类型的真理、洞察涉及现象"起因"的绝对普遍和必然特征的真理。相应地,这种知识也被认为只有在智力和道德特征形成的教育过程中才能在人与人之间适当传播。(顺便提一句,这也解释了对古希腊哲学书写特点的总体上的敌意。)体系的理念摧毁了对社会上最受敬重的知识形式的"人格主义的"理解,这种知识形式声称自己就是目的本身。它把哲学——自身被进一步看作是一种价值——从它对其参与者(或受众)的生活的直接影响中分离出来,从它的个性－形成,明显的影响中分离出来,由此创造了概念前提,在其框架中,文化成就的**自律性**这一**现代**概念首次变成可理解的。

2. 根据这些暗含在体系理念中的文化规范和期望,这种对象化的知识应该组成一个一贯的意义－构造,它具有纯粹的**内在意义**,也就是说,它本身能够完全独立地被理解和评价。因此这样的知识不仅是每个人都能理解的,而且就其主张真理和重要性而言,原则上,其也能够被每个人理性地评价。哲学等于科学被理解为体系,将它对普遍真理的主张呈现为"认知的民主主义"原则。在这种方式下它不仅脱离了经典的知识概念的精英主义特性,而且根本上改变了基本的认识论的要求和与其概念相连的前提。它在某种程度上**激进化**它们,也在某种程度上给予它们(奇异地对立于上面所描述的非个性化趋势)**主观主义**的转向。

在经典的理解中,哲学不仅是理论知识(*episteme theoretike*),同样是证明科学(*episteme apodeiktike*):它代表了必然知识和基于**证据**的普遍真理,通过逻辑证明可以获得。这或许是这一观点最重要的特征,它深深影响了古希腊哲学西方遗产的整个后续的思想演进:最高的精

271

259

神价值所属的知识形式彻底的**去语境化**(decontextualisation)。因为这意味着这种知识的价值完全独立于它的**来源**(既独立于与传统的关系也独立于个人宣称的它的权威或感召力),独立于其表述和交流的**方式与形式**(独立于其诗意地唤起感情或修辞上具有说服力的特征),进一步独立于其内容的直接**使用性**。它的重要性只基于其真理 – 价值的特性,这是由它的获得方式来保障的:通过清晰描述的、不变的和人际交往的过程,通过演绎推理,其纯粹形式得到古希腊思想最先明确的承认和确定。以这种方式,**逻各斯**(logos)彻底地与**神话**(mythos)和**史诗**(epos)划清界限;与**智慧**(metis)划清界限,理性的狡计十分重要,尤其在政治行为中;与**正义**(eikos)划清界限,可能被归类为修辞方法;与实践的专业技能(know-how)、**技艺**(techne)划清界限;而且同样与在构成成分相似的基础上可以观察到的事物的描述和系统化划清界限,与经验(*empeiria*)和历史(*historia*)划清界限。正是合法事物和认知基础界限的缩小的、根本且清晰的界定,为关于由此构成的文化形式获得公认的论述赋予了特殊的方向——它们被明确地限定在其描述性基础的讨论和判断上,它们获得严格认识批判的形式。由此,古典时代第一次创造了**科学性概念**。

然而,古希腊哲学并没有一贯地执行它最终的目标,即知识的去语境化。知识指的是论证的知识,但是普遍体现所有种类存在物的存在方式特征的这些原则,作为最高的前提使整个推论过程完全可能的这些原则,没有被视为(至少在亚里士多德概念的范式下)属于由此构成的哲学知识的能力范围。它们属于另外一种心灵能力,属于**努斯**和**智慧**(sophia)、思维和才智(wisdom)。它们的见解通过民众与哲学家的共识(*consensus gentium et philosophorum*)原则而合法化,最终是通过一些人的根本一致的观点而合法化,"普通人"把这些人视为最有能力和最明智的人。因此,古典时代只能在一种共享的文化背景下理解哲学,在相关共同的传统和生活方式的框架内。而且正是这一背景使设计问题并最终答复这些问题的方式变得容易理解并且合理合法。正

272

是这一事使得哲学普遍有效性的主张与其公然的排外性得以和解。

　　然而,意义－内在性与认知民主主义的假设不能和任何对知识实际的背景－依赖性相和解:它们无论如何都要求不能有任何外部的假设。这一体系通过连接客观的**逻辑基础**和主观的**确定性**的观念来确保这一点,由此清除了思维的最终原则以及论证的知识真理,即原本的"科学"的认知的二元论。这个起点,体系的最高前提(无论以何种方式来界定)都被给予直观的自明性甚至排除了怀疑的可能性。为了获得这样的证据需要真正的智力劳动,清理思维中已经积累起来的所有偏见和成见,但原则上它们是我们每个人都可以得到和辨别的。这些自明性构成了所有知识的不可动摇的基础。体系的扩大、构建和详细阐述,在于总体上或部分地一步步根据最终真理而**构建**越来越新的真理而转移这种证据。这一点得以可能是通过以下**方法**:许多复杂的程序通常不能只简化为演绎推理,而仍然是公共的和人际可以控制的那种思想。用这种方法建立的智力大厦,其特征体现在这种每个正常人都能进行的基本的脑力活动的方式中。由此哲学等于科学的重要性从个性－塑造的对真理的理解和沉思,转变为基于可靠和不断扩大的基础的常新真理的**生产**。因此这一体系是封闭的,同时又是开放的。说它是封闭的,是因为基础和方法的牢固性从一开始就预先决定了其论述的范围和它实现目标的方式。说它是开放的,是因为方法的价值在于它的生产力,在于去创造新的,更加特殊的,从预先给定的体系的观点来看易理解和可解释的现象。 273

　　3. 然而,这一切,同时意味着哲学的作用得以设想及其价值在古典传统中得以合法的方式会不可避免地走向瓦解。在关于后者的看法中,其深入普遍的和必然真理的见解的最终意义在于,这种知识从本质上来说相关于,并且只相关于那些不变的和永恒的事物。因此其理解将心灵提升到高于那些统治日常经验和观点领域的偶然性和不可靠性,它培养了一种从**机运**(tyche)①的力量中解放出来的精神态度,从我们对遭遇的事物的妥协中解放出来。正是因为这一点,哲学并不是需要学习的知识体,而是实践,有意义的、幸福的、有益的生活的最高形式,即沉思生活的最高形式。在这一方面,作为它最终的目标——如果一个人忽略如何设想和实现这一最终目的的所有关键点的话——古希腊哲学更接近于伟大的解放宗教而不是现代科学。

体系的理念打乱了理论和实践、智性理解和良善生活的直接一致性。它进一步支持所有科学真理绝对的必然论特征是一种规范性的要求。由于对确定性的承诺,它甚至强化了知识的传统概念的教条主义。但它不再在变化的、偶然的个体现象领域**之上**寻求普遍的和必然的事物,**超越**了短暂的实践需要和利益的领域。更确切地讲,它现在恰恰把普遍的事物定位于**在**现象的变化**中**仍然保持恒定和同一的事物,定位于因果作用中的不变的法则,也即它们的"**规律**"。由此,发现这些隐蔽的因果机制使我们有可能控制它们潜在的结果,不断获取支配自然的力量,以及所有我们活动的最终的材料和对象。取代一种"哲学的"生活方式,这种生活以对永恒宇宙的合理性的智性沉思为基础,并且仅有少数被选中者才能实现,哲学现在致力于生活条件积极的**集体的合理化**,并且它在其中也找到了自己的合法性。

然而,把这个目标仅仅等同于我们操控自然过程能力的增长,等同于生活意义纯粹生存上独立的安全性和有效性的不断增长,这是一个将人引入歧途过于简单化的理解。早期现代哲学的伟大体系把支配自然的能力视为极其重要的,但尽管如此其也只是人类**自由**的一个方面。它们将它理解为实现人类目的和价值的可能性范围的扩大,这一人类目的和价值被有意识地选择出来是建立在它们具有公认的有效性的基础上。尽管体系的理念摧毁了理性知识与良善生活之间的**直接一致性**的经典计划,它仍然打算和尝试通过并且在一个独一的、

274

---

① 这个词源于希腊语,有带来好运或者厄运、偶然机会的意思,也是希腊神话中命运女神堤喀的名字。——译者注

一致的概念架构内把物理学和伦理学都涵盖进来,即使在它们的联系被认为是对立的情况下。对人类关系的理解——这些自由和理性的存在者能够发现自然的规律并根据已获取的知识调整自身的活动——对于这种因果序列,人在自然中的地位,这种理解不仅阐明了人类目的的实现条件,而且还有他们的内在价值与合理性。在德国唯心主义的体系中,已经开始对"实证"科学与哲学的脱离做出回应,科学与哲学的任务变得彼此泾渭分明。经验科学(黑格尔归为客观精神范畴)是回答能够(Können)的问题,能做些什么的问题,而绝对精神在其中得以实现的哲学,则主要表明应该做什么,人力适当利用扩大的活动和选择范围的途径问题。哲学等于科学作为一种体系,清晰地表述了现代性的宏伟承诺:在理论上与实践上,带来最终的统一并且顺带以和谐的方式实现自我保护与自我实现的双重要求。

七

正是在体系的文化形式中,早期现代哲学等于科学获得了它的自律性。首先,在这种形式中,它从宗教与神学中独立出来,而且获得了这样的可知领域,于此之上它能够成功主张最高的认识权威。然而,这一文化形式是未竟的,尤其就其成功的结果来说:在某种意义上它被证明是自我毁灭性的。

我之前已经总结性概述的体系理念的特性也让彻底修改科学合 275
理性的概念成为可能。对科学的自然 – 改造功能的强调使它能够与技术知识联系在一起,与那些早期被认为是"附属性的""机械性艺术"联系在一起,以这种方式,也可以将实验接纳为可靠知识的合法来源。被理解为主观确定性的证据有可能打破之前划定的分界线,也即作为真正科学的自然哲学与基于观察的、排除在原本的科学之外的自然历史之间的分界线,因为,至少在某些解释中,感觉的数据也能满足自明性的要求。广义的方法概念使归纳法被接受为一种科学合法的程序;其结果就是,有可能的事物也找到了进入科学的途径。一般来说,早期的现代哲学被证明能够在很大程度上克服自身在今天被反复强调为致命缺陷的狭隘性、僵化和片面性,虽然它一直维持,甚至在某些方面激进化了经典的科学性概念最基本的认知特征,首先就是其去语境化知识的特征表现。似乎,正是严格界定的**逻各斯概念**的清晰性与鲜明性赋予其传统以力量和灵活性,使它能够把大部分通过它最初的界定排除掉的东西纳入自己的轨道。

很清晰的是,主要是非理论性的条件负责将概念上的可能性变成真的现实。然而,当这种转变发生后,科学,更确切地说是在对象和方法上都有所区别的科学,便从哲学中分离了出来。今天,科学的每一个伟大的分支都被设想为拥有自己的经验－实验性基础,因此不再需要知识－主张的哲学合理化。体现在始终进步的研究过程中的科学合理性概念,不再需要用某种无疑不证自明的、最终哲学的**基础**来表达。反而,依据所能达到的知识水平、分等级的经验**证明**便能够使之得以恰当表述。在 19 世纪末就已经基本完成的职业化和专业化过程,也为知识的各种类型和分支的解体提供了制度性框架。20 世纪早期的科学革命——首先是基础的和典范的物理学——使人们不可避免地承认所有科学知识的**可证伪性**特征,因此关于科学具有"哲学基础"的理念变得——至少初步看起来——站不住脚。以这种方式,逐步产生了我在开篇的时候所提到的科学与哲学之间的对抗状态。

276

八

然而,这种对抗只是体现了内在于高雅文化领域之中的晚期现代性更为普遍和基本的张力与问题的症候之一。首先它只是价值多元主义和社会有效的认可价值之间的冲突个案,它们不再能够——至少一致地解决——通过建立一个固定的价值等级制而获得解决。在另一方面,对抗本身是由矛盾的情形构成的,在这一情形中,可利用的关于我们周围现实的信息量的急速增长,与在我们所生存的世界中直接为自己选取方向的能力的下降感如影相随。后者似乎与一个事实紧密相连,即在现代性的条件下,有意图的行为和活动致力于有目的地转变生活条件,这种生活往往产生,或者陷入,匿名的和自动的过程,我们既不能预见也不能自己控制其远期的结果,或许是因为它们复杂程度的增长远快于它们可利用的信息量的增长。

　　在我们的时代,对于哲学家来说,关于"哲学是什么?""今天的哲学是什么样的?"的问题已经是标准的"专业化"特征的问题,尽管很明显,这些问题根据哲学家的知识储备是有个人倾向性的问题。但是因为今天的文化现状使焦虑性的自我反思任务势在必行,这种现状是现代性的冲突所产生的更普遍和实际困境的必不可少的一部分,所以这些问题的答案也不能独立于人们(直白的或含糊的)关于这些备选方案的决定和选择。人不能"证明"这一答案的正确性,但是,他当然应该去论证,并为这个答案提供一个合理性的动机。 277

　　我认为在当代哲学的历史和现状中,人们能在纯粹理想的－典型的意义上观察到三种基本的趋势和方向,通过这些方式这些问题应该能得到解答。我必须马上补充的是,我们受惠于每一种趋势的独到见解,或者至少是学到了经验教训,如果遗忘和忽视它们将会隐患无穷。因此如果现在,在本文的结尾处,我想要针对它们进行一些批判,甚至做出(为了简明扼要)尖锐质疑性的评论,我这样做并不是想要对它们置之不理或者希望反驳它们。我只是想要下决心表达我自己的观点和选择。

九

　　对于哲学的认同危机,一种有可能的解决方式体现在"唯科学"(scientifisation)的纲领中,向真正的科学转变。这样一个目标在哲学不得不面对科学自律化的那一刻就已经表述过了。人们可以将之追溯到康德,而且从那时开始,这一点就用变化的解释和内容一直反复地被明确表达。任何这样的纲领基本上都会预设发现这样的话语领域的可能性,它还没有被某一种实证科学所"占领",而且哲学,以它自己的传统视角来看,似乎在某些方面有资格去处理这个问题。在由此激发的对于哲学的主题选择的多样性中,在我们时代最具影响性和最重要的选择就是把自己的任务指定为分析科学自身。哲学被理解为对实际存在的科学的自我反思,它重建了科学理论的结构、方法和证明程序,理论变化过程的内在逻辑,并且正是通过这种重建,它把科学主张具有作为问题解决最有效方式的公认权威的要求合法化。

278　　　哲学与所有科学学科一起都属于学术学科,哲学的"唯科学化"当然有优势能够符合这样的哲学的制度化状态。然而,这一纲领,至少在它至今为止的历史中,没有成功过(显然,是从它公开表明的目的的角度得出的判断)。科学哲学仍然是哲学,并没有转变为科学。它的整个发展的特性一直表现为缺乏背景性共识和共同的范式,即不同学派和思潮之间充满争议的地方性特征,实际上,它表现为许多尚未解决的传统哲学的困境,以一种全新的更加特殊的形式反复出现。此外,即使它的纲领实现了,它只是实现了某些实证科学——看起来如此——没有很好地设法处理的事物:其认知状态的科学合法化。但是它仍然遗留了恰恰没有回答的问题,在今天,这些问题在涉及科学的时候会越来越频繁地被问及,并且科学家自身也在追问:科学研究中关于伦理学的特有问题;关于社会-政治条件以及关于科学的开发和应用的不同策略的广泛后果的问题;一般来说,这些问题通常以实践上充满张力的形式出现,这涉及科学在当代文化和社会中的制度化地位、组织和功能问题。把现今的科学形式当作不变的事实性的理论方法,并且当作只限定在对其**内在**分析这一程度上的理论方法,原则上似乎不符合对这样的问题的批判性阐明。

　　　但或许这种方法所面对的最严峻的困难是由一个事实引起的,即科学哲学的发展本身不仅让人怀疑可能具有怎样的重要性,还会让人怀疑这种内在分析的纲领的有意义性。因为在其过程中,一些严谨的和重要的考量被用于支持这样的观点,根据这种观点能够使科学理论合理有效的程序和标准,本身依赖于相关理论随历史而不断变化的内容和一般特征,而且更普遍的是,它们证明的力量预设了确定的、特殊的历史－文化背景的作用。不存在自己本身就能够包含所有认知合理性的条件的科学方法。已深深渗入我们整个思想传统中的知识的去语境化的观念,只能被视为一个从来不可能完全实现的界限概念(*Grenzbegriff*)①,正是康德意义上的"理念"。然而,能够在其方向上继续前进需要批判性的努力,致力于揭示相关的"外部"背景和条件。传统的科学哲学的纲领似乎对这样一个任务并无裨益。

十

我们已经面对当代哲学认同危机的第二种理想的－典型的答案。它试图表达一种他者,是把一切简化为对象的事实性的科学合理性所排除的内容,而且我们有限的存在就根植于其中:我们无法处理的、我们存在的不可对象化的基础。然而,在一种被科学所控制,并全面渗透的文化里面,这样的目的只能消极地通过思想或话语深层结构的"破坏"或"解构"来实现,这些思想或话语是自律的,大部分非反思性的前提已经决定了西方思想发展的整个方向。并且因为后者普遍接受传统哲学中最耐人寻味的说法和表达,今天,这种话语形式的潜能已经被消耗殆尽,所以这一系列思想的代表把自身的成就和特点,有计划地描述为"终点",以形而上学、人道主义、本体神学、逻各斯中心主义和类似传统**为终点**。

然而,这个纲领,至少在它至今为止的历史中,没有成功过(显然,是从它公开表明的目的的角度得出的判断)。无论如何这一点似乎通

①　也可译作际缘性概念。——译者注

过一个事实可以说明,即每一次旨在实现它的新的努力都伴随着对于具有相似意向的前人的谴责,因为他们仍然无意识地成为形而上学的俘虏。这样做的人包括——而且以一种非常令人信服的方式——海德格尔对于尼采,德里达对于海德格尔,最终罗蒂对于德里达。宣告死亡的传统被证明更像是复活的幽灵。同时这一纲领也难辞其咎。支持它的哲学家应该在自己的文化实践中,在行动上实现消解和克服传统哲学的概念性以及辩论性的推论。首先,这似乎消除了作为文化类型的哲学的界限并且就这种成就而言,把批判的标准完全合法的那些事物变成不确定的。这可能仅仅对"专业"来说是一个问题,但是对哲学精神来说却并不必然如此。但是它能够导致一种权威主义的教条主义,对后者来说它也代表着一种危险。因此从这种观点来看,所有辩论性的批判一定独立于具体的内容,表现为仅仅是被批判的话语彻底终结的和克服的事物的重复出现。这将会带来毁灭性的危险,甚至会破坏被争议性的辩论以及各种不同趋势的争辩对话所保证的、哲学脆弱的统一体。如果哲学的"唯科学化"将哲学家转变为拥有质疑利益技巧的专家而且只能够(或者意图)与同一类型的专家相交流,那么就总体上科学合理性的要求而言,需要一种原则性强的哲学治外法权的观点能够把他们转变为——因为先知在我们的时代并不特别有前途——受到他们特殊派别的忠实拥护者爱戴的专家。

然而,对于我来说,这种思想风格和趋势最有问题的特征在于,似乎它悬而未决的只是最极端的,与当代性的世界紧密相关的选择。因为,从这一点来看,现代性现象表现为扎根于这种形而上学的深度结构,作为稀松平常的事件和状态,这种结构在今天构成了所有有意识的、有意图的选择和行动的**前提**,不论它们是集体性的还是个人的。因此,如果现在被理解为带有末世危险的衰退和衰落历史的最后阶段,那么它仅仅考虑到了一种无意义的政治专注态度,这种态度总是准备好了迎接即将到来的"转折",倾向于欢迎所有主张彻底代表某种"他者"事物的要求;或者,认为正是我们现在的传统把我们变成我们现在所是的样子,它主张无条件和全面地接受现代性的价值,也包括所有其尚未解决的矛盾冲突。只有付出有意的、深度的歧义性的代价,才有可能在这两种态度之间进行调停。我认为,这一点体现了法国后结构主义代表的某些观点:从现在起直到永远,这都是一个快乐的小启示录。

十一

对于哲学现状的第三种答案类型——我将与之广泛地密切相连——并没有竭力为危机寻找最终的解决方法,因为后者只是哲学无法控制的极为广泛的社会－文化复杂体的一个因素和组成部分。因此它只是试图在这一情形中提供一般的**思想定位**,这种情形以偶然性和迷失方向的普遍经验为特征,而且以这种方式来保持生机或者去培养这样承载了整个哲学传统特殊意义的倾向性。

定位(orientation)的概念是康德引入哲学的。在其最初的、直白的意义上,为自己定位指的是在关于从哪里来与要到哪里去的问题中找到自己的临时位置。当我们不能把对走过的路径回忆与我们面前的路程的理念统一起来的时候,当我们不确定我们是否处于我们选择的方向的正确位置,或者我们最初选择的终点是否是——鉴于目前为止我们走过的经验——我们最后真正希望到达的地方的时候,一个明确的定位需要就会出现。所有定位上的完成都需要回答这些问题:从哪里来,在何处,以及到哪里去。然而,包含意义是什么;赋予的隐喻:在历史情形中在思想中为自己定位? 在何种程度上,哲学如何能够用自己的文化手段为这个任务发挥作用? 而且如果它能这样做,这究竟会产生什么意义?

在历史的当下为自身定位,首先需要对特殊的人类处境进行**解释**。哲学就其试图为这种努力发挥作用而言,部分是通过概念的分析,部分是通过对我们传统有决定意义的组成部分的重建,去阐明当今主要实践活动的规范**和**事实的先决条件的,去阐明那些历史特殊的、多元的而且通常是对立的、授权的和抑制性的条件的,这些条件使它们看起来具有合法合理性。通过揭露它们的相互依赖性和冲突性,它们与日常生活－实践的关系,在无法假定组成一个有意义的整体的一种文化范围内,哲学表现为总体化的努力。以这种方式,它远离(或者至少,依据其内容,它能够疏离)许多在今天看起来十分自然的实践和认知的假设与前提。

282　　然而,定位的目标需要的不只是从起点和终点的视角出发,对事物现今状态进行全方面的描述或者判断,对我们现今的处境进行阐明。无论如何,位置和路径的隐喻,在这里变得完全是误导性的。首先,哲学家当然不能通过——从先前状态出发——重建实际历史起源的过程来回答"从哪里来"的问题。这既不是他们的任务,也不在他们的能力范围内。与它的传统和认知要求的具体特征相一致,哲学并不是把现在与真正的其他历史或文化特殊性联系在一起,正如人类学家、历史学家或社会学家所做的那样,而是主要与**普遍性**联系在一起;与一般的、人类与他们世界之间关系的概念特殊范式联系在一起——当然,因为它能够依据现在的经验来构想并且符合当代的知识水平。基于被假定为普遍的存在论问题的背景基础,哲学提出了一个时代的问题。只有对后者的表述给它提供一种普遍的概念框架,借由这种框架它能够一致地解释同时代的现象,并且使这种解释变得合情合理。毫无疑问,今天在哲学中存在多元化的范式。然而,这不能认为是其不足性的征兆,而是它能够实际履行的文化功能的基本特征。一方面是我们最终的,尽管是定位性的自我理解;另一方面是我们与当下的问题和冲突的实际关系,因为如果哲学试图在两者之间创造某种理性的联系的话,那么它只有清楚地意识到,不再可能选择或者指定某一种关于自我或生活的概念是有意义的和典范的,而只能期望在其备选方案中有可能做出一种积极的和反思性的选择,这种努力才能实现。

　　然而,这种表述,可能引起非常合情合理的怀疑,即是否这样一个哲学概念能够完全得到证实。为了以某种方式把人类与其世界之间关系的一般范式,和对当下困境的**实践**态度的表述联系在一起——这确实属于思想定位的任务,应该回答"到哪里去"的问题。哲学当然不能通过描述美好未来的具体图像来满足这一要求。而且不是因为今天的乌托邦是不可能的或是有害的,而是因为在这一方面哲学家并没有特别的能力,因为乌托邦思想并不是当今彻底专业化的文化实践的特权或负担。哲学恰恰通过依据被假定为普遍的存在论问题而阐明一个时代的问题来满足这个要求,以这种方式对解释上得以判断的冲突和对立现象表达一种**评价性**的态度。毫无疑问所有这类哲学实际上都是在做这件事。唯一的问题是:用什么方式以及有什么权利?因为我并不认为,在今天,它能代表令人信服的观点,能够从某些事实中推断或建构特定的价值——哪怕是最普遍的类型。

对于这个问题:哲学家如何在体现普遍人类真实性特征的范式中,与某些具体的、定位性的价值态度之间建立一种积极的联系?最基本的回答是,他们倾向于用完全不同的方式去完成。然而,我认为,在这个方面,他们至少共享一个相同特征。对他们来说,这种联系并不具有严格的理论 – 逻辑的推理或构建的特征。它根本上体现了**叙事性质**。在"体系"之后,哲学不再要求绝对知识的地位;它只能是一种理论化的"概念叙述",在科学研究已获得的水平上变成可以接受的而且能够(至少在意图上)在思想中成为一般定位性的事物。**如果**此时此地我们以某种特定的方式承担起自身的责任,并且循着某些反思性选择出来的价值所标识的方向继续下去,那么哲学就能通过坚持或者说明一种观点从而在事实与价值之间建立某种联系,那就是,解释**我们的**历史的"故事"能够让价值变得更加有意义。

由此可以得出合理性特有的,兼具最大和最小的特征,这种合理性是由一种哲学代表和要求的。它具有最大的本性是因为哲学应该满足两种类型的文化要求。一方面,我们希望从美好的故事中得到满足:因为与我们生活中的某些事情相关,所以它是有意义的和吸引人的。另一方面,因为它是一种理论化的、**概念上的**叙述,哲学也应该满足基本的科学性要求:概念的清晰性、逻辑的连贯性和被假想为事实状态的经验正当性。哲学往往受到合理批判是因为它违反了后面的这一系列规范。但是——这一点体现了它话语合理性的"最小的"特征——对这种类型的质疑,正如这一点由哲学的接受史所证明的那样,通常只有在具体的形式和解释方面才具有重要性,并不是在核心概念方面,哲学的"精神"方面。当然,哲学家必须主要将自身的活动定位在实现后面这一系列要求上,但哲学的命运最终是由它能够满足更微弱和无形的第一种标准的能力来决定的。

被设想为"思想中的定位"的哲学具有什么功能,哲学在今天能够"做"什么? 我认为——即使不考虑所有关于其潜在受众的范围和对他们的影响的实际有效性因素——它所能做的微乎其微、少之又少。给自身"定向"对于具体生活环境中的具体的个人来说是一项任务。哲学并不"提供"定位,它只能为之提供一般的指导方针,而且首先,它能够有助于这方面有用的才能的培养:评判性的质疑和判断的能力,反思性地远离一个人习以为常的、社会的和文化环境的能力,为做出的选择负责任的能力。它们是有用的——为了什么? 我对这种习性能够具有什么特别高的生存的或者成功的价值深表怀疑。它们通过保持一种传统的活力而变成"有用的",这一传统穿透了所有的历史断裂而激发了欧洲的思想史,而且这一传统主要是由哲学所承载的:批判的、反思性的自我意识的传统,在今天这种传统也竭力批判性地对自身的限度进行评价;如果让我用一个词来命名这种传统的话,在这个名字所负担的所有历史的意识中,我将把它称为**启蒙**。

第九章　论我们的信念：
关于当代文化的认知结构

　　我们整个文化传统中最重要的元素之一起源于公元前 5 世纪早期的希腊，当时巴门尼德（Parmenides）在知识与意见（*doxa*）之间、真理或知识的方式与意见或纯粹信念的方式之间做出了本质上的区分。从某种意义上讲，这不仅是哲学这一特殊文化事业的基本行为，从广泛意义上来看，更是理性批判研究的行为，其自我反思性（self-reflexivity）是我们文化的一种基本特性。它意味着与我们通常所称的"诗意的怀疑主义"（poetic scepticism）的根本断裂，这种"诗意的怀疑主义"在显然更符合大众想象力的伟大的史诗传统之中根深蒂固。按照后者的观点来看，真正的知识是诸神神圣的所有物，无助的人类努力永远也无法获得。也有观点认为，至少有一些杰出的人，如哲学家，只凭借适当地使用自己的能力，也就是理性（广义上的）便能够实现这一终极目标，这种主张对我们的文化来说是古希腊遗产中最为重要的元素。更是因为这种真正的知识被确信不仅具有理论意义，同时更具有决定性的、重要的实践意义。

　　当然，知识和信念的区别，不仅仅是个哲学问题。尽管其属于一

273

个反映问题,但是对我们来说,它体现在日常语言中而且从根本上为我们的认知活动指明方向。它为我们提供了一条思路,我们需要并且切实去仔细思考一下我们习以为常以及不经反思所做的事情:提出一些断言要么被别人接受,从而成为进一步断言和行为的理由,要么遭到他人质疑让我们继续给出理由进一步加以证实。从这个意义上讲,它关涉并指导着今天现行的平等互换的人类交往模式,在这种交往模式中所谈论内容的状况不必事先确定,也不是毫无非议地取决于相关表述者的身份、能力或其他个人品质。

那么,我们怎么理解"知识"呢?根据通常可以追溯到柏拉图的《美诺篇》(*Meno*)(毫无疑问,极其简化了他的观点),并在今天得到广泛认可且反复出现在该主题的相关文献中的传统,知识是被证明的真的信念。我将以这种理解为出发点。

初看之下,该观点似乎与我们平常使用"知道"(know)这一词语的方式不一致。例如我自己就认为:尽管我从来没有去过西班牙,但是我知道马德里位于西班牙,同样,我还知道在真空状态下光速为平均每秒钟300,000千米。如果我要对这些观点提出质疑,那么我肯定会遇到问题,因为我无法为之提供充分的实证依据或理由。在不太可能的情况下,倘若真的有人向我提出此类质疑的观点,充其量我只能让我的对话者查阅最新版的世界地图,或建议他们去参阅物理教材。不过,"充其量"就已经"足够好"了。事实上,在大多数情况下,当我表明我知道的时候,我无法提供详尽的认知证明证实我的观点——一般而言,我只能代之以利用我们文化中被认为有效的、**获得认可的实例**(authorising instances)进行证明。

这种做法对于阐明"知识"概念具有重要意义。当我声称我已懂得这些以及这些是如此这般时,我实际上提出了一种特殊的**权威**的主张。知识作为被证明的真的信念,通过对知识经典的三重概念进行适当的解释,便可以阐明其特征。

287　　声称知道的人首先提出了一种断言(表达了一种"信念"):承担

一种**推论性的承诺**(discursive commitment)。但是这个假定的认知者同时也暗示这一承诺是负责的、理性的:它是**名副其实的**,因为它把获得认可的适当的实例(它是"被证明的")作为基础和理论支持。最后,认知者还要求,这种获得认可的实例应该作为有效并且具有约束力的依据得到每个人(至少每一个理性的人)的**承认**——因而他们所坚持的,至少在我们目前的知识状态下,应被视作真实的。认知者主张的权威性在于他们拥有认知"权",有权将自己的认知承诺传递或强加给他人,有权"命令"他人同意,那么这也赋予他们进一步从中得出其他(理论的或实践的)结论的权利。(权威性的这个方面在我们的日常认知概念中具有多么重要的分量可以通过一个事实获得证实,当只有非常有限的群体才有权做出特定类型的断言时,我们——相当不一致地——即使认为他们的断言是错的,也倾向于认为他们是有"知识"的。因此,我们往往把家族里的长辈对于神话的适度描述和解释称作"秘密的知识"神话,尽管我们认为后者只是"单纯的信念"。)

当然,这样一种解释,很快就会出现一个问题:什么是适当的、合法有效的实例? 或者更准确地说,在**我们的**文化中它们是什么? 我认为它们包括基本的两种,我将其称为——可能有些误导地——认识的(epistemic)和文化的实例。

一般来说,**认识上认可的实例**(epistemic authorising instances)是在正常环境下(一种需要许多内容的重要条件)获得的观察报告。正是这些报告为特定的知识主张赋予权利,它们本身却不需要进一步的理论支持:它们防止获得证明的要求变成一种逐渐衰弱的、永无止境的倒退。但无论如何,这绝不意味着这些报告是毋庸置疑的、不可批判的:此类报告可以受到质疑并且通常质疑都是有效的——它们是可证伪的(由于错误认知、不合标准的观察条件、观察者的不可靠性等等)。然而,在这种情况下,不是做出断言的人而是对断言提出质疑的人,才有义务证明其质疑的观点:如若缺乏特殊的质疑理由,这些报告就不容置疑,而被视为"未经证明的正当理由"[布兰顿(R. Brandom）〕。

288   我把观察报告称为认识上认可的实例是基于这样一个事实，即观察报告把自己授予权威的功能归于其认识的状况以及它们在认知上被获得的方式——最终归因于作为关于世界信息来源的人类感官知觉适应性的演化机制所具有的总体可靠性（overall reliability）。但是，若认为此类特殊功能是文化的恒定元素那就大错特错了。确实，我想报告在所有文化中都在一定程度上发挥了此类功能。但是，另一方面，观测的**内容**则取决于特定文化的一般资源——我们只需要考虑一个事实，即存在于我们文化中的种类繁多的观察报告（例如，通过电子显微镜或在气泡室中所见的报告）依赖于高精的特殊仪器与环境，还依赖于极其特殊的、专业的技能。同时，在许多文化中，并**不只有**观察报告能真正地履行（或已经履行）防止倒退的功能，充当"未经证明的正当理由"。关于（往往非常重要的）推论性的承诺还包括对梦的报告，特定文化实践引起的催眠状态的报告，并且得到一致认可的传统也在其中发挥了相似的作用。

因此，当我提到其他类型的信念－认可的实例指的是**文化**实例时，这在某种意义上意味着，在现代性条件下，特殊形式的文化实践（及其结果与对象化）被赋予了这样的功能。这就是——尽管丧失了一定程度的客观性——**科学**，主要是"硬"科学，自然科学。这指的是一定意义上的文化规范。毋庸置疑，对于大多数个人来说，在我们的社会中，其他文化形式——宗教的教义、哲学、社会与政治的意识形态或民俗传统——或许对于特殊信念的承诺来说是最终具有合法性的实例。但是，这些文化形式本身从规范上被假定是以特质的、个人的承诺为基础的，接受它们对他人并无约束力。另一方面，科学——科学研究的结果被相关科学共同体的成员一致性接受——在所有这些纯粹个性的承诺方面，被视为是"中立的"。

科学真理同时也被理解为可证伪的：即使是最完善且获得全员认可的科学命题也能够接受批判。然而，不禁又再次提及，批评家有责

任提供理由,而且,为使其质疑观点切实相关,批评家提出的理由必须　
至少在广义上满足科学研究领域内普遍有效的标准。

最后,应该指出的是,信念 – 认可的两种截然不同的来源,至少在理想情况下是相互一致的。因为人们一般认为——无论正确与否——正是"经验的裁定"决定了科学的真理:最终又是观察为科学领域内的知识主张提供所有证明。从这个意义上说,现代性的知识体系是连贯一致的。

然而,在我们的文化中,关于知识建构的这种图式,还需做出一点重要的评论。在这里,观察和科学都是被广泛接受的信念 – 认可的实例,但这两种断言式的权威性的来源都只是涉及**事实**。然而,信念却不仅关涉事实,而且作为承诺同样也关涉**规范**和**价值**。对于这些后者,并没有标准上公认的实例能够证实这些承诺的"真理性",或至少在标准上对它们做出要求。这种**不平衡**(disequilibrium)**和拼贴性**(decoupage)是现代性认知结构最基本的特征之一,与前现代文化相反,前现代文化一般认为"宇宙观"和"伦理学"之间是统一的,世界的存在方式与我们个人和集体地指导自身的行为方式之间是基本统一的。正是**法律**在某种程度上填补并连接了这条鸿沟。然而法律是人造的、外在的和蹩脚的,主要只是发挥禁止作用的工具,其公正性本身可以并且应该受到评判。这种评判得以实现的共同的社会 – 政治进程,在现代社会,很可能受到一些普遍接受的普遍主义特征的基本标准的控制。然而,这些标准的排列并不固定,它们的组成部分之间没有预先给定的等级,尽管在实际情况下,它们的实践结果往往相互矛盾;而且——可能最重要的是——这些标准在社会中存在极具分歧、某种程度上相互对立的解释。因此,在现代性条件下,社会知识结构中存在一种根本的**失衡**、**规范的缺失**。

但是,对于这一观点,有人可能会提出反对意见,他们认为**宪法**——至少在理想条件下——能够提供持久不衰的价值框架,其不仅为法律体系发挥功效指明方向,而且为根本程序上的共识提供明确基

290 础,这一点对于现代民主社会的继续存在是至关重要的。然而,宪法本身是充满现代性矛盾的法律－政治文件和制度,与公共领域分割为相对自律的领域紧密相关——经济、社会、法律、政治等等。宪法首先必须旨在维护民众平等参与政治活动的自由和权利,同时还应确保通过这种方式,使更多符合共同利益的实质性价值——平等、公平与团结——能够得到满足。但是,除了融合的妥协之外,再没有其他方法可以实现这种双重要求,这种情况在不同的国家根据各自的历史与实际的社会安排和组成,呈现明显不同的形式。然而,通过这种方式,宪法作为统一的力量,本身的不变主题就是不断的、尖锐的和完全分裂的解释性纠纷,从而毫不稀奇地频繁发生变更与修改。在现代民主政治中,它为获得政治程序的共识提供了普遍主义价值的稳定基础,但同时宪法也造成了自身无法消除的脆弱性。甚至在相关的有限领域内,宪法无法成功地消除规范失衡带来的后果。

在这些转变的结果中,**信念**的地位发生了某种变化。"自然"的过程与事件只是可以认识的事实,这一设想只是人类行为许可的和有限的条件,即个人及其群体承担唯一责任的行为,实际上,在现代性条件下它极大地开拓了信念作为认知结构的范围,尽管与知识截然不同,但它仍然是必要的、合法的以及无缺陷的。既然给出这种对"知识"的理解,那么对于日常的"信念"概念我们又该如何进行解读呢?

将知识定义为被证明的真的信念,显然将"信念"视为更广泛、更具包容性的范畴。从先前的分析来看,我们可以说,宣称"我相信这些以及这些是(或应该)如此这般"的人做出了推论性的承诺(因为相信 p 当然暗含着认为 p 为真的判断),无须参照对每个人来说都是规范有效的、受到认可的实例规范来证实这一承诺的责任。至少,这个人

291 并未承担所有的责任:信念并不仅仅是猜想,它们仍属于理性的逻辑层面——它们不仅能为进一步推断提供理由,同时人们也可以坚持它们还合理地要求用理由来加以证实:它们是有理可循的。但是,坚持某种信念的理由也可能(且通常被认为是)纯粹是个人的:愿望、情绪、

偏好以及有信仰的主体的直觉。信念是一种认知主张，提出一种信念不需要强迫他人认可来证实自己。信念可能，但并不必定被他人接受。因此，如此设想的"单纯的信念"既能被视为整个知识上层建筑的广泛的基础，又能被视为一种剩余的概念，基本上寄生于成熟的知识主张之上——这将在我们的认识论中产生根本差异。

毫无疑问，这是吸引人的思考轨迹与合理的分析。但是，我认为，这还是片面而且不够充分的。它并未考虑到，当提及知识或信仰时，这些承诺被置于基本不同的相关语境之下。要验证知识主张，所主张的真理——或更准确地说，有根据的逼真性（verisimilitude）["似真性"（truthlikeness）]——应该是直接相关的：所断言的事物与适当的事实，即世界之间的相互对应。然而，当我表达一种信念时，不是断言的似真性，恰恰是这种表达的**诚实**（truthfulness）["真诚"（sincerity）]被置于主要相关的中心位置。我的信念始终都可能在内容上被批判为错误的，但是它所引发的首要问题不是它与事实世界之间的对应性问题，而是我的信念与我的行为之间的**实际**（pragmatic）一致性问题，我的语言行为与非语言行为的全部过程的一致性问题。信念被认为是可以激发、解释和使行为合法化的事物——使这些行为变得可理解的事物。若由于实际行为与所表达的信念不一致，而导致信念未能发挥这些功能，那么这种信念表达本身就是无效的：我在声明我真正相信的事情时我是不诚实的（或者可能是错误的）。皮尔斯（Peirce）说过，真诚的信念是一种习惯的本性，这种习惯——在适当的条件下——将决定我们的行为方式。知道与相信之间存在不同，其中，谈论前者的方式强调的是认知，论及后者关注的是主体间断言性承诺的实践–实际的方面。

但是，所有这些与特殊个人的特殊信念紧密相关，它们大多是短期的、特质的，且不会引发更广泛的社会后果。不过，这里我们研究的是现代性文化中信念的一般特征、范围与功能。这就需要提出有关我们这个时代的**信念体系**（belief-systems）的问题。因为，作为最敏锐的

292

启蒙文化人类学家之一,克利福德·格尔茨曾经说过,实际上,正是文化特殊方面的体系性等级才是最根本的特征与决定性因素之一。

"信念体系"显然并非日常话语中的概念,而属于解释性的概念构想。它主要用于阐明和分析那些信念,即被一个共同体或群体的大多数成员共奉的、广泛传播的,并且对于理解其社会行为极其重要的信念。我想暂时指出,信念体系包括(明确的以及隐晦的)大多数的一般信念,对于某一集体来说这些信念是共同的且相对较持久稳固的。个人通常在社会化进程中获得这些一般信念,而这些信念共同构成了他们的文化认同。这种体系不仅包含实质性的假设,还包括(通常只是以隐晦的方式)第二序的信念,即关于评价断言的标准、能够构成真理或谎言需要满足的条件、它们可能被支持或反对的方式等等。简而言之,第二序信念也体现了特定"思维方式"的特征。信念体系激发、解释并合法化事物,与其说是特殊的个人行为,不如说——详细说明并为其成功或失败的条件提供依据——是某些集体中普遍的社会实践。它们就像通用地图,为团体/集体行为定位和导向。信念体系构成了文化中极为关键的一部分,从人类学意义上来看其是所有非生物学固定的人类行为及其结果的意义 - 承载与意义 - 传递的方面。

此处,我必须进一步阐明的一点是:根据这一概略特征来看,现代社会中这种高级文化的形式,如科学、哲学或详尽的理论学说不应被视为信念体系。的确有合理的理由可以将上述高级文化形式视为信念体系,并且也能提出适当的概念定义允许我们这么做,对此我深信不疑。但是,鉴于刚才提出的解释,还有许多理由说明它们并不具备资格,其中最重要的原因是,它们**脱离**其他社会实践环境:它们主要的验证标准仅适用于自身内部。它们是——在现代性条件下已经变成这样——自律的。无论如何不能将一个重要事实排除在外,那就是这些文化形式的某些特殊部分——特定的科学命题、哲学或理论观念——从其原有的环境中分离出来,能够并且已然进入日常信念体系之中。无论如何,我的讨论都将限定在它们更独特的、最初的内容

293

之上。

现在，对我来说，有关如此理解的概念应该提出的基本问题似乎是：如此界定的（无疑是含混模糊界定的）一套信念究竟需要依据什么权利，并且首先在什么意义上才能具备**体系**的特征？

最显而易见的答案可能将体系性的理念与相关的一套信念的逻辑一致性联系起来。哪怕某一个人坚持再多的信念也无法构成一个集合。如上述所示，信念属于理性层面——它们产生的结果能够获得其他信念的支撑，同时也隐含着其他信念。那些完全无法认识并且得出此类推断的人就不是一个信念的主体。

但是，很明显，有大量这种往往短期的、独立的实质推断的关系与整套信念的逻辑一致性问题毫不相关。我更倾向于认为，对于后者的要求——至少乍看起来——与日常信念体系是全然无关的。因为日常信念体系一般来讲是不一致的，而且往往是根本对立的：体系中包含的诸多信念，从其明显的一般构成上看，逻辑上常常相互矛盾。并且由于逻辑一致性是一个全或无（all-or-none）的概念，因此所谓的"体系性等级"从原则上来讲就是毫无意义的。如果体系性需要逻辑一致性的认同，那么"信念**体系**"的理念就是个逆喻。

因此，我认为，任何体系性概念必定隐含的一致性应该存在于别的地方。它不应该在相关的特殊信念之间的逻辑关系当中寻求，而是要在一个集体的整套信念与相关的社会实践之间的关系中设法寻求。被共享、坚持等等的一套信念，就它能够成功引导、激励并合法化这个集体重要的社会实践而言，在这个程度上它就是"体系的"——就其理想功能"发挥作用"而言。（由此同样可以得出，信念体系的体系性不能从纯粹外部的视角进行判断，它预设了一种——至少是想象的/虚拟的——"参与性"态度。）我将这称为——具体原因在下文中将清晰说明——信念体系性的根本或基本标准。

但是，这种解释又会引发根本的异议。如果信念体系往往或通常包含直接矛盾的断言，那么它们究竟如何在引导实践与公共活动方面

294

"发挥作用"呢？如果我同时相信 p 与非 p，此后任何事以及每一件事都遵循这一思路——那么它完全无法为我指明方向。此外，之前我们认为，如果不具备基本的推理能力这一前提，我们不能认为这个人拥有信念，那么，如果将逻辑的不一致性视为信念体系的特征，难道我们不是与之前的观点发生矛盾吗？实际上，难道我们不是因此复兴了已经弃置不用的、不受矛盾影响的"前逻辑"思维观念，仅在现在不仅将其归为"原始的"（primitives）[莱维－布吕尔（Levy-Bruhl）]，而且还将其归为一般意义上的日常生活的主题吗？

这些都是十分重要的问题，因为这些问题进一步阐明了日常信念体系的特征。为了回答这些异议，我们可以指出，信念体系作为一种规范并不包含去语境化的断言，但是与此类断言一道，获得强大的（尽管几乎总是十分隐晦的）"实用索引"（pragmatic indexes）的补充，这种"实用索引"规定了信念适用性的条件、场合以及社会形式，在这里我们可以或应该适当地提出所提到的信念。[这是哈贝马斯曾经特别强调过的观点：提出断言的"社交礼仪"（social propriety）是评价断言的必要方面。]如今，坚信享用圣餐即是分享耶稣的血肉的虔诚的天主教徒（并不太了解理论细微之处），显然也清楚，他们所享用的只是普通的面包和红酒，他们就像罗马帝国的地方高官一样丝毫"不受矛盾的影响"，这些高官对皇帝的神圣深信不疑，但是同时又把皇帝当作一个凡人（mortal being）而热衷于讨论他健康状况的最新传闻。矛盾的断言并未构成**信念的矛盾**，因为信念体系本身将其隔绝在外：在同一个现实语境中，信念体系禁止它们的联合调用或使其变得不合法。

295　　然而，所有这些都涉及共享的日常信念体系性的**基本**意义。在历史进程中，许多信念体系都经受过深远的、"间接的"体系化与理性化。理性化主要的社会进程与载体是**专业化**（对特别重要的信念的保护、维持与细化成为一些"专家"群体的任务）；**书面化**（在书面形式中固定此类信念）；以及**法典化/标准化**（codification/canonisation）（赋予某些特别的文本充分代表的独特权威）。这些进程使得这些信念不断地内部细化,同时通过这种方式其也获得了物质性的永恒。但是,主要结果仍然是自身日益发展的**去语境化**,也就是将自身从现行交往的原初的实用索引与语境中"解脱"出来。现在,信念真的转化成为"彻底的断言",而且正是因此,很大程度上不可避免地出现了信念的不断细化。由于失去了原有的实际背景,调解信念矛盾性的机制也同样不复存在——现在,这一任务的解决方案需要明确的认知意义。一致性现在成为需要解决的问题。

此处,有必要提及上述转变造成的两个更广泛意义上的结果。一方面,可以理解的是,信念的固定是要将彼此相互联系着的不同文化之间原本可渗透、可穿越的边界转化为严密的并且排他的界限:现在,信念体系可以变成**信仰**(faith)的教义。就这个方面而言,将古希腊罗马时代松散的制度化的多神论宗教与《圣经》伟大的一神论宗教进行比较,是极具启发意义的。前者在其融合性上,甚至愿意接受外来的异教。而后者的一些仪式与传说可能被认为是奇怪的或荒唐的,但是在整个有人居住的世界(*oikumene*)里,不同文化崇拜的诸神被视为——通过特殊的"翻译"活动——本质上是完全同一的。因此,在每个地方,诸神是真实的因此也是一样的,只是他们的名字有所不同。对于宙斯(Zeus)/朱庇特(Jove)来说,密特拉(Mithra)①只是一个外来名,对于赫拉(Hera)/朱诺(Juno)来说,伊希斯(Isis)也是一样。不信宗教的人、皈依者、异教徒的观念,及其所隐含的一切矛盾冲突,均是理性化的圣经 – 宗教(book-religions)的产物。

另一方面,这一进程同时也为批判的反思性制造了越来越多的资源。信念的固定把实际上嵌入性的、语境中的断言封固为永恒命题的体系,也为批判性的检验创造了新的可能性,将注意力单单集中到构思的内容上。在之前的论述中,我们将信念体系背景部分的特性表述为独特的"思维方式",更为重要的是,去语境化刺激并促进了这种背 296

---

① 也作 Mithras ,是波斯神话中的光明之神。——译者注

景向明确的规则以及逻辑、词汇或叙述过程的转化。在此基础之上将兴起全新的论证、探究以及谈话方式与类型——全新的文化实践形式，其中的一些在现代性的条件下将获得自律性。

*

现在，如果我们根据上述分析，再次提出有关现代西方社会中信念体系的显著特征问题，我们很可能会发现我们提出的问题本身就是有问题的。因为我们共同/共享的信念并未像其先前宣称的那样满足体系性基本的/根本的条件。如果我们认为后者就是广泛传播的能力并且稳定持久的信念就是要引导、解释并激励既定集体中最重要的社会实践的话，那么被现代社会成员或特定群体的成员共享的信念，在众多至关重要的社会活动方面，早就被免除了这一任务。在现代社会，这个任务是以完全不同的方式完成的。

往往各种各样高度专业化的社会实践，具有一种"技术"特征，当然是在这个词最广泛的意义上，在现代社会中，这些实践活动不是由行为者 – 参与者的"信念"来调整和确认的。生产劳动活动，还包括官僚体制中（代理人以及委托人）的行为，一般说来，其直接受到源于"别处"的客观规则支配下的程序的引导，并且根据这一程序得到评价。其适用性与合法性以制度化体系关系为基础，远远超出任务直接执行者的意识或知识范围——如果这些任务的执行者能够大致相信这些体制的合理性，或者至少被动地接受这种不可避免性，这就已经足够了。信念的**功能范围**已经被大大削减。如今，一方面，它们主要涉及的是日常生活中的个人行为、发展与人际关系问题；另一方面，它们则涉及一些广泛且现实的公共问题——经济、社会与政治——事务。

但是，尽管信念范围受到很大限制，但是它们可以适当获得的潜在**来源**也已经极大增加。就信念而言（与规范上认可的知识截然不同），现代性提供了多种多样的文化形式——宗教信仰、科学、艺术、哲学、不同的意识形态——每一种都具有**普遍主义的**主张并因此向每一个人表现为有效的依据，能够相应地引导他们的生活。由于涉及特定的场合或严格界定的生活领域/方面时，这些文化形式潜在的相关性并未明确划定，并且由于它们体现出来的价值在某种程度上是不可调和的，因此这些文化形式之间存在相互竞争的关系（即韦伯的"诸神之争"）：它们是作为**有意识的选择**对象而出现的。

如果通过这种方式，现代性把个人的认知承诺变成了一种自律性的实行，那么从另一方面来看，现代性同时为信念不受控的，以及极大程度上不可控的广泛传播创造了强有力的机制：**大众传媒**。既然媒体利用大量极大地脱离了实际生活实践与直接经验的信息与图像，不断轰炸社会上的所有成员，那么以隐蔽的方式控制这种信息选择的惯有模式同样也要摆脱经验控制。尽管有些理论宣称媒体具有无限的操纵能力，在我看来这似乎完全夸大其词，但是大众传媒确实意欲创造大量的信念，而绝大多数孤立的个体在无意识间已经完全接受。

因此，现代社会里的协同社会实践，一般而言并非由共享的实质性信念指引方向，同时也不以这些信念为支撑。它们整合的本质上的功能特征是由类似市场机制的制度化机制和客观的技术 – 官僚规则所确定的。功能的运行预设了一种内容浅薄、共享的政治文化，这种文化的内涵基本上体现为一种程序共识，即围绕共同利益问题的谈判以及裁定公共领域中潜在冲突所采取的适当方式而达成的程序上的共识，尽管这极其脆弱，但同时也充满弹性。现代性中的信念已经被**私人化**了（privatised）——不仅体现在它们主要关注日常生活问题这个意义上，最主要的是因为个人被理解为一种**权利**的承担者，有权构想、确认并公开地表达自己的信念，并且有权在其所选的生活方式中实现它们——前提是，在此过程中，他们没有侵犯他人所享有的同等权利。这就是其自律性的基本内容。

无论信念是个人的还是被广泛共享的，**体系性的缺失**实际上构成现代信念的最重要的特征。这不仅指的是已经表明的信念同普遍的社会实践相脱离，还指的是其具有拼贴式（collage-like）特征。在今天，信念产生于不同的源头,不仅来源于不同的文化形式,这些文化形式在我们多元文化的社会中,既牵涉到商业化的进程,也置身于文化全球化的进程中,同时,信念还来源于不同的历史 – 地理位置和不同起源的多种文化。这是一种新型的融合,其不是建立在把外来的信念翻译成我们自己的语言或者把一些预先给定的、法典化的元素进行结合的基础上,而是建立在实际不受限制的资源的"自由拼接"和规范的宽容原则的基础之上。

然而,正是这种非体系性使得现代社会中的个人能够**让**自己的信念变得**实际一致**,由此能为自己所选的生活方式和个人的发展提供一致的基础。至少从原则上讲,它让现代社会成员有可能满足**自律性**与**完整性**(integrity)的双重要求,在不断变化、动态的和多元化社会中,这两者是保持持续的自我认同(self-identity)的标准要求。当然,个人并不是凭空创造信念——很大程度上,他们仍然是在自身社会化的过程中,以非反思的方式,从自己较为狭窄的社会环境和体制中获得这些信念。但是,他们能够,或至少可以自由地,在自己的生活经历中,凭借生活经历修正、拒绝并接受这些信念,在某种程度上甚至自行创造一些新的信念。非体系性使得对于自己的信念所具有的实践 – 经验的、**个人的反思性**力量得以实行:学习到的不是预设的社会作用和规则,而是怎样成为以及将要成为人自己。

这种力量的实行,这种学习的实现,需要实质性的、明显依赖于经济和社会资源的文化资源。对于大多数个人来说,创造自己一致性信念的"大杂烩"的自由,与在我们这个非归属性的(non-ascriptive)、原则上唯精英的(meritocratic)社会中,根据自己的愿望、兴趣和能力实现社会经济地位的自由一样都是不太现实的。对他们来说,信念的非体系性——它们没有被固定在一般接受的、可靠的并且共生的集体社会实践之中,也没有被这些实践所证实,它们多元的私人化与不稳定性——只是意味着令人沮丧的方向迷失与濒临消亡的自我认同。在发达的西方社会,**原教旨主义**(Fundamentalism)(我想强调,我对这种

299

现象的评论仅限于他们的文本)是这种地方性的不满展开的当代民粹主义和民众的反应,存在于现代性之中,并由现代性产生和不断复制。

我在这里所用的"原教旨主义"是广义上的原教旨主义,而非通常的宗教内涵,它也被应用于某些类似的意识形态现象,主要与种族(race)、种族划分(ethnicity)以及性别问题相关,尽管毫无疑问,当前传播最为广泛且最具影响力的是它的宗教变体。这些"原教旨主义"与浪漫主义的或乌托邦的反现代性的思潮具有某些相同的特征:对启蒙抽象的－形式上的普遍主义的拒斥,对其原子化的、竞争性的、宽容的个人主义的拒斥,据称是由其引发了人际关系的凉薄和不稳定性,以及与之相对的积极强调有机共同体和归属感的需求。然而,这些原教旨主义背离了那些早前(可能如今已完全没落)的意识形态趋势,而是坚持严格划定的、一套固定的信念,这种信念往往要求重建或重构原本被视为确实有效并且直接产生清晰界定的日常行为准则的那种传统。这种准则同时鲜明地把那些"所属"的成员与外来者、社会的剩余者区别开来。这种信念体系的直接可行性,其内聚力创造以及选择性分离、隔绝的力量,在很大程度上说明了自身的调动力和取得的成功。在高度个人主义与竞争化的社会中,它们能够创建替代性的共同体。绝非偶然的是,这种趋势在有些国家中传播最为广泛并且特别具有影响力,在这些国家中,用于平衡经济竞争造成的极端后果的社会－政治措施和制度(福利国家)特别虚弱或者基本上是缺失的。但是,这同时也说明,它们的存在与活动——不管其长期愿景与许诺到底是什么——实际上并未瓦解现代社会的正常运行。事实上,它们强化了社会成员的日常生活的多元性与排他的多样性特征;因此,它们加重了私人领域与公众社会领域的分化,这正是它们在意识形态方面反对并往往猛烈抨击的。

原教旨主义,伴随其集体信念的本质化与日常生活中特殊行为规则的绝对化(absolutisation),绝不仅仅在一般意义上与现代性精神相对立。其内容中共享的信念直接否定了文化现代性的一些基本原则:

300

287

它们旨在通过恢复宗教传统或种族的风俗传统,或者通过创造新的神话(某些"新时代"思潮正是如此)为世界复魅(re-enchantment)。然而,这些是典型的现代现象。这不仅涉及一个事实,即原教旨主义(正如说明的那样)让自己被动地适应这些社会基本的制度结构,同时又积极利用最现代的文化交往与再现的方式和资源,如电视机或电子媒体,而这些科学发展成果片面的理性主义正是它们根本上否定的。它们有意识地并且积极地**修复**(make)那些单义性(univocality)与延续性遭到破坏的传统,使它们重新具有凝聚力与约束力,而这些基本尝试都是现代的做法。正因如此,无论包含哪些内容,它们在**反作用的理性化**(reactive rationalisation)中旨在重拾共享的信念已经遗失的实践与思想的体系性。

这种理性化直接反对启蒙的理性主义,但是体现了**倒退的**(regressive)特征。要将"信奉者"群体从周围社会中鲜明地分离出来,同时要在其制度条件和功能需求下提供可以遵照的信念体系,这双重要求——一方面是纯度的压力,另一方面则是可行性——为这些体系的内容施加了严格的限制。在现代西方社会,正如经常可以在原教旨主义信条中发现的那样,它们对经律主义①(literalism)的坚持却常常伴随着相当简化地接受和理解自己信奉与想要支持的宗教传统。创世说(creationism)消除了关于圣经来源的伟大的叙事财富,消除了最初拥有的典范的权威性和人类的重要性。另一方面,福音教派却极其狭隘地不是强调圣经中相当边缘化的问题(同性恋),就是可以理解地强调简直子虚乌有的问题(流产),并没有切实去思考伟大的亚伯拉罕宗教真正的中心思想。就这个方面而言,原教旨主义者与其头号敌人和评论家,像道金斯(Dawkins)与希钦斯(Hitchens)这样的当代的无神论者之间,存在一个莫名的相似之处。他们都"忘记"这种传统对于最终导致西方现代性诞生的发展过程产生了无可替代的贡献:伦理普遍主

---

① 也可翻译为圣经直译主义或圣经神圣论。——译者注

义。从**摩西的十诫**（Decalogue）开始，该传统就坚持强调一种行为规范的存在，不论身份、性别和种族划分如何，这种规范对于所有人来说都同等有效并成为每个人的责任和义务。这种阐述完全相异于这一发展过程另外一种伟大的历史源头，也就是传统的古希腊时代，对古希腊时代而言，认为同样的行为规则可以平等地适用于自由民、混血（metis）和奴隶或者男性和女性，这样的想法简直是荒谬的。无论如何，首先，试图对共享信念起反作用的理性化的尝试是倒退的，因为，以彻底地批判现存的道德与周围社会现状为名义，他们实际上简化和削减了批判反思性的资源。他们反对私人领域与公共领域分化的观点，因此实际上他们破坏了个人自律性与宽容性的标准需求。许多原教旨主义教派与群体对政治生活的直接干预——对有组织的宗教与国家事务构成上的分离提出疑问——并不是离经叛道的，而是相当一致地遵循了自己的基本原则。

原教旨主义是现代性矛盾的近期症状与要素之一——在长年的危机之中，它的方式就是不断制造并吸收对立的、悖论的（antinomistic）文化和社会风尚。在原教旨主义的意识形态和运动中，为实现完整性，实现稳定的和牢固的自我认同，这种根植于共同体并以之为依托的不懈努力，逐渐与个人自律性的原则和规范需求相对立。但是，把个人人为地再吸收到一个具有共同和体系化信念的共同体中，这一尝试从整体实际效果来看，只是扩大了共同体的范围，且这恰恰是最明确反对的一点。多种多样相互矛盾的原教旨主义信条和教义只是增加了现有社会信念和价值的多元化。通过提供越来越大范围的体系化信念以供个人的选择，它们进一步推动了信念私人化（privatisation）的一般趋势。事实上，在那些原教旨主义广为流传且极具影响力的国家，在个人一生的时间里宗教信仰不断改变已成为非常常见的现象。

现实中，在不断拒斥现代性的某些基本的标准原则的过程中——私人/公共的划分、个人自律性和随之而来的宽容习惯——人们可能

302

认为,原教旨主义运动不断试探自身的底线,推进批判性地重新审视自身的意义与局限,防止自身走向空洞的常规化。然而另一方面,毫无疑问,在一些可以想象的情况下,这种"探测"可能会造成一种崩溃:带有原教旨主义色彩的社群主义最终可能会消除那些浅薄的、本质上程序化的、对于现代民主社会的政治文化制度的运行至关重要的共识性存在。从长远来看,现代性能否同样吸收这种质疑——无论如何,这都不是一个知识问题,而是"单纯的信念"问题。

第二部分

第十章　文化:概念的产生
和构成　一篇历史语义学论文

　　在一篇旨在说明现代性的"形而上学基础"的文章中,海德格尔曾提到——与机械技术和科学研究等现象同时出现——文化概念是标志现代时期的划时代的特征之一①。这一观点乍看之下有些奇怪。在我们的通常理解中,每个社会都拥有自己的文化,因为,一方面,拥有文化是一般人类生活普遍和基本的特点;另一方面,各种地理上或历史上独特的人类共同体之间得以彼此区分的主要方面就是依据各自的文化。因此,谈论现代西方社会的特定文化是意义重大的,但是这样将西方社会与文化联系起来的做法似乎颇有相当过时的和致命的种族中心主义的嫌疑。

　　然而,这种批判完全没有把握住海德格尔的观察要点。表明现代 性的某些根本和特殊之处的不是文化,而是其**概念**——然而,实际上这个概念已经渗透到我们理解和活动的方式之中。事实上,我们不把自己的生活方式和解释周围世界的方式看作某种不成问题的自然的

---

　　① Cf. M. Heidegger, Die Zeit des Weltbildes(1938), In *Holzwege*. Gesamtausgabe, Abt. I, Bd. 5, Frankfurt, Klosterman, 1977, pp. 75-76.

或注定的东西,而是认为它们属于某种"文化",也就是说,把它们看作由先前各代人创造,并且可以由我们自己的活动重新创造的东西——正是这一事实让现代社会的文化与"传统"社会的文化形成对比。我们的文化认为并且明白自己**就是**文化而且是众多文化中的**一种**:对它来说,"文化"已经成为一个反思主题和实践问题。

今天,文化主题和问题的研究涉及众多学术领域——人类学、社会学、历史学等等。这既能说明这些学科各自的兴趣和"能力"所在,通过此种方法又能为哲学对于文化的关注划出特定空间,如果真有这种空间的话,那么这可能是说明"文化哲学"主题的最好方法。很遗憾,这几乎是一项无望的事业。因为在这些学科中,每一个都有许多令人眼花缭乱的"文化"定义以及相应的研究方法。在一部专门对人类学中的文化定义进行概述和分类的巨作中(绝大部分是美国的人类学),克鲁伯(Kroeber)和克拉克洪(Kluckhohn)在20世纪50年代早期成功地将各种概念概括为六大类[①]——人们可以很有把握地认为人类学的发展在当时已经产生了一些新的概念,只是没办法轻易纳入这种分类中。同样的,在有关文化社会学的一部受人关注的作品[②]中,齐格蒙特·鲍曼(Z. Bauman)曾指出,就社会学而言,"文化"隐含着三种相互独立,却同样合理并且重要的,分属于不同论域的(*univers du discours*)概念。而且在每天使用它所涉及的这些内容中,这一概念的界限似乎完全是流动的和不确定的。在我们生活清醒的大部分时间中,我们都忙于"文化活动",但它可以指慢跑、画画、看西部片,就像读康德一样。[③] 此外,这种日常的文化概念不仅在其指称的范围上极其

307

---

① A. Kroeber and C. Kluckhohn, *Culture. A Critical Review of Concepts and Definitions*, Cambridge, Papers of Peabody Museum, Harvard University,1952.

② Z. Bauman,*Culture as Praxis*,London, Routledge,1973. 参见第一章,"作为概念的文化"(Culture as Concept)。

③ 参见盖洛普民调(Gallup poll)关于美国公众"文化兴趣"的调查结果,报道在莱文(H. Levin)的《文化的语义学》(*Semantics of Culture*)一文中,In G. Holton ed. , *Science and Culture*, Boston, Houghton Mifflin,1965, p. 7.

模糊,而且在其指定内容的相关评价上也是模棱两可的。文化看起来似乎如此有价值,或至少如此重要,以至于值得许多国家都设立一个特定的"文化部"在遵守"文化政策"(说的不是那些热衷于发动"文化革命"的政策)的前提下为民众提供并组织"文化服务"。然而,从现实生活和文化真正的关注点来看,它却被当作如此临时和无关紧要的东西,以至于只有"文化怪胎"(culture-freaks)或"文化狂热者"(culture-vultures)才会认真对待它。

　　"文化是英语语言中最复杂的两个或三个单词之一。"由此,雷蒙·威廉斯(Raymond Williams)展开了对这个词的历史的概述。[1] 因此,可以理解,人类学家或社会学家转而介绍他们自己对"文化"的定义,就文化的日常意义的丰富性而言,每一种文化定义都是限制性的[在此,为选择性的概念化(conceptualisation)留下空间,甚至产生了刺激作用],但这也使得对这一更加界限分明的领域进行深入研究成为可能。这个过程可能是合理的,然而,它却唯独不适用于**哲学**目的,首先是因为哲学对这个词在当代使用中存在的歧义性几乎"难辞其咎"。"文化"这一词有着丰富的学术起源;它通过哲学的、教育学的和社会时政评论家的论文渗透到日常对话中(首先在 19 世纪开始于德国)。其当代意义的复杂性和模糊性反映为某种沉淀的方式,伴随着复杂的历史发展,它最早出现于与它相关的意义中,随后被用在各种语境中以及用来转换不同的哲学目的。因此,对于社会科学学科而言它可能只是日常对话中的困惑,对哲学而言则是必须面对和承受的特有历史和传统的产物。

　　对于当代"文化"概念歧义性的自觉反思,其必要性在于,与此同时,对于哲学来说,它并不只是某种要求历史公正性的事物。今天,哲学家对文化的关心一部分源于上述事件的混乱状态:作为一种"显而易见的"和"众所周知的"事物,我们全都认同我们的文化在某种程度 ₃₀₈

---

① R. Williams, *Keywords*, London, Fontana, 1976, p. 76.

上塑造并构成我们本身,但我们似乎并不知道,或至少无法达成共识的问题是,如何去理解更不用说如何评价文化隐含的事实。这种思想上的不安促使了哲学的产生、文化上的焦虑和不适,但与此同时,它又是哲学的构成部分,是——某种程度上——现代历史的产物。

哲学不能对文化概念(或各种概念)混乱的歧义性不闻不问,因为哲学对文化概念的关注点正植根于这些歧义性之中。要想理解这些关注点,我们至少要理解今天我们赋予这个术语的**意义的主要维度**——这种维度一部分是相互联系或彼此重叠的,另一部分又是相互矛盾的。遵从原则上使用这个词的历史以及它在相关话语中变化的角色和作用是说明其意义维度最好的方式,至少当这个词进入日常对话领域时,它就已经具有了历史沉淀下来的各种混杂的丰富意义。

由于"文化"这个词本身源于学术,所以不可避免,"文化"的**历史语义学**①主要从哲学文章中获得材料,或至少是从哲学－社会学的时政评论文章中获得资源。然而,不应该将其误解为仅仅是哲学的文化概念的历史,或是有关文化的理念。不仅因为可能有一些相当复杂精细的理论并不使用这个**词**(例如,杜尔哥和卢梭就大多如此),而且还因为,这样一种历史的－语义学的概述只是关注相关哲学观点的某些方面和内容——经常以一种简单化的、压缩的方式——这些部分进入了更广义的、最终日常的话语之中。

309　　不是哲学理念,而是其中沉淀的某些意义－内容超越了哲学领域开始发挥作用,充当了表述社会经验和期待,分析主题的基本形态。然而,这也赋予它一个额外的意义。"文化"这个词——直至 19 世纪早期,一直是所学到的话语中相当边缘性的表达——在最后的 150 年里经历了一段惊人的岁月,用其衍生物和复合物占据了我们所有的谈话。看起来似乎如此,哲学已经开始用这个词反映某些在现代性条件

---

① 有关历史语义学的概念和争议性的纲领,参见 R. Koselleck (Hg.) , *Historische Semantik und Begriffsgeschichte* (Stuttgart, Klett-Cotta, 1978) 和 D. Busse, *Historische Semantik*, Stuttgart, Klett-Cotta,1987。

下存在的、广泛表述所需要的、"指定需求"的事物。通过在极为复杂的哲学理念中观察哪些元素促进了日常概念的形成,且在其现代使用中一直保留至今,人们掌握了理解这种需求特征的方式。通过这种方式,历史语义学成为哲学史和社会史之间具有约束力的纽带。

一、文化:个人维度

起源于拉丁文 *cultura*,"文化"这个词几乎用于所有的欧洲语言(法语 *culture*、德语 *Kultur*、意大利语 *coltura*、俄语 *kul'tura* 等),在其相关的意义中,它是一种现代的表达方式:直到 18 世纪的最后 25 年,它当代意义的主要内涵才得以形成并组合在一起。同时,其用法的发展至少在英语、德语和法语中彰显了影响深远的类似之处,这使得我们可以为"文化"描绘一幅综合性图景,尽管,在某些方面,我们也必须将各国语言和文化间的意义差异考虑在内。

尽管"文化"一词在今天广为接受的意义上是现代的,但它的起源可以追溯至古罗马时代。它从根源上衍生于动词 *colere*,这个动词本身具有广泛的意义而且是我们许多当代表达的词根,从"cult"(敬拜)到"colonialism"(殖民主义)。*Colere* 主要意指去照料、去影响、去培养,尤其用于农业活动,同时它还指栖息、装饰或装扮、崇拜或尊敬。作为 *colere* 的派生词,名词 *cultura* 最初意指作为农业活动的耕种,但有时也意指农业活动的基本前提条件,也就是指耕地本身。但是,由于还有许多其他的词也与农业非常重要的功能相关,因此 *cultura*(或更频繁地,最初用于相同意义的 *cultus*)在早期也获得了一种隐喻性的引申义:人们开始用这个词来表示一般事物的培养或提高,如 *cultura* 或 *cultus litterarum*——是指对文学的培养(cultivation of letters)。就我们对这一单词的当代理解而言,其意义在西塞罗这里发生了决定性的

310

297

转变。在他的《图斯库卢姆辩论》(*Tusculanae Disputationes*)①一书中，他将未受教育的心灵(*animus sine doctrina*)与未开垦的耕地(*ager sine cultura*)相比较，得出了著名的表述：*cultura... animi philosophia est* ——即哲学就是对心灵的培养。

事实上，"培养"和"教育"间隐含的对比并非起源于西塞罗。早在亚里士多德的文集中就提到过这一点。② 西塞罗只是用隐喻缩减了一个古老的修辞比喻。但是，在一个种族和文化十分多样的庞大帝国里，想要进入精英阶层很大程度上取决于个人能获得的东西，这个人受特定文化传统的影响，这种文化发挥着统一性的水泥的作用，*cultura animi* 的观念被理解为通过个人自我教育的(self-educational)努力而形成和再造的智力与道德能力的过程，表达了具有社会重要意义的理念和理想。无论如何，在用破除古代风俗来唤醒基督教的反抗和批判的时代它是非常流行的。圣·奥古斯丁在一次布道中——大概带有直接针对西塞罗的论战意图——将上帝对人类心灵的照顾与犁田者对土地的开垦进行了对比。③ 上帝就像用犁打开我们的心门，种下指示的种子，最终结出虔诚的果实。上帝培养了我们，因此，我们应带着崇拜的心情对他膜拜(*colit arando/colimus adorando*)。为了照顾好"他留在我们心中的文化"(*ista cultura in cor nostrum*)，为了不忘记犁田者的恩情，就要履行我们的义务，这种义务不是让他变得更加富有，而是为了让我们自己得到更多上帝的保佑。

311　　通过这个高尚的比喻，圣·奥古斯丁开创了"*cultura*"和"*cultus*"(当作同义词)两个词义在中世纪的转换，它们最终以当代的单词"cult"的形式被保留下来。中世纪的作者们频繁地书写 *cultura Christi*、*cultura Dei*，还有 *cultura daemonum*——在所有这些表达中，

---

① Cicero, *Tusculanae Disputationes*, Book Ⅱ, ch. Ⅴ, sec. 13.

② 参照 Aristotle, *Problemata Physica*, Book ⅩⅩ, 924a 19–21。

③ St Augustine, *Sermo LXXXVII*, sec. 1, Migne, *Patrologia Latina*, Paris, 1841, vol. 38, pp. 530-531.

*cultura*意指(对基督、上帝或魔鬼的)崇拜和尊敬。

正是从 15 世纪末开始,古老的西塞罗式暗喻以及被视为内心培养的"文化"所具有的个人的－教育的意义,再一次被意大利的人文主义者最先发现,随后被人们越来越频繁地使用。结果,这个词也逐步融入各种西欧方言,至少融入到学术著作中。17 世纪初,像 *cultura mentis*、*cultura ingenii* 这样的表达及其同义方言(其中英语的"culture of mind")已被广为接受,这使得弗朗西斯·培根在早先的暗喻变成老生常谈的基础上创造了另一种新的暗喻。参照维吉尔(Virgil)著名的农业说教诗歌《农事诗》(*Georgica*),培根在其伟大的科学体系化中把作为心灵培养(*cultura animi*)①的、研究道德教育的原则和方法的伦理学部分命名为心灵耕耘(*georgica animi*)。在同一著作的其他地方②,培根还使用 *cultura*,但没有明确表明要培养的对象[也就是心智(mind)]——这一事实说明这种表达的最初的暗喻特征已在其习惯性的用法中逐渐被弱化,并且在那个时候,在实践的和理论的教育与自我修养的含义上获得了直接意义。

一个被遗忘良久的古代暗喻突然再次流行(尤其是在文艺复兴时期的人文主义者群体中),不能仅仅被视为一次偶然。这一现象说明,不同于中世纪的、学术实践的意义,整个关于教育的概念阐述已发生明显的改变。"文化"用其紧密相连的、趋于自然增长的意义说明,儿童教育并不是依照由传统和地位决定的某些预先固定的模式而进行,不是简单的"训练",而应该是儿童先天的才能和天赋的发展和提高,是与其自身努力和能力("趋向于",也就是由教育者指导的和控制的)不可分割的、整个性格的形成。一般看来,这一观点是霍布斯

312

----

① 　F. Bacon, *De Dignitate et Augmentis Scientiarum* (1605), Book 7, ch. 1.

② 　F. Bacon, *De Dignitate et Augmentis Scientiarum* (1605), Book 6, ch. 4. 这一词语的独立使用在法语中出现得更早:蒙田在其《随笔》(*Essais*)的第一本中写到了 *esquise cultura* [在优质教育(*excellent education*)的意义上]参见 *Essais*, ch. 26, Paris, Garnier-Flammarion, 1969, p. 222。

（Hobbes）着重强调的，他在其著作《利维坦》（*Leviathan*）①（1651）中正是基于这一点来区分"culture"和"cult"的。"Culture"意指一切劳动的过程，从中获得的利益是"作为随着我们所投下的劳动力而产生的一种自然结果"——如同"投在土地上的劳动"或被称为"对他们的心灵的**培育**"的儿童教育。② 而另一方面，*Cult*——以及 *Cultus Dei*，对上帝的崇拜——"其涵义相当于讨好，也就是以迎合的方式博取宠惠"③。一般来说，文化的概念从未完全失去那些有机体的言外之意，这些言外之意在"培养"的意义上属于文化概念，并且许多后来的文化理论家，尤其是专注于"文化"和"文明"（civilisation）之间重要差异的理论家格外突出了其意义中的这一特殊部分。

　　"文化"的意义从伦理的和智力培养的积极**过程**向其**结果**，也就是心智培养后的一般**状态**的转变，或者更广义地说，向文雅之人的整个生活方式的转变，只是迈出了很小的一步。当这种转变发生时——从17世纪的作家身上已经可以观察到这种转变——"文化"及其同义词和派生词便获得了一种对立概念的特质。有文化、"有教养的"或"文明的"有时候（在18世纪比较多见）会被拿来与纯粹的绅士风度和单纯的外表的得体相比照。然而，更重要且更普遍的是，它与粗俗的、笨拙的和未受教育意义上的"没文化"（uncultured）直接对立。当然，考虑到在卓越的、典型的行为方式上遗传下来的能力，这种对比是用来强化授予社会特权的主张，并使之合理化的。但是，由此产生的概念仅仅充当了一种媒介，期待得到社会威望和地位的新的渴望要通过这一概念来阐述和表达。从18世纪末到19世纪初，人们在主要的西欧语言中能够发现，那些强调血统（即"出身高贵"、"贵族出身"的人等）

313

---

① Hobbes, *Leviathan*, Part 2, ch. 31, ed. Macpherson, Harmondsworth, Penguin, 1968, p. 399.

② 参见霍布斯：《利维坦》，黎思复等译，商务印书馆1985年版，第281页。——译者注

③ 参见霍布斯：《利维坦》，黎思复等译，商务印书馆1985年版，第281页。——译者注

的社会精英的代名词已逐步被与"拥有文化"［英语是"person of culture/cultivation(有文化/教养的人),法语是 *hommes/gens des lettres*,德语是 *gebildete Stände*］相关的表达所取代。这种情况也体现在同时代的著作中,通过详细论证来证明社会被划分为两个基本阶级——有教养的和无教养的——同时,著作还要求可以自由接受"培养"的途径,也就是,无关乎社会出身的途径。从这时起,"文化"概念的巨大成功鲜明地与社会变革联系在一起,这种变革用新的社会分层原则取代了封建的地产区分原则,这种新的分层原则使个人能够实现的成就变得合法化——至少以一种方式——通过教育和"自我完善"的渠道得以实现。

二、社会的维度

当"文化"——在高雅的、优雅的心智状态和行为方式的意义上——通过上述方式被用于区别性地描述整个社会群体的特征时,那么这种方式就可以完全将其意义转换成对**整个社会**的特征描述。由此"文化"开始意指一种普遍的社会条件,在这个条件下人们能够生活在一个有组织的、秩序井然的("文明的"、"管制的")社会里,文化在物质享受、"彬彬有礼"和温文尔雅的习俗与丰富的思想成就方面获得进一步发展。它具有一种新的意义,表明在特定历史时期内可归属于某个人类整体或民族,有教养的社会存在方式。随后,早前参照社会内部差异的、"有文化的人"和"粗俗民众"之间的二分,被一种社会**间**的差异所补充:"有文化的"［更普遍的说法是"有礼的"(civil)、"文明的"］人和**野蛮人或粗俗人**之间的二分。

偶尔在 16 世纪末和 17 世纪初的作家那里可以发现 *nationes culti et civiles*(受教育的文明人)和 *gentes incultae et barbarae*(未受教育的野蛮人)(或其同义方言)的对比。因此,蒙田(Montaigne)也曾经论述过

314　"教育不足的民族"（*nations moins cultivees*）。① 然而,第一位明确阐述这种隐含的、文化社会概念的思想家是 17 世纪末不朽的自然法论最有影响力的代表之一,塞缪尔·普芬道夫（Samuel Pufendorf）。在他辩护性论著《斯堪的纳维亚辩论》（*Eris Scandica*）（出版于 1686 年,推测写于 1675 年）中,普芬道夫——在许多方面追随霍布斯的脚步——认为有教养的生活和习俗以及心智培养只有在人的**文明有礼的状态**（*status civilis*）下才有可能。相对于野蛮民族生活的自然状态,文明社会（civil society）②的特点体现在**文化**上（从绝对意义上来使用）。普芬道夫明确地将后者定义为"所有那些通过别人的帮助、勤奋和发明,通过自己的思考和能力,或通过神的指引而属于人类生活的东西"③。正如他后来的一系列思想清楚表明的那样,他认为只有在统一的国家权力保护的合法秩序下,也就是在"文明社会"中,才有可能通过和平的劳动与合作创造出"文化",主要是一个人精制的生活条件和方式。

　　尽管文化的社会概念深深植根于"野蛮/文明"的二分法中,但是一旦这个概念形成,它还是容许不同人之间的差异存在,这种差异并不是绝对的对立,而是被构想为文化中的**等级**问题,也就是,社会生活方式——在物质、道德和智力方面——有待提高和完善的水平。因此,一个**不同的**文化概念早在伏尔泰（Voltaire）的《风俗论》（*Essais sur les moeurs*）（1756）中就有所表述:"自然提供了统一,它到处建立少数不变的原则。因此,基础在哪里都是相同的。而文化却结出不同的果实。"④这种观点使文化的**历史化**（historicisation）及其与**进步**的观念相连具有了可能性:18 世纪末的大部分著作都是如此。如果文化的社会

---

　　① Montaigne, *Essais*, Book I, ch. 25, p. 184.

　　② 这个词在今天更多地翻译为"市民社会"。——译者注

　　③ S. Pufendorf,*Eris Scandica*, ch. 3, sec. 3,转引自 J. Niedermann, *Kultur. Werden und Wandlungen des Begriffs und seiner Ersatzbegriffe von Cicero bis Herder*, Florence, Bibliopolis, 1941, p. 165。该书具有本主题最全面的概括。

　　④ Voltaire, *Essai sur les moeurs*, Book 3, ch. 197, In *Oeuvres complètes*, ed. L. Moland, Paris, Garnier Frères, 1877, vol. 13, p. 182.

含义在最初使用时是用来意指一种状态——也就是一个人或社会的
特殊的生活方式——那么,这个词随后又再次获得了"培养"最初的、
积极-过程式的意义,被理解为集体的历史过程,而不是个人的历史
过程。相对于自然,"文化"随后意指人类已经创造和生产的一切,它
扩充并且修正(但也可能扭曲)了人类天生共有的能力,并被所有人共
享。作为"人类趋向完全成熟的教育"过程,文化成为德国启蒙运动晚
期以及莱辛(Lessing)、赫尔德(Herder)、康德、费希特(Fichte)和黑格
尔等古典唯心主义中最重要的主题之一。

这样理解的"文化"允许人们在特定社会和历史时代的一切多样
性和区别的基础上,构想人类的一致性和普遍性。然而,同时,这也会
产生疏离感和新的分歧。随着个人(或至少是个人化的)形式和依赖
关系的解体,以及例如相对底层和上层人士都能参与的(即使身处不
同的角色)节庆活动和节日、狂欢节或公共布道,这些公共事件和活动
的缓慢消失,"文化"为阐述并合法化一种相异的存在感,以及同一个
社会中成员之间分裂的意识提供了概念的中介。对外来文化(exotic
culture)的兴趣、各式各样的习俗和"意见"鲜活的例子都有待理性来
评判和转换,还有被塑造成家里的局外人的"下等阶级"、"野蛮人"或
"粗俗人",他们的"文化"今天同样成为疏离感有兴趣的对象。在同
一的概念化框架内,人种学(Ethnography)和民俗学(folklore)在同一过
程中产生。

> "野蛮人"可完全理解为人,同时,"人民"却变得陌生,
> 这使得他们值得进行实证研究和理论反思。农民和城市文
> 盲在概念上被重写,这让他们作为人类学的对象融入到其他
> 外来族群之中,例如"原始人"范畴。[①]

这些趋势和兴趣在结构上都属于"启蒙"的特殊纲领:使"无教养
的"和"不文明的"人成为社会文化教育的**对象**,从而把他们提升到具　316

---

① E. J. Hundert,A Cognitive Ideal and Its Myth: Knowledge as Power in the Lexicon of the
Enlightenment,In *Social Research*,vol. 53, no. 1,1986,p. 154.

有真正的、合理性的主体属性的状态并获得尊重。

到 18 世纪后半叶,"文化"的两个象征意义的成分,其个人 – 教育学的和社会 – 历史的维度才得以确立并且仍然主要在其最学术化的使用中和平共存。通过这种融合,这一概念促进了进一步反思:一方面是自我完善的个人的努力,另一方面是一般的生活方式,整个社会随时间而变化的"文化",两者之间到底是什么关系? 个人创新如何与社会传统和习俗联系在一起? 最初,在世纪中叶就已经兴起的哲学的**文化理论**正是围绕这些问题展开的。通过文化概念,新兴资产阶级社会开始公开宣扬自己的历史优越性,认为作为一种秩序形式,能够确保所有的人类能力得到最充分的发展和无限完善——但是,使这种宣传备受挑战、呈现出不合理性的也是文化理念。同样于 1750 年问世的,由杜尔哥和卢梭提出的最初的两种真正的文化理论,象征性地体现了包含着肯定和批判力量的同一个概念的歧义性,这种歧义性贯穿了这个概念的发展历史的整个过程。

三、文化、文明、教化(*Bildung*)

然而,这些早期文化理论的特征就是它们很少考虑到这个**词**:它们通常使用一些同义词或至少是近义的表达方式来代替它。因此,基于这一事实,很有必要将这一单词在各种相关民族语言使用上的一些显著差异考虑在内。如果人们不能清楚意识到某一给定语言中这一单词与其他单词所具有的悖论的和转喻的(metonymic)(代用的)关系的话,那么就不可能完全理解这种表达。我们已讨论了"文化"的某些重要的反义词,下面应该转向它们的反面。当这个词的当代意义被缔造出来,并且这些同义词在各种方言,尤其是在法语和德语中的意义完全不同的时候,就有必要将我们的注意力转向这个词最重要的同义词上。

18 世纪下半叶,在法语中,"文化"不得不与一个起源更近的学术

317

单词竞争来获得认可,那就是**文明**。这个单词看起来很像是当时重要的经济学和社会理论家马奎斯·德·米拉博(Marquis de Mirabeau)的有点天真的混合体。他于 1757 年第一次使用这个词,其源于当时已广泛使用的动词 *civiliser*(使文明)。[①] 这一单词的起源最终也可追溯到拉丁文 *civis*,意指公民(citizen)。*Civilitas* 最初意指公民的社会德性,那些特征是一个秩序井然的国家中的自由民必须具备的,表明他能够在社会空间中和平生活,能够与别人一起参与这个社会中的公共实践。16、17 世纪,在伊拉斯谟(Erasmus)的一本极具人气和影响力的教育学论著《儿童的教养》(*De civilitate morum puerilium libellus*)[②](1530 年)中,这个词被再次用于更广泛的意义[随后还有该词的其他方言,*civilité*(礼貌)、"*civility*"(礼仪)等]。[③] 伊拉斯谟的书在实践上依照对每个人来说都是有效的外部行为和表现,论述了在快速发展的城市环境中,密集的、更加异质和匿名的社会体验与关系网络使提高自我控制和克制能力成为必然。虽然对他而言,恰当的行为是心灵内在伦理品质的表现或外在化形式,但是在 17 世纪,法语中的 *civilité* 往往具有一种形式上和欺骗性伪装的轻蔑含义,仅是行为和谈话的某些传统准则的外部调整。圣-埃弗尔蒙(Saint-Evremond)也写道:"礼仪

318

---

① 参见 Mirabeau, La Religion est sans contredit le premier et le plus utile frein de l'humanité; c'est le premier ressort de la civilisations(*L'Ami des hommes ou Traité de la population*),转引自 E. Benveniste, *Problèmes de linguistique générale*, vol. 1, Paris, Gallimard, 1966, p. 338。

② 该书还可翻译为《儿童的礼貌教育》、《论儿童礼仪》等。——译者注

③ 截止到 18 世纪早期,此书的出版物及译本已达 130 种。关于这一点和下述内容,参见 N. Elias, *Über den Prozess der Zivilisation*, vol. I, Frankfurt, Suhrkamp, 1980, esp, pp. 65-110;和 R. Chartier, *The Cultural Uses of Print in Early Modern France*, Princeton, NJ, Princeton University Press, 1987, ch. 3,以上文献部分地纠正了埃利亚斯(开创性作品中的一些片面性特点。除了已经提到的本弗尼斯特(Benveniste)的论文外,有关本主题的更多文献,参见 L. Febvre, Civilisation. Évolution d'un mot et d'une groupe d'idées, In *Civilisation. Le mot et l'idée*, Paris, La Renaissance du Livre, 1930; J. Moras, *Ursprung und Entwicklung des Begriffs der Zivilisation in Frankreich*, Hamburg, Seminar für romanische Sprachen und Kultur, 1930;;以及 J. Starobinski, Le mot Civilisation, In *Le temps de la reflexion*, vol. 4, Paris, Gallimard, 1983。

是一个特定术语,人们用它来掩饰对其他人的坏情绪。"①

基本含义的这种歧义性在一定程度上还体现在米拉博引入的新词"文明"当中。在米拉博的使用中,这个词主要意指历史进程及其作为社会状态的目标结果,通过这个单词,原先"野蛮"的生活方式变得"文明化",而且它最先体现在礼貌逐步变得柔和以及人类社会优雅和精制举止的发展中。但同时,他对我们"错误文明"的野蛮状态也提出了谴责,其中文雅和有礼只是代表德性的面具并掩盖了人性的腐败。②伴随着其价值强调中的所有这些歧义性,这个词在 18 世纪下半叶的法语中指代的正是"文化"一词的第二种**社会的**意义内涵。因此,譬如,霍尔巴赫(d'Holbach)把文明等同于"我们的政府、法律、教育、机构以及习俗的完善"③。因为在法语中这个意义复合体具有一种独立的表达,"文化"一词的使用———一直沿用至 20 世纪头十年——限定在这个词第一种、**个人－教育学的**意义上。即便是在 1929 年的拉鲁斯词典中,对文化含义的解释也是指其最初的培养意义之外的教育和授课。

起初,在英语中也可以发现类似的发展。不管是跟随着法语的先例还是独立出现,"文明"一词由亚当·弗格森(Adam Ferguson)在他开创性的《文明社会史论》(*Essay on the History of Civil Society*)(1767)中最初引入。弗格森在此书开篇便指出:"不仅个人要从幼童阶段进入成人阶段,整个人类也要从野蛮阶段进入文明阶段。"④在后来的著作中他更加清晰地说明了这个词的特定意义,并且同时强调文明和经济发展间的复杂联系:

> 商业艺术的成功……需要一定的人身和财产安全,对此我们称为文明,尽管这种区别既存在于事物本质中,也存

319

---

① 转引自 Starobinski, Le mot Civilisation, p. 23。

② 参照 Moras, *Ursprung und Entwicklung*, pp. 38-41。

③ d'Holbach, Paul Henri Thiry, Baron, *Système sociale ou principes naturels de la morale et de la politique*, London, 1774, Part III, p. 162, 转引自 Moras, *Ursprung und Entwicklung*, p. 50。

④ A. Ferguson, *An Essay on the History of Civil Society*, 7th edn, Edinburgh, 1814, p. 2。

于词语的词源中,但是,与其说它属于任何只是拥有丰厚利润的财产或财富的国家,不如说它属于法律和政治建设对社会形态的影响。①

在弗格森看来,这种意义的"文明"先是被苏格兰启蒙运动的其他代表[亚当·斯密(Adam Smith)、亚当·米勒(Adam Millar)]接受,然后才出现在更为广泛的使用中。只是在此之后,明确受到德语的影响,"文化"才产生了衍生义。

在德语中,单词 *Kultur*(或早期的 *Cultur*)出现于 18 世纪的语用学领域,其含义就与法语中的同义词相差甚远。它主要的同义词是 *Bildung*(教化),而这个词在法语或英语中没有任何对应的单词。*Bildung* 是一个古老的德语名词,从动词 *bilden* 演变而来,意指:去形成、塑造和创造。因此,*Bildung* 最初的意思就是"形成"。然而,它还与意指影像或图片的名词 *Bild* 有很大联系。中世纪后期和文艺复兴时期的德国神秘主义者(mystics)[麦斯特·埃克哈特(Meister Eckhart)、佐伊泽(Seuse)、雅各布·伯麦(Jakob Böhme)]以及他们之后的 17 世纪和 18 世纪的虔信派(pietist)作家[阿恩特(Arndt)、厄廷格(Oetinger)]就已将这两个相关的含义结合在一起并进行比较:此后,*Bildung* 指的就是精神形成和重塑的过程,经过这一过程人类个体通过自身的活动将灵魂转换成上帝的形象。这一单词的这种宗教意义随后被德国启蒙运动的代表世俗化。②(与此一道,在 18 世纪下半叶,*Bildung* 获得了自我修养的教育过程的含义,自我修养被理解为天生的性情和能力内在导向性的发展,以及从自然特殊性转向成熟的道德个性的形成。随后,随着紧密相关的 *Kultur* 意义的扩展,*Bildung* 的含义也转向了社会和历史层面。在一篇经常被引用的文章中,摩西·

320

---

① A. Ferguson, *Principles of Moral and Political Sciences*, vol. I, Edinburgh, 1972, p. 241.

② 参照 R. Vierhaus, Bildung, In *Geschichtliche Grundbegriffe*, ed. O. Brunner, W. Conze, and R. Koselleck, Stuttgart, Klett, 1972, vol. I; E. Lichtenstein, Von Meister Eckhart bis Hegel. Zur philosophischen Entwicklung des deutschen Bildungsbegriffs, In *Kritik und Metaphysik* (Heimsoeth-Festschrift), Berlin, de Gruyter, 1966。

门德尔松(Moses Mendelsohn)形象地描绘了随后那个世纪末的情形。

> 在我们的语言中,*Aufklarung*(启蒙)、*Kultur* 和 *Bildung*
> 仍属于新成员。它们只是暂时属于书面语言……语言的使
> 用很明显想要在这些近义词之间找到区别,但根本没有时间
> 来为此建立界限。*Bildung*、*Kultur* 和 *Aufklärung* 是社会生活
> 的改进,是勤勉的结果,是人类提升自身社会地位的努力。①

实际上,直到 19 世纪的头十年,*Bildung* 和 *Kultur* 仍广泛地作为同义词使用——门德尔松等学者针对它们各自的意义提出他们自己的区分。直到 19 世纪下半叶开始,*Bildung* 被普遍接受的意义才开始逐渐限定在教育过程及其结果上。

因此,德语语义的变化在某种意义上正好与法语中的变化相反。一方面,"文化"中的个人－教育学的意义成分慢慢被另一个词替代,使其意义中的社会方面成为主要内容。另一方面,由于长期与*Bildung*相连,*Kultur* 仍保留了内在导向性过程或者作为其目标结果的某种状态的意义,主要是精神和智力特征方面的。因此,当 19 世纪最后十年,在法语的影响下,*Zivilisation* 这个词也开始出现在德语中时,它被认为所明确指代的事物基本上与 *Kultur* 是相关的同一类现象,但其**暗含的**意义却相差甚远。康德第一个明确阐述了这种意义的差异。"我们"是——他在他的短篇论文《世界公民观点之下的普遍历史观念》(*Idea for a Universal History*)(1784)中写道——

> 由于艺术和科学而有了高度的**文化**。在各式各样的社
> 会礼貌和仪表方面,我们是**文明**得甚至于到了过份的地步。
> 但是要认为我们已经**道德化**了,则这里面还缺少很多的东
> 西。因为道德这一观念也是属于文化的;但是我们使用这一
> 观念却只限于虚荣与外表仪式方面表现得貌似德行的东西,

---

① M. Mendelsohn, Über die Frage: Was heisst aufklären(1784), In *Schriften über Religion und Aufklärung*, Berlin, Union Verlag, 1989, p.461.

所以它只不过是成其为文明化而已。①

文化和文明间的差异——康德已将其建立在内在能力的发展与外在行为的对比之上——首次被裴斯泰洛齐(Pestalozzi)②转换成两者之间针锋相对的区别。文明只停留在且只影响人类的感官本性,其传播不仅是兼容性的,而且往往直接与大众的道德败坏紧密相关,这是文明使之变得容易获得的感官满足诱发的。它应该隶属于文化(个人的和民族的),并受其检验,文化由人类的内在精神转变构成,存在于真正的人性高度以及人类道德和精神潜力的展开中。③

正如诺贝特·埃利亚斯④(Norbert Elias)所强调的——有点片面, 322 但整体上很合理——德国启蒙背景中的文明与文化的对立,主要代表了新兴中产阶级知识分子批判大部分说法语的宫廷贵族的社会思潮。⑤ 然而,在 19 世纪下半叶,这种最初的结构上的社会内容开始变得无关紧要且逐步消失。在这两者关系对立的概念阐述的传播和重新解释中,尼采扮演了举足轻重的角色,他认为,对文明的批判明确表达了反对各种矛盾、功利主义的精神,尤其反对现代化过程中均质化的力量,随后在德国全面展开。“文化首先是一个民族所有生活表现

---

① I. Kant, Idee zu einer allgemeinen Geschichte in weltbürgerlicher Absicht, *Werke*, vol. 4 (ed. Cassirer), Berlin, 1913, p. 161. (参见康德:《历史理性批判文集》,何兆武译,商务印书馆 1990 年版,第 15 页。——译者注) 在他的《论教育学》(*Lectures on Pedagogy*)(ed. T. F. Rink)中,康德在训练、培养、文明和说教之间做了有些不同的区分。文化在这里被理解为通过教学和教育而获得的技能的发展,以及用于任意目标的能力有目的的形成。另一方面,文明存在于获得世俗的谨慎中,这种谨慎使得个体有能力适应不断变化的习俗以及社会中的“恰当礼仪”,从而使得个体能充分利用其他事物,以便达成个人目的。参见 Kant, *Werke*, vol. 8, pp. 464-465。

② 裴斯泰洛齐(Pestalozzi,1746—1827)是瑞士著名的教育家、教育改革家。——译者注

③ 裴斯泰洛齐的文化和文明对立观点最初表述在 Johann Heinrich Pestalozzi, *An die Unschuld, den Ernst und den Edelmuth meines Zeitalters und meines Vaterlandes*(1815)。参见 *Kultur und Zivilisation*, Europaische Schlüsselwriter, vol. 3 (ed. Sprachwissenschaftliches Colloquium, Bonn), München, Hueber, 1967, pp. 303 ff。

④ 诺贝特·埃利亚斯(Norbert Elias,1897—1990),也译作诺博特·伊里亚思,是犹太裔的德国社会学家。——译者注

⑤ 参见 Elias, *Über den Prozess*, pp. 8ff and 36ff。

中艺术风格的统一。"①此外：

> **文化**与**文明**相对。文化与文明的高峰是相互独立的。
> 人们不要误以为文化和文明势不两立。从道德方面来讲，文
> 化的伟大时代往往出现在腐败时期；相应的，有意且强制进
> 行的对**人的动物驯养**（"文明"）的时代是无法宽容最具精神
> 性和最勇敢本性的时代。文明能做到文化做不到的一些事
> 情：可能是一些截然相反的事。②

随后，在世纪之交，文化与文明的对比逐渐获得了一种新的意识
形态的内容和意义。这一有趣的语义学事实就是，在法语中，部分在
英语中，这个词用来指人类进步（"文明"）过程和结果，因其起源主要
代表**政法**和经济体制对社会行为方式的影响，而在德语中，这个词语
通常用在这样的语境下（"文化"），尤其是暗含内在的、个性 - 建立和
道德及智力发展的影响，在此之后，这个词被用于说明竞争的、**民族主
义**意识形态的形成。第一次世界大战打响的口号，一方面是保护西方
文明，另一方面就是保护（德国）文化不受死气沉沉的西方唯物主义文
明的影响。

文化和文明间的对立看起来似乎并非与当代东欧复兴的民族主
义格格不入。但是，这只能说明它们思想上的不合时宜。因为，同时，
在与文明的竞争中，文化明显胜出——如果不是在其他方面，那么至
少是在语义学方面：从当代说法来看，文化概念稳固地构建成更加基
本且具包容性的概念。今日的"文明"一般被理解为更复杂的文化，通
常是指国家 - 组建的社会，或者——更少见地——其用法大致类似于
"物质文化"（material culture）的含义。

---

① F. Nietzsche, *Unzeitgemässe Betrachtungen*, Leipzig, Kriner, 1930, p. 7.

② F. Nietzsche, *Der Wille zur Macht*, aph. 121, Leipzig, Kriner, 1959, pp. 88-89. 同见 aph.
122, 864 和 871。

四、对象化的角度

然而,上述发展并不在本文的时间框架内,本文旨在讨论当代文化概念的形成过程。由于之前我们仍未讨论这一过程的所有基本方面,在此,我们必须再次回到18世纪晚期的德国,这可能是进一步迈向本文目的的决定性的一步。文化的社会意义 - 内涵最初意指——正如上文所述——人和各民族的生活条件与一般生活方式,他们已脱离"野蛮"的自然状态。如此理解的人类的文化教育在启蒙运动晚期是一个受人青睐但饱受争议的话题。正是在18世纪70年代和80年代期间[尽管法国**启蒙思想家**(philosophes)更早的著作隐含了这一预想]德国的相关讨论产生了意义的进一步转变。"文化"开始不再意指某些社会群体改进了的、文雅的生存方式,或某人思想上恰当的精神和道德框架,这个人自己就可以为前者赋予真正的人类意义,文化转而开始意指**那些"作品"的总体**,其创造和使用完全可能获得和维持这样一种集体行为或形态。"文化"成为人类创造力全部**对象化结果**的同义词,通过以及由于文化,人类个体的"自然构成"——他们与生俱来的需要、驱动和倾向——得以修正、发展和补充,同时它也是每代人从其祖先那里继承的遗产,可以通过自身的活动来改变并使其变得合适。

从集体的举止或心态转成社会传播的"作品",这一步看起来虽然简单并微不足道,但实际上,前途未卜。它根本就不是不言自明的。尤其是在德国,在那里——正如我们所知——重点落在文化发展的精神成分上,在德国一般将道德、宗教、科学和艺术视作构成文化的最具决定性的形式和力量,因此,只有这些成分从根本上被视为**对象化**活动时,这种意义上的变化才会发生。然而,从这个词的通常意义来看,不论是道德或宗教体系,还是科学理论或艺术文学作品都不属于"对象",因此,这几乎不是一种"自然的"理解它们的方式。而且实际上,

324

文化这种新型对象化的意义成分,产生并跟随着一系列相关表达方式意义上的改变,像"科学"、"哲学"、"宗教"、"艺术"、"文学"等,这种变化能够在 18 世纪所有主要的西欧语言中观察得到。譬如,"科学"最初并不是意指某些(自然)对象领域中真理命题的体系,而是指一种天资能够实行更高类型的洞察力,从而使个人理解必然的一般真理。"文学"既不是文学艺术作品的全称,也不是指全部书籍和文章,而是指个人通过阅读而获得的学识和"古典教育"(polite learning)。"艺术"简单地指涉所学的各种类型的技术 – 实践技巧,等等。① 通过意义转变,所有这些词语都获得了一种**超个人的和客观化的**意义,明显

325 与相关个人的性情和能力区分开来[这也往往反映在新近的语言学区分中,例如文学(*littérature*)和语文(*connaissance des letters*)或科学(*Wissenschaft*)和学问(*Gelehrsamkeit*)间的区别],标志着西方思想史中最根本的转变之一。本文不就其前提和暗示做出讨论。在最具语义学意义和一般的角度来看,只能得出以下结论:这种语义和概念上的变化预示着两个过程同时出现。一方面,出现了人类创造力的提升感和评价,伴随着对新颖性本身强烈的、积极的价值强调。另一方面,对人类活动的态度发生变化,人们不再简单地将其视为个人表现短暂的外在化,而是将其视为有自己的生命和逻辑,且很大程度上可能独立于其创造者意图的现实(不管是物质的还是"观念的")。无论在哪方面,这种语义上的变化最终都表达出个人与其继承而来的传统及其直接的社会环境之间有所变化的、更加疏离的关系。

"文化"的对象化意义以一种潜移默化的方式形成于那个时代的德国哲学、历史和教育的时论当中。虽然如此,但如果一定要把这种表述与某一个名字联系起来的话,那么这个人一定是赫尔德。在赫尔

---

① 有关"科学"和"哲学"理解上的变化,请参见我的文章 Changing Images of Science,*Thesis Eleven*, no. 33, 1992, pp. 1-56。有关"文学"意义上的变化,请参见 C. Cristin, *Aux origines de l'histoire littéraire*, Grenoble, Presses Universitaire de Grenoble, 1973, pp. 86-100；U. Ricken, Le champ lexical sciene-littérature en Français et en Allemand, *Dix-Huitième Siecle*, vol. 10, 1978, pp. 33-43。还请参阅威廉斯的《关键词》(*Keywords*)中的适当论述。

德看来,"文化"指的是把人的生活方式同动物的存在区分开来的一切
事物。人类个体只是一种"虚弱本能"的生物,但是他拥有"第二次起
源",这实际上贯穿了人类个体自然出生后的整个生命过程,并且存在
于对一切事物的获取和应用之中,这些事物是前几代人——从最广泛
的意义来说——传递(*mitgeteilt*)给他的。这就是文化——所有从过
去继承而来的、在当下的生活中得以利用和修改的成就(*Leistungen*),
是客观上社会传播能力和经验的总和。因为对于赫尔德而言,培养是
个人的第二次起源,包括实践身体技巧的发展、人类感觉的形成和精
制化,这些主要通过语言学习以及包括理论和道德成分在内的,特定
思维方式(*Denkarten*)的学习而实现,因此,赫尔德的文化概念也是十
分宽泛的。在其著作的各种观点中,他列举出了一些文化元素,像人
的语言、生存的方式和目标、交流和贸易的工具和方式、所有艺术形
式、科学、政治和法律制度、礼拜的形式和信仰,以及整个多样化的习 ³²⁶
惯和风俗。① 同时,他还强调所有这些各式的元素构成一个相互联系
的结构化的整体:最终,应该被一个民族或一个时代的文化理解的正
是这个整体,"其存在的顶峰"。

这种新兴的文化对象化的概念不仅引发了新的复杂性,也给这个
词的意义带来了更大的张力。首先,"文化"表现为一个新的二分法中
的一极:在所有人类对象化和成就总和的意义上,"文化"与**自然**对立。
当然,文化的社会意义——从普芬道夫或伏尔泰的例子中可看出——
早已涉及"文化状态"和"自然状态"的对立。然而,自然状态仍然被
等同于"野蛮人或粗俗人"的存在方式。但是,赫尔德坚持从他新的文
化概念中得出结论,并直接攻击了这种认定:

> 这一连串的文化和启蒙……已远至海角天涯。即便是
> 加利福尼亚或火地群岛的居民也学过如何制作和使用弓箭;

---

① 例如,参见 J. G. Herder, *Ideen zur Philosophie der Geschichte der Menschheit* (1784 –
1791), In *Sämtliche Werke* (ed. Suphan), Berlin, 1877 – , vol. 14, p. 42; vol. 13, pp. 347-348;
vol. 22, pp. 310-311, etc.

他掌握一门语言和许多概念,学习了实践经验和艺术,正如我们所做的一样。即便只是最低程度,但他也确实受过培养和启蒙。因此,受启蒙和未受启蒙、有教养的和无教养的人的区别不在于其特殊性,而是程度问题。①

在这种新的理解中,"文化"获得了所有人类存在形式的意义,而且是只有人类才能共享的意义。然而,同时,它还保留了——正如赫尔德说明的——它之前同兼具个人和集体培养及完善理念之间的联系。这正解释了各个社会群体和各个社会之间不尽相同的事物**以及**完全把它们统一在一起的事物。这种歧义性取代了之前在"我们"和"他们"(古希腊人和野蛮人、基督徒和异教徒、文明人和粗俗人等等)之间清晰划定并固定下来的边界,在此之中,它直接要求并促使我们反思人类统一的意义及其与社会内和社会间差异的关系。

然而,同时,文化新的概念让我们深刻地质疑在传统上充当这些反思的轴心和主要载体的观念。作为所有人类生活方式的类特性,当文化与自然变得对立时,**人的本性**这一概念的意义(和有意义性)就会遭受质疑。根据弗格森所言,可以对此困境做出总结:"我们都说艺术有别于自然,但艺术本身是人类固有的。"②现代文化概念的形成标志着人类的人性本身已变成一个问题,其意义不再安然固定于宗教或世俗传统传承的各种理想中,而是某些有待探索的东西。

在这个新形成的、独自充实的文化概念中存在的另一种张力为这种探索增添了进一步的复杂性。"文化",从心灵培养的理念中派生出的暗喻,总是与倾向于有机增长的观念有很大联系。在德语中,*Kultur/Bildung*概念指的是我们精神潜能内在导向的、和谐的发展,这种联系得到了一种特别有力的强化。但是,随着其语义转向对象化意义(文化是任何种类的人造对象的总和),便产生了一种对立的趋势:

---

① J. G. Herder, *Ideen zur Philosophie der Geschichte der Menschheit*(1784 – 1791), In *Sämtliche Werke*(ed. Suphan), Berlin,1877 – , vol. 13,p. 348.

② A. Ferguson, *An Essay on the History of Civil Society*, 7th edn, Edinburgh, 1814, p. 10.

并非自然产生的、只需要抚育的事物,而是人类的努力**生产**的每一个事物,也就是说只有通过我们制造和做才能存在的事物才是属于文化领域的。然而,我们,也就是这些制造者,这些无论如何总是保留自然"部分"的人——我们这些存在体并非因我们的制作而出现和不复存在,我们与生俱来就是某些预先给予的、必要的自然需求和被限定的习性的混合体,受自然的影响且无法逃脱自然规律——所有这些做的行为对这样的我们又会产生何种影响呢?通过我们自己的**制造**会在我们身上**发生**什么呢?正是由于"文化"变成核心思想之一,19 世纪和 20 世纪的哲学试图表述并回答这一问题。

328

五、价值的维度

从赫尔德的例子中我们可以看出,文化概念明显的扩展要包含所有对象化活动及其产物,随之产生了强调性的断言,认为正是它们之间的相互联系使得文化形成一个单一的整体。"文化"曾用于表达各种社会实践的内在**一致和统一**,由此社会把自己再生为一种稳定、自我同一的整体。至此,人们又一次面临一种矛盾的情形。因为当这种统一和稳定性在很大程度上(至少初步)已经消失时,这种概念才应运而生。文化的概念是一个**动态的和多元的**社会的产物,在这个社会中,各种重要的实践在制度上高度分离,相互之间急剧分化,最终达到一种不协调的内部自律的程度。因此,在其发祥地,西方现代性的社会中,"文化"——它们自我理解的最重要的概念工具之一——确切地说代表了一种**乌托邦**或一个**任务**,这个任务是通过社会化实践和各种过程极大自发性的相互作用来实现真正的社会凝聚和融合,但是这个任务通过文化被表述为**事实**,总是现成的、现在的并且普遍地属于每个人类社会。规范性和真实性之间这种部分隐蔽的和紧张的关系是文化概念的基本内容并且可以追溯至它的历史起源。

在其多样化使用的整个历史中,就其所有相关的意义而言,人们总是认为"文化"就是指涉普遍化特性中的某些**积极价值或价值观**。当这个词只明显地设定为适用于特殊的个人、群体或社会时,也就是说,只有当它指的是思想和/或行为上特殊的和差异性的"教养"(cultivatedness)和"改进"时,才是这样的。然而,即便如此,人们仍然认为文化是体现和接近人类完美与卓越的状态,尽管由于一些偶然或根本原因,实际上只有少数人才能达到,但每个人都**应该**向往这种状态。从某种意义来说,文化从个人的,转变成不同的社会用途,然后,又从不同的社会用途转变成普遍化的 - 类属性的使用,正是这种转变成为其意义上逐渐转化的潜移默化的进行过程,也就是概念的这种潜在的、规范的普遍主义。

诚然,并不是所有的文化理论都享有这种积极评价。既作为个人教育又作为社会改进的历史过程,"培养"也会产生一些负面结果(衰弱、老于世故、衰落等等),这种观点是老生常谈,肯定早于任何详尽的文化理论。这些理论基本上与文化的**激进批判**[卢梭、兰盖(Linguet)等]的最初形式同时产生。的确,这些尖锐的反对评价构成了文化概念歧义性的一个重要来源和方面,即使在今天这种歧义性也仍然存在。然而,忽略这些异议,18 世纪晚期和 19 世纪早期所有的思想家都确信文化指的是某些**内在上与价值相关的**、与人类生活所有或可能获得的意义和财富具有必然联系的事物。因此,他们还含蓄地假定,如果没有对文化做出价值判断,那么人们就无法把文化现象理解为文化。

理论重心主要转向关注文化"形式"的历史多样性和可变性,即便这种转变发生很长一段时间之后,使"文化"这个词在**单独**使用时具有重要性的仍然是其规范的维度以及与普遍人类价值所具有的积极或消极的关系。文化的对象化 - 类属性的概念,同时也强调所有人和各民族都有自己的文化,因此,它必然带来对这种历史和社会多元性的声援。在这方面,赫尔德又是一个典型例子。没有谁比他更竭尽全力地反对根据我们自己的时代和社会的形态与标准去评判其他时代或民族的做法。不可削减的多样文化,每个都根据自己的处境和时代谋求发展,对他而言,这不仅是一个不可否认的事实,还是文化自身的一种价值。此外,他还特别强调,文化不仅可以"形成",而且还会"变形"(*bilden/missbilden*),能够真正培养或堕落。尽管如此,然而就我所知,他从未在任何长篇著作中使用 *Kultur* 的复数形式。这一点并非偶然。对于赫尔德而言,"各种文化"本质上是理想而独一的"真正文化"的变体和等级化的修改:实现人性(humanness)(*Humanität*)是人类历史的使命。在 19 世纪的前几十年,这种用法以及潜在的观点对于赫尔德或德国理论界而言都不算稀奇,引自美国一位文化人类学方面的历史学家的这段话可以证明这一点:

330

> 深入研究 1890—1905 年间的美国社会科学,我发现在 1895 年之前除了博厄斯(Boas)以外没有任何著者使用复数形式。人们会使用各种"文化阶段"(cultural stages)或各种"文化形式"(forms of culture)……,但他们不会说各种"文化"(cultures)。1910 年前后,复数形式才在博厄斯的第一代学生中有规律地使用。①

但是,成功将文化概念长期保持为单数形式的同一个固有的相关价值,也导致这一概念所包含的全部内容出现内在的、**等级化的**分化。这种试图根据各种文化成分的价值而进行排序的尝试,以及更重要的把文化对象化划分为价值创造的、本身就是有价值的文化活动,以及仅仅为前者的发展奠定中心 - 事实基础的文化活动,这种根本的区分的尝试,也就是,在"高雅"文化与"一般的"或"通俗"文化之间划定界限的尝试,至少最初在启蒙时期的各种理论之中就已经含蓄地存在。然而,只有康德提出了关于这种区别的明确表述。在《判断力批判》(*Kritik der Urteilskraft*)中,他鲜明地区分了文化发展的两个不同方面。一方面,文化的发展涉及演进的**技巧文化**(*Kultur der Geschicklichkeit*),

---

① G. Stocking, *Race*, *Culture and Evolution*: *Essays in the History of Anthropology*, Chicago, University of Chicago Press, 1982, p. 203.

它构成了主要的主观条件帮助获得为实现我们可能拥有的任何结果所需要的必要能力,但是它"并不足以帮助做出有意的决定并选择结果"。与之相反的就是**训练文化**(*Kultur der Zucht*),它体现在科学和艺术的进步中,将我们从"欲望的专制"中解放出来,从而使我们"接受更高的目标"。① 正如前文中引用康德的《世界公民观点之下的普遍历史观念》所证明的那样,康德在他某些体系外的、知名的著作中也将道德划分在如此理解的高雅文化的领域之内。因此,这点明显与他自己体系的一些基本前提发生冲突,例如暗示道德永久性特征的本体性特征,因此康德在这点上的迟疑证明了他特别想要对完全内在于文化概念本身、事实/价值相区别的理念进行阐释。

今天,当我们理所当然地谈论不同的文化(复数形式)时,我们的谈话反映出这一词语意义上的进一步变化,这种变化与一贯实现这一努力的尝试紧密相关:20世纪早期,文化概念的"唯科学化"。社会科学的人类学和(部分)社会学学科的兴起,明显有计划地致力于实现文化概念的中立状态(neutralisation)和相对化,试图把文化从某一系列束缚性的人类价值中解放出来。相应地,这些学科试图把作为一种历史事实性的,文化的一般("人类学的")意义及其研究对象,与"高雅文化"的价值–标示的概念区分开来。需要再次说明,这些发展超出了本文论述的范围。但是,要指出的是,即便是在这些专业学科内部,人们也可以对完全区别和分离这两个相关概念的成功做法提出质疑。例如,你可以指出这一事实:即便是文化人类学家们,当他们利用自己的理论来分析复杂的社会时,往往重视"高等级的文明",而且也会将这样的意义赋予"高雅文化"实践,而从文化人类学家们提出的一般文化定义以及他们十分轻蔑地理解"歌剧院"文化的角度来看,这一点很

---

① 参见 I. Kant, *Kritik der Urteilskaft und Schriften* (1793), sec. 8.3, *Werke insechs Banden*, Darmstadt, Wissenschaftliche Buch Geseilschaft, 1975, vol. 5, pp. 511-513。

难得到合理证明。① 无论如何，就我们一般的、通用的话语实践而言，　332
两种文化概念令人困惑地混淆在一起———一种指的是普遍的人类
学 – 社会学的事实，另一种表现了我们的社会给某些高度专业化的活
动赋予的特殊价值——还将继续存在、不会减弱。

　　我们用来阐明自身所处的世界以及用来自我理解的各种概念，并
不是可以随个人意愿而改变、制造和弃用的思想的重要工具。在其积
淀下来的意义中，这些概念向我们传达了我们自身所处的一段历史，
我们无法跨出这段历史而以纯粹的阿基米德视点来评判它们是否妥
当。我们也并没有局限在它们预先创建的范围中：在我们试图理解自
身处境，试图解决自身实践任务和智力任务的过程中，我们创造出各
种新的概念，并重新解释或重新定义旧的概念，但是，另一方面，即便
是以一种不确定的流动方式，一个预先给定的概念框架还是限制了我
们认为值得去理解或解决的事物的范围，并且限制了我们解决这些任
务时去选择合理性的方式。我们从公众的思维实践中概括出自己的
概念，但这些概念同样在塑造我们的思想，并且通过这种方式，也塑造
我们自身。

　　今天，当我们意识到自己是文化存在物的时候，意识到我们的思
想属于一种特殊文化时，我们就会明白这些都是一些琐事。意识到自
己是一种"文化"的现代性，似乎让我们被迫陷入自我反思的生成怀疑
论中。在过去两个世纪，语言和智力上得到快速传播的"文化"概念，
主要源于一个事实，即在人类思想无限的意义创造和价值创造的力量
中，这个概念集中表达了启蒙的信念，见证了其当代意义的矛盾、张力
和分裂，也见证了这种信念令人沮丧的命运。除了它的名称以外，我
们无法应对自己思想上的困惑，但我们还不得不承认，它正是这些困

---

　　① 举个著名的例子，人们可以把克鲁伯在《人类学》(*Anthopolgy*) 中的一般文化定义
(New York, Harcourt, Brace and World, 1948, p. 253) 与他在《文化生长形态》(*Configurations of Cultural Growth*) (Berkeley, University of California Press, 1944) 中概述文化演进的一般理论
时给予的重视，加以比较。他在这里将范围拓展至对宗教、哲学、科学、语言学和艺术的
分析。

惑的原因所在或主要内容。

面对启蒙的各种悖论,康德已经用"理智的成熟"观点指出了第三条道路(tertium datur),介于乐观地、盲目教条地相信我们知识的无限力量,与麻木怀疑论的某种顺从或和解的无力之间。我们再不能赞同康德发现那些"理性界限"的可能性的观点,哪怕是最后一次,即那些让我们能够在偶然性的汪洋大海中确切描绘出合理必然性岛屿的界限。我们能做的最多就是一次又一次地承担起不可避免的、**历史的**自我反思的任务,去反思在我们走向现实的过程之外试图构建一些脆弱的、无疑暂时的意义的那些努力和尝试,我们不是去"计划"和"创造"未来,而是作为负责任的、自觉的人的存在,参与到我们生活所归属的集体历史中来。曾经难以琢磨的"理性的成熟"仍然是我们要完成的任务。

第十一章 孔多塞：
交流[①]/科学/民主

在过去的几十年里,人们彻底重新评价了尼古拉斯·德·孔多塞的全部著作。在之前的很长一段时间里,孔多塞的地位被降低为关于法国启蒙运动历史的最后的一处脚注。孔多塞是"最后的百科全书派成员"(last Encyclopaedist),他捍卫了——毫无疑问,以伟大的个人操守——(在某种程度上被过分简单化理解的)启蒙精神,即使在它们实际上宣告失败的非常时刻亦是如此。他最多曾经被视为一位有着浩瀚精神世界,却充斥着太过狭隘和一闪即逝般的思想的世俗圣人(secular saint)。这就是他在法国文化中的典型形象,其数学手稿的编辑——孔多塞最新、最全面(尽管并不完整)的出版物[②]——对他的评价一语中的。

如果要将孔多塞作为一个思想家来重新审视,那么首先就要关注

---

① Communication 这个词可翻译为交流或者交往,本书中,根据不同语境分别翻译为"交流"或"交往"。——译者注

② 参照 J. -A. -N. Condorcet, *Arithmétique Politique*: *textes rares ou inédits*(1767 – 1789), ed. B. Bru and P. Crépel, Paris, Presses Universitaires de France, 1994, p.375。

他的全部数学著作。他的有关社会算术(*arithmétique sociale*)计划的著作和手稿,早前曾被认为纯粹是好奇心的产物,而今天则已经在18世纪晚期的数学史中占据了稳固且显赫的地位。基斯·巴克(Keith Barker)、吉勒斯·格兰杰(Gilles Granger)、洛林·达斯顿(Lorraine Daston)和其他人已经表明——连同拉普拉斯(Laplace),也回应了达朗贝尔(D'Alember)的批判所引发的危机——孔多塞完善了古典概率论的发展。同时,孔多塞对客观概率和主观概率所进行的区分(尽管是以一种复杂的并且有时不够清晰的方式)同样有助于克服这种危机。比肯尼斯·阿罗(Kenneth Arrow)证明其不可能定理(impossibility theorem)提前了一百六十年,孔多塞早在有关投票的著述中就已经提出并解决了理性选择理论(rational choice theory)的一些基本问题。事实上,在今天,他的理论体系被认为包括了——用不同等级的具体性和清晰度来体现 ——从数理统计到成本效益分析,几乎涵盖了广义的概率分析的所有当代学科。

同时还有一种观点将孔多塞重新评价为一位政治理论家。在今天,他甚至被认为是第一个激进的"女性主义者",他提出了有关男女平等的问题——比玛丽·沃斯通克拉夫特(Mary Wollstonecraft)还要早——不仅作为一种司法-政治问题,而且还作为一种社会、教育问题,以及在某种意义上属于意识形态-心理学的问题。孔多塞对种族主义思想始终如一的批判及其反殖民主义的思想同样引起了关注,同时他的公共保险计划——其社会数学的一种实际应用——在某些重要方面被认为是当今福利国家思想的原型。

然而,对于**哲学家**孔多塞,人们的看法仍然莫衷一是。他的代表作《人类精神进步史表纲要》(*Esquisse d'un tableau historique des progrès de l'esprit humain*)(1822)基本上仍然被认为是误导性的错误信念,是第一个宣扬进步必然性的理论(是大写的进步);是(按照十分幼稚和过分简单化理解的)黑格尔和马克思理论的十分幼稚和过分简单化的前身。按照彼得·盖(Peter Gay)的评论,它"就好像既是启蒙运动的讽刺画也是它的临终遗言一样"①。在这一方面,我们所要面对的伟大著作的大量篇章恰恰是意义重大的,第一、第四、第五和第十个时代的篇章(对这些内容《人类精神进步史表纲要》仅做了简要介绍),仍然只能在有着 150 年历史、文本上相当不可靠的版本中找到。然而,如果不了解这些篇章,他的理论观点几乎是不可理解的。即便到了今天,《人类精神进步史表纲要》也主要因其创作背景伤感的/悲剧性的氛围而被人铭记和关注。② 它为整个人类历史祷告,为其过去和未来,它为一个人的观点和行为辩护,这个人不安地隐藏起来以逃避政治迫害和注定的死刑,然而这是他最终无法逃遁的命运。作为哲学家的孔多塞本质上是一个感性的人:"高贵的哲学家",正如近期出版的他的英文版传记附上的标题一样。③ 他在哲学上获得了良好的口碑,拥有这种描述所必需的一切谦虚品质。

我不想否认,孔多塞的哲学观在某些方面的确有理由被称作幼稚。他的人类学依赖于洛克 – 孔狄亚克(Lockean-Condillac)④理论中对证实的真理思想的某种相当直白的概括。此外,与同时代的休谟或康德相比,他的立场也会被认为是不合时宜的;这不仅体现在孔多塞对洛克 – 孔狄亚克立场的坚持,还体现在他关于理论和实践认知之间关系的观点上。但是,对他最经常和最重要的责难——他的所谓过于简单的理智化(intellectualisation)以及把人类历史还原为知识的不断增长,这种还原是他整个《人类精神进步史表纲要》的组织原则——不是简单的幼稚问题。由于这被有意识地指向孔多塞的伟大(尽管从未

③ P. Gay, *The Enlightenment: An Interpretation*, vol. 2, London, Weidenfeld & Nicolson, 1970, p. 122.

② 孔多塞是法国大革命的亲历者,大革命期间,他积极投身参与吉伦特党的政治活动,因此获罪被判处死刑,在被捕后于狱中身亡。在被捕之前短暂的逃亡期间,他写下了这部重要的、最后的著作《人类精神进步史表纲要》。——译者注

③ E. Goodell, *The Noble Philosopher: Condorcet and the Enlightenment*, Buffalo, NY, Prometheus, 1994.

④ 孔狄亚克(Condillac, 1715—1780),18 世纪法国著名哲学家、启蒙思想家。——译者注

337

指名道姓)对手,即那个最先开始激进地质疑这种尝试合法性的人:他就是,卢梭,所以,孔多塞的这种观点不可能是简单幼稚的问题。因为,在孔多塞看来,卢梭是雅各宾主义的精神之父,而雅各宾主义当时正在把历史上最伟大的革命推向毁灭。无论它的基础多么不稳固,《人类精神进步史表纲要》还是针对卢梭的"著名悖论"提出了一贯而复杂的反对意见;①它的批判旨在证明"美德的进步总是与启蒙的进步携手并进"②。因为,按照孔多塞的主张,社会政治秩序中的道德行为并不需要以个体美德或个人牺牲的方式出现,科学与这种唯一的社会政治秩序——即,自由民主制——是互为前提的。在阐述这一基本思想并使之合法化的过程中,他所提出的思考不仅是独创的,而且还是具有重要的后世效应的启示式理论。

两种基本的、范式性的建构原则支撑了《人类精神进步史表纲要》中所呈现的作为进步的人类历史的图式轮廓。一方面,它调和了两种观点,也就是把关于人的本性(human nature)的完全自然主义的理解,即将之视为自身一成不变的基本能力的理解,与那种完全不受自然约束的历史观相调和。就人类能力的**运用**达到的社会和个体效应或结果而言,人类历史是一个无限定性进步的过程。另一方面,孔多塞对乌托邦进行了彻底的世俗化,将其从一种虚构的对应物转变为现实历史的产物,使得把过去理解为可理解之物与创造对人而言有意义的未来互为条件。既然布罗尼斯拉夫·巴奇科巴茨柯(Bronislaw Baczko)在他关于启蒙乌托邦的杰出著作③中已经对孔多塞思想的后一个方面进行了令人信服的分析,那么在此我将集中讨论提到的第一个方面的问题。

---

① J.-A.-N, Condorcet, *Esquisse: Sketch for a Historical Picture of the Progress of Human Mind*, trans. J. Barraclough, London, Weidenfeld & Nicolson, 1956, p. 142. 所有引用《人类精神进步史表纲要》的引文都是参照这一英文译本。

② J.-A.-N, Condorcet, *Esquisse: Sketch for a Historical Picture of the Progress of Human Mind*, trans. J. Barraclough, London, Weidenfeld & Nicolson, 1956, p. 54.

③ B. Baczko, *Lumières de l'utopie*, Paris, Payot, 1978, ch. 4.

"我们的思考能力只是身体组织的结果,是构成身体的要素的特定组合引起的……自我情绪方式的结果。"①孔多塞在他的一篇早期手稿中这样写道。这种"战斗的唯物主义"(militant materialism)是其人类学的起点。相对洛克的对人类思维能力——感性(sensibility)的分析,即(在与记忆机制相关联的基本形式中)将观念和反思进行比较和组合的能力——孔多塞加入了对自己同类人遭遇的某种有限的同理心(empathy)[卢梭的怜悯(pitié)]作为情感-道德上的补充,至少是对某一个经常接触的人的遭遇感同身受。人的本性的所有这些基本成分同样存在于高等动物身上。其区别仅仅是量上的,是程度的问题。后一点主要是由于生物学和行为学特征也可能存在其他物种中,只是人类很幸运地将它们进行了组合。在第一个时代的章节中所列举的这些特征,即使在今天也让人印象深刻:解放双手和头部运动的两足行走;杂食和非固定饮食;特别延长的成熟期;发声和听觉器官的特别进化;最后,是大脑的更高发展,尤其是更精细的结构发展。② 就已接受的思想所做的组合性分析、分解、重组和比较的范围与种类而言,所有这一切都确保了人类动物的"自然至上性"(natural supremacy)。这(仍然在量上)确保了人类在学习能力方面的优势,即个人发展的优势。

根据如此构想的对于人的本性的描述,人类个体的基本能力和习性就是不变的,也就是不会被历史变迁所改变。卢梭对人的本性的历史化(historicisation)——自觉或不自觉地——仅仅是把一种专制、暴虐的激进主义理论合法化。因为,如果人类存在的社会环境能够转变人的本性,那么人们就无法摆脱这样的结论:从实际历史中出现并发展到今天的人类必定是**堕落的**,因为在这种历史中处于主导地位的是专制、不平等和蒙昧主义。如果真是这样的话,那么人们只能通过反

① Condorcet, Sur la persistance de l'âme, In *Arithmétique Politique*, p. 320.

② 参照 Condorcet, *Oeuvres de Condorcet*, 12 vols, ed. A. C. O'Connor and M. F. Arago, Paris, Firmin Didot frères, 1847 - 49, vol. Ⅵ, pp. 290-292。

对自身而获得自由。他们必须被迫获得自由:要么通过伟大立法者非理性的、天赋的神权,要么以更寻常的方式,通过少数有德性者的恐怖活动。只有每一个人类个体无论其性别、种族或文化如何,都被赋予不变的理性能力,那么作为社会和政治解放任务的彻底的社会变革才能是相关个体本身自由自主决定的结果。

340　　然而,人的本性不仅是不变的——对历史哲学来说这几乎是没有希望的前提——而且对孔多塞而言,其中固有的心理机制还构成了人类行为及其所有变化的最终和唯一的解释原则。在《人类精神进步史表纲要》的最开头,孔多塞写到了历史中人性(humanity)的合法进步;但是他马上就澄清,这并不意味着存在不可简化的历史或独特的社会规律:"这种进步也服从我们在个人身上所观察到的那些能力发展同样普遍的规律,因为它的确不过就是我们对组成社会的大量的个人加以考察时那种发展的结果。"①孔多塞曾经提到过的唯一的历史规律仅仅是自命的(*soi disant*)规律,因为它并不涉及必然性,而只是可能性:不确定的人类完善性的"规律"。从某个特定的历史时刻开始(孔多塞对此给出了并不一致的答案),它将被转变为一种真正的规律:使人类发展变得稳妥、有规律和势不可挡的进步规律。但是,只有在特殊的社会历史情况下这才能够成为一种规律,即在其本身是由人类活动所创造的情况下。

　　可完善性"规律"主张的不过是超越单独个体生命的持续学习过程(个人的进步)的可能性。这是使人类"区别于其他物种"的唯一特征:他们"不再像是它们那样只局限于纯粹个体的完善"②。因为在个体发展规律总是保持不变的同时,这种发展中要获得的物质以及获得的外部条件在历史中却发生了彻底的改变,这只能从特殊的社会角度

---

① J.-A.-N, Condorcet, *Esquisse*: *Sketch for a Historical Picture of the Progress of Human Mind*, trans. J. Barraclough, London, Weidenfeld & Nicolson, 1956, p. 4.

② J.-A.-N, Condorcet, *Esquisse*: *Sketch for a Historical Picture of the Progress of Human Mind*, trans. J. Barraclough, London, Weidenfeld & Nicolson, 1956, p. 6.

来描述这种特征。

对于孔多塞而言,历史是社会化范围的逐渐延展——在其理智主义(intellectualism)的框架内——他将之等同于积累性的社会学习。恰恰因为历史在(广义理解中的)知识增长方面被同质化和有序化为一种连续统一体,在其获得和传承的条件下,它也往往被一系列转变而彻底刺穿和撕裂。历史的基本转折点是交流(communication)方面的革命,也就是通过这些方式知识可以好像时空那样积累、散播和传递。三次伟大的革命事件决定了历史进步的道路。

第一次革命是一种表述清晰、约定俗成的**语言**的逐渐演进(事实上第一时代章节中的重要部分就是致力于对其起源进行自然主义的解释)。它与——连同工具的习惯性使用和最早出现的具有初步是非观、小规模但稳定的社会组织形式一起——人类脱离动物界而获得决定性的支配地位具有同等意义。人现在学会了借鉴他人的经验,并通过口口相传的传统形成稳定的社会知识体。但是,口头交流受到个人接触有限范围的限制以及人类学意义上固定的个人记忆范围的限制。一般而言,它以惯性为特征。此外,在一场毫不掩饰的、反对雅各宾派利用蛊惑人心的煽动,动员容易受情感驱动的市民群众的做法的论战中,孔多塞特别强调了它缺乏准确性、缺乏批判分析的方法——简而言之,强调了它的完全感情用事的特征。

书写的发明代表第二次伟大革命,"**随着知识的增长**,书写就是确立传统、保持传统、交流与传播知识的唯一手段"①。然而,从这时开始,历史的道路——孔多塞当然希望这只是暂时的——便出现了分叉。作为文化技术的书写主要依据不同的**社会用途**,在东方和西方采取了不同的道路。在伟大的东方帝国,尽管这些帝国实际上是这一发明的发源地,但是知识对象化(objectivation)和交流的这种新方法的发展被限制在早期的表意象形阶段。这种文字体系的极端复杂性导致

341

---

① J. -A. -N, Condorcet, *Esquisse*: *Sketch for a Historical Picture of the Progress of Human Mind*, trans. J. Barraclough, London, Weidenfeld & Nicolson,1956,p. 36. 后加上的强调标记。

大多数人不可能获得读写能力。此外，它在这一阶段停滞不前，还因为这种新技术从一开始就被神职人员（那些进步的永远的对抗者）和"教育特权阶级"所垄断。因此，事实上，它早已被转变成一种新的统治工具。伟大的文化成就原本可以在这一基础上得到实现，但是知识却变成某一阶级的特权，人为地从更广泛的实践－社会的操作中割裂出来，最终不可避免地陷入僵化。东方的道路导致了停滞，现在只有外部影响才能将其克服。

在内容上，孔多塞流于表面，没有为"东方专制主义"标准的启蒙形象添加任何本质上的新东西。但是，它确实阐明了孔多塞历史建构的一些基本原则。停滞、堕落、文化－政治的崩溃，所有这些现象在真实历史进程中如此频繁——不，应该是普遍——不能通过人的本性自身的某种固有趋势或"原过"（original fault）获得解释；然而，它们也不仅仅是不幸的偶然。这些阻挠或逆转进步过程的罪恶——在这一点上，卢梭是正确的——因进步本身而成为可能。因为这种错误或无知不应该受到谴责；它们本身是伴随知识增长的自然及无害的产物，在所有经验领域中它仅仅是可能的，因此也是可证伪的。因为它在进步过程中迈出的每一步都同时开辟了新的未知领域。无知和错误都是因为必然的"失衡……在它知道的、它希望知道的和它认为需要知道的事物之间的失衡"而造成的。①使人类进步变得不确定的东西：不是错误本身，而是强大的既得利益所导致的固定化、向制度化迷信的转变；不是无知本身，而是无知的大多数人和有见识的少数人之间人为创造的鸿沟与社会壁垒，导致前者必须依赖于后者。这些都是进步在它自己的道路上制造的障碍。只有通过不断进步才能克服这些障碍。但是，知识的增长没有给自己也不是因为自己才产生这些障碍，这些障碍是反复出现的垄断的可能性产生的。只有创造出能够系统地排除这种可能性的社会条件，进步才能够成为真正的历史规律。

---

① J. -A. -N, Condorcet, *Esquisse*: *Sketch for a Historical Picture of the Progress of Human Mind*, trans. J. Barraclough, London, Weidenfeld & Nicolson, 1956, p. 10.

因此,尽管它的出现是大量完全不同因素和事件偶然巧合的结果,但是历史社会的特征中却不存在任何偶然因素,这个社会率先充分实现了书写智识性和社会性的潜能,即古希腊时代。因为在那里这种最容易习得的、"民主的"、**字母的**(alphabetic)书写形式使普遍的读写能力能成为可能,并且符合特定的社会环境:许多小型的、相互竞争的共和城邦,没有强大中央集权的政治权威,没有统一的神职人员,这种城邦同时还与许多外国文化中心保持着联系。这些是希腊奇迹的前提条件:**哲学**作为批判－理性的对话得以创立,每个人都能够以辩论的方式平等地参与交流表达他们所发现的真理。古雅典的繁荣为有机的民主统一体和思想进步提供了第一个伟大的历史典范。

然而,这只是一种昙花一现的繁荣。在探讨希腊学术的局限性时,孔多塞在一定程度上只是重复了对"体系精神"(spirit of systems)进行批判的一贯**主题**,即法国启蒙运动的一些主要代表人物详细阐述的一个主题。但是,他也在某种程度上指出了**手抄本**文化的内在弱点。由于手抄本的稀少,即便是在人们普遍具有读写能力的条件下,手抄本也不可能具有统一的、同质的公众。正是因为这个原因,希腊哲学仍然是一个"宗派和学派"的问题。由于它们的脆弱性,作为一种文化传播形式的手抄本也使这种文化格外脆弱。一旦自由公开讨论的政治条件消失,它也会趋于崩溃;甚至其传统也可能在很大程度上被遗失,随之而来的是一段漫长且黑暗的衰落时期。

因此,仅仅复兴古代学术——对于这种可能性而言,欧洲可能唯一受惠于阿拉伯世界——本身不足以解释现代的、实验－经验科学的兴起,即本来意义上的科学的兴起。在所有可能的重要因素中,第三次交流方面的革命发挥了特别突出的作用。这场革命就是**印刷术**(printing)的发明,"与全世界人民交流的工具";[①]"人类理性保存下来

---

① J.-A.-N, Condorcet, *Esquisse*: *Sketch for a Historical Picture of the Progress of Human Mind*, trans. J. Barraclough, London, Weidenfeld & Nicolson, 1956, p. 100.

344 的艺术",使每一个新发现都成为"所有民族的遗产"。① 首先它在原则上使每一个人都能获得全部积累的知识、观点和方法;同时它允许同质的公众观念的出现,这种"裁决,独立于所有人类的强制手段"。② 孔多塞第一次提到进步成为真正的历史规律是与印刷术的影响联系在一起的。然而,他只是在消极的意义上指出这一点:"真理的大门"不可能被"再次关闭"。③ 由于书籍的传播,文化记忆不可能完全遗失,科学成就也不可能被磨灭。

印刷术和科学的兴起之间的联系不是一个历史偶然性的问题,而恰恰是以科学的本质为基础的。因为在孔多塞的理解中,科学既是认识的也是社会的形态。与某种学说和体系截然相反,它不是已确立的真理建构起来的储藏地。真正的科学只存在于对无穷无尽的自然的规律进行批判的、方法上的和实验性的不间断研究的过程中;它是一种**产生**真理的特殊方式。通过在理论概念和观测数据之间建立一种精确的、可量化的联系,它不仅可以预测那些不可观测的事物,还可以用这种方式克服人类智力不可改变的人类学限制。用我们当代的话来说,通过引入抽象理论概念"对信息进行组块",它使无限扩展的大量的孤立观测得以保存并得到合理处理,而不必考虑人类受限制的记忆能力。使之成为可能的一般方法当然只能是以人类思维机制为基础的对思想的组合分析。笛卡尔彻底揭示了它的基本原则,洛克则为它们提供了一种坚实的"形而上学"基础。但是,特定科学的(复数的)特定方法——即今天人们所说的"研究计划"——是可耗尽的和历史性的:"带领我们通往发现之路的方法可能穷尽,因此,科学以某

---

① Condorcet, *Inaugural Lecture at the French Academy*, In *Oeuvres*, vol. I, p. 393.

② J. -A. -N, Condorcet, *Esquisse: Sketch for a Historical Picture of the Progress of Human Mind*, trans. J. Barraclough, London, Weidenfeld & Nicolson, 1956, p. 100.

③ J. -A. -N, Condorcet, *Esquisse: Sketch for a Historical Picture of the Progress of Human Mind*, trans. J. Barraclough, London, Weidenfeld & Nicolson, 1956, p. 140.

种方式被迫停止,除非新方法再次出现。"①

孔多塞所描绘的科学发展的图景具有一种明显的库恩风格的原型(proto-Kuhnean flavour)特征。紧张的理论工作阶段,首先涉及的就是适当的数学分析工具的创造,接下来是长期的积累实验–观测数据的阶段,最后以本身可接受的方法必须进行一次"成功的革命"。这些革命的必要性源于即使是充分证实的规律也始终处于概率性的、近似性的状态:

345

> 我们不敢断言[孔多塞写于1783年]即使是那些我们在现象中观察到的最普通的规律在某个不确定的时段内也能够不变地持续下去。我们实际上假设,可能存在着一种更加复杂的不变规律,这种规律在一段时期内对我们的眼睛来说似乎和设想的第一种完全一样,但随后又发生了明显的偏离,但我们很容易发现,这恰恰是第一种规律不再恒定的情况,我们代之以另外一种规律,这种规律包括第一种规律所包含的现象和那些似乎与之背道而驰的现象。②

如果具备适当的社会条件,人们就不需要害怕这种新科学真理产生的持续过程会在什么时间内停下来;因为使旧的方法或理论变得不再可用的经验事实,同时也是供下一个科学天才来解决和明确界定分析的问题。正如孔多塞所说,"对新方法的需要事实上只在产生新方法的情况下出现"③。

但是,这种情况只有在适当的社会条件得到保证的时候才会出现。因为科学不仅是一种认知形态,而且还是一种社会形态;它是

---

① J. -A. -N, Condorcet, *Esquisse*: *Sketch for a Historical Picture of the Progress of Human Mind*, trans. J. Barraclough, London, Weidenfeld & Nicolson,1956,p. 162.

② L. Daston, *Classical Probability in the Enlightenment*, Princeton, Princeton University Press, 1988, p. 281, quoting Condorcet, " Réflexions sur la méthod de déterminer la probabilité des événements futures. "

③ J. -A. -N, Condorcet, *Esquisse*: *Sketch for a Historical Picture of the Progress of Human Mind*, trans. J. Barraclough, London, Weidenfeld & Nicolson,1956,p. 186.

社会组织的特殊形式。它需要一种制度体系来保证思想超越宗派和民族国家的边界持续交流与碰撞。只有这样才不会抑制不可预见的事实，防止已接受的理论转变成教条。然而，这种"科学伦理"不能依赖于期望（笛卡尔和莱布尼兹也赞同）每个科学家个人都能成为道德大师。必须通过科学运行方式和社会组织方式来保证符合它的标准。只有科学共同体（scientific community）这种形式才能使科学得以稳定、持续的存在，也就是"在普遍的科学共和国中全球科学家组成的统一联盟"①。这种共同体在很长一段时间内已经自发地形成，特别是在物理科学领域；目前的任务是为其打造一个稳定的组织机构，这种机构可以使其自我调节的原则制度化并保证其自律性。"新大西岛篇章"给出了一个有关如何实现这两个目的的详尽计划。

以这种方式构成的科学共同体是具有极其鲜明特征的一种社会形态。它是一种自愿的个体联盟，"其中，出身、职业、地位都不会被认为可以赋予一个人这样的权利，即判定什么是一个人无法理解的"②。同时，它向每一个拥有基本理解力并服从于共同体自我立法标准的人敞开。它当然承认在科学方面天才和熟手之间是有区别的，但仍然赋予他们同等的参与批判的权利。它是一个稳定的共同体，建立在理性论证、讨论和决策的基础之上，并不依赖于权力和服从关系。正如孔多塞所强调的那样，尽管其组织的特殊原则不能被简单地照搬到社会上，但是它仍然在其一般特征中代表了"一种被仿效的模型"③：它是民主的社会组织可能性的范式和鲜活证明。

但是，科学不仅代表着一种民主的典范，同时它还是民主有可能实现过程中的基本要素。自然科学发现的技术应用能够保证"每个人

---

① Condorcet, Fragment sur l'Atlantide, In *Oeuvres*, vol. VI, p. 603.

② J. -A. -N, Condorcet, *Esquisse*: *Sketch for a Historical Picture of the Progress of Human Mind*, trans. J. Barraclough, London, Weidenfeld & Nicolson, 1956, p. 164.

③ J. -A. -N, Condorcet, *Esquisse*: *Sketch for a Historical Picture of the Progress of Human Mind*, trans. J. Barraclough, London, Weidenfeld & Nicolson, 1956, p. 164.

都将工作得更少,生产得更多,并更充分地满足自己的愿望"①。在这
样的条件下,社会数学将为普遍的保险计划提供可靠的原则,这个保
险计划能够消除过度的不平等和难以想象的贫穷,因为这种贫穷使个
人无法真正地行使形式上赋予他们的权利。同时,这种科学基本的、
简单结果的普及能够使公共事物变得清晰明白。这能让每个人都有
可能合理地预期他们自己有意识的决策可能产生的长期效应。最重
要的是,科学哲学已经揭示了人的本性的构成,并以这种方式为不可
剥夺的、平等的、基本的人权观念提供了不可动摇的基础。它不仅揭
示出这些内容,还通过利用印刷术的社会潜能来传播它们,创造了一
种广泛的、开明的公众舆论,摆脱了支撑专制主义的偏见。这种公共
舆论的要求代表了一种已经存在的民主变革的强大驱动力。这种国
际科学共同体的专门组织做出的极大地促进科学进步的决策,必将强
化它在技术、社会和文化方面的影响。

　　但是,科学和民主社会之间的联系也是相互的。如果前者使后者
的实现成为可能并促进这种实现,那么只有后者——一个真正民主的
社会组织的出现及在全球的最终传播——才能为保证科学不间断地
进步创造条件。美国和法国革命标志着这种伟大社会政治变革的开
端,据此,孔多塞初步提出,在积极意义上,进步同样已经成为一种真
正的历史规律。

　　孔多塞立足内在认知的和外在社会的双重角度,再次讨论了科
学对民主的依赖性。一方面,科学的发展要求假设性理论构建与可
控的实验观测数据之间保持经常性的互动。但是,理论总是抽象
的:有"许多关于需要、方法、时间、费用的条件必然要在理论中被忽
略",只有"当它是一个现实和直接的实际应用问题的时候才能进入

347

---

　　① J. -A. -N, Condorcet, *Esquisse*: *Sketch for a Historical Picture of the Progress of Human Mind*, trans. J. Barraclough, London, Weidenfeld & Nicolson,1956,p. 188.

问题本身"①。

理论当然不应该成为实践的仆人,研究的基本方向应该是科学
共同体完全基于内在考虑而自主做出的决定。但是,"理论的真理
必然在实践中得到改进"②。如果没有致力于技术和社会应用的持
续努力,没有来自实践的不断反馈,理论将一直受制于教条,独独受
制于验证实例经验基础的实际限制。然而,这种经常性的联系要求
科学共同体本身扎根于更广泛的社会阶层中,这种社会阶层并不积
极地追求和创造科学,但是他们能够理解科学成果并将其应用于实
践之中。

但是,这只是有关科学在社会中的作用和地位问题的一个特殊案
例。作为马拉(Marat)的激烈反对者,孔多塞始终维护科学的自律性
及科学活动专门化的原则。整齐划一(uniform)和普遍地共享的知识
仅仅意味着普遍的无知。民主并不否认的是,它是以社会承认不同的
专业知识和特殊的个人才能及表现为先决条件的。民主的实现不要
求每个人都成为同样的全能专家。它只是假定每一个个体都拥有最
低限度的批判能力并掌握必要信息使他们能够合理地确定谁是相关
特殊知识性任务的真正专家,并且能够在其整体成果和社会效应的基
础上对他们的表现进行评价。科学无疑是向所有人开放的讨论,但是
只对"有条件理解"的每个人开放。③

但是,即便是在这个意义上,想要开放,每一个具有适当能力和
兴趣的人都必须有可能真正有效地理解。如果现实中,这种使用权
仅限定在自己特殊利益的某一特定社会群体(孔多塞有时将其称为
"阶级")手中,那么知识实际上就又一次被垄断了。由此,仍然存在

① J. -A. -N, Condorcet, *Esquisse*: *Sketch for a Historical Picture of the Progress of Human Mind*, trans. J. Barraclough, London, Weidenfeld & Nicolson,1956, p. 159.

② J. -A. -N, Condorcet, *Esquisse*: *Sketch for a Historical Picture of the Progress of Human Mind*, trans. J. Barraclough, London, Weidenfeld & Nicolson,1956, p. 159.

③ J. -A. -N, Condorcet, *Esquisse*: *Sketch for a Historical Picture of the Progress of Human Mind*, trans. J. Barraclough, London, Weidenfeld & Nicolson,1956, p. 164.

一种严重的危险,那就是知识转变成使其他人依赖于知识持有者的一种工具,知识成为一种社会意义上的秘密学说并随之走向退化和衰落:"通过在有知识的人和被剥夺了知识的人之间建立一种真正的划分,这种区别必将使知识对某些人来说是一种权力的工具,而不是所有人幸福的手段。"[1]基于同样的原因,但却与其早期观点相对照,孔多塞在《人类精神进步史表纲要》中还驳斥了一种观点,即认为作为专家的科学家应该承担某种制度上固定的,特别是政治上的作用。只有为每一个能从中受益的人——不论他们的出身、性别、种族或宗教——提供继续学习机会的自由公共教育所具备的彻底择优和反权威的体制,才能使科学免受垄断和停滞的双重威胁。1792 年,孔多塞(不成功地)向立法议会提出了这种公共教育体制的详尽计划。因为只有一个保证,能够确保科学共同体,这一少数人、专家的自愿组织不是追求自己的利益而是普遍的真理利益:"如果受教育者和未受教育者之间的界限几乎被完全抹去,在天才和蠢材这两个极端之间只保留不可察觉的渐变",[2]那么,由此科学的进步也无法简单地"通过已知真理的数量"来衡量了;它还是要取决于"熟悉最显而易见和最重要的真理的人数"[3]。由此伟大发现和发明的故事并不是真正的科学发展史的全部内容。如果没有同样关注知识的社会传播和分配的事实的话,后者就是不完备的。因此,孔多塞有理由宣称他的——无疑极度理智主义者的(intellectualist)——人类思想历史概论打破了常规历史编纂学的做法,即总是"少数领袖和天才个人的历史"。这个计划是一项全新的、真正哲学的历史计划,这种历史的主体是普通民众,是

---

① Condorcet, *Selected Writings*, ed. K. Baker, Indianapolis, Bobbs-Merrill, 1976, p. 108.

② J. -A. -N, Condorcet, *Esquisse: Sketch for a Historical Picture of the Progress of Human Mind*, trans. J. Barraclough, London, Weidenfeld & Nicolson, 1956, p. 140.

③ J. -A. -N, Condorcet, *Esquisse: Sketch for a Historical Picture of the Progress of Human Mind*, trans. J. Barraclough, London, Weidenfeld & Nicolson, 1956, p. 120.

"人类的大多数"①。

350　据此,孔多塞反对卢梭的理由就完整了。卢梭在科学－文化的发展和道德－社会的发展之间划定的对立界限建立在一个根本性的错误基础之上。它漏掉了科学和文化的社会特性,以上两者作为社会形态和实践都表现了真正道德的原则并有助于它们的实现。从长远看,真正的道德只有在其原则被普遍接受的民主环境中才能繁荣兴旺。卢梭实际上接受了他所攻击的同样的精英式的文化观念。他没有理解这种精英主义不是文化价值本身的内在特点,而是社会诱发的文化退化的结果,是实际上危及它们持续存在的过程。但是,克服这种文化精英主义不是意味着回归到一种人为强加的原始主义(primitivism)或民族传统主义(national traditionalism)。只有使人类历史真正的文化价值,首先就是科学的基本原则和最重要的成果,变得真正普及起来,它才能够获得实现。

今天我们有理由用怀旧的或具有讽刺意味的幻灭的心态来看待孔多塞的乐观计划。而且我们也不能无视其最终的理论基础(正如我在此前提到的一样)过于混乱这一事实。孔多塞实际上使用了两种不可调和的道德概念及其演化过程。一方面,他将道德进步——不可避免地在其整体研究方式的个人主义的框架中——等同于个人"道德素质"的逐步发展;等同于他们动机、性情和情绪的转变,这种转变使天生的道德感更纯粹、更有意识、更详尽也更普遍。但是,另一方面,他将科学共同体作为一种典范的伦理模式来对待,这种做法采用了本质上不同于进步的观念。它通过社会有机体的特殊结构和功能预设了规范的制度化,这种社会有机体事实上使它们的实行在很大程度上独立于相关个人的异己的动机及性情。因为孔多塞知道并且非常清楚地说明,作为个体的科学家经常被虚荣心、嫉妒心理和竞争心等情感所驱使。因此,每当他试图以某种方式将这两种观念相互联系起来

---

① J. -A. -N, Condorcet, *Esquisse : Sketch for a Historical Picture of the Progress of Human Mind*, trans. J. Barraclough, London, Weidenfeld & Nicolson, 1956, pp. 170-171.

时,很明显,任何此类联系都必然涉及一种基本的谬论。因为孔多塞好像把两种情况混为一谈,一方面是一个事实,即科学的发展预设了其从业者按照一套特殊的"伦理"(至少作为一种规则)来行动,另一方面是一种观点,认为科学自己就能够独立证明一般道德原则的自明性(self-evidence);而且通过自身的传播,科学还能彻底促成这些道德原则被广泛接受。

作为民主的伟大而不可抗拒的推动者的科学,作为所有美德的天然土壤的自由的民主政治制度:这是我们一直真正向往的梦想。但是对于像我这样最初来自于曾经不幸地连续经历了法西斯主义和斯大林主义国家的人来说,孔多塞论证的另一个方面——有关不受阻碍的科学发展依赖于具有被广泛接受的民主条件——听起来仍然具有相关意义。而且更是因为它并不以一种有关思想自由的笼统假设为基础,而是以相当具体的、在时间上十分复杂和严密的思考为基础,这些思考关涉着科学的社会事业特征这个清楚地表现着今天仍然与我们紧密相关的问题。但是,在孔多塞某些思想的真实的或想象的现实之外,他和卢梭之间含蓄的争论仍然代表了第一次关于启蒙和浪漫主义之争的伟大历史范例(这里是在韦伯的理想 - 典范的意义上来理解的),作为悬而未决且事实上无法解决的对立,这种纷争伴随着现代性的整个历史,一直延续至今。它在本质上根植于我们自己在文化、科学、政治和社会之间关系上产生的困惑与左右为难的背景。仅仅出于这一原因,这两个主角都应该被历史铭记。

《人类精神进步史表纲要》疏离化的特征,在一定程度上解释了它在哲学上被边缘化的原因,那就是其笨拙的措辞;这对当代的读者来说是十分难以理解的。因为它不是像伏尔泰或狄德罗(Diderot)那样带有讽刺意味的修辞,也不是像卢梭或者费希特那样充满激烈的主观性。它用生硬的措辞记录了一个人在有创造力的生命里用最后的一段重要时间为逝去的学者书写颂词(éloges)。读者也许会将这篇文章本身视为——就其风格而言——姗姗来迟的孔多塞的悼文。此外,为

351

我所做的一切进行最后论证,我认为也许有必要再次回想一下,在启蒙运动经常被藐视或敌视的时候,如果孔多塞 ——已经是老生常谈了——是它最后的莫西干人的话,那么启蒙运动,无论在道德意义上还是在理论意义上,都已经以不错的表现通过了法国大革命的血腥检验。

第十二章　货币和书：
康德和德国启蒙危机

当 1979 年康德最终实现他的一项计划时，他已近 73 岁。为了这项计划，他花去了整整三十年的时间，而且在这项计划完成的过程中，他在不同时间的通信中都曾预测过最近的完成时间。① 这就是"道德形而上学"(*Metaphysik der Sitten*)计划。该计划对一种系统的、整体的实践哲学做了完整的和全面的阐述——全面阐述指它包含完全的道德哲学、德性论和他的政治哲学、法权论(至少包含这两方面的"形而上学第一原理")。以此方式，它重新肯定和阐明了康德所讲的"道德性"(morality)与合法性(legality)的基本区别，尽管如此，它紧接着也揭示了它们之间的系统性关联。

关于德性(*Tugendlehre*)论，可以说，它从一个新的视角提出了康德道德理论的著名观点。它本质上与道德行动的**目的**(ends)和**演绎推理**(a priori)相关，按照这种演绎推理，他对责任进行了彻底的和系

---

① 第一次，然而只是模糊地提到"道德形而上学"计划出现在 1765 年致朗伯特的信中。尽管如此，三年后在致赫尔德的信中，康德已经公布：自己实际上正在写这本书，有望于那年完成，如果有希望的话也能在那一年出版。

统的推演,视之为由这些目的所决定的(德性就在于人们内在地有能力追求这些目的,尤其是追求幸福)。作为从形式上决定无意识选择基础的纯粹实践理性的超验性原则独立于有目的的行动,并控制着理性代理人。尽管如此,所有的理性行动都是有目的的,而且正是实践理性的效用表明它有能力"实质地"确定一种明晰有序的道德目的体系和一种相应的伦理责任体系。

因此**德性论**(The Doctrine of Virtue)恰好能令人信服地表明那些常见的批判和抱怨是没有根据的,它们认为康德的道德理论是一种空洞的形式主义和严格主义(rigourism)。另一方面,它可能易于引起——尽管康德在这里运用了令人印象深刻的诡辩方法——人们对他所坚定的信念的怀疑,这种信念认为,在平等地负有义务的道德责任和目的之间的理性无法调和的("不幸的")矛盾并不是不可能调和的。

当然,**德性论**讲的是内在的、**先验的**动机,适用于所有的理性存在。它只在某些地方将人视为有限的理性存在,似乎这种说明意在表明如此衍生的德性可以被运用于他们,而且也是他们所需要的。另一方面,**法权论**(The Doctrine of Rights)讲的是一种关于代理人的外在行为的责任体系,这些责任因其强制性的约束力迫使他们必须独立于他们的行为动机。它假设了这些代理人是自由的,但这种自由不是作为**意志**(Wille)的实践理性的自我立法和独立自主意义上的自由,而是作为意欲(*Willkür*)的自由,仅仅是选择的自由。它假设了,而且是在实质性和根本性的意义上,人的本性这样一种观念。或者更正确和更具体地来说是人性的观念:并存于众多有限理性存在的有限空间之中——这种理性存在能被感官冲动和普遍道德律的绝对命令所影响(而非决定),也就是说,这种理性存在的外部行为能相互影响,而且人们彼此必然生活于共同体之中。当然,这些概念不管如何地具有普遍性,仍然是经验事实,由经验所支撑而且来源于经验。

人性这个复杂的观念只是《法权哲学》(*The Philosophy of Right*)所需要和所假定的一个经验概念。因为康德在这本著作中并不是要论

355

述任何实在法体系,以应时变。他的兴趣和阐述是严格规范性的。他致力于"为了一切实证的立法而提供不可改变的原则"①。因此,他的阐述也能,而且他相信这种阐述确实能以一种严格演绎的方式展开,这种方式由阿拉伯数字整理的连贯段落组织起来而形成。他首先制定了法权的普遍原则,②以便从中推出合法的私人占有的原初条件、市民社会的必然性和任何诸如国家与政府这样的合法组织的特性。

　　尽管如此,在唯一一处地方,康德自己打断了这种严格演绎的连续性。在对任何可能的契约形式做了**先验**划分之后,③他以罗马数字插入的方式补充了两个方面:"I. 什么是货币(Money)?"和"II. 什么是一本书(Book)?"他旋即为这种表面上的不连贯辩护。他指出,在他对契约形式做的划分中他真正提到的是这两种概念,但这易于使人们从根本上怀疑他进行阐述所严格遵守的**先验**性。因此,他不得不解释这两个概念。他很快对这两个概念进行了充分类比,虽然类比没有在根本的、首要的层面上指明某种经验事物,但实际上它"能够转化到纯粹的理智关系中去"④。

356

---

①　I. Kant, *The Metaphysics of Morals*, trans. M. J. Gregor, In *The Cambridge Edition of the Works of Immanuel Kant in Translation* (in the following: CEWK), vol. *Practical Philosophy*, Cambridge, Cambridge University Press, 1996, p. 386. (参见《康德著作全集》第6卷,李秋零主编,中国人民大学出版社2007年版,第238页。——译者注)

②　"如果行动能与符合普遍法则的每个人的自由并存,它就是**正当的**。或依据它的格律(maxim),每个人选择的自由能与符合普遍法则的每个人的自由并存。"I. Kant, *The Metaphysics of Morals*, trans. M. J. Gregor, In *The Cambridge Edition of the Works of Immanuel Kant in Translation* (in the following: CEWK), vol. *Practical Philosophy*, Cambridge, Cambridge University Press, 1996, p. 387. (参见《康德著作全集》第6卷,李秋零主编,中国人民大学出版社2007年版,第238页。——译者注)关于这种原则的阐述表明它与绝对命令的紧密关系,因而与整个法权体系的道德相关。尽管如此,这本康德晚年时期的著作不很成功,因为它没能清楚地描述并阐明这种关系的确切本质。

③　I. Kant, *The Metaphysics of Morals*, trans. M. J. Gregor, In *The Cambridge Edition of the Works of Immanuel Kant in Translation* (in the following: CEWK), vol. *Practical Philosophy*, Cambridge, Cambridge University Press, 1996, §31. (参见《康德著作全集》第6卷,李秋零主编,中国人民大学出版社2007年版,第297,300页。——译者注)

④　I. Kant, *The Metaphysics of Morals*, trans. M. J. Gregor, In *The Cambridge Edition of the Works of Immanuel Kant in Translation* (in the following: CEWK), vol. *Practical Philosophy*, Cambridge, Cambridge University Press, 1996, p. 434. (参见《康德著作全集》第6卷,李秋零主编,中国人民大学出版社2007年版,第297页。——译者注)

不过,这是一个蹩脚的托词。因为事实上,当他在相关讨论中提到货币的时候,他指的根本不是书。至多人们可以说,他有一小组契约,即**委托**(mandatum)①,关于这种委托契约,他在此书的附录中讨论作者和出版者之间的法律关系时提到了。然而,考虑到康德对书的一般定义,也包括手抄的草稿,这里似乎存在着一种历史的、经验的联系,这在**演绎推理**中是绝不应该出现的。而且,委托这个作为一种具体的契约形式的概念——康德将此概念看成他对萨维尼②所阐述的一般契约理论的重要的创造性的贡献——委实令人困惑。当他迫于批评压力去澄清它时,在第二版的《法权哲学》的附录中,他诉诸**家长**(pater familias)和包含家属的家仆之间的契约关系,并视这种关系为所要表明的关系的范本③。康德假定作者和他/她的出版者之间的关系在最一般的层面上类似于这种契约所表现的关系,要理解他是如何形成这种假定的确实困难。

且不管这种"委托"的观念是合法的抑或是非法的,所插入的两部分在形式上也是反常的,它打破了阐述的演绎逻辑。康德为其提供的辩护并不有力,但直到他开始关注书。如前所述,因为在论述所有可能的契约形式的**先验**分类的文本中事实上所使用的是货币概念。而且,如此提法并非偶然。因为当康德在这里提到货币时,它只和特定部分的契约有关,他后来关于这个概念的说明澄清了如下事实:只有货币交易能消除使其他形式的契约交换不安全的根本困难,即在交付

---

① "**委托契约**(**委托**),代替他人和以他人的名义经营。"I. Kant, *The Metaphysics of Morals*, trans. M. J. Gregor, In *The Cambridge Edition of the Works of Immanuel Kant in Translation* (in the following:CEWK), vol. *Practical Philosophy*, Cambridge, Cambridge University Press, 1996, p.433. (参见《康德著作全集》第6卷,李秋零主编,中国人民大学出版社2007年版,第296页。——译者注)

② 萨维尼(Savigny,1779—1861)。德国法学家,历史法学派主要代表。主要著作有《中世纪罗马法史》、《现代罗马法体系》、《关于立法与法理学的当代使命》等。——译者注

③ 参照 I. Kant, *The Metaphysics of Morals*, trans. M. J. Gregor, In *The Cambridge Edition of the Works of Immanuel Kant in Translation* (in the following:CEWK), vol. *Practical Philosophy*, Cambridge, Cambridge University Press, 1996, p.496. (参见《康德著作全集》第6卷,李秋零主编,中国人民大学出版社2007年版,第372页。——译者注)

的服务和它对未来回报的允诺之间的不一致。货币,正如他所理解 357
的,使获取同时发生,因此它在一般契约理论中起着实质性的作用。

如果考虑到康德在探讨契约形式时所强调的纯**先验**特征的话,那
么他对这种观念的强调似乎是必要的和合理的:所提的货币概念并不
指某种经验事物,而表示的是一种纯粹的理智关系。因此,令人困扰
的不是为什么不插入一个部分,而是为什么插入**两个**部分。而且,因
为书和对契约交换的基本形式的考察没有任何关系。

关于所有这些令人不安的事实,一个合理的假设是,康德插补两
个部分是因为他认为货币和书之间的严格的类比、深远的相似具有特
殊的重要性,他的整个阐述的重心便在这种类比之上。我们必须详细
审视一下这种类比。尽管如此,若要审视,我们首先不得不分别考察
他是如何构想货币和书二者关系的方方面面的。因为他关于这些方
面的看法并不必然是我们现在作为常识所接受的。

关于康德的**货币**概念没有太多可说,因为它基本上没有原创性。
他对作为"纯粹的理智关系"的货币——货币是"在人与物品**交往**的
所有手段中最重要和最适用的手段的概念,被称为**买和卖**(交
易)"①——的简单说明从根本上来源于亚当·斯密。他进一步明确
了如下这一点,"'货币(在亚当·斯密看来)是这样的物体,它的转让
是人们和各民族相互之间借以从事贸易交往的手段,同时亦是其努力
的尺度'"②。

---

① I. Kant, *The Metaphysics of Morals*, trans. M. J. Gregor, In *The Cambridge Edition of the Works of Immanuel Kant in Translation* (in the following: CEWK), vol. *Practical Philosophy*, Cambridge, Cambridge University Press, 1996, p. 434. (参见《康德著作全集》第 6 卷,李秋零主编,中国人民大学出版社 2007 年版,第 297 页。——译者注)

② I. Kant, *The Metaphysics of Morals*, trans. M. J. Gregor, In *The Cambridge Edition of the Works of Immanuel Kant in Translation* (in the following: CEWK), vol. *Practical Philosophy*, Cambridge, Cambridge University Press, 1996, p. 436. (参见《康德著作全集》第 6 卷,李秋零主编,中国人民大学出版社 2007 年版,第 300 页。——译者注)事实上,这并不是从斯密那里逐字地精确引用,尽管它在本质层面上正确表达了他的观点。康德常常凭记忆引用(而且经常不注明来源,尽管在这个例子中不存在这种现象),这是他的惯常做法。

康德——与黑格尔相反——对于新出现的"国民经济"科学并无特别兴趣。他读过一些重农主义的作品,随后跟踪过法国大革命期间发生的经济学争论,在这两件事上他表现出些许兴趣。但是他敬慕——并且私下说过——斯密而且知道《国富论》看似很好。(它也严重影响到他对知识理论领域中分工的作用和意义的理解。)他对斯密的兴趣实际上来自于斯密的《道德情操论》,这本书明显影响到他自己的"非社会的社会性"(unsociable sociability)这种观念。当他理所当然地抛弃了斯密道德和经济理论的自然主义 - 经验主义根基和取向——他明确拒斥劳动价值论(这种劳动价值论与他自己的正常占有观念实际上是不可调和的)——时,他在很大程度上接受了斯密的历史进步观、历史阶段论和现代性观点。

康德提出这种作为理智关系的货币被认为仅仅与它的形式相关,不顾它的物质载体(金、银或纸币),当康德坚持货币的**先验**有效性时,他实际上强调的是它作为中介物的作用,表现为如下两方面:一方面,由当事人的特征所决定的当事人对交换之物和交换的努力的纯粹主观评价,另一方面,客观存在的法权的一般有效性。货币提供一种客观的和永久的尺度,将主观欲求和可利用自然资源的客观匮乏联系起来,使商品和服务交换从不可判定的争论与偶然中解放出来成为稳定的且合法的。这种言说的基础是货币具有明显的肯定的作用,康德在论文《永久和平论》(*Toward Perpetual Peace*)中将这种作用视为"贸易的精神"和"货币的权力",是"从属于国家权力的所有力量(手段)中最可靠的"①,朝向希冀的历史过程的最后阶段——共和国家的联盟。

尽管如此,就康德这一观念的整体而言,这里存在一些棘手的问题。因为他不仅深受斯密影响,而且深受卢梭影响。而且在不同的地方,他重复了卢梭激烈地对货币历史作用做出的负面评价,谈它的出现深刻地扭曲了人际关系,导致人与人之间因竞争形成的异化。特别

---

① Kant, Toward Perpetual Peace, *CEWK*, vol. *Practical Philosophy*, p. 337.

是在他的《实用人类学》(*Anthropology from a Pragmatic Point of View*)
和《伦理学讲座》(*Lectures on Ethics*)中,他一再强调货币的发明特别   359
有力地推动了贪婪这种人类无可救药的罪恶,因为货币不是解放而是
奴役,奴役它自己的占有者和他物,控制着他们的劳动。①

    这就是康德的作为历史进步的主要机制的非社会的社会性观念。
这种观念自身是对斯密"看不见的手"的学说的深刻辩证的转化和一
般化,斯密的这种学说提供了一种解决这种困难的方法。尽管如此,
它只是作为我们希望对象的神圣天意,能保证这种机制将最终实现历
史的和解。将斯密和卢梭协调这一艰难任务最终落在了上帝和他无
法理解的全能之上。

    关于**书**,康德立即说明他对这一术语的特殊使用。"一本书是一
部著作(无论是用笔写的还是用打字机打的,篇幅是长还是短,在此都
无关紧要),它表现出某人用可见的语言符号向公众发表的演说。"②
无疑,这表明他是在一种格外广泛的意义上来使用这个术语的。它可
以指单个的羊皮纸手稿或不管多长的手稿,只要它们在流通之中(尽
管它可能是什么被限定了),但它同样地包含了任何大幅报纸、小册
子、杂志文章,甚至一篇报纸社论。这不是偶然。因为对此术语的这
种解释意欲表明书的**概念**——在康德的理解中,书是作为一种"纯粹
的理智关系"而存在的——完全独立于它的物质载体的巨大的经验性

---

    ① 参见 *Anthropology from a Pragmatic Point of View*, CEWK, vol. *Anthropology*, *History
and Education*, 2007, pp. 370-375 和 *Lectures on Ethics*, trans L. Lnfied, Indianapolis, Hackett
Publishing, 1963, pp. 177-182。同时,在一些特定的语境中,他为这种"贸易的精神"给出了
一种极负面的评价,讲它贬低了人们的思考方式,导致了"卑劣的个人主义、懦弱和软弱"。
Critique of Judgment, trans. W. S. Pluhar, Indianapolis, Hackett Publishing, 1987, §28, p.
122.

    ② I. Kant, *The Metaphysics of Morals*, trans. M. J. Gregor, In *The Cambridge Edition of
the Works of Immanuel Kant in Translation* (in the following: CEWK), vol. *Practical Philosophy*,
Cambridge, Cambridge University Press, 1996, p. 437. (参见《康德著作全集》第 6 卷,李秋零
主编,中国人民大学出版社 2007 年版,第 300 页。——译者注)

差异。就它的概念来说,书是"最重要的思想交流的手段"①,以此而言,它也是启蒙最重要和最有力的工具。

360　　当然,这显然是一种关于货币的现代理解。它彻底打破了在基督教的西方长期占统治地位的传统,这种传统赋予书一种半神奇的光环(并不独立于它的外观),它或者将书视为神秘知识的容器,或者视为帮助脆弱的人类理性去破译和理解体现在所创世界中、自然之书中上帝的意图和信息的工具。这种打破肯定不是源于康德。书的作用是特别属于而且仅仅属于他自己的思想交流的重要手段这种观念也不是源于康德。尽管如此,康德的独特之处在于,彻底考察了将书置于**交流**——使书成为作者和公众之间的中介——语境下的推论。

因为它意味着,书的意义和实际作用并不仅仅依赖于它的作者在书中所阐述的观念的真理性和富足性。它同样依赖于是否存在一种自主的**公众**(public),这些公众对书感兴趣,能理解书,而且也能批判地对书进行评价。因为书可以被滥用。它可被用作盲目的意见和套话的材料,实际上它取代了某人自身的理解和批判的判断:"只要能对我合算,我就不需要去思想。"②书,一座丰富的私人图书馆,也能变成只是人们获取声誉的一种外在工具。③ 即使最伟大的观念,比如卢梭的观念的滥用也将带来毁灭性的后果,当它被肯定不是独立于"群氓监护者",即人民领袖的行动的"愚蠢的人"所误解时。这种伟大的历史任务在启蒙宣言中得到了表达:要有勇气运用你自己的理智(sapere

---

① I. Kant, *The Metaphysics of Morals*, trans. M. J. Gregor, In *The Cambridge Edition of the Works of Immanuel Kant in Translation* (in the following: CEWK), vol. *Practical Philosophy*, Cambridge, Cambridge University Press, 1996, p.434. (参见《康德著作全集》第6卷,李秋零主编,中国人民大学出版社2007年版,第297页。——译者注)

② Kant, An Answer to the Question: What is Enlightenment, *CEWK*, vol. *Practical Philosophy*, p.17. (参见詹姆斯·施密特:《启蒙运动与现代性——18世纪与20世纪的对话》,徐向东等译,上海人民出版社2005年版,第61页。——译者注)

③ 必然伴随着文化进步这种恶甚至能将科学转化为声誉和享乐的对象,"正如虚荣之食物"。*Critique of Judgment*, trans. W. S. Pluhar, Indianapolis, Hackett Publishing, 1987, §83, p.321.

aude)实际上指的正是这一点,即自主公众的**自我**启蒙:"公众应该启蒙自己"①。如果这些公众被赋予自由,②康德关于启蒙"几乎不可避免"地成功的乐观主义必然假定了:这些公众已经存在,而且必然就他们的特征和整个现实提出疑问。**谁是恰当的公众**,他们能够自主地和批判地理解"书",将其视为启蒙的最重要工具? 在审视他对这个问题的回答之前,尽管如此,我们首先必须更真切地考察他是如何理解和描述这种交流关系中的第一个术语——也即**作者**(author)——的。这也进一步阐明了他关于书的观念。

"以自己的名义向公众**讲话**的人叫**著作者**(autor)。"③从我们自己的,也是当代的视角来看,这个定义存在着不少问题。在一个虚构的文本(小说)中,"讲话者的观点"能简单等同于作者的观点吗? 而且,一部戏剧的作者一定是实际上讲到它的历史人物之一吗?

尽管如此,这些问题毫无意义——它们只是要弄清楚,康德此处所谈的、唯一感兴趣的是哪种"书"(在我们的理解中)。因为尽管卢梭的小说深刻地影响了他自己观念的形成,但他对小说这种类型表现出轻蔑的、明显否定的态度。小说易于唤起激情,然而同时使心灵软

---

① Kant, An Answer to the Question:What is Enlightenment, *CEWK*, vol. *Practical Philosophy*, p.17. (参见詹姆斯·施密特:《启蒙运动与现代性——18 世纪与 20 世纪的对话》,徐向东等译,上海人民出版社 2005 年版,第 62 页。——译者注)

② Kant, An Answer to the Question:What is Enlightenment, *CEWK*, vol. *Practical Philosophy*, p.17. (参见詹姆斯·施密特:《启蒙运动与现代性——18 世纪与 20 世纪的对话》,徐向东等译,上海人民出版社 2005 年版,第 62 页。——译者注)显而易见,康德同时为他的乐观主义辩护,通过参考如下事实:"因为即使在那些根深节错的群氓监护者中间,一些人也总是会自己独立进行思考的",他们号召每个个体独立思考。Kant, An Answer to the Question:What is Enlightenment, *CEWK*, vol. *Practical Philosophy*, pp.17-18. (参见《启蒙运动与现代性——18 世纪与 20 世纪的对话》,徐向东等译,上海人民出版社 2005 年版,第 61 ~ 62 页。——译者注)正如哈曼(Hamann)挖苦地表明的,这是不是指他自己与他所声称的自己的历史使命和历史地位?

③ I. Kant, *The Metaphysics of Morals*, trans. M. J. Gregor, In *The Cambridge Edition of the Works of Immanuel Kant in Translation* (in the following:CEWK), vol. *Practical Philosophy*, Cambridge, Cambridge University Press,1996, p.437. (参见《康德著作全集》第 6 卷,李秋零主编,中国人民大学出版社 2007 年版,第 300 页。——译者注)

弱。"**阅读小说**(Reading novels),除了引起一些别样的心灵变态之外,也导致使分散注意力习惯化的后果。"①戏剧也不见得更好。[读本戏剧(*Lesedramen*)实际上仍是德国 18 世纪后半叶最流行的文学生产形式。]他在《判断力批判》(*Critique of Judgment*)中对演讲术的定义——他将其描述为演讲和它的主客体的形象表现二者的结合②——不仅不充分,令人尴尬,而且对辩论法的"传授艺术"表现出一种近乎敌对的态度,这无疑表明一种同样是否定的评价。

362 尽管如此,所有这些都与康德关于作为理智关系的书的理解是一致的,也和他关于作者作用的假定相一致。在此意义上,若成为书,必须有书的作者发表的观点——这些观点可以很好地为消遣服务(而且康德是早期英国小说的忠实读者),但仅有这一点还不够,对康德来说,要在实质性的意义上满足要求才能成为书。③ 因而,当他把作者/撰写人的交流活动从根本上详述为告知和指导大众的活动时,他是非常一致的。④ 因此,如下这一点毫不奇怪,有时他好像使用着作者(*Autor*)、撰写人(*Schriftsteller*)和学者(*Gelehrte*),似乎它们是同义词。

这样的作者肯定在著作中是独立地且以他自己的名义来进行**演说**的(尽管他从来不应该在书中提到他自己)。已出版的书是通过他的演讲**活动**的语言符号,以及他所具有的不可转让的才能(**歌剧**)的物质化实现。在康德那个时代,这种活动当然已经包含出版者、印刷者

① *Anthropology from a Pragmatic Point of View*, CEWK, vol. *Anthropology*, *History and Education*, 2007, pp.314.(参见康德:《实用人类学》,邓晓芒译,上海人民出版社 2005 年版,第 104 页。——译者注)

② *Critique of Judgment*, trans. W. S. Pluhar, Indianapolis, Hackett Publishing, 1987, p.195.(参见《康德著作全集》第 5 卷,李秋零主编,中国人民大学出版社 2007 年版,第 339 页。——译者注)

③ 一般来说,这并不意味着康德对精致的文学艺术抱有轻蔑的态度。对他来说,文学的最高形式是诗——而且通过这一点他似乎想说,从根本上来说,最高形式是抒情诗。(实际上,他曾在《判断力批判》中提及荷马。)尽管如此,后者不仅能表达感情和激情,而且当然也能表达观点,而且正是在诗中作者演说并以他/她自己的名义发表观点。

④ 参见 On the Wrongfulness of Unauthorized Publication of Books, CEWK, vol. *Practical Philosophy*, p.30。

等等的活动;尽管如此,他们只是中介、"无声的工具",他们将作者的演说合法地带到公众面前,如果(而且只由)他们有他/她的委托的话。康德从这种观念得出重要的道德政治结论。他强调,只有作者而不是出版者对他/她的书中所表述的全部观点负有法律责任。而且他谴责即使在高压政治条件下仍广泛存在的匿名者的演讲实践。

　　因此,书必然具备双重性。就它真正的、基本的交流功能来说,它将演讲看作作者对于公众所进行的不可剥夺的活动,然而,它也是一种人工制品、可印刷的复制品,表现了它的用于售卖书的(合法的/委托的)出版者的属性。而且,就书而言,它的购买者、潜在的读者拥有在法律上占有某件人工制品的所有人的全部法权。当然,他或她是公众一员——恰当的/可预期的事情是阅读作品,试图自主地理解和评价作者在书中提出的观点。但正是通过购买一件人工制品,人们没有任何义务以它的制造者所计划的方式来使用它,即使它是理性的。复制品的拥有者是完全在他/她的法权范围之内来粗鲁地滥用它的,不仅表现在将它仅仅转变为作为声誉的符号展示的对象,而且,正如康德阐明的,甚至能"在作者面前将它烧掉"[1]。这一切可能是卑鄙的,甚至令人作呕的,但在法律上是难以反对的。尽管如此,购买者没有任何法权在他/她的名义下或在未经作者示意允许的情况下再生产它(作为原创作者的书)。因为作为活动的演讲不可转让地属于主体/代理人,并且没有人能在没有他/她明确同意的情况下,也就是说在未经授权的情况下处置它。

　　由于它的双重性,在康德那里,书从根本上区别于任何美术作品。因为美术作品只是物质的人工制品,尽管它们可能是令人愉悦、讨人喜欢或令人起敬的。一些人工制品的合法拥有者也许会以他们所认为的任何正当方式来使用(或滥用)它。因此,如果它是一幅彩绘画、素描画或照片,他们能复制它(不管这应该意味着什么)并能把这个复

_____

① 参见 On the Wrongfulness of Unauthorized Publication of Books, *CEWK*, vol. *Practical Philosophy*, p. 35。

制品当作自己的作品来售卖,"甚至没必要提原创者的名字"①。

从我们自己的、当代的视角来看,这似乎支持某些很成问题的实践。康德的观点在今天听起来相当奇怪,然而这并不是唯一的实例。他明确讲到,在他们翻译版或实体版(substantive)的著作面前,著作权不复存在;这些作品被合法地视为翻译者或编辑的作品(甚至不提它们的原创者的名字)。② 另一方面,他认为,作者死后,公众(不管这可能意味着什么)有一种合法强制的法权,迫使"被授权"的出版者出版他的某个版本的书,而且不能少于它的需求量。③

这些观念必须被放在那个时代德国的具体环境中来看待。它们同时阐明了整体添加到图书上的一些令人困惑的特征。之所以说令人困惑,是因为在头两句话阐述了理论上真正重要的和新奇的观念(作为交流过程中介的书,以及书的作者的特殊作用和特征)之后,他略长的讨论的整个剩余部分探讨的主题与这种观念并不相关,而是关注一个无论如何是相当次要的问题:作者和出版者之间的关系。根据他对"书"这个术语的范围所做的概括性解释所表明的,作者和出版者之间没有关系,因为这种关系是一个纯粹经验的、历史地具体的关系,无关于书的真正功能:存在于书的作者和书的公众之间的一种"纯粹理智"关系。事实上,几乎所有的插补都表明康德通过较长的辩论反对"书在未经授权的情况下出版"。

很可能是,康德为这个问题所困扰。在 1785 年,他已经出版了一篇单独的论文《论未经授权出版书籍的非法性》;《法权哲学》出版后,在他最后几篇文章中的一篇中,在致尼科罗维(Nicolai)④的"两封信

---

① 参见 On the Wrongfulness of Unauthorized Publication of Books, *CEWK*, vol. *Practical Philosophy*, p. 34。

② 参见 On the Wrongfulness of Unauthorized Publication of Books, *CEWK*, vol. *Practical Philosophy*, p. 34。

③ 参见 On the Wrongfulness of Unauthorized Publication of Books, *CEWK*, vol. *Practical Philosophy*, p. 35。

④ 尼科罗维(Nicolai,1733—1811),德国作家和出版商。——译者注

件"中再次触及这个问题。在当时,这个问题是在德国广泛讨论的问题。(一些作者明确反对这种实践,不仅因为出版物便宜于观众有利,而且他们明确否定任何特殊的"著作权":如果作者志在传播他们的观念,那么当他们成功时,这些观念就应平等地成为有知识的大众的财产,而不再是他自己的。)

　　在德国的知识界,这是一个热点话题。因为,由于德意志地方割据(*kleinstaaterei*)这种主要状况,一种实践,我们现在称为"盗版"的实践普遍存在。最好就是这种非法实践的消失(哪怕重印在别的国家出现)。在这种条件下,康德为著作权所做的辩护不得不通过术语表述出来,并且依赖于他对自然法权的考察和他自己的先于并构成全部有效法律基础的"合法占有"理论。他的一些奇怪观念也不是关于他那个时代所独有的法权的。因为,相比其他发达的西方国家来说,德国政府在这方面也是"落后的"。在英国,版权于 1710 年被编入法典(安妮女王法令);在法国,1777 年布朗法令确立了作者的特权(永久持有),而且在法国大革命期间版权法案于 1793 年被通过。在德国(可能不独立于后面的事实),第一部确立了作者在他/她的著作出版时所具法权的法律于 1794 年在普鲁士颁布。而这种法则在法律上被其他较大的德意志国家视为神圣的又花去了 40 年。

　　康德对著作权的辩护——这应该很清楚——根本不是出于对作者物质经济利益的考虑。在这方面,他所维护的是合法的("受委托的")出版者的利益。这是真实的而且不是偶然。作为哥尼斯堡大学教授的康德是一个国家公务员(*Beamte*),有着基于职务(*Dienst*)——以及忠诚关系(*und Treuerverhältnis*)——之上的终生显赫地位,除了声誉之外,供给虽非奢华但也相当安全和舒适。他肯定不依赖于他的作品出版所获得的(最初非常公道的)酬金(*honoraria*)。

　　尽管如此,这并不意味着他对合法出版者利益的热烈辩护和反复辩护只是一种与人为善的利他主义以及坚守正义的表现。在这个问题上,他确实有利益考虑,只不过不是经济利益。什么样的出版者才会乐于冒

365

与诸如《纯粹理性批判》此类的书的出版和分配相关的重大代价和付出的风险,如果——它在现实中不可能成功——它能够而且也可能很快就被另一个国家的竞争者以一种更便宜的形式重印? 康德确实关心他的合法出版者的经济成就,只是他关心的不是物质利益——在他的著作中,它是一种有机会到达有意愿的公众那里的利益。

接着,我们回到交流关系的第二个重要术语:**公众**。一般来说,公众的适当特征是什么? 尤其是康德将之归于大众的"自我启蒙"的能力更具体指什么? 他假定了这些公众已在德国存在(至少潜在地),没有这种假设,他对启蒙必胜的牢固信念将成为(正如一些人后来论述的)一种完全不正当的幻觉,那么,他是在什么基础上做出的假设?

366   关于第一个问题,康德自己给出了明确的答案。首先,使用自己理性的勇气并不是要做什么,它事实上是要反对那种康德在他的《实用人类学》中所称之的"逻辑的个人主义"(logical egoism),即一些人所持有的立场,他们坚定相信他自己的洞见更有价值,"自己的判断由他人的知性来检验是不必要的"①。这种态度最终只能导致那个时代未经检验的偏见的无批判的再生产。

若使用我们自己的理性以达到自我启蒙的伟大目的,正如他在《判断力批判》中更为详细地阐述和说明的那样,实际上需要满足三条原则或准则:"1. 自己思维;2. 站在别人的地位上思维;3. 任何时候都与自己一致地思维。第一个准则是**无成见的**思维方式的准则,第二个准则是**开阔的**思维方式的准则,第三个准则是**一以贯之的**思维方式的准则。"②尽管如此,在谈到这些准则的性质时,他表现出了一种相当明显的摇摆不定。在《判断力批判》中,康德提出它们,并且将满足它

---

① *Anthropology from a Pragmatic Point of View*, CEWK, vol. *Anthropology*, *History and Education*, 2007, p. 240. (参见康德:《实用人类学》,邓晓芒译,上海人民出版社 2005 年版第 5 页。——译者注)

② *Critique of Judgment*, trans. W. S. Pluhar, Indianapolis, Hackett Publishing, 1987, §83, p. 160-161. (参见《康德著作全集》第 5 卷,李秋零主编,中国人民大学出版社 2007 年版,第 306 页。——译者注)

们的能力归之为共感(common sense),即平常的人类知性。尽管如此,在《实用人类学》中,他提到的恰是同样作为知性对象的原则,它们促成了对智慧的占有,这种智慧是最高的和最珍贵的人类实践的－认知的能力和成就。①

然而,这种摇摆不定事实上并非偶然。因为康德充分地解释了第二条准则,也就是开阔的("自由的")思维方式的准则。它需要"我们从一个普遍的人类理性的立场来反思我们的判断",也就是说,我们使自己的判断"依凭别人那些不是现实的,而毋宁说是仅仅可能的判断"②。可能第一个任务,也就是在我们这个较窄或较阔的社会共同体中考察他人所表述的判断,是在每个人所具有的平常的人类知性能力范围之内的。但若使自己的判断依凭于每个人可能的判断——那么,这种认知享受如何才能被具有健全共感的人所期待? 实际上,它究竟是如何实现的? 这个问题很是棘手,因为恰是第二个准则,即"开阔的"思维方式的准则将启蒙的独立思考者(Selbstdenker)和"逻辑的个人主义"区别开来。一些人怀疑它作为人们可共同企及的东西在实践中的现实性,这种怀疑质疑的正是启蒙事业。

尽管如此,康德对这些问题给出了一个明确的答案。事实上,只要熟悉他的基本观点,这里并不存在含糊性。自我启蒙的任务是一个尤为艰巨的任务,当它被**孤立的**、**单个的**个人所从事时,需要格外的努力和人类珍贵的实践理性能力(智慧)。"……任何一个人想要从几

367

---

① 参照 *Anthropology from a Pragmatic Point of View*, CEWK, vol. *Anthropology*, *History and Education*, 2007, pp. 307-308。(参见康德:《实用人类学》,邓晓芒译,上海人民出版社 2005 年版,第 91 页。——译者注)

② *Critique of Judgment*, trans. W. S. Pluhar, Indianapolis: Hackett Publishing, 1987, §83, p. 160. (参见《康德著作全集》第 5 卷,李秋零主编,中国人民大学出版社 2007 年版,第 306 页。——译者注)

乎已经成为天性的那种不成熟①状态中自己走出来,就很困难了。……因此,只有少数人才能通过自己精神的奋斗而摆脱不成熟状态,从而自信地开始前进。"②

接着,他继续讲道:"但是,公众应该启蒙自己,却是很可能的;实际上,只要他们被赋予自由,这几乎就是不可避免的了。"③什么自由?"……在所有问题上都**公开利用**一个人的理性的自由。"④在这里,康德关于"书"的观念,即书是交流最重要的和最有效的手段和中介的观念揭示了它的完全意义。因为只有通过和凭借"书"(康德所讲的书是在这个术语尤为宽泛的意义上存在的),真正公开的交流才能实现(与带有情绪化色彩的口头交流——包括公开辩论——不同,口头交流从根本上来说只会更好地煽动那些愚蠢的人)。而且公开交流不只是启蒙成功的前提条件。它也是所有人际关系理性化的前提条件,这些人际关系包括实践的-制度的关系和认知的-理论的关系。公开性是是一个**先验**条件,任何合法的法律政治体系都应该满足这个条件。同样,在没有关于它们内容的公开争辩和批判的情况下,没有什么能保证知识的进步或信念的正确,尽管它们被牢牢把持着。

> 理性在其一切事业中,必须从属批判;理性如以任何禁
> 令限制批判之自由,则必害及其身,而以一有害之疑虑加之

---

① **不成熟就是不经别人的引导就不能运用自己的理智。**(Kant, An Answer to the Question:What is Enlightenment, *CEWK*, vol. *Practical Philosophy*, p. 17.)(参见詹姆斯·施密特:《启蒙运动与现代性——18 世纪与 20 世纪的对话》,徐向东等译,上海人民出版社 2005 年版,第 61 页。——译者注)

② Kant, An Answer to the Question:What is Enlightenment, *CEWK*, vol. *Practical Philosophy*, p. 17. (参见詹姆斯·施密特:《启蒙运动与现代性——18 世纪与 20 世纪的对话》,徐向东等译,上海人民出版社 2005 年版,第 62 页。——译者注)

③ Kant, An Answer to the Question:What is Enlightenment, *CEWK*, vol. *Practical Philosophy*, p. 17. (参见詹姆斯·施密特:《启蒙运动与现代性——18 世纪与 20 世纪的对话》,徐向东等译,上海人民出版社 2005 年版,第 62 页。——译者注)

④ Kant, An Answer to the Question:What is Enlightenment, *CEWK*, vol. *Practical Philosophy*, p. 18. (参见詹姆斯·施密特:《启蒙运动与现代性——18 世纪与 20 世纪的对话》,徐向东等译,上海人民出版社 2005 年版,第 62 页。——译者注)

其自身。实无较之"能自此种检讨幸免",更为重要(由于其效用)、更为神圣之事,盖以此种检讨,铁面无私,并不知有个人之地位荣誉令其尊敬。理性之存在即依赖此种自由。盖理性并无专断的威权;其裁决,无论何时纯为**自由**公民之同意所成,至此等公民,则每人必容许其(毫无障碍或唆使)自由发表其反对意见乃至其否决权。①

思考的自由一般被视为神圣不可侵犯的人类权利。"当然,据说**言论**自由或**写作**自由可以被一种更高的力量所夺走,但**思想**自由不可剥夺。如果我们在(可以说是)与他人交流的过程中不思考——对于他人来说,我们将我们的思想**交流**给他们,同时他们把他们的思想交流给我们,那么我们将在什么程度上思考以及如何正确地**思考**。这样,人们能很容易说,这种夺走了人们公开**交流**的自由的外在力量也剥夺了他们**思考**的自由——在市民生活的全部重负中,它是留给我们的唯一珍宝,只有通过它我们才能创造出各种手段来克服我们环境中的全部的恶。"②

这不只是(如上阐述所表明的)一个谨慎的建议。自由的和经常性的交流是基本条件,在这种条件下,我们凭借我们脆弱的、有限的理性在我们自己和我们的信念与观念之间建立起一种批判的、自主的关系。因为,这只是一种可能性,如果我们能而且一以贯之地依凭他人的判断来**反思**我们的判断,而且只有在这些条件下,它才是实际上可能的。

真理的**外在**特征或**外在**试金石,是我们自己的判断同他人判断的调和,因为主观的东西不是以同样方式寓于其他一切人那里的,于是假象也能由此得以解释。所以,他人判断与我们判断的**不相容**,是被当作错误的外在特征,或检查我

369

---

① Kant, *Critique of Pure Reason*, B 766, trans. N. Kemp Smith, London, Macmillan, 1978, p. 593. (参见康德:《纯粹理性批判》,蓝公武译,商务印书馆 1960 年版,第 516～517 页。——译者注)

② Kant, What Does it Mean to Orient Oneself in Thinking?, *CEWK*, volume *Religion and Rational Theology*, trans. A Wood and G. Di Giovanni, Cambridge, University Press, 1996, p. 16.

们判断方法的暗示来看的,但是不能因此就立即抛弃我们的判断。因为人们或许可能**在事情上**是正确的,而只是**在方法上**,亦即在陈述方面不恰当。①

康德的这些论述解释了为什么一种任务(自我启蒙的任务)——对于具有特殊能力的、处于孤立的人们来说是极为艰巨和困难的任务——在自由的和经常性交流的条件下会变成"几乎是不可避免的"。尽管如此,只有主体存在,只有这些主体能够而且(至少是潜在地)愿意利用这些条件,才会是这样。因为,即使假设,"就在为大众设立起来的那些保护者当中,也总是可以发现一些人,他们为自己而思想"②,他们将号召其他人鼓起勇气利用他们的理智,但这种信息的广泛传播也只能达到预期的效果,如果众多的个人能理解它而且能充分做出回应的话:于它而言,存在着一种**公众**,他们能"独立地"、"自由地"和"一以贯之地"思考,正如三条理性思考的重要准则所要求的。康德对不可阻挡的,即使是缓慢的启蒙进程抱有坚定信念,这种信念假设了德国现实地存在这样的公众。尽管如此,这是他一生中备受争议的假设之一。它既需要合法化也需要具体化:**谁**会构成这一公众。

早在 1764 年,在哥尼斯堡时,他以前的学生青年赫尔德已经在一篇文章(源于他在里加做的一次演讲)中直接提出了这个问题:在那个时代的德国,究竟有没有公众③。在与古代做了强烈对比之后,他得出

---

① Kant, *Logic*, trans. R. S. Hartman and W. Schwarz, New York, Dover Publishing, 1974, pp. 62-63. (参见康德:《逻辑学讲义》,许景行译,商务印书馆 1991 年版,第 48 页。——译者注)

② Kant, An Answer to the Question: What is Enlightenment, *CEWK*, vol. *Practical Philo-sophy*, p. 17. (参见詹姆斯·施密特:《启蒙运动与现代性——18 世纪与 20 世纪的对话》,徐向东等译,上海人民出版社 2005 年版,第 62 页。——译者注)

③ 参照 J. G. Herder, Do We Still Have the Public and Fatherland of Yore?, In his *Selected Early Works*, ed. by E. A. Menze and K. Menges, University Park, Pennsylvania State University Press, 1992。

结论:"往昔的公众已经消失,因为**政府**,因为**演说家**,而且因为**著作者**。"①当曾指所有平等的、令人尊重的市民的人民这个术语用来习惯性地指区别于有独立财产之人的暴徒和痞子时,"公众"这个术语变成了一个谜。"哪里有它的位置和声音? 在哪里我们必须依靠公众来进行判断? 市场或私人家庭?"② 370

　　九年后,康德永远的仇人,弗里德里希·尼科罗维就文学公众出现的两极分化做出了冷静的诊断。这门科学的状况(*gelehrter Stand*)变得越来越自我封闭,有些作者写的东西主要是被这个"协会"的会员阅读,无法激起更广泛公众的兴趣和共鸣。随着康德的名望和声誉的增长,在那个世纪的最后十年里,他的"乐观主义",他关于启蒙进程无法阻挡的信念,成为批判的直接对象。海因茨曼(Heinzmann)于1795年写到,一个美丽而实际的梦无可争辩地揭示了一种明显的趋向:书(*Bücherherrschaft*)的优势的日益增长等量地伴随着它们实践效用(*Thatkraft*)的日益衰败③。在1799年,即使像约翰·贝克(Johann Bergk)这样的作者(深受康德影响而且忠诚于康德,特别是忠诚于他的美学理论)也直截了当地漠视了康德对作为独立的、重要的教育工具的书的力量表现出来的信心——这只是"空洞的乐观主义"的一则实例。

　　尽管如此,这种批判是不是完全不合法呢? 当然,历史明确表明这种批判的"正当性":从最伟大和最完满的目标来看,启蒙已经失败了。但康德的乐观主义是否只是无根的梦,仅仅是一种没有任何支撑

---

　　① J. G. Herder, Do We Still Have the Public and Fatherland of Yore?, In his *Selected Early Works*, ed. by E. A. Menze and K. Menges, University Park, Pennsylvania State University Press, 1992. p. 59.

　　② J. G. Herder, Do We Still Have the Public and Fatherland of Yore?, In his *Selected Early Works*, ed. by E. A. Menze and K. Menges, University Park, Pennsylvania State University Press, 1992. p. 58.

　　③ J. G. Heinzmann, *Appel an meine Nation über Aufklärung und Aufklärer*, Quoted in Ch. Bürger et al (eds), *Aufklärung und literarische Offentlichkeit*, Frankfurt, Suhrkamp, 1980, p. 106.

的信念的表现? 康德实际上在想什么,当他假定存在能理解并能充分地响应启蒙号召的公众(至少是潜在地存在)时:独立地思考? 他预测,在启蒙影响之下的未来,这种公众的数量会增加,范围会拓展,尽管只是缓慢地,但却是必然地。那么,他是否能提供一些论据以证明这种预测?

371 　　在德国,谁属于这种公众,谁构成着这种公众? 对于康德自己的启蒙文章(他的"最受欢迎的"作品之一)无疑要面向的人们来说,这似乎是一个基本的问题,既然他们正好是读者。不过,后来直接论述这个问题的相当长的解释性文献却提供了最不同,甚至矛盾的答案——并且不是偶然。因为,康德在这篇文章中关于这个问题的阐述本身似乎出奇的模糊,而且关键是不一致。

　　一方面,康德反复地将这种公众("严格意义上的公众")和世界(world),整个世界①——肯定是最概括性的术语,基本指每一个人——等同起来。另一方面,和这种表述直接矛盾,他同时认为公众至少暂时由"绝大多数人(包括全部女性)"构成,部分人因为他们的懒惰和懦弱不能使用自己的理性②,故而他们不属于所要求的自主公众。进一步来说,在同一篇文章的别处,他明确将整个公众和"阅读世界(Lesewelt)"③混同起来,后者在当时的德国显然是一个比"一般所讲

　　① 参照 Kant, An Answer to the Question: What is Enlightenment, *CEWK*, vol. *Practical Philosophy*, p. 19 and 21。(参见詹姆斯·施密特:《启蒙运动与现代性——18 世纪与 20 世纪的对话》,徐向东等译,上海人民出版社 2005 年版,第 62,63 页。——译者注)

　　② 参照 Kant, An Answer to the Question: What is Enlightenment, *CEWK*, vol. *Practical Philosophy*, p. 17。(参见詹姆斯·施密特:《启蒙运动与现代性——18 世纪与 20 世纪的对话》,徐向东等译,上海人民出版社 2005 年版,第 61 页。——译者注)

　　③ Kant, An Answer to the Question: What is Enlightenment, *CEWK*, vol. *Practical Philosophy*, p. 18。(参见詹姆斯·施密特:《启蒙运动与现代性——18 世纪与 20 世纪的对话》,徐向东等译,上海人民出版社 2005 年版,第 62 页。——译者注)

的世界"更小的组织①。最后,尽管讲得不够明确,但他似乎相当清楚地将相关的公众和极广意义上的"学者"(Gelehrten)等同起来,后者包括在他的启蒙文章中出现的军官、牧师和税吏。

不过,这种答案的令人困惑的多样性看上去相互矛盾,可能这种矛盾并不是那么地具有危害性,而仅是一个表面问题。因为,当他在特定语境中将整个世界视为公众时,这应在它的否定意义上加以理解:依据任何客观特征,他们的社会地位、公民资格或社会性别,没有人能够和应该被排除于潜在的公众范围,因此没有人能够和应该从根本上被否定掉自主使用自己理性的能力。作为一种要求,这寓于理性的特有本性中,因而也寓于人类的特有本性中——在这方面的任何限制都会与平等的人类尊严这一准则相抵触。然而,这与如下这个问题并不一样:目前,谁实际上构成了自主的公众,在那些尚未启蒙的时代,哪个是启蒙的时代? 它的答案是:一方面是阅读世界,另一方面是学者,如果考虑到康德是在特别广的意义上使用后者的,那么二者可以很好地表明二者事实上是一回事。因而,只要人们不带同情去阅读他的文章,那么无论公众在康德那里表现为什么,其中都不存在矛盾或混淆。

这种稍带诡辩的解释可能很是令人信服,如果不是因为如下事实:在他的其他一些作品中,康德似乎回答了"书"(在他预期的意义上)的实际公众这个问题,回答的方式与刚刚描绘的与人为善的立场不协调。比如,他反复表述**女性**作为读者这种观念。当然,康德毫无保留地将阅读世界的一般外延视为文化进步的一种重要的且必要的构成部分,视为启蒙的前提条件。而且他很了解,女性代表了当时阅读世界很重要的一部分。同样,严格说来,自主使用自己理性的要求

① 1800年前后,整个德国人口只有25%的人可以被视为潜在的读者,比如,实践中真正有文化的人。有部分人一方面经常读一些除圣经之外的出版物,另一方面经常读一些历书和通俗读物,这些人仅仅占10%。参见 R. Schenda, *Volk ohne Buch*, München, dtv, 1977, pp. 444ff。

具有普遍性,指导着每一个(成年)人。之所以不能满足要求,最后总是因为相关个人的道德缺陷。然而,他同时将一般女性视为本质上——在人类学的基础上——不能成为(在他所预期的意义上)自主公众的一部分。而且,人们应该补充,在这种不一致中他明显是一致的:早在 1764 年,他就在《论优美感和崇高感》(*Observations on the Feeling of the Beautiful and Sublime*)中表述过这种观点,而且三十年后,他又在《实用人类学》(1798)中未做根本修改重复了这种观点,即使他的基本哲学取向已有了根本的变化。①

373　　女性的主要自然目的是类的保存,与之相关的疼痛和危险制造女人感情的恐惧和胆怯,因此女人是依赖性的存在,需要男人的保护。这从根本上决定她们认知兴趣的方向。因为,当对于两性理解的潜在范围是一致的,"关于女人的伟大科学的内容毋宁说是人类,而且是人类中的男人。她的哲学智慧不是理性而是感觉"②。因此,女人的教育应该主要面向实践事务。事实上,辛苦的学习和抽象思辨的思考不仅不适于女人,而且实际上会"毁掉适于她们性别的优点"③。而且,康德讥讽"有学问的"女人,她们所要求的深刻的且独创的思考恰恰是她们所缺乏的魅力的糟糕替代品。"至于有学问的女人,那么她们需要**书籍**就像需要**表**一样。她们带着表是为了让人看见她们有一块表,通常不管这表停了没有,或是走得准不准时。"④

　　再次,康德晚期的著作《学科之争》(1798)明确地而且从根本上限定了作为观念真正载体的书的预期公众和现实公众。事实上,在这

---

　　① 关于他对女人的看法特别参见: *CEWK*, volume *Anthropology from a Pragmatic Point of View*, CEWK, vol. *Anthropology*, *History and Education*, 2007, pp. 40-51 and 399-407。

　　② *Anthropology from a Pragmatic Point of View*, CEWK, vol. *Anthropology*, *History and Education*, 2007, p. 42.

　　③ *Anthropology from a Pragmatic Point of View*, CEWK, vol. *Anthropology*, *History and Education*, 2007, p. 41.

　　④ *Anthropology from a Pragmatic Point of View*, CEWK, vol. *Anthropology*, *History and Education*, 2007, p. 404. (参见康德:《实用人类学》,邓晓芒译,上海人民出版社 2005 年版,第 239 页。——译者注)

部著作中,康德是在这个词狭隘的、严格的意义上来论述学者这种预期的公众及其活动的:大学不同院系的成员,特别是哲学家。哲学的真正功能是"真理的公开呈现"①,对观念真理性的自由讨论。高等学科——神学、法学和医学——的成员是"学问的**业务员**或技师(*Geschäftsleute oder Werkkundige der Gelehrsamkeit*)"②——他们处于政府的严格控制之下,是政府的工具。他们向人民直接宣讲,或至少向某些特殊的作为市民共同体的协会组织直接宣讲,以保证政府的持续影响——他们的书仅是服务于这种目的的教学工具。③他们的行动体现了这样的东西,康德在启蒙文章中自相矛盾地——或正如有些人指出的,颠覆性地——称之为理性的私人利用。

当然,除了他们的官方地位和功能,这些同样作为共同体市民的人们有权利(而且最终的道德义务)大声疾呼,他们的理性应不受妨碍并是自由的,应自主地、公开地使用,而且没有这个过程,启蒙的进步丝毫是不可能的。然而,对于哲学家来说,这不仅是一种普遍有效权利(或至少是应该成为这种权利的东西)的运用,它是他们的专业义务和功能——对(实践的和理论的)观念的真理性进行审查和讨论。作为一个哲学家,如要对得起这个名号,就意味着向公众呼吁公开地使用理性。

不过,向谁呼吁——谁是它的预期的和现实的公众?对于这个问

① Kant, *The Conflict of the Faculties*, trans. M. J. Gregor and R. Anchor, *CEWK*: volume *Religion and Rational Theology*, trans. A Wood and G. Di Giovanni, Cambridge, University Press, 1996, p. 260. (参见《康德著作全集》第7卷,李秋零主编,中国人民大学出版社2007年版,第28页。——译者注)

② Kant, *The Conflict of the Faculties*, trans. M. J. Gregor and R. Anchor, *CEWK*, volume *Religion and Rational Theology*, trans. A Wood and G. Di Giovanni, Cambridge, University Press, 1996, p. 248. (参见《康德著作全集》第7卷,李秋零主编,中国人民大学出版社2007年版,第14页。——译者注)

③ 参见 Kant, *The Conflict of the Faculties*, trans. M. J. Gregor and R. Anchor, *CEWK*, volume *Religion and Rational Theology*, trans. A Wood and G. Di Giovanni, Cambridge, University Press, 1996, pp. 248-250。(参见《康德著作全集》第7卷,李秋零主编,中国人民大学出版社2007年版,第18~20页。——译者注)

题,《学科之争》给出了一个明确的答案。它不是面向一般的市民社会成员,而是"学术共同体"(learned society),主要包括"高级"学科的成员,但也包括其他一些文人可能还有业余爱好者。完全明确的是:它**不是**指向一般意义上的公众,指向"民众"(*das Volk*)。因为,一般所讲的人民是没有能力进行理性思考的,他们是白痴(*Idioten*)①"……民众自然是最拥护他们最没有必要自己费力和动用其自己的理性、又能最好地使义务与偏好相容的东西……"②他们不会阅读,而且无论如何不会理解哲学家的著作,这种理性公开的演讲。至少就当前状况来看,独立思考对绝大多数人来说似乎成了一项不仅无法完成而且无法理解的任务,那么这种启蒙事业还留下了什么?

　　康德就这个问题给出了一种回答,这种回答在某种程度上——从我们当代的视角来看——可能是最令人沮丧的。因为,在他晚期的一些著作中,他明确表明,关于理性自主使用的声音所面对的真正的和最终的受众与公众就是政权、政府。他在《学科之争》(*The Conflict of the Faculties*)中写道,哲学家的声音"并不是亲近地对人民发出的(作为人民,他们很少注意或者根本不注意此事和哲学家的著作),而是恭敬地对国家发出的……"③。这种观念在他的文章《永久和平论》(1795)中得到更为清晰的和更为肯定的阐述。在那里,康德将公众使用理性(对哲学家而言的理性)的自由视为一种便利的策略,它允许政

----

① Kant, *The Conflict of the Faculties*, trans. M. J. Gregor and R. Anchor, *CEWK*, volume *Religion and Rational Theology*, trans. A Wood and G. Di Giovanni, Cambridge, University Press, 1996, p. 248. (参见《康德著作全集》第7卷,李秋零主编,中国人民大学出版社2007年版,第15页。——译者注)

② Kant, *The Conflict of the Faculties*, trans. M. J. Gregor and R. Anchor, *CEWK*, volume *Religion and Rational Theology*, trans. A Wood and G. Di Giovanni, Cambridge, University Press, 1996, p. 258. (参见《康德著作全集》第7卷,李秋零主编,中国人民大学出版社2007年版,第27页。——译者注)

③ Kant, *The Conflict of the Faculties*, trans. M. J. Gregor and R. Anchor, *CEWK*, volume *Religion and Rational Theology*, trans. A Wood and G. Di Giovanni, Cambridge, University Press, 1996, p. 305. (参见《康德著作全集》第7卷,李秋零主编,中国人民大学出版社2007年版,第86页。——译者注)

府从它们之中寻求关于政策的"指导",而通过承认在它的"最伟大的智慧"下,它仍需一些它的臣民的建议这一事实,而它的尊严和声誉并未被降低。因为这些作品于大部分公众来说无论如何是索然无味的,它们永远不会被怀疑为扩大的政治宣传,但宣布它们的真正的、最终的利害关系能于政府有益。[①]

康德关于启蒙理性的声音所面向的现实的和/或预期的公众的观念是不同的甚至是矛盾的,对我来说,试图将这些观念调和起来似乎是一项几乎不可能的工作。而且,康德相信启蒙不可阻挡地(尽管是缓慢地)前进并最终会胜利,这对于康德的坚定信念来说似乎是一个相当致命的结论。因为,如前所见,这必然与这种假设相关:这里存在曾不断壮大的、至少潜在地能"启蒙自己"的公众——这种假设不仅简单地出于实用政治的考虑,而且有机地植根于康德的理性"交流"的观念。在以一种基本一致的方式描述谁构成了这种公众时所表现出来的无能为力似乎使这种启蒙事业成为不连贯的,只是一个"空洞的梦想"。

不过,这可能是一个太过轻率的结论。首先,如上所述的这些不同观点出自康德在十四年之中所出版的不同作品。而且这是一个特别的十四年。不仅康德的观点在变,而且他周围的世界也在变。一方面,重要的政治变动既出现在普鲁士[弗里德里希二世(Friedrich Ⅱ)[②]的逝世,弗里德里希·威廉二世(Friedrich Wilhelm Ⅱ)[③]统治下保守的、强烈的反启蒙浪潮],而且也出现在世界舞台上(法国大革命,雅各宾派的恐怖,拿破仑的出现)。另一方面,在当时德国的环境和文化氛围中出现了一种重要的变化,即虽然缓慢但更有影响的浪漫主义的出现。所有这些都深刻影响着半公开组织[阅读小组

376

---

① 参照 Kant, Toward Perpetual Peace, *CEWK*, vol. *Practical Philosophy*, pp. 337-338.

② 弗里德里希二世(Friedrich Ⅱ,1712—1786),普鲁士国王,著名统帅,史称腓特烈大帝。——译者注

③ 弗里德里希·威廉二世(Friedrich Wilhelm Ⅱ,1744—1797),霍亨索伦王朝的普鲁士国王。——译者注

(*Lesegesellschaften*)共济会的集会等等]的活动,这种组织是启蒙的主要的组织承担者。关于作为启蒙的潜在公众以及它的前景出现的与实践相关的问题,康德观点中所发生的变化只能是这些变化的反映和回应。

另一方面,人们不得考虑,如上所述的不同观点在他体系外的、流行的"随笔性"文章中得到了表述。这些文章的特点(而且常常已经是相对简洁了)排除了澄清不同观点——从常常是在一部而且是同一部作品中的观点出发,"公众"问题都能被提出来并加以解决——在严格的概念层面上区别的可能性。道德考虑不允许康德根据一些客观特征——他们的经济地位、社会立场或性别——否定任何人自主使用自己理性的能力,因此道德考虑便与他对当时能充分产生共鸣的书籍(他是在特别的意义上使用这个术语的)读者的范围所做的现实判断纠缠在一起。他自己的书的预期公众的所指是随意的、变化的,如果没有严格区别这些观点——从理论上说,这些观点根植于长远的、历史的期望(或希望),期望一般的合格公众在未来得到发展。

考虑到所有一切具有的混乱的复杂性,我们可能不得不改变提问"公众"的方式,这种公众对于整个康德的启蒙计划来说如此的重要。不是去整理和比较他在不同时期关于这个问题的直接论述,我们应该问:我们是否能在他宽泛地构想的实践哲学的语境中重建(当然,以一种非独断的方式)一种相对稳定的和原则性的导向,这种导向将为他的启蒙自己的公众是(至少是潜在地)存在的这种坚定信念提供基础。

377 要回答这个问题(这个问题也有助于更好地理解康德的启蒙概念自身的复杂性以及启蒙概念的内在张力),我们不得不返回到曾离开的那个要点上:作为"纯粹理智关系"的货币和书之间的类似。

这两个被如此构想的概念具有规范的有效性,而且它们本身构成了两种相似的实践规范的基础:**贸易自由**(the freedom of the trade)和**写作自由**(the freedom of the pen)。并且至少在他晚期著作的某些地方,康德明确做了类比。在《学科之争》的一个脚注中,他写到,"一位法国大臣召集一些最显赫的商人,向他们征求如何使贸易好转的建议:就好像他善于在这中间选出最好的建议似的。在这个人建议这、那个人建议那之后,一位一直沉默的老商人说:修好路,铸好钱,颁布最便利的交易法,等等,但除此之外'让我们自己干'! 如果政府就它要给学者们一般规定的那些学说来咨询哲学学科,哲学学科可能给出的回答大概就会是:只要不阻碍洞识和科学的进步"[①]。

　　然而,这两种自由及其载体之间的关系远不只是相似的关系。康德设想历史在缓慢进步,如果据此构想它们的(仍未完全)实现,那么它们之间是一个**相互补充**的关系。因为,只有图书出版和分配这种自由的"贸易的精神"的扩展才能保证,作为观念交流手段的书籍现实地完成它的伟大的交流功能。商业出版者或许只是作者和公众之间的中介,但恰是由于他的活动这种关系才能真正是牢固的。因为,只有通过使书仅成为商品,原则上为所有人可用,它装点声誉和享乐的功能才会不存在,在这种情况下它只在(作为当事人的)地位较低的作者和(作为它的真正的预期受众)高级顾客之间起中介作用。"书"是它的贸易化的直接产物:**道德周刊**(moral weeklies)和**杂志**(journals)。没有什么比"书"(在广义上,康德意义上的)这种新形式的发明能更好地说明这种关系了。事实上,在它们系列的较高端上,也即最复杂端上,它们的产物和受物都直接体现了——在它们相当有限的范围和力所能及的限度之内——启蒙的现实运作。因为,一方面,与他们的出版物广泛联系着的松散组织起来的学术共同体和独立的思想家(大部分是高级官员)会定期就一般的问题与观点展开自由的和广泛的讨论,特别是就推动启蒙进步的真正目的和最好策略进行讨论。(关于这样一个"有学问的社会"的一个典型的例子是"柏林星期三学会",

378

---

① Kant, *The Conflict of the Faculties*, trans. M. J. Gregor and R. Anchor, *CEWK*, volume *Religion and Rational Theology*, trans. A Wood and G. Di Giovanni, Cambridge, University Press, 1996, p. 249. (参见《康德著作全集》第 7 卷,李秋零主编,中国人民大学出版社 2007 年版,第 15 页。——译者注)

它自己有非官方的报刊《柏林月刊》。)另一方面,这些出版物的每个话题常定期被城镇上它们的经常性读者组成的部分正式部分非正式的组织拿来讨论,他们在某个成员的家中或某些公共场合聚会讨论。

因而,贸易自由,在这个关于图书贸易的特殊实例中,能够而且可以直接为启蒙之目的服务。当然,只有当贸易(与那种法权原则相悖)的非法管制——通常指封建特权和行会特权,特别指图书贸易的专制条例和检查制度法案——被撤销以及相应地文化缓慢进步的时候才会是如此。而且,只要哪里有图书贸易,那么这两种重要的规范性原则,即写作自由和贸易自由,就不仅仅是相互补充——它们相统一。

从而,商业自由有效服务于启蒙之目的。当然,只有发行和分配的书找到适当的读者群,它才会是如此,这个读者群作为接受者不仅在形式上是识字之人,而且至少在原则上能够独立思考。这样,我们返回到基本问题:康德假设他那个时代的德国(至少潜在地)存在这样的公众,康德是在什么基础上做出这种假设的?并且谁确实或能够构成这类公众?如前所述,在康德的著作中这个问题并无前后一致的答案。不过,我们可能会在他的政治哲学,更具体是在他的**共和主义**(republicanism)思想中至少发现一点暗示,提示他对这个问题的回答可能是一致的和非独断的。

康德来说,共和国家的和平的、世界性联盟代表着文化 – 文明(cultural-civilisatory)在它广泛的、超越个人意义上的进步的理想目标。共和体制的基本原则是一个开明政体明显所具有的:作为个人的社会成员的自由,作为臣民的他们对唯一的、共同的法制的依赖以及他们作为国家公民的平等。① 这些原则"通过理性**先天地**从人们在一

379

---

① 参照 Kant, Toward Perpetual Peace, *CEWK*, vol. *Practical Philosophy*, p. 322. (参见康德:《历史理性批判文集》,何兆武译,商务印书馆 1990 年版,第 105 ~ 106 页。——译者注)

般公共法律之下的法权结合的理想中得出"①。它们具有规范有效性,而且它们的不断趋向自身实现的运行是我们所有人的道德责任。②同时,它是唯一的法律政治系统,是真正永恒的和持久的——免遭从革命剧变的危险以及随之而来的国内软弱的危险,这种软弱很容易使它成为别的敌对国家征服的对象。

共和体制最根本的构成特征是对这三种国家权力的严格分离——司法权、立法权和行政权。康德特别强调后两者的分离,他是如此地强调以至于在某些地方他简单地将作为政治原则的共和主义与这种分离混同起来。③ 因为,"立法权只能归于人民的联合意志","只有所有人的一致的和联合的意志,就每个人关于所有人,并且所有人关于每个人决定同样的事情而言,因而只有普遍联合起来的人民意志,才能是立法的。"④(卢梭的普遍意志的康德版本)。当然,在实践中,人民只有通过他们自由选择的代表才能行使这种权力(authority)。不过,行政权不能属于人民本身,因为这将严格违背权力的必然分离:古老传统意义上的民主会导致最坏的暴政。

但是,尽管只有表达了一个国家中所有人民的共同意志的法律才具有真正的有效性,但"所有在现行公共法律之下乃是自由与平等的

---

① I. Kant, *The Metaphysics of Morals*, trans. M. J. Gregor, In *The Cambridge Edition of the Works of Immanuel Kant in Translation* (in the following:CEWK), vol. *Practical Philosophy*, Cambridge, Cambridge University Press, 1996, p. 491. (参见《康德著作全集》第 6 卷,李秋零主编,中国人民大学出版社 2007 年版,第 366 页。——译者注)

② 参照 I. Kant, *The Metaphysics of Morals*, trans. M. J. Gregor, In *The Cambridge Edition of the Works of Immanuel Kant in Translation* (in the following:CEWK), vol. *Practical Philosophy*, Cambridge, Cambridge University Press, 1996, p. 491。(参见《康德著作全集》第 6 卷,李秋零主编,中国人民大学出版社 2007 年版,第 365 页。——译者注)

③ 例如 Kant, *Toward Perpetual Peace*, *CEWK*, vol. *Practical Philosophy*, p. 324。(参见康德:《历史理性批判文集》,何兆武译,商务印书馆 1990 年版,第 108 页。——译者注)

④ I. Kant, *The Metaphysics of Morals*, trans. M. J. Gregor, In *The Cambridge Edition of the Works of Immanuel Kant in Translation* (in the following:CEWK), vol. *Practical Philosophy*, Cambridge, Cambridge University Press, 1996, p. 457. (参见《康德著作全集》第 6 卷,李秋零主编,中国人民大学出版社 2007 年版,第 324 页。——译者注)

380 人们,都可以认为是平等的,但就制订这种法律的权利而言,却并不是的"①。据此,康德区分了积极公民和消极公民(尽管他自己承认,"消极的国家公民这一概念看起来与一般国家公民的解说相矛盾"②)。参与(通过他们所选举的代表)制定法律假定了具有个体性的**市民的独立性**,而这种个体性只有**私有财产**(与它的数量无关)的所有权才能保证。只有财产所有者才被视为其自身的主人(*sui juris*)。因而,任何人,要么是"出于天然"(作为儿童或妇女)要么是出于社会状况(作为家仆、土地租用人、雇工和工资劳工),"不能凭借自己的经营、而是不得不受他人雇用(国家的雇用除外)"③——而且这明显意味着所有市民的绝大多数将不能参与法律的制定,尽管这些人应该表达每个人的和所有人的共同意志。④

康德的这些观点在他那个时代已受批判[比如,哈曼和加夫(Garve)],而且当代进行解释和批判的文献常常强调它们的保守性,即使同法国和英格兰 – 苏格兰的启蒙代表的观点相比也是如此。这

① Kant, On the common saying: That may be correct in theory, but it is of no use in practice, *CEWK*, vol. *Practical Philosophy*, p. 294. (参见康德:《历史理性批判文集》,何兆武译,商务印书馆1990年版,第187页。——译者注)

② I. Kant, *The Metaphysics of Morals*, trans. M. J. Gregor, In *The Cambridge Edition of the Works of Immanuel Kant in Translation* (in the following: CEWK), vol. *Practical Philosophy*, Cambridge, Cambridge University Press, 1996, p. 458. (参见《康德著作全集》第6卷,李秋零主编,中国人民大学出版社2007年版,第325页。——译者注)

③ I. Kant, *The Metaphysics of Morals*, trans. M. J. Gregor, In *The Cambridge Edition of the Works of Immanuel Kant in Translation* (in the following: CEWK), vol. *Practical Philosophy*, Cambridge, Cambridge University Press, 1996, p. 458. (参见《康德著作全集》第6卷,李秋零主编,中国人民大学出版社2007年版,第325页。——译者注)

④ 关于将工资劳工从积极市民中排除出去,人们应该表明,康德在哥尼斯堡仅仅是通过一些描述来了解工厂的社会经济制度。因而,他倾向于将资本家所有者和工资劳动之间的关系等同为**家长**和家仆之间的关系。一般来说,尽管他熟悉和钦佩亚当·斯密的著作,但他的观点在很大程度上仍受亚里士多德的"大家庭"理论的影响,即国家(*oikos*)——这是他的相关观点缺乏明晰性和相对缺乏连贯性的原因之一。不过,他自己知道这种困难:"我也承认,要规定一个人可以提出自己成为自己的主人这种要求的地位,那多少是有些困难的。"[Kant, On the common saying: That may be correct in theory, but it is of no use in practice, *CEWK*, vol. *Practical Philosophy*, p. 294. (参见康德:《历史理性批判文集》,何兆武译,商务印书馆1990年版,第188页。——译者注)]

些是完全正当和有效的评论,但并无特别教益。即使伟大的思想家也是"他们时代的儿童"——他们的观点不仅受一般历史时代的影响,而且受他们生活的具体社会空间的影响,这些因素共同决定着他们的总是被每个人那时所共享的成见所过滤的经验。这些成见似乎是同时代最直截了当的真实的和不容置疑的经验归纳。暂不审视康德做出 ³⁸¹ 如上排除的原因(和更一般的基础),似乎更值得追问的是:康德假设,由于私人所有者具有被社会地位和活动所塑造的个体性,他们能作为共同立法者——在所需要的意义上,即作为表达所有人的普遍意志的法律的制定者——来行动或至少潜在地行动,那么康德肯定地做此假设的基础是什么?

这是康德所做出的相当奇怪的言论。私人所有权能引发激情,即无限累计的狂热(*Sucht*)——一种无法治愈的和极其卑劣的(而且也是邪恶的)心灵疾病。[1] 但即使忽略这些极端情况,问题仍然存在。因为严格说来,只要私人所有权不仅是寄生地用于纯粹享乐(因而最终是浪费),而且还用于有益的社会目标,它就会导致所有者之间的冲突。因为,在参与同类活动的所有者/生产者之间必然存在着竞争关系。他们精打细算出来的自我利益相互冲突。什么才能保证赋予这种内在分离的市民阶级以立法权力不会导致一种无政府状态的不稳定,结果是利己主义的无尽战争——才能保证他们自己能超越他们狭隘地坚持的利己主义的个人利益?

无疑,如果他们被**启蒙**了,他们能够而且会这么做。因为,启蒙意味着独立思考,但需从一个"扩大的"、一般的立场来看。在法律政治领域,这意味着这样一种能力:不受暂时的和不可靠的个人所获支配,而能从公益的角度进行思考,公益就是每个人和所有人的处境与机会的改善。作为一种特殊的社会群体的私人所有者是否能被启蒙? 如此表述是因为这显然是一个荒谬的问题。原则上来说,每个作为(有

---

① 参照 *Anthropology from a Pragmatic Point of View*, CEWK, vol. *Anthropology, History and Education*, 2007, § 80-85, pp. 367-374。

限的)理性存在的人都可被启蒙。真正的问题是:这个社会群体的成员是否能在**此时此地**被启蒙? 在一个尚未被启蒙却是启蒙时代的时代,他们是否特别倾向于使这可能和实现? 并且,私人所有者难道不只是大众——作为人民(*Volk*),他们按其本性倾向于坚持最少费其理性的观点和学说,倾向于只是跟随,每当自我启蒙可能时,他们的未经考虑的倾向使他们对之充耳不闻——的一部分吗?

382　　在关于共和国家的法律政治秩序的理想中,康德对积极公民和消极公民做了区分,当然,正是这种区分暗含着对这个问题的否定答案。私人所有者能成为共同立法者,严格来说是因为他们能系统阐述并代表所有人的普遍意志。如果说只有当他们被启蒙这才是可能的,那么他必须同样地假设:他们特别倾向于——区别于普通人民(*Volk*)——此时此刻被启蒙,因为这是一个启蒙的时代。康德想必已假定,正是这个特别的群体构成了适合的、易生共鸣而且可以信赖的、已然存在且一直增长的启蒙大众,尽管他从未明确阐明它。

　　较少哲学意味的德国启蒙代表则径直表述了这种观念。弗里德里希·格迪克(Friedrich Gedike)写道:"关键点在于,启蒙必须以中产阶级(*Mittelstand*)作为它的实际起点,因为他们是国家的核心;启蒙的光芒只是从这里逐渐散向两端——上层阶级和下层阶级。"①在其他人中,同样的明确断言亦被弗里德里希·施莱格尔(在他的 1797 年的关于乔治·福斯特论文中,称中产阶级为"国家最健康的部分")和主张被启蒙,即成为社会的(*öffentlichkeitsfähig*)能力是第三等级的明确特征的加夫表述过。② 而且在那个时代,这似乎是一种经验上有效的概括。在 18 世纪的德国,它恰是城镇中占有资产的居民

---

① 转引自 J. B. Knudsen 的论文 On the Enlightenment for the Common Man, In vol. *What is Enlightenment? Eighteenth-Century Answers and Twentieth-Century Questions*, ed. J. Schmidt, Berkeley and Los Angeles, California UP, 1996, p.273。

② 参照 J. B. Knudsen, On the Enlightenment for the Common Man, In vol. *What is Enlightenment? Eighteenth-Century Answers and Twentieth-Century Questions*, ed. J. Schmidt, Berkeley and Los Angeles, California UP, 1996, p.283。

(*Besitzbürger*),他们日益成为不断扩大的世俗文学的主要消费者和阅读者。

　　然而,康德没有把启蒙的进步"几乎不可避免"这种牢固的信念(它假定更多的公众,他们在实践中能理解依循它的观念)建立在这种经验观察和经验概括基础之上。如上所述,他没有明确说明,正是私人所有者这个社会群体事实上构成了这种公众。正如我们所看到的,这一点只是在他对启蒙利益(写作及其自由的利益)和商业利益(货币和贸易自由的利益)之间的互补关系做评论时才显示出来。这种通常只是隐晦的确信最清楚地显示在论文《世界公民观点之下的普遍历史观念》中。"当人们禁止公民以其自己所愿意的、而又与别人的自由可以共存的各种方式去追求自己的幸福时,人们也就妨碍了一般事业的生命力,从而也就妨碍了整体的力量。因此,对个人行为的限制就日益为人所摒弃,普遍的宗教自由就日益为人所容忍;于是便夹杂着幻念和空想而逐步出现了**启蒙运动**这样一件大好事……"[1]而且他很快就澄清,这种启蒙首先出现在积极和批判地思考的公民当中,而且只有在那时启蒙才能"一步步地上升到王座上来,并且甚至于会对他们的政体原则发生影响"[2]。

　　更重要的是,这种(极其罕见的)相对直接的表述表明,商业和启蒙之间的紧密关系是康德对这种特别的社会群体——私人所有者——特征的概念化描述,它解释了为什么他们能够而且确实构成了启蒙的适当公众。不过,为此我们首先必须澄清,康德所说的这种社会群体实际上意指谁。在这个问题上,人们首先必须特别注意康德观

383

---

①　Kant, Idea for a Universal History with a Cosmopolitan Aim, *CEWK*, vol. *Anthropology, History and Education*, 2007, p. 117.（参见康德:《历史理性批判文集》,何兆武译,商务印书馆1990年版,第17页。——译者注)

②　Kant, Idea for a Universal History with a Cosmopolitan Aim, *CEWK*, vol. *Anthropology, History and Education*, 2007, p. 117.（参见康德:《历史理性批判文集》,何兆武译,商务印书馆1990年版,第17页。——译者注)

点所具有的激进的和明显的**反封建**特征。① "既然出生并不是被生出来的人的一种**行为**,因而从其中就不能籀引出来权利状态的任何不平等和对强制法律的任何服从,除了他作为是一个唯一至高无上立法权力的臣民和所有其他的人所共有的那种而外。所以共同体的一个成员作为同胞臣民,对于另外一个就不能有生来的优先权,而且也没有人可以让自己的后代来世袭自己在共同体中所占有的**地位上**的优先权……也不可强行阻止别人凭自己的贡献去取得更高的级别……"②

"……一种**世袭的**贵族就是一个先行于功德,甚至使人毫无理由对功德抱有希望的等级,因此是一个没有任何现实性的思想物","一种毫无根据的特权"③。并且农奴制(*Leibeigenschaft*)使一个人成为他人的财产,将他或她仅视为可供摆布的客体,它代表着对每个理性存在着的人所固有尊严的彻底的否认——它不仅是一种毫无根据的,而且在道德上是错误的和该受谴责的社会制度。④

只有当全部封建束缚被消除了,而且每一个公民都有法律保护的

---

① 通过他的"改良主义"思想而阐明的本质上激进的观点具有直接的政治敏锐性和相关性,但是,于康德而言经常发生的事情是,他几乎很快地冲淡这种政治敏锐性和政治相关性。因为他主张,国家能够而且应该以此来对付根本上非法的特权的理性方法是,让它们继续,但是并不给予新的特权而且并不填满这个位置的空缺,直到它们慢慢消失。参照 Kant, *The Metaphysics of Morals*, trans. M. J. Gregor, In *The Cambridge Edition of the Works of Immanuel Kant in Translation* (in the following: CEWK), vol. *Practical Philosophy*, Cambridge, Cambridge University Press, 1996, p. 471。(参见《康德著作全集》第 6 卷,李秋零主编,中国人民大学出版社 2007 年版,第 341 页。——译者注)

② Kant, On the common saying: That may be correct in theory, but it is of no use in practice, *CEWK*, vol. *Practical Philosophy*, p. 293. (参见康德:《历史理性批判文集》,何兆武译,商务印书馆 1990 年版,第 185 页。——译者注)

③ I. Kant, *The Metaphysics of Morals*, trans. M. J. Gregor, In *The Cambridge Edition of the Works of Immanuel Kant in Translation* (in the following: CEWK), vol. *Practical Philosophy*, Cambridge, Cambridge University Press, 1996, p. 471. (参见《康德著作全集》第 6 卷,李秋零主编,中国人民大学出版社 2007 年版,第 341 页。——译者注)

④ I. Kant, *The Metaphysics of Morals*, trans. M. J. Gregor, In *The Cambridge Edition of the Works of Immanuel Kant in Translation* (in the following: CEWK), vol. *Practical Philosophy*, Cambridge, Cambridge University Press, 1996, p. 471-472. (参见《康德著作全集》第 6 卷,李秋零主编,中国人民大学出版社 2007 年版,第 341 ~ 342 页。——译者注)

权利来通过正当手段获得财产并按他的意志处理财产时,社会经济的不平等才能合法,不管这种不平等可能有多大。因为这时,它们最终依赖于每个公民的才干、勤奋和幸运,故而他们就会处于长久的流动之中,他们的地位便会是暂时的。[①] 同时,康德关于什么确实构成了某个国民的私有财产这个问题的观点在一定程度上并不清楚。根据他的观点,"任何技能、手艺或美术或科学都可以计算在内"[②]。因此,他将所有的熟练的工匠、艺术家和学者都视为私人所有者(因而是积极公民),他们独立于他们的现实经济状况和社会地位。在他人无权支配他们劳动的情况下,他们"拥有"一些能作为商品和他人自由交换的东西,这些东西也是(他们单独支配的和)他们能转让的成果。[③] 因而,他们是他们"自己的主人",他们的安宁或依赖于"幸运",或依赖于非个人的市场机制,但不依赖于他人的意志。[④]

这样,康德所主张的成为"自己的主人"根本区别于亚里士多德的"自我满足"。自我满足——一个单独的家庭或整个社会的自我满足——必然谴责它的停滞。[⑤] 为与确定的他人展开竞争的不确定的他人生产,这相当于规定了并且充分规定了人类理性的有限性,即人的

385

---

① 参照 Kant, On the common saying: That may be correct in theory, but it is of no use in practice, *CEWK*, vol. *Practical Philosophy*, p. 293.（参见康德:《历史理性批判文集》,何兆武译,商务印书馆1990年版,第185页。——译者注）

② Kant, On the common saying: That may be correct in theory, but it is of no use in practice, *CEWK*, vol. *Practical Philosophy*, p. 295.（参见康德:《历史理性批判文集》,何兆武译,商务印书馆1990年版,第188页。——译者注）

③ 不过,康德的这种观点不容易和他关于(真正的)作者身份的观念调和起来。因为,一本书(在特殊的意义上,即在康德对这个术语理解的意义上)的作者不是某些可转让对象的生产者。他的工作是(通过语言符号中介)物质化他的演讲这种可转让的活动,这种物质化"允许"某个第三者,即作为他自己和公众之间的中介的出版者来宣传并让很多人都"听得到"他的声音。

④ 与他的观点所具有的反封建特征相一致,同样地康德一方面拒斥存在于艺术家或学者之间的恩庇侍从(client-patron)关系,另一方面拒斥他们的贵族"恩人"。

⑤ 相应地,在康德看来,社会有组织地将其成员限定于这样一种生活和活动方式——狩猎者/采集者的社会和牧民的社会,这样的社会原则上不能发展。可以说,它们是历史的死胡同。

非社会的社会性。而且,它正是这些小商品生产者和企业家的兴趣——如前所述,因为工厂的社会制度从本质上超出了康德的理解——它构成了和规定着商业精神,这种商业精神犹如大的引擎,推动着历史渐进至它的目的:共和国家的和平联盟。

在康德的作品中,对这种社会群体的特别积极的评价很早就有了。在前批判时期的《论优美感和崇高感》中,他在论及他们时表现出了一种不加掩饰的钦佩之情。这些被自我利益所驱动的人们是"最勤奋的、最守秩序的和最谨慎的,他们赋给了全体以支撑和稳固,从而他们就无意之中成了对公众有利的,这就创造了必要的所需并提供了基础,使得一些更美好的灵魂得以发扬美与和谐"①。而且,康德对他们——区别于任何种类的大商业企业——的偏爱在晚期作品中又出现了,即使是含蓄的。比如,在他的文章《论通常的说法:这在理论上可能是正确的,但在实践上是行不通的》中有一段相当奇怪的话。在这里,康德提出了一个问题,这个问题本应——将守法条件下财富和财产的巨大不平等明确合法化——只是一个修辞学问题。他没有回答这个问题,但他的表述相当清楚地表明一种对这个问题的否定性回答,这种态度无疑受到了他对大商业企业所持的否定性态度的影响。在这里,他就不可转让土地所有权这种封建特权的非法性提出了著名的论点,但他转而追问(而他说他实际上不想在此提出这个问题):"一个人得以占有比自己的双手所能耕种的更多的土地,这在权利上是怎样可能出现的……,以及许多人本来是完全可以取得一块永久性的土地占有的,却为了要能维持生活竟沦于仅仅在为别人服役的地步,这又是怎样出现的?"②

386

---

① Kant, *Observations on the Feeling of the Beautiful and the Sublime*, *CEWK*, vol. *Anthropology*, *History and Education*, 2007, p. 39. (参见康德:《论优美感和崇高感》,何兆武译,商务印书馆 2001 年版,第 26~27 页。——译者注)

② Kant, On the common saying: That may be correct in theory, but it is of no use in practice, *CEWK*, vol. *Practical Philosophy*, p. 295. (参见康德:《历史理性批判文集》,何兆武译,商务印书馆 1990 年版,第 188~189 页。——译者注)

　　然而,这种对**小商品生产者**的偏爱并非基于康德个人的特质。他肯定不会否定建基于财富积累基础之上的大私人企业可能使用他们的收益服务于善的公共目的——扶持艺术和学术、慈善捐款、减少社会紧张等等。不过,他感兴趣的不是这些机构可能的**社会效应**,而是使他们工作的典型的**社会行动者/主体**的特征。

　　小商品生产者/企业家必须工作而且同时经营他的生意。他不可能丢下这些乏味的经营问题而成为某个高薪雇工。他必须经常做出自己的决定:在原料和工具的市场价格一定的情况下,应该买什么原料和工具;如何利用它们来生产某种类型的商品;以什么价格将这种商品提供给潜在的消费者? 等等。他必须独立思考,因为他是自己的主人。但是他必须在与他人的关系中独立思考:一方面是竞争者,另一方面是潜在的消费者。而且他的判断和决定经常地接受这些他人——就他的决定是否正确而言,他们才是真正的、自由的仲裁者——的反应的检验。作为一种社会类型(social type),小商品生产者的功能接近于任何经验地被确定的社会组织,能满足三种自我启蒙的三个重要准则,至少在当时是如此。它是启蒙的适当公众——如果启蒙之声确实能传达至他们那里的话,**如果**写作自由和公开使用理性的自由得到保证的话。另一方面,它是一个不断增长——既在量的方面也在它的影响方面——的社会群体,**如果**商业从限制性特权和专制的规章制度中解放出来的话。写作自由和商业自由这两种自由,启蒙利益和贸易利益相互补充并相互支撑,而且正是这保证了它们同时的、渐进的但最终是无法阻挡的胜利。

*

　　这样,康德对启蒙"几乎不可避免"的胜利的确信(如果假定了这两种自由)不是一个美丽的梦想,而仅仅是一个空洞的梦想。只有假定他的理论前提(如果上述的重建并不武断的话),它才是牢固的和一致的。不过,正是他那篇清楚地表明这种信念的论启蒙的文章恰好在这个方面给人一种奇怪的印象。情况不仅仅是,虽然康德强调性地提

387

出了关于启蒙公众的问题,但他未能就此问题给出任何一致的答案(而且他极其肯定地——哪怕是间接地——找到令人信服的解决方法,如前所述,这种解决方法源自于他的理论前提)。因为,这篇文章——明确对启蒙渐进的但不可避免的胜利持乐观态度——始于一则几乎令人绝望的评论,它的阴影仍在逗留,主要是因为它没有弄明白这种指责所指向的真正目标是什么。

"绝大多数的人"被指责为具有"懒惰和怯懦"这种应受谴责的**道德缺陷**,被指责为**自我招致**了一种无能,即"不经别人的引导就不能运用自己的理智"①。他们乐于处于生命的"不成熟状态"中,未经批判地追随他人的指导,也就是"保护者"的指导。因此,只要有这样的大多数人,那么他们便会令人失望地对启蒙之声充耳不闻。

388   这种指责的道德特征不是修辞学运用过度的结果。对康德来说,启蒙不能被还原为知识在更广范围的不断扩展。它的口号——要有勇气运用你自己的理智——恰恰需要在思考方式上来一次真正的变革,而这必然包含着主体实践态度的转变。当然,使用自己理性的勇气(考虑到康德的知识和真理的交流理论)与唯我论的孤立地思考(不顾他人的信念和思想)这种观念没有关系。它需要经常对某人的信念进行反思性的批判,这需要立足于一个包含了他人立场的普遍性立场。正是这种与所有观念相关的**批判性反思**是他们——你自己和他人的——"独创性的"东西,这在使用自己的理性时用得着。而且每个成年人和正常人原则上都具有这种能力,此能力先验地建基于理性本身之上,是理性的必要构成部分。如果某个人没有使用它(当今的大多数),如果他们被动地允许("保护者")引导他们的思考,他们就应受到(最终的道德的)谴责。

乍一看,这一系列思想符合康德。但它面临着严重的异议,关于

---

① Kant, An Answer to the Question: What is Enlightenment, *CEWK*, vol. *Practical Philosophy*, p. 17.(参见詹姆斯·施密特:《启蒙运动与现代性——18世纪与20世纪的对话》,徐向东等译,上海人民出版社2005年版,第61页。——译者注)

这些异议,哈曼几乎很快就进行了阐述①。对于那些其(今天的大多数)生活和存在或者依赖于一般的人类学基础(女人),或因为他们的实际的社会状况(仆人,日工和工资劳工)而相应地依赖于他人指导和命令的个人来说,一个人如何能谴责这些个人,因为他没有勇气使用他们的理性? 在所有真正重要的事务中,特别是在自主地决定他们活动目的的事务中,他们不具备现实地运用他们自己判断的可能性。在道德层面,康德因他们受骗而谴责受骗者,并赦免那些真正对这种状况负责的人。批判性反思很可能——作为"自然之胚种"——是一种抽象地被给予的人类理性潜力,但是对于它的规则性/习惯性的运用来说,适当的生活条件必须具备——而且对于人类的大多数而言,它们在今天已然不在。

　　但是,很可能康德自己因为这种公开其文章的广泛道德指责而心神不宁。不成熟和成熟根本说来是法律概念,而且在这方面康德将成熟界定为以自己的活动维持自身、成为自己主人的能力。② 因此,很可能他的失望主要和这些人有关,他们——是他们自己的主人——在这种法律的意义上是完全成熟的,但他们仍舒服地停留在未成年人阶段,在他们的思考和行动上无批判地跟随着他人的指导。因此,这种指责实际上表达了他对所设想的启蒙公众的失望。

　　论启蒙的文章并未真正澄清这个问题,而在某种意义上离题了。因为几乎很快,起初被描述为**一种自我招致**的无能作为他人——那些(坏的/错的)**保护者**——有意识活动的预期结果而出现。正是保护者"首先使自己驯养的牲口变得愚蠢,并且小心地避免这些温驯的畜生

389

---

① 特别参见哈曼致克里斯蒂安·雅科布·克劳斯的信(1784)。

② 参照 I. Kant, *The Metaphysics of Morals*, trans. M. J. Gregor, In *The Cambridge Edition of the Works of Immanuel Kant in Translation* (in the following：CEWK), vol. *Practical Philosophy*, Cambridge, Cambridge University Press, 1996, §30, p.431. (参见《康德著作全集》第6卷,李秋零主编,中国人民大学出版社 2007 年版,第 293 页。——译者注)

不要竟敢冒险从拴住它们的缰绳中迈出一步……"①。正是他们将公众置于束缚之下,向公众植入偏见。②

不过,这种新的指责在某些方面仍是含混不清的,因为指责的对象,也即保护者的观念仍是不清楚的和模糊的。当然,它也是一个法律概念。保护者指这样一种人,他在法律上有资格作为他人的代表来行动或命令他人行动,而这些他人不论出于何种理由都被认为不能凭借他的/她的力量做出理性的、恰当的决定(法律意义上的"不成熟")。

当然这是康德使用这个概念的主要含义。他指明,这里肯定有保护权力的完全合法的使用,它们不是阻碍而是现实地促进了启蒙运动。军官命令一群士兵,收税官向市民索取一种特殊的款项,牧师在一撮信众面前陈述信条,这些都应在法律上期待毫无争辩的顺从。在所有这些事务中,他们没有代表他们自己,而是作为一个特殊办公室/机构的公务员,而这些机构不可阻挡的作用是实现每个人的利益,整个联邦的利益。康德"颠覆性地"称之为理性的私人使用。而且,对他来说,既然国家的稳定性和它的主要机构是启蒙进步的前提条件,那么这种基于消极顺从的虚假的全体一致便完全与它的目标相吻合——**如果**同一个官员能在他的公务之外作为一个"学者"自由地、批判地讨论所有事情,包括他们作为公务员所持有的义务的正当性和合法性;也就是说,**如果**存在一种不受限制地公开使用理性的自由,即写作自由。③

---

① Kant, An Answer to the Question: What is Enlightenment, *CEWK*, vol. *Practical Philosophy*, p. 17. (参见詹姆斯·施密特:《启蒙运动与现代性——18 世纪与 20 世纪的对话》,徐向东等译,上海人民出版社 2005 年版,第 61 页。——译者注)

② 参照 Kant, An Answer to the Question: What is Enlightenment, *CEWK*, vol. *Practical Philosophy*, p. 18. (参见詹姆斯·施密特:《启蒙运动与现代性——18 世纪与 20 世纪的对话》,徐向东等译,上海人民出版社 2005 年版,第 62 页。——译者注)

③ 参照 Kant, An Answer to the Question: What is Enlightenment, *CEWK*, vol. *Practical Philosophy*, pp. 18-20. (参见詹姆斯·施密特:《启蒙运动与现代性——18 世纪与 20 世纪的对话》,徐向东等译,上海人民出版社 2005 年版,第 62~65 页。——译者注)

　　但是,这种能对启蒙实际进程产生积极或消极影响的保护与它的法律概念毫无关系。它和履行某些公务没有必然关系。这里存在一些"自封的"(比如,没有官位)保护者,他们好心地充当"不成熟"的监督人。① 而且,如前所述,书(至少一些有想法的书)对于一些读者来说能起到保护者的作用。因而,人们不得不假设,它们的作者实际上在——有意地或无意地——行使着保护者的职责。这样,在与康德论证相关的意义上,保护指的不是某种法律状态,而是指某种社会文化功能。并且,在这种意义上(康德从未充分阐明)它当然会对启蒙产生一种积极效应。"因为就在为大众设立起来的那些保护者当中,也总是可以发现一些人,他们为自己而思想,在他们已经抛弃了不成熟的羁绊之后,他们就会在群众当中传播合理地评价一个人自己的价值的精神,传播每个人为自己而思想的职责。"②这种模糊性似乎导致了一种存在于此文中的明显的矛盾,至少初看上去是如此。一方面,康德明确宣称:"要是人民的保护者(在精神问题上)自己居然不成熟,这就是导致种种荒谬性永世长存的一种荒谬性了。"③然而,另一方面,关于某些保护者他写道,他们"本身没有任何启蒙"④。毋庸置疑,第一个关于精神保护者的评论是在这个术语的法律意义上进行的,而后者指的是自封的护民官,他们激发不成熟的公众起来进行破坏性的反抗。但康德似乎未做任何明确的辨别便从保护的一种意义转移到了　391

---

　　① 参照 Kant, An Answer to the Question: What is Enlightenment, *CEWK*, vol. *Practical Philosophy*, p.17。(参见詹姆斯·施密特:《启蒙运动与现代性——18 世纪与 20 世纪的对话》,徐向东等译,上海人民出版社 2005 年版,第 61 页。——译者注)

　　② Kant, An Answer to the Question: What is Enlightenment, *CEWK*, vol. *Practical Philosophy*, pp.17-18. (参见詹姆斯·施密特:《启蒙运动与现代性——18 世纪与 20 世纪的对话》,徐向东等译,上海人民出版社 2005 年版,第 62 页。——译者注)

　　③ Kant, An Answer to the Question: What is Enlightenment, *CEWK*, vol. *Practical Philosophy*, p.19. (参见詹姆斯·施密特:《启蒙运动与现代性——18 世纪与 20 世纪的对话》,徐向东等译,上海人民出版社 2005 年版,第 63 页。——译者注)

　　④ Kant, An Answer to the Question: What is Enlightenment, *CEWK*, vol. *Practical Philosophy*, p.18. (参见詹姆斯·施密特:《启蒙运动与现代性——18 世纪与 20 世纪的对话》,徐向东等译,上海人民出版社 2005 年版,第 62 页。——译者注)

另一种。

当然,这是一篇很简短的、"广为流传的"文章(而且很可能在整个哲学史上,是最著名的、最受争议的文章)。相对于一个知识较广的非专业读者来说,预期的情况会是,这种迂腐的、小聪明式的批评于他全然无趣。真正重要的事情是这篇文章所内含的重要的和明确的信息:康德对在明确阐明的、可达到的条件下真正启蒙胜利的坚定信念。

这很可能是真的,不过仍未令人满意。因为这个信息出现于人们对德国启蒙现状深刻不满的背景下,而且实际正是在这种背景下它获得了颇具戏剧性的力量。这篇文章明确追问这种应受谴责的、令人沮丧的态势产生的原因,但它就这个问题给出了一些不仅不同而且看似矛盾的答案。在某种意义上,关于这种挫折产生原因的答案的不确定性是一种信号,表达着挫折本身。最终,它把重思这个问题的任务留给了那些预期的读者/公众,因为也正是他们——作为积极公民,能影响国家权威——能有所为,能促进依赖于写作自由的启蒙的成功。

然而,这种挫折对康德来说并不是奇怪之事。关于这个方面,我们必须提及,他的文章只是一系列部分更早、部分同期作品中的一部,这些作品试图去回答泽尔纳(J. F. Zöllner)于 1783 年富有挑衅性地提出的这个问题:启蒙的真正本质是什么,因为没有回答它,所以意义重大的公众启蒙工作便不能开始。而第一个尝试回答这个问题的人是约翰·卡尔·默森(J. K. G. Möhsen)①,他(1783 年)在柏林星期三学会上发表的一篇文章明确表述了这种挫折:"即使四十多年的思想、言论和出版的自由在我们的国家似乎比在其他的国家都深得人心……为什么对公众的启蒙还没有得到充分的发展?"②(这指的是弗里德里

---

① 约翰·卡尔·默森(J. K. G. Möhsen, 1722—1795),18 世纪德国最负盛名的医生之一。

② 转引自套书中的 *What is Enlightenment? Eighteenth-Century Answers and Twentieth-Century Questions*, ed. J. Schmidt, Berkeley and Los Angeles, California UP, 1996, p. 3.(参见詹姆斯·施密特:《启蒙运动与现代性——18 世纪与 20 世纪的对话》,徐向东等译,上海人民出版社 2005 年版,第 52 页。——译者注)

希的放松检查制度的改革,特别是宗教问题方面的改革——G. M.)多年前,在一部讽刺小说中,尼科罗维就曾简单地描述了这种失败:最国际化的德国城市柏林的居民对所有这些学说创新全然没有兴趣,而且也丝毫不受它们的影响。"面对所有这些'已启蒙的'精神,他们关上了窗户。"

这种挫折是德国启蒙所特有的一种特征。无疑,它在很大程度上是**迟到者**(latecomer)的挫折。我们应该记得,即使在 18 世纪上半叶德国较高圈子内的礼貌交谈语言仍是法语,同时在 18 世纪最初十年中学术研究类的作品——即使真正原创的——仍主要用拉丁文(或法语)进行写作,比如莱布尼茨的作品。本国的德语在很长时间内被简单地认为不适合这种更高层次的、更有教养的目的。

这种挫折愈发严重,因为——区别于英国和前革命的法国——德国没有一个中央集权的民族国家,而是依据重大的宗教差异和争议被分割开来。在这种情况下,它的文化、文化活动和文化产品成为民族统一这种观念和理想的唯一承载者,如果它能找到适当的听众并引发广泛的共鸣,那么这种统一的理想是可能实现的。(不论日益世界化的启蒙是否能成功履行这项使命,是否会成为对启蒙展开浪漫主义批判的核心议题之一。)因此,关于公众启蒙的问题与社会政治具有直接相关性。

这种迟到者的挫折也解释了德国启蒙所独有的一些特征。法国启蒙(在很大程度上也是在英国)不是一个可以清晰陈述的运动,毋宁说是一场自信的实践。百科全书派(*Encyclopédie*)在小说和短篇故事中找到了它的最有效和最有影响的表达,并统一了所有它的不同(甚至部分是反对的)代表(以及一些它的反对者)——伏尔泰、狄德罗、卢梭,而法国启蒙能超越百科全书派的伟大成就绝非偶然。他们为自信的精神所激励,因为他们看到成熟的公众不仅能欣赏娱乐故事,而

381

393　且能理解它所包含和传达的信息。① 另一方面,德国启蒙的特点是**批
判的自我反思精神**。与之适应,它的最重要的"大众化"体裁是**散文**
（essay）。

　　散文在德国仍是迟来者——它只是到了 18 世纪后半叶才成为一
种重要体裁（而且即使在那时,明确指称它的术语仍不只一种）。但德
国启蒙的散文独有一种特征——在某种意义上它们代表了这种体裁
发展到了一个新的阶段。这种作为现代体裁的散文源于蒙田。他的
作品,通过对多种多样话题的讨论,是一项自我展示的工作,或者可能
更好:自我发现的工作。这使它与那些致力于某些无关目标的文学作
品区别开来。对于任何知识渊博的公众来说,它都能提供一种可做示
范的典型:某人真正主观性的发现和阐明。然后,这种体裁在英格
兰－苏格兰散文中,从培根到休谟,经历了一种根本性的转变。散文
主要变成了"劝告",当涉及一些重大的理论和实践议题时,它教导
（假定的）更多的公众。不过,它仍与作者主观性之间保持了一种基本
的构成性关系,因为这些箴言从根本上是基于作者的个人经验和洞见
并为这种经验和洞见所确证,而不是源于抽象的理论考察。

　　当然,德国启蒙的古典散文也以个人的声音语调来进行抒写。但
无论怎么看它们的目的都不是自我表现。（康德肯定从未想过要以单
行本的形式出版他的散文集,以此来表现自我。）那个时代的德国散文
集中于一个根本问题:与公众的关系②,一方面是对启蒙拥护者的现实
状态的诊断,另一方面是对它所渴望的转变的规划。在此意义上,这
些散文既是因令人强烈不满的现状而产生的挫折的表现,也是寻求改
变的表现。

394　　　尽管如此,由于一种突然的、崭新的运动,所有挫折都变为次要的

---

　　① 在德国,启蒙观念在文学中获得充分的表达仍相对晚些——莱辛的《智者纳坦》写
于 1779 年。

　　② 关于这一点,V. 迪奥图（V. Dell' Orto）的关于作为一种体裁的德国散文的十八世
纪历史的论文进行了令人信服的和内容充实的描述。（比较他的文章: Audience and Tradi-
tion of the German Essay in the Eighteenth Century, *Germanic Review*, 1975, vol. 50。）

而且丧失了它们的意义。对于启蒙的胜利来说,它似乎是令人向往的发展,但在实际效果上它导致——就康德而言——了对于这项事业来说是毁灭性的后果。在德国,到了80年代晚期,同时代的人(常带有轻蔑的口吻)称这场运动为读书癖(*Lesewut*),"读书狂"[甚或读书瘟疫(*Leseseuche*),"读书流行病"]。这些称呼肯定有点夸张,因为事实上多多少少能定期购买书籍或预订期刊/周刊的人的数量在世纪之交仅仅占总人口的1.5%。另一方面,这个数字本身(约30万人)实际上是一代人中的公众的双倍。而且仍然重要的是,只要考虑到城镇人口,这种发展就不再因社会条件而局限于特定阶级或地位的人——在这方面,它是异质的和开放的。它允诺(康德肯定也如此想过),只要把阅读变成一种必不可少的和一般的需要这个不可阻挡的过程成功开始了,那么启蒙便胜利在望。

不过,当被问及人们现在主要读**什么**以及他们如何阅读时,这幅图景便彻底改变了。因为流行的读物不是康德使用这个词的意义上的"书",后者也就是用来交流和传播——需要理性的、受训的和批判的判断力才能理解的——"观念"的著作。它们主要是伤感小说、冒险传说和神秘或幽灵故事,人们阅读它们要么仅仅是为了娱乐,要么是为了自我逃避。① 并且,如果说早先是一种精细的阅读形式占优势(当然,大部分是宗教著作,而后来转变为一定程度的非宗教著作),那么现在这已经被广泛的阅读所取代,它寻求一些易于理解却新奇的东西来阅读。从启蒙的角度来看,这似乎是一场灾难。康德的追随者J. A.贝克视其为一种深深的道德失败:"读书仅仅是为了消磨时间,这种行为严重违反了人性,因为我们正在贬低这种中介,而它本来是为

395

---

① 这也是同一时期同一时间德国文学上的狂飙运动(*Sturm und Drang*),紧接着在文学领域德国古典主义开始出现——比如歌德和席勒的早期作品。当然,这种活动的社会背景和条件使它从根本上独立于著作出版的公开成功——它由君主的赞助保证。无论如何,这种公开的认可来得很慢——当歌德在1787年出版他的**文学作品**时,仅仅有550人订阅,数字相当令人失望。对康德来说,情况似乎是,如果他有所意识,那么他至少对所有这些发展也毫无兴趣。

更崇高的目的服务的。"①

关于这个问题,康德在他后来仍是自己出版的一篇文章《论编书》(*On Turning Out Books*)(1798)中发表了自己的看法,这篇文章实际上由两封致弗里德里希·尼科罗维的公开信组成。尼科罗维——一部非常成功的讽刺小说(被翻译成多种语言)的作者,有一段时期曾是《柏林月刊》合作编辑,同时也是一名有影响的出版者——是康德的宿敌。他是德国苏格兰启蒙运动的经验主义观念的代表,并且站在这种立场上反复批判(并取笑)康德的超验主义。

康德致尼科罗维的第一封信是为了答复尤斯图斯·默泽尔(Justus Möser)②的,后者是启蒙主要的保守派敌人之一,他和康德之间的未完成的辩论在其死后由尼科罗维出版。第二封信谈到了尼科罗维作为一个极其成功的出版者的活动,尽管这封信没有直接提到读书癖所造成的境况,但它肯定受它激发而且肯定关注了它。

康德带着厌恶之情描述了这种境况:严肃的理论意图变成了廉价嘲弄和讽刺的对象,已然被奴性地接受时下时尚和市场需求支配的出版物所取代。不过,现在面对这种卑劣的情况,他指责的不是公众"自我招致的不成熟",他视之为——并非没有根据——像尼科罗维这样的出版者自觉意愿的结果,因为对于尼科罗维来说书的生产只是一桩生意活动。

从**法律**角度来说,这种实践并无什么可以令人讨厌的。今天,"编书并不是无关紧要的经营部门"③——在最低法律限度内它的自由只
396 是贸易自由的一个个案。而且,作为一桩生意它必须满足最大的需要并通过迅速地将它的产品转化为商品以确保最快的贬值。事实上,康

---

① J. A. Bergk, *Die Kunst*, *Bücher zu lesen*. Jena, 1799, p.407.

② 尤斯图斯·默泽尔(Justus Möser,1720—1794),德国法学家和社会理论家。

③ Kant,On Turning Out Books. Two Letters to Mr Friedrich Nicolai, *CEWK*, vol. *Practical Philosophy*, p.625.

德认为,当"它**以工厂的方式**进行时,它就是最成功的"①。那么,这意味着真正成功的出版者不会天真地等待一些给他提供著作以便售卖的专业作家,他会**雇佣**一些作者并指挥他们写什么和怎么写,这立足于他自己关于作为消费者的潜在读者的主要兴趣和主要期望的知识。以此方式,作为一桩生意的出版"机智"(prudence)与出版"缜密"(soundness)相对立,比如,与作为启蒙重要指导的已出版文本的内在价值和意义相对立。康德在描述这种状况的时候肯定充满了备感失望的气愤,而且最后以一种相当难以令人信服的、空洞的对启蒙终将胜利的确信而结束:对全部具有真正理论主张和见识的著作所进行的一场廉价的闹剧最后变得令人厌恶——它最终只是"对更重要的和更合理的科学进行缜密的探讨"②。

但康德自己很可能并没有意识到这场启蒙危机有多深刻和持久——在他自己的理论前提之上。如前所述,在康德看来,写作利益和货币利益的相互补充,也就是说,公众使用理性的自由和贸易自由之间相互补充和相互支撑,在此基础上康德坚信启蒙终将胜利。但康德现在描述的是二者的冲突。出版行业的理性生意实践可以直接地和持续地破坏写作自由。因为,如果作为生意的出版的最合理形式是使它成为一种"工业",雇佣作者并指挥与控制他们写什么和怎样写,由此将作者转变为唯利是图的抄写员,那么即使作者自由的错觉也消失了。

但是,即使忽视这些极端的情况,文献的商业化肯定以康德意想不到的方式从根本上改变了出版者的角色和功能。对于他来说,("被授权的")出版者的唯一任务是充当作者和公众之间的中介。他是"沉默的工具",放大作者的"演讲"以便它能被公众"听到"和接受。

397

---

① Kant, On Turning Out Books. Two Letters to Mr Friedrich Nicolai, *CEWK*, vol. *Practical Philosophy*, p. 626.

② Kant, On Turning Out Books. Two Letters to Mr Friedrich Nicolai, *CEWK*, vol. *Practical Philosophy*, p. 627.

但是商业出版者起着更积极和更重要的作用。他积极筛选那些他允许"演说"的作者。而且这种选择完全是出于出版物的当下商业成功的考虑,他更愿意选择这样的作者:他们的作品最能适应易变的期望和"不成熟"公众的兴趣。

在启蒙阵营开始分化的 18 世纪的后十年中,文献的商业化成为一个重要问题。像海因茨曼的一些人视其为一场彻底的灾难,破坏了整个启蒙事业。而且,这个阵营中的一些小人物甚至提议检察官进行干预,以停止这场在心灵和肉体上都是不健康的读书"狂"运动。另一方面,一些人——大多数是启蒙民众(*Volksaufklärung*)的代表——欢迎和支持图书贸易的发展,特别是在涉及这种扩展的最低级形式时,他们认为实际上是它首先制造了供农村人口使用的世俗印刷品。一些人甚至提议国家应支持,鼓励这种图书出版(*Buchtischlers*)活动。

康德位于这两种极端之间。书籍的商业出版作为一个工业部门由贸易自由来保证,即使当下(读书癖)它的结果导致了一场危机,危及整个启蒙事业。关于如何抵消这种危险,康德呼吁(最终是以道德为基础)出版者的文化责任,而长远来看这种文化责任也需要商业使之合法化。但在面临这种危机时他对启蒙必胜的坚定信念变成了纯粹的希望。

康德 90 年代的晚期作品构成了德国启蒙历史的终结章。因为作为那个时代占统治地位的智性思潮和趋向的启蒙在 90 年代的德国渐渐隐去。法国大革命的发生不仅为启蒙阵营大大增加了保守派的压力,而且也导致了这个阵营进一步的内部分裂,各方代表对这一重大历史事件的反映和态度各不相同。出现于 90 年代的浪漫主义潮流将控制——带有强烈的民族主义取向——接下来半个世纪的文化生活。但是康德存留下来了。对于浪漫派来说,他的哲学仍是精神发展的方向,而且同时是批判的主要目标和对象。这种情况将随着黑格尔在精神图景中的出现而有所改观。

398

第十三章　黑格尔的文化概念

在整个思想史中,没有哪个词比**文化**(culture)①这个术语和概念内涵更丰富却又令人更陌生,并且更加引人注目了。文化一词年代久远,西塞罗时期已经出现,但直到 18 世纪末也只是在博学的人和学术界中零星使用。如今,这个词不仅侵入到所有人的话语中,成为日常的口头禅,而且人们还形成了这样一种观念——如果没有这个词,对我们自己的状况和一般人类状况的系统反思似乎是不可能的。海德格尔在现代性的形而上学根基中曾提到文化的**概念**,这绝非偶然。

与此同时,文化的术语取得的这种非凡成就意味着它的重大失败。当今文化这一术语的复杂含义主要是在启蒙运动晚期的理论中形成的。然而,在这里,它——与一些具有竞争性的同义词一道——充当一个基本的社会历史设计的思想表达。现在,我们需要一项历史 重建的工作,来回想文化一词用法的实践的 - 设计的(practical-projective)方面,这就是它从一开始就那么重要和那么受欢迎的主要原因所在。正是这种含义的严重缺失制约着我们当今的状况。

---

① 本文所使用的 culture(或 *Kultur*),中文皆译为文化。若非特殊处,文中不再标注外文。

在我看来,在这一语境中提及**黑格尔的**哲学是相当异乎寻常的。当然,我们都知道我们现代的文化(culture)概念主要是**德国**哲学精心炮制出来的。人类学家们把赫尔德或艾斯林(Iselin)①视为当代文化概念的鼻祖;哲学家们起码还要再把康德,甚至费希特算上。而黑格尔的名字在这方面几乎不被提及。实际上,德国研究黑格尔最好的学者之一——布鲁诺·利布鲁克(Bruno Liebruck)②——不久前发表了一篇论文试图揭示为什么黑格尔避免使用文化概念,并且没有将其系统地整合进他的哲学中。

就利布鲁克对黑格尔思想的了解(当然要超过我),以这样一种方式提出这个问题似乎基于一种建立在一些应该被提及和承认的事实之上的误解。首先,黑格尔偶尔零星使用"文化"(*Kultur*)**这一术语**,这是事实。取而代之,他使用另一个至少在世纪之交普遍被德国接受为"文化"(*Kultur*)的同义词的词——"文化"(*Bildung*)③。这种在用词上有所偏爱的理由十有八九是完全天真的。由于德语的"文化"(*Bildung*)一方面与其名词,即图画(*Bild*)相联系,另一方面与其动词,即形成(*bilden*)相联系,这使得黑格尔可以在词源方面考虑到他非常喜欢而我们却经常感到不适的语言的无意识含义,进而把"文化"(culture)的各种含义结合起来。然而,这种专门术语的选择从后来人对黑格尔的接受来看却是相当致命的。因为在 19 世纪下半叶,两种"文化"(*Kultur*和*Bildung*)之间的原初同义性被破坏了,而*Bildung*所代表的文化一词更多局限在**教育**(education)的含义上(并且教育的内容是通过教育过程获得的)。所以,黑格尔的文化(*Bildung*)概念主要是在个性化教育方面被探讨。由于黑格尔最广泛和最明确地探讨的正是文化(*Bildung*)一词的这个方面的含义,因此这种状况被强化了,

401

① 艾斯林(Iselin,1728—1782),瑞士哲学家,著有《试论哲学与政治》等。——译者注
② 布鲁诺·利布鲁克(Bruno Liebruck)德国研究黑格尔的著名学者。
③ 很明显,马尔库什是在文化的意义上来考察和分析黑格尔的 *Bildung* 概念的,为突出作者本意和准确表达黑格尔的文化概念,文中所使用的 *Bildung* 统一译为文化。同时为区别于文化(culture)一词,凡 *Bildung* 出现处,皆标注外文。——译者注

尽管他主要是在他的体系化之外的作品中,而且在很大程度上是在偶然的和写传记的情况下使用。

　　然而,文化(*Bildung*)的含义在黑格尔思想中被这样**简化**为个体的教育/教化(cultivation)①过程(或内容),这是对他的观点的歪曲。这样一种解释不仅不能说明他在他的体系化作品中对这一术语在很多方面的实际应用,而且与他明确界定的相违背,甚至违背他的哲学的基本内涵和深刻见解。他在《精神现象学》序言中明确写道,文化(*Bildung*),如果

　　　　就个人方面来看,那么个体的形成就在于个体获得这些现成的财产(作为过去经历的产物——G. M. 注)……而据为己有。但如果从普遍精神方面来看,既然普遍精神就是实体,那么这个发展过程就不是别的,只是实体赋予自己以自我意识,实体使它自己发展并在自身中反映。②

在这里,黑格尔的观点不仅仅是一种形而上学的观点,关涉到个体 – 主观精神和普遍精神之间的辩证法;它还具有直接的历史的 – 实践的重大意义。因为文化(*Bildung*)被简化为自觉承担个体智力教育活动的含义,结果它被当作**获得**、**拥有和掌握**这样的术语来加以对待,这种简化是典型的狭义理解(*Verstand*)的立场——这种精心阐述的立场是现代性出现的一个**必要前提**,同时是与它的现象妥协让步的最大**障碍**。

　　然而,要在所有复杂性方面勾勒出作为文化(culture)的[文化(*Bildung*)表现为教育只是其含义的一个方面]的黑格尔的文化(*Bildung*)概念是一项令人望而生畏的工作。因为,毫无疑问,黑格尔从未精心阐述过一种文化**理论**(a theory of *Bildung*),当然这只构成对他的文化概念进行简化理解的次要因素。他经常性地**使用**文化

----

①　根据上下文语境,文中所出现的 cultivation 一词统一译为教化。

②　Hegel, *Phenomenologie des Geistes*, Hamburg, Meiner Verlag, 1952, p. 27. (参见黑格尔:《精神现象学》上卷,贺麟等译,商务印书馆 1979 年版,第 18 页。——译者注)

（Bildung）这个术语和概念,而且是在最大程度上在其体系中的不同地方使用,而从不试图对它内含的多样性含义和它的各种不同成分之间的相互关联做出分析性的说明。因此,他对这一术语的使用即使不是令人大惑不解的,表面上看至少也是让人难以理解的,因为各种不同的成分看似几乎无法相容。甚至在一本著作中,只是在《精神现象学》中就足以使我们得出这样的结论。它一方面意味着教育过程,通过这个教育过程一个没有文化的个人能理解当代科学的观点;另一方面,它被用来概念化整个世界历史,它被视为教育史(Bildungsgeschichte),视为意识形成的教化。然而,与此同时,它也被用来描述这一历史中的**一个单一的时代**,因为现代性刚刚兴起,并且在这部著作中,现代性本身被明确地描述为文化(Bildung)(和异化)的世界。然而,黑格尔也把这个概念视为他最基本的和最普遍的形而上学范畴之——**精神**(Geist)的属性。他说,考虑到与自然截然不同,精神不是简单地被定义为有文化(Bildung),而在于,它不是别的,而就是文化(Bildung)。

教化——晚近现象学使用的术语——在黑格尔哲学中无疑仅仅是一个**操作性**概念,属于黑格尔哲学认知**范围**的概念,而不是真正构成**主题**的概念。然而,在我看来,它的重建是一项具有重大意义的工作,超出了黑格尔的解释和哲学所赋予的重要性。因为黑格尔文化(Bildung)观念的令人困惑的复杂性是他力求支持和保卫那个被命名为"文化"的重要社会历史课题——启蒙运动——的直接结果;为了保卫它而接受初期**文化批判**(critique of culture)(从卢梭和狄德罗到德国浪漫主义运动)关于它的局限和矛盾提出的许多见解的直接结果。因此,黑格尔提供了一个"文化"(culture)的观念,它不仅在西方哲学的历史上是含义最为丰富的,而且使原始文化概念中危如累卵的东西——以及它们所包含的难题和困境处于风口浪尖。

接下来,我们仅仅勾勒黑格尔文化概念(Bildung-concept)的基本框架,以一种提纲挈领的方式指出它基本的意义维度和它们的相互关联。以一种相当武断和现代主义的方式,我将把它们称为:教育学的、历史学的、社会学的和形而上学－文化学的文化概念(concepts of culture)。

黑格尔在他的《历史哲学》导论中写道:"只有通过教化(cultiva-tion)、'文化'(*Bildung*)和训导,人才是其应所是……动物的形成所需时间短……另一方面,人必须使其成为其应所是;就因为他是精神,他自身必须首先获得一切;他必须摆脱自然。精神是它自己活动的结果。"①这个既包含自由(人是其在他自己的活动中并通过他自己的活动塑造的自身)也包含独立(他只能通过被过去创造出来的和继承于过去的获得物及转化而来的东西塑造自身)的重要人类史实构成的人类学主题,是黑格尔的作为教育的文化(*Bildung*)概念的出发点。作为历史的存在,儿童既需要,也——就像他的《法哲学原理》强调的那样——拥有受教育的**权利**。②

在最一般的意义上,黑格尔将教育界定为这样一种过程,即通过这个过程,具有自然特性的儿童把那些普遍性的东西据为己有和内在化,转变为社会个体。通过作为教育的文化(*Bildung*),个人成为——通过他自己的活动并以他自己的方式——他的世界的一幅"图画"(*Bild*),并由此使他自己能够在其中有意义地行动,而且也能形成(*bilden*)这幅"图画";他成为社会自治的一员。

在黑格尔看来,这种教育是一个具有双重性和矛盾性特征的过程——一方面,这个概念具有清晰的论辩意图,它反对被他挖苦地称为的"教育慈善主义"(pedagogical philantropism),反对卢梭和裴斯泰洛齐;另一方面,它反对传统主义者的观点,把教育等同于从外部强加的训导,即"有目的的训练"(*zweckmässiges Dressieren*),来确定由社会

① Hegel, *Vorlesungen über die Philosophie der Weltgeschichte*, vol. I, Berlin, Akademie Verlag, 1970, p. 58.

② 参见 Hegel, *Grundlinien der Philosophie des Rechts*, Berlin, Akademie Verlag, 1956, §174。

地位所决定生活的社会功能和方式。当反对前者时,他强调,教育既不是玩,也不是天赋不受约束地自然地生长;它是一个**训导**过程,破坏儿童的"自我意志"、自恋。黑格尔认为,"教育是一场反对举止行为的纯粹主体性、欲望的直接性、感觉的无主体性和意向的反复无常性的艰难战斗"①。它是一个从仅仅是自然的和直接单个的东西中异化出来的和实践的抽象出来的过程。没有受教育的人从他(或她)一时的关切和有限的兴趣出发来判断并理解一切。受教育意味着发展一种理解**其他**思想和立场的能力,形成这一种对"事物任意客观特性",即"事物本身"(*die Sache selbst*)的感觉和兴趣,不管这种事物是什么。

因此,教育不仅仅是训练,或者是对不属于本身内容的机械学习——抑制所有既有的意向、能力和需要。因为是向另外的人或事物学习,扩大**视野**,所以它是一个把原来是陌生的内容**内在化**的过程,因此它只能在儿童的自我活动中实现。教育的训导不是那种驯服,而是像黑格尔说的,是那种教化的想象力和思想的辛勤劳作——一种社会地促进、控制和定向地锻炼,以及掌握自己的能力。因此,教育也是一系列连续的成就,同时它也是一个过程,在这个过程中,这些成就——有价值的社会能力的形成和特征、自发选择的兴趣方向——获得最好的评判,首先被成长中的儿童自身做出判断。因此,它是一个摆脱所有身份特权的基础广泛且日益分化的教育系统,也就是说,它是影响正在成长中的社会成员对各种各样专业-职业角色进行选择,使他们分布于社会活动的各个领域的最适宜的社会途径。通过这样一种方式,文化(*Bildung*)作为"人的第二生命"不仅使人实现了从自然的独特性到一个自由的个体性的转化,能够使其在他(或她)的社会世界中理性地行动,而且同时它能基于成就和自觉选择而为履行一些社会承认的和有价值的**职责**做好准备。当然,黑格尔没有对这种受自然和社会偶然性严重制约的选择的自由的局限心存幻想。但是,作为有限自

---

① 参见 *Hegel* , *Grundlinien der Philosophie des Rechts* , Berlin, Akademie Verlag, 1956, §187。

由的人类自由从不意味着从作为外部必然性的偶然性中完全解放出来。教育是使后者的作用减少到最低限度的方法,并由此在适当地教化而成的个人意向、兴趣和能力与一个复杂社会的易变的、非个人的需要和要求之间创造一种理性的**一致**。

　　然而,这种自由和新人道主义的教育概念的黑格尔的变型是从黑格尔自己的观点中得出的,它的意义有限,不足以表达文化(*Bildung*)的全部内涵,甚至它只在个体教化的意义上表达了文化(*Bildung*)的含义。文化(*Bildung*)概念的这种内在局限可以从两方面看出来。首先,它使教育成了一个有限的过程,当学校教育结束它就终止了——这种肤浅的看法完全没有领会个体教化的无限特征,"事物本身"(*die Sache selbst*)的客观性只有在"整个生活的严整性"(severity of a full life)中才能被经验和理解。其次,这样一种教育概念甚至不能涵盖作为儿童的社会成熟的文化(*Bildung*)的含义。因为这种所谓设想好的教育不能发生,而是不断地表现出并基于另外一种教化过程,然而它自己的原则却与这种教化过程——**家庭培养**(family upbringing)——截然对立。如果教育原则是根据普遍的标准判断成就和优点,那么家庭培养则是以爱为导向把儿童作为一个特殊个体进行教育。现实的教育过程依赖另一(相对立的)过程这一事实表明,前者只能在一个更广泛的语境中才能被理解,这种语境仅仅断定它的真正含义是有目的的活动:它的目的的实现,即在所培育的个人意向和兴趣与社会需要之间创造理性的**一致**。

　　决定作为教育的文化(*Bildung*)的真正含义的这一更广泛的语境从根本上来说是一个**历史**语境。与此同时,所提出的自由个体教育的普遍概念则是它的特殊历史形式(顺便说一句,它与黑格尔的概念的历史目的论完全一致)。文化(*Bildung*)只有在文化的**历史世界**中,在**教化**(cultivation)**的世俗阶段**中才具有可能性和必然性。

　　围绕——从确定的观点来看——现代性形成的整个历史过程,黑格尔在《精神现象学》中用长长的一章分析了文化(*Bildung*)世界。正

406 是首先在这个文本里,黑格尔不是简单地使用,而是哲学地概括早期文化批判的所有成果和观点,并使其变得更为激进。在这里,我不能分析——哪怕是图式性地——这一章的内容。所有我能做的就是指出它的主要观点。

谈到教化世界(the world of cultivation),黑格尔指的是在个人和他的社会现实,即社会制度的客观秩序之间(用他的术语来讲就是主体和实体之间)最终历史地被创造出来的和具体的双重关系。一方面,在这里,个人被假定为只有通过他们自己的努力与"教化"和"教育"工作塑造他们自己才能得到社会认同,即能够按照习得的标准、角色和社会制度的规范来行动和行为。另一方面,这些惯例不是被假定为宇宙的或神的秩序的一部分,而是被假定为"文化"(culture),也就是说,被假定为"人造的",即平等的和自治的个人的创造。在关于宗教哲学的讲演中,黑格尔生动地描述了这种看法:

> 我们的确需要从其所是,从我们目前所发现的出发;但是,我们通过我们的知识和意志形成的这种观点是我们的事情、我们的工作,并且我们意识到它是我们的工作,是我们自己产生出来的。因此,这些产物构成了我们的尊荣;它们构成了巨大的和无限的财富——我们的洞察力和知识的世界,我们的外在拥有物的世界,我们的权利,以及我们的行动。于是,精神陷入矛盾之中——无辜地,毫不知情地……①

也许有人会说这样描述的状况隐含着双重制约:个人的价值仅仅在于他们在一些既定惯例的框架内行动的能力;而惯例的价值仅仅在于个人的判断,因为它们是个人或他们的同类所制造的仅仅是可变的真实性。就像黑格尔的分析表明的那样,只有当社会总体——神圣的和世俗的权威,包括国家和财产制度——的各个维度和领域不仅彼此区别,而且每个都"使自身成为绝对的",即把普遍的却具有对抗性的

---

① Hegel, *Vorlesungen über die Philosophie der Religion*, Stuttgart, Frommans Verlag, 1959, vol. I, p. 14.

和不可调和的要求强加在个人之上时,这种状况才会发生。于是,个人充当起法官,必须基于他或她自己的理由对它们的合法性做出选择。正确地做出这一选择并不断地实现它是唯一决定个人价值的行动。

在一种现象学的分析中,为了重现现代西方文化史的主要阶段和轮廓,黑格尔试图论证,如此形成的"教化世界"如何能使不可避免的启蒙辩证法运转起来——正处于进展中的异化的逻辑。现代性的出现是理性的和自我决定的个体解放的世界历史进程,对个体来说,理性和意志的教化是一种价值本身;而且——用黑格尔自己的话来说——是一种"无穷的价值"。但是,这同一进程是个体从一切真实的内容和目标不断被清空的过程,因此,也是惯例秩序的每一领域不断转化为自治机制的过程,受其客观逻辑驱使,这种自治机制使越来越狭隘、僵化,与个人无关的需要和要求加于个体之上。

在文化(*Bildung*)的世界中,文化(*Bildung*)作为真正的教化——创造了个体主体和他们社会世界之间的共同纽带,使社会世界成为他们的家园——成为不可能。教化变成了过度教化(overcultivation)和错误教化(miscultivation)。它转变为它的对立面:没有把社会的和历史的转变为习以为常的自然,而是使习以为常的一切成了看似不自然的,成了施加于个体本性上的暴力。"文化"(Culture)作为个体的"第二性"成了"反自然"(anti-nature)。越受教化的人,越渴望一种所谓的自然的率真与和谐。在一个使文化(*Bildung*)成为一种终极价值的世界里,它不可能仅具有工具性价值:**要么作为一种社会工具**,使个体在庞大的制度机器中变成一个运转良好的无足轻重的成员的社会工具,也即**一个适应工具**,使个体仅仅成为一个客体;**要么作为个体爬上他的社会顶峰的工具,一个掌握和控制的工具**,使社会生活和其他个体仅仅成为一个客体。这样一个四分五裂的和异化的世界没有实质的养料——它必然坍塌。对黑格尔来说,在法国大革命中它的确轰然倒塌了。

但是这种坍塌只是**古老制度**的坍塌，而不是文化现代性的坍塌。如果激进的文化批判得出它在历史上站不住脚的结论，那么历史将证明这种结论是站不住脚的。从古老制度的废墟中脱颖而出的既不是一种所谓的和谐的复归或一种"自然的"生命的率真，也不是古老的政治－共和政体的重生，而是真正意义上的现代国家。现代国家是这样一种国家，它的"惊人的力量"能统一分化的社会领域，它不是通过消灭它们的张力和矛盾趋势，而是通过在它的理性构建中分配给每个领域一个适当的位置；以至于在保持社会处于变化的条件下，这些矛盾能在它的运动中达到和解。在这个意义上，对黑格尔来说，现代社会代表"历史的终结"：它是一种使扩张和进步原则整合进它的运转中的制度系统，是一种能够而且必须改变却不被克服和推翻的社会。

从和解的这种**实现**来看，更早时期概述的文化批判观点再一次被证明是片面的和不充分的抽象。从黑格尔的观点来看，时代错置的编排是现代性的阵痛，它既认出也没认出文化（culture，也即 Bildung）是什么。把现代性视为文化世界（the world of Bildung）的观点包含着正确的洞见，即现代社会认为自身**是**文化（culture），承认它的制度世界是在人类活动中产生并由其支撑的。因此，它需要理性的合法化，并应该在其缺乏时被改变。但是，与此同时，这种观点忽视了**一切**历史世界都是文化世界（the world of culture）的事实，甚至没能认识到这一点。只要文化（Bildung）仅仅在**教化**（cultivation）的意义上被视为个人自觉地担负起的努力——它要么是获得可教的知识和技能的教育过程，要么是对被判断为正确的或有用的制度规范和角色的审慎的掌握——我们就无法认清这一概念的全部内涵，因为按照黑格尔的观点，这些含义中的前者是真正意义上的现代现象（并且是独一无二的现代现象）。并且——更重要的是——这种观点没有认识到每一个这样的自觉努力已经预先假定文化地形成的能力不是在上述"教化"的意义上形成的。只要"文化"（"culture"）被界定为能**被欲求的**和"**被制造的**"，只要个体和他的社会世界之间的关系被界定为主体和仅仅

作为他的活动的物质客体之间的关系,从而它被按照"制造"或"构 409
造"的范式构想出来,那么文化现象的全部内涵就无法得到理解。

由此,黑格尔提出他的第三个文化(Bildung)概念,也许应该被翻
译为"文化适应"("acculturation")("文化"是在其结果的意义上被使
用的)。在这里,文化(Bildung)意味着所有个体由于不可避免地**参与**
到无处不在的社会制度中而得到的并使其作为同一社会的成员所**分**
享的获得物。文化(Bildung)是**通常共有的**态度和天赋、观念和价值,
它是在个体当中形成的,因为他们生活在一个历史世界中,这个世界
不是独立的和中立的物的世界。在一定程度上,它是一个客体化的,
只有通过个体的参与活动才存在的世界。只有这样被构想出的文化
(Bildung)(文化适应)才使社会成员之间形成有意义的交往并使相互
理解成为可能——明确地构想出文化概念也是支持个体做出一切审
慎的自我教化努力的前提条件。现代主体使他们自身——通过他们
自己的选择和审慎的行动——成为一个既能得到社会认可,同时又是
独一无二的个体,因为他们——主要是无意识的和非故意的——已经
被烙上他们**整个共同体**的烙印,具有与之相适应的个性特征。

在这种"社会学"的意义上,对黑格尔来说,文化(Bildung)是一种
复杂的、等级化地联结起来的形式。在文化中,他区分了一些层次和
成分。它的最根本和最基础的层面是**实践文化**(practical culture),它
包含一种历史的具体的需要系统、实现这些需要的目标所必需的有目
的地使用的一切技能的发展,以及作为工作的有意义的、意志引导的
活动的习惯和原则。在这种实践文化的基础上,黑格尔所说的**普遍文**
化(general culture,allgemeine Bildung)主要表现在语言中。从形式方
面来说,它代表一定**水平**的精神能力,这种水平是适合历史需要的"精
神的灵活性和迅速性,能从一种观点转变到另一种观点,能理解复杂
和普遍关系"[①]。从其内容方面来看,普遍文化包含着思想最普遍的

---

① Hegel, *Vorlesungen über die Philosophie der Religion*, Stuttgart, Frommans Verlag, 1959,
vol. I, p. 129.

410 假设和规定,一个时代——非反思地和无意识地——将其接受为一般思考的前提条件,作为理解的教条的前提,并最终将其视为一个具有特定结构的范畴系统。普遍文化

> 由那些普遍观念和目标构成,在那些精神力量范围内,统治意识和生活。在普遍文化起作用的过程中,我们的意识具有这些观念,保持它们作为终极规定的合法性,遵循它们所表明的相互关联,而普遍文化并不知晓这一点:它没有把它们作为研究的主题和兴趣所在。①

最后,在相关的意义上,文化(*Bildung*)包含"我们–意识"(We-consciousness)的各种形式——从情感上深入内心的社会规范和目标,按照这些社会规范和目标,社会身份得以形成。在这些当中,对黑格尔来说最重要的是他所谓的**政治情操**(political sentiment, politische Gesinnung),它是爱国精神所代表的具体的现代形式。

但是,教育、教化和文化适应,即便在其相互作用的意义上,也没有穷尽黑格尔的文化(*Bildung*)概念。个体**无法**在他们关于什么是善和理性的主观洞见基础上成为他们的社会世界的自治者。他们也不是其社会环境的简单玩物,他们的社会环境通过文化适应过程使他们非反思地分享规范和前提——由此与一切意识批判绝缘。以一种无条件的普遍的方式,每一种历史文化也直接形成其目标,此目标被视为终点和束缚;它明确表达对世界的理解,按照这种理解,人类生活的意义能够而且本应该变得明晰。在这种方式下,它建立起一个作为一种理想或作为一种观念的**历史的内在标准**,通过这一标准它的现实的制度和对象化所依赖的具体规范得以被评判。这将在**精神文化**(spiritual culture,"geistige Bildung")中完成或通过精神文化来实现。在这种文化含义上,文化是精神,是绝对精神的直接表现。

第四种文化含义直接与黑格尔的形而上学相连——这种关联无

---

① Hegel, *Vorlesungen über die Geschichte der Philosophie*, Leipzig, Meiner Verlag, 1940, vol. I , p. 41.

法在这里被探究。我所能做的是简要指出一些历史地内在于这个黑格尔概念中的要素的重要性。

在其他体系语境中,精神文化被黑格尔称为**绝对精神的形式**: 411 被理解为哲学的艺术、宗教以及科学。这些形式拥有一个共同的内容和根本原则:绝对和神圣的表达和表现;以一种普遍有效的形式代表一个人的终极意义和最高目的。绝对精神的诸多形式既是有时间限制的又是永恒的:它们以一种对每个人来说都具有合法性的方式表现出对超历史的一种历史性理解——只有当对每个人来说都是可以理解的,这些形式才具有充分的合法性。因为这些形式的历史揭示了自我意识理解绝对的方式——将自身理解为绝对的方式,曾在这些形式中获得的——在艺术的经典作品中,在世界宗教的基本形式中,在伟大的哲学体系中——方式仍是永久的范式。这些形式所构成的那些基本传统是真正教育所必须依赖的基础,这种教育志在解放自我意识,使其获得愈益广阔的知识和规范视野。精神文化是文化的**价值**领域,它是**历史地**形成的,但对我们来说却**总是**具有合法性的。

但是,其共同的内容——绝对——却以不同的形式在精神文化的三个伟大的领域中表现出来:艺术的感性显现;宗教的富于想象力的表现以及哲学的概念化思想。决定每一领域结构性特征的构成原则的差别在它们之间建立了一种等级关系。而且,这种差别也规定了它们历史地相关的相应秩序;它确立起一种内在固有的局限,超出这种限制它们就不能履行作为一个历史共同体生活的终极事物的终极真理的手段的功能。因为,只有在履行这种功能中他们才构成精神文化的要素。当黑格尔明确地认为"艺术的终结",而且虽然不明确但无疑也提出"宗教的终结"的时候,他并不是认为应该中断和取消相关的活动。他所认为的是它们在上述意义上的文化创造性和重要性的丧失——在它们的发展中,它们的形成取决于其他文化领域,**而且**(**或者**)它们堕落到履行私人娱乐,或者——分别地——个人虔诚的功能。在现代性条件下,伴随着对反思理性合法化的明确要求,只有推论的－概念的(discursive-conceptual)思想,即"科学"能形成关于实在,关于对每个人来说都有普遍约束的内容的深刻洞见。

412 　　只有哲学**能**,而且它**的确能**不把现代性的矛盾和张力风格化为一种简单的协调(一个美好理想的感性表达或者**基督再临**的想象形式),而是在这些矛盾的持续不断的运动中掌握其解决办法。只有哲学是能使我们与现代性的本质特性达到和解的文化形式,与此同时,哲学能提供一个关于现代性所特有的历史实在的批判标准,因为哲学不是赋予无意义和偶然以想象的意义,而是发现更高的意义,在这些偶然性必然并合法起作用的过程中发现超个体的理性。

　　我们的"文化"概念受惠于启蒙运动晚期的理论,从我们目前的观点来看,它们似乎尤为令人困惑。一方面,启蒙运动在单纯反对传统的束缚力量的斗争中发现了一切传统的历史相对性,并且在这个过程中,详尽阐述了一个表面上看起来具有普遍性的文化概念,这一描述性的文化概念从一般层面指明人类存在的基本特征;详尽阐述了一个同等地应用于所有时间和社会的概念,这个概念涵盖了一切人类创造的作品和洞见——从生存之道到宗教,而正是这一切使人类活动成为可能并指导着人类的有意义活动。然而,与此同时,启蒙运动的思想家们在价值意义上直接使用的"文化"概念,只适用于一些"高级"的智力活动——至少是自治的活动,这些在本质上具有现代特征的活动主要是科学、"理性宗教"和艺术。

　　然而,这一概念所引发的困惑——仍在我们对"文化"一词的日常使用中表现出来——不仅仅是个偶然。这些互不相容的"文化"含义起源于启蒙运动为之奋斗的**统一**大业。在启蒙运动中,普遍的文化观念试图使传统相对化进而中立化,启蒙运动反对传统保守力量的斗争,不光是为一个有活力的、面向未来的"进步"社会而进行的斗争。启蒙运动同时被信仰赋予生气。人们相信,在这样一个社会里,变化和进步的**方向**能仅由那些自主的创造性活动的形式所决定,而对理性的人类来说,自主的创造性活动是他们的目的。它们代表那个唯一"真正的和现实的"文化,唯一实际上有约束力的传统,它们不是通过**模仿**而是通过**创造**保有活力。在自由的、自治的个人存在的社会中,信仰作为"高级文化"(我们如今这样称呼它)活动将既能承担传统的社会整合又能承担定向职责,它主要通过神圣化和僵化的传统来实现。这种信仰是整个启蒙运动的核心。"文化"的战斗口号提供对这种信仰的表达。

　　黑格尔的文化构想试图以一种复杂和连贯的方式清楚地表达文化(*Bildung*)概念,而这种文化概念也能表达并能合法化这项计划。而且在面对这种批判时,他不仅承认这种批判的相对正当的理由和相对效力,而且试图将其整合进他自己的哲学中,以此来保卫文化(*Bildung*)概念。但是,他对文化概念的保卫早已被烙上深深的顺从的印记。哲学是精神文化的唯一形式,它能够提供关于现代社会的充分的自我理解。但是,尽管它能理解在看似混乱的这种动态世界中的变化的合理性,哲学(作为"密涅瓦的猫头鹰")并不被要求去**教导**世界该去做什么以及如何改变。对黑格尔来说,哲学是一个"被分离出来的神圣场所,它的仆人被称为一个被孤立的牧师。"①按照黑格尔的观点,能提供关于现代性现象的理性和解和辩护的唯一的精神的－文化的形式只对极少数人开放。在讨论宗教表现和哲学概念之间的关系中,黑格尔指出:"人不仅以表现的名义开始追求真理的知识。作为一个活生生的人,他也与它单独待在一起。"②如果宗教表现对于人们来说失去了影响力,那么就不再有文化力量能为大多数人的生活提供意义并阻止具有破坏性的虚无主义的增长。因此,黑格尔的现代性概念是自相矛盾的:使动态进步成为其内在原则并由此"终结

---

　　① Hegel, *Vorlesungen über die Philosophie der Religion* , Stuttgart, Frommans Verlag, 1959, p. 356.

　　② Hegel, *Berliner Schriften* , *1818—1831* , Frankfurt, Suhrkamp Verlag, 1976, p. 378.

历史"的那个社会,只能以**僵死的**文化传统为基础才能进步,这一传统的发展剥夺了精神的创造性并将其赶入私人领域。因为这种自我矛盾的分析,黑格尔成了许多现代文化危机理论(从丹尼尔·贝尔到哈贝马斯的理论)的遥不可及的先驱。他的哲学处于一个转折点上,在那里,关于文化的历史信仰终结了,而我们对文化的不满(和着魔)刚开始。

第十四章　黑格尔与艺术的终结^①

　　艺术却已不再能达到过去时代和过去民族在艺术中寻找的而且只有在艺术中才能寻找到的那种精神需要的满足……就它的最高职能来说，艺术对于我们现代人已是过去的事了。今日的艺术却邀请我们对它进行思考，目的不在把它再现出来，而在用科学的方式去认识它究竟是什么^②。

　　这一段引用（有删节）可能是黑格尔 1200 页的《美学讲演录》（*Lectures on Aesthetics*）中最著名的一段。当然，这是一种奇怪的表述。一方面，它给我们的印象仍然是一个匪夷所思、毫无意义令人恼火的挑衅（如英文翻译者所说），简直不能表达自己的意思。但它确实以这种方式打动了黑格尔的学生和追随者们——很不幸，包括他讲演录的编辑海因里希·霍托（Heinrich Hotho），他采用了一些激进的编辑手

---

　　① End 可译为终结、目标以及结束等意思，在这里选取了终结的意思。——译者注

　　② G. W. F. Hegel, *Aesthetics*, trans. Th. Knox, Oxford, University Press, 1975, pp. 10-11. ［参见黑格尔：《美学》第一卷，朱光潜译，商务印书馆 2013 年版，第 14～15 页。本书翻译主要参照朱光潜的译本，但是由于译者依据的是英文版，所以为了保证准确表述作者（马尔库什）的思想，对于与中译本无法对应的引文，则直接根据英文引文翻译。——译者注］

法使其变得缓和并更受欢迎①。费力克斯·门德尔松（Felix Mendel-
sonhn）于 19 世纪 20 年代末在柏林听到了这些讲座，在写给他姐姐的
一封信中描述道，只有在贝多芬（Beethoven）死后的几年以及歌德
（Goethe）、托尔瓦森（Thorwaldsen）仍然在世的一段时间里才有过这种
关于艺术灭亡（mausetot）（僵死）的疯狂言论。也许应对黑格尔美学理
论最好的方式就是忘掉这些疯狂，正如最近的英文阐释者斯蒂芬·邦
吉（Stephan Bungay）所做的那样②。

　　但是在研究黑格尔的时候很难忘掉其"艺术的终结"理论。这并
不仅仅因为它（及其他的补充，即关于希腊艺术的典范特性）构成了
《美学》（Aesthetics）最基本的结构性原则之一，致使其省略部分不可避
免地将解释转换为一种重写的建议（如邦吉，他宣称约有一半的文字
与哲学无关）。同时，这个理念已经成为陈词滥调（cliché），或者说至
少成为一个不断回到对当代艺术判断上来的历史性传统主题，看似很
容易适用于对艺术的特点和环境产生长期以及根本的改变。它来自
歌德逝世后海涅（Heine）关于艺术时代终结的预测，以及阿瑟·丹托
（Arthur Danto）关于第二次世界大战后某个时间的定位。当然，并且
支持所有艺术颓废理论的正是以一种重新解释的、弱化的形式对黑格
尔做出的判断，他们源于马克思主义者，正如卢卡奇、阿多诺，或海德
格尔。我们对整个世界理解的真理起源于希腊，只要这种真理无论如

---

　　①　从 20 世纪 80 年代中期开始，作为唯一提供给我们的霍托的文本，其真实性引发了
彻底的怀疑。作为即将发表的文章编辑（根据原有学生笔记和原讲稿），Annemarie Geth-
mann-Siefert，在她的论文（《艺术在历史上的作用，黑格尔美学研究》，黑格尔研究，补编，23，
1984），以及后续一系列相关主题的文章中，凸显了 Hotho 版本中对黑格尔观点的显著变化，
甚至是扭曲，如叠加了自己比较保守、民族主义和宗教化审美的想法。没有新版本是无法对
这种说法进行评价的——今天如果没有黑格尔的《美学》解释，是很悲催的。本文中我当然
是根据目前提供的文章，不过，我已经考虑到 Gethmann - Siefert 提出的一些"修正"，特别是
对那些被尚未发表的演讲稿证实了的修正处。在此，我特别感谢以下出版物（除了上述论
文）：《黑格尔艺术终结和古典主义的美学论文》，黑格尔研究，19（1984）；《现代艺术作品，黑
格尔研究》补编，34，1992；《黑格尔艺术与日常行为》，黑格尔研究，28（1993）。

　　②　参见 *Beauty and Truth : A Study of Hegel's Aesthetics*，Oxford，University Press. 1984，
esp. pp. 51 - 61。

何不是由宿命(*Geschick*)决定的,那么对海德格尔而言,这种判断就仍然有效。

鉴于许多异议和重新诠释的声音,这里我想要用一种比较正统的观点为黑格尔辩护:他通过"艺术终结"理论所表达的是非常正确的,并且揭示了在现代社会中艺术现状的某种真正的重要性。当然,在这种纯朴直白的黑格尔主义的告白中存在某种隐患:那就是黑格尔**真正要表达**(really meant)的东西是完全正确的。为了阐述这一观点,有必要回顾黑格尔所宣称的不仅仅是艺术的终结,而且同时也是宗教的终结和历史的终结。通过提醒我们自己什么隐藏在最后,看似最离谱的含义,我们才可能获得更好地去理解如何到达所谓的艺术终结的假定。

当黑格尔确定在规范性构想的现代性中历史的终结时,他当然并不指的是由此总是会出现世界末日般的结束。历史的经验告诉我们,作为通过人类的行为和活动所带来的不可逆转的变化结果,未来将继续是不确定的,没有可预见的结束。什么目的是哲学家——总是在偶然性的作用中寻找理性——通过历史摸索到的:一种达到充分理解意义的渐进过程,实现自由的需求和条件。过去已实现的历史是通过连续彻底的国家形式和体制的转变形成的,是由世界历史中那些能在各自年代中解决时代危机的个人的行为结果组成的。这些危机的根源最终在于社会政治制度对其成员诱发出的对自由的期望,以及让生活充满期望的这种制度结构强加给人们实现这些期望的障碍。并且当它的**终极目标**(telos)**实现**时,历史就结束了。在具有复杂制度系统的现代性中,原则上,就能够将个性发展的自我实现的要求同社会 – 政治—体化的功能性需要进行调和——只要在人类有限的条件下有可能的话。没有什么乌托邦,——作为《法哲学原理》(*The Elements of the Philosophy of Right*)的读者将都清楚——在历史终结后:有限性包含着在个人生活中无法消除的偶然性的角色,并且黑格尔甚至在现代性的规范化构想框架里揭示了一系列矛盾。虽然这些矛盾不可消除,但

418

是可以通过系统效应得以缓和,在通过合理的改革而不断适应变化的过程中,现代制度特殊的运行机制也能够抑制矛盾的发生。这也正是历史的终结。因为日常常识含糊地假定了历史是发生在我们身上的,并且把发生的事情归因于令人难忘的功绩决定了国家和民族的命运。然而,从现在开始,历史是被制造的,并且是被匿名的大多数人合理性地制造的。说它是合理性的,不仅是因为他们深刻的洞察力或是他们的意志力,还因为他们的位置所决定的、环环相扣的行为的内在逻辑。历史终结是因为哲学和历史经验主义概念间的区别消失了。历史上,通过冥思苦想,为了实现自由的自由行为,哲学探究需要发现的事物,从现在开始成为一种平淡无奇的经验现实。完成是结束(*Die Vollendung ist das Ende*)——到达终点是结束。使命就是现在要实现的,剩下的就是它在日常中的实行。

这种与历史的终结的相似之处可能会引起关注,一个人只有了解黑格尔目的论的目标才能理解黑格尔关于艺术的历史目标的思想,也就是艺术的"使命"。无疑艺术的实证意义将不会消失:"我们尽管可以希望",他的表述中写道,"艺术还会蒸蒸日上,日趋完善"①。作为艺术的意义,哲学所揭示的意义,即是什么是结束,并且结束是因为任务已经完全实现了。在历史发展的过程中,艺术已经成为全面和完全的艺术,并且从而也失去了它最深的意义和最高的使命。

哲学概论上,艺术的使命是什么?黑格尔在《美学》的整个第一部分中讨论了这个问题。但是他用了一种相当奇怪的方法:做了两次。在第一部分中,他从美的形而上学理念出发提出了艺术作品的概念和重要特征的一个系统的"演绎"。但在此之前,在很长的介绍中,他表达了一种相反的思路。以非正式的方法,主要是通过批判一些流行的艺术理论,他从实证的艺术概念推断出美(beauty)是审美领域独一无二的、所有艺术作品都应该满足的价值标准。这两个"推断"本应

419

---

① G. W. F. Hegel, *Aesthetics*, trans. Th. Knox, Oxford, University Press, 1975, p. 103. (参见黑格尔:《美学》第一卷,朱光潜译,商务印书馆 2013 年版,第 132 页。——译者注)

完全相同,但并非如此。事实上从美的形而上学的理念中推断出来的并不是一般的艺术作品,而是指经典的艺术作品。如此来说从艺术的实证概念推演出来的也不是真正的美。不仅是美的作品,哪怕是最充分地,用完美的方式体现其标准的那些作品也要能够满足的理念,恰恰就是感性外观和意义内容之间要有必然的联系。事实上,黑格尔在介绍部分以一种非常尖锐的表述结束了相关的思考。不是所有美的事物都是艺术作品;缺乏美感也未必是艺术的缺陷,"技巧的生疏和不熟练"①的标志,却很可能正是审美内容的特征所需要的,它尽管不太符合理想但却使产品成为一种有效的艺术作品。

这两种推断之间的冲突提供了把握黑格尔关于艺术的目的和使命(end/vocation)的理解,即艺术的哲学概念的关键。艺术植根于产生宗教和哲学的同一种人的需要:在看似无意义的偶然性和有限存在的矛盾性中、在生活世界的外在性和异己性中,去寻找和发现永恒的意义;使世界最终成为人类的家园。艺术解决任务并不是通过在思想上提升到经验现实的特殊性和有限性,而是在表象本身的世界里,通过创造感性或意象存在来展示直接理解的含义。"思维其本身只是对现实和真理的调和。但诗歌创作和形成是真实现象本身形式的调和,即使这种形式只是在精神层面上展现。"②

这已经确立了《美学》的两个基本特征:反模仿的作品 – 审美。反模仿是因为艺术的使命是创造从来不能被提前给予的事物,因此它是被要求超越任何有限自然的存在所定义的特点,与其自身的概念定义是不对应的。并且它是与康德的接受美学以及浪漫主义生产审美作品的美学相反,因为在这种理解中美学目前适当地被表述为只有满足艺术世界里特定需求的艺术客体的必要方式。艺术的一种哲学理解任务是揭示在艺术的历史变迁中它们的结构,以及艺术的不同形式、

420

① G. W. F. Hegel, *Aesthetics*, trans. Th. Knox, Oxford, University Press, 1975, p. 74. (参见黑格尔:《美学》第一卷,朱光潜译,商务印书馆2013年版,第93页。——译者注)

② G. W. F. Hegel, *Aesthetics*, trans. Th. Knox, Oxford, University Press, 1975, p. 976

种类。

由此来看,艺术作品的经验概念的表达方式是直接的。这是一种意向性创造的个体感性对象或想象结构,通过它的具体、明显的特点,直接展现了直观理解的统一含义。一方面,难以诠释的表象(*schein*)确定了艺术作品本体论地位,内在思想反映直观存在才是指向作品的线索(指引)(*verweisung*),是自身本质的另一种表达。另一方面,它也假定了艺术作品两种不同的,尽管相互联系的规范的维度。第一种是完全的统一,充分的诠释,内部和外部的,外部感性或形象和内在意义:美的价值标准。这需要作品每个感官上不同的部分都有其重要意义,并有助于整体意义的表达,其整体在所有方面和内容自由而无拘无束的和谐中得以显露。人类的眼睛充分地反映了灵魂以及一个人的内在本质,在这方面黑格尔将艺术作品比作"千眼的阿顾斯(Argus)[1],通过这千眼,内在的灵魂和心灵性在形象的每一点上都可以看得出"[2]。这一比喻在约 100 年后德国文学史上最伟大的诗之一、里尔克(Rilke)的《远古的阿波罗残躯》(Archaïscher Torso Apollos)[3]中得到了共鸣:

……因为这里没有地方(. . . denn da ist keine Stelle)

不能让你看见(die dich nicht sieht)。你必须改变你的

生活。(Du muss dein Leben ändern)[4]

美是审美领域独特的价值,并且从这个意义上说也是美学的核心观念,是艺术完美的概念。但艺术作品也一定(根据艺术的特殊需求)表示另一种规范性语境,对其哲学理解起决定性作用。在黑格尔真理

421

---

[1] Argus,阿顾斯,古希腊神话中的巨人、怪物,传说有一百只眼睛。——译者注

[2] G. W. F. Hegel, *Aesthetics*, trans. Th. Knox, Oxford, University Press, 1975, pp. 153 – 154.(参见黑格尔:《美学》第一卷,朱光潜译,商务印书馆 2013 年版,第 198 页。——译者注)

[3] Archaïscher Torso Apollos,远古的阿波罗残躯,这是奥地利著名诗人里尔克的诗作,这首诗编辑在其《新诗续集》中。——译者注

[4] 译文参见里尔克:《里尔克诗选》,林克编选,长江文艺出版社 2013 年版。——译者注

本体论的定义中,特殊性和普遍性概念之间有完全对应的要求。这种观点不一定是完美的,但非常重要,关于这一点人们必然首先问一个问题:一件能带给我们直观感受的艺术作品的内容意义是什么? 然而,这并不是一个好问题,类似于询问:从一般概念上有什么可说的或可想的? 每件事物和任何事物:艺术作品能够带来"对一切可能的内容和意蕴"①。它属于艺术品具有的表象(Schein)②的特征,被赋予了一种幻觉 – 制造的力量;美甚至能为琐碎而无关紧要的事物也笼罩上重要意义的光晕。真正的问题在于:仍然可以用这种感性形式表达的具有最高可能性的成就,即最重要的真理内容是什么? 而且对于这个问题的回答可以揭示最高的真理:"确定存在的真理[存在(Dasein)]",统领生活和世界的客观理性原则,神圣性,作为精神的绝对。并且只有这样,作品才能真正满足产生艺术的需要,艺术的"使命"。在哲学意义上来说,艺术是绝对精神的一种形式,是人类意识和活动的绝对精神的自我理解的形式。在黑格尔的历史主义真理概念中,这主要意味着一个真正的艺术作品对民族或时代显示了什么,绝对精神——即是无条件、普遍有效或重要的,是最高利益的中心。作品揭示了他们如何构想主导生活的最终力量,以及对世界和自我认识构想的方式。艺术作品表现为感性、能马上读懂的形式,因此对每一个人都是可用并可理解的方式。在哲学概念上它是一种形成集体意识的有效途径,是社会政治一体化的力量:"人类统一的关键"。对于艺术,认知意义和社会关联的问题都直接与黑格尔有关。他的美学是作品美学,某种意义上,也是关于哲学对艺术的兴趣集中在艺术如何"起作用",以及在它可能的认知/文化(cognitive/cultural)和社会政治的功能方面的问题上。

　　美和终极真理(及其相关的社会意义)的价值观和需求是孪生的, 422

---

① G. W. F. Hegel, *Aesthetics*, trans. Th. Knox, Oxford, University Press, 1975, p.47.(参见黑格尔:《美学》第一卷,朱光潜译,商务印书馆 2013 年版,第 58 页。——译者注)

② schein,这个词还可以翻译为显现、幻想等。——译者注

绝不是不相容的。在古典艺术中两者满意的结合象征完全开花,艺术的最高潜力的实现。然而,这种结合,并不能永远持续。在某些情况下它会土崩瓦解,不是由于偶然情况,而是因为所表达的内容和绝对精神特定历史理解的特征。如果这种理解内在上是抽象和非决定的(undetermined),那么它的任何具体感性的表现将是超越决定论的(overdetermined),并且因此形式只是模糊地与内容相关联。东方的"象征"艺术就是这样的:一种尚不够美的艺术。另一方面,如果对神性的理解在其本性上超越了任何个人感性结构能够充分表达的可能,那么形式将成为欠确定的相关内容。这也就是浪漫艺术,即基督教艺术,一种不能更美的艺术。这种发展必然导致作为绝对精神的一种形式的艺术的终结。

最简单来说,这是黑格尔"艺术终结"理念的概念背景。尽管,这一背景可能会导致对一些不经常遇到的黑格尔的观点引起误解。

由于黑格尔认为艺术的最高使命和哲学意义在于从个人感性结构或自然形象方面揭示神圣性,或者可以合理地认为他所指的无非是艺术的变形,简单来说就是宗教主题艺术的逐渐消失,上帝是首当其冲的代表。黑格尔,这位本体论神学思想家,以此标志艺术真正意义上的缺失。《美学》中清楚地指出这样一个过程,并且把这一过程描绘为必然的。然而,其必然性是艺术终结时代也随之发生宗教终结这一事实。在现代条件下,有组织的宗教生活成为了一种社会仪式,真正的宗教信仰退化成纯主观感受和私人的虔诚,而作为构成宗教意象认知内容的信仰教义,变成了文明社会里人们无法从容不迫谈论的话题,并且甚至被神学家以某种历史的方式加以研究。因此,"如果我们希望了解上帝,我们必须求助于哲学"①。由此,如果认为黑格尔理论中艺术终结和宗教主题消失是同样的意思,那必然得出结论,现代社

423

---

① G. W. F. Hegel, *Lectures on the Philosophy of World History. Introduction*, trans. H. B Nisbet, Cambridge, 1980, p. 37. "宗教终结"思想由黑格尔在 1824 年关于宗教哲学的演讲中提出,涉及"宗教团体解散(消失)"。

会与其说是缺少真正的艺术,不如说缺乏神圣性(the Divine)本身的意识和存在,即精神。这并不是黑格尔的观点。

然而,把揭露神圣性与代表上帝或诸神等同起来的做法基于一种基本的误区。它(正如宗教的意象思维所做的)把神圣性当作神(Deity),当作超越经验存在世界至高无上的存在或存在物。但黑格尔认为神圣性是绝对理念,是客观的存在的逻各斯(Logos of Being),它外化在自然的异化形式中,并且只有在人类集体的历史意识中才达到自我理解。有限就是无限,因为它克服了有限性。由于艺术的使命是以感性、有限、现实的方式揭示神,它能够充分履行其职能,如果它表现的中心主题不是绝对精神,而是"精神中的人类元素"①,即具有精神性的、与绝对精神相关的人类。黑格尔的艺术概念不是神本位的,而是明确以人类为中心的。

> 表现精神的那个客观外在因素,是……既然是完全受到定性的和向特殊分化的,那么自由的精神,在由艺术加工而获得适合的现实存在之后,就只能是一种既受到定性而又本身独立的,处在自然形象中的精神的个性。因此,形成真正的美和艺术的中心和内容的是有关人类的东西。②

艺术是人类自我发现最重要的文化形式。

彻底的人类中心主义可能会发现在黑格尔关于古典艺术局限性的讨论中最清晰的表达,美的艺术。通常希腊宗教艺术的批判集中在拟人化,难以在自然和精神之间理解和表述分割(分离)与矛盾,有限与无限。在这种观点中,希腊众神和它们在雕塑、诗歌中的艺术表达是美丽的,因为他们"是不真实的",并且只是人类特点的理想化。黑格尔接受这种批判,并且认为这是表面的。因为希腊宗教艺术的根本局限性事实上在于它的拟人化不够充分,更准确地说,"单从艺术观点

424

---

① G. W. F. Hegel, *Aesthetics*, trans. Th. Knox, Oxford, University Press, 1975, p. 249.

② G. W. F. Hegel, *Aesthetics*, trans. Th. Knox, Oxford, University Press, 1975, p. 432.

(参见黑格尔:《美学》第二卷,朱光潜译,商务印书馆 2013 年版,第 163 页。——译者注)

来看,的确是够拟人主义的,如果从较高的宗教观点来看,它的拟人主义就还不太够"①。希腊诸神只是理想化的人类形象;也就是说,在它们的形象中构成有限的界限的全部都是理想化的事物。它们不了解也没有表达出具体个体的特殊偶然性和自由以及内在思维意识的普遍性之间的矛盾;它们缺少自我意识。事实上,它们不是"真的一样"。"所以出自拟人主义的希腊神们并没有实际的人类生活,并非既是肉体的而又是精神的神。"② 因此,基督教浪漫艺术——人化神(*Menschenwerdung Gottes*)的宗教艺术中,神化身为痛苦、羞愧和有限存在的死亡,仅在宗教世界的精神信仰中复活——与古典艺术相比,是更彻底的拟人化及以人类为中心。这使它不那么美丽,不那么完美,但是却是更真实的艺术。

甚至,这也直接导致了另一种更常见的反对黑格尔的声音,即:"艺术终结"理论是基于他的艺术理论中深刻的古典主义,以及在希腊艺术成就的完全理想化的概念上,然而过高的艺术并没有或者也不能实现这样的功能。毫无疑问,这个论点直接相关于其对应物和补充物,即古典艺术无上完美的观点,也就是黑格尔在说到" 没有什么比它更美,现在没有,将来也不会有"③时所表达的观点。然而这种完美并不是黑格尔认为的具有完全的、形式特征(因此原则是可重建的)的美。事实上,对于形成于现代的那些朴素的接受来说(一种主观态度,它自己对于艺术来说就完全足够了),这些作品完全不会是完美的。它们看上去冷冰冰的并且缺乏个性,特别是与浪漫主义绘画的内在温情做比较。"如果人们对于那些有价值的雕塑没有表现出浓厚的兴趣,并不能认为它们是有问题的。我们要研究它们,这样我们才可以

① G. W. F. Hegel, *Aesthetics*, trans. Th. Knox, Oxford, University Press, 1975, p. 435. (参见黑格尔:《美学》第二卷,朱光潜译,商务印书馆 2013 年版,第 167 页。——译者注)

② G. W. F. Hegel, *Aesthetics*, trans. Th. Knox, Oxford, University Press, 1975, p. 505. (参见黑格尔:《美学》第二卷,朱光潜译,商务印书馆 2013 年版,第 256 页。——译者注)

③ G. W. F. Hegel, *Aesthetics*, trans. Th. Knox, Oxford, University Press, 1975, p. 517. (参见黑格尔:《美学》第二卷,朱光潜译,商务印书馆 2013 年版,第 274 页。——译者注)

欣赏它们。"①今天,它们充分欣赏的需求,也使得人们开始从美学、宗教、政治方面的彻底统一的原始意义进行历史解读的重新建构。并且虽然这个想法或许反映了黑格尔对希腊城邦现实的理想化,即认为是"美丽的政治艺术作品",但至少这是值得探讨的问题。希腊的史诗诗人首先将许多无定形和松散的当地神话传说转换为万神殿和奥林匹克诸神神谱,形成了一个国家民族文化统一的意识的框架。正是这些神塑性表达赋予了它们确定的形象和宗教想象的特征,并且由于这些雕塑的存在,寺庙不仅是礼拜的地方,也是神的住所。这些守护神的寺庙定义了城邦的公共空间,公共会议和机构的空间,从政治统一上获得一种物理存在和现实。更重要的是,它是史诗和神的悲剧写照以及英雄作为道德力量和个人道德品质,这些每一种都由特定的悲剧性(*pathe*)创造了某些适于适当情况下的传统固定的模范行为的集群。这种方式下——通过积极鉴别的审美力量——个人尤其直接明确了他们的公共行为。黑格尔很可能高估了这种审美构成的世界观的实际效果和政治意义,但至少在他这部分不是基于他任何"古典主义"的偏见。黑格尔对东方"象征"艺术也进行了同样的思考,尽管不太详尽,参考宗教经典和文学作品之间缺少仔细分辨(以印度史诗为例)。首先是通过对纪念性建筑的分析(象征艺术形式的主导艺术)作为国家政治力量统一的具体和物理的表现(通过巴别塔②的讨论,他采用象征形式适当地来分析象征艺术)。因此,无论就其象征的还是古典的形式而言,黑格尔把艺术的工具性对自律性作用的问题视为毫无意义的,因为在这两种情况下,艺术、宗教和政治领域都不能得以明确划分。然而,这个问题对于浪漫主义艺术的发展来说却是决定性的。

426

作为揭示宗教的基督教不再是由艺术创造或共同制定的。信仰的内容是独立的,并先于艺术表达。因此这种表达变得有些次要和画

① G. W. F. Hegel, *Aesthetics*, trans. Th. Knox, Oxford, University Press, 1975, p. 797.
② 在希伯来语中,"巴别"是"叛乱"的意思,于是这座塔就称作"巴别塔"。——译者注

蛇添足,不再是宗教意识的本质需要。但是艺术在宗教的主要方面降级为一种工具性、说明性的地位,这主要是通过信仰内容的特点得出的。基督教作为内在的宗教,从外表表象转换到主体深度来实现精神上的协调。从这个角度来看,所有感性、自然的事物构成了"并不是上帝的现实存在而是他的无能力的偶然附属品,只能使他的本质阻滞外表而不能真正得到表现"①。因此,这种内容不能带来艺术本质需要的那种具体的、个体的、感性的存在,至少不能带来全部。只有一些特殊方面适合于美学的目的,并且甚至它们通常都不满足美的要求。

浪漫主义艺术的全部发展过程被黑格尔描述为从工具理性职能中释放出来的过程,艺术的完全自律性的释放属于其精神活动的全部内容。当然,这种变化的过程与已经表明的宗教世俗化(*Verweltlichung*)(变得世俗)是平行的,丧失了文化力量的社会形式。不过,艺术的变化不能仅仅在消极方面被理解,如宗教主题的消失。从概念的必然性上看,它意味通过艺术的客体和内容正在进行征服,也始终构成了它的利益中心:充满复杂性和多样性的人类生活。在我们的年代,

> 艺术摆脱了某一种既定内容和掌握方式的范围的严格局限,使人成为它的新神,所谓"人"就是人类心灵的深刻高尚的品质,在欢乐和哀伤,希求、行动和命运所见出的普遍性。凡是可以在人类心胸中活跃的东西对于这种人类精神都不是生疏的……艺术现在所要表现的不再是在它某个发展阶段中被认为绝对的东西,而是一切可以使一般人都感到亲切的东西……正是不朽的人性在它多方面意义和无限转变中的显现和起作用,正是这种人类情境和情感的宝藏,才

427

---

① G. W. F. Hegel, *Aesthetics*, trans. Th. Knox, Oxford, University Press, 1975, p. 374. :my correction of translation. 翻译进行修改(参见黑格尔:《美学》第二卷,朱光潜译,商务印书馆,2013 年版,第 93 页。——译者注)

可以形成我们今天艺术的绝对的内容意蕴。①

因此浪漫主义艺术的发展引起了艺术概念的实现,艺术完全成为独一无二的。但这是艺术的终结,艺术的终结的"最高使命"和哲学概念作为一种精神文化力量能够形成集体意识和具有普遍意义的合理要求。在导言中,黑格尔讨论当艺术的目标是带我们回到"一切在人类心灵中占有地位"②的家园时,同时它失去能力揭示"共同"和"实质性终结"能够比喻多样性和差异性的统一。有人可能会说,按黑格尔的精神,在现代条件下(如黑格尔的设想),最迫切的需要引起艺术的消失:在特殊性和普遍性的协调中需要创造了一种感性现实。因为现代世界作为历史的终结,这种需要消失了,而协调成为了一种经验的事实。人类不再需要通过艺术世界去拥有一些具体的形象,在他们以往的艺术中得到归属感,或者至少现在他们就可以在社会现实世界中获得这种归属感。但艺术并不仅需要这种协调任务;从其本身意义上说,即使存在、象征,不再能带来充分的协调。因为它是"公民社会和国家的固定安稳的秩序"③,这个庞大的体制结构的客观工作作为社会客观合理的调解机制现在产生了作用,原则上,只有思辨思维才能促使这种协调。现代的个体发展,虽然并不认同他们自己与社会地位和功能之间疏远以及相反的关系,但这种关系是存在的,所以他们不再代表整个社会或独特的"道德力量";他们的行为和命运不再能揭示总体终极真理:

> 在现代世界情况中,个体主体显得不是这个社会本身的
> 一种独立自足的既完整而又是个别的有生命的现象,而只是

428

① G. W. F. Hegel, *Aesthetics*, trans. Th. Knox, Oxford, University Press, 1975, pp. 607 - 608. (参见黑格尔:《美学》第二卷,朱光潜译,商务印书馆 2013 年版,第 380 ~ 381 页。——译者注)

② G. W. F. Hegel, *Aesthetics*, trans. Th. Knox, Oxford, University Press, 1975, p. 46 (参见黑格尔:《美学》第一卷,朱光潜译,商务印书馆 2013 年版,第 57 页。——译者注)

③ G. W. F. Hegel, *Aesthetics*, trans. Th. Knox, Oxford, University Press, 1975, p. 592 (参见黑格尔:《美学》第二卷,朱光潜译,商务印书馆 2013 年版,第 363 页。——译者注)

这个社会中的一个受局限的成员……它并不是具有普遍性的法律道德和规章的客观存在,像在英雄时代的情况那里……现代个人已不再像在英雄时代那样可以看成这些力量的体现者和唯一现实①。

因此当艺术以其个性化的表现手段,试图解决自身时代的终极问题,解决追求自我实现的个性自由与现代制度的客观非个性特征的合理性之间的关系时,它将不可避免地歪曲现代的复杂现实。它必然要么(如黑格尔对现代田园生活的批判所表明的)虚假地掩饰,要么至少是漠视,追求个性自由和不可预见的偶然性力量之间的不可消除的冲突和矛盾的可能性,来自于丧失人性的复杂关系中个人命运的羁绊。于是,艺术加上"甜蜜温柔的味道"②变为一种谦卑的意识形态的特征。或者,由于不可逾越性,它将笼统地解决"心灵诗歌和环境对立力量"③之间的对立和矛盾。因此它将仅表达等同于叛逆、反常的主体性的扭曲的意识形态。这可能是推翻旧制度(ancien regime)的前革命世界中的一种主观调整,但现在是不合时宜的。通过变得自律,艺术停止变为绝对精神的一种形式;通过发现了最终目标,人性化(*Humanus*),**人类生活的自由和多样性**,它也失去了与现在历史、文化相关的最高、最普遍的表现力。在当代条件下,艺术必须以其有限性满足部分有限者:它"也就愈来愈多地栖息于有限世界里,爱用有限事物,让它们尽量发挥效力"④。作为人类"具有这种精神的人的作品"⑤,当

429

---

① G. W. F. Hegel, *Aesthetics*, trans. Th. Knox, Oxford, University Press, 1975, p. 194 (参见黑格尔:《美学》第一卷,朱光潜译,商务印书馆2013年版,第247~248页。——译者注)

② G. W. F. Hegel, *Aesthetics*, trans. Th. Knox, Oxford, University Press, 1975, p. 191 (参见黑格尔:《美学》第一卷,朱光潜译,商务印书馆2013年版,第243页。——译者注)

③ G. W. F. Hegel, *Aesthetics*, trans. Th. Knox, Oxford, University Press, 1975, p. 1092

④ G. W. F. Hegel, *Aesthetics*, trans. Th. Knox, Oxford, University Press, 1975, p. 594 (参见黑格尔:《美学》第二卷,朱光潜译,商务印书馆2013年版,第365页。——译者注)

⑤ G. W. F. Hegel, *Aesthetics*, trans. Th. Knox, Oxford, University Press, 1975, p. 574 (参见黑格尔:《美学》第二卷,朱光潜译,商务印书馆2013年版,第340页。——译者注)

然,它能并且也应该去揭示被精神充斥并赋予活力的有限现实。但也不再通过所有有限环境、行为和无条件、普遍有效的利益去揭示精神和社会创建的目的。

我认为黑格尔的"艺术终结"理论的有效性毋庸置疑,它正成为一种在现代艺术争论中不断复兴的传统主题,这也主要是因为它从根本上完全地认识到现代艺术环境中的问题,即围绕在社会意义和文化修养周围的缺乏清晰性和非安全性。这样一个问题的环境不是由于一些外部条件限制,而是因为艺术作为发展目的的自律化,因为艺术成为纯粹和完全的艺术,而不是其他。然而,"艺术终结"的思想本身只表达了这种情况的消极性,例如它失去了其"最高的使命",失去了为直接性的理解而揭示一个共同体最终的、有约束力的目标的权力,这些目标以这种方式将成为实际行动定位和社会文化认同的一种有效形式。但黑格尔也显然认为,从实证意义上看,艺术能蓬勃发展和"崛起,甚至更高",即使在"哲学的"结束后。有人可能会接着想到黑格尔的美学作品,因此必然关注于社会文化"作品"艺术的执行问题,也可能会告诉我们一些关于终结之后它可能的功能和意义。

在从《美学》中看待这个问题之前,我将考虑两种通过后黑格尔主义艺术的发展得出的关于"艺术终结"的解释,并且是我们所熟知的优秀观点,它们似乎是合理的,甚至吸引人的,但也许令人遗憾的是,它们与黑格尔自己的构思存在矛盾。一种是丹托提出的①:因为艺术的终结始于杜尚的《泉》(Fountain)②并且终于安迪·沃霍尔(Andy Warhol)的《布里洛的盒子》(Brillo Box)③,它成为自己的哲学,一种

---

① 参见 especially the paper "The End of Art" in Arthur C. Danto , *The Philosophical Disfranchisement of Art*, Columbia, 1986。

② 《泉》,直接取材于工业制成品,是由杜尚于1917年向纽约"独立艺术家协会"提交的他从一家水管装置用品公司买回来的并签名穆特(R. Mutt)的一件瓷质小便器。——译者注

③ 《布里洛的盒子》是直接采用包装盒的形式,没有做其他任何的加工,是沃霍尔不带任何作者痕迹的代表作,与上文提到的杜尚的《泉》有异曲同工之处。——译者注

430 "无限发挥自己的理念"①。丹托,作为一个"重生的黑格尔派"没有把这一意见作为黑格尔思想的严格解释,而是自由地应用到他对当代艺术演变理论的理解中。因此这也很难构成对他的异议,甚至有人可能会认为黑格尔会毫无疑问地激烈地拒绝这一观点,——如证实他对浪漫主义讽刺作品确实深深地怀有敌意一样。一个作品只是滑稽地解构了自己的可能性条件,既不满足美的要求,也不满足真理的要求,那么对黑格尔来说它完全不是一个艺术作品,而是一种有害的意识形态。但是,人们可能表述更一般性的异议,根据黑格尔的精神,认为以这种讽刺的、结构的自我反思的形式来看,"后历史"艺术是无法履行主要功能的。通常需要相对较高的哲学辩论的水平来评鉴这样的艺术作品;并且一旦它们被"解码",一旦使这些抽象理念呈现为感性对象或事件的刺激的惊奇感消失,它们似乎会消耗殆尽。他们不仅缺乏直接的影响,而且他们也不能让"永远不可能被满足"的耳朵或眼睛感受到持续的冲动感觉。此外,要具有这种刺激力量,要假定艺术和它的概念对我们仍具有某些真正的趣味性和重要性,而且仍然还拥有一些直接吸引我们的其他相关形式。

另一个不同方面的有趣意见是由卡斯滕 · 哈里斯(Karsen Harries)提出的②。他辨识艺术终结和**为艺术而艺术**(l'art pour l'art)的倾向的胜利,纯审美态度的产生直接完全的来自于作品的审美形式。这种问题的解释在黑格尔《美学》一书中没有真正提供概念性的方法说明在这个意义上什么会构成感性或感官物体的纯粹审美特质。他的理论的伟大之处,在于坚持史实性以及内容和形式的互相调节,现在回顾来看,同时也是弱点所在。由于黑格尔坚持内容的主导和决定的相互关系的地位,他不能承认形式能创建自己的内容的可能性,
431 独立于任何给定的意思。尤其清晰的是,他明确地将绝对音乐(无歌

① *The Philosophical Disfranchisement of Art*, Columbia, 1986 p. 209.

② "Hegel on the Future of Art", Review of Metaphysics, 27(1974)

词的音乐)视为"不幸",认为其是"不能严格被称为艺术"①的。黑格尔确实把艺术感性质料的解放趋势接受为合理的(正如我们将立即看到的那样),但是仅限于这种质料仍然为某些意义的表达提供载体的情况,即使这种意义(正如他钟爱的意大利歌剧)没有结果或趣味。

我们在《美学》中无法找到任何关于问题明确和一致的讨论:艺术终结之后的艺术作品还能具有什么功能和意义? 黑格尔没有致力于推测艺术的未来;历史的预言已超出了哲学的职权范围。然而,在其他一些不同地方,相当不连贯地,他确实又进行了大量对于被他视作当代艺术发展中重要的和有价值的趋势的思考。这些可能让我们制定一个对这个问题更普遍的回答。

当黑格尔指出艺术是过去的事时,他首先意味着接受当代艺术最重要的是过去的艺术。黑格尔清楚地指出,艺术的历史性和包罗性一同扩大了审美传统有关的时间和地理的范围,在现代起到了非常重要的作用。过去伟大的艺术作品为我们打开了一扇了解构成史前精神文化的大门;它们是构成我们"历史记忆"最重要的组成部分。通过历史背景,我们可以理解现在,理解我们自己的——因此是多变的——作品。对以往杰作的兴趣和了解是正规培育(正规教育和培训)的基本要素,没有它们,现代个人无法与自己生活的一般条件建立足够的自我反省的积极关系。

如果过去的艺术作品保留它们的实用性是因为它们的美(或崇高)的审美力量使我们涉及对它们的真理的追求,对它们含义的公开,尽管这种追求现在需要历史 – 解释学上的反思,然而生活中的问题,当代艺术审美地表现其自身在美和真之间的分离,这仅使得它们的局部统一受到孤立和不安全的限制。在黑格尔看来,当代艺术在两个相反的方向进行发展。一个是由美的作品构成,其内容没有任何特殊意义或偏好。例如,荷兰的景观和静物画,以及最重要的现代音乐剧

432

---

① 　G. W. F. Hegel, *Aesthetics*, trans. Th. Knox, Oxford, University Press, 1975, p. 902.

（*Gesamtkunstwerk*）、当代歌剧。完美的技能和表现使得绘画上表现司空见惯的对象和音乐上演奏过时的、往往乏味的曲目具有美学意义，这些技巧和表现手法为之注入了视觉和情感表达的主观性，为日常生活存在总体上的枯燥乏味制造了许多"诗意的"例外。通常我们忽略的是这些作品所具有的绚丽色彩和富有表现力的歌唱声音，以及可感知的最短暂的感观印象和感觉的微小变化。一般来说，它们带来现象世界对人关联的存在，外在的人性化世界对主体性的适应……它们的作用类似于愉悦精神的作品，人性化的、反思性情感和自由幻想的作品，快乐的，或者至少是舒适感（*Gemütlichkeit*）的作品，以及关于有教养的公民的、市民的（*bürgerlich*）存在。这一方向也造成了艺术的局限。当缺少主观活力和外观魅力的温情，当作品仅仅变成一种平淡现实的忠实模仿，日常生活的现实－自然主义的塑造时，它就不再是艺术品。

当代艺术另一个方向是真正的社会文化关联性的作品，是"伟大的伦理兴趣"和"真正的道德悲怆"，这也是黑格尔对约翰·克里斯托弗·弗里德里希·冯·席勒（Johann C. F. Schiller）的历史剧的概况。但是为了达到这样的目的，它们只有牺牲美丽和谐的客观性和即时性的理智主义完成的艺术品，一种抽象的、道德说教的、著作者的目的的入侵。即使是这样的代价，他们仍然不能达到直接、实际、行动导向的目标。由于在现代性条件下，"个人不能实现普遍的目标"[①]，悲剧的结局，英雄个人失败的命运，肯定认同英雄缺少直接达成协调的特点。我们不能抱有"一颗宽慰的心"离开现代剧院，却会被"不幸中的幸福"感觉所困扰[②]。这不会强加给观众明确的道德取向，却会刺激观众对生活中的伦理道德的选择进行独立思考。这可能会导致混乱；所

---

① G. W. F. Hegel, *Aesthetics*, trans. Th. Knox, Oxford, University Press, 1975, p. 1224.

② G. W. F. Hegel, *Aesthetics*, trans. Th. Knox, Oxford, University Press, 1975, p. 1232.

有道德标准的主观玩弄和消除都可以成为作品的结束,如浪漫主义反讽和"主观幽默"。这样的作品毁掉了内容和形式的客观性,将"题目醒目但材料紊乱歪曲"表现为"重点是作者的主观智慧"①。这也再次地违背了艺术的界限,这样的作品即使有实证意义,也不是一件艺术作品。偶然的外在性和偶然的内在性,主体,代表了"后历史"艺术相对的但相互关联的限制。

然而在两种限制之间有一个定义不明确的领域,如果仅以局部和脆弱的方式也仍可能实现美和真,审美的直接性和社会文化的关联性。黑格尔称之为"客观幽默"。他的讨论,至少在出版的文本中,是简洁和零碎的,这也使得解释是具有一定风险的。一般来说,他似乎认为一种主观态度的审美实现,是欣然沉溺于自己、放纵自己的对象。因此,表现变为表达与世界的某些内在的关系,或至少是象征,通过这种对象化,它失去了其个人特质并且成为可再经验的,一种对共享的生活形式或生活态度的审美召唤。然而,黑格尔引用的"客观幽默"实例却是令人困惑的。一方面它似乎是将荷兰风俗画作为民族自我意识的审美节点作为例证。这些作品即使是通过日常生活最庸俗,甚至丑陋的场景表达,也能巧妙地唤起精神上的愉悦、积极的生活态度、平凡劳动创造世界的快乐以及民族英勇历史,起到了公共标识功能。当然它们有特殊性和有限性,甚至也许是内心狭隘的,但是在他们的资产阶级舒适性中,却是真正地共建了民族统一的团结②。不过,他所涉及的"客观幽默"概念似乎是正好相反的情况:黑格尔所推崇的歌德的《西东合集》(*West-Östlicher Divan*),一个诗歌后期的循环尝试将波斯抒情诗的精神融入当代情感表达习惯中。黑格尔认为这是当代艺术使外来文化的生活态度通过审美方法直接再次实践的杰出典范。这

434

---

① G. W. F. Hegel, *Aesthetics*, trans. Th. Knox, Oxford, University Press, 1975, p. 601.

② 荷兰艺术的成就已经是过去的事了。但是黑格尔反复提及歌德和席勒作为民族诗人的特点,这表明自我意识和特定民族的文化认同形成(或变化)的功能在当代条件下仍然是可能及有意义的。

样起到了国际化教育的作用,将普通公民、中产阶级提升为世界公民,从精神层面打开了行为和经验的其他形式。

最后,似乎他也包含实现成长小说(*Bildungsroman*)的分类、教育小说,以及它们的实用协调的客体反讽。针对无知和格格不入,它们将成长过程刻画为学徒理性现实的存在,毫无意义且秩序混乱,年轻的心灵在更高的理想和感觉至上的名义下进行反抗。最终,青春变成了"和你我一样的庸俗市民"①。

这些有关"后历史"艺术各种可能性的不同意见清楚地表明黑格尔不认为"艺术的终结"仅是变为无功能性,失去所有社会关系的痕迹。但是,在他的分析中指出,作为审美潜能的具体文化功能似乎是具有特定目的的(*ad hoc*)、偶然的和多样的:情感的培养和现代冲突自觉反思的理性表达,民族文化身份的确定以及国际化教育的形成等等。但是,我认为这正是黑格尔所要表达的。终结之后的艺术是存有疑问的,因为它所属的功能成为无法解决的问题,所有的答案和解决方案仍将是有特定目的的(*ad hoc*)、偶然的、短暂的和多样的。变得独有和完整的、自律的艺术,不仅从规定内容中赢得了自由,从所有层次的主题和风格中赢得了独立,而且摆脱了预先给定的、固定的功能,与其使命一样,获得了解放。毫无疑问,这也是一种巨大的损失;艺术不再表达"人的实质精神",这种精神统一了具有绝对社会政治相关性的公共的社会思潮。在现代条件下,真正使国家成员的个性化和私有化得到统一的是在非个人和官僚机构的工作,单独的概念思维就可以抓住合理性。但同时也会损失获得自由和潜能的扩张。艺术家现在能通过对特定情况的反映和审美再现的力量以及社会文化相关的新类型和模式进行自由的创造,而不是发现。艺术家能赋予他们的艺术新的内涵模式。即使艺术终结时,艺术作品也能并且也应该"起作用"。黑格尔的哲学不允许审美领域完全地自我封闭。这不是"终

---

① G. W. F. Hegel, *Aesthetics*, trans. Th. Knox, Oxford, University Press, 1975, p. 593. (参见黑格尔:《美学》第二卷,朱光潜译,商务印书馆 2013 年版,第 364 页。——译者注)

结",而是艺术的消失,它转变成一个爱好或游戏。

"后历史"艺术深层次的问题和矛盾特点事实上包括它赋予艺术家自由,有效的能力没有寓于艺术家的艺术和艺术性。艺术家应从"限制在一种特殊"的内容和内容的表现方式中解放①,也能自由接受。作为表象(Schein)的艺术作品的本体论地位意味着,只是对于另一事物而言它才是其所是。作为一个感性对象它不是完整的;只有在与接受者的关系中它才具有艺术品的地位。"艺术作品本身是没什么生命的,没有自我意识,它属于能了解和能想象它所表达的真实内容的团体[它属于社会(es gehort eine Gemeinde dazu)]。"②感性意象的特点使得适当的主观态度对艺术的理解是直接的("朴素的")。然而,直观性是黑格尔常常直接传达的;它总是轻率地推测一些概念化的接受形式,一些无意识的预先判断。因此,当个人分享公共文化作为可理解性固有和显著的前提时,艺术的朴素、直观的接受性再一次典型地局限于那些历史时代,当他们是伦理实体的"代表"时。对于现代个体来说,艺术作品是个人喜好的对象、批判和反思性的解释。如黑格尔所指出的,即使是一幅《忏悔的玛德莱娜》③(Maria Magdalena)的画作现在等同于虔诚的宗教作品或是轻微的情色刺激。艺术作品是否达到预期的影响,实现预期的功能,传达预期的意义,内在品质不仅是唯一甚至是最重要的。它取决于是否了解观众的倾向的目标,并且很大程度上是具体的历史紧要关头及社会群体的问题。一件艺术作品是否能在任何意义上"工作"——对黑格尔来说这意味着它是否是一件艺术作品——取决于外部。这解释了黑格尔令人发狂的习惯,即使在一些当代艺术趋势或艺术作品具有最积极的特征之后,他还是提出

436

---

① G. W. F. Hegel, *Aesthetics*, trans. Th. Knox, Oxford, University Press, 1975, p. 605. (参见黑格尔:《美学》第二卷,朱光潜译,商务印书馆 2013 年版,第 378 页。——译者注)

② G. W. F. Hegel, *Vorlesungen über die Philosophie der Religion*, ed. G. Lasson, Meiner, 1966, vol. I, p. 282.

③ Maria Magdalena ,一幅宗教画,传说画中的玛德莱娜之前是一名妓女,在基督的感召下,痛改前非,专心修道,最后成为基督的门徒,是有名的圣女之一。——译者注

了问题：然而，这仍然是艺术作品吗？并且这个回答是未知的。因为现代性艺术不是简单地代替传统问题"这是美的吗"。还有一些更广泛的审美评价的概念，例如施莱格（Schlegelian）提到的"有趣"。"这是艺术吗"。这一问题问了一遍又一遍。就这个问题，依据正式定义的美学标准或仅仅单独从历史考虑的基础是没有答案可以被给出的。最终答案将取决于接受（当然，包括内在艺术的接受和影响）的事实。这是由艺术的外部和表达的偶然性共同决定的。这是"艺术终结"的终极意义，以及现代艺术的根本矛盾。艺术，变为完全的自律，决定什么是艺术他律性问题。因此，黑格尔可能会说，没有什么是真正的自律，除了绝对精神是所有它的表现形式的总体性。

第十五章　马克思主义
与文化理论

一

文化概念——由于起源于启蒙计划——是一个体系上多义的概念。这体现在它具有两种清晰可辨的意义,然而,在实际的使用中却证明这两种意义并不能够完全划清界限。一方面,"文化"指的是某些社会实践活动及其产生的结果所能渗透到的所有方面:在当代的理解中,它具有意义承载和传递的维度,是所有社会的表意体系(signifying system)[广义的、人类学(anthropological)意义上的文化]。另一方面,它指的是一系列限定的、特殊的实践活动——像艺术、科学等等——它们在西方现代性的条件下变成自律的,也就是被社会地设定为本身有价值的,并且具有自己原生的－内在的规范和评价标准的活动[狭义－部分的、"价值标示的"(value-marked)文化概念]。

二

关于人类学的文化概念,**无法**用一种"历史唯物主义"的概念方式明确表述。这当然并不意味着马克思主义无法解释此现象领域里的各个方面和元素,而只是表明,从其自身的内部逻辑来看,它们并不是能用统一的方式探讨和理解的统一体。

问题在于对立的概念阐述逻辑。人类学的文化概念基于一种一体化的社会形象(integrative image of society):文化是一个社会的全体成员共享的东西,对文化的参与可以使他们在一个通常意义的世界中以互相理解的方式行动。此外,它也是那些共享的意义,在这些意义的基础上,个体形成了共有的一致性,其时间上的持久又确保了社会持续的统一。

另一方面,马克思主义想要从不同结构制度领域间的动态关系入手去研究这个社会,正如它通过分析处于不同结构位置的社会力量之间的经常性冲突所实现的那样。它将社会的统一性和连续性与所有共享的共同归属感进行了彻底的区分——它把前者理解为支撑它们的那些关系和制度的不断再生,而正是这些关系和制度决定了基本的社会对抗特征。并非语言学的交往,而是生产中的分工,为马克思提供了社会交往的范式:以制度分化活动之间的互补性和互联性为基础的相互作用,它主要设想的不是共有的,而是不同的能力(compe-tences),同时也包括现实利益的对抗。

既然"人类学"的文化概念在我们的(日常的和科学的)思维中毫无疑问地发挥着一种重要、有效的作用,那么声称马克思主义的理论方法不能阐明它,似乎是对后者做出一种非常严苛的判断,至少暗示了它需要被与其逻辑相异的原理来补充。然而,如果要使这个结论成为令人信服的,除非人们认为关于"完满"理论的想法是可以实现的,换句话说,认为存在那样的可能性,即单一的理论框架可以在原则上令人满意地解释归于其概念领域之下的所有现象(至少基本的)的特征。我没有这种期望并且不知道在什么研究领域里有这样的例子,哪怕是能够接近于满足这个条件的。不仅如此,在社会理论和人文科学领域里,这种增补完善的想法似乎尤其存在问题,在这些领域里,不同的理论范式对于社会行为往往提出**实践上**不可调和的观点和导向,然而却不能彻底区分它们合法的适用范围(这也恰恰是它们争论的问题所在)。在这种情况下,虽然它们存在公认的理论"不足",但人们需要在它们中间做出**选择**,——这种选择当然不能独立于实践的承诺,因此也暗含着实践的责任。

439

三

另一方面,狭义的、价值标示的文化概念,对于马克思主义来说,从其发端时起,便构成了其理论兴趣的一个重要领域。启蒙的观点认为文化和培养是通向合理的和自由社会的主要手段,同时由于自己的理论也属于同一个文化领域便声称具有一种彻底的实践意义,与这种观点截然对立,对马克思主义而言,这种观点的问题在于,它既表现为一种理论上的困境,也代表一种实践上相关领域的理论化。(在此意义上的)文化概念阐述的三种方式,在马克思主义理论家远见卓识的思想中发挥了突出的作用,并且这三者都可以追溯到马克思本人。尽管它们好像往往以不同的方式彼此联合,但是它们却代表着完全不同的思路,可以分别概括为不同的特征。它们可以分别表达为**基础和上层建筑**的隐喻,**意识形态**的概念和**文化生产**的概念。

四

经济基础和从属性的上层建筑(economic base and dependent superstructure)的概念——在其表述和理解的所有的变体中——明确

427

表达的思想是所有政治的、法律的、宗教的和文化的制度与实践(关于它们的特征和变化)对经济结构和社会进程的必然的依赖性。用经济变化对于上层建筑领域中的变革既具有强制性也具有刺激性来解释这种依赖性是合理的。在马克思那里,这种观点具有强烈的论战的、袪除幻想的(disillusioning)特征:它直接反对马克思时代普遍流行的那种认为政治和文化是普遍利益的表达和体现的思想,也就是认为普遍价值与仅仅作为所谓私人利益领域的经济完全相分离,并且相对立的观点。人们同样应该承认,基础/上层建筑的二分法构成了早期马克思关于文化问题论著的框架——无论今天我们以什么方式评价它们——这种二分法实际上促成了文化社会学部分学科的生成(如文学社会学、艺术社会学、科学社会学等)。

五

然而,即使人们把长时间以来关于这种二分法的理解所产生的一些观点作为简单化的曲解(如把基础等同于"物质",把上层建筑等同于"意识-观念";两者之间单一的因果关系等)而加以摒弃,对我来说,似乎这一理论的有用性也已经被耗尽。抛开许多当然并非不重要的理论困难不说,主要的观点可以总结如下:那些似乎可以从上层建筑被基础所"制约"的观点中合理地保留下来的内容,不再表现出一种批判的洞察力。那些政治和文化活动在某种意义上和程度上依赖于,并反作用于经济变化进程的思想,那些存在于前者领域中的实践常常受到不同关联的群体利益的影响和诱导的种种思想——一般而言,在今天呈现出一种经验事实的形态。代表真正理论和实践旨趣的是研究这些事实是如何被理解和解释的。然而,想要说明这一点,这个包含着完全不同的制度和实践的,极端抽象的上层建筑概念无法提供足够的理论工具——因为有一点是十分明确的:由于它包含不同的成分,这个问题必须用根本上不同的方式来加以回答。断言这种概念表述是一种还原论的概念,不是因为它不承认上层建筑对于基础的一种"反作用"——它显然是承认的,而是因为它所能理解的这种能动作用只是在一种表达还是**压制**特定利益,在促进或阻碍一定经济发展趋势之间的单一的二分法的意义上理解的能动作用。或者换句话说:谈论上层建筑的"相对自律性"仍旧一直保留一种辩护性(defensive)的一般特征。因为要给一种自律性概念赋予意义(不论它是怎样相对的),人们必须不仅能够指出**来自于什么**(from what),还要说明**去做什么**(to do what)也是自律实践的一种既定形式。然而,基础/上层建筑的二分恰恰缺乏这种能力:去详细说明使不同上层建筑的实践(和体系)成为**特殊**实践的根本特征是什么。因此,最近那些深奥的(sophisticated)、意欲研究出这种概念阐述在今天仍然存在有效内容的尝试[古德利尔(Godelier)、雷蒙·威廉斯、柯亨(G. Cohen)],对我来说似乎是相当有问题的,在他们所有的分歧争论中不仅存在同样知识上扭曲的特征,而且最终都是以恰恰违背了马克思引入这一隐喻初衷的观点而告结束。

441

六

在某些场合,**意识形态**概念被马克思(尤其是他早期著作中)用于直接论战的目的:将历史中赋予观念以某种超越性力量的思想和表现体系,还原为明确的、特殊的(有意识的或无意识的)社会利益。在这个意义上,意识形态概念只是把依赖性的上层建筑的思想转换成解蔽的(demasking)文化批判的有效方法。但是,马克思还在另一种超越了基础/上层建筑二分的方式上使用这个概念。这种意识形态的意义,主要以他对黑格尔、亚当·斯密、大卫·李嘉图(David Ricardo)等人著名的和反复的批判为例。很明显,在这些批判的分析中,对一定利益的特殊形态的理论阐释,只是发挥了次要的作用,尽管马克思一贯地将之描述为"资产阶级社会的意识形态"。但他分析的重心在其

他方面:在于揭露这些理论的那些尚未主题化的(unthematized)、理所
当然的假设,它们有效地把这个社会的一些构成性的特征最终转化为
思想的方法论前提,更普遍地转化为它们所构成的合理的话语和表述
方式。因此,这种意识形态理论开始着手揭示那些结果,那些竭力普
遍化这些非反思性预断的现实尝试所引发的结果——正如在重要的
文化著作中所做的那样——那些结果主要出现在分析作品中的矛盾
442 和断裂之处。文化上具有重要性的意识形态,在这个意义上是典型的
对思想的禁锢,把历史限定的实践中的束缚转变为思想和想象上不可
超越的局限。对它们的批判是一种社会批判的一部分,这种社会中占
统治地位的文化,系统地排除了对于其自身产生其他社会可能性和选
择性的理解。同时这种批判也是对文化对象化(objectivations)意义的
一种重建,这种意义从不单独存在于作品中,而是依赖于那些实现意
义构成的文化实践的客观条件,并且它们对于作品的创作者来说似乎
已成为不证自明的必然。在这种意义上,意识形态批判——正如近来
很多人已经强调的——代表了一种辩证的调解,是在依赖于它的非文
本的、社会实践的背景下,对意义解释学的**理解**与客观性**说明**之间的
一种辩证的调解。

七

正是这后一种对"意识形态"的理解构成了那些马克思主义者著
作的基本框架[如卢卡奇,阿多诺,赫伯特·马尔库塞(Herbert
Marcuse)和吕西安·戈德曼(Lucien Goldmann)等人],这一点毋庸置
疑塑造了我们对于当代文化及其传统的整体理解。尽管如此,马克思
已经在一种相当偶然的方式下指出了意识形态批判所面临的两种主
要困难。第一种是关于**基本的文化形式(或类型)**的起源和特殊功能
的问题。第二种是关于**文化传统**的问题,也就是那些在它们最初被创
造和接受的社会条件已经消失(也许甚至无法重建)之后却依然长久

430

地延续着意义和重要性的文化传统。这两个问题显然彼此联系——长期有效的传统,在前面提到的意义上只存在于某些文化形式之中,在其他形式中却未曾发现。

无疑,后来的马克思主义者的著述便致力于这些问题的研究——人们只需要参考那些明确围绕着一定文化传承形式的历史变化(和社会重要性)的著述便可以发现(如卢卡奇和戈德曼关于小说、威廉斯关于戏剧、阿多诺关于古典音乐形式等著述)。然而,尽管如此,总的来说问题仍然没有找到答案。或者更确切地说,通常,这些答案要么是用一种非历史的人类学方式(一般把基本的文化类型的划分为人类与世界可能关系的刚刚分离,或者交往关系不同方面的分离),要么就是一种浪漫的历史主义的方式(把文化传统当作人类鲜活的记忆,是对 443 其历史累积的自我意识)。并且,人们可以发现,这种解决方式甚至出现在那些对于这种理论立场没有表示出什么好感的作者那里[例如,詹姆逊(F. Jameson)]。然而,这类答案,在马克思强烈的历史主义的框架内似乎显得相当古怪(即使他自己也许偶然间曾考虑过它们),并且几乎无法与一些历史事实相调和,这些历史事实证明了不仅在有效传统的储备中,并且在文化法典化的类型分类的结构中也同样存在着基本的变化。尽管如此,我把这些难以令人信服的答案首先视为一种有益的自我防卫的表现——反对把意识形态批判变成"总体的"(total)的一种自我防卫,反对把它从一种文化**干预**的方法转化为一种普遍的文化理论的防卫。

马克思主义的"意识形态"是一个**批判**的概念。它曾经是而且现在还是干预传统 - 传承和传统 - 维持的统治性过程的一种有效媒介,是打开思想新视野,刺激新的社会感受性和想象力的途径,进而从文化束缚中解放出来——达到社会的解放。作为一种批判形式,它在涉及自己的对象时必然要求一种特权地位,它把那些仍然不透明的并因此在实际的分析作品中被当作自明的预断,视为特殊的和社会导致的。要把这样一种方法转化为一种普遍 - 总体的文化理论只可能意味着两种结果。要么是,如今的批评家主张一种普遍性的特权地位,宣称他/她自己的观点在原则上独立于所有历史限制视角的形式,并且也因此将之置于文化传统的连续性之外。要么是,能够承认批判观点本身在原则上也被嵌入其对象所陷的同样扭曲的境况中——因为,它们可以被反思地和事后地认识,却从不可能被超越。毋庸置疑,马克思自己倾向于第一种选择:他认为(尤其在他晚期著作中)他自己的理论态势是沿着自然科学的形态发展的,尽管也是历史限定和不能"无先决条件的",但只是带着不断在物质实践中得到验证的、经验可证实的前提而发挥作用。在这方面,路易·皮埃尔·阿尔都塞关于科学和意识形态之间严格的二分法在经典文献本身中是能够找到合理根据的。然而,大多数意识形态批判的代表,不能接受对科学的实证主义的理解(也包括马克思和阿尔都塞)或批判理论方法与自然科学方法的等同。但是,另一种选择对于他们来说同样有充分的理由不能接受。因为,意识形态概念自我反思的"总体化"(totalization)——正如近来法国后结构主义的一些趋向所说明的——作为一种社会批判的工具总体上是无力的。由于批判在这里针对的是一些根本上无法超越的事物;针对语言,或是任何表述话语的强制力量,或是所有思想不可避免的历史规定性和视角等等——对于这些方面的人类有限性,这种理论不是表现为一种绝望的抗议,就是一种愉悦的顺从,这使得意识形态批判丧失其实践的-社会的相关性。由此,马克思主义最杰出的代表们在文化理论的某些基本问题上,遁入了抽象的人类学的普遍性之中。

444

八

文化生产(*geistige Produktion*)这个术语从 1844 年到他最后的经济学手稿,多次出现在马克思的著述中,但是其意义和内涵却从来没有被详细澄清过。如果说这一表达在最近 20 年变得有些流行的话,部分是与这样一个事实有关,即它恰好符合一种幻灭的态度,这种态度认为文化不再是能够产生永恒价值的个别英才深不可测的创造性行为的结果,而是一种世俗的社会制造过程的结果,这个过程只是为了满足不同消费品位和选择的需要而制造某类物品。基本上,像珍妮·沃尔夫(Janet Wolff)或桑切斯·巴斯克斯(Sanchez Vazquez)这样的作者就完全是在这个意义上使用这个术语的。

　　然而,在马克思那里,"文化生产"意味着,或者至少象征某些更重要的东西;是生产概念在专属于**特殊的**文化活动领域中的一种典型延伸。这至少包含着两个前提。第一是这样一种观点,它认为这些实践的社会功能主要是由它们在全体分工中的(历史变化的)位置决定的,因此也意味着需要去研究那些使它们联系着,并整合入后者的制度机制。第二,也是更有争议的一项计划,要借助于某些从专属于物质生产分析中得来的概念特征和观点来理解这些文化活动的特殊性。到底是什么,也即生产范式在什么意义上对于所有制度化的实践形式而言是典范性的,这是今天争论的一个主要问题。在这里我只能陈述我对于那些观点的不同意见,反对那些常常遇到的,把生产范式等同于对所有人类活动的一种工具主义的理解,反对把它们还原为劳动这一目的 - 合理性(goal-rational)活动的观点。在我看来,这种范式包含三个部分:

445

　　(1)用人类活动和需要的**对象化**和**占有**(appropriation)的方式来解释社会活动;

　　(2)同时就这些活动及其产物而言,在"**物质内容**"和"**社会形式**"之间作出一种分析上的划分;以及

　　(3)把所有这种"生产"行为都理解为**再生产**进行过程中的一个独一(singularized)的时刻。

<h1 style="text-align:center">九</h1>

　　尤其是在最近几十年的文献中,一直存在这样的尝试,试图在这

种更加严格的意义上使用"文化生产"概念。其中至少有两种尝试值得特别注意。第一种是,直接把马克思对商品形式的批判分析应用到现代文化上,尤其是应用于艺术领域。首先在德国,有一部重要的关于"商品美学"的文献,研究了商品化对于美学实践及其产物的历史影响。然而,显而易见,此类分析最成功的要数被应用到日常消费功利产物的"唯美化"之上[豪格(Haug)]。它们能够对"大众文化"发展上的趋向提供有用的,尽管往往是片面的观点,但是当它们试图处理"高雅文化"作品时却陷入相当大的困境。这几乎不是偶然的。高雅文化的自律性,作为现代性的一种构成性的制度特征,代表了对抗这些实践活动彻底的、真正的商业化的不可轻视的补偿性因素。而且也应该补充一点,马克思的商品形式理论(尤其是他的劳动价值理论)在被用来分析当代("大众的"或"高雅的")文化生产的经济方面时特别失效——因此"商品美学"理论在这方面往往被迫运用相当表浅的、修辞学上的一般原则。

第二种是一直存在的更普遍的尝试——从瓦尔特·本雅明(Walter Benjamin)开始,在阿多诺的晚期著作和威廉斯等人中得到继续——试图将马克思对生产力和生产关系之间的划分(即内容/社会形式二分法的一种具体化)再一次运用到现代艺术的分析中。这些理论意义只能分别地、详细地加以讨论——这是我在这里无法做到的。我当然受惠于它们的某些方面。与此同时,人们感到吃惊的是所有这些作者各自使用概念意义时明显的多样性,例如在阿多诺那里,这种多样性似乎联系着相当不同的,甚至不可调和的理论计划。总的来说,关于**两种**文化生产理论的研究方法,在我看来它们的重点在于主要地并片面地强调那些**从属于**文化领域的社会体系和关系,即那些确保其整合到社会再生产的总体进程中的社会体系和关系,而不是那些**构成**文化领域的社会关系。

446

十

为了使这最后的、我担心会难以理解的评注有意义,也为了可以用一些积极的建议结束这个论文,请允许我指出,到底是什么构成了每一种"文化生产"观念都会涉及的主要困难。生产范式其实暗含着作为它的一个方面的再生产概念,如果这一说法可以接受的话,那么谈论"文化生产"似乎是完全没有意义的,至少在现代性文化方面是如此。因为这种文化将革新的原则,也即对**新颖性**(novelty)的要求设置为构成性的条件,它必须被所有理解为属于文化领域的对象所满足。因此专门的文化活动应表现为**创造**行为(即被社会上设定为独一无二的——当然与它们心理学上被理解的创造力无关),而不是生产行为。

再生产概念不适用于这样的文化活动这一点似乎在马克思应用它们的术语中得到了承认——但是,是以一种自相矛盾的方式被承认:精神(geistige),它是**观念**的对象化。根据马克思的观点,一般而言,再生产的必然性以这样的事实为前提,即对社会生产的使用价值的适当消费,它们的使用同时也是它们被消耗的过程,是它们目的的形式的一种损毁——所以一个人类创造的物质客体的社会世界只有通过不断地再制造、再生产才能生存。但是,文化作品是"脑力"劳动的产物,是"观念"的对象化,黑格尔的术语["精神"(geistige)]道出了其中的事实,那就是它们履行它们有目的的,特别是文化上的功能,主要就是只"表达"在某些物质形式之中的**意义复合体**。因此,它们适当的使用行为,即文化的接受和理解行为,原则上没有把它们耗尽,事实上恰恰是这些行为在文化对象化的功能中完全**保存**了它们。所以,一种"观念的－文化的生产"概念似乎是自相矛盾的——这些观念"产物"的特征使它们的再生产变成无对象的(objectless)概念,因此谈论它们的"生产"也丧失了严格的意义。

447

十一

然而,正是这些考量说明了在什么意义上文化实践和对象化可以,甚至应该在这个词的真正的意义上被理解为构成社会再生产的一个特殊的领域。可以这样阐述上述所表明的文化接受的特殊性,即关于这些对象化,它们的"消费"行为不仅构成——正如马克思在关于"物质"活动产物已经表述的那样——"生产的完成",同样也构成了它们再生产的行为。文化作品,首先是不同种类的文本,只有当它们在适当的不断重复的接受行为中被直接赋予一种意义,而这种意义被设定为内在于它们并且与正在进行的、现今的文化实践相关时,它们才能保有一种有效的**文化**意义——否则它们将只不过是意义丧失的历史或社会的**文献**,并且只有为它们提供一种适当的背景才能重建其意义。但是,文化对象体化的这种看起来固有的意义在历史中是不断变化的(而且如果它们想要与正在进行着的文化实践保持相关性的话就必须变化),这个事实表明它们之所以"拥有"这种意义只是因为,它们被设定和理解在一种已然存在的、无声假定的背景中——一个不断再生的关系体系,照此在其特殊的联结和分支中构成了文化领域。

448

十二

这一点可以回到作为现代文化实践构成性之特征的革新(innovation)问题来加以说明。严格地讲,一种普遍的"新奇性"要求是没有意义的,因为人们一直以来既可以认为每一种事物都是新的(根据难以辨别的同一性原则来说必然如此),同时也可以认为太阳底下没有新事物。新奇性的构成标准能够具有意义,只是因为在文化实践每个领域的任一时刻,无论对于作者还是对接受者来说,比照**什么**(有效的传统)和**在什么方面**,以及根据什么标准判断一部文化作品应该是"新颖的",这显然是预先给定的。并且,相关的标准在不同的文化类型中基本上也是不同的:自然科学中对早前的一个实验的"再试验",与绘画中的"临摹"或者哲学中的"折中兼容的模仿"意味着完全不同的意义。此外,只有提供一种适当的背景时,一部文化作品才可能去有意义地声称,并被认为是"新颖的",从而既再次确认又(有可能)修正了这个框架本身。

十三

　　所提到的这种背景,对任何(一定形式的)文化对象化来说既建立了直接意义的条件也建立了新奇性的条件,这种背景可以被概念化为一种复合的体系,它把任何声称与文化相关的作品都设定在**标准的关系**之中,包括作品与它**被赋予的作者**之间(固定在某种交往的位置),与一个"**专属的**"公众之间(其特征由某些针对文化对象的特殊要求所赋予)以及与适当选择和组织的、构成一种**有效传统**的其他大量的作品之间的关系,而这传统需要它再一次以一定的方式嵌入其中。这些给定的作品必须满足这些关系才能被接受成为一定种类的"文化创造"。这些便是在基本的分支和联结中构成了自律的文化领域的独特的、**特殊的文化关系**。如果这个词使用得恰当的话,它们主要"存在" (exist)于各种制度化的标准和需求的形式中、一定类型的期望和评价标准中,其次则同样存在于作者和接受者的能力中,这种能力——或多或少成功地——受到在能力施展过程中同时被再造和修正的这些标准的导控。所以,对于接受者来说,他/她的"再造"一部作品的**内容** (即意义)的能力,也就是以某种适当的方式理解它,是以具备将这些内容理解成满足和体现一系列这样标准关系的能力为前提的,换句话说要把它理解为具有一种特定的形式。**文化形式**(在广义上对应于一种类型的形式)被视为是直接存在于所提到作品的结构和组织中的凝结成的文化关系——而事实上,习惯上被长期传统所接受的作品的形式,伴随着主导性文化关系体系实际中的变化,往往在历史上发生基本变形。

十 四

文化形式确定了有意义的文化对象化在一定时代中**可容许的形式**范围——它们可能被解释、被参考和被使用的方式,它们可被称赞或批评所根据的立场,它们可以与其他(相似或相异形式的)文化作品发生联系的方式。它们构成了一种限定了大多数立场和观点的制度化的语用学,根据这些立场和观点,我们赋予这个世界和我们在其中的生活以意义,或至少使它们成为可以理解的。

十 五

现代性的文化关系既是赋予权力的又是抑制性的。它们没有叙述性地确定谁来扮演相关的作者和接受者的角色,也没有确定在这种或那种文化形式中应该说什么或表现什么——在所有这些方面原则上的开放是它们主张的自律性和普遍性的一个基本方面。但是它们规范地限定了作者的"声音",要求以某种成文的意义－形式用"适当"的接受态度来再造一个文本或描写的意义。这些被要求的能力和感受力,事实上是社会限制和约束的。并且这不只是一种经验事实;现代文化不仅将自身设定为对每个人来说都是内在有价值的和有重要意义的,**而且**还是"非凡的":也就是高雅**文化**。这种"高雅"和"大众"文化之间的对立,根本上不同于我们在前现代社会中在"精英的"与"平民的"或"低层的"文化之间做出的划分。在后者的情况中,对于那些社会来说,所涉及的实践活动并不被理解为同一种实践;它们在归属上属于不同的社会力量并且具有相当不同的、不可比较的功能和重要意义。只有在现代性的条件下——由于文化作品基本上专指

438

向一个社会学上非特指的公众,由于市场机制使它们的分配普遍地均质化等等——以往一直**不同**的问题才开始转化为如此构成的文化领域的**内部矛盾**。

十六

不同文化形式的特征,标准的"作者—作品—受众"关系的分化体系,最终依赖并取决于照此区分的实践及其产物在一个时期所具有的社会功能。例如,一门主要服务于"启迪"(edifying)目的的关于自然的科学(science of nature)(像 16 世纪到 18 世纪的"自然哲学"),区别于一门主要作用是开启新的技术可能性的自然科学(natural science),并且区别不仅在于它的社会组织和实际的受众,而且还在于它的认知结构、文献对象化的形式、允许的批评标准等等。

另一方面,某些文化实践社会功能中的变化——或企图的变化——(往往至少也包括那些制度结构的不完全的重组,相关的活动通过这个过程被整合入整体劳动分工中——一个我在这里无法讨论的问题)通常只有通过主导性文化关系和形式的变革才具有可能性。社会的压力和要求始终通过成文的有效传统和先在的文化形式的多棱镜折射出来,同时它们为改变提供了重要的驱动力。不同的自律的⁴⁵¹文化领域里关于形式问题的"内在"争论和对抗,转为围绕着远不只是"形式上的"问题而展开;它们涉及不同的文化实践之间划分的内容问题,涉及它们所设定的适当接收态度的特征问题(因此间接地:涉及到潜在的受众),还涉及所表达和被理解的意义形式和影响力问题(因此间接地:涉及所主张的社会重要意义)。这些是反映在自律的文化领域内的社会对抗。人们可以重述青年卢卡奇的格言:形式是突出的社会因素——不仅在文学中,也在普遍的文化中。

仅仅作为一种非详尽的说明,我在这里可以参照哲学中的**体系**(system)问题。这个概念既不能混淆于某些对相关性和全面性的永久要求,也不能混淆于一种特别的文学阐述形式——"体系"作为哲学的(并且只要实证科学没有完全从中区分出来,还属于它们)主导性的(尽管当然是无竞争的)**文化形式**,几乎已有三个世纪之久。一般而言这类作品要满足和符合它们应该被理解的样子,这一事实暗含着一系列详尽而标准的假设。产生于 17 世纪早期的这种思想,是基本媒介之一,哲学-科学通过这些媒介在文化上从制度化的宗教和神学的监管中解放了自身并且提出了自律性的主张。后来的争论是关于这种形式的合法性问题——首先是两波伟大的"体系批判"浪潮,法国的启蒙运动和德国的浪漫主义——(无论使用什么论点)基本上是关于一种自律性哲学与日常意识和生活间的适当关系的斗争,关于其可能的任务以及与其他伟大文化形式(例如文学)之间关系的斗争。这种文化传承形式从 19 世纪晚期开始缓慢瓦解和消失,部分是所有社会成文的知识形式的专业化和特殊化这一潜在文化进程的结果,而且即使在今天,针对哲学实践的适当形式所提出的不同建议——从它的"科学化"到它的解构——亦代表了对其合乎需要的社会文化功能非此即彼的、对立的计划,这些计划要针对不同的受众,以不同的方式重新划定高雅文化类型上的界限。

452

十七

虽然文化实践中广泛的历史变化依赖于总的分工体系以及它们在其中的位置转变,但是文化关系具有它们自己**特殊的物质基础**。人们可以说存在着特殊的"文化生产力",共同决定着文化关系和形式的发展。粗略地讲,它们与交往的技术和手段以及各种承载意义的信息的再造紧密相连。然而,具有普遍文化生成意义的,不是这些交往和再造的技术,而是使用它们及其产物的能力和权力的社会分配。换句话说,举个例子,不是智识技术上的写作形式,而是社会规定的知识读写(literacy)形式,不是印刷技术,而是阅读公众中有效的社会范围和组织等等,才是文化变化中的决定因素。因此,文化关系在某种特定的意义上,确实具有一种"上层建筑的"特征:它们只有通过社会权力和分层这一给定体系的调解,才能与自己的技术"基础"产生联系。

十八

在现代性条件下,当文化实践自身被社会地赋予一种价值,同时新奇性成为其产物所必须满足的构成性要求时,可以理解,它们不同的形式将获得强有力的驱动,朝向一种自生的、自动的发展。的确,文化变化的短暂周期,根据问题 – 生成、问题 – 解决的解释程式可以很好地理解——无疑,在自然科学的例子中尤其如此,当然不只是它们的例子。然而,一般而言,这两种"外部"的决定类型均表明了以上所述仍然有效。文化的自律性并不意味着其不同的子域具有各自发展的逻辑。文化实践及其对象化的特征上的变革仍旧受到来自于其他的"外部的"社会生活领域的要求和压力的影响,以及它们自己物质基础的发展所产生的新的可能性的影响。从这一点上看,自律性只是意味着,每一种具有自己的调节标准和独立评价尺度以及强化这些标准和尺度的制度结构的文化实践类型,以一种高度选择的、积极的和特殊的方式,反作用于所有外部的驱动力和可能性。

453

十九

最后,关于文化现代性的起源问题,以及文化因素在西方资本主义的兴起中发挥怎样作用的问题(马克思和韦伯之间构想的"争论"),可以用两点作为总结。一方面,似乎很清楚,只有商品关系的普遍发展才能为那些指向个人与社会非特指、匿名公众的文化实践对象化的持久再生,创造一种稳定的社会经济体制。另一方面,构成这些实践自律化的基本方面和先决条件的根本的文化变化,往往比所涉及活动或其产物最初的商品化更早发生(有时差了几个世纪),这是一个历史事实。例如,当有关的实践仍然在个人依赖(惠顾)与社团(行会)组织这两方面关系构成的体系中运行时,现代艺术概念和体系,伴随着对作者身份变化性的理解(甚至还有归属),在此条件下已经开始发展进化。此外,某些文化领域在市场组织和相应经济实践形式的发展演进中,发挥的先锋作用也是十分明显的。例如,图书和剧场表演那样的文化展景,实际上是最先正式刊登广告的商品(从 15 世纪晚期开始),图书交易(早在 18 世纪)是真正达到全国性组织(national organization)的一种产品市场的最初实例之一,等等。总的来说,这种假定似乎并非是不合理的——与韦伯一致,但是不依赖于他最终由其个人主义的理论框架所决定的动机主义(motivationalist)的论述——对于经济中商品关系的普遍化来说,某些必要的制度机制、社会承受力和态度,是在狭义理解的文化活动领域中最先形成和运行起来的。如果历史有什么训诫的话,它似乎预示着,重要的文化变革既是结构社会变化的结果,同时也是它的前提。

第十六章　意识形态批判的批判

不少人对基础－上层建筑的隐喻在马克思社会理论的一般概念图式中的根本性,甚至完整性持怀疑态度。然而,这种质疑绝不可能出现在意识形态概念中。诚然,马克思在其晚期作品中相当谨慎地使用了这一术语。但它从未消失,更重要的是它所指明的观念——这种观念在 1845 年这个(舶来的)术语第一次明确使用之前便已形成——明显地保留了下来而且在他的全部作品中发挥作用。事实上,恰恰是在后来的经济学手稿中,他的这种意识形态批判方法获得了最广泛和最深刻的运用。在这里,我主要考察他的 1861—1863 年手稿中以《剩余价值理论》标题而为人所熟知的这一重要部分。

这一术语也是经由马克思的意识形态观念进入社会科学和人文学科词汇中的。今天,与它被广泛接受并深受欢迎相伴的是它的隐含意义的千差万别,而且作品也是把它放在马克思主义思想传统中来加 以使用的。因此,以阐明与此术语的当前使用不同的马克思对意识形态理解的一些基本"标界"特征来开始讨论会是有益的。

首先,需要强调的是,当马克思仅仅在关于文化的作品中运用"意识形态"术语时,他是在狭义的、这个术语的价值意义上来使用的。也就是说——正如科尔施①早已敏锐觉察到的②——他从未把日常意识现象称为意识形态的,尽管它们的社会构成(这是他的拜物教理论的一个重要方面)是他感兴趣的主要领域之一。在马克思那里,"意识形态"是对"高级"文化,主要是对现代性③自治文化的分析和批判。同时,也是第二个方面,意识形态概念不适用于——即便在原则上——我们通常在如上限定意义上视为"文化的"那些现象的全部。尽管马克思——与许多他的当今的阐释者不同——**不认为形容词"意识形态的"和"科学的"是相互排斥的**④,但他把**自然科学**排除在意识形态领域之外,由于自然科学事业所独有的特征。他始终从普遍的,可以说是从人类学的角度来描述它们的社会意义和功能⑤。

457　　这当然与如下事实相关,也就是第三个方面,即"意识形态"在马克思那里是一个具有浓厚的"**批判性**"意味的概念。把文化作品描述为意识形态的当然并不意味着它们的"解雇",并且一般而言并不必然包含对它们的文化价值和意义(毕竟,马克思视黑格尔的哲学、李嘉图的经济学、巴尔扎克的小说等等为意识形态的)的全盘否定,但它表明它们在非偶然但根本的意义上是"虚假的"、"扭曲的"或"不完全的"。它指的是"原则之谎"(lie of their principle),也就是说,它们的意义被

---

① 科尔施(Karl Korsch,1886—1961),德国著名哲学家,"西方马克思主义"早期代表人物之一。主要著作有《马克思主义和哲学》等。——译者注

② see K. Korsch, *Marxismus und Philosophie*, Frankfurt, Europäische Verlagsanstalt, 1963, p. 123.

③ 在不同的场合,马克思也将道德、法律和政治列入意识形态范围。尽管如此,他后来的讨论表明,他以此意欲表达如下见解:主要是道德的、政治的和法律的理论,或至少是准理论的文化表征属于这些领域。See for example K. Marx – F. Engels, *Werke*, Berlin, Dietz, 1957 – 1972, vol. 3, pp. 26-27, 362-363, 569.

④ 马克思明确将李嘉图的经济学视为并明确称之为意识形态;see Marx, *Resultate des unmittelbaren Produktionsprozesses*, Frankfurt, Neue Kritik, 1969, p. 133. 但这并不意味着他否认它的科学特征(与它的理论成就和意义)。一般来讲,在马克思那里,"科学"指一种具体的文化形态。它不是认识论意义上与真理相等同(或暗含着真理)的评价性术语。

⑤ 自然科学被马克思描述为"社会发展的一般文化(geistige)产品","一般历史发展抽象精华的产物","社会智力的一般生产力"。See Marx, *Resultate*, pp. 79, 81, and Marx, *Grundrisse der Kritik der politischen Ökonomie*, Dietz Berlin, 1953, p. 586.

建构的具体方式扭曲,而这种扭曲反过来决定它们在具体历史境遇中的功能和影响。在马克思那里,意识形态并不等同于一般意义上观念的历史情境性、历史限定性或视角性(以及不可避免的历史局限性),他也明确知道,这一点同样适用于自然科学。问题被明确提出,这种限定性和局限性的接受如何才能系统地被禁止以及随之而来的结果是什么,因此,"思想界限"的不断克服在一定社会条件下的某些文化领域中变得不可能。

最后,主要由上得出,马克思的意识形态理论没有或至少没有主要地论述观念的起源,但其讨论了特定文化形态的**功能**和意义。它是马克思的支配性社会关系,尤其是资本主义社会条件下支配性社会关系再生产理论的构成要素。它至少部分地回答了他的问题:统治阶级的观念是如何以及通过什么方式转变为社会中占统治地位的观念的,由此带来的效应的是什么——依照马克思的表达,也就是合法性(或统治权)的问题。这也意味着,马克思的意识形态批判——就其基本的和最终的目的而言——不是一种对这样或那样特殊文化成果的批判,而是通过证明如下事实而达成的对某种社会的批判:它的文化界限、它的自我理解的文化编码方式系统地排除了充分理解它的对抗性和主要由它所创造的那些历史替代方案的可能性,这使得它的成员不可能理性地控制他们的生活以及他们共同的历史发展过程。这在马克思的一贯态度中表现得最为明显,他将资产阶级政治经济学的全部历史视为资本主义社会的基本意识形态:对历史上一系列个体理论的批判试图表明一个社会如何逐步变得越来越不能满足特定的文化认知标准和它所创造的科学性标准。

马克思的意识形态观念——只被马克思部分地阐明——在其基本前提中阐明了通向文化领域的方法。文化作品不再被视为某种**独特的**(sui generis)实体,也不再被视为其意义和合法性仅仅依赖于它们与其他事物的一致性关系的纯粹"表征"。它们被看作社会实践的对象化,其主要功能是创造、传递意义并强制人们接受意义,通过这些

458

意义,个人能从整体上理解他们的生活境况、生活的限制和可能性。意识形态批判是一种揭露文化创造物"真正"意义的方式——在此意义上,它是一种诠释学,但这种意义既不能被看作是相关作品内在固有的,也不能将其等同于作为意义最终来源的它们的创造主体的目的。意义依赖于使实践成为可能且必需的客观条件,依赖于人类"制造"并使之发生作用的客观条件,但人类对这些条件并无意识:它被"完成",却不被"理解",而且只要历史还没有被联合的个人共同支配,而是处于敌对利益相互斗争所产生的盲目性后果之中,它就不可能被理解。这种认为决定文化对象化意义的是它们的**非文本**语境,也即"物质的"–实践的语境的观念是马克思意识形态概念中明确表述的最抽象和最一般的前提。

这种观念首先包含着对这些意义自身的**历史**特征的认可。因此,正如马克思自己强调的①,"一种和同一个"理论(在变化的历史环境中)可以具有不仅不同,甚至截然相反的意义和意味。但这些客观条件与文化之间的关系不能通过概念化的方式——与人们对基础–上层建筑隐喻的通常理解不同——也即仅仅强调因果甚或是功能决定性来获得理解。他们生活的社会环境和诸多出于自身的利益的相互冲突无疑**制约**着观察和理解他们自身境况的方式。尽管如此,意识形态不是对这种事实的简单"反映"或记录;它们积极并且——在不同程度上——创造性地**回答**(哲学的、艺术的、政治的等等)被如此观察和理解的生活境况所提出的问题以及从中显露出来的冲突,这些回答的出现既有社会诱因,也与文化密切相关,也就是说,与以一定方式继承下来的文化传统相关。正如马克思所强调的,它们是形式,通过它们人们便会理解他们的社会冲突并加以解决。因此,意识形态和相关的

---

① 参见他对地租理论历史的讨论:"同**一个**学说,它的创始人和马尔萨斯都是用来**维护**土地所有权,而大卫·李嘉图却用来**反对**土地所有权。因此,至多可以说,提出这个理论的一些人**拥护**土地所有权的利益,而提出这个理论的另一些人反对这种利益。" Marx – Engels, *Werke*, vol. 26/2, pp. 115-116. (参见《马克思恩格斯全集》第34卷,人民出版社2008年版,第133页。——译者注)

社会条件之间的关系既可被理解为非反思地强加的"决定性",也可被理解为(以多种方式建构的)意义关系——二者之间晦暗不明的交织关系使批判成为必需,而且也构成了批判的对象。再次以最抽象和一般的方式来讲,后者通常包括(关于它直接的文化对象)对特定话语的意义构成维度和特质——也是事实和价值、观念和利益、想象虚构的和现实的——之间的界限的激进的修订和重绘。意识形态批判表明由文化设计且发挥社会作用的意义的建构是如何被无意义的,或者至少(从其自身意义来看)是无法理解的建构条件共同决定的——目标是要理清权力和合法性①的混乱状况,同时提出决定意识的仅是事实的和"外部的"决定因素,进而对之进行反思并最终在实践中将之超越。因此,从方法论的角度来看,它阐明"一种辩证中介,用以调解关于意义的传统社会科学的'解释'和历史解释学的'理解'之间的关系,这种意义传统受'克服'我们历史存在的非反思性时刻的规范性原则支配。"②

然而,不得不承认,所有这些关于马克思意识形态观念的阐述即使是有自己的理论前提,但对马克思的相关文本的阐释仍不充分,因为它们都没有考虑马克思是在不同的可辨识的意义上使用此术语的,而且相应地他的批判方法表现为不同形式。如果不片面地盯在通常(大部分都可以在《德意志意识形态》中找到)马克思关于意识形态所做出的少之又少的只言片语和毋宁说是临时性的言论上,而是考虑到实际上他在**论述**他所认为的作为意识形态的不同文化形态时的不同方法,那么,这个术语所包含的至少两种意义便会从他的著作中浮现出来。

一方面,同时也一直是饱受争议的,马克思运用意识形态指谓理论或其他文化表征形式履行着有意识地或更经常是无意识地直接为

460

① ibid. ; J. Habermas, *Der philosophische Diskurs der Moderne*, Frankfurt, Suhrkamp, 1985, pp. 140-141.

② K. O. Apel in *Hermeneutik und Ideologiekritik*, Frankfurt, Suhrkamp, 1971, p. 43.

一些在历史上和社会上具体的和明确的利益"辩护"的职能。在此意义上,意识形态便是——通过使用继承下来的文化手段——对一个社会组织或社会阶级的成员因他们特殊的社会地位、共有的行动和生活方式而能共享的那种给定的、自发的幻觉——通常是关于他们自身和社会世界的幻觉——予以系统化和伪合理化。以此方式,他们将特殊利益**显示为**普遍的———般是统治阶级的利益,尽管不是唯一的,因为正是统治阶级才有权使用文化资源,并通过对这些意识形态话语的表述将被编码的传统文化调动起来。在这个意义上,意识形态批判是通过**社会学还原**的方法起作用的,也就是说,揭示隐藏于观念或表征系统背后真正的实践-社会生活基础:将诸多利益视为特殊历史代理人的"真正动机",这些历史代理人由在特定文化形式的"观念表达"中找到自身的"占支配地位的物质关系"所决定。① 这种意识形态概念从根本上从属于基础/上层建筑二分法的框架②——它具体明确地

461 说明了文化上层建筑是如何发挥作用的,即使马克思从某些方面也描述过后者这个概念,他提到它的(至少是潜在的)**异质性**,讲它包含着不同的,在某种程度上相对立的或相冲突的意识形态。这种批判(比如,马克思对青年黑格尔派或庸俗经济学的批判)**致力于揭露**,即这样一种任务,通过揭示与经过明确阐述和主题化的东西相矛盾的"被隐藏"的社会意义在论战中加以驳斥。并且,当它的目标是唯心主义历史观(正如在《德意志意识形态》中所展现的)时,它便颇具反讽意味,因为,此时关于观念在历史中具有超然的权力或永恒的统治这样的言辞背后隐藏着未经反思地接受的特殊和狭隘利益的支配权。在这些语境中——"意识形态"常被作为唯心主义历史观的同义词——马克思将它描述为关于现实的颠倒反映,结果是它的批判变成了一种唯物

---

① Compare Marx – Engels, *Werke*, vol. 3, pp. 39, 46-47.

② 这亦由马克思所使用的术语所证实——在一些相关语境中,他公开讲道"意识形态的回响和反应","物质生活过程的升华物","占支配地位的物质关系的观念表达"等等:Marx – Engels, *Werke*, vol. 3, pp. 26,46.

主义的"颠倒"。① 尽管如此,这种明显来自于费尔巴哈宗教批判的观点的重要性和运用在马克思那里都只是有限的,即使在"致力于揭露"的意识形态观念方面也是如此。

我们可能更加需要注意这种揭露性批判的实践。那些对马克思的相关文本熟悉的人无不为他付出的时间和努力所动容(而且肯定如此),马克思要证明他的批判对象不符合传统所持有的文化合法性的基本标准——独创性(或完全的抄袭)的缺乏、对相关事实或理论的无知、直接的矛盾都得到了**使人厌烦**的详尽描述。这种特征不能仅归结为马克思富有魅力的论辩风格。在某种意义上,它恰恰属于致力于揭露的批判事业,这种批判表明所考察的作品无法满足它们所推崇的文化标准,表明它们只有在"社会学的"意义上被隐藏、被完全私密化时它们才真正是一致的,相应地表明它们的作用和影响只有通过大众幻觉和既定利益的力量才能得到解释。

462

然而,即使有人忽视最后一点,但明显的是马克思在,比如,对待与青年黑格尔主义相对立的黑格尔②的方式,或对待与庸俗经济学相对立的李嘉图的方式上存在着基本差异——而且不仅是语调方面的——即使他也把首次提到的理论视为"意识形态"并加以明确阐述。③ 尽管如此,他对这些理论展开的反复和长篇的批判中,通过把观念"还原"为明确的社会利益结构的批判性阐释方法只扮演着次要的角色,确切来说是边缘角色;他常常提及要解释它们为适应环境而导致的不一致性(比如,黑格尔的国家理论),而不是它们的基本意义和意味。这些"划时代"的意识形态被马克思视为与特定**社会形态**相关

---

① 这种观点的最著名的论述当然是《德意志意识形态》中**照相暗盒**的隐喻,Marx - Engels, *Werke*, vol. 3, p. 26. 这种观念的不充分性已被阿尔都塞合理地指出, *For Marx*, Harmondsworth, Penguin, 1969, pp. 72-73.

② 黑格尔(Hegel,1770—1831),德国最伟大哲学家之一。主要著作有《精神现象学》、《历史哲学》、《逻辑学》、《哲学全书》等。——译者注

③ 关于黑格尔,compare Marx - Engels, *Werke*, vol. 3, pp. 167,331,442. 关于李嘉图, see Marx, *Resultate*, p. 133, and Marx - Engels, *Werke*, vol. 26/1, p. 343.

的视角的理论表达,而不是首先被看作社会特定阶级或阶层具体的、暂时的利益的理论表达。因此,在这些问题上,意识形态批判获得了一种迥然不同于"致力于揭露"的批判事业形式。

尽管有相当大的时空距离,马克思早期对黑格尔的批判和他后来论述英国古典政治经济学经典的文本之间存在着明显的相似。在这两个问题上,他的分析集中于揭示由它们特有的**方法**塑造和确定的这些理论的**隐秘化、想当然**的前提和假设,通过这种方式理性的揭示得以建构,因而,它具有思想的"逻辑"约束特征。一方面,这些意识形态形式的"划时代"特点由如下事实加以保证:他们的"无意识"、未经反思的先入之见(比如,黑格尔把异化和对象化等同起来,或者李嘉图①将某种具体的、具有历史形式的社会劳动和它的"自然形式"以及这种形式的劳动相混同)表达的并不是思想中的一些短暂的特殊利益结构,而是某种社会形态主要的构成性特征和基本条件。② 他们正是把后者提升——通过在方法论层面上展开的逻辑——为普遍有效的标准,或者提升为无法超越的自然必然性。另一方面,它们具有这种重要性,不仅因为它们一贯地("愤世嫉俗地")坚持这些假设的推论,而且因为从它们的知识视角来看它们真正尝试着去解决体现于这些社会生活中的矛盾。这些文化作品的"创造性"不只简单意味着它们的原创性,而且主要指的是为克服现实生活——威胁并潜在地削弱着它们含蓄地设定的原则的普遍有效性——的这些冲突而在思想中做出的巨大努力(按照马克思的观点,这种冲突只有在革命的社会实践中并通过革命的社会实践才能消灭)。在这个意义上,它们不仅把特殊

---

① 大卫·李嘉图(David Ricardo,1772—1823),英国政治经济学家,古典政治经济学的代表。主要著作是《政治经济学及赋税原理》。——译者注

② "如果说李嘉图的观点整个说来符合**工业资产阶级**的利益,这只是因为工业资产阶级的利益符合生产的利益,或者说,符合人类劳动生产率发展的利益,并且以此为限。凡是资产阶级同这种发展发生矛盾的场合,李嘉图就毫无顾忌地反对资产阶级,就象他在别的场合反对无产阶级和贵族一样。"Marx – Engels, *Werke*, vol.26/2, p.111. (参见《马克思恩格斯全集》第26卷第2册,人民出版社1973年版,第125页。——译者注)

利益标榜为普遍利益,而且试图将这些利益**普遍化**和**合理化**,它们的支配地位实际上是由那个社会的基本结构所保证的。通过把社会活动的历史条件结构的制约性转化为思想和想象无法超越的界限,这些意识形态意味着话语和表征**范式的终结**,这些话语和范式必须批判地加以克服以便为某种**不同的**社会实践组织形式理念清理道路,为作为其他历史可能性的另一种未来清理道路。考虑到它的基本结局,意识形态批判的观念和实践或许可被称作——与致力于揭露相反——"致力于解放的"。

　　然而,这些划时代的意识形态终结了有待克服的思想,这种否定性特征对于批判理论来说并不是没有意义。首先,对它们生产力①的这种否定不应被认为是它们的主要特征;只有在**关系到**它们批判所表明的那些激进的、可选择的社会可能性时,它们的逻辑才会起阻碍作用。在这方面它们起的作用不只是——或至少会是——强制。严格说来,因为它们真正试图使这些实际由社会运行所保证的特殊利益及其支配权普遍化和理性化,因为它们试图通过知识手段来解决或转化它的现实矛盾,所以它们创建了一条通向直接的、发生作用的现实的知识之路。它们使所提的标准化的社会理想形态合法化,但它的合法化的实现深受它自身机制的限制,从它的意识形态表征这个角度来看,一个事实只表现为经验上的偶然事件。依照这种方式,它们包括

464

──────────

　　①　阿尔都塞对科学和意识形态的划分使前者生产"新问题结构"的能力与阻碍理论实践的意识形态想象地解决问题的方式对立起来,这种划分只会导致一种绝对化。暂且不提将科学和意识形态相互排斥地对立起来的二分法有悖于马克思,这种观点代表了一种对新奇或生产率(实际上构成着整个现代性文化)以及同时对它狭隘的实证主义解释的崇拜。排外性地将生产力归列为科学肯定是站不住脚的:随意举个例子,笛卡尔的自我意识哲学只能被合理地构想——从特定的批判角度——为意识形态。尽管如此,它的这种特征不能阻止人们对阿尔都塞意义上的知识生产力的接受:它开启了一个真正崭新的"问题结构",一个现代严格意义上的认识论的"问题结构"。阿尔都塞的观点是后结构主义早期"开放的艺术工作"理念支配下对生产力原则的浪漫崇拜的实证主义对应物和补充。

（正如马克思在讲到黑格尔和李嘉图时大力强调的）①批判的和/或期盼的乌托邦要素，这些要素在它们的批判中是作为肯定的传统和可调动的文化资源来发挥作用的。因此，我们称意识形态批判为"致力于解放的"，是因为这种批判可以揭露作品中某种"社会实在"无意识的、无意的干扰和介入，这种"社会实在"本是某种历史地受限的社会实践形式，却——未经反思地被假定并在方法论层面上被固定——变成永恒的和合法的，**并且**在同一时间和同一方面——意识形态和现实的矛盾，二者之间批判的或空想的距离表明"意识形态布展"的原理是"间接赋予作品以它的非意识形态的真理内容。"②并且，批判的目标是揭示所分析的作品中的这两个断裂着的、具有鸿沟且处于紧张之中的方面的矛盾：这种矛盾是非逻辑的，但被这些话语表述时无法满足文化合法性和有效性（合理性，科学性，艺术真理，等等）的标准，试图在知识层面解决这种矛盾注定会失败。在此意义上，意识形态批判是传统内在批判方法从文本层面向社会层面的转换。通过把文本置于它们的非文本语境（社会历史语境）中，意识形态批判试图揭示构成和确定理性话语或合逻辑表征的界限的未经反思的假设，揭示概念或镜像约束条件——正如它们在文本中表现为断裂或沉默——背后社会环境对它的"外部"约束。

465

　　虽然在马克思那里存在着两种不同的意识形态概念，并相应地存在着两种意识形态批判实践，但需要强调的是二者之间并不存在严格的界限。当然，在某种程度上，它们的不同反映了批判对象的不同文化意义。但这并非是所讨论的作品所具有的某些固定特性，即使它的

---

　　① 事实上，这种意识形态观念在马克思早期的宗教批判中已经被预见，在那里，宗教**既**被视为世俗需要在超越尘世领域中的虚幻满足（因而，痛苦正当化），同时**也**被视为对这种痛苦的反抗和对于"另一个世界的梦想"的表达。

　　② T. Adorno, *Ästhetische Theorie*, Frankfurt, Suhrkamp, 1970, p. 346. 或者引用阿多诺同样意味深长的说法。他说："以自己的真理之名反抗意识形态的意识形态批判仅仅是可能的，只要意识形态包含着批判需要面对的合理因素。"*Aspects of Sociology*, Frankurt Institute of Social Research, London, Heinemann, 1973, p. 190.

评论并不是武断的。它随着历史文化环境的变化而变化；它和当前文化实践的特点相关，需要强调的一点是这种文化实践包括现实批判的特点、视角和目的。"致力于揭露的"和"致力于解放的"意识形态批判仅仅是部分被不同目的驱动的事业。而且，后者绝不排除揭露狭隘利益对"划时代"意识形态的直接影响，这些作为要素的利益，部分地扭曲了它们自身的逻辑。而且人们通常会认为，这两种意识形态类型和概念之间的区别仅仅表明"短暂的"、具体的和局部的社会利益之文化表征与普遍的、历史长远的和主要的社会利益之间的差异。

然而自相矛盾的是，正是后来的言论表明的，"致力于解放的"意识形态批判实践实际上（不管它实现与否）超出了基础/上层建筑二分的框架而且与之不兼容。一般而言，在马克思主义传统中，意识形态观念通常被认为是对后者概念系统的丰富化和具体化：通过阐明作为意识形态的文化对象化的**独特**成就（进而阐明它们如何能反作用于基础），它赋予文化上层建筑具有相对独立性这个观念以**实在内容**。一般来说，它允许制度层面文化实践的自主性和它们的产物受社会历史条件制约这种观念相互连接。同时，以一种还原的方式阐释基础和上层建筑的"一致性"变得不可能：通常说来，既然文化上层建筑包含**许多**相互竞争且存在一定程度对抗的意识形态，那么作为基础简单"反映"的上层建筑这种观念就变得毫无意义。尽管如此，另一方面，意识形态理论并不直接依赖于基础/上层建筑的二分法和有关的或强或弱的"经济决定论"。意识形态批判通过将文化作品与社会生活条件、生活方式以及与相冲突的不同阶级和组织的活动联系起来进而揭示它们的意义和意味。当然，整个马克思主义传统的一个基本前提是，这些冲突的特点和范围从根本上是被特定社会的经济结构和这个社会中不同阶级和阶层的地位所限定的。如果它不符合这种观念，那么谈**马克思意义上**的意识形态理论便毫无意义。但"致力于解放的"意识形态观念假设和确定的"物质生活条件"和它们的文化－意识形态"表达"之间的关系**不是**（正如在基础/上层建筑二分的概念系统中一

466

样）因果或功能**决定性**（dependence）的关系，而是**变换**（transposition）的关系，更确切地说是环境和物质实践的制约性向话语和表征制约性转换的普遍化、整体化和理性化，这种变换常常依赖于所考察的文化样式的特征和必要条件，依赖于可调动的文化传统以及它们的具体运用。在这里，意识形态批判的**结果**好像是撬开了基础和上层建筑的概念脚手架。马克思已经用它的实践证明，一个和同一个社会组织和阶级会（而且通常会）在某个特定的历史时刻创建出有效的意识形态，这些意识形态的社会意义、文化重要性和现实影响因上述提到的文化要素而大为不同。这些区别可根据暂时的和特殊的利益与长远的和主要的利益的**对抗性**区别重新予以表述。然而，这只澄清如下事实：使某个社会组织自觉形成社会认同的利益不能被视为只由它的经济地位所决定的、在客观上是既定的因素。相反地，它们常常是**在文化层面加以表达和阐释的**利益，而且只有如此它们才可能是社会自我界定的结构性要素，也才可能是整个社会活动的有效动机的构成要素。这肯定**不是**马克思自己（特别是在他的晚期著作中）使用"利益"概念的方式，但它似乎是一个正当推论，由他自己的意识形态批判实践，特别是不同的意识形态观念在这种实践中运用的必要性所决定。

在审视作为一个整体的意识形态理论的批判性评论产生的结果之前，首先讨论马克思概念系统里的一些麻烦和问题是适当的。一般来说，在马克思那里，这两种意识形态观念已经粗略地划定了在后来

马克思主义传统中发展起来的问题结构的边界。① 尽管如此,正是　
"致力于解放的"意识形态批判首先持续出现在这些西方马克思主义
经典人物的作品中[格奥尔格·卢卡奇②、恩斯特·布洛赫③、马克
斯·霍克海默④、西奥多·阿多诺⑤、赫伯特·马尔库塞⑥、昂利·列斐
伏尔⑦、吕西安·哥德曼⑧、雷蒙·威廉斯⑨等等],他们的作品对当代

---

　　①　这对阿尔都塞的意识形态理论来说明显是**不正确**的,他的理论超出了这些界限。
它受马克思肯定不知道的问题激发,而且主要是针对马克思提出来的:急需解释西方发达资
本主义国家中的激进革命期望为什么会落空。这个问题促使安东尼奥·葛兰西(Antonio
Gramsci)将意识形态分析的重点迁移至**制度结构**,因为正是制度结构保证了高雅文化和日
常意识("常识")的联系并使之在统治阶级领导权中发挥重要作用。对阿尔都塞来说,意识
形态理论从根本上变成了这样一种基本的文化适应观念:社会全体成员通过巨大的制度(而
不应误称为"意识形态的国家机器")网络适应它的再生产所需的那些功能性地点。通过对
作为"主体"(意识形态的持久效果)的个体的"质问"从而超越构建和决定它们的社会过程,
这种"隐匿的"意识形态保证它们可以真正自由地为资本家的完美统治服务。阿尔都塞试
图解救马克思主义正统观念,尽管与实践的－历史的经验相抵触。在我看来,这种努力既涉
及马克思感到陌生的哲学假设,也涉及假设所导致的站不住脚的结论(其中,一个过分简单
化和不正当地均质化的观念就是文化秩序,它抹除了它的所有矛盾)。不管怎样,它论述的
是一个不同的问题——日常经验的构建即证证,比马克思所提的问题更为复杂。
　　②　格奥尔格·卢卡奇(Lukács,1885—1971),匈牙利著名的哲学家和文学批评家。主
要著作有《历史与阶级意识》、《社会存在本体论》和《理性的毁灭》等。——译者注
　　③　恩斯特·布洛赫(Ernst Bloch,1885—1977),德国著名的哲学家,西方马克思主义的
重要代表人物。主要著作有《乌托邦精神》和《希望的原理》等。——译者注
　　④　马克斯·霍克海默(Max Horkheimer,1895—1973),德国著名的哲学家,马克思主义
理论家,法兰克福学派的创始人。主要著作有《传统理论和批判理论》和《启蒙辩证法》
等。——译者注
　　⑤　西奥多·阿多诺(Theodor Wistuqrund Adorno,1903—1969),德国著名哲学家、美学
家、社会学家。主要著作有《新音乐哲学》、《多棱镜:文化批判与社会》、《否定的辩证法》、
《美学理论》等。——译者注
　　⑥　赫伯特·马尔库塞(György Markus,1898—1979),德裔美籍哲学家和社会理论家,
法兰克福学派重要代表人物,主要著作有《理性与革命》、《爱欲与文明》和《单向度的人》
等。——译者注
　　⑦　昂利·列斐伏尔(Henri Lefebvre,1901—1991),法国社会学家、哲学家、马克思主义
理论家。主要著作有《空间的生产》、《辩证唯物主义》、《资本主义的幸存》等。——译者注
　　⑧　吕西安·哥德曼(Lucien Goldmann,1913—1970),法国社会学家、马克思主义理论
家。主要著作有《隐蔽的上帝》和《小说社会学》等。——译者注
　　⑨　雷蒙·威廉斯(Williams,1921—1988),英国著名马克思主义文化批评家。主要著
作有《马克思主义与文学》和《文化与社会》等。——译者注

文化(在狭义上,价值标识的文化)理论和我们对当代文化境况的感知有着极大的影响。在这个发展过程中,许多重要的概念性问题出现在马克思主义传统中(实际上,正如我们将要看到的,一些问题已经被马克思本人所暗示),在一定程度上,这一传统在今天仍是开放的。

它们首先关注"意识形态"概念运用的历史范围和界限。尽管马克思很少对这个话题展开评论,但这强烈地表明,他把意识形态视为所有形式的阶级社会都具有的一种现象,甚或更宽泛地视为伴随着脑力劳动和体力劳动的分工而出现的一种现象。尽管他表述的效果①可能不是完全清晰的,但这种观念也与他明确提到②僧侣宗教是意识形态的最初历史形式这一事实相关,而且更一般地与他视宗教为意识形态的最主要形式和典型形式这一事实——至少在 19 世纪 40 年代的作品中——相符。然而另一方面,意识形态批判的对象是(对马克思是个例外,但在马克思主义传统中是占主导地位的)属于新生的或已成熟的资本主义现代性自主文化的作品(或趋势和倾向),也就是说,"纯粹"的理论作品、哲学、艺术等等。这不可能仅仅通过实际的原因和"意识形态斗争"的需要获得解释。如上所述,马克思自己的批判实践处处都假设了这些尤其适合现代自主文化并且只有在这种文化框架中才有意义的标准(比如独创性)的有效性。而且更重要的是,如果

---

① 参见:"分工只是从物质劳动和精神劳动分离的时候才真正成为分工。从这时候起意识**才能**现实地想像:它是和现存实践的意识不同的某种东西;它不用想像某种现实的东西就能**现实地**想像某种东西。从这时候起,意识才能摆脱世界而去构造'纯粹'的理论、神学、哲学、道德等等。"Marx – Engels, *Werke*, vol. 3, p. 31. (参见马克思,恩格斯:《德意志意识形态》,人民出版社 2003 年版,第 26 页。——译者注)还有:"我们在上面已经说明分工是迄今为止历史的主要力量之一,现在,分工也以精神劳动和物质劳动的分工的形式在统治阶级中间表现出来,因此在这个阶级内部,一部分人是作为该阶级的思想家出现的,他们是这一阶级的积极的、有概括能力的意识形态家,他们把编造这一阶级关于自身的幻想当作主要的谋生之道,而另一些人对于这些思想和幻想则采取比较消极的态度,并且准备接受这些思想和幻想,因此在实际中他们是这个阶级的积极成员,很少有时间来编造关于自身的幻想和思想。"Marx – Engels, *Werke*, vol. 3, pp. 46-47. (参见马克思,恩格斯:《德意志意识形态》,人民出版社 2003 年版,第 43 页。——译者注)

② Compare Marx – Engels, *Werke*, vol. 3, p. 31.

主要的"意识形态的作用"是特殊利益或特殊生活条件的普遍化,那么"前资本主义意识形态"这样的观念就和马克思的观点不一致,因为马克思强调历史的特征是趋向普遍化,而这只有经过资本主义才能实现。[①] 根据马克思的说法,既然在前现代社会中社会控制很明显地表现为个人的依赖性(这种依赖性直接由超然的权力所认可,对这些社会的成员来说,这种权力就是现实,或至少是共同信仰的对象),那么,这似乎不需要意识形态来掩饰或掩盖统治。或换个说法,如果意识形态的社会功能主要是对现存权力关系的合法化,那么它在"传统"社会中的适用性应该是成问题的。[②] 关于这一点,阿多诺讲的最为简明:

> 如果意识形态不属于现代经济,那它无论如何属于发达的城市市场经济。因为**意识形态是用于辩护的**。它假定社会状态已成问题因而需要如观念证明自身一样的辩护,如没有辩护的需要它也就不会存在,而且它作为模型可以使得同类事物相互交换。哪里有完全直接的占统治地位的权力关系,哪里在现实中便没有意识形态。[③]

470

情况似乎是,至少在《德意志意识形态》中马克思将一些文化(我们理解的文化)功能和活动的**专门化**与这些实践(以"纯粹"理论等形式出现)的**自主作用**混同起来,前者作为一种历史现象在所有文明中都会不同程度地遇到,但后者只适用于现代社会。这种混淆遗留下一个问题:在马克思主义的意识形态批判传统中,作品——不仅包括简

---

① Marx – Engels, *Werke*, vol. 3, p. 47.

② 当然,这并不排除对前资本主义时代作品的意识形态分析,这些作品构成自主文化实践的**有效传统**。

③ *Aspects of Sociology*, pp. 189-190. 哈贝马斯同样说道:"只有当意义关联和现实关联、内在关系和外在关系都很明确时,……才会出现一种怀疑,认为一种理论(经验主义的也好,规范主义的也好)所要求的有效性自主性是一种表象,因为不同的兴趣和权力要求已经潜入了它的机体之中。……如果批判试图阐明的是,理论的有效性没有完全从它的发生语境中分离出来,理论的背后还隐藏着**权力与有效性不应有的混杂**,而且,理论也因此而获得了自己的声誉,那么,批判就变成了意识形态批判。" *Der philosophische Diskurs der Moderne*, pp. 140-141. (参见哈贝马斯:《现代性的哲学话语》,曹卫东等译,译林出版社 2004 年版,第133 页。——译者注)

单庸俗化的作品,而且包括出于真正理论兴趣完成的作品,比如阿诺德·豪泽尔①广博的艺术和文学社会学——常常是有罪的,因为它们被认为是前资本主义时期文化对象化的过时产物,同时因为使这些活动开展并单独赋予它们的产物以意义的制度层面的关系和条件被非历史地忽视。

尽管如此,已经提出的意识形态概念的适用性问题不仅关系到遥远的过去,而且关系到当代。马克思早已质疑过这个问题的有效性,虽然听上去有点奇怪。在《德意志意识形态》中,他认为大规模的工业和普遍的竞争"尽可能地消灭意识形态、宗教、道德等等,而在它无法做到这一点的地方,它就把它们变成赤裸裸的谎言"②。但意识形态概念不再与现存社会批判相关这种观念只是在相对晚近时期,特别是晚期资本主义条件下通过一种真正的争论才获得详尽的阐述。尽管"意识形态终结论"在技术统治论–保守主义的各种变体中更受欢迎,但它已被《启蒙辩证法》,尤其是阿多诺的晚期作品从激进批判的角度进行了独创性的阐述。在被总体管理的晚期资本主义社会里,"现实的世界成了唯一的意识形态,人类成了它的组成部分"③。在这个世界里,"在这种状况中,不仅生产、分配和统治的机器,而且经济的和社会的关系以及意识形态都无法解开地纠缠在一起,活生生的人成了意识形态的碎屑",人们"不再需要从自身的因果条件中派生出不再独立

471

---

① 阿诺德·豪泽尔(Arnold Hauser,1892—1978),匈牙利著名作家、艺术史家。著有《艺术社会史》、《艺术史的哲学》和《艺术社会学》等书。——译者注

② Marx–Engels, *Werke*, vol. 3, p. 60. (参见马克思,恩格斯:《德意志意识形态》,人民出版社 2003 年版,第 58 页。——译者注)尽管表面上相似,但这种观点和后来激进的"意识形态消失"观念有些许相同。不如说,它的前提和后者的前提是相对立的:一方面是全部阶级关系的日益简单化,另一方面是资本主义社会发展过程中阶级冲突的不断明晰化. see also Marx–Engels, *Werke*, vol. 4, pp. 464-465.

③ T. W. Adorno, *Negative Dialektik*, Frankfurt, Suhrkamp, 1975, p. 271. (参见阿多诺:《否定的辩证法》,张峰译,重庆出版社 1993 年版,第 272 页。——译者注)

存在的、而且不再能断言自己的真理性的意识形态。"①作为精巧的意义系统的意识形态创造了一种普遍性的假象从而使得特殊事物合法化,它被另一种意义的咒语替代了;后者是在操纵之下建构起来的且是诉诸无意识的基本意义系统,它退回到普遍/特殊区别的背后,逃脱了反思的控制,这主要是因为大众媒介和文化工业无时不在的和不可避免的影响。② 它们不再通过掌控宣称真理这种令人信服的权力来影响人的意识,而是直接塑造它,进而也塑造人们对现实的直接感觉,通过这种方式,现实与它们成为无法辨识的。

　　阿多诺的这些观点显然预示着当今富有影响的后现代理论(鲍德里亚的拟像,利奥塔的"宏大叙事的终结",等等)的一些基本观点。它们的不同(暂不提讨论的特点和——我也想说——深度)主要在于如下事实:已然绝望和临近毁灭的社会批判的某个方面的东西如今作为一种"乐观的实证主义"重新出现。显而易见的事实是,在意识形态最终衰退和消失这两种判断之间横亘着一段时期,这段时期是不争的"意识形态回归"期,也就是 20 世纪 60 年代末和 70 年代初。这个事实表明一无所归,不仅包括意识形态,而且包括在文化中有影响的"意识形态终结论"。本文只是从总体上就文化分析的一些理论的和方法论的问题有所言说,至于对这些理论的评论不属于本文范围。因此,我只能指出,虽然"意识形态消失"这一命题在我看来似乎是大有问题的,不仅表现在它的基本前提上,而且表现在对当今事态适宜的经验描述中,但它同时描绘了当代文化矛盾的显著**征兆**,描述了当传统合法的和自律的(这种自主性清晰地划定了它的界限,同时为之进行辩护)文化在它的创造者和接受者之中丧失了说服力之后的一种自律的高雅文化将持续繁荣。在这种"文化不信任"的环境中,知识分子和他

472

---

① T. W. Adorno, *Negative Dialektik*, Frankfurt, Suhrkamp, 1975, pp. 264-265. See also Adorno, *Prismen*, Frankfurt, Suhrkamp, 1963, pp. 20-25. (参见阿多诺:《否定的辩证法》,张峰译,重庆出版社 1993 年版,第 265~266 页。——译者注)

② T. W. Adorno, *Einleitung in die Musiksoziologie*, Frankfurt, Suhrkamp, 1980, pp. 62-65, 70-71.

们的"客户"中间盛行着一种不知所措——要么是绝望的,要么是愤世嫉俗的——的无能为力感,意识形态批判实践无疑**可以**(尽管不必要)惯常性地强化这种感觉。如果是这样,它作为**批判**的方法也就真正"终结"了。①

尽管如此,关于意识形态概念使用界限的问题不仅可以从历史的角度提出,而且也可以从分析 - 系统的角度提出。其中最重要的——今天的理论批判常给予重视——两个问题实际上被马克思本人提及过,尽管只是偶然地。

473　在《资本论》第一卷的一个脚注中,马克思做了如下评论:"事实上,通过分析找出宗教幻象的世俗核心,比反过来从当时的现实生活关系中引出它的天国形式要容易得多。后面这种方法是唯一的唯物主义方法,因而也是唯一科学的方法。"②这段论述有一个中心含义。一方面,在重建**文化形式的社会起源**的一般方法论层面,它使我们把意识形态批判和马克思的政治经济学批判联系起来,进而理解马克思的理论对象是如何被他有意统一起来的。古典资产阶级经济学发现了作为"世俗内容",表现在拜物教形式和巨大的价值量之中的劳动,与之相反,这种理论的统一性要明确解答如下问题:"为什么这一内容采取这种形式呢?"③也就是说,它自己设定的任务是重建这种形式**在经济上**取得支配地位的社会起源。另一方面,这段评论表明一种意识形态理论必须面对的基本问题。通常,意识形态批判揭示(至少从表面看是这样)的是**同样的**"世俗核心",同样是诸多不同的文化对象化——在其中,意义或许属于完全不同的文化形式或文化类型——中

①　"取代意识形态的只能是它的批判,取代无意识的坏实在的只能是它的意识……意识形态批判获得了一项意识形态功能:人类是从当下的不幸中而不是从历史中发现拯救之道,但是他们试图通过对其所拒斥的痼疾的诊断技巧赦免匮乏之罪,进而证明自己无罪。" O. Marquard, *Skeptische Methode im Blick auf Kant*, Alber, Freiburg, 1958, pp. 21-22.
②　Marx - Engels, *Werke*, vol. 23, p. 393. (参见马克思,恩格斯:《马克思恩格斯文集》第5卷,人民出版社2009年版,第429页。——译者注)
③　Marx - Engels, *Werke*, vol. 23, p. 95. (参见马克思,恩格斯:《马克思恩格斯文集》第5卷,人民出版社2009年版,第98页。——译者注)

意义构成的非文本条件和要素。这也恰恰是马克思本人在谈到洛克的自然法的哲学理论和李嘉图的经济体系时所提出的。① 这是否意味着，这些作品的最终的文化意味和社会有效意义从根本上是同一的？如果是这样，那么意识形态理论在常遇到的对象面前就很难获得辩护，这些对象恰恰没有被批判地加以分析的作品的文化特性，比如，这种特性将审美价值和意义赋予艺术作品。或者，如果文化的一般形式被理解为有效意义和意味的建构，那么——看起来——必须求助于内在于特定的文化领域的土生土长的原则，它们不可能通过意识形态概念就可以阐述和解释清楚。如果意识形态能运用于文化形式（类型，话语和表征的类型）及其历史变化的分析，也就是说，如果这些**形式自身**能由"现实的生活条件发展出来"并因此被看作是由社会决定的重要意义的承载者，那么这个难题②才能解决。而且正如马克思所言，这是"唯一的唯物主义方法，因而也是唯一的科学"方法。

474

　　尽管如此，这个评论只是表明了马克思的意图。因为他的全部作品既没有对如何解决这个任务做任何一般性的说明，也没有就分析特定文化形式的"意识形态内容"的例子进行详尽的阐述。事实上，他的作品中分散着一些肯定与这个问题相关的评论：他在《德意志意识形态》中讨论思辨哲学的起源和一般特征，并在《政治经济学批判大纲》中就资本主义社会对诸如史诗之类的特定艺术类型的憎恨做了一个简短的评论；在他后期的经济学手稿（特别是1863—1865年手稿）中，他反复——尽管是以一种非系统的方式——谈及作为科学的政治经济学产生的社会条件。然而，根据它们的具体内容，这些原则性的评论并未超出早在黑格尔的绝对精神理论中就被表述过的观念，而且它们甚至禁止——在我看来——人们针对文化形式重建一致的社会

① Compare Marx, *Resultate*, p. 133.
② 关于艺术理论，R·布勃纳（R. Bubner）认为这个难题是"任何马克思主义美学思想都会遭遇的难题"。See his paper "Über einige Bedingungen gegenwärtiger Ästhetik," *Neue Hefte für Philosophie*, vol. 5, 1973, p. 38.

的－意识形态的（socio-ideological）概念化体系。因此，尽管马克思以一种尖锐和移情的方式表述了这个任务，但在他的作品中并没有解决方案。

意识形态理论的第二个问题——常被批判地重提——也同样已经被马克思所指出。在 1857 年的《政治经济学批判》导言中，马克思就批判经济学的方法讲道，"困难不在于理解希腊艺术和史诗同一定社会发展形式结合在一起。困难的是，它们何以仍然能够给我们以艺术享受，而且就某方面说还是一种规范和高不可及的范本"①。再一次，这里所包含的问题远比给定的例子更广泛和更深刻：它涉及的问题是，意识形态理论是否能说明通常意义上的**文化传统**。如上所述，隐含于马克思的"致力于解放的"批判实践中的意识形态概念能解释一些文化对象化典型的**划时代**意义。但它——至少是直接地——没能更进一步：它似乎不能解释，那些属于不同历史时代和不同社会形态的遥远过去的作品，至少在某些文化类型比如艺术或哲学中，尽管它们的存在条件已经消失很久而且在今天几乎不可能重建，但它们仍对当代文化"创造"（作为"标准和模型"）和文化感受（作为可给予人们以比如"审美愉悦"的对象）实践有着重要意义。只要意识形态理论——被理解为某种形式的批判解释学——能根据对文化作品**起源**的社会条件的分析解释它的真正的和"隐含的"意义并能解释它的潜在影响，遥远过去的作品——似乎如此——就可以只为自身保留一种纯粹的历史文献利害关系，而今天人们对它们的"天真"感受不过是一场虚假的误会（这使得这些作品中的利益**动机**处于完全神秘的境地）。但它似乎会导致——正如汉斯·罗伯特·姚斯②描述的——一种"处

---

① Marx, *Grundrisse*, p. 31.（参见马克思，恩格斯：《马克思恩格斯文集》第 8 卷，人民出版社 2009 年版，第 35 页。——译者注）

② 汉斯·罗伯特·姚斯（Hans Robert Jauss, 1921— ），德国文艺理论家、美学家。主要著作：《文学史作为向文学理论的挑战》、《文学范式的改变》、《审美经验小辩》等。——译者注

于唯物主义保护下的复古主义"①,一种经验历史主义的普通变种。要不然就应根据当今的社会条件和文化活动语境来解释这些"经典"作品的当代意义和意味。然而,如果这种意义不被看成是完全任意地强加给过去作品之上的东西,那么人们就必须找到当今的条件和被考察的作品之间的非偶然的和社会地相关的联系。但是,如何才能在我们自己的环境和——比如——几乎三千年前形成的口头诗歌之间建立这种关系呢? 仅仅考虑统治和社会对抗(正如伊格尔顿②所主张的)的历史连续性肯定是不够的——它假定"意识形态内容"是普遍抽象的,这完全架空了它的观念并使其在具体分析时毫无用处。

　　尽管如此,在这个问题上,马克思本人确实给出了一种回答,至少是以一种具体的形式阐述了它。

　　　　一个成人不能再变成儿童,否则就变得稚气了。但是,儿童的天真不使成人感到愉快吗? 他自己不该努力在一个更高的阶梯上把儿童的真实再现出来吗? 在每一个时代,它固有的性格不是以其纯真性又活跃在儿童的天性中吗? 为什么历史上的人类童年时代,在它发展得最完美的地方,不该作为永不复返的阶段而显示出永久的魅力呢? 有粗野的儿童和早熟的儿童。古代民族中有许多是属于这一类的。希腊人是正常的儿童。他们的艺术对我们所产生的魅力,同这种艺术在其中生长的那个不发达的社会阶段并不矛盾。这种艺术倒是这个社会阶段的结果,并且是同这种艺术在其中产生而且只能在其中产生的那些未成熟的社会条件永远

476

① H. R. Jauss, "The Idealist Embarrassment: Observations on Marxist Aesthetics," *New Literary History*, vol. 7, 1975 – 1976, p. 193.

② 特里·伊格尔顿(Terry Eagleton,1943—),英国著名文化批评家,当代著名的西方马克思主义文学理论家。主要著作有《批评与意识形态:马克思主义文学理论研究》、《马克思主义与文学批评》、《文学理论引论》和《审美意识形态》等。——译者注

不能复返这一点分不开的。①

这是一段令人相当困惑的引文和"回答"。暂且不提它极端的欧洲中心主义和狭隘的阶级艺术观,它明确把"成熟和生长"的历史隐喻为生物有机体,这样便公开赋予历史发展观以目的论特性。很可能,这只是后席勒美学②的**陈词滥调**(locus communis)在未经思考的情况下的不幸再现。这可能确实如此,但其实这段话已然成为随后的马克思主义传统中被评论最广泛的引语之一,而且它的各种(肯定的)解释已经对传统文化理论产生——正如我们将要看到的,并不是没有原因——了相当大的影响。

除了刚才提到的一般问题之外,还有一个问题。正如马克斯·拉法埃尔③做的评论④,"永久的魅力"预设了这些魅力的根源同样是永久的:只有在人们同时假定人类学上超历史的特性和能力存在——并在历史中"展开"自身——的时候,被描述为历史成熟过程的文化(或至少是艺术的)发展观念才是有意义的。有迹象表明,马克思对这种思想并不陌生,至少在艺术产品和体验方面是如此。在《1844年经济学哲学手稿》中,"不受肉体需要影响"和"根据美的规律"⑤进行生产的能力被视为人类与动物相区别的普遍特性,而且通过自我创造和自我发展的劳动活动,它在历史中逐步实现自身。因此,如果有人要在马克思那里寻找有关"文化(或至少是艺术的)传统"问题的前后统一的答案,那么这个答案——可能也被提及——就是这样一个假定:人

477

---

① Marx, *Grundrisse*, p.31. (参见马克思,恩格斯:《马克思恩格斯文集》第8卷,人民出版社2009年版,第35～36页。——译者注)

② 这个隐喻来自于席勒的《论天真的诗和感伤的诗》。它是黑格尔现代教育观念的基本要素。布克哈特曾举例说明它在19世纪的持续影响。席勒把古希腊描述为"人类的青少年时期"并强调**西塞罗**的艺术作品是"完全标准的"。

③ 马克斯·拉法埃尔(Max Raphael,1889—1952),法国著名美术史家。主要著作有《格尔尼卡》和《艺术之需》等。——译者注

④ M. Raphael, *The Demand of Art*, Princeton, Princeton University Press, 1968, p.186.

⑤ Marx - Engels, *Werke*, suppl. vol. 1, p.517. (参见马克思:《1844年经济学哲学手稿》,人民出版社2000年版,第58页。——译者注)

类身上历史地和社会地形成的普遍能力和需求,这种能力和需求的
"展开"使得历史成为由目标导向的人类进程。如此,这个过程的主要
阶段便是明确的和永恒的,而且可以在获得并保有永恒而普遍的人类
意义的"经典"艺术作品中经验地再现。这可能是前后统一的答案,并
且在本质上不能与对**现代**文化作品的意识形态批判分析的程序相抵
触(至少没必要)。它充其量是后者的**补充**:它的表述包含着一种人类
学意义上的普遍原理,超越了意识形态理论运行所依赖的社会历史领
域的具体范畴。在马克思的作品中,这种普遍原理肯定没有被详尽描
述或论证。

　　尽管上面讨论的两个问题——一个是形式问题,一个是传统问
题——看似互不相干,事实上二者关系密切。发挥作用的悠久历史传
统只存在于某些文化类型中,显然不存在于其他文化类型(比如现代
自然科学)中。[①] 在美学中,跳到艺术形式之外来解释经典艺术作品
的"永久"效力乃是稀松平常之事。这种关系被如下事实所确认:在马
克思主义意识形态理论的后来的发展过程中,这两个问题(照例)有了
答案,不过这些答案的最终理论前提原来是相同的。

　　对**文化形式**进行意识形态分析的任务被马克思提出了,但没有被
解决。可以说,这项任务成为(尽管几乎只是在美学理论领域)西方马
克思主义主流传统在文化批判理论领域[②]努力的方向,同时也代表着 478
它们的成就。尽管在他最早的作品中,从"最初接受马克思"那段时期

---

　　① 关于这一点,参见我的论文,"Why is there No Hermeneutics of Natural Science?",
Science in Context, vol. 1, no. 1, 1987, republished in this volume.

　　② 在苏联的形式主义和马克思主义争论中,它已被明确提出,至少在它的早期阶段它
仍具有理论内容。然而,即使在马克思主义阵营中显然是最有思想并且对文学问题最敏感
的托洛茨基也只是从根本上满足于回答诸如文学形式和手段的历史寿命和"迁徙"此类的
问题。他的回答主要通过如下两种方式:一方面,含糊地诉诸特定社会的持存性 – 共同性特
征,另一方面诉诸一些"独特的艺术规律"明显建基其上的心理学的常量("人类想象的界
限")。See Trotsky, *Literature and Revolution*, International Publications, 1925, pp. 175-178.

起,卢卡奇明显将这种传统和实际上由第二国际理论家们(普列汉诺夫①,还包括梅林②、豪森斯泰因③等等)所构想的意识形态批判实践对立起来:也就是说,艺术作品的**内容**被还原为特定阶级的利益和渴望,是它们的"社会学等价物"。

> 形式(卢卡奇所写)是文学中真正的社会要素;在文学领域中,只有在形式概念的帮助下,我们才能理解它的内在和外在生活的相互关联……形式(是)纽带,是创造者和大众之间唯一真正的连接点,同时是作为社会的和艺术的文学的唯一范畴。④

而且这不仅是个计划。卢卡奇和哥德曼关于小说理论的作品,早期卢卡奇和雷蒙·威廉斯关于戏剧发展的作品和阿多诺关于古典音乐形式出现和衰败的作品(仅包括广为人知的作品和对社会艺术理论持续产生影响的作品)已经具体说明,将特定艺术形式和艺术类型的产生、变化和消亡与变化着的社会条件、社会需要和社会经验关联起来是可能的。通过这种方式,他们成功地表明,内在的审美结构如何可能成为社会意识形态意味的承载者。当然,这只有在如下条件下才是可能的,即这些形式不能被视为固定好的几组技术装置或抽象不变的结构,而只能被视为被文化和社会编码的和历史变化着的方式,通过这种方式人们选择和组织由社会经验和个人经验构成的"原料",只有通过这种方式,这些经验才能被转化为审美层面上的相关的和有意

479

---

① 普列汉诺夫(Plekhanov,1856—1918),俄国著名马克思主义思想家。主要著作有《个人在历史上的作用问题》、《爱国主义和社会主义》和《政论家的短评:从这里到这里》等。——译者注
② 弗兰茨·梅林(Franz Mehring,1846—1919),德国记者和政治家、文学批评家,著名的马克思主义史学家。主要著作有《德国社会民主党史》、《中世纪结束以来的德国史》、《马克思传》等。——译者注
③ 威廉姆·豪森斯泰因(Wilhelm Hausenstein,1882—1957),德国著名马克思主义美学家。主要著作有《艺术和唯物史观》等。——译者注
④ G. Lukács, "Megjegyzések az irodalomtörténet elméletéhez"(Remarks on the theory of the history of literature), in *Ifjukori Müvek*, Budapest, Magvetö, 1977, p.393.

义的内容。由继承下来的形式所规定的任务和要求与被"表达"的现实经验之间的矛盾,这两者与明确可感知和可欲的社会需求("作者的意识形态")之间的矛盾等各种矛盾——所有这一切制约作品最终的、社会文化的意义,而且这些矛盾(或它们在作品中的自我暴露)的解决也就是赋予作品以意识形态意味的"审美普遍化"的过程。这里肯定有重要差别,即使在我们已提及的少数作者中。正是通过些差异化的方式,他们概念化并解释这种社会事物向内在的审美事物的转化过程,但这与我们无关。一般来说,人们可以认为,在批判理论的晚近时期,马克思的计划——关于意识形态的"唯一的唯物主义"方法,这种意识形态从现实的生活关系中发展出作为它们"典范"的文化形式——在很大程度上已经实现,即使只是在艺术领域。

这个计划已经实现——但是基本意味的界限和局限是显而易见的。我们提及的这些作品(以及许多后续的具体分析)一般都局限于对**特定**文学/艺术类型和形式的社会历史的转化过程的考察,或者至多是阐明占优势的类型(比如史诗)被另一类型(比如小说)替代的条件。在社会历史地对(当代)艺术系统进行区分并对"基本的"(对我们来说)类型进行分类之前①,它们就停止了,更不用说最后把整个"高雅文化"领域细分为从根本上说不同种类的实践和对象化(艺术、科学、哲学等等)了。意识形态批判方法并不导致一种**一般的文化形式理论**。尽管如此,这种否定性的表述是不充分的。在西方马克思主义主流传统中,特定艺术类型和形式的历史化是建立在对最终范畴进行非历史和超历史的处理基础之上的。艺术的社会理论仍依赖于一

480

---

① 当然,也存在相反的例子和相反的趋势,不仅存在于更近的像詹姆逊(Frederic Jameson)对"各样形式的意识形态"做了一些不明确安排的文学作品中,(see *The Political Unconscious*, London, Menthuen, 1981, ch. 1, especially pp. 76, 96-100)或者比格尔的"艺术建构理论"这样的文学作品中(see *Theorie der Avantgarde*, Frankfurt, Suhrkamp, 1982, especially pp. 15-26)。人们可能会提到本雅明和米哈伊尔·巴赫金(Mikhail Bakhtin)(他们的类型理论将未成熟的形式列为最初的类型,但这种观念已经在与马克思主义传统积极对立的框架中得到了详述)。然而,在这些例子中,这种将审美范畴更激进地历史化的努力撬开了意识形态批判的概念的脚手架。

种一般的和根据规范构想的美学,不管后者是否被阐述清楚。

首先,一方面是特殊艺术形式的批判的历史化,另一方面是将它们与普遍的人类学或形而上学范畴(而且无疑会选择"主要的"类型和"主要的"作品作为意识形态批判分析的恰当对象)联系起来的**艺术本身**(通常来说,艺术作品观念,或"审美的"作品观念),二者明显具有联系。即使对于那些使艺术理论聚焦于现代艺术的自律过程的历史特性(以及相互矛盾的后果)的人——比如阿多诺,以及因而一般来说已完全意识到将超出它们可能的社会条件且自律的审美对象化的特征呈现出来是危险的那些人,"艺术作品"(正如"没有窗户的单子")和它的"真理"始终具有普遍性和非时间性(对阿多诺来说,就是形而上学的)特征,借助于基础性的人类学范畴(模仿和对象化的反推动力)这些特征最终被证明是合法的。阿多诺在一种极其抽象的意义上保留了这种特征,这一事实使得他的理论包含了——与卢卡奇明显不同——审美建构和组织的各种变化着的和有重大区别的类型和原则;对比来看,他的艺术观念无疑更是真正历史的。但是,一般艺术作品具有的形而上学的人类学特征对于他来说肯定是不需要语言装饰的,或者:它确立了"艺术真理"的普遍条件,而通过艺术真理他便能**规范地**区分审美价值和真实性。

因此,它的基本概念结构也具有同样的理论结构,这种结构可以在卢卡奇的美学中找到它的表述(无疑,更直接和严格的表述)。所有真正的艺术作品(形式/内容的统一体,作为紧密整体的作品,作为"典型的"普遍概念的模仿再现,等等)的不变特征将它的超历史功能和使命给予了艺术:使人们不再崇拜社会生活现实,并使社会生活现实人道化。① 这些基本观念借以实现和艺术使命借以完成的审美表征方式

---

① 卢卡奇肯定不会因为这些前提直接的非历史后果而退缩:作为一种**内在**意义整体的艺术作品与宗教超验性的需要是不同的;现实的审美表现和宗教表现始终而且必然处于冲突之中。以这种方式,现代性条件下的世俗化这总体上复杂且相互矛盾的社会历史过程被转换为"艺术的解放斗争"。*Die Eigenart des Ästhetischen*, Neuwied, Luchterhand, 1964, vol. 2, ch. 16.

必然是历史地变化着的,依赖于具体的社会条件和所要表现的现实的特点。(尽管常被误解,但对卢卡奇来说,"现实主义"并不意味着一种特定的"风格"——对他来说,E. T. A.霍夫曼①也是一个伟大的现实主义者。)正是这些原理赋予真正典型的艺术作品以一种永久的效力,并保证了审美评价独立于由社会条件所导致的主要趣味的可变性和相对性进而保证了审美评价的客观性。

　　一般来讲,这种从社会历史语境向某些非历史地构想的"内在审美"事物的回撤不只存在于马克思主义美学领域这两位伟大的思想家身上。它同样也出现在布洛赫的作为乌托邦意识表现的艺术观念中,而这种乌托邦意识根源于人是"匮乏"的存在这一基本事实,最终立基于"尚未是"的本体论之中。它在马尔库塞的晚期作品中得到了异常清晰的阐述,这些作品强调被审美形式超社会地建构起来的"超历史的艺术实体",此实体既规定了真正的艺术,也使它能"从话语和行为的给定普遍性中解放自身并能保持它的压倒性一切的存在"②。当哥德曼(在和阿多诺以及直接和康德的争论中)通过"存在于极丰富和极统一之间,存在于非常丰富的世界和严格的结构化——这种统一性始终被包含和被具体化到一些在历史上存在的、同时代表"人类某种基本可能性"③持续实现的世界观之中——之间的被克服的紧张关系"如此抽象一般地阐明审美价值的时候,他同样含蓄地假定了它的存在。人们也会在阿尔都塞④(不仅是阿尔都塞,还有马舍雷)的文学理论中找到它的踪迹,在他看来,文学形式具有一种分化的能力,能找到占统治地位的特别是"可察觉到的"意识形态的缺口和矛盾。

482

---

　　① E. T. A.霍夫曼(Ernst Theodor Amadeus Hoffmann,1776—1822),德国短篇故事作者及小说家,德国浪漫主义代表人物。主要作品有《金罐》和《咬胡桃的小人和鼠王》等。——译者注

　　② H. Marcuse, *The Aesthetic Dimension*, London, Macmillan, 1978, pp. ix-xi, 6, 25.

　　③ L. Goldmann, *Cultural Creation in Modern Society*, Saint Louis, Telos Press, 1976, p. 142.

　　④ 路易·皮埃尔·阿尔都塞(Louis Pierre Althusser,1918—1990),法国著名马克思主义哲学家。主要著作有《保卫马克思》和《读〈资本论〉》等。——译者注

　　我希望指明如下这一点并不是轻率之举，即从意识形态批判的强烈的历史主义和社会情境主义中的回撤本身就是为**意识形态**服务的。它为作为"艺术之需"的特殊的文化和政治主张与立场的表征做准备，它把为人类一般价值（没有什么地方比在卢卡奇和阿多诺的争论中——就两个方面来说——显示的更清楚）辩护的普遍性给予定向于介入文化生活的实践活动。因此，这种备受争论的类型越来越受欢迎就绝不是偶然，但同时伴随着批判理论的社会所指和接收者越来越"匿名化"，以及作为激进变革（一种"进步的"新文化是潜在基础）的唯一代理人的无产阶级的信仰的丧失。同时，详细来看，只要人们还要理解一般艺术，那么这种从意识形态批判立场中的回撤就是在行使**辩护**功能，为它在更多具体审美实践问题上的运用进行辩护。它将批判者的观念从对它们的怀疑——怀疑它们是意识形态的扭曲——中隔离出来并加以保护；它破坏描绘的可能性，因为它使得从社会历史方法到艺术方法得出的相对性结论陷入瘫痪。

　　尽管如此，这种文化实践的去历史的概念化趋势往往超出了对"美学"的理解，在马克思主义美学史上，我们可以看到种种反复再三的努力，即（从根本上相当于）从这种美学的一般概念出发对主要艺术创造力进行系统"推演"，还包括对（现代）艺术系统基本分支及其主要的规范特征进行系统"推演"。[①] 同样，在这种传统中有一种强烈的倾向，就是把某种艺术（比如，按照传统的区分，分为抒情文学、戏剧文学和史诗文学）中最一般和最基本的"类型"范畴和某些人类学的范畴联系起来。在这里，暂且不提这些数量繁多的说明，我只想举一个对我来说特别典型的例子：雷蒙·威廉斯。

　　在马克思主义传统中，没有人像威廉斯那样积极地且始终如一地

　　① M. Raphael, *Zur Erkenntnistheorie der konkreten Dialektik*, Paris, Excelsior, 1934, pp. 188-196; C. Caudwell, *Illusion and Reality*, London, Macmillan, 1937, cn. IX; partly (and in a rather contradictory way) also Luács, *Die Eigenart des Ästhetischen*, vol. 1, ch. VIII/1 and vol. 2, ch. XIV.

阐明艺术的历史研究方法,特别是在他的晚期作品中。由此来看,他有力地——在我看来,也是令人信服地——批判的正是上面讨论的那些倾向:

> 艺术与非艺术之间,或美学与其他意向和回应之间的区别可被视为它们历史地如此:表现为相关实践被感知和被组织所依赖的可变社会形式。因此,这些区别不是永恒的事实,或超历史的范畴,却是社会构成的现实要素……其实在这种意义上,艺术被社会地组织起来的原初深刻形式便是艺术本身的社会感知。①

他尤其反对卢卡奇和哥德曼——因为他们在"一种广为接受的学术传统而且根本上是唯心主义的传统中待得太久了,这种传统是'史诗'和'戏剧'、'小说'和'悲剧'中固有和不变特性产生的土壤,是分析开始之地,也是例子选择的参考之点"②。这种"强烈的历史主义"使威廉斯——这是他理论中最大且最有野心的计划——一般性地勾勒了关于文化的历史社会学的概念框架,并用"文化生产"范式来取代意识形态批判的方法和框架。然而,确切说是在这种系统化的努力过程中,他似乎诉诸他在别处如此强烈地拒斥的解决方式和假设。对于"文学形式的最深和最一般的层次和构成部分"来说,文学作品的"模式"(戏剧的、抒情的、叙事的)和主要类型(悲剧、喜剧等)也被他"更多地与文化发展至一定水平上出现的、我们的这种社会学"联系起来,"而不是特定时空下特定社会的特定社会学",它们"更确切地说指的是一种人类学的或社会的维度而不是通常意义上的社会学的维度"③。因为,尽管这些形式中的一些已经在特定的历史条件下被创造出来,并且肯定随着它们的变化而经历重要变化,但它们仍作为可辨识的单独种类的文学作品持存,并具有一些基本的共同特征,而这

① R. Williams, *Culture*, London, Fontana, 1981, p. 130.
② R. Williams, *Problems in Materialism and Culture*, London, Verso, 1980, p. 27.
③ R. Williams, *Culture*, London, Fontana, 1981, pp. 150,194.

些特征"能在许多不同的社会秩序中几乎无限地被再生产"①。尽管如此,他之所以如此这般地提出问题和解决问题,似乎是因为他保留了意识形态批判的一些未经检验的前提。我将使用一个例子来说明这是什么意思,不过详细的阐述在相当大程度上要依赖于威廉斯的著作。

在我们看来,像《俄狄浦斯王》(Oedipus Rex)或《安提戈涅》(Antigone)这样的一些希腊悲剧是"戏剧模式"的典型体现。这意味着,我们把它们——它们无法被最初的观众所接受,文学在雅典的传播这个有争议的问题便被搁置了,因此它们的文本肯定没有在大众中传播——理解**为**戏剧,也就是说,我们通过由自身对**现代**戏剧文学的了解和体验所构成的期待、兴趣和评价标准等等将它们理解为戏剧。大体而言(不管那些复古倾向),它们也是根据现代剧场的社会的和文化的习俗进行表演的。其实现代戏剧诞生于6世纪和7世纪,部分地是因为这样的努力:人们在完全不同的条件下复兴古代(尽管首先是罗马的)戏剧艺术,同时有意识地与神秘剧和道德剧(于我们而言,只是其他的戏剧"类型")这样仍富有生命力的传统分庭抗礼。尽管如此,

485 它并不是被复活的**唯一**艺术形式:意大利歌剧,这种新的**音乐**类型在很大程度上源于同样的动因。基本说来,这并不具有更少的合法性,因为希腊悲剧乃是音乐戏剧表演,即使它们的"配乐"消失了。对我们来说,能感知到《俄狄浦斯王》、《奥赛罗》(Othello)和(比如说)《樱桃园》(The Cherry Orchard)之间的相似和区别,这种能力属于(乃文化"所需")他们对艺术作品的恰当的和基于广博的美学知识的理解力。如果在索福克勒斯②的《安提戈涅》和蒙特威尔第③的《尤里西斯的返

---

① R. Willimas, *Culture*, London, Fontana, 1981, p.194.

② 索福克勒斯(Sophocles,公元前495—406),古希腊三大悲剧诗人之一。主要作品有《埃阿斯》、《俄狄浦斯王》、《安提戈涅》和《厄勒克特拉》等。——译者注

③ 克劳迪奥·蒙特威尔第(Claudio Monteverdi,1567—1642),意大利著名音乐家、作曲家、制琴师。主要作品有:《奥菲欧》(歌剧)、《尤里西斯的返国》(歌剧)以及《波佩亚的加冕》(歌剧)等。——译者注

国》(*Il Ritorno d' Ulisse*)——更不用说比才①的《卡门》(*Carmen*)了——之间这样做,在我们看来似乎极不恰当,无论如何第二种美感意味着:试图在依据这些相似和区别所阐述(在我们对希腊悲剧所形成的一般理解的条件下)的标准的基础上评判后者将意味着遗失艺术作品,也即**音乐**作品(而且在一些歌剧形式中——悲歌剧——这些标准似乎是完全不相干的和具有误导性的)自成一体的特点。问题不在于共同的形式特征和特点是否真实存在——当然是存在的,并且在**两个案例**中都有所体现。但是,人们可能也会发现《卡门》和《伽利略对话录》之间存在着**某些**相似,但后者也满足在一些结构主义诗学中提出来并被严格和一贯地界定的戏剧模式的规范定义。真正的问题在于追问,无论对于艺术生产还是艺术感受,这些"共有的"构成形式的要素是**文化地相关抑或美学地相关**。而且这依赖于当今审美实践**在社会(制度)内部的组织**,此外,这种组织构成着每个"种类"的传统的分界线,提供了一种文化语境,在这种背景下单个艺术作品的恰当意义和意味才能显现。

　　这样,上面提到的意识形态批判理论的局限也就在这里显示出来了。意识形态批判在如下两个领域建立了联系:一方面是文化领域的各分离要素(他们个人的作品或从中抽象出来的特殊文化形式),另一方面是文化之外的特定的社会条件和过程。无疑,这种联系是真实的——文化在各种情况下不同程度上的变化都与"外在的"社会因素相关,也就是说,部分地为"外在的"社会因素所制约。但是这样的方法忽视了那些**自成一体的制度化关系**,它们构成了文化领域的各种关系和各个部门,而且这些始终"居间的"——也即有选择地过滤和引导——因素正是通过它们发挥作用的。正是这些关系也决定了特定历史在每个"部门"中,在每种文化实践中的具体构建方式。因此确切来说,只要**系统化－一般化**(systematic-general)的理论用来澄清社会

486

---

① 乔治·比才(Georges Bizet, 1838—1875),法国作曲家。主要作品有歌剧《卡门》、《伊凡四世》和《采珍珠者》等。——译者注

被置换(transposed)和转换(transformed)为文化(也就是说,美学、哲学、科学等等)的方式——正如我们强调的,这是意识形态理论中这个问题结构的独特构架,这种理论就会触及它的内在界限:既然每个领域制度化地构建起来的**特定历史性**被忽略了,那么这种转换(一些"形式"的组成部分)在概念化的过程中必然显现为一种终极核,它从根本上拒斥任何历史地处理的方式并且只能被理解为一种人类学残余。由此,意识形态理论最终无法超越"类型自然化"(一般来说,文化形式的自然化)的立场,这种曾被热拉尔·热奈特(G. Genette)①令人信服地说明的立场表明自律的现代性美学理论所具有的那些一直存在的和高度成问题的特征。概括来说,事实上,意识形态批判理论解决形式问题的方法与常被设想为它们的竞争者和对立者所阐明的——可以在(更具有历史意识)俄国的形式主义者和布拉格的结构主义者的晚期作品中找到——有一种相当奇特的一致性。

对于意识形态批判**实践**来说,特殊文化(通常是美学的)形式的历史化阐释与基于最"深层的"和最"一般的"构成形式的非历史性解释的结合产生了很多后果,我只提及其中之一。在它的最重要的代表人物的作品中,他们在详释历史条件和社会意义时表现出一种真正的敏感性,即使是相对较小的形式或风格的变化(有时,只局限于单个**作品**),但是一般来说,与这种敏感性并存的是一种强烈的倾向,即最大可能地在属于完全不同的文化活动领域的作品之间建立起相似性。这种倾向的最著名的例子便是将帕斯卡②和拉辛③(哥德曼)、黑格尔

---

① 参见热拉尔·热奈特(G. Genette)的"Generes, 'types', modes," *Poetique*, no. 32, 1977, pp. 405ff. 也可参见托多洛夫(T. Todorov)关于传统的类型划分法的评论,这种传统将类型划分为"自然的"和"约定的","The Origin of Genres," *New Literary History*, vol. 8, no. 1, 1976.

② 布莱士·帕斯卡尔(Blaise Pascal, 1623—1662),法国数学家、物理学家、哲学家、散文家。主要著作有《思想录》、《算术三角形》等。——译者注

③ 让·拉辛(Jean Racine, 1639—1699),法国剧作家。主要作品有《昂朵马格》、《费德尔》、《阿达莉》等。——译者注

和歌德(卢卡奇)、贝多芬①和黑格尔(阿多诺)相提并论。当然,我不　487
会否定这种并置在某些方面具有一种能真正启发人的力量;从中异化
出去的是在解释中所强调的一致性的"实体化",或意义的最终同一化
这种倾向(比如,哥德曼假定了一种具有实体地位的统一的悲剧世界
观,它近乎一种先验建构的产物;或阿多诺关于"真理和艺术在真理内
容上的融合"②这样的命题)。福柯③就曾正当地批判过这种把话语类
型的多样性简化为某些单一的本质和原则的总体化倾向。而且这种
倾向的出现并非偶然。因为,当人们根据非历史的和人类学的范畴来
解释不同的文化实践及其相应的文化形式(被文化领域已分层的制度
性组织决定)时,这些差异永远最后只是"形式的"④,只是"表达"某种
最终相同的内容的不同方式而已。

　　现在,我们可以更简要地讨论**文化传统**问题,因为所提供的解决
方法在很大程度上依赖于如上所讲的文化形式观念,而且在最典型的
例子中它们一般也就是重述已讨论过的马克思对这个问题的回答,以
避免最令它不安的关系。严格说来,美学形式的人类学基础使美学形
式能够赋予"真正的"艺术作品以权力,使艺术作品超越它们类型的特
殊条件进而获得一种普遍意义。这绝不能被理解为,这种"经典"艺术
作品的意义被还原为摆脱一切社会历史制约的"永恒人性"的某种抽　488
象。相反,它是**历史上特定的**状况和经验,通过审美形式它们在某种
范式中得到表达,由此,它们变得可理解而且可直接再经验,尽管使它

---

　　①　路德维希·凡·贝多芬(Ludwig van Beethoven,1770—1827),德国作曲家和音乐
家。主要代表作有交响乐《英雄交响曲》、《命运交响曲》,钢琴奏鸣曲《悲怆》、《月光》、《暴
风雨》,等。——译者注

　　②　Adorno, *Asthetische Theorie*, p. 422.

　　③　米歇尔·福柯(Foucault,1926—1984),法国哲学家和社会思想家。主要著作有《疯
癫与文明》、《性史》、《规训与惩罚》等。——译者注

　　④　参见卢卡奇根据表现是抽象普遍的还是一般特殊的对实在的科学表现和艺术表现
二者之间区别的说明,或阿多诺关于艺术和哲学二者关系的阐明:首先,真理完全彻底地
成为表现,其次,表现完全成为真理。因此按照这种思路,霍尔兹(Holz)(*Vom Kunstwerk zur
Ware*,Neuwied, Luchterhand, 1972, p. 18)便能将美学描述为非概念的却"可见的"哲学。

们存在的环境已经消失。因此,保留传统可给予艺术以人类的整体历史记忆,同时使艺术成为实现人类真正的自由统一体这项如今只是作为一种文化理念存在的事业和承诺的承担者。作为"人类的自我意识"的美学传统和一般艺术这种观念被卢卡奇做了最为出色的阐述。① 尽管如此,它同样出现在阿多诺的理论中,尽管他从根本上反对卢卡奇学说的预设前提:把艺术和(曾不断扩充的)**名著**(*chef-d'oeuvres*)集等同起来,把**当代艺术生产**视为艺术概念化的参考重点。不过,尽管他的所有论辩都反对古典的完美概念②,他也强调:真正的艺术作品是"关于它们时代的无意识的历史编纂,而且特别地构成它们获取知识的基础"③。在致力于从艺术理论中删除所有超历史的先入之见的理论家那里,它是突然再现的,这一事实可能是这种思想趋势持续存在的最好证明。因此,弗里德里希·詹姆逊的书以"永久历史化!"这样的口号开始,并将其作为辩证思想的唯一的绝对命令,后面几页也在解释"历史过去的本质**神秘性**";通过将历史视为"一部伟大的集体故事的统一体",他将目光返回到完全与之相异的环境中的生命身上,而正是通过"伟大的集体故事",过去的艺术作品使"单一庞大而未完成的情节中的关键插曲"永恒化,即使这些幸存的文化杰作趋向于在不同阶级的纷争对话中使一种声音,即统治阶级的声音永恒化。④

如前所述,这种对文化——或至少是美学——传统问题的一般回答无非是回到马克思那里,但在这一问题上没有什么特别的"马克思主义者"。显然早已被黑格尔和歌德概述过的观念,即艺术是人类自

① Compare Lukács, *Die Eigenart des Ästhetischen*, vol. 1, ch.7, para. III. 关于整个"高级"文化领域的一般观点:作为意识——特别是人类的自我意识——的观念对象化的科学、艺术和哲学的概念化。see A. Heller, *A mindennapi élet*(Everyday Life), Budapest, Akadémia, 1970, pp.153-169.

② T. Adorno,*Ästhetische Theorie*, Frankfurt, Suhrkamp, 1970, pp.153-169.

③ T. Adorno,*Ästhetische Theorie*, Frankfurt, Suhrkamp, 1970, pp.272.

④ Jameson,*The Political Unconscious*, London, Menthuen, 1981, ch. 1, pp.189-20,85. (参见詹姆逊:《政治无意识》,中国社会科学出版社1999年版,第10~11页。——译者注)

我意识的历史化——"历史自身原则的历史表现"①——是德国历史主义最著名的观念之一。这并不是要通过它的"腐坏的关系"败坏一种观点的名声。关键仅在于指出,借助于"意识形态"观念而实现概念化的文化理论似乎碰触到了内在界限;它必须被这样的观念所"补充":尽管这些观念在形式上与文化理论并不抵触,但前者无疑是独立于,毋宁说是外在于后者所包含的整个方法的。

　　但问题并没有结束,因为所提供的解决方法从其自身来说似乎也很难令人满意。遥远过去的作品的当今意义和意味,即文化有效性需要通过它们所讲出的关于我们的共同历史——它使我们成为自身并始终与我们密切相关——的证据来解释。文化有效性这种观念预设了在"传统文化"保护下所构想的这种**传统**的本质永恒性。这种解释不能说明有效传统构成的现实的、通常是重大的且突然的变化,不能说明历史中众多的价值转变;也不能说明即使是关于最恒定部分——很好地进入获得最广泛认可的文学、美术或哲学"经典"这些历史承载者之中——的意义理解常常要经历激烈的变化。这个缺点格外重要,因为现代性文化明确被描述为与前现代文化和时期截然不同,一方面现代性文化的各个传统变得明显不稳定,另一方面潜在相关的传统的范围不断地扩大,这个过程仍在持续。② 任何试图**仅仅**根据相关作品的内在特征而不系统地说明它们之于**当今**文化实践(更一般来说是社会文化实践)的依赖性来解释文化传统"长寿"的理论看起来注定会失败。

　　在广义的马克思主义传统中,无疑有很多尝试,它们的立场和方向各有不同。其中最重要的是在本雅明晚期著作——至少在碎片化形式的建议中——中出现的观点。他致力于发现,或更确切地说,制

490

---

　　① The formulation is by J. Rüsen, *Ästhetik und Geschichte*, Stuttgart, Metzler, 1976, pp. 88-89.

　　② 仅举一例,在美术领域,哥特式、罗马式、东方式以及原始的艺术的"重新发现"现在正在持续(好像是这么回事),表现为对更早时期被视为女性家庭手工制品的东西的重新评价,将重估为"真正的"艺术作品。

造一种与被神圣化的主流文化传统相对的反传统(counter-tradition),因为这些"文化财富"在它们的起源上、内容和传播方式上都"被野蛮所玷污",被它们所唤起的人的"匿名的劳作"所玷污。通过这种努力,本雅明阐明了关于被复活的过去的解释学观念,也即总是在当下发生的解释学观念。这种观点并不是对作为历史中"价值"的持续积累的传统的呆板(和意识形态的)反映。根据这种观点,历史时间所具有的"错误的"、极糟糕的连续性被扭断,过去成为碎片,在默然肯定碎片与"现在的时间"(time of the now)——被捕捉的当下时刻,它们徘徊在压迫和痛苦那些"曾经的相同者"强制性地重复和根本而言总是敞开的"救赎",也即一种断裂的和根本不同的未来的可能性之间——密切关系的基础上,有效传统有选择地将不断变化的和消失的过去碎片拼接起来。

491

> 过去的真实图景就像是过眼烟云,它唯有作为在能被人认识到的瞬间闪现出来而又一去不复返的意象才能被捕获。"真实不会逃之夭夭",在历史主义历史观中,哥特弗里德·凯勒①的这句话标明了历史主义被历史唯物主义戳穿的确切点。……历史唯物主义者希望保持一种过去的意象,而这种过去的意象也总是出乎意料地呈现在那个在危险的关头被历史选中的人的面前。这种危险既影响了传统的内容,也影响了传统的接受者。两者都面临同样的威胁,那就是沦为统治阶级的工具。②

在这种观点中,本雅明就艺术作品的"物质"和"真理内容"之间的区别做了真正历史的阐释:首先在于作为文化信息的它们**言说**(say)了什么,一旦使它们的言说方式直接可理解的生活和体验方式

---

① 哥特弗里德·凯勒(Gottfried Keller,1819—1890),瑞士作家。主要作品有长篇小说《绿衣亨利》,短篇小说集《塞尔特维拉的人们》等。——译者注
② W. Benjamin, *Gesammelte Schriften*, Frankfurt, Suhrkamp, vol. I/2, p. 695.(参见本雅明:"历史哲学论纲",《文艺理论研究》1997 年第 4 期,第 93~94 页。——译者注)

消失了,所言说的东西也就变得不可理解;其次在于作为特定形式下主体间的沟通中介的它们无意中而且"根据外貌"**揭示**和表明了什么。对本雅明来说,即使后者,即真理内容(Wahrheitsgehalt)仍在根本上是历史的,依赖于什么在今天看来是突出的,既表现在它的现实化的可能性方面,也表现在它的现实化内容中。没有什么比如下事实能更好地说明在马克思主义传统的主流趋势中这种定向为解释学的方法的脆弱性:阿多诺直接从本雅明那里把这种区别接收过来,再次将一种本体论的、去历史化的意义赋予上面提到的"真理内容"观念。

对于发展一种综合的、一般的文化(即使在狭义上,在价值意义上)理论来说,意识形态概念和意识形态批判方法并不充足;从这种理论必然会提出的一些基本议题和问题来看,它们似乎撞到了一些显然内在的界限。

尽管如此,这种阐述是片面的,因为人们同样可以不把所考察的界限客观地视为**无能**,而是视其为一种深思熟虑的理论选择,一种"合理自卫"的策略所带来的结果,一种意识上的**自我限制**(self-limitation),这种自我限制阻碍了意识形态理论转变为"总体的"并由此没能使它避免一些与它的批判意图不可调和的后果。在这里,我们涉及一些最根本的困难,它们出现在文化实践的概念化过程中和借助于意识形态概念的对象化过程中,尽管它们曾在更早时期被提及但仍需更深入的讨论。

通过将文化作品与意义创造的文化实践在其中发生并制约它们 ⁴⁹² 可能性的非文本的社会语境联系起来,意识形态理论致力于揭示文化作品的"真正"意义并解释它们的现实影响和意味。它处理存在于意识形态领域的"幻觉"(illusory)和"现实"之间的对立。"幻觉"和意识形态的存在无关,但是它假定了纯粹意义的自治领域具有自我封闭和自我维系的特征;"现实"指物质生活和社会交往实践,它在非反思的情况下挤入前者,前者需要有意义的阐释和/或合法化并为此提供基本材料(认知的、组织化的等等)。① 唯有通过这种对立,意识形态批判才能完成它的实践任务:使我们意识到我们的思考和想象皆受社会制约,进而使我们能克服思想中的界限,并最终在意识中形成集体实践。

尽管如此,恰恰是"意识形态幻象"(ideological illusion)和物质的生活实践"现实"之间的对立本身似乎就是幻觉,这是由这种"天真的现实主义"的幻象所制造的。因为,意识形态幻象批判所指向的"现实"——历史上特定的实践和社会实践环境——本身无疑是一种文化建构(或重建),一种批判者所从事的文化建构,因而它依赖于批判者的特殊视角、有意或无意接受的解释原则等等。或者,换个说法:与意识形态批判理论的批判对象相关的非文本条件只是——也可能只是——**另一个文本**,这个文本反过来要求它的意义的透明性和自足性。而且,既然这个要求直接呈现现实——正如它简单所是——的文本掩饰了它自己的文本性——它在文化中**被制造**的事实和方式,它不可能是别的,除了扭曲的意识形态。坚持真相只是变相地维护权威。②

493

在今天,人们常会遇到这种对意识形态批判的批判。尽管这种批判有着令人钦佩的尖锐性,但它没有击中具体的目标。因为它所系统阐述的矛盾是一般人类认识的根本矛盾:一方面是实在的语言学重

---

① 参见"对青年马克思来说,意识形态的概念替代者不是科学而是现实,作为实践的现实……那时,这种现实是在理念世界中被阐明的,但它被错误地描述为在脱离这个领域时仍具有自律的意义,被描述为只有在被思考而不仅是被完成和有生命的事物的基础之上才是有意义的。因此,反对意识形态的主张来源于某种生活的现实主义,某种实践生活的现实主义,对于这种实践生活来说,实践成为意识形态概念的替代者。严格来说,只有在马克思的体系强调实践的物质性优先于理念的理想性时,这个体系才是唯物主义的"。P. Ricoeur, *Lectures on Ideology and Utopia*, New York, Columbia University Press, 1986, p. 5.

② "历史话语认为只需要在其语义模式上承认两项:所指物和表达者。这一所指物与意义的(虚幻的)混淆,当然是像执行语(performatives)这类**自身指示**的话语所特有的。我们可以说,历史的话语是一种假的执行语,其中自认为是描述性成分的东西,实际上仅只是该特定言语行为的独断性的表现。"R. Barthes, *The Rustle of Language*, New York, Hill and Wang, 1986, p. 139. (参见汤因比等:《历史的话语》,张文杰编,广西师范大学出版社 2002 年版,第 123 页。——译者注)

建,由此我们认识实在;另一方面是与外在于语言的实在关联起来的必然性,以便于语言自身的建构和发挥作用。事实上,这种类型的问题也出现在意识形态批判的实践中,无须大惊小怪,因为它是认识活动的一种形式。这个事实也告诉我们,关于特定文化实践的合法性、创造性和重要性并无定论。马克思在"现实生活的语言"(the language of real life)和仅是"真实世界的词语"(phrases of the actual world)之间,也就是说,在个人现实地所做和就其所做形成的言说、思考、想象①之间做的抽象一般的划分是天真的、站不住脚的,似乎一个人的所做独立于关于所做的所想,似乎第一个方面可通过直接唤起实在本身的语言——不再和"从口头说的、思考出来的、设想出来的、想象出来的人"②相关——获得陈述,无须解释。然而,在实践生活中和各种情况中,我们像马克思一样能很好地在两者之间做出严格的区分,但不去阐述区分只会使我们变得更易受骗,更无辨别力。因此,我们应尝试以一种不彻底的和一般的方式说明这里存在的困难。

意识形态理论致力于社会文化批判。它本身预设了对批判对象采取一种远观态度是可能的,而且在一定程度上它要求一种特权地位。因为批判暗含着这样的判断,当然不是在利益分配或坏的成绩意义上的判断,而是在独立于可能的作者意图的状况和语境中探究这种意义上的判断。因此,它始终声称,"比作品的作者更好地理解一部作品"(在原则上)是可能的。严格来说,这个论断的明晰化是在它自己的实践与仅仅是注释的实践之间进行区别的。而且关于这个论断的具体运用没有特别可疑的或棘手的,它的运用摆脱了一定的幻象,摆脱了他人的具体偏见,而把它们视为偏见无疑超出了我们的能力。还有一种观点主张我们所有的有意识的关于世界的态度皆具有普遍的

494

---

① Marx – Engels, *Werke*, vol. 3, pp. 20,26-27. (参见马克思,恩格斯:《德意志意识形态》,人民出版社 2003 年版,第 10 ~ 18 页。——译者注)

② Marx – Engels, *Werke*, vol. 3, p. 26. (参见马克思,恩格斯:《德意志意识形态》,人民出版社 2003 年版,第 17 页。——译者注)

和无法超越的语言性,即使从这种立场来看,如上论断也是没问题的。

> 对既存前理解的反思将使我们发现某些原本在我背后
> 发生的东西。但只是某些——而不是所有这类东西。因为,
> 效果历史意识是一种无法扬弃的方式,与其说它是意识,倒
> 不如说它是存在。但这并不说明,它无须经常地唤醒意识就
> 能避免意识形态的僵化。①

语言性包含对所说之事物进行(有限的)反思的可能性,在这里,这种可能性不是揭示参与式共享或可分享意义的可能性,而是审慎运用"符号"的可能性,这些符号或"表达"一些隐含(或可能是无意识的)的意图,或表现、"表明"使这种指意实践可能但以其方式"无法言说的"假定和先决条件。这种反思态度(当然,它总是假定背景和**某种**共有的理解视域)是否是合法的只能视具体情况而定,最终由它能在非独断的路上照亮所说之事物有多远来决定,而这种所说之事物以某种方式与我们所关注的相关。

但是伽达默尔的限制条件——"某些——而不是所有"——表明了反思的**界限**,同时指明了意识形态理论的界限。这种批判越是无所不包和总体化,它所要求的特权地位也就越成为压倒性的(以及文本和语境之间的区分也就越来越成为问题)。当——并且如果——意识形态理论被转化为一种**一般的**文化理论(至少是关于现在和关于过去的)时,它含蓄地假定了自己有一种彻底超越全部"被污染的"和"被扭曲的"文化遗产的权力,这种权力不仅能使我们从一定的思想封闭中解放出来(不可避免的结果是,它会处处阻碍我们去探索我们集体的可能性),而且一般说来能使我们从所有"偏见"中解放出来。当然,这种假设本质上与"致力于解放的"意识形态批判所具有的基本特征相矛盾,这种意识形态批判不仅要揭露传统,而且要把它的批判和

---

① H. G. Gadamer, "Rhetorik, Hermeneutik und Ideologiekritik," in H. G. Gadamer, *Kleine Schriften*: *Philosophie-Hermeneutik*, Tübingen, Mohr, 1967, p. 127. (参见伽达默尔:《真理与方法》(诠释学 II),洪汉鼎译,商务印书馆 2007 年版,第 295～296 页。——译者注)

揭示真理统一起来,和利用它的乌托邦和/或颠覆性潜能进行积极动员统一起来(由此,批判不仅通过对历史的非历史性的打破,而且通过有意识地阐述存在于历史中的不连续的连续性确定了自己在文化中的地位)。这种观点不只是遮蔽——以一种自我神秘化的方式——了它对由它揭示的文化实践的依赖性(和参与度)。更重要的是,只有人将他自己的批判立场和视角隔离于历史的开放性之外,这种主张才会是合理的。这种历史的开放性创造了意外的危险和可能,可能将"不可想象的"转化为现实,因而能使我们现在的思想和想象受到限制和受偏见支配,进而无视它的洞见。既然通常马克思主义发源地的理论很难在历史观方面坚持一种域外的立场,那么它们只能通过宣称一种关于未来的牢固的(科学的)知识来证明这一点,也就是,将一种实践的 – 批判的**计划**转变为历史必然性的**预言**来证明这一立场。这一世界性的意识形态观念避免了自反性的后果,这是通过把它自己的对它的历史境况的实践的 – 论辩的干预转化为一种客观化的和客观主义的态度来实现的。而且那时,只有在那时,批判才能在每一具体情况中不是将它自己的实践看作为它的对象提供一种解释——从我们的社会文化问题和目标来看,这种解释对我们有启发性而且与我们相关——而是视之为揭示它独有的"真正"意义和意味。①

496

　　无疑,马克思关于他的批判实践的揭示在很大程度上适合于,或至少表明的恰是这一种模型。当他一贯地把(现代)自然科学从意识形态领域排除出去的时候,他并非由此要否定它们的历史性——它们对特定历史条件②的依赖性,它们理论构想的可变性和易错性。对马克思来说,没有历史地具体的(因而也是受限的)前提条件,也就没有

---

　　①　关于这种主张和意识形态批判实践的实际后果是如何的不一致,我尝试在一篇"西方马克思主义历史中部分思想家对康德的杰出阐释"的论文中进行描述。G. Markus, "'Ideology' and its Ideologies: Lukács and Goldmann on Kant," *Philosophy and Social Criticism*, 1981, vol. 8, no. 2.

　　②　参见他在《政治经济学批判大纲》第313页中关于现代自然科学的出现和资本主义生产方式的出现二者之间的关系进行的考察。

思考。尽管如此，就自然科学来说——通过这些前提条件与观察和实验数据之间的明确关系，以及后者对前者的控制关系，这些前提条件总是成为**明确的**。这个事实给予它们的历史变化过程——受制于它们实验基础的不断扩大，最终由工业生产动力系统的需要所推动——以认识**进步，也即知识增长**的特征，与仅是缺乏真正积累①的意识形态的"变形"相区别。而且这正是马克思为他自己的批判理论反复强调的那种类型的历史性。即使这种趋向在他晚期著作中更为明显，但它已然存在于尝试阐述历史唯物主义立场的早期作品中。这种历史唯物主义，作为历史的"真正的实证科学"：

497

> 不是没有前提的。它从现实的前提出发，它一刻也不离开这种前提。它的前提是人，但不是处在某种虚幻的离群索居和固定不变状态中的人，而是处在现实的，可以通过经验观察到的，在一定条件下进行的发展过程中的人。……这些前提可以用纯粹经验的方法来确认……任何深奥的哲学问题都会被简单地归结为某种经验的事实。……对现实的描述会使独立的哲学失去生存环境，能够取而代之的充其量不过是从对人类历史发展的考察中抽象出来的最一般的结果的概括。②

尽管这种实证科学倾向在马克思关于自己理论特性的描述中从未完全占据支配地位，但它肯定为阿尔都塞在科学和意识形态之间所做的严格区分提供了强有力的推动和"文本的合法性"，即使马克思（正如我在早些时候试图表明的）从未从中引出这样一种一般化的结论。

---

① 在此意义上，文化理论实践领域中自然科学和意识形态的区别在物质经济实践领域中相应地表现为生产力和生产关系的区别。正是这种结构性的关系使自然科学向"直接生产力"的转化成为可能，而马克思视这种转化为发达资本主义经济条件下技术进步的必然趋势之一。

② Marx - Engels, *Werke*, vol. 3, pp. 27, 21, 43.（参见马克思,恩格斯:《德意志意识形态》,人民出版社 2003 年版,第 17、11、20、18 页。——译者注）

尽管如此,大部分西方马克思主义的代表人物并没有跟随马克思,从本质上将批判理论解释为实证主义的。所以,他们不得不寻找另一种方法来阻止意识形态概念如此这般的使用,在某种程度上,这种方式不会使它成为总体的、永恒的因而也是自我指涉的。因为这种"总体的"意识形态观念——正如一些法国后结构主义理论首先阐明的——必然使"意识形态幻象"的深刻而普遍的(这种论断性语言的本质,我们所有概念化的历史情境化,任何被阐明的话语的制约力,等等)根源局部化,关于这种现状的改变不再被视为一项**批判的**事业。那么,意识形态批判可能成为一首关于人类限度的令人忧伤的挽歌,或与它的结果达成一种自以为是的调和——看穿了达致真理的全部努力的徒劳并满足于它自己的这些聪明,在这两种情况下,它都被谴责为在社会实践领域中是**无能的**。

在文化理论的一些基本问题上,虽然西方马克思主义的主要代表人物逃离到了抽象的人类学的一般概念之中,但这种逃离是一种理性地自我划界的策略,保留了批判理论的基本实践取向。尽管如此,具有强烈的历史主义传统的马克思主义不可能为这种人类学的一般概念提供一种持久的基础。① 因此,他们的新引入的东西常常避免了某些特定的问题和可疑的方法。作为一种批判介入的有效方法,意识形态理论指出了一种所缺乏的东西:存在于马克思主义传统中的某种一般的文化理论,这种传统既能为文化理论的合法性进行恰当辩护,而且也能为其合法性进行合理界定。

498

---

① 只有那些有意识地避开马克思的历史主义的理论家才能够为文化理论提供这样一种更为系统的"人类学的"基础:马尔库塞(在《爱欲与文明》中)——通过对弗洛伊德的激进重释——基本上回到了费尔巴哈的观点,以及哈贝马斯通过语言学转向恢复了康德先验主义中的一些范畴观。

第十七章　一种哲学的失落：
19 世纪末的德国文化哲学

　　早在 1904 年一部影响深远的力作在论及当代哲学①时宣称，当代哲学其实质仅是有关文化的哲学，即文化哲学（Kulturphilosophie）。该书的作者鲁多夫·奥伊肯②，如今已鲜为人知，尽管实际上他曾是首位问鼎诺贝尔奖殊荣的哲学家。其卓绝的论断不只彰显了一种个体的气质。一种相似的观念隐含于其中——如此便可涵盖诸多相似的名称——譬如，曾几何时海因里希·李凯尔特（H. Rickert）和狄尔泰就将哲学界定为关于世界观的学说（Weltanschauungslehre）。就其是世界

---

　　① R. Eucken: *Geistige Strömungen der Gegenwart*. Compare W. Perpeet, "Kulturphilosophie um Jahrhundertwende," in *Naturplan und Verfallskritik*, ed. H. Brackert and F. Wefelmeyer, Frankfurt, Suhrkamp 1984, pp. 378-379.

　　② 鲁多夫·奥伊肯（Rudolf Christoph Eucken, 1846—1926），德国哲学家。1908 年度诺贝尔文学奖获得者。其主要著作有：《近代思想的主潮》（1878）、《精神生活在人类意识和行为中的统一》（1887）、《大思想家的人生观》（1890）、《为精神生活的内容而战》（1896）、《宗教之真理》（1901）、《一个新人生观的基本路线》（1906）、《人生的意义与价值》（1907）、《认识与生命》（1912）、《当代伦理学与精神生活的关系》（1913）、《奥伊肯论文集》（1914）、《人与世界——生命的哲学》（1918）、《人生回顾》（1920）等。——译者注

观而言,它在某种意义上构成了历史性文化的缩影。[①] 作为世界观的哲学本质上是一种文化哲学。

于世纪之交出现在德国的文化哲学宣称,即使它无法穷尽哲学研究的全部领域,但至少可以成为哲学的一个基础性学科。并不是只有文化哲学做出了这样的宣称。在这里,它一方面与认识论,另一方面与哲学人类学处于复杂的关联——半是竞争的关系,半是融合的关系——之中。然而当后两者已经无疑成功地(最起码是哲学人类学在德国的境况)至少把自己确立为明确界定的和广泛接纳的哲学"学科"时,文化哲学甚至都无法成为当代哲学中被认可的一个话题。最为典型的就是恩斯特·卡西尔,该传统最后的杰出代表,也已经于20世纪 30 年代后期开始抱怨这一领域缺乏明确的界限以及由此引发的对其合法性[②]的质疑。尽管在德国文化哲学依旧拥有相对边缘的存在空间,但对于更广泛的哲学家共同体而言该事业的意义已然丧失殆尽了。

有关文化哲学浮沉起落的故事——它兴起的条件以及公认原因的纲要概括,其众多代表性实现的内在困境与其日渐式微的可能性因素——构成该论著的主题。由此可见它意在从观念史的维度获得重建,尽管希望不要丧失某些哲学的相关性。

"文化"的现代构想及其概念——尽管此概念本身可追溯至西塞罗——是启蒙运动的创造与产物。从其发轫时起这一概念就为根本的歧义性所拖累:该术语似乎蕴含着完全没有关联的、无法达成任何系统性统一的、尽管如此却彼此间密不可分的含义。"文化"起到了替代具有约束力的传统的作用——它曾经并始终指代那些人类的成就与功绩,它被所有人类成就与功绩标识的同时又标识着它们,后者作

500

---

① 原文为 epithome,疑为 epitome 之误,故暂取后者之义。——译者注

② Cf. E. Cassirer: *Naturalistische und humanistische Begründung der Kulturphilosophie*, quoted in E. W. Orth, "Der Begriff der Kulturphilosophie bei Ernst Cassirer," in *Kultur. Bestimmungen 20. Jahrhundert*, ed. H. Brackert and F. Wefelmeyer, Frankfurt, Suhrkamp1990, p. 156.

为历史积淀与可继承的物质和观念的对象化（objectivations），这些成就和功绩构成了人类可能性的宝库，可以选择和创造性地用于应对变动不居的生活中常新的突发情况。但是文化的这一广义（人类学的）概念与其狭窄的（"价值标示"）意义相抵牾：作为高雅文化的文化标识了一系列非常明确的实践活动及其产物，它们在现代性视域下被视为自律的（autonomous），本身就具有价值，主要是科学与艺术。然而，使这两种毫无关联的意义通过单一术语形成的混合属于启蒙运动的计划。因为在其理解中，只有当广义的文化由只有狭义文化才能提供的普遍有效的目标引导时，作为不再受传统约束（tradition-bound）的，而是革新的社会－历史生活的伟大资源，广义理解的文化才能促使真正的人类进步，"日趋完善"。

501

　　然而，这种体系的歧义不但属于一般的文化概念，而且还分别属于其所标示的组成部分。一方面，广义的"文化"观念指的是所有人类在与动物相区别时，必须分享的类的领域（generic realm）。另一方面，文化使统一成一个特殊的、独特的社会单元，以可能区别于其他社会单元的东西精确地概念化。并且"高雅"文化通常必然以"低层"或"流行"文化的对立面存在——前者规范的普遍性以后者经验的－实证的一般性（generality）为前提。

　　无论如何，特别需要强调的是，在这里我们不能简单地应对该概念的歧义性，后者以其诸意义成分之间模糊的、家族类型（family-type）的关联为基础。这些细微的差异之所以被转化成尖锐的冲突与对立是因为这两种趋势抑或潮流分别赋予这些差别以截然对立的价值，而蕴含于这两股潮流当中的努力与不断更新的斗争又构成文化现代性的整个历史。鉴于此，我们——在纯粹理想的典型观念中——可称之为"启蒙"与"浪漫主义"之间的对立和争论，"文化"不仅在系统上模棱两可，而且其概念亦备受争议，与此同时，作为各种论争展示场的现

代性文化生活其结构与基本方面都被文化自身的概念①所反思与
表达。

最先在德国古典唯心主义的经典体系中,康德与黑格尔首次揭示　502
了构成现代性文化维度的基本特征与内在性质。然而,他们有关文化
价值的最终结论曾一度被看作是晦涩且不确定的。在康德那里这是
其体系的逻辑必然。文化对他而言是介于自然与自由之间的必需的
不确定中介。在彼此拮抗的外部作用(作为工具的文化)与内在动机
(作为律令的文化)之间,其构成部分只是一种消极性因素,对道德而
言仅仅是单纯的促进性条件,只是绝对价值的根源与领域。因为即使
是科学与艺术,这两种同样是相互对立的学科文化的组成部分,也只
能诉诸创造一种经验上普遍的,"世界性的"(cosmopolitan)和文明的
思维方式和感知方式,来限制自我中心的(Ego-centred)倾向的专
横——它们绝不能产生为实践理性②所要求的绝对普遍性。

另一方面,在黑格尔那里,尽管有其体系,但是亦不乏"不确定
性"。因为这一体系通过在哲学的绝对知识中对诸矛盾的和解,明白
无误地消解了现代性的分裂,即消解了这一教化(bildung)的社会的分
裂。但是黑格尔绝对精神哲学的高度完满性——在某种意义上他关
于高级文化的理论——却赋予此乐观的回答以更大的模糊性意义。
之所以有关和解的主张具有适用性是因为只有为数不多的——如黑
格尔曾指出的,一个"精选的部分"的——概念能够满足哲学思考的艰
苦劳作。艺术的终结(必然是鲜少明确表达,而流于含蓄)以及宗教的
终结意味着真正流行的文化形式较之于该主张行之有效且备具说服

---

①　On this see my paper "Antinomien der Kultur," *Lettre International*, 1997, Heft 37, pp.
13-20. To the following compare also my essays "Culture : The Making and the Make-Up of a Con-
cept," *Dialectical Anthropology*, vol. 18, 1993, pp. 3-29);" A Society of Culture: The Constitution
of Modernity," in *Rethinking Imagination*, ed. G. Robinson and J. Rundell, London, Routledge,
1994, pp. 15-29; and "The Hegelian Conception of Culture," *Praxis International*, vol. 6, 1986, pp.
113-123.

②　Compare Kant, *Kritik der Urteilskraft* § 83.

力的表达将不再具有适用性。因此现代性以一种"文化缺陷"的二律
背反为特征:它要求适用于一种普遍有效形式的合法性,但又缺乏获
得这种自我合法性的一般经验性途径。并且正如黑格尔在其1824年
关于宗教哲学的演讲中得出的悲观结论那样,哲学不具备消解该矛盾
的能力:它必须在"当下稍纵即逝的经验中"去寻找出乎其外的
出路。①

　　在黑格尔身故之后唯心主义恢宏的形而上学体系土崩瓦解,随后
(在形势愈发严峻的1848—1849年失败的革命之后)其声望亦日渐衰
微,并且哲学的文化作用不仅消解了文化现代性的问题与其更传统的
问题和主题早已在其中达到融合的框架——与此同时,它还赋予这些
问题以如此的重要性和悲哀性,鉴于此,正如康德和黑格尔展示的那
样,它暂缓了对这些问题的回应,那些无限开放的问题已经无法再自
圆其说。有许多与文化哲学兴起相关的具有基础主义(foundationa-
list)声称的思想——我将从较为狭义的－特定的思想出发,以达到更
普遍且可能通常是更贴近本质的论断。

　　1.19世纪于哲学内部悄然兴起了"学科专门化"(disciplinalisa-
tion)乃至专业化的浪潮。其原先有关逻辑学、形而上学以及伦理学
(或实践哲学)的划分日趋不合时宜——出现了关于认识论、美学、法
哲学、宗教学等诸多特殊学科,以及特定科学(如数学)的专门性学科。
但是,该过程动摇了至少维系了两个半世纪的哲学的科学性诉求的观
念:即体系的观念。文化哲学似乎非常适合被用来促使这些离散的哲
学话语的领域重获系统的统一。即便如李凯尔特那样,当哲学的体系
性特征转化为内在的文化形式这一最后的努力失败后,通过把文化哲
学理解为有关世界观的学说,即通过追溯到形而上学体系混乱与无序
之后的唯一且固定的、绝对的基础并循此"中立于"它们的争论,抑或

① Compare Hegel, *Vorlesungen über die Philosophie der Religion. Werke*, Theorie Werkaus-
gabe, Frankfurt, vol. 17, p. 344.

像狄尔泰明确构想的那样,将它们的矛盾转化为单纯的差异①,如此则 504
仍然具有赋予哲学作为客观有效的知识这一断言以合法性的回旋
余地。

2. 然而,文化哲学不只是对哲学科学性地位的挽回。从某种意义
上讲,它在理解科学性的含义与科学的一般作用这两个方面起着相似
的作用。众所周知,它的出现与彼此争论的自然科学与人文科学之间
耳熟能详的划分密切相关。但是,在这一争论中,不只是单纯的文
化——或人文科学(geisteswissenschaften)的认识论和方法论的自律性
岌岌可危。它还涉及科学在广义上的"教化"(edifying)作用其可能性
与合法性。毋庸置疑,从被瓦解的形而上学的思辨性中分离出的现代
自然科学,只能发挥工具性的作用,而文化哲学,就其所倡导的科学的
客观性,与亟待获得经验认同而言,至少在狄尔泰、文德尔班以及李凯
尔特看来,是存在于另一广阔领域的科学,通过调和它们的能力从而
为(个体和社会的)生活提供确定方向。

3. 然而,事实上该问题是要求促使文化哲学具有基础主义主张这
样的重任——这是一种典型的德国现象,在当代可能除意大利之外没
有与之相类似的现象——该状况无法在德国广阔的政治与文化发展
的背景之外获得理解。弗里德里希·梅尼克②有关国家民族(Staa-
ts –)与文化民族(Kulturnationen)的著名区分无疑代表了过于简化的
历史的过分一般化(overgeneralisation),但它无疑指出了真正的差别。
至少存在于"高雅文化"(蕴含于其拥有者,即知识分子中)含义的社
会性变迁中的差异,取决于统一或中央集权的国家是否在本质上先于

---

① W. Dilthey: *Weltanschauungslehre. Gesammelte Schriften*, vol. VIII, Leipzig-Berlin, Teubner 1931, p.8.

② 弗里德里希·梅尼克(Friedrich Meineck,1862—1954),德国历史学家,其受普鲁士
学派和自由主义的影响,对德国历史文化进行了反思式的观照,拓展出"观念史"的研究领
域,推动了从政治史到思想文化史的转移。魏玛共和国时期及第二次世界大战之后德国历
史学界的领军人物。主编《历史期刊》。其主要著作为《德意志的崛起的一代》(1906)、《世
界主义与民族国家》(1924)、《历史主义的兴起》(1936)、《德国的浩劫》(1946)等。——译
者注

"民族"文化的形成,抑或是相反的情形。在后一种状况中,特别是处于专制的政治制度之下,当文化生活——情愿或不情愿——取代了缺乏开放的政治制度,民族文化(并非简单的启蒙)倾向于呈现为恢宏历史形式的精神性力量。人们只需了解19世纪初叶德国的社会的﹣哲学的公共性(publicism)就能领会这些夸张期望的范围与力量。并且这绝非简单的意识形态幻象——文化统一性的观念实际上对统一的政治方案产生了巨大的调节性作用。但是后者的巨大成功,完全释放了经济与政治的自律性力量,并为自身带来广泛的文化危机的观念——一种失败预期的实例,然而,与西方的纯粹的"文明"相比较而言,它却仍然结合着对德国文化内在优势的信心。布克哈特(Burck-hardt)与尼采将德意志帝国(Reich)的建立视为对"德国精神"持续存在的可怕威胁绝非偶然。文化仅仅是服务于其他目的的工具吗?抑或充其量只是暂时规避主流力量的私人庇护所?还是它不仅拥有自律且绝对的价值,而且能够行之有效地将生活导向既定目的的现实性?该问题的紧迫性的特征与先前时代天真的乐观主义,以及康德与黑格尔悬而未决的开放性回答均无瓜葛。它是关于文化哲学所做答案的质疑,更确切地说:是一系列答案的问题。因为,李凯尔特和狄尔泰的积极的、"和解性的"(reconciliatory)答复与西美尔(G. Simmel)或更早些的、前马克思主义者的(pre-Marxist)卢卡奇(连同在某种程度上的马克斯·韦伯)的观点完全相左,卢卡奇将这说成是一种悲剧:文化的演进必然产生出这样的努力,然而这种发展本身不可能使之系统地得到满足。

4. 然而,文化哲学并非简单是特殊历史时间与空间的意识形态。它们成功地把本土的动机与对整个现代哲学传统来说至关重要的问题进行了相互对接。关于协调、完整以及自律的个体性的观点能够与诸如无论如何只有通过历史性的变革才能理解的与价值承诺相关的客观价值体系(李凯尔特语),抑或作为包罗万象的生活关系之暂时表现的历史领域的动态体系(*Wirkungszusammenhang*)(狄尔泰语),以及被物化于真实的机构与"外部的"文化中的社会力量(西美尔语)等观点和解吗? 完整的个体性的观点,无论它能否得以实现,其合法性被所有的思想家所假定,他通过源于康德主义的人道主义传统得以理解,并且由意识哲学(philosophy of consiousness)的话语所构建。自律性意味着主体自由的自发性,它能够克服任何先在的决定。倘若没有足够的可实现性,那么至少该观点的意义及其相应的合法性可以同历史性意义上的人类有限性的观点完全和解吗? 这是文化哲学悬而未决,但一直努力破解的首要问题。

　　所有这些思想大抵都直接适用于海因里希·李凯尔特的哲学,从某种意义上讲它们以更为开放与不确定的形式出现。文德尔班在夸大康德主义知识理论的基础上对普遍性科学与具体性科学所做的根本性区分,被李凯尔特转化为一种本质上是作为客观性成分的修正性理论。在认识论领域具有合法性的主体与客体的二元论,只是依托"现实"(reality)与价值的绝对二分所衍生出的抽象概念。一般而言,"现实"是在内涵与外延上无限的异质性连续统一体,高深莫测且难以形容。它通常只能从以可供选择的明确准则为基础的最后完成的视角加以理解。但是,这些可供选择的准则,只能构成具有客观真理性的知识——只有以暴露自身的矛盾为代价其意义方能被否定——倘若它们源于绝对的客观性价值且与之相关。为李凯尔特所解释并赋予合法性的、与所有更高雅的文化形式相关的作为自由的主体间性的可能性条件的该价值体系,不只能区分普遍的自然科学与个体性的文化科学之间的差异。更重要的是,它通常为个体性内在价值的人道主义预设正名,后者既非建立在经验唯一性的意义之上,亦与生活的关键动力毫无关联,与之相反,它建立在凭借能动的价值承诺来赋予生命以意义的人类能力之上。但是,客观性价值自身应严格区别于类似历史性变革的活动,且通常应对其进行有条件的评价。绝对价值自身还未完全出现之时,后者毋宁是当下的现实:它们只能合法地运用(gelten)。在"现实"抑或客观性的领域,尽管非存在的价值于其二元

507 性中共同构建了"世界",但从最宽泛的意义上来说,它蕴含着有关世界观的理念(*Welt-anschauung*)。另一方面,作为根本性超越的客观性价值不能仅凭(个人或集体的)评价活动、历史性的有条件的相对价值承诺获得理解,在后者当中它们不是公开的、给定的,而只是作为可能性的条件被假定和预先被给予(*vorgegeben*)。凭借源于有限存在的具体的积极性与消极的文化价值这两者内容的变革,这些评价活动赋予它们以相应的意义。并且这些观念性的意义构建了介于"现实"与超越性的价值之间的"第三领域"。这些意义的具体体系体现了特殊的历史文化其理想性的本质。哲学的任务就是通过对这些具有变革性的意义结构的理解,将自身升华至永恒的超历史的认识,从而客观性价值始终使我们在应然而非必然的意义上面向未来。①

但是,由李凯尔特的前提所引出的这一哲学任务,原则上无法完成。事实上其理论中的基本概念原是更为简单的导致自我矛盾的方式。作为无限的异质性连续统一体的"现实"根本无法把握——其实在其早期著作中,他就明确指出它只限于概念之中。② 另一方面,与我们思想的所有选择性的抽象截然相反,"现实"正是唯一的和完全"真实的",并且在意识哲学中这意味着它必须被设想为直接给予的、先于概念的被直接经历的经验。然而,该体验(*Erlebnis*)不能再被等同于深不可测且难以捉摸的一系列纯粹直观的显现;在李凯尔特晚期的著作中它被明确地理解为现实与价值的融合。③ 但是由于价值只能把精神性(psychic)的现实当作评价,即当作选择性的观点时,最初被引入的关于现实的观念就不能被推广和修正,而毋宁是被简单地撤销了。

这些棘手的问题通常与价值的观念密切相关,后者并非一直"存在于"观念当中,而是与"世界"中根本的本体论的习以为常的事物有

---

① Compare H. Rickert, "Vom Begriff der Philosophie," *Logos*, vol. I, 1910/11, p. 29.

② For example compare H. Rickert, "Vom Begriff der Philosophie," *Logos*, vol. I, 1910/11, p. 21.

③ Compare H. Rickert, *System der Philosophie. I. Teil: Allgemeine Grundlegung der Philosophie*, Tübingen, Mohr 1921, pp. 258, 296 etc.

关,因此它们的合法性必须被视作一些存在的神秘形式。如李凯尔特所说,这些价值是主观的－超验的。事实上,生存个体的主体性通过或依托其价值承诺而被构建,故而绝对依附于作为其可能性条件的客观价值之上。另一方面,客观价值只能在真实的、有限的且相对的评价中得以理解。倘若所有知识的非超越性基础就是它们融于现实的直接性存在,那么后者与价值本身之间的"本体论差异"只能被理解为超验的主体性的能动性的结果。无论如何哲学只能提供关于可能价值的正式分类,后者的具体内容必须依托文化的历史,并且更为重要的是,它——至少是关于非理论的文化价值——无法对它们的合法性论断证明或证伪。[1] 但是,如此一来,甚至李凯尔特最初有关文化科学其科学性的合法性构想似乎也宣告破产了。如果缺乏能够裁决相互抵触之价值承诺的客观准则,那么在引发争端且彼此无法调和的诸历史生活的构建方式,与李凯尔特所理解的、将文化科学视作科学的断言之间,所做出的非理性选择将无法被保留。

　　从粗略但可能并非不公允的视角来看,我们可以说处于李凯尔特哲学之内在矛盾表面的诸多问题,在狄尔泰那里被明确地当作必然源自非基础性的(ungroundable)"生命"多样性的内在矛盾。它们无法在理论中获得解答,但凭借一种"历史意识"它们的激进内涵使我们能够提升自我以超越它们的冲突,或者至少将其转化为创新知识和实践力量的源泉。

　　较新康德主义而言,狄尔泰更多的是对康德进行激进的"修正"。他不仅以生存,即"完整的人"(whole man)的情感、诉求、想法的名义,而且还从"历史的"人出发,即从人类存在的非超越的历史性的观点出发,批判康德"冷漠无情"的唯理智主义。早在 1880 年,在其《布雷斯

---

　　① Compare H. Rickert, *System der Philosophie. I. Teil: Allgemeine Grundlegung der Philosophie*, Tübingen, Mohr 1921, p. 150.

509　劳大纲》(*Breslauer Outline*)①中,凭借受历史性生命体验影响且为之变迁的最高知识框架与表述经验,他就与作为"意识条件"的康德主义"僵硬死板"的先验观念决裂了:它们不得不被设想为"生存的历史过程"。② 完整的自我意识只出现在个体生命体验的进程中,并于贯穿其整个绵延过程的具体内涵中得以修正,"人的存在"通常作为在历史中被塑造和变革的样式。因此李凯尔特的设想是:原则上从历史到超历史是不可行的。无限价值的观念是一个无法达成的形而上学假设——所有的人类价值、目的与观念都是历史性的、有条件的并且因此是相对的。人类存在的历史主义隐含着人类的根本有限性。

　　这一激进的历史主义从某种意义上来说是狄尔泰生命哲学的直接结果。生命是与世界及其他个体相关的不断的能动过程,与此同时又是对作为内在经验(*Innewerden*)③的关系的抽离。它是外化与内化不断扩张的圆环,通过并在沟通的中介中得以表达,与此同时它还是永恒的再主体化(re-subjectivisation)过程,将外在事物重新转化为内部存在。此外,狄尔泰在文化的最宽泛含义中,重新把黑格尔主义的"客观精神"概念作为那些表现共同意义事物的存放处,后者存在于我们通常业已发现自身的再浅显不过的世界中。由于其形而上学的内涵,当他摒弃了黑格尔主义关于绝对精神的概念时,**别具一格的**(sui generis)高雅文化形式就被他预先设定了(prioretized):它们是意义纯粹完满且明晰的表达而非他物。

　　但是,这一对象化过程本身及其承诺——一种不断增长的差异化

①　狄尔泰于1880年前后在波兰城市布雷斯劳写作《精神科学导论》。该书共两卷六册。第一卷分为两册:第一册论述各门精神科学的具体学科之间的关系;第二册讨论哲学由形而上学演变为精神科学的历史。第二卷分为三册:第三册论述思想史上各学科与认识论的关系以及历史成就;第四、五册论述狄尔泰自己关于精神科学和认识论的思想。但是,在后来的实施过程中,这个计划有所变更,而且没有得到完全的实现。狄尔泰并没有先写第三册,而是在1883至1890年间撰写认识论、逻辑学和方法论,作为第二卷的第四、五、六册,其中第四册比较详细,而第五、六册只是大纲。——译者注
②　W. Dilthey, *Gesammelte Schriften*(hereafter GS), vol. XIX, p.44.
③　源自胡塞尔有关现象学的概念。——译者注

和理性化——按其必然性,把生命的内在多样性以及作为一个分散的
统一体而呈现在个体生存体验之中的基本生活态度之不可通约的异
质性,转变为诸多彼此无法调和的理智性观点。形而上学体系与世界
观的冲突,以及之后精神科学(*Geisteswissenschaften*)无法一以概之的不
同方法之多元性,不能被知识性、理性的方式抹杀。但揭示它们的相
对性并且因此似乎祛除了所有被固定的生命取向之理由的历史意识,
能够治愈这一加诸自身的创伤。准确地说,因为通过这一历史化的过
程它可以理解所有历史性生命的表现样态——从某种意义上说,通过
将它们的意义追溯至生命的绝对基础来获得理解。鉴于此,历史意识
就把我们从自身时间的有限性中解放出来,使我们意识到已然被创造
出的人类可能性的丰富多彩,并因此开启了蕴含于生命之中能够战胜
疑窦的创造性。

510

毋庸置疑,它留下两个完全开放的问题:自身亦是历史条件且为
异化的文化形式提供客观有效解释的历史意识,以何种方式、在什么
样的基础之上,能够克服其自身有限的历史性? 况且,纵然它能够如
此,在何种意义上它为生命的取向提供新的担保,以克服诸世界观之
间的冲突?

对第一个问题的回答蕴含着这样的意义,狄尔泰的生命哲学与其
激进的历史主义相抵牾,他有关"整体的人"的观点摈弃了作为历史存
在的人的观点。生命哲学(*Lebensphilosphie*)仍然囿于意识哲学之中:
对狄尔泰而言现象学准则(*Satz der Phänomenalität*)是其哲学反思的最
高法则。[1] 生命通常是生存的体验(*erlebtes Leben*),经历过精神性生存
(*Seelenleben*)的生命感悟。这是其作为目的性整体的基本精神性结构
的固有特质——狄尔泰有时简要地称之为"人类本质的共性"[2]——
之所以它是所有历史变革的永恒性基质,是因为生命通常在其意义的
相同且基本的层面揭示自身,这就使它在普遍性领域和理解的客观有

---

[1] Compare Dilthey: *Die geistige Welt*, Part One, *GS*, vol. V, 1924, p. 90.
[2] Compare *GS*, vol. I, p. 91; vol. VIII, p. 95 etc.

效性两个方面都具有可能性。狄尔泰的诠释学从未面对过该视角的根本问题,因为它预先假定了一种同历史无关的固定参考系,并且只有在历史意识将客观的意义结构追溯为它们的生命体验之基础的情况下才是可靠的与可理解的。这是狄尔泰诠释学最为明显的不足之处:其有待商榷的基本理解(elementary understanding)理论,以及不加批判地归因于相对方法(comparative method)的力量等等。

511　　但是,所有这些仍不能解释他在何种意义上能够把坚定的实践性定位的力量归因于这一历史意识。针对这一问题他似乎提供了诸多极为不同的答案,但没有一种是令人满意的。就这点而言,该力量似乎只蕴含了审美疏离化(distantiation),以及对过去与现在所有种类的生命表述之愉悦的沉思性再体验的能力。① 有时它具有较强的自我免疫的意识:这恰恰是在全部生命关系之不同方面的片面表述的意义上,通过揭示世界观的所有庞大且连续形式的相对性来实现的,当它们全部表征其整体性无法为理智所把握的真理的部分维度时②,如今历史意识通常使我们自由地对它们的任何观点做出充分的自我承诺。最终,一些构想③建议一种唯意志论的解决方案:历史意识使我们挣脱过去与当下的束缚,并因此促使我们坚定地立足于崭新且非共同的个体价值之上,通过这种方式以融入无限的生命创造的洪流中。

　　李凯尔特与狄尔泰都试图通过揭示在根本上支撑所有相互矛盾的诸文化形式——其客观性张力似乎彼此对立且互相排斥——的一元或统一的基础,来调和现代性的矛盾——该基础是客观价值的连贯体系抑或难以言表的生命多样性。然而,对现代生活中彼此分离的领域之间必然的内在关联的理解,作为真正的"调和",它真的能够为其失范与对立提供理论与实践性的解决方案吗? 这似乎是蕴含于西美

---

① For example, *Der Aufbau der geschichtlichen Welt in der Geisteswissenschaften*, *GS*, vol. VII, 2nd edn, pp. 290-291.

② For example, *Weltanschauungslehre*, *GS*, vol. VIII, p. 225.

③ For example, *Weltanschauungslehre*, *GS*, vol. VIII, p. 204.

尔晚期著作中的问题。

作为认识主体的人同样是自然和历史的创造者,但人只有通过自然与历史才能认识自身。① 这是由主体性与客体性的外部问题,所产生悖论的极端形式。对此用哲学的语言来说就是彼此尖锐对立的倾向同样是现代性的组成部分:一方面,是不断发展的个体化趋势与持续增长的自治性力量,另一方面,是凌驾于个体之上的客观的社会强制力,它们不仅以事实的形式,更以价值的形式得以呈现。它们之间的对立能够被调和吗? 512

在文化中,该问题以最为尖锐的形式出现。从成分有别且形态各异的诸意义结构之全部集合体的角度来看,文化显然完全由人类独自创造且只存在于后者之中。在且只有在"精神与精神的对话"(spirit speaks to the spirit)之中:在其特有的观念与意图之中文化通常是有关主体的文化,即主体性文化。但另一方面,它在从属于这些文化形式的意义的同时被赋予了一般或普遍的合法性,后者保证了特定个体的态度与价值的独立性。它们以"客观价值"的自律性领域以及个体教化的先决条件存在。

凭借为客观文化元素的内化过程所彰显的个体实现其潜在的最高和谐之最初禀赋,主体性价值标识了个体教化的结果。由于生命的具体形式成为——尽管它存在偶然性——对唯一个体性的表达与实现,它就要求公认的意义与价值。另一方面,客观价值适用于那些物质性与精神性"人造物"的多样合成体,后者之所以能够介入存在,只是因为(个体或集体性)的力量与意图,而创造一旦——在它们的再内化(re-interiorisation)的特定过程中——获得了独立于最初目的的意义,个体的对象化活动就会提升它们自身的价值标准并因此要求自身的特殊性,即它们发展的内在逻辑。它由客观精神的自治领域所构成,唯有参与其中才能赋予个体以关于自身生命之统一观念的能力。

---

① G. Simmel, *Die Probleme der Geschichtsphilosophie*, 4th edn, München-Leipzig, Duncker-Humblot 1922, p. vii.

与此同时,除去任何限制,详细来看文化是作为主体性与客体性之综合的文化,是"主观精神与客观的精神性存在(*Ereignis*)"①之间的统一,亦是"从为逐渐明朗的多样性所展示的封闭的统一到开放的统一的进路"②。

513　　在恰当的观念中对之进行理解,文化——自身就是一种历史形式——是对形而上学问题的历史的回答。③作为主体性与客体性之间的中介,它毋宁是对主观与客观二元论的解决,乃至是后者的绝对存在的基础:一种对生命与其形式之间二元分立的解决方案。文化只有在生存体验的下述形式中才能调节作为直接存在的生命之无限的不间断的创造性活动:即发轫于生命的自我超越性力量且独自赋予后者以普遍实在(或更确切地说,是现实性)之有序的稳定性,但与此同时其对象化过程中的内在固有趋势又是对生命的阻滞与压抑。

问题只是文化的理念能否被充分现实化。然而从现代性的视角观之对该问题的回答无疑是非常消极的。现代性最先对处于直接生命中的内在价值给予真正的关注,它最先使主体性文化的诉求充分得以显现。并且它创造了其自律性与复杂性真正不再被个体重新据为己有(re-appropriated)的客观文化。诸如劳动分工、专门化、技术化,以及文化产品的无限积累等——所有这些都将生命的独立性与绝对的自律性赋予文化的多样化领域。它们将客观文化转化为异化的文化。对同时无法否定或规避他们意义的主体而言,该形式的含义将不再明晰。这无疑是文化的悲剧:其完全现实化的特定条件却使它无法被现实化。

西美尔提供了一种针对文化批判的多样表现形式及其不同的主体性回应的异常丰富且敏感的解释性描述。但是,就它们的绝对意义

---

①　Simmel, *Philosophische Kultur*, 2nd edn, Leipzig, Duncker-Humblot 1919, p. 227.

②　Simmel, *Philosophische Kultur*, 2nd edn, Leipzig, Duncker-Humblot 1919, p. 225.

③　Compare. Simmel, *Philosophische Kultur*, 2nd edn, Leipzig, Duncker-Humblot 1919, p. 251.

已然被揭示而言,他从未——甚至从来没有尝试过——以逻辑或历史的方式在它们与他的生命哲学的基本命题与范畴之间成功地建立起一种概念式的关联。他——作为一名伟大的哲理性散文家——以隐喻和类比的方式凭借大量的修辞手段简单地从第一阶段直接跨入第二阶段。就此而言,他简单地使当代文化的特征(例如在其独立的范围中的自律性)永恒化了,而他在别处则明确地将其理解为历史的具体性与特殊性。此外他还指出该现象只是纯粹的特殊情况(Sonderfäle),即生命与其形式之间外在辩证关系的特殊例证。 514

但该论断将文化困境的观念置于彻底的含混性中。一方面他称其为"所有人类精神的宿命"[1]:它是文化进步所无法避免与不可逆转的结果。另一方面,其表象通常只被明确地视为一种构成转瞬即逝阶段的形式,而非历史中独一无二的阶段(除其强度以外)——与该阶段相伴生的必然是激进的更新与文化统一体的不可预见的形式。[2] 第一种情况下,针对该困境的理性态度作为一种差强人意的认识,它仍然为选择性与符合个体性要求的艺术,以及自由的生产生活的幻象保留了部分开放的空间。第二种情况下,亟待开启的开放性被指向即将到来之新事物的未知性,后者在西美尔看来并非如期望的那样源于上帝,而毋宁是——至少在其后期有关"个体律令"(individual law)的伦理学说中被视为纯粹的个体法则——发轫于一些杰出且有为个体的创造性意愿。

*　　*　　*

毋庸置疑,以上所述不仅非常粗略扼要,而且是有关这些哲学的全景式批判性的鸟瞰,它意在探究这些理论失败的内在原因或至少是找出其不足之处。但是这些理论在提出新问题或给出问题的解决方案的意义上——它们被证明对哲学的长足发展富有成效且与之密切

①　Simmel, *Philosophische Kultur*, 2nd edn, Leipzig, Duncker-Humblot 1919, p.244.

②　See for example his late essay, *Der Konflikt der modernen Kultur*, München-Leipzig, Duncker-Humblot 1918.

相关——已然取得了巨大的成就。除去它们延续至今的主要功绩:作为第一种极富针对性且无比持久的积极批判形式,它开启了对人文科学之认识论与方法论的自律性的持续解释并赋予其相应的合法性,通常还有其他的问题——没有任何全面性要求的复合体——应在该背景下被提及。

1. 文化哲学不仅对传统的文化概念做了详尽的阐释而且还使之515成为有待研究的专门问题。它们的主要任务在于"瓦解"对该概念已然明确表达的二元性的幼稚且本体论的理解:"自然"与"文化"之间的对立,被等同于物质与意识,或现实与理念之间的拮抗。它们强调,"自然"本身虽然是文化的构成物,但后者并不意味着对其现实性的否定——就现实性而言它丝毫不逊色于经验自身。较之于传统的有关它们无限积累式发展的概念而言,它通常包含着自然科学更为激进的历史化进程:这些科学对客观有效性的要求,其合法性伴随着相应的不可靠性以及它们具体的解释范式的历史性变迁。从这点来看人们至少应该提及恩斯特·卡西尔的早期著作,首先是他在理解实体概念(Substanzbegriff)①时的突破。

2. 尽管所有这些哲学拥有不同的清晰度和侧重点,但它将朴素的﹣直接的、日常的理解提升至一种**别具一格**的高度,后者的结构不能与关于世界之科学图景的范畴体系之含混、初步的构想相等同。在它们看来,继承于先代的这些日常的现实[被冠以各种不同的名称:李凯尔特的"经验性现实",狄尔泰的"先于理论的生命关系",西美尔的"有关现实的直接生存",以及早期卢卡奇的"生存的体验"(Erlebniswirklichkeit)],在其自我调节性中产生了高雅文化的形式。在狄尔泰和西美尔那里——部分在亨利·柏格森(Henri Bergson)之前,部分在其之后,并且对康德的时间概念进行了明确的批判——对转瞬即逝的生存体验的分析在这方面获得了特殊的意义。在西美尔最后的著

---

① Compare E. Cassirer, *Substanzbegriff und Funktionsbegriff*, Berlin, Br Cassirer Verlag 1910.

作中甚至生命及其形式的二元性看起来都从根本上源于生存易逝性的矛盾:一方面,生存体验的特殊连续性存在于仅仅作为被记忆的过去与即将显现的未来之背景的现在当中,另一方面,生命的有限性,即死亡不是一个外在事件,而是"生命自身的一个正式的环节,它比生命自身的所有内容都要痛苦"①。

　　3. 最后,这些哲学成功地为彼此分离的高雅文化之间的系统性内在关联建立了基本的法则,后者在揭示它们的绝对统一性的同时并没有否认它们在结构上彼此对立的特征。作为典型的和最为简单的例证,人们可以在下述结构中参照李凯尔特有关自然科学、文化科学以及艺术之间关系的特征:普遍性概念——个体性概念——普遍性直觉。② 这通常表明该统一的基本观点:一般被视为彼此互补的诸领域蕴含着这样的断言——能够实现或(如西美尔或卢卡奇)只是幻象——它们之间相互补偿彼此分离之后的"有限性"。 516

　　最后一种观点对明确这样一种理念至关重要,在其中人们能够合法地讨论于两次世界大战之间的岁月中逐渐"消失"的文化哲学。关于被明确纳入或与"当代文化"的观念相关的问题与主题已然丧失其哲学话语的说法显然是错误的。然而现如今有关它们的讨论并不在文化哲学的框架内而毋宁是在**文化批判**(culture critique)的范式中进行。这两种理论之间可能存在两种根本不同的观点。在文化批判中一般的文化问题以及特定的当代文化批判,既表述了它们所担负的基本作用,又彰显了它们的自律性意义。无论它们具有何等的重要性,它们始终被视为潜在的、深层的、形而上学的、社会或历史性隐忧的表征。与此同时,保守的抑或激进的各种不同的文化批判形式在其特定的意图中,以理论的形式介入文化生活。因此它们通常将后者设想为(相对)消极与(或只是潜在的)积极的力量抑或趋势之间彼此争论的

①　Simmel, *Lebensanschauung*, 2nd edn, München-Leipzig, Duncker-Humblot 1922, p. 99.
②　Compare Rickert, *Kulturwissenschaft und Naturwissenschaft*. 4.-5th edn, Tübingen, Mohr 1921, pp. 83ff.

展示场。且为其合法性进行辩护。于是它们的兴趣通常囿于能够将矛盾予以充分揭示的文化(例如艺术)的领域或环节当中。一些建构性法则的观念能够使彼此争论的各方融入具有包容性的统一体中,而后者又是它们彼此间的对立得以产生的共同基础,该观念又异化于它们所做出的承诺,或者它们至少对其缺乏相应的理论旨趣。(当然,这并非是建立在它们有可能洞见的丰富性与关联性之上的价值判断,而只是关于它们兴趣指向的概括性特征。)

517

这里有足够重要的"内在"理由能够解释为什么文化哲学在两次世界大战间的十余年当中逐渐褪去其光华。我对它的一些代表性形式的概观,只是为了揭示它们的分歧是由内在矛盾所引发的这一事实,由于该矛盾激发了它们设想中的基本意图,因此又是无法被根除的。不只是由于它们根植于德国历史主义的传统,更为首要的在于它们的核心主题本身,它们不得不在人的一般性的存在中承认历史性。但是,它们所共有的意识哲学的概念框架,无法使其对自身的结果进行一致且充分的考量。此外活跃于此的诸观点并非简单地再次强调,带有不同程度的激进主义且已被"修正"的康德主义传统,而毋宁是不情愿放弃它罢了。之所以这一不情愿自身被充分地激发,是因为该传统为它们一直所坚持的自律的个体性观念之清晰性与合法性提供了恰当的结构。然而,一旦有关人类有限性的激进理论支配了哲学领域,它就不再具有可靠性,进而这一概念特有的意义,以及与之相关的统一的 - 完整的主体的概念,都将受到质疑。除此之外,绝对的、涉及文化哲学的问题:文化能否确保,或至少有助于这一观念的实现,呈现为典型的伪问题。

但是,不只是内在的哲学发展使得这后一种观点变得无意义。早在第一次世界大战中就已出现的大屠杀,假借保护"文化"之名在各个领域中的战争,使该预设成为显而易见的谎言。并且就所伴随的历史体验而言,没有哪里比德国更加野蛮,这是对借助能够促使人类走向更理性、更有意义且更自由人道生活的力量来传播文化的信仰的嘲弄。而后者正是我们真正能够正确把握的启蒙的理想。

其他种类的社会进程致使文化哲学尝试说明的相关问题处于窘境,或至少使其与时代相脱节。从某种意义上说这些理论已经来得太晚了。因为当这些理论出现时,那个对其而言独特的文化,即文化的统一体至少代表着一种生机勃勃的理想的社会阶层,即文化市民(*Kulturbürgertum*)(这个阶层也是哲学的传统受让人)已经很快消失了。这不仅是社会变迁所造成的结果,譬如哈根施特罗姆家族(Hagenströms)对布登勃洛克家族(Buddenbrooks)的取代①,它同样是文化变革所引发的后果。问题不仅在于,愈发狭隘的,依旧带着无序的自发性前行的专门化进程,要使普遍理解的、统一的"科学世界图景"(scientific world-picture)成为大众的事情,将科学的统一体的观念至多转化为更高层次的认识论抽象[从而抛弃了所有的复杂问题(problem-complexes)——例如"精确的"归纳科学——它们曾在之前的时代于有关科学的哲学中扮演着关键的角色]。事实上,在艺术领域也出现了相似的情况。随着先锋派的碎片化运动的升温以及对它近乎狂热的追捧,乃至具有时代风格作品的消失,"当代艺术"的概念除其暂时性意义之外已别无长物了。与此同时,艺术的大众已然明确分野,一方面,它们成为广泛的"艺术爱好者"团体,其兴趣点几乎专门集中在早已博物馆化(musealized)之前的艺术形式中(其界限以二律背反的形式不断地扩张),另一方面,成为多种风格迥异且极其小众的派别,它由现代主义(或后现代主义)艺术运动或流派的忠实支持者构成。

处于这些条件之下,并非不能表明以单一的主题呈现且作为连贯的一元性概念式研究领域的"文化"已经从哲学中消失了(重新回到人类学与社会学的范畴)。其观念必然在诸多不同的哲学准则中发挥

①　出自德国作家托马斯·曼的中篇小说《布登勃洛克一家》。书中,以布登勃洛克一家四代人的荣辱兴衰为背景,再现了垄断资本主义对"诚实"资本主义的取代。其中哈根施特罗姆就是前者的代表。——译者注

相应的作用。从广义上来说，它对哲学人类学而言是非常核心的问题，但它同样可能在语言哲学或宗教哲学的变体中得以讨论。况且，毋庸置疑的是，构成"高雅文化"的两个重要组成部分的特定且彼此分离的主题，一方面是关于科学，另一方面是关于审美的哲学之不断完善的准则。无论如何，存在这样一种假设，即统一的理论框架能够从一些被准确界定的观点出发而在某种意义上汇集所有毫无关联的论述，并且揭示它们之间的结构性关联以及它们互相影响的途径——时下显然缺乏这样的假设。

但是，种种迹象显示这种观点的缺乏可能同样会限制我们对有关现象的理解。显然，文化的成分——能自我理解且内涵丰富的日常生活有机体与流行文化，流行文化与高雅文化，科学与艺术——凭借它们之间相互作用、相互影响程度的不同而被充分揭示了。只在其自身当中将很难对它所得出的结论进行评判。然而，在这些彼此分离的领域以及与它们有关的论断之间同样存在着一些不甚明显但或许更为瞩目的互动与关联。

首先，实际情况中存在着一些奇特的并行性，关于科学与艺术的分别的、彼此毫无关联的当代论述从自身中找到了各自的目标。我的意思是，科学与艺术的"内在性"和"外在性"概念之间有着看似无法解决的矛盾。在最简单的表达方式中：科学与审美中传统的原初理论，通常以完美再现的方式，对构成这些实践及其产物的特征予以澄清，后者能够解释它们的合法性论断以什么为基础、在何种意义上、处于哪种条件下能够被所有人所认可与首肯；它们阐释了其能被恰当理解的成就之内在准则的固有合法性。但另一方面，关于科学与艺术的经验历史性社会学（在它们目前占主导地位的"修正主义"形式中），以及对众多有代表性的当下与过去事例的分析，实际上说明了这些内在准则在创造的能动性及其产物的社会集体性认可方面可能只发挥着次要的作用。事实上，它很大程度上被与能力、声望和兴趣中的实用主义动机相关的"外部的"原因和考量所决定。此外，当缺乏适当的基础以质疑这些甚嚣尘上的论述其经验充分性时,它们的概括除可能作为一种(完全无效的)构建并保持社会区分的意识形态工具之外,似乎只能导致一种站不住脚的相对主义,它无法对科学的技术有效性或艺术中持续的社会旨趣进行解释。毫无疑问,科学与艺术的"内在"规范性导向和"外在"经验性导向的概念之间存在着许多折中,但缺乏能够调解这些彼此对立的路径之一致的概念框架,以解决它们显而易见的互不兼容性。

与此同时,一些理论的言下之意可能是,倘若这一协调性的框架真的存在,那它一定是能够囊括所有彼此分离的文化成分的统一体。 ⁵²⁰ 这是因为文化的现代性在分歧与矛盾的连续历史性持存中呈现为悖论式的统一,而后者毋宁共同决定了它的内在动力。至少从18世纪末叶起算的历史,就彰显了彼此争论且互相斗争的两种对立的倾向与设想,后者在形式的不断更新中保持了相反的承诺及评价之相同的基本模式。与自然审美化(Aestheticising)的和解同其科学的主宰性相对立;文化作为特殊的,或者作为"世界性的"、普遍化的实例;以生命的形式得以重新统一的文化,与将其明确划分为不同的领域,它们之间也彼此对立;民间或流行文化与高雅文化的对立;艺术与科学的对立——在理想且典型的意义上,它们都是一些我早先提及的可供选择部分的对立的两极,即"浪漫主义"与"启蒙"。在它们之间的斗争与此消彼长的运动中,二者相继分别在不同的时段达到了相对的主导地位,从而使文化现代性处于永恒的危机中并且使它及其危机性只能不断地前行,以获取创新和崭新的形式。

之后,一种在摈弃形而上学抑或伪形而上学前提的同时,能够通过其不断的动态分割和结构分裂,促使悖论式的统一体以及文化现代性的一致性得以实现的全新的文化哲学可能存在吗?倘若真是这样,它将不只是只拥有学术关联性。在对宏大的世界性文化即将到来的冲突之预言的阴影下,我们重新处于日渐猖獗的文化民族主义之中,届时种族的意识形态与社会的排他性将广泛地根植于文化概念。如果丧失了对文化作为自律的人类理性与创造性的想象力之自由的引导力量的信仰,文化——依旧是被歪曲的——在今天有时会作为我们的宿命而出现。有关文化的巨大威力与无所作为,及其一致性与矛盾性的问题,具有许多实践的意义。但是一种能够揭示这些问题的文化哲学,应当从关于人的有限性的充分认识出发,首先蕴含着我们文化历史性起源的偶然性。并且仍然蕴含着关于其未来的根本开放性:其同一性的持恒性只能归因于其危机的连续性,只有通过被设定为创新的实践才能维持其自身的结构,前者不仅改变了它的具体内容,而且以近乎挑战的形式重塑了它的规范性准则。但是,从这点来看,只有一件事是肯定的——该文化理论不复存在了。

第十八章　生活与心灵：
青年卢卡奇和文化问题

　　　　每一个实质性的人类存在只有一种思想,的确,人们可
能会询问思想是否可以是多元的。

　　　　　　　　　　　　　　　　　——格奥尔格·卢卡奇

安娜·列斯奈(Anna Lesznai)①,是卢卡奇最亲密的友人之一,她
在自己的回忆录中提到卢卡奇于1918年转而信仰布尔什维主义时写
道:"……短短一周内,他(卢卡奇)就从扫罗(Saul)变成了保罗
(Paul)。"②这幅彻底断裂的图画不仅屡屡出现在卢卡奇以前的学生和
朋友的回忆录中,而且也是关于卢卡奇哲学发展的越来越多的解释文
本的基本主题之一——这是不无道理的,对卢卡奇的早期事业经历的
考察似乎证实了这一图景。1918年12月,作为已经34岁不再年轻的

---

　　① 引自戴维·凯特勒:《文化和革命。卢卡奇在1918—1919年匈牙利革命》,《目
的》,10,1971,p.69。

　　② 在这里,列斯奈借用《圣经》中的一句话 from Saul to Paul,即从扫罗到保罗的信仰转
变,来说明卢卡奇的信仰转变,即开始信仰布尔什维主义。扫罗原来是一个迫害基督徒的犹
太教徒,后来得到耶稣奇妙的异象启示,开始改宗信仰基督,改名为保罗,成为替基督教布道
的圣徒。——译者注

哲学家和批判家,卢卡奇加入了匈牙利共产党,从那时起他就把自己的毕生和劳作都奉献给了所选择的运动的理念和理想的实现。这种信念帮助他度过历史的和个人的危机。非常突然地,似乎没有任何转变的迹象,卢卡奇就同他的早期著作发生了决裂,如果考虑到这些早期著作对其同时代人的影响,他就不能简单地把它们贬低为"不成熟的"或"逃避现实的"。不过 1918 年并不标志着卢卡奇与既作为问题又作为一种备选的马克思主义和社会主义的首次思想相遇。早在他的第一本主要著作《现代戏剧发展史》(*History of the Development of the Modern Drama*)中,马克思主义和社会主义就已经出现,而且他把自己写于 1909 年的《文学史理论评论》(*Remarks on the Theory of Literary History*)描述为一种尝试,即提供一种关于自己的历史唯物主义立场的合乎逻辑的解释,这是一种"很难解释的和复杂的"立场①。最能展现卢卡奇走向马克思主义的道路的矛盾性的事实莫过于,直到 1918 年这个转折点之前,正如在反复的理论冲突中表现出来的那样,卢卡奇对马克思主义的看法变得越发批判,同时也越发顺从——尤其是涉及马克思主义实践上的重要性。[人们只需将卢卡奇在 1909 年完成的《戏剧发展史》中的相关段落与仅仅在一年后写成的文章《审美文化》(*Aesthetic Culture*)相比较,或者与 1916 年《决定命运的青年时代》(*Fatal Youth*)研究中关于马克思主义的论断相比较,就可以看出这一点。]

当我们考虑到卢卡奇思想中那些对他的思想信念转变至关重要的方面时,这幅图景将变得更加矛盾。如果把卢卡奇 1918 年发表的文章《作为一个伦理学问题的布尔什维主义》(*Bolshevism as an Ethical Problem*)和写于仅仅几个月之后的文章《策略与伦理》(*Tactics and Ethics*)(在 1919 年人民议会共和制宣布独立之前)比较一下,就会发现同样的问题在两篇文章中也都出现过。类似的思路在不止一个层

---

① 给诗人鲍比契(Mihály Babits,匈牙利诗人、小说家和翻译家)的信,1910 年。

次上可以看到,甚至在完全相同的阐述中都可以看到。但是当第一篇文章得出布尔什维主义的"伦理困境"是不可解决的结论并且拒斥了布尔什维主义者的立场之后,第二篇文章却带着狂热的允诺,卢卡奇为自己设定了找到解决这一困境的积极的历史方法的任务[①]。在第一篇文章中卢卡奇仍能够写下"因此两种立场间的选择,像所有伦理问题那样,是一个信仰问题"[②] 的确,两种立场之间的非理性的鸿沟似乎只能通过一种非常激动人心的、唯意志论的决定,一种信仰的改变——以不可思议的方式——才能填平。

不过,矛盾的是,从对两部作品的比较中相当清楚地显现出来的这种断裂的极端的彻底性随即点出了一个事实:仅仅用中断或者鸿沟这样的概念无法充分描述卢卡奇两个创作阶段之间的联系。"是"与"非"是截然对立的,但是由于这种关系的特殊本性,因此,在两种观点如此清晰地彼此对立之处又一定是以某种方式内在相连的。答案可能是截然对立的,但问题一定出自同一个。此外,的确,对卢卡奇"早期"著作进行一种更加细致的研究不仅可以表明:从一开始就存在着一系列主观上激进变化的主题(正如他自己在关于自身思想发展的晚年著作中指出的那样),[③]而且还会发现这些著作不论在内容还是在观念上都与晚期的马克思主义著作具有相似之处,而这些相似之处便是存在这些更深层关联的无可辩驳的证据。在这方面,尤其重要的是卢卡奇写于 1912 年到 1918 年属于早期著作的《海德堡美学手稿》(*Heidelberg Manuscripts on Aesthetics*)。在这里无法详细地讨论这些仍旧没有发表的作品[④],但是值得一提的是,在《审美特性》(*The specifici-*

523

---

① 一个更细致的讨论见瓦伊达的(Mihály Vajda,布达佩斯学派代表人物之一)《论辩证法的轨迹》。

② *Történelem ésnosztálytudat*(《历史与阶级意识》),Budapest,Magvetö,1971,p. 17.

③ 人们首先会想起他用匈牙利语写作的《选集》(Selected Works)中各卷的前言。

④ 同时,这些手稿在德国被 F. Benseler 和我分别以 *Heidelberger Philosophie der Kunst* (1912–1914) 和 *Heiderlberger Ästhetik*(1916–1918) 的标题在卢卡奇著作第 16—17 卷(Darmstadt – Neuwied:Luchterhand,1974 and 1975)中发表。

ty of the Aesthetic)这部重要的晚年综合著作中包含的某些最基本的观念和范畴,在这里已经可以发现,卢卡奇往往是用同样的术语表达:对象化(objectivation)概念①、"完整的人"(the whole man)与"人作为一个整体"(man as a whole)之间的差别、同质中介(homogeneous medium)的范畴、作为自我封闭(self-enclosed)的总体的艺术作品概念,等等。还可以发现,卢卡奇把艺术作品世界的特征描述为适合人之需要的乌托邦现实——这也是他晚期著作的基本观点,即马克思主义美学中关于艺术的去拜物教(defetishizing)使命的观点。

524　　　指出这些相似之处并不是要片面地强调卢卡奇思想发展过程中的"连续性"——的确,这甚至是更具误导性的观念——来取代已被普遍接受的断裂印象②。无可置疑的是,1918年的转变对于卢卡奇的世界观以及他解决个别理论问题的方式产生了极深的影响。正是因为两部美学著作共同的理论前提根植于不同的理论和意识形态背景,因此进行一种更加详细的分析会清楚地发现它们还被赋予完全不同的解释和功能,并且在某些情况下甚至是彼此截然对立的。这里仍然只需要一个例子就足以说明这一点:艺术创造适合于人之需要的现实这一乌托邦功能被青年卢卡奇解释为艺术的"恶魔主义"(satanism)(至少在某些著述中是这样)。艺术作品创造的和谐与满足高于或者没有人类真实的救赎。

　　　鉴于——的确,也正是因为——相似与矛盾彼此奇异地交织,因

---

　　① 在本书中,objectivation 的出现频率很高,它是卢卡奇思想中的一个重要范畴。从基本含义上,它既可以解释为"客观化",也可以解释为"对象化",并且二者之间在意义上相互包含。因此,在本书中,我们根据上下文以及中文表述的习惯,有时把它译为"对象化",有时译为"客观化",而对于另外一个词,即 objectification,我们一律译为"对象化"。——译者注

　　② 当然,对于卢卡奇的这一印象并不是相关题材的文献中提出的唯一一个。尤其,我的评注在很大程度上是以两篇研究成果为依据的,既是在这种联系上也是在其他方面:Ferenc Fehér: Balázs Béla és Lukács György szövetsége a forradalomig[贝拉·巴拉兹(Béla Balázs)与格奥尔格·卢卡奇直到1918年匈牙利革命的联盟],Trodalomtörténeti Tanulmányok(Budapest),1969,以及 Andrew Arato,"Lukács" Path to Marxism(1910–1923),Telos,7,1971。

此，个别主题间的相似之处尽管具有特殊的意义，但却几乎仍然没有阐明实际上连接着卢卡奇两个重要事业时期的到底是什么。如果想要理解卢卡奇作为一位思想家所选择的道路以及其中单独的阶段，那么尤为重要的就是去考察一下是什么构成了双方的基础，关注一下各种问题表达上相同的方式是什么。《海德堡手稿》与晚期的《美学》(Aesthetics)之间真正的连接在于，尽管两部著作之间相隔了近半个世纪，使用完全不同的概念手段并往往得出相反的结论，但是它们都致力于解决同一个理论问题。它们都试图在人类活动的体系内确立艺术的位置和功能，并且力图解释艺术与日常生活之间的关系[用青年卢卡奇使用的术语就是与"经验到的现实"(experienced reality)之间的关系]以及与塑造和占用现实的人类活动及对象化这些"类"(generic)形式[用其早期的术语表达就是基本的"先验构成"(transcendental constitution)形式]之间的关系。但是在这两部著作为自身设定了同样的哲学目标这一事实背后存在一个问题，一直以来它的存在不仅仅是对卢卡奇的一种理论挑战(的确，这是一个囊括了他全部生活和著作的问题)：也是**文化的可能性**问题。如果只是概述的话，那么本文就是试图从这一观点出发对他的早期著作进行考察。

文化就是卢卡奇生命中"唯一的"(single)思想。文化在今天是可能的吗？回答这一问题并同时通过自己的活动创造和实现这种可能性始终是他生命中最核心的关注点。但是一开始，这个文化概念包含的远不止高雅艺术或哲学，远超出了"高雅文化"的界线。对于卢卡奇来说，文化问题同义于生活问题，同义于"生活的内在意义"。因为

> 文化……是生活的统一，是提高生活和丰富生活统一的力量……所有文化都是对生活的征服，用一种力量统一了所有生活现象……所以不论你观察生活总体的哪一部分，你都会在它的最深处发现同样的东西。在真的文化中，每一种事

525

513

物都是表意的……①

通过文化,人类与事件变成一个有意义的总体的组成部分。② 它赋予最不同的和不相关的事实以鲜活的、被每个人用同样的方式理解的意义,并因此保证始终用以关乎现实生活为基础的世界观来阐释和评价它们。主体与客体、个人与社会、人的内在信念与外在体制(institutions)的统一,只有在一种真正的文化中才是有可能的——并不是在冲突被取消或排除的意义上,而是在文化遵循它们得以解决的路径并因此确保"发展不再受制于偶然性的妄想"的意义上。③ 只有在真正的文化中,"高雅文化"形式——艺术、哲学等等——才不再与生活相异化,而生活也不再疏远它们,因为只有在真的文化中这些形式才"开始意识到在所有被给定形式的事物中一直潜在的某种模糊的渴望是什么"④。

换句话说,从卢卡奇作为一位思想家的发展之初起,对他来说文化问题就意味着**是否有可能过上一种摆脱异化的生活问题**。在这个问题背后包含着他对于敌视文化、"文化危机"这些描述现代资产阶级存在特征的状况作出的充满激情的诊断,也包含着他对这种状况的坚定拒斥。这种危机意识绝不专属于卢卡奇。人们还能指出狄尔泰、西美尔和韦伯(只提及那些能够被证明对于卢卡奇思想的形成具有直接影响的思想家就可以了)。但是使卢卡奇区别于他们之处是他对矛盾程度的敏感,是他与矛盾抗争的悲剧性的力量,是描述他在 20 世纪最初十年这段"幸福的和平时光"里哲学研究中的"感伤"(pathos)特征。卢卡奇前马克思主义的整个时期是一个不断为达到准确地从概念上

---

① G. Lukács, Esztétikai Kultura《审美文化》,收录于同名卷集(Budapest: Atheneum, 1913),pp. 12,14(这里缩写为 AC)。论文本身还发表在 Müvézet és Társadalom《艺术与社会》(Budapest: Gondolat, 1969),pp. 72-84。

② 参见 Die Theorie des Romans,(Neuwied: Luchterhand, 1971),p. 131(这里缩写为 ThR)。

③ Zur romantischen lebensphilosophie: Novalis, in Die Seele und die Formen(《心灵与形式》),Neuwied: Luchterhand, 1971(此后缩写为 SuF)。

④ Die Theorie des Romans,(Neuwied: Luchterhand, 1971),p. 26。

诊断这些矛盾、这种"危机"而奋斗的阶段，而且还是通过理论方式为发现摆脱矛盾和危机的方式，或至少发现适合于对付哲学矛盾和危机的恰当的人类行为准则而奋斗的过程。

在卢卡奇这一时期的诊断中，人们可以发现两种相似的分析方式，一种是形而上学的和存在论的方式，另一种是历史的方式。这两种分析过程或层面，不仅从一部作品到另一部作品都会发生变化，而且往往在同一篇论文中兼并到这样一种程度，那就是在某种意义上任何鲜明的差别或对立，可能只是为了达到阐释的目的而强加的某种结构。带着几乎是周期性的规则，卢卡奇本人一直试图从原则上和方法论上阐明它们的关系。① 然而，在这两种分析类型之间仍然存在着，至少是隐含着尚未解决的，然而是富有成果的（fruitful）矛盾，而这不只是关于方法论的问题。（这种无法获得解决的失败也许就是卢卡奇频频"寻求统一"的原因。）因为这种方法论上"相似"的问题背后潜藏着一个更深层的问题，一种哲学的困境（尽管这二者并不完全相同，其中一种也不能还原为另一种）。那就是他（卢卡奇）所生活的时代状况到底是存在论的和本体论的文化悲剧的表达还是可能复原的历史危机的表达。

正是早期阶段这种毫不松懈和不求回报的理论抗争把卢卡奇的著作与同时期的其他人的著作区别开来并且使他思想发展的整个过程都如此独具特色和卓尔不群。卢卡奇早期思想的发展之所以难以把握，是因为他给出的正面的答案和解决方法在不同的著作之间是千变万化的。往往每一次都是一种被推至极限的思想实验，发掘出一个思想，但在另一部著作中常常成为其无情批判对象。可以列举一个这样的例子：《形而上学的悲剧》（*The metaphysics of Tragedy*）就是卢卡奇

⁵²⁷

---

① 只是提到了这些尝试中最重要的：Megjgyzések azirodalomtörténet Elméletéhez《文学史理论评论》，in *Müvészet és Társadalom*《艺术与社会》（Budapest：Gondolat，1968），pp. 31-56（这篇论文此后缩写为 Remarks）；*Heidelberger Philosophie der Kunst* 第三章；*Die Theorie des Romans*，（Neuwied：Luchterhand，1971）前几章节。

最著名和最常被分析的早期论文之一。包括吕西安·戈德曼①。在内的众多批评家已经相当准确地指出,它证实了与卢卡奇晚期存在论思想(existential thought)世界的联系。然而,人们并不如此了解的是,几乎就在卢卡奇处在这一立场的同时,他又在《审美文化》(Aesthetic Culture)一文中对其进行了强烈批判。在此批判中,"末日审判前的生活"②被贴上了"最轻薄"(frivolity)的标签:

> 当所有人都生活在对伟大决算的期盼之中时,一切都是可以容许的,然而这一天决不会来临;因为等到末日审判的那一天,无论如何将发现一切事物都那么容易,并且共有的悲剧感将为所有的轻薄赦罪。③

因此,这篇论文,用他本人所理解的术语来说可以被视为卢卡奇早期"代表性"(representative)的类型。根据对《心灵与形式》(Soul and Form)中"导言"的研究,作为一种形式,这篇论文斡旋于艺术与哲学之间。它用来自于生活的事实,或那些事实的表现,从概念上把一种世界观表达为经验,表达为**生活**(life)问题。但是它却没有给出明确的概念性的答案。"这篇论文像一个法庭,但是(它不同于法律体系内的法庭),它并不是重要的、设定标准的和开创判例的裁决,而只是考察和裁判的过程。"④有时候正反辩论的辩证法甚至成为论文本身的一种结构要素,并决定它的形式。因此,并非偶然的是,一些对于理解卢卡奇哲学最重要的论文[例如,《心灵与形式》中关于斯特恩(Sterne)的论文或《论精神的贫困》]是以对谈录的形式写成的。

卢卡奇的"哲学的"分析,即形而上学的和存在论的分析的基本范

① 吕西安·戈德曼(Lucien Goldman,1913—1970),20世纪法国重要的西方马克思主义哲学家,提出发生结构主义和科学人学观思想。——译者注

② *Die Metaphysik der Trgödie:Paul Ernst*,in *Die seele und die Formen*《心灵与形式》(Neuwied:Luchterhand,1971),p.128。

③ G. Lukács, *Esztétikai Kultura*《审美文化》,收录于同名卷集(Budapest:Atheneum,1913),pp.22-23。

④ *Über Wesen und Form des Essays*,in *Die seele und die Formen*《心灵与形式》(Neuwied:Luchterhand,1971),p.128。

畴是——我们这里可能主要关心的，在"代表性"论文中使用的术语——"生活"["日常生活"(ordinary life)①]、"心灵"(soul)[以及与之紧密相连的"真实的"(real)或"鲜活的"(living)生活]和"形式"(form)概念。首先，生活是"非个人的、机械的力量"的世界②，是与人相异化的僵化形式(规定和体制)的世界。它们曾经是由心灵创造的，受理性和清晰目标的引导，但是它们已经不可避免地转变成了仅仅是继续存在却不再是活着的外部力量。它们已经变成第二自然(second nature)，"只能通过与第一自然(first nature)相类比，而被描述为已知的却无意义的必需的总和"。这个"日常生活"世界是"一些凝固的、异化的事物，是无法再从人内在的精神生活中唤起任何共鸣的意义表达的一种合成(Sinngebilde，德语，意义构成)。它是衰落的精神生活的蒙难所"③，是不可避免的必需之物编织成的天罗地网，然而根本上却是偶然的和无意义的：必然"被无数的线索，无数偶然的连接和关系织成的网诱捕并牢牢控制"④。

　　然而，生活概念指涉的现象不仅仅是在"人际间的"客观性层面上，还是在主观性的层面上。日常生活的经验个体是孤独和孤立的，他盲目地寻找着与其他个体接触的方式。但是支配这些社会交往(interaction)形式的习俗使他不可能找到一种方式并且决定了他也只能外围地体验自我。⑤ 在这种生活中，只有两种基本的行为类型是可能 529 的：要么人完全将自身沉溺于习俗世界之中，并因此丧失了自我真实的个性；要么他摆脱非理性的、外部必然性的压力转向纯粹的内倾性

<hr>

　　① 这里的"ordinary life"是指通常的、平常的、普通的生活，可以译作"日常生活"，但是，在20世纪后来谈论的日常生活批判中，"日常生活"概念大多是使用"everyday life"这一表达形式。——译者注

　　② *Von der Armut am Geiste*，Neue Blätter，II(1912)，5–6，p.73.

　　③ *Die Theorie des Romans*，(Neuwied：Luchterhand，1971)，pp. 53,55.

　　④ *Die Metaphysik der Trgödie：Paul Ernst*，in *Die seele und die Formen*《心灵与形式》(Neuwied：Luchterhand，1971)，p.225。

　　⑤ *Die Metaphysik der Trgödie：Paul Ernst*，in *Die seele und die Formen*《心灵与形式》(Neuwied：Luchterhand，1971)，p.224。

(introversion)。然而,第二种反应,完全放任于(确实,溶化在)一股瞬息的情绪和感受经验,这同样意味着放弃自我:

> 因为一切皆来自于内在,但任何事情都不可能真正来自于内在,只有外部世界的事物才能调动起情绪,而作为一种审美体验独享自己的心灵只不过如同被动地观察那些偶然间闯入你生活轨迹的事物一样。完全的自由是最极端的束缚形式。①

最终,生活如此划分为内部和外部,主观和客观,实际上绝不能发展成为一种可以由某一种或其他原则控制的彻底的冲突。

> 用不和谐来表述可能还高估了(日常生活)。不和谐只有在一组音律中才有可能,也就是说,在已经是一个统一整体的世界中才有可能:沮丧、压抑和混乱甚至还称不上不和谐。②

> 生活是一种光与影的混乱状态。在这里没有什么曾经达到它全部的可能,也没有什么曾达到终点;新的、使人缭乱的声音不断加入先前声音的混乱中。一切都在流动并且一同地、狂乱地、在一种掺杂的混乱状态中流动;一切都是失败的和毁坏的。没有什么曾经发展成为真正的生活。生活意味着可以使事物在丰富的状态中生存。而在这种生活中,没有什么曾经完全充分丰富地生活着。生活是它所能想象的最不真实和死气沉沉的存在形式。③

"日常生活"是"单纯的生活"(mere existence)的领域,是**不真实的存在**(inauthentic being)领域。

真实的存在指的是心灵,并且在两种方式上表达它的意义。一方

---

① G. Lukács, *Esztétikai Kultura*《审美文化》, 收录于同名卷集(Budapest: Atheneum, 1913), p. 16。

② *Von der Armut am Geiste*, Neue Blätter, II(1912), 5–6, p. 86.

③ *Die Metaphysik der Trgòdie: Paul Ernst*, in *Die seele und die Formen*《心灵与形式》(Neuwied: Luchterhand, 1971), p. 219。

面,在一种形而上学的意义上,心灵是人类世界的实质,是所有社会体制和文化作品创造性的和基础性的原则。另一方面,在一种存在论的意义上,心灵指的是真正的个体性(individuality),是使所有个性(personality)从根本上成为独特的和不可替代的并且赋予它固有的价值的"核心"。很明显,卢卡奇概念阐述的这个方面具有论战的弦外之音,至少在他的"论文时期"(1908—1911)是这样的。论战直接指向的是德国古典哲学,首先反对的是黑格尔的精神概念表述:

> 相当确定的是主观性是真理,个别的事物就是一切,个体的人类就是"人"的理念背后的现实。[①]

> 只有个别的,只有推向最极限的个体性才是真正存在的。任何一般的都是苍白的、无形的和无所不包的,其开放性太弱以至于不能作出任何阐释,其同质性太空洞以至于从来都不是真实的。[②]

并且只有"真实的"、真正的生活,才能

> 在完全和真正的自我体验中获得,在心灵的自我体验中获得。[③]

这样就加剧了生活与心灵形式、真实的与不真实的存在形式之间的二元对立,而这些可能是青年卢卡奇哲学的最鲜明的特征。我们是在公认的形而上学的意义上使用"二元论"这个词的,因为在断言主体具有塑造人类世界及其历史的实质性本质时,卢卡奇当然不会声称,由主体创造的然后又作为无人的和机械的而加以遗弃的客观世界,仅仅是被扭曲的幻觉。不真实的存在、日常生活结构的世界是作为一个与心灵相对立的原则而存在的,这一原则虽然与心灵不具有同等的价值,但是具有同等的地位,并且它自身具有一种力量,一种往往压倒性

---

① *Das Zerschellen der Form am Leben:Sören Kierkegaard und Regine Olsen*, in *Die seele und die Formen*《心灵与形式》(Neuwied: Luchterhand ,1971),p. 39。

② *Die Metaphysik der Trgödie:Paul Ernst*,in *Die seele und die Formen*《心灵与形式》(Neuwied: Luchterhand , 1971),p.232。

③ *Die Theorie des Romans*,(Neuwied:Luchterhand,1971),p. 132.

的惯力：

> 所有个别的事物，一旦进入生活，就具有一种不依赖于其创造者和任何预期目标的自己的生活，不依赖于它的有用性或有害性，不依赖于它到底是好还是坏……在这里重要的是存在的范畴，仅仅作为一种力量、一种价值的存在，这种范畴在塑造生活整体的过程中发挥着至关重要的作用。……它自己的生活（人类创造的所有产物的生活）脱离了其创造者的生活，也脱离了所有预期的目标，它具有了自己的生活。它开始发展，或许是以其他方式并且顺着脱离了计划的方向发展起来。它或许会转而对抗它的创造者并破坏那些它本打算强化和支持的东西。手段变成了目的，并且不管是前瞻还是回顾，没有人能够获知储存在对象和事物里的会影响局面和事态的巨大力量到底是什么。①

由此，"日常"生活范畴、不真实的生活，对于卢卡奇来说变成了异化的同义词，这种异化遭到了强烈的拒斥，但是却被承认是人类存在的一种不可避免的形而上学的特征。

并不是必然地要在卢卡奇的观点与同时代生命哲学（Lebens-pholisophie）各流派之间建立或证明某种联系（当然，首先就是他与西美尔之间的关系）。然而，联系显然存在这一事实并不能掩盖绝非不重要的差异，甚至是决然的冲突。这些差异和冲突从各种对心灵概念的阐释中直接暴露出来。一般而言，生命哲学一贯的拥护者把与物和物质关系构成的机械世界相对立的创造性的主观性（subjectivity）等同于已经清除了概念性痕迹的非理性的和不可言传的心灵体验。而这种观点不同于卢卡奇的观点，这不仅仅只是作为卢卡奇在写作伊始就

531

---

① A modern drama fejlödésének története《现代戏剧发展史》（Budapest：Franklin 1911），pp. 100-101（此后缩写为 Dev. Drama）。这个"单纯的生活"的概念后来成为卢卡奇思想体系中一个关键的术语。例如，参见 *Die Metaphysik der Trgödie*，或者 *Heidelberger Philosophie der Kunst* 的第三章。

非常明显地表现出的坚决的和明确的反心理主义立场的后果。[1] 它与生命哲学的对立还有其他更深层的、哲学的原因。我们已经知道，他始终认为"纯粹内倾性"的世界是不真实存在的"日常生活"的典型证明。（他对所有印象主义形式的坚定的轻蔑态度也是源于这种概念阐述，而他所拒斥的不仅仅是艺术的印象主义。）[2]"心灵"是体验（experience），或者更确切地说，它可以成为体验，但是它绝不能等同于某人感受的总和。事实上，"心灵"指的是最大化地发展，最大可能地增强一种个人意志（will）的力量[3]、他的能力和"精神活动力"（psychial energies），也就是那些每个人类个体都能够发展并应该发展，从而使之成为一种真正个性的独一无二的潜能。可以说，"心灵"是一个个体的"天职"（vocation）。并且这一"天职"是被向外引导的，是向着外部世界和其他人的。因为，真实性别无他物，只能是积极地发挥自己的能力达到充足的状态，把发生在自己身上的一切塑造成为一种表达个人最内在本性的个人命运。

我们在这个讨论中对费希特的术语稍作思考是有原因的。因为，即使忽略存在直接影响的证明[4]，毋庸置疑的也是，青年卢卡奇从其哲学开端时起就已经与费希特的（和黑格尔的）辩证法发生了许多关联。卢卡奇也认为，人并不是他所是（is）的样子而是他应是（could

532

---

① 典型地体现在他的 *Obituary for Dilthey*（Budapest：Szellem，1911），p. 253 之中，卢卡奇把狄尔泰发起的哲学的复兴努力失败的原因归罪于心理主义。

② 这一点最明显地表述在"Az utak elváltak"（《分离的道路》）中，收录于 G. Lukács, *Esztétikai Kultura*《审美文化》。

③ 例如，参见 *A modern drama fejlödésének története*《现代戏剧发展史》（Budapest：Franklin 1911），I，pp. 12-13："人的整体存在只能用其意志和由意志引起的行动上的即刻的活力来证明自己……因为情感和思想在形式上是短暂和易变的，在本性上远比意志灵活也更容易受到外部的影响。个人不知道他的情感和思想到底在什么程度上确实是自己的（或者它们在什么程度上已变成自己的）。只有当这些情感和思想出于某些原因而受到考验时，也就是说只有当他需要依据它们而行动的时候，当它们变成他自己意志的一部分并产生行动的时候，他才完全明确地知道这一点。"

④ *A modern drama fejlödésének története*《现代戏剧发展史》（Budapest：Franklin 1911），I，p153，把费希特当作施蒂纳（Stirner）和马克思哲学的共同来源。

be)的样子。在上面提到的他哲学中的二元论始终意味着对立力量双方间的一种辩证斗争。似乎对他来说,不仅异化是一种"形而上学的"**必然,积极地与之对抗**同样也是。

与此同时,在一种明显与之相关的方式上,对"心灵"概念的这种阐释也表现出卢卡奇力图克服生命哲学基本的主观主义和由此产生的相对主义的不懈努力。如果真实性指的是个体自恋性的自我享受并把自我孤立接受为不可改变的事实的话,那么在其根本上不可言传的体验之流,每一种都是独特的和同等有效的,由此将摧毁所有价值和价值特性。

> 自我已经涌入了世界,并且经由感觉和情绪,已经把世界同化进了自身之中。但是既然这意味着世界也涌入了自我,那么这两者之间的所有界限就已经被消除……如果事物不再是坚固稳定的实体,那么也同样不再是那个自我,并且当事实消失的时候,价值也将隐退。在个体之中或他们之间,除了情绪与感觉之外一切将荡然无存,这之中没有什么比其他的更加正当或者更有意义。①

另外,如果真实的生活,作为心灵的一种积极的证明,意味着在行动中表达自我并把生活的一切结合为一个统一体的独特个性发展到其最充足潜能的状态的话,那么同时,这种发展也超越了纯粹个体性的东西。这种自我实现的过程是一种向行动、向事实的转化,一种生活方式的转化,是一种人类生活的可能性,它是无法复制的,但却可以是规范的并且能够为每一个人充当范本。

> 心灵的方式是:剥除并不真是自身一部分的一切,使心灵成为确实个体性的,不过其产生的结果却超越了纯粹的个体性。这就是为什么这样一种生活可以成为范本的原因。这是因为,一个单独的人类个体的自我实现意味着这种自我

---

① The Ways have Parted, in Esztétikai Kultura《审美文化》, 收录于同名卷集(Budapest: Atheneum, 1913),p. 33。

实现对每一个人都是可能的。[①]

只有通过这种心灵对生活的激烈抗争,个体才能获得那些将永远保持为人际间的和绝对的,并因此是真正普遍的东西——卢卡奇所谓的创作(work)[②]:"从贫困与限制中脱离出来的救赎诞生了。"[③]

对于卢卡奇来说,"创作"指的是一种对象性(objectivity)的类型,一种"是什么"的类型,它并不是简单地通过"单纯的生活"的惯性维持原态(remain in being),而是作为意义和价值的一种来源保持着有效性。它指的是历史地产生,但是由于不断承担新的生活和意义已变成永恒化的那些对象化:完美的艺术作品、伟大的哲学和宗教体系、在其持续的发展中作为整体的科学。(当然卢卡奇重点关注的主要还是艺术作品。) 534

然而,青年卢卡奇哲学就是在这一点上与生命哲学的各种流派产生了明确的分歧,并与德国古典哲学发生了联系。正如他在 1915 年发表的一篇关于克罗齐的文章中明确表述的那样,这一点与"绝对精神"的问题相关,更广泛地说,是关于对象化的问题。[④] 因为,根据生命哲学的观点,超越纯粹的个体在原则上是不可能的,而且进行这种尝试也是没有意义的,然而与此相反,卢卡奇却始终把"绝对精神"的文化对象化当做证明这种超越实际上具有可能性的无可辩驳的证据。

---

① Esztétikai Kultura《审美文化》, 收录于同名卷集(Budapest:Atheneum, 1913),p. 29。

② work 一词也可以译作"作品",特别是在涉及艺术成果的时候。但是,考虑到卢卡奇用 work 不仅指谓艺术创作成果,而且也指谓各种自觉的精神创造活动、文化创作活动,即人的自觉的活动及其成果,与人特有的劳作方式和行为方式密切相关,因此,本书中在广义使用这一词时,一般译为"创作"或"工作",而在具体指涉艺术或其他精神创造的具体成果时,则译为"作品"。——译者注

③ *Obituary for Leo Popper*, *Pester Lloyd*,19 December 1911.

④ 这一研究的目的就是要略述青年卢卡奇哲学的基本结构特征。我们无法更详细地讨论其发展中更加复杂的方面。笼统地说,这种发展一直朝向对生命哲学的不断驳斥而前进。作为前马克思主义阶段中最后一部实质上系统的著作,《美学》(*Aesthetics*)(写于 1916年到 1918 年间)非常清晰地体现出了一种康德哲学的特征,尽管是一种非常独特的、鲜明的二元论的康德主义形式。当卢卡奇很清楚地提到他的一般观点与李凯尔特(Rickert)和拉斯克(Lask)观点之间的联系时,他在《美学》的第一章中证明了这一点。

因为"创作"(以及其存在不可脱离的"形式")提供了一种保证,那就是,对抗"生活"无意义的、机械的和孤立的经验主义,向一种有意义的秩序和真正的人际间的交往而努力奋斗,这不仅是必需的而且并不是注定失败的。

> 想要获得解决——形式的补偿力量——就要一直到所有路径和所有苦难的尽头,在信念中,超越了任何证明的可能,相信心灵分歧的路径将在某一遥远的时刻和地点重新会合,相信它们必然会重新会合,因为它们都是从同一个中心点出发的。然而,形式只是证明这种信念是正当的证据,因为它就是自己活的实现(living realization),比生活的一切都更真实地活着(alive)。①

不过,创作,更确切地说,被卢卡奇视为无比重要的艺术创作,产生于生活,不仅是在它们作为真正个体生产的一种对象化,因此不可避免地表现出时代的所有特征这一意义上来说,而且还因为在本质上,它别无他物,恰恰是生活的一种再现(representation),是强加于生活之上的一种特殊的形式。但是,从这种短暂而无意义的混乱中,某些一般有效的并具有普遍意义的事物如何可能浮现出来呢?如果在生活之内,一种心灵没有任何方式与另一种心灵交往的话,那么人们如何能够超越生活,建造一道永恒的并且所有人都可以使用的桥梁呢?正是这一问题最终的哲学意义促使青年卢卡奇开始写作两部系统分析美学的著作,即写于海德堡的《艺术哲学》(*Philosophy of Art*)(1912—1914)和《美学》(1916—1918),海德堡的文章《艺术作品存在——它们是何以可能的?》。

根据卢卡奇的观点,这个问题通过参考形式概念可以得到答案。形式概念比"创作"概念更加包罗万象。对卢卡奇来说,形式指涉的是与意义创造相关的所有功能。它使事实、事件和所有其他的生活元素

① Esztétikai Kultura《审美文化》,收录于同名卷集(Budapest: Atheneum, 1913),p.28。

的多样性能够被排列组合成**有意义**的结构、**有组织的意义形式**。（相应地，形式不仅联系着"绝对精神"领域，还联系着"客观精神"领域。）每一种独立的形式都是心灵回应生活的一种特殊方式。通过这些形式，一方面，心灵变得纯粹和同质，因为它集中在一种价值之上；另一方面，运用这一种价值，心灵可以廓清生活、"单纯的生活"领域中的混乱，并为其赋予澄明的意义。作为对象化的原则，作为对象化的有效性原则，形式还是生活与心灵之间的中介（mediation）原则，尽管，它绝不能最终解决它们之间的对抗性，即二元对立。

艺术作品只是这些为生活"赋予形式"的方式之中的一种。[①] 在生活庞大结构中的众多线索，朝向数以千计不同的方向行进并向无极限而延伸，在原因与动机的无尽海洋里，艺术家必须只选择其中的一些，并且必须通过这样一种方式来选择，那就是它们彼此紧密相连并形成一个同质的体系，这个体系是自我封闭的和自我完善的，可以在其整体上用一种视角来对其进行观察。艺术品作为一种抽象概念恰恰是一个。

536

> 调解体验的图式（schemata）体系。它是如此完美地自我封闭以至于为了结果它只依赖于其组成元素的内在关系。[②]

选择、安排、建构生活的质料（material）所依照的图式，一种将根据种类、风格等等而变化的图式，是审美形式（aesthetic form）：

> 是把生活的质料排列成为一个自足的（self-contained）整体，并且规定其步调、节奏、波动、密度、流性（fluidity）、强硬

---

① 各种形式的多样性（plurality）和自律性（autonomy）是青年卢卡奇哲学中的基本主题。他的《美学》就涉及了这个问题，这也是使他开始反对黑格尔哲学的重要理论研究之一（手稿中包含着一种对黑格尔详细阐述的批判性的对抗）。黑格尔的一元论和泛理论基于一种假设，那就是所有先验构成的形式都可以被还原为一种单一的类型，也就是理论逻辑构成——更准确地说，他假设它们可以在逻辑上按照它的原理演绎出来。与此相反，卢卡奇把他自己体系中康德式的"基本论点"表述为"所有自律的构成形式完全互不依赖并且其中任何一种形式都完全没有可能从任何其他形式中推导而来"。（*Aesthetics*, ch.1）

② *Philosophie der Kunst*, ch.2. 这一章的片段最近发表于 *Arion*, 5, 1972, p.39。

度和柔软度的形式。它来强调什么是重要的,并淘汰不够重要的;它不是把事物安排在前景就是安排在背景之中,并且在此模式内把它们分类组织起来。①

通过这一塑形的过程,生活无定形的混乱状态在艺术作品中变成了一种井然有序的体系,一种新的生活,然而是一种——与日常生活相对照的——现在变得明确和清楚的生活。每一个艺术作品都体现了一种构想和理解生活的方式,因此,艺术是赋予生活以意义并使之上升为自觉的过程,是超越生活混乱状态的过程。它是一种"对生活的审判"②,并且是"对事物的征服"③。艺术的存在就是"日常"生活的异化可以被克服的证明。

然而,这一点不仅对客观性是真实的,对主观性也是如此。每一种形式都体现了一种视野(vision),对作为经验到的生活的一种直接阐释——这不是主观回应意义上对脱离了生活的自我的那一部分的阐释,而是在创造性地排列生活的天然质料的图式内的阐释。这一图式与艺术作品具体的质料是不可分割的,并且它本身就是经验的一种来源。它通过艺术作品客观的结构才能得以表达。这就是为什么形式也是保证个体之间、艺术作品的创作者与那些感受者之间进行交流和交往的原则:"形式是文学中的真实的社会元素……是创作者与读者之间连接的纽带,是唯一的既是社会的又是审美的文学范畴。"④那些实现了真实伟大的形式的艺术作品,那些产生了完美的、综合的、整体的艺术作品,**凭借它们的结构**,启发了一种生活的视野,一种对生活的阐释和评价,实际上就是一种世界观。不仅如此,它们还具有一种

---

① Megjgyzések azirodalomtörténet Elméletéhez《文学史理论评论》,in Müvészet és Társadalom《艺术与社会》(Budapest:Gondolat,1968),p.38。

② Megjgyzések azirodalomtörténet Elméletéhez《文学史理论评论》,in *Müvészet és Társadalom*《艺术与社会》(Budapest:Gondolat,1968),p.39。

③ Esztétikai Kultura《审美文化》,收录于同名卷集(Budapest:Atheneum,1913),p.17。

④ Megjgyzések azirodalomtörténet Elméletéhez《文学史理论评论》,in *Müvészet és Társadalom*《艺术与社会》(Budapest:Gondolat,1968),p.36。

不可抑制的召唤力量,用这种想象鼓舞每一个人,这一点阐明了艺术作品的普遍性、永恒有效性和影响力。

但是生活与心灵之间的这种关系,艺术(以及所有其他有效的文化作品)所表现出来的心灵对于生活的力量以及对异化的超越,本身还无法解决生活的二元的、对抗的本性所产生的直接问题。艺术能够超越日常生活的异化,但是无法废除它。因为,尽管艺术作品产生于生活,但是它又不可避免地脱离了生活,而且是彻底、清楚地脱离,因为总体上说它是自我封闭的,本身就是一个完整的总体。它是一种新的生活,正如它自身是独立的和完整的,从开始存在那一刻起,它与超越自身的任何事物都不具有(并且可以不具有)关联。① 因此,艺术作品与生活之间的关系(对艺术的接受),只能是不同领域间的瞬间接触,"不真实的生活"绝不可能经此获得救赎。人们可以在作品中并且通过作品理解生活中的某种意义,但是那并不意味着人们因此就可以主掌自己的生活或赋予其意义。

同样,艺术也不能废除使个体孤立的人类交往的缺陷——不仅是因为艺术交往不可避免的精英特征["精英"(genius)概念是青年卢卡奇的基本范畴之一],还因为其固有的本性。艺术作品在创作者和读者之间打造了一条普遍有效的纽带,因为这条纽带是专门由对象化在作品中的形式所创造的。然而,恰恰是由于这一原因,就其含量(content)而言绝不可能是充分的,一部分是因为客观地体现和表达在作品形式中的世界观并不必然与其创作者的观点和意图具有相关性[根据青年卢卡奇的美学观点来看,意图与完成的作品被一种"非理性的飞跃"(irrational leap)分隔开了],而另一部分原因则是作品所召唤起的体验理所当然地就是接受者自己的体验。这些体验的特性——也就

538

---

① 这就是再次贯穿卢卡奇早期著作始终的对自然主义批判的基本起点。尤其参见 A modern drama fejlödésének története《现代戏剧发展史》(Budapest:Franklin 1911),chs. 7 - 10,以及 Philosophie der Kunst, ch. 2, "Phaenomenologische Skizze des schöpferischen und receptiven Verhaltens"。

是使这些体验专属于接受者并且使艺术作品产生直接和特殊效果的特性——绝不可能相当于艺术家体验的特质。

这种通过作品实现的自我发现的过程,在最深处和最私人的层面上受到它影响的体验——其永无止境的复现性(repeatability)构成了它不朽影响的基础——排除了所有创作者和读者之间产生共有体验的可能。在经验现实中只是一种事实性真理(vérité de fait)的误解的可能性,在这里却变成了一种永恒的真理(vérité éternelle)。①

日常交往过程中的缺陷,即"误解"的可能性无法被艺术废除,它只能被永恒。它从一种经验的范畴变成了一种构成性的范畴。

由此,"绝对精神"的文化对象化,即"作品"所代表的生活与心灵之间的中介,本身却变成了新的和悲剧性的冲突的起点,其中之一就是卢卡奇非常详细讨论的"艺术家的悲剧"。我们已经谈到了这一悲剧最重要的方面,也就是艺术家的"不可救赎的状态",也即这样一个事实:

539

> 他们为作品赋予的所有的圆满,他们为作品注入的所有体验的深度,都是徒然的。他们比起日常生活中的人保留了更多的缄默也更不可能表达自我,他们都是把自己锁闭起来的人。他们的作品可能达到了人类所能达到的最高成就,然而他们自己却是最不幸的人也是最不可能获得救赎的人。②

通过这种方式,卢卡奇从哲学上建立起我们在研究之初很自然地视为理所当然的东西:文化问题并不等同于"高雅"文化问题,并且其危机也不能单独在这个领域中获得解决。伟大的文化对象化所提供的保证,也就是不管是就人类还是历史的角度而言,对抗日常生活的异化并不是徒劳无用的,这种保证提供的只有希望。但它并不能证明这种斗争的目标实际上是可以实现的。对于文化是否是"可能的"这

---

① *Philosophie der Kunst*, ch. 2. 著作前两章最充分和系统地研究了这里谈及的问题。
② *Philosophie der Kunst*, ch. 2. 也可参见 Arion, 5, 1973, p. 46。

一重要的问题,用青年卢卡奇的哲学语言来说,并不能简单地还原为是否可能在生活天然的质料之外创造出永恒有效的、客观的、一定必然脱离生活的形式这一问题,如果只是以从历史上可能不过是一些短暂性的方式来理解,它从根本上转向了是否有可能塑造**生活本身**的问题。

这个疑问构成了青年卢卡奇伦理学的基本问题。阿格妮丝·赫勒已经对此进行了彻底的研究。① 显然,我们只能谈及这一问题合体中与我们这里感兴趣的一般问题直接相关的那些方面。

概括地说,我们可以说,卢卡奇任何时候在一般的意义上和在系统分析的背景下提出文化的可能性问题,其答案都是否定的。人们可以指出许多对这一答案绝对明确的表述。最清楚和明确的答案出现在**《艺术哲学》**(*Philosophy of Art*)里:根据伦理标准来塑造生活是不可能的,因为自我作为伦理意志的产物,既不可能改造外部世界的事实,也不可能洞穿全部心灵。无法把一个个体的内在生活改造成"命运",换句话说,改造成由个性的伦理本质决定的有意义的总体。 540

> 鉴于这些事实,根据纯粹的伦理标准使生活程式化(stylizing life)的想法不再站得住脚。这样一种程式化(stylization)既不能摧毁涌入生活之上的天然的质料,也不能赋予它一种伦理学的视野,而且即使它能大胆地主张一种可以加于生活总体之上的形式状态的话,这也将是一种不适合的形式,一个讽喻(allegory)。②

然而,正是在这一点上,卢卡奇在1912年到1914年的手稿中指出——用了所有理由——早在他关于克尔凯郭尔(Kierkegaard)的论文(从1909年开始的)里,他就已经表述过这一立场了,并且人们也可以在他的《形而上学的悲剧》中发现相似的观念。在关于克尔凯郭尔的论文中,同样,真正的生活、"真实的生活"似乎"在日常体验的经验

---

① Jenseits der Pflicht, *Revue Internationale de Philosophie*, 106(1973), pp. 439ff.

② *Philosophie der Kunst*, ch. 2.

世界里始终都是不可能的",因为

> 人们不可能一直生活在最巅峰的状态,最大限度地发挥自身最终的潜能。人们必须回归并遁入最乏味的现存,为了生存(live)人们必须否定生活(life)。①

命运与生活的统一、自我的内在世界与外在事物的统一、意义与存在的统一的实现只被许可给少数悲剧性的被选中者,并且对他们来说也只能是转瞬即逝的片刻:

> 这一瞬间既是开始也是结束,没有什么可以从中得出或从中产生,并且它可以与生活无关。它就是一瞬间,它并不意味着生活,它是一种不同于日常生活的生活,并且两者彼此排斥。②

为文化而奋斗,即人追求"要让自己在生存巅峰的水平上过自己的生活,要使其意义成为日常现实的一部分"③的永恒的和永不休止的渴望,是悲剧性的、毫无希望的。因为尽管这种决不应放弃的奋斗并不是徒然的——伟大的道德范例正是从这种奋斗中诞生的,就像艺术作品一样,尽管是由人类创造的但是却拥有永恒的有效性,象征着我们存在和潜能的顶点并且赋予它们真实的人类尺度——但是(原则上)它却无法实现它直接的目标。文化的"危机"只是人类存在的形而上学悲剧的一个证明。

541　　　然而,沿着这种概念阐述,卢卡奇早期著作还提供了另一种视角,即有可能通过文化而塑造生活。应该说,一般而言,人们会发现这种解决方案的表述不像上面讨论过的问题那样系统。它要么出现在对某一特别种类特殊的历史或社会学背景的分析过程中,要么就出现那些往往不过是暗示性的乌托邦之中,但是这种观点却用许多不同方式表现了卢卡奇早期著作意识形态取向的特征。[那些显然采用历史的

---

① *Die seele und die Formen*《心灵与形式》(Neuwied:Luchterhand ,1971),p. 219。
② *Die seele und die Formen*《心灵与形式》(Neuwied:Luchterhand ,1971),p. 226。
③ *Die seele und die Formen*《心灵与形式》(Neuwied:Luchterhand ,1971),p. 233。

研究路径的分析我们将在下面再作研究,但是这里我们可以以关于施托姆(Storm)①的论文为例,它提供了一种与关于克尔凯郭尔的论文相对照的范例:设想通过建立在职业的责任伦理学基础之上的一种资产阶级道德体系来"塑造"生活。]同样清楚的是,在同样的著作中这些乌托邦的实际内容也往往发生变化。② 可以简单地引证一个众所周知的例子,即在他的《小说理论》中和谐共存的两种不同的乌托邦。一方面,存在一种"威廉·迈斯特"(Wilhelm Meister)的乌托邦,在那样的世界里人类根据自己的目标,本着内在共同(community)和和睦协作的精神塑造客观的社会结构。③ 另一方面,卢卡奇也表明了在费奥多尔·陀思妥耶夫斯基(Fyodr Dostoevsky)著作中描绘的"心灵纯粹的现实"这一路径,这是一个超越了所有的社会规定性和社会形式并且在超越一切对象化的心灵的直接交流中消除了自我与世界的二元对立

---

① 这里应该指的是德国小说家、诗人特奥多尔·施托姆(Theodor Storm)。——译者注

② 对于更多关于青年卢卡奇的乌托邦的研究,参见 F. 费赫尔和 A. 赫勒的研究(参见注释 7 和 45)。这里指的是原书的本部分注释。——译者注

③ 参阅 *Die Theorie des Romans*,(Neuwied:Luchterhand,1971),pp. 117-119,128。

542　的"新世界"。① 不过就实际内容而言,在所有这些区别(人们甚至可能会说是矛盾)背后,存在着一个隐藏的共同因素:它们都相信有可能按照人真实的本性来组织一个世界,在这个世界中人最深切的需要和渴望与"外部"社会存在的客观结构之间不可逾越的鸿沟将化为乌有,人类将不再被迫面对无尽的孤独和彼此之间的异化。这还是对一种包含并统一了生活的全部,渗透到人类日常存在的所有方面的文化的可能性的确信。并且如果——不考虑明确的否定性答案——这些乌

----

① *Die Theorie des Romans*, (Neuwied: Luchterhand, 1971), pp. 137-138. 也可参阅 Halálos fiatalság(Fatal Youth), in *Magyar irodalom, magyar kultura* (Hungarian Literature, Hungarian Culture)(Budapest: Gondolat, 1970), pp. 113-116. 要想理解"陀思妥耶夫斯基乌托邦"在卢卡奇思想的发展中发挥的重要作用,人们应该牢记在心的是战争的爆发导致了非理性主义方向上的一个不同的转变(尽管是短期的)。这种转变伴随着早前已经褪色的生命哲学影响的复兴。对于这一转变的原因很早就出现在他给保罗·恩斯特(Paul Ernst)的信中。例如,1915年4月14日,他写道:"形式的力量似乎一直在不断增长,并且对于大多数人来说,它们似乎比实际存在的还要更加真实。但是——对我来说,这**恰恰**就是战争的体验——我不能对此让步。我们必须继续强调,我们和我们的心灵才是唯一真正本质的事物,甚至它们永恒而先验(a priori)的对象化(借用恩斯特·布洛赫创造的美丽隐喻)也只是纸币而已,只有能够兑换成黄金的时候才具有价值。形式真实的力量是不能被否定的。但是自黑格尔开始,德国思想犯了一个致命的知识性的错误,那就是为所有力量赋予了形而上学的意义。"不到一个月之后的5月4日,他在回复恩斯特的评论中写道:"如果您认为国家是自我的一部分,那无疑是对的。但如果您认为它是心灵的一部分,那您就错了。我们以某种方式与之相联的一切都是我们自我的一部分(甚至是数学的主题),但是,'创造'了这些客体(在它们被我们的理性所综合的意义上)并且使它们成为自身不可分割的一部分的这个自我,是一个**抽象的**方法论概念,而照此创造出来的客体与自我的合并也是一种纯粹的方法论关系。错误在于把自我当成了心灵来对待。因为给予主体某种永久而实体性的地位的同时,人们也会自动地给予相应的客体同样的地位,这样,'形式'就变成真实和形而上学的了。但是,只有心灵能够拥有一个形而上学的真实。这绝不是唯我论。问题是如何发现从心灵到另一心灵的通道。"(信件的实质性部分发表于 *MTA II*, Osztályának Közleményei(Budapest), 20(1972), pp. 284, 296)然而,这种对历史对象化的非理性主义的否定不再出现在《美学》这部卢卡奇从1916年开始就一直在撰写的著作之中。这部著作是卢卡奇思想发展中基本趋势的一个清晰的延伸,在这里,卢卡奇在非理性主义的方向上所进行的活动(一部分反映出了历史－哲学的神秘主义的直接影响)被证明不过是一段短暂的插曲。相反,匈牙利语写作的关于青年卢卡奇的传记体资料,则主要使其思想中的这种神秘的、非理性的元素变得醒目或者以某种方式对其作出反应。[重要的来源是贝拉·巴拉兹(Béla Balázs)、安娜·列斯奈(Anna Lesznai)和其他人的日记片段,以及卢卡奇早年朋友圈中个别成员的回忆。]不过,似乎在传记资料中,至少这种强调既是卢卡奇圈子成员思想态度的产物也是对哲学家自身观点的一种反映。

托邦展示出来的内容上巨大的差异本身可以视做是一种征兆,它表 543
明,在事实上,如果卢卡奇前马克思主义时期的这种信念并不是建立
在充分规划好的(worked - out)社会纲要和具体的历史视角的基础上
的话,那么,这些乌托邦不断出现在批判那些宣称文化的"形而上学的
不可能性"的哲学争论的背景之中,这一点则清楚地证明了他的思想
中存在另一个更具特色和一贯性的特征:对异化的、"无文化"(cul-
tureless)世界的强烈拒绝。尽管所有那些令人信服的,或似乎令人信
服的论证断言卢卡奇预先证明世界的状态是不可改变的,但是,上述
这种拒绝又使他无法与这样一种可能性妥协。

到目前为止,我们一直关注卢卡奇对现代生活的异化情况及其敌
视文化进行的形而上学的和存在论的分析。然而,正如已经指出的那
样,在他早期研究阶段,这种分析自始至终伴随着一种不同的分析方
式,一部分作为补充而另一部分则与之相矛盾:把同样的问题阐释和
特征表述为社会决定的、暂时的 - 历史的现象,也就是说从社会学或
历史哲学的观点进行的阐释,一种**历史的**(historical)阐释。在这种分
析中,文化表现为现代资产阶级社会的基本特征,并由社会的经济和
阶级结构所决定。

一方面是封闭的、有机的社会(首先便是以古希腊社会为例),另
一方面是开放的然而是机械的资产阶级社会,这两者之间引出的历史
哲学的(historiosophic)区别就是这种阐释的概念背景和结构。这些概
念清楚地呈现在《小说理论》中,但是在其逻辑结构上,卢卡奇的《现
代戏剧发展史》也是以同样的历史对照作为起点的,这部著作的整个
基础就是古代与现代戏剧之间的对比,就是通过这种区别的方式展开
解释和阐述的。一开始,卢卡奇把希腊**城邦**(polis)视为一种社会的历
史范例,在这样的社会里文化已经成为日常现实。作为一种有机的共
同体,在城邦中,"关于最重要的生活问题可以就伦理价值而达成共

544　识"①。它是"一种绝对的意识形态,不容忍任何争论甚至质疑",它是一种不再被理解为意识形态的统一的世界观,它具有"这样一种专有的情感特征,好像它不再包含有意识表述的价值"②。古希腊人的这种"单一伦理主义"(monoethism),这种以相当自然的和不证自明的方式渗透并组织日常生活以及人的意识(consciousness of men)的文化力量,使个人在其中生活的这个世界变成了让他们感觉如同家一样的世界。它能实现这一点的方式就是从个人与集体的角度,为世界的所有方面赋予一种能够被每个个人得到的、清晰和一致的意义与价值。这个世界的秩序"建立在坚如磐石的基础之上"。它可能偶尔被"命运"所动摇,表现在外部事件的反复无常或个体性特征的无理性之中,但是"泛起涟漪的水浪将平复曾扰乱其闲静的一切,而表面将再次恢复平稳和静止,好像没有什么曾经改变一样"③。而这也表现出了这个世界"自我封闭"的程度。希腊的古人们既无法了解精神和物质生产力的持续发展,也不了解由现代资产阶级社会所培育的个体性的程度。它是一个无法扩展超出社会界线的自我封闭的世界,并且在某种程度上被僵化的形式所束缚。以优先和从属关系以及个人在这体系中的位置为基础的人际关系体系,已经被历史悠久的传统惯力所建立和强化。④ 但是因为这些关系是有机的,"要求得到个人的全部个性"并且不能与这些个性相分离,因此个人决不可能发觉自己是受限制的。与此相对,它们提供了一个稳定的结构,在此之中个人的行动可以具有意义和重要性:

　　　　简言之……曾经生活本身是个人主义的(individualis-

---

① *A modern drama fejlödésének története*《现代戏剧发展史》(Budapest:Franklin 1911),I,p. 173。

② *A modern drama fejlödésének története*《现代戏剧发展史》(Budapest:Franklin 1911),I,p. 173。

③ *A modern drama fejlödésének története*《现代戏剧发展史》(Budapest:Franklin 1911),I,pp. 195-196。

④ 参见 *A modern drama fejlödésének története*《现代戏剧发展史》(Budapest:Franklin 1911),I,pp. 160-161。

tic）；而今天人们是个人主义的，或者毋宁说他们过自己的生活所依据的信仰和原则是个人主义的。曾经意识形态是一种桎梏，促使人们认为自己适合于一种属于事物自然秩序一部分的关系体系。可是，他们生活的一切细节又使他们有机会在自己的行动中和身边的事物中表达自身的个性。这就是为什么这种个人主义可能是自发的和无争议的；而今天……它却是自觉的和引起争议的。①

545

毫无疑问，资产阶级社会把这种个人维度溶解到个人间的关系之中，伴随着这一点，也消解了封闭社会特有的束缚。毋庸置疑，这样将产生新的价值——从一开始，卢卡奇就相信人类生产力的发展和个体不断增长的内倾性[主观化（subjectivization）]包含着价值因素——但是新价值的获得同时是以产生新的束缚为代价的，新的价值不是个人的而是物化的（reified）：个人开始依赖于以商品和金钱关系为基础的非个人的（impersonal）、僵死的体制，这种体制将越来越复杂而且没有人能够再理解它的功能。

　　这种新生活把人类从众多古老的束缚中解放出来，并且既然它不再是有机的，那么，就使他们把每一种联结都视为一副镣铐。同时，这种新生活却在他的周围制造出一整串更加抽象和复杂的束缚。②

　　尽管他"在与他人的关系中自主的感觉"不断增长③，但是个人却越来越只存在于与外在于自身的事物的关系中，这便成了他与他们之间关系的全部。④

---

　　① *A modern drama fejlödésének története*《现代戏剧发展史》（Budapest：Franklin 1911），I，pp. 148-149。

　　② *A modern drama fejlödésének története*《现代戏剧发展史》（Budapest：Franklin 1911），I，p. 152。

　　③ *A modern drama fejlödésének története*《现代戏剧发展史》（Budapest：Franklin 1911），I，p. 160。

　　④ *A modern drama fejlödésének története*《现代戏剧发展史》（Budapest：Franklin 1911），I，p. 105。

然而,个人的这种"问题化"(problematization)意味着他的世界也变成有问题的:他的生活和命运由一张不可穿透的、毫无意义却具有一种不可抗拒的自身逻辑的物和物化过程之网所控制。"伦理世界秩序"被"现代命运"所取代,

> 它是由事物(体制、对他者和生活的无知、生活环境、承继权,等等)的一种内在联结和恐怖的逻辑结合而构成,但在其自身看来,则是相对的和偶然的。就算人们承认个别部分的无用和错误也没有什么帮助,因为不管它们正当与否,这些事实会竭尽所能地发挥影响力,就像因果链条上的环节一样。①

546 这个世界被源于非理性的、难以理解的和对人类价值漠不关心的规则所统治。它已不再是人类的家园。

随着似乎是自然秩序的一部分的有机关系的衰退,支配个体之间关系的新原则是一种**竞争**(competition)原则。所有对他者的依赖形式都是个人无法容忍的。他努力坚持自己的权利(assert oneself)而对抗它们。但是如果他的个性想要张扬自身,就**必须反对他人**而确证自己。而这个他人也一样急于维护自己的自主。

> 个人主义最大的悖论之一就是……如果不抑制其他个性就无法张扬自己的个性,想要保护自己只能摧毁个体性的东西。②

这种对抗性的关系不可避免地导致每一个人类个体越发孤独和孤立。

> 也许无须着重强调今天的个人比起以往是多么地更加孤独……每个人类真实的个性就是汹涌大海中间的一座孤

---

① *A modern drama fejlödésének története*《现代戏剧发展史》(Budapest:Franklin 1911),I,p.453。

② *A modern drama fejlödésének története*《现代戏剧发展史》(Budapest:Franklin 1911),I,p.161。

岛,没有声音能够不被大海的咆哮扭曲而传到那里。往往这声音完全被吞没,所以人们所能做的只是看着他人伸出的手臂。但最后甚至他的手势也终将被误解。①

另外,这种不仅彼此对抗而且不断相互误解(因为,情愿或不情愿地,每一种意图都会破坏另一个)的持续的意志冲突,只能导致一个结果,一个任何人都不想要的结果,这一结果不是由个人自觉的目标和利益而是由他们生活环境的抽象和不可抵抗的逻辑所决定的。

这并不只发生在个体性与外部物质环境力量不断碰撞的范围内。这些环境还具有整平(使之一致)个人生活所有方面的作用。稳步发展、越发极端的个体化(individualization)过程与完全对立的越发一致性的趋势彼此紧密地交织,是现代个体已经变得何等"成问题"的最重要的迹象之一。② 因为由竞争掌控的经济发展是建立在劳动日增的碎片化和分化的基础上的。个人的工作变得越来越抽象、越来越脱离自己的个性,越来越与自身相异化。

> 从个人的观点来看,现代分工的一个基本方面可能就是使工作不再依赖于工人非理性的、并因此只能定性地界定的能力,而是使它依赖于与外在于个体工人并与他的个性没有关联的功能相关的客观因素。工作与工人之间的关系变得越来越疏远。工人在工作中投入越来越少的个性,而工作也越来越不需要完成它的人的个性。工作呈现出一种独立的、客观的自我生命,与个人的个性相分离,由此个人便无法在其工作中而是需要寻找另一种方式来表达自己的个体性。③

然而,由于这种不断增强的个体性不再呈现在真实的活动中,因

547

---

① *A modern drama fejlödésének története*《现代戏剧发展史》(Budapest:Franklin 1911),I, pp. 164-166。

② 参阅 *A modern drama fejlödésének története*《现代戏剧发展史》(Budapest:Franklin 1911),I,pp. 145-146。

③ *A modern drama fejlödésének története*《现代戏剧发展史》(Budapest:Franklin 1911),I, pp. 146-147。

此它不断被压抑并自我撤退。它变成了纯粹的自省(introspection),并且甚至不再努力试图塑造"外部"世界的进程和自身命运的进程。

文化危机是当今世界的这一历史地决定的事物状态的不可避免的产物。在资产阶级社会里,在这个词真实的意义上的文化是不可能的。客观上它是不可能的:在"生产的无政府状态"(anarchy of production)所制造的必然抽象和无理性的环境里,没有一般化的目标,也看不清它的意义。其与人类相异化的客观规则,在一致的世界观里不可能再与个体具有相关性,而主观上它也是不可能的:在这个世界里,除了他们自己和他们主观的经验以外,个人不承认任何目标,他们对这个世界不再具有共同的观点和相通的经验。

把我们的评论建立在完成于 1909 年的《现代戏剧发展史》这部卢卡奇第一部重要的著作之上,我们在这里试图概述他关于文化危机形成的历史和社会原因的观点——我必须说,这种观点完全没有被详尽说明。我们希望做的只是要证明在"哲学的"和历史的分析之间存在很大程度的相似性。应该不难承认在上面的讨论中,关于卢卡奇用形而上学和存在论的"日常的"(ordinary)、不真实的生活概念来表述特征的那些问题,也获得了一种社会 – 历史的解释方式。这种一致性甚至扩展到了细节上。例如,从历史学家的观点来看,关于"艺术家的悲剧"问题就变成了现代艺术家历史性矛盾的任务,他们被迫要在一个既没有共同体也没有文化的世界里创造出普遍的文化价值。能够保证艺术有效性和影响力的统一的世界观的可能性,是现在必须通过艺术家独自创作并仅仅借助于艺术形式上的策略而不断再现(recreate)。但是如果他成功的话,他的作品将最终不可改变地从日常世界分裂出来(也因此从他自己的生活中分裂出来)并与之对立,变成不可逆转的差异性的和超越性的。"艺术家的悲剧"恰恰来自这样一个事实:"从未成为过并且决不应该变成一个艺术问题的问题却确实成为问题了。"①

　　这个讨论只是想要说明对作为一种文化危机的异化过程进行形而上学的和社会－历史的阐述和分析,从始至终,在卢卡奇整个前马克思主义阶段里,都以一种兼具相似与矛盾的复杂形式彼此相随。(相似地,无须赘述就可以证明社会－历史的分析形式从一开始就体现出了马克思的影响——尽管是通过西美尔解释的棱镜所认识的马克思。)卢卡奇本人常常明确地提出这两种研究方法和讨论之间的关系问题,并且为自己制定了在一种一致的、逻辑上调和二者的任务。确实,这项工作成为他许多著作的主要议题。我们在这里无法详细分析他对这个问题的见解,这个问题虽然在细节上以及有时候在基本的方面都表现出了不同,但最终却都指向了同一方向。我们必须把自己限定在这样的发现上,那就是这个问题比卢卡奇在早期著作中对它进行表述时所达到的水平要更深奥和更普遍。我们之前已经提到的针对这一问题的那些著作主要把自身限定于**方法论的**考量上。(这些研究核心的焦点是**先验的**(a priori)－审美的与社会－历史的形式概念之间的关系。)和这些分析同样重要,这两种研究方法之间的矛盾包含着某些更为重要的东西。它们证明了探寻解决文化危机的各种不同尝试(部分是矛盾的尝试);它们暗示了不同的历史前景。当然,人们不能简单化地假设,作为一种历史现象,文化危机的概念表述——不同于"形而上学的"阐释——还自动地为这种危机假定了一种解决方法。不仅这样一种假设是**一种不合逻辑的推论**(non sequitur),而且这种社会－历史的分析,在提出这一问题的实际的、具体的内容上,除了在哲学分析背景中已经讨论过的悖论以外,完全无法提供任何解决方案。这些作品的结论也没有比"哲学的"论文或系统著作的结论更加"乐观"(optimistic),差异只是在于卢卡奇研究问题的不同方法上。

　　在"哲学"著作中,关于文化是否可能的问题,关于它是否可能塑

549

_____

① *A modern drama fejlödésének története*《现代戏剧发展史》(Budapest:Franklin 1911),I, pp. 196-197。

造生活的问题,正如我们已经看到的,似乎是一个伦理问题,一个道德行为的问题——不是积极的就是消极的行为,但是在任何一种情况下都是自由的、个人的自我决定(self-determination)基础上的行为,或者更普遍地说,这是一个个人导控自己生活的方式问题。另外,在历史的分析中,问题得以提出的形式按其本性包含着对社会学决定的社会变革及其生活方式变革的关注,此外还有对可能引起变革的群众运动(mass movement)以及成功可能性的关注,这些问题至少可以用社会学术语加以界定。

从卢卡奇没有完全维持的一致性上看,很明显的是,大约从1918年开始,他的兴趣开始关注伦理学领域,尤其关注伦理学与政治学之间的关系。① 然而,如果我们把"哲学的"和历史的分析之间的关系视为——这时已经被卢卡奇表述为一种意识到的问题——他整个早期发展的"限定性问题"(limiting problem)的话,也不会有太大差池。已经隐含在他最早著作中的两种不可抗拒力量之间的悖论,"一种从内而外没有理由地流出而另一种则没有意义地流荡在这个世界上"②,逐渐成为一种明确的和自觉的理论问题。据此来看,1918年卢卡奇转向马克思主义并不是一个断裂,并不是他观念演变中的一道非理性的鸿沟,而是试图为这一刺激他整个早期发展的问题既寻找理论答案又

550

---

① 最早关于这种兴趣的重要文献是卢卡奇在 *Társadalomtudományi Társaság*(Society for the Social Science)促成的关于保守的和进步的唯心主义的争论。参阅 A konzervatív és progressziv idealizmus vitája (The Debate between Conservative and Progressive Idealism), In *Utam Marxhoz*(My Way to Marx),I(Budapest:Gondolat,1971),pp.177-186。

② *Die Metaphysik der Trgödie:Paul Ernst*,in *Die seele und die Formen*《心灵与形式》(Neuwied:Luchterhand,1971),p.241。

寻找实际解决方案的一种尝试。①

---

① 因为卢卡奇许多极其重要的早期著作仍然没有发表，而其他一些可以得到的都只是匈牙利语写作的，因此，最后，似乎很有必要对它们进行简短的概论并至少在形式上用它们来详细说明卢卡奇前马克思主义写作这一非常重要的阶段。从1906年到1907年，卢卡奇一直致力于他第一部真正重要的著作《现代戏剧发展史》的写作，并用它参加了基斯法鲁迪学会(Kisfaludi Society)举办的有奖征文比赛。这部手稿获了奖，但是正如人们在第一版许多手写章节中看到的那样，他在1908—1909年又对手稿进行了重大修订。这一修订版发表于1911年。《文学史理论评论》这一研究(见注释13。这里指的是原书的本部分注释。——译者注)实质上是这本著作的一种延伸，澄清了其中最重要的方法论前提。"论文时期"从1908年持续到1911年。收录在《心灵与形式》(匈牙利利文，1910年)和《审美文化》(1913年，见注释9。这里指的是原书的本部分注释。——译者注)中的所有论文都是这一时期写作的，此外还有另外一部分收录在关于贝拉·巴拉兹的卷集中(匈牙利利文，1918年)。另外一部分，按照卢卡奇的编选原则，收录在早期书籍中的作品，是一些"回复"，在一种论战式的辩论中彼此补充。我们已经在这一研究的过程中把联系着许多特殊问题的这一点指出来了。无论如何，如果想要了解青年卢卡奇的观念和思想，人们必须考察一下收录在卢卡奇不太著名的《审美文化》中的一些论文(首先是同名论文以及《分离的道路》)和没有收录在任何这些卷集中的对谈录《论精神的贫困》(见注释17。这里指的是原书的本部分注释。——译者注)，以及《心灵与形式》中那些最重要的论文。1912年，卢卡奇开始写作系统的《艺术哲学》。很明显，写作由于第一次世界大战而中断；1914年时完成了3章(大约450页打字稿)。1914年底，卢卡奇开始构思重要的关于陀思妥耶夫斯基的专论。正如人们从手写大纲中可以看到的那样，他想要论及许多与主要议题相关的问题(例如宗教和无神论、国家、革命、社会主义和恐怖)。然而完成了导论性的、理论的第一章以后，他在1915年停止了这项写作计划。第一章以《小说理论》的标题在1916年发表。1916年，卢卡奇回到了"艺术哲学"并计划对于这一主题进行一项详细和系统的研究。然而，在重大修订的概念和一个新结构大纲的基础上，他没有继续这项在战前就已经开始的工作，而是转向了一个全新的开始。新的手稿很可能以修订的方式，只并入了之前《艺术哲学》的第二章。到1918年初，这部新的《美学》已经完成了4章(总体篇幅大约相当于他之前未完成的作品)。1917年，其中的第3章《美学中的主－客体关系》在《逻各斯(Logos)》上发表。1918年5月，卢卡奇把这部5章却仍旧没有写完的书稿提交给海德堡大学希望获得任职资格。李凯尔特和麦耶(H. Meier)甚至为论文撰写了报告，但是，当然，它从没有进入讨论阶段。

第十九章　瓦尔特·本雅明
或作为幻象的商品

　　"作为商品的艺术作品"——这个标题似乎特别适合被广泛接受的马克思主义传统理论对于艺术方法的界定 。然而，事实上，直到20世纪30年代早期，"关于艺术的商品分析"的详尽说明才开始在这个传统中出现，首先出现在贝托尔特·布莱希特(Bertolt Brecht)和阿多诺的著作中——如果人们用这一表述试图表明，艺术作品通常在其中作为现代条件下可以销售的特殊类型的商品而采取的商品形式，不仅决定了这些艺术作品的分配形式，也就是它们到达潜在的接受者的途径，而且从根本上影响了艺术作品的形式和内容，并在总体上影响了资本主义条件下艺术的命运。

　　然而，马克思自己关于艺术的观念，深刻地根植于德国唯心主义美学的人文主义传统之中。马克思把人类活动的一切产品，包括那些"精神劳动"的产品的不断商品化看作是构成资本主义生产的一个方面，这使资本主义生产在总体上"同某些精神生产部门如艺术和诗歌相敌对"①。然而,在严格意义上的美学生产中,这些产品的商品形式,对创造者而言呈现为一种**外部**强加的,恶化的和限制的状况,这种状况必然保持与产品自身的逻辑和标准相异化的状态。事实上,这种状况已经隐含在马克思对于商品的分析中,因为它的核心概念,即作为决定着商品的客观价值的"社会必要劳动时间"的概念,只能被用于社会**再生产**的产品中。因此,它对于作为完全个体的和人类创造性不可替代的对象化的真正艺术作品来说(具有马克思认为的自我确证的特征)是没有意义的。这样,在严格意义上,作为具有普遍人类价值的艺术作品不具有经济价值,它只具有一种非理性的、在经济上和美学上都表现为附属的**价格**。这也意味着除了在两者之间造成普遍的冲突外,资本主义商品生产的"法则"不能解释现代艺术的历史演变。

事实上,从《1844 年经济学哲学手稿》开始,马克思的全部作品就趋向于把艺术生产看作是未被异化的人类活动的原型。② 这样,在《政治经济学批判大纲》中他呼唤把音乐作品作为"真正自由的劳动"的存在样式。③ 随后,在 1865 年手稿中[所谓"《资本论》的第七章"(seventh chapter of the Capital)],他在领取报酬的小文人与真正的诗人之间进行了对比,真正的诗人创造自己的作品"像蚕生产丝一样,是**他**天性的表现"④。这成为真正的艺术的(和科学的)活动从来不能"真正容纳在资本主义下"的又一个原因。正如他反复强调的⑤,它们 555

---

① Marx-Engels, *Werke*, Berlin, Dietz, 1957 – 1972, vol. 26/1, p. 257. (参见《马克思恩格斯全集》第 33 卷,人民出版社 2004 年版,第 346 页。——译者注)

② 这种观点已经在卢卡奇的晚期作品中或者被恩斯特·费舍(Ernst Fischer)所强调,同时已经明确地被 R. H. 姚斯讨论过,See Jauss, "The Idealist Embarrassment: Observations on Marxist Aesthetics," *New Literary History* vol. 7, 1975 – 1976, esp. p. 199.

③ Marx, *Grundrisse der Kritik der politischen Ökonomie*, Berlin, Dietz, 1953, p. 505. (参见《马克思恩格斯文集》第 8 卷,人民出版社 2009 年版,第 174 页。——译者注)

④ Marx, Resultate des unmittelbaren Produktionsprozesses, Frankfurt, Verlag, Neue Kritik, 1969, p. 70. (参见《马克思恩格斯文集》第 8 卷,人民出版社 2009 年版,第 526 页。——译者注)

⑤ 参见 Marx – Engels, *Werke*, Vol. 26/1, pp. 385-386; 和 Marx, *Resultate*, pp. 70, 73-74 etc. (参见《马克思恩格斯文集》第 8 卷,人民出版社 2009 年版,第 417 页。——译者注)

只能在有限的程度内被资本主义生产关系在"形式上"所容纳。

在《历史与阶级意识》中,卢卡奇(Lukács)从马克思对于作为资本主义条件下社会财富的基本和普遍形式的商品的分析出发,发展出物化理论。卢卡奇旨在说明"在商品关系的结构中,一个人可以发现所有客观形式的模型,同样,也可以在资本主义社会中发现与之相对应的主观形式"①。相应地,商品的形式能够"在自身的形象中渗入和重塑这个社会的每一个生命的表达"②。除了艺术商品化的直接体验,在新的大众媒介中尤其明显,正是卢卡奇的物化理论——以及关于艺术的商品化的体验,而在新的大众传媒中尤其明显——成为在美学领域中尝试运用马克思的商品分析的基本范式的一般起点。然而,卢卡奇本人并没有采取这个步骤,而是——追随着马克思——他事实上把"真正的"艺术看作是一种从普遍的物化过程中的解脱,同时又是一种对抗物化的因素。虽然在《历史与阶级意识》中,艺术问题占据着一个相当边缘的地位,但是,卢卡奇的主客体统一的实践的总体性观念,不仅从根本上塑造了艺术活动;而且他明确地把艺术看作是与现实之间的非物化关系的活生生的可能性的范例。对于他来说,正是"归因于形式的概念的具体总体性的创造性,直接指向它的物质基础的具体内容"③。卢卡奇对于席勒和青年谢林(Schelling)的"唯美主义"(aestheticism)的批判,并非奠基于对非盲目崇拜的艺术力量的否定,而是奠基于这样的论点,即审美态度必须要保持单独个体与现实之间的一种既是派生的又是沉思的关系,纯粹理想的关系,否则的话,审美必然

556

---

① G. Lukács, *History and Class Consciousness: Studies in Marxists Dialectics*, trans. R. Livingstone, Cambridge, MIT, 1997, p. 257.

② G. Lukács, *History and Class Consciousness: Studies in Marxists Dialectics*, trans. R. Livingstone, Cambridge, MIT, 1997, p. 259.

③ G. Lukács, *History and Class Consciousness: Studies in Marxists Dialectics*, trans. R. Livingstone, Cambridge, MIT, 1997, pp. 317-318. 对于这种真正艺术的"抵抗物化"的能力的解释是奠基于此时的(后来确切地放弃了)艺术最初是"与自然相对抗的人类"相关联的思想。G. Lukács, *History and Class Consciousness: Studies in Marxists Dialectics*, trans. R. Livingstone, Cambridge, MIT, 1997, p. 411.

会通过一种神话化的、非理性主义的本体论而被转变成现实本身的构造原则。① 因此,艺术只能给物化的悖论强加一个形式,而不能提供一个真正的、实际的解决途径。②

正是**阿多诺**,在他 1932 年的著名论文中③,从卢卡奇针对现代艺术状况的物化理论中得出了基本结论:商品化既是艺术自律的基本社会前提,**也是用**不可改变的彻底清算来加以威胁的社会经济过程,并且他发展了关于当代音乐的生产和接受的美学内涵。然而,**布莱希特**早一年已经在一个完全不同的方向基础上,运用马克思的商品分析原理,描述了艺术的现代状况。

布莱希特利用他自己在《三便士歌剧》(*Three penny Opera*)的电影制作以及随即发生的作为一种"社会学实验"④的围绕作者权利的法律过程中获得的实践经验,来检验关于艺术的自律,精神价值以及通过与作为商品的艺术作品的生产实践相对抗从而实现作者的独立性这些被接受的观念。这个实验使这些观念的纯粹虚假的特征得以彰显。它揭示出"商品形式的巨大的权力"和"商品形式的重塑力量",以及通过"它的出售的视角"⑤决定的艺术作品特有的结构。在较早

---

① G. Lukács, *History and Class Consciousness: Studies in Marxists Dialectics*, trans. R. Livingstone, Cambridge, MIT, 1997, pp. 320-321.

② G. Lukács, *History and Class Consciousness: Studies in Marxists Dialectics*, trans. R. Livingstone, Cambridge, MIT, 1997, p. 341.

③ T. W. Adorno, "Zur gesellschaftlichen Lage der Musik," Zeitschrift für Sozialforschung, 1932 vol. 1, nos. 1 – 2 and 3.

④ See B. Brecht, "Der Dreigroschenprozess: Ein soziologisches Experiment" [1931], in *Schriften zur Literatur und Kunst*, Frankfurt, Suhrkamp, 1967, vol. 1, pp. 139-209.

⑤ See B. Brecht, "Der Dreigroschenprozess: Ein soziologisches Experiment" [1931], in *Schriften zur Literatur und Kunst*, Frankfurt, Suhrkamp, 1967, vol. 1, , pp. 167, 181-182.

阶段,艺术的商品化摧毁了存在于艺术家和他的/她的公众①之间的所有直接关联,同时创造了世俗化的自律的艺术概念得以形成的条件。在艺术商品化的后来发展中,特别是在像电影等大众传媒中,直接揭露出这一观念是纯粹的意识形态和谎言。布莱希特特别强调说明这对于文学和艺术的每一种体裁形式都是事实。"当然,在现实中,正是整个艺术没有任何例外地发现自身处于一种新的状况之中,……艺术作为一个整体已经变成商品或者艺术不再成为其自身。"②由于这个过程,总体上"艺术作品"的传统观念已经丧失了它的适用性。

然而,布莱希特没有把这个商品化过程看成是完全消极的。通过破坏作为作者的自我表达和移情的接受方式的个别艺术作品的审美意识形态,它至少可以消极地为一种新的观念和作为集体"教学法训练"③(pedagogical discipline)的艺术实践开辟道路。进而,尤其是在商业化的大众文化领域中,技术和技艺的发展[例如蒙太奇(montage)的技术]深刻影响了名义上也是自律艺术的"高级体裁"(high genres)(例如小说或戏剧)的美学生产方式。如果相关的社会机构重新发挥作用,进而艺术自身的实践,成为社会现实,那么,在商品的经济外壳

---

① 参照:"经过几个世纪之久的以市场的观点和描述来对待作品的习惯,经过对于作品的关心已经从作者中移出来的事实,他接受了他的出版商或者消费者,中间人,把他写的东西传播给每一个人的印象。'为某个人而写'变为只是'写'。然而,一个人不能只写事实;一个人必须明确地为可以为此做某些事的某人而写。Brecht, "Fünf Schwerigkeiten beim Schreiben der Wahrheit", See B. Brecht, "Der Dreigroschenprozess:Ein soziologisches Experiment" [1931], in Schriften zur Literatur und Kunst, Frankfurt, Suhrkamp, 1967, vol. 1, pp. 229-230.

② See B. Brecht, "Der Dreigroschenprozess:Ein soziologisches Experiment" [1931], in Schriften zur Literatur und Kunst, Frankfurt, Suhrkamp, 1967, vol. 1, p. 159.

③ See B. Brecht, "Der Dreigroschenprozess:Ein soziologisches Experiment" [1931], in Schriften zur Literatur und Kunst, Frankfurt, Suhrkamp, 1967, vol. 1, p. 158. 布莱希特对于一个非-自治的,政治教育的,"有效的"艺术的倡议在事实上相当于对重返总体上作为有用的和教育技能的前现代艺术的理解方式的自觉信奉。"不用一种非常狭窄的方式理解艺术的概念将有用得多,一个人可以安全地进入他定义的范围,这样的艺术是作为操作,演讲,机器制造和飞行的艺术。""Notizent über realistische Schreibweise", See B. Brecht, "Der Dreigroschenprozess:Ein soziologisches Experiment" [1931], in Schriften zur Literatur und Kunst, Frankfurt, Suhrkamp, 1967, vol. 2, p. 350.

下可以被用于进步用途的新艺术材料和技术便可以孕育而生。

　　在这个意义上进入商品中的精神价值的重塑（艺术作品，合同，法律过程都是真正的商品）是一个进步的过程并且一个人只能认可它——预先假定进步被理解为向前进步，而不是作为前进的状态，因此商品阶段也被认为是有能力通过进一步的发展而加以超越的。资本主义的生产方式粉碎了资产阶级的意识形态。①

558

　　技术，在这里取得胜利以及似乎除了对于一些爬行动物有利外不能带来其他任何东西并且因此助长暴力形成，另一方面将能够做完全不同的一些事情。②

用这种方式对艺术进行的商品分析使布莱希特——与卢卡奇总体上谴责现代派艺术作为一个没落阶级的堕落特征的现象不同——采取一种与美学现代主义（aesthetic modernism）的确定趋势有选择地

① See B. Brecht, "Der Dreigroschenprozess: Ein soziologisches Experiment" [1931], in Schriften zur Literatur und Kunst, Frankfurt, Suhrkamp, 1967, vol. 1, p. 201.

② See B. Brecht, "Der Dreigroschenprozess: Ein soziologisches Experiment" [1931], in Schriften zur Literatur und Kunst, Frankfurt, Suhrkamp, 1967, vol. 1, p. 204.

肯定关系(并且,当然,在他自身的文学实践中使用它们)。①

559　　本雅明后期的一些作品似乎是对上述布莱希特这些观点的重复和补充。这在使本雅明于 60 年代成为左派狂热追捧的人物之一的两篇文章中尤其真实:《作为生产者的作者》(*The Author as Producer*)和《技术复制时代的艺术作品》(*The Work of Art in the Age of Its Mechanical Reproduction*)。直到今天,它们的(至少在名义上)主要观点对于广大感兴趣的公众来说依然很大程度上决定着作为理论家的本雅明的形象:由于从本质上改变艺术作品的特有本性的批量复制技术的发展,自律的、"灵韵的"(auratic)艺术不可避免地衰落;"艺术的政治化"(politisation of art),它转变为操作和组织的实验室,与作为对审美的灵韵的消解负有必要的根本责任的创新的艺术技术是分不开的;大众文化的作品,首先是电影,被不断进步的生产技术和技艺赋予批判的－解放的潜能。沿着这些路线进行重建的本雅明,经常被认为试图

---

①　关于卢卡奇－布莱希特争论的这个显著的方面,参照例如 H. Brüggemann, "Aspekte einer marxistischen Produktionsästhetik," in *Erweiterung der marxistischen Literaturtheorie durch Bestimmung ihrer Grenzen*, ed. H. Schlaffer, Stuttgart, Metzler, 1974. 然而,需要一个观点来反对勃律盖曼(Brüggemann)关于这场争论的相当片面的代表性观点(从总体上说,很大程度上是关于文学的特征)。布莱希特对于从来不能避免失败危险的艺术革新的"生产的立场"所做的精神的和值得敬佩的辩护,是对于特殊的"生产者"需要适当的工作条件的权利的要求——一种应得的和奠基于对于无条件的承诺的信任基础上的权利。总体上关于个体的权利,布莱希特否认其在即将来临的、新的社会秩序中是激进的,"我们进入了大众政治的时代。相对于个体来说是荒唐的(我没有给自己思想的自由),在大众的情况下则不然。大众不考虑个体的自由……我们这个时代的大众,被商品利益控制,按照他们然而是一致发挥作用地不断重新组织他们自身。这些大众被不是个人思想概括的想法的确定规则所驱动。这种类自由,作为资本主义竞争力量的规则,将不能被资本主义之外的下一个发展阶段的思想所保持。而是另外一种自由"。See B. Brecht, "Der Dreigroschenprozess: Ein soziologisches Experiment" [1931], in Schriften zur Literatur und Kunst, Frankfurt, Suhrkamp, 1967, vol. 1, pp. 178-179. 然而,一个人必须补充说明,相同的观念和情感在此时能够在左翼知识分子的大多数作品中被发现——不仅在 20 世纪 20 年代卢卡奇的作品中,也在本雅明大多数后期论文中被发现。"为了赋予集体以人性的特征,个体必须能够忍受非人性的方面。为了呈现集体存在的层面,在个体存在层面上,人性(*Menschlichkeit*)必须被牺牲。" Gesammelte Schriften (hereafter GS), eds. R. Tidemann and H. Schweppenhäuser, Frankfurt, Suhrkamp, 1972, vol. II/3, p. 11o2. 一个反个人主义的非自由主义者建构了一个用隐匿的方式经常被左派和右派分享的前提——一个可能也能为现在提供一些教训的观点。

"在激进主义方面超出布莱希特"①——与后者相比,他的观点被认为是导致了一种对作为自律发展的,其自身中进步力量的"技术的崇拜"②(fetishisation of technology),这当然是对一个思想家奇怪的指责,这个思想家在对技术的崇拜和被日益增长的统治自然所激发的不可阻止的进步的信仰中看到了"后来在法西斯主义中遭遇的技术特征"③。本雅明自身对后灵韵(post-auratic)的描述,就被赋予一种独特的"效用"(*Verwertbarkeit*),一种"革命的利用价值(*Gebrauchswert*)"④的艺术的解放性转型而言,这可能就没有什么可奇怪的——如果考虑到这样的事实,即他同时认为解放的世界是这样的一个世界,在其中"事物从强制的有用性中解放出来"⑤成为现实,因为劳动将按照"孩子们游戏的方式"进行,目的不在于价值的生产,而在于产生一种"提升的天性"。⑥ 560

因此这样的批评是没有根据的——很容易表明本雅明作品中思想的整体性使它们相互关联。⑦ 然而,这些思想仅仅构成本雅明自身下决心要克服的"无人岛"("no-man's land)和他非常憎恨并且无兴趣

---

① R. Tiedemann, *Studien zur Philosophie Walter Benjamins*, Frankfurt, Suhrkamp, 1973, p. 112.

② J. Frow, *Marxism and Literary History*, Oxford, Blackwell, 1986, p. 108. For an elaborate evaluation along these lines see Brüggemann, "Aspekte einer marxistischen Produktionsästhetik."

③ Benjamin, *Über den Begriff der Geschichte*, *GS*, vol. I/2, p. 699.

④ *Der Autor als Produzent*, Benjamin, *Über den Begriff der Geschichte*, *GS*, vol. I/2, pp. 693, 695.

⑤ *Das Passagen Werk*, Benjamin, *Über den Begriff der Geschichte*, *GS*, vol. V/I, p. 277.

⑥ Compare Benjamin, *Über den Begriff der Geschichte*, *GS*, vol. I/2, p. 456.

⑦ 例如,在艺术发展过程中,对于早于和引领艺术作品的形式和内容变化的断裂地点的那些技术革新的界定。(compare *Erwiderung an Oscar Schmitz*, Benjamin, *Über den Begriff der Geschichte*, *GS*, vol. I/2, vol. II/2, p. 752-753);作为作者的政治进步的基础的技术进步(compare *Der Autor als Produzent*, Benjamin, *Über den Begriff der Geschichte*, *GS*, vol. I/2, p. 693);从对于文化生产条件的变化的观察中预测"上层建筑"发展趋势的可能性,主要在于文化作品的再生产方式,以及根据马克思对资本主义经济基础的未来革新的预言类推而来(*Das Kunstwerk im Zeitalter seiner technischen Reproduzierbarkeit*(*Zweite Fassung*), Benjamin, *Über den Begriff der Geschichte*, *GS*, vol. I/2, p. 473)等。

地反复尝试克服的隔离状态的极端①之一———一个"无人岛"②它的边界是由同他学术生涯中的三位参考者的关系绘制出来的：布莱希特、阿多诺和格肖姆·索勒姆。因为，他与布莱希特的所有的一致性，当然是非常片面的一致性，不能——也不应该——掩盖这样的事实，即他们的努力和结论，即使在上述提及的文章中，在本质上也是根本不同的。

对于布莱希特来说，艺术的自律是——而且一直是——一种隐藏了它只是作为资本利益的附属品的意识形态的幻觉。文化工业中直接涉及知识分子地位的社会经济的变化，使它的谎言成为可感知的。文学和社会学的"实验"应该直接**揭示**创造了一种拆穿所有关于创造的自由以及对于他们的基础来说的永恒的文化价值，以及在这个社会中提供的唯一自由：剩余价值（surplus value）剥削的自由的**批判的－政治的**意识（critical-political）这些事实。

对于本雅明来说，另一方面，灵韵，表现和证明经典资本主义时期

---

① "在一切最重要的事物中，一直激进地，从来不固守地去行事；""不是只此一次来做决定，而是在每一个片刻做出决定。"（*Letter to G. Scholem*，29．May 1926—see Benjamin，*Briefe*，ed. G. Scholem and T．W．Adorno，Frankfurt，Suhrkamp，1978，vol. 1，p. 425．）本雅明的整个作品制定了这些建议。这是他三个批评式的朋友在他们尖锐的反对意见和忠告中直接地反对他的原因：他的作品经常没有理论的中介和分解，把相反的冲动歧义性地并置。这也是它们基本上是错误的原因：它们漏掉了只是强调这种受欢迎的似乎是不可调和的极端的实践立场的理论的计划和概念。在最直接的水平上，这种观点与本雅明对于不能在所有纳入现象的共同分享的特征中发现，而是存在于能够包含的极端之中的观念的含义的确信相符合。并且如果本雅明所有作品的基本的尚无定论的歧义性，在于成问题的弥赛亚主义和马克思主义的融合，那么，这也应该从他生命努力的经历中看出：通过它的激进的世俗化，既要克服又要"拯救"神秘性。（For an interpretation along these lines see W．Menninghaus，*Schwellenkunde：Walter Benjamins Passage des Mythos*，Frankfurt，Suhrkamp，1986．）

② 我是从 I．Wohlfahrt 的散文，即"No-man's-land：On Walter Benjamin's 'Destructive Character'，"*Diacritics*，vol. 8，No. 2，1978 中借来的表达。统治本雅明全部作品的对立性的冲动和一个潜在的计划的脆弱的整体性，首次被哈贝马斯在具有开拓性的论文"Bewusstma-chende oder rettende Kritik，"in Zur Aktualität Walter Benjamin，ed. S. Unsfeld，Frankfurt，Suhrka-mp，1972 中概括出来，哈贝马斯在各种各样早期片面地"适应"本雅明的尝试之后，真正开始对他的作品有了一种深刻的接受和理解。在本雅明的"无人岛"的边界和界限内，see also the enlightening paper of S. Radnóti，"Benjamin's Dialectic of Art and Society，"*Philosophical Forum*，vol. XV，no. 1－2，1983－1984．

艺术作品的自律性存在,不是一种有意识地创造的,误导性的意识形态的外观(ideological facade),而是历史地－社会地强加给艺术作品与受众之间的关系。正是艺术"集体体验"的客观特征在这个阶段引领了艺术作品的生产、建构方式,并且同样决定着遥远的过去的,在不同的生产和接受条件下创造出来的作品的典型理解方式。① 对于现代公众来说,它界定的不是一个作品的含义,而是在其中能够意味一些事情的特定**态度**、方式,因为艺术作品的含义不是一些存在于作品中的固定本质,而是与(历史的变化)它的接受方式,并且更一般来说,与它的前史和后史②不可分割。伴随着批量复制的新技术的可能性,他在总体上集体的现实感知方式的深刻变化的结构(同时作为一种象征)中看到灵韵的消解③,并且评估了它的重要性,他们在自身中表达着生活方式的变化和适应世界的崭新模式。并且阐明这些关系旨在**唤醒**来自于感知世界和赋予它以意义的"自然的"方式的梦幻般冲动的意识,一种只是对麻木和物化的生活方式的无意识表达的方式。它旨在使意识能够破译这种幻象,并且用这种方式释放"微弱的弥赛亚力量"(weak Messianistic power)——这种乌托邦潜能甚至能够潜伏在最堕落的作为集体无意识的意义创造性活动的经验形式之中。

　　从这个更广阔的——在我看来——并且是更适当的结构来看,《技术复制时代的艺术作品》这篇论文显现出与这个任务的紧密的和直接的关联,这个任务自从本雅明最初开始进行文学活动时就一直占

562

----

　　① "一个中世纪圣母玛利亚的形象在它被创作的时候确实不是真正的,在随后的几个世纪中它变成了真正的,在最后一个世纪中最明显的是这样。"*Das Kunstwerk...*,*GS*,Vol. Ⅰ/2,p.476.

　　② 对于从历史的辩证的立场看艺术作品的某人来说,他们把他们的前历史和后历史结合起来——因为后历史,被卷入连续变化中的他们的前历史也变成可以理解的。这些作品教导这个人它们的功能如何可以比它们的创作者更加持久,把他的意图流传下来;被他的同代人如何接受是艺术作品今天对我们产生影响的一部分。同时这种影响不仅依赖于争论中与作品的冲突,而且依赖于允许它流传到我们自己时代的历史。*Eduard Fuchs, der Sammler und der Historiker*,*GS*,vol.Ⅱ/2,p.467.

　　③ Compare *Das Kunstwerk...* (*Zweite Fassung*),*GS*,vol.Ⅰ/2,p.503.

据着他哲学兴趣的核心①:**经验**理论的一个新观念的创造。虽然经历了这个任务的理解和实现过程中的所有变化,一些基本的连续性依然保持在他的方法中。一方面,他一直酝酿一个重新获得"早期哲学家的经验概念的丰富性"②的计划,这与建立在主体－客体模式基础上并且趋向于降低到科学观察,也就是,降低到"意义最小值"③的狭窄的康德的理解方式不同,本雅明把这个缩减的经验概念看成是一种"异常时间性的"(singularly temporal)和"时间性限定的"(temporally restricted)的经验。④ 换言之,本雅明从一开始就坚持经验,包括它自身感知的组织形式的激进的历史性。⑤

> "在漫长的历史时间延续中,随着人类集体存在的整个方式的改变,感知的方式也随之发生变化。人类感知的组织形式的方式和态度——在其中显露出来的媒介——不仅是自然的,而且是受社会制约的。"⑥

564　本雅明最终在**语言**中发现了这种变化了的经验方式和组织的模式和关键。"人类精神生活的每一种表达都可以被看作是一种语言,并且这种观念用一种真实方法的方式到处暗示着提出问题的新方式。"⑦

---

① Compare *"Erfahrung"* (1913) and *Über das Programm der kommenden Philosophie* (1918), GS, vol. II/1, pp.54-56,157-171.

② *Über die Wahrnehmung* (1917), *GS*, vol. VI, p.35.

③ *Über das Programm...*, *GS*, vol. II/1, p.159. 在这里本雅明把他自己的任务界定为,"在康德思想的主题下,提供更高级的经验概念的认识论基础",这将"不仅使机械的而且宗教的经验在逻辑上成为可能"。*Über das Programm…*, *GS*, vol. II/1, pp.160,164.

④ *Über das Programm…*, *GS*, vol. II/1, p.158.

⑤ 正是在这点上,本雅明最先被形而上学的宗教考虑原始地驱动,发现了他自己的观点和卢卡奇关于作为客体构成原则的变化顺序和与之相对应的主体关系的形式的历史观点不谋而合。本雅明在与索勒姆的通信中写道,在《历史与阶级意识》中,比任何他的马克思主义方面的普遍理论兴趣都早得多,"在政治方面的考虑的基础上,卢卡奇在认识论领域提出了这样的适合的结论——至少部分地和可能不是作为我最初假定的这样深远的方式——这也是我熟悉的或者验证了我的观点"。16 Sep.1924, Briefe, vol.1, p.355.

⑥ *Das Kunstwerk...(Zweite Fassung)*, *GS*, vol. I/2, p.478.

⑦ *Über Sprache überhaupt die Sprache des Menschen*(1916), *GS*, vol. II/1, p.140.

　　经验依赖于一种产生和理解相同事物的能力——依赖于一种模仿的能力。人类经验是围绕着"无意识的"模仿和交流组织起来的,这种理解只有通过语言才能成为可能。[1] 然而,语言不能被当作是与一些所指的,和一些外部相关内容的任意关联——作为交流的**手段**——的能指系统。这只代表语言的一个方面。一个人可以**通过**语言来交流意味的**内容**,因为意味的**方式**是直接地和无意识地表达出来的,作为交流**媒介在**语言**中**通过面相(physiognomically)显示出来[2]——正如为了理解一个言说者的意图,仅仅理解他们的词语和句子所指的含义是不够的,因此掌握他们说话方式的实际力量也是非常必要的,它可能用一种直接方式在表情,声调,或者说话的态度中独一无二地表达出来。并且伟大的历史性变化最初不是关于体验和意味的内容,而是它们被体验和意味的**方式和态度**:世界被思考的方式和作为适合它的特性被社会接受的意义方式。

　　但是**在**语言中直接("魔法般地")揭示的内容不能**通过**语言来阐述和说明。对于现代人来说,他们经验和意味的方式是"自然的",它呈现出一个非历史的"总是相同"(ever-same)的外观。并且虽然另外一些过去的毁灭性的残存,至少在他们的艺术作品之中,任由我们处置,他们的真实情况首先蕴含在那些无关紧要的囚禁我们惯常感受的

565

---

① Compare Tiedemann,*Dialektik im Stillstand*,p. 18. 关于本雅明的语言观念,这里唯一的最粗略的参考是,参见 Menninghaus 的富有洞察力的解释,*Walter Benjamins Theorie der Sprachmagie*。

② *Compare Über Sprache...*,*GS*, vol. Ⅱ/1, pp. 141-143；*Die Aufgabe des Übersetzers* (1921),*GS*,vol. Ⅳ/1,pp. 14-15；*Lehre vom Ähnlichen* (1933),*GS*,vol. Ⅱ/1,pp. 208-209,and so on.

细节中①,他们经常把我们自身的感知方式和接受方式相等同。为了释放当前的历史活力,它承诺了另一个隐藏在"总是相同"的循环中的激进未来,一个人需要"复活"过去——不是**任何**过去,而是作为"起源"的过去②,揭露一种与我们创造和理解意义方式的类似物,允许用这种方式,对我们来说最自然的事物作为奇怪的事物以一种陌生的装扮呈现出来,并且不同的事物以一种对等的"自然的"方式显露自身。然而,这种追忆的劳动要求,不是对于**特定的**过去,已经发生的事情,总体上经常制约现在的死去事实的连续序列的描述和解释,而是从同质时间的连续体中"爆破"出一个过去,从破碎的残留物中重新建构成一个能够真正被重新体验,把它重新带到感性存在(Anschaulichkeit)的"辩证意象"。③

"我没什么可说的,只是显示。我不想窃取任何有价值的事物,不去迎合一些单纯的构想。而是细节,碎片;不去弄清它们的来龙去脉,而是让它们用唯一可能的方式进入它们自身:通过利用它们。"④本雅明的"文学蒙太奇"(literary montage),细节考古学的确定的怪异方法——这类似于把从它们的结构中抽出来的碎片强制性地并列在一起,组成独立的诗意形象和文学的表达样式[夏尔·波德莱尔(Baude-laire Charles),雨果(Victor Hugo),布朗基(Blanqui),尼采,等等的]与

566

---

① "微小的事物……是不起眼的,或者甚至可能是震惊的(二者并不矛盾),它使真正作品中的时间得以存活同时构成了这样的要点,在其中内容可以穿透真正的研究者" *Strenge Kunstwissenschaft*(*Erste Fassung*),*GS*,vol. Ⅲ,p. 366. 并且:"感激或者是道歉试图去掩盖历史过程中的革命时刻。它的核心是历史连续性的建立。它只关注作品中已经纳入它的后效影响的那些要素。它遗漏了传播被打断的那些关键点,这样,它遗漏了作品里面的粗糙和参差不齐的内容,它为企图越过道歉的人提供了一个立足点。"*Das Passagen-Werk*,*GS*,vol. Ⅴ/1,p. 592.

② 关于本雅明的"起源"的观念,参照 Tiedeman,*Dialektik im Stillstand*,pp. 76-84;and G. Kurz,"Benjamin:Kritisch gelesen,"*Philosophische Rundschau*,vol. 23,no. 3 - 4,1976,pp. 179-180.

③ Compare first of all *Über den Begriff der Geschichte*,*GS*,vol. Ⅰ/2,pp. 693ff.

④ *Das Passagen Werk*,*GS*,vol. Ⅴ/1,p. 574. 这个思想的最初构想在本雅明的手稿中有一个不同的结局:"我不是描述,而是展示(*vorzeigen*)它们。"*Über den Begriff der Geschichte*,*GS*,vol. Ⅴ/2,p. 1030.

过去社会历史的(拱廊街,全景画,零售商,中产阶级的**闲逛者**,等等)事实和客观事物连接在一起。这些都分享一些(**闲逛者**,拾垃圾者,赌博者,妓女,等等的)体验和行为的典型方式。所有这些都不是,如阿多诺所认为的[1],一种使哲学"超现实化"的错误尝试,也不是"日常分析的诗意化",一种采取象征主义形式的审美化的马克思主义(aestheticised Marxism)的发展。[2] 它与他的基本的理论前提和他的思想的最终实践目标联系在一起:赋予过去"一种比它存在的时刻可能已经拥有的更高程度的真实性"。因为正是辩证地渗入它的过去和带来感性存在(Vergegenwärtigung)的能力构成"对于同时代人活动的真实性的检验"[3]。

本雅明向马克思主义的理论转向(明显晚于他同共产主义政治的实际的密切关联)是被对与经济的生活活动的变化不可分割的集体经验和意义创造方式的历史性变化的重新认识而激发出来的,在人类共同体的物质实践生活方式中显现出来。不但展示"认知的历史类型的形式特征",而且"展示在认知的这些变化中发现它们表达的社会转型"[4]——这成为他自己选择的现实任务。在他的理论计划的内在连续性中,这对他来说意味着"把马克思主义方法的成功经验与日益加重的存在的感性危机结合起来"的一种尝试。[5] 本雅明非常清醒地认识到在马克思主义传统中存在的这种定位的偏离,这种定位不仅与单纯的经济决定论,也与意识形态批判相背离。

> "马克思描述了经济和文化之间的因果关系。在这里重 567
> 要的是表达关系。不是文化的经济上的起源,而是文化中的

---

① Compare T. W. Adorno, *Über Walter Benjamin*, Frankfurt, Suhrkamp, 1970, p. 26.

② Compare E. Lunn, *Marxism and Modernity*, Berkeley, University of California Press, 1982, p. 220.

③ *Das Passagen-Werk*, *GS*, vol. V/2, pp. 1026-1027.

④ *Das Kunstwerk. . .* (*Zweite Fassung*), *GS*, vol. I/2, pp. 478-479; see also his critique of Wölfflin in *Eduard Fuchs. . .*, *GS*, vol II/2, p. 480.

⑤ *Das Passagen-Werk*, *GS*, vol. V/1, p. 575.

经济表达——这一点必须加以描述。换言之,这里要尝试的是对于作为一个感性存在首要现象(anschauliches Urphänomenon)的经济过程的理解,从这一现象产生出……19 世纪的所有表现。"①

并且:

问题是这样的:如果一定范围的经济基础决定关于思想和经验材料的上层建筑,但是这种决定不是单纯的反映(Abspiegeln),那么它是如何——很大程度上独立于它的起因问题——被定性的呢? 正如它的表达。上层建筑是经济基础的表达。社会存在于其中的经济状况,在上层建筑中发现了它们的表达;就像在整个胃中睡觉一样,虽然它可能是梦的内容的起因"条件",在它们中发现的不是它的反映,而是它的表达。集体首先表达它的生活状况。他们在梦境中发现了他们的表达,而在清醒中发现了他们的阐释。②

对本雅明的思想进行粗略和不充分的概括,对于理解他把"商品分析"的方法(一种类型的)应用到文化现象的阐述中来说是必要的。这就是,正如他反复强调的,商品概念已经成为具有显著的内在关联同时也是他晚期学术生涯未完成的、旨在揭示现代性起源的:《拱廊街计划》(Arcades-Work)和关于波德莱尔的书的理论支点。③ 尽管这些计划仍然保持在未完成(torso)状态的事实,但是在这些计划中本雅明方法的主要特征能够被重新建构起来。

568

---

① *Das Passagen-Werk*, *GS*, vol. V/1, pp. 573-574.

② *Das Passagen-Werk*, *GS*, vol. V/1, pp. 495-496.

③ 在给索勒姆(1935 年 5 月 20 日)关于《拱廊街计划》的一封信中,本雅明表明它的中心将由商品拜物教特征的首要概念构成(*Briefe*, vol. 2, p. 654)。在给葛丽特阿多诺(see *GS*, vol. V/2, p. 1172)的信(1939 年 3 月 20 日)中表达了同样的观点。同时,作为结语,关于波德莱尔的书的第三部分,应该已经提出了它的"哲学基础",旨在证明"作为波德莱尔寓言的观点完成的商品"(给霍克海默的信,1938 年 4 月 16 日,和给阿多诺的信,1938 年 11 月 9 日,in *Briefe*, vol. 2, pp. 752 ,791-793)。最后,他把商品的拜物教特征指定为这两个计划最终的"交汇点":给霍克海默的信,*GS*, vol. V/2, p. 1166.

无疑它最主要的特征是消极的:本雅明对于作为一种日益使文化活动的许多分支以及对它们产生的影响纳入它的轨道的生产和交换过程的组织和结合的独特类型的商品关注的相对缺乏。当然,他做了大量关于这个主题的深刻观察。例如,他指出在文学体裁和风格方面的变化,随之发生的事实是诗人之间的竞争现在采取了公开的市场竞争的形式。[①]通过艺术的商品化,以及它对于艺术发展和对商品等等[②]范围的扩张产生的各种各样的影响,他探查了艺术再生产形式的解放过程。但是,非常清楚的是,它不是通过和归因于商品的概念在他晚期的计划中获得了核心的理论重要性这样的观察。

正如本雅明自己指出和强调的,马克思的**商品拜物教**(commodity fetishism)理论被他一直用作自身研究的概念的核心——虽然,人们必须补充说,是用一种相当特定的理论方式:作为一个关于现代性状况下集体经验堕落的 - 物化的形式的理论,也决定着现代艺术变革的可能性。"资本主义是一个自然现象,与之同来的是一个全新的,满载梦幻的沉睡状态蔓延欧洲,同时来到的还有神秘力量的复活。"[③]本雅明的"面相的唯物主义"(physiognomic materialism),揭露了现代性的"起源",同时试图**解构**(defamiliarise)作为一个幻象理解现实的方式,通过唤醒它早期 - 转瞬即逝的当下只存在于通过它们的奇特性袭击我们的废墟中的显现,精确地通过这样一个距离,同时它旨在把我们自身看待世界的方式带到反省的,但是感性的存在,使这层我们集体的梦幻意象加诸之上的面纱向清醒的一瞥直接敞开。因为这层面纱不仅掩盖了现实,而且用它严重的失真也模糊地勾勒出了另外一个被期待的未来的可能性。"一个人可以说在这本书中有两个方向:一个从过去到现在,代表着拱廊街等。作为先驱,另外一个方面,是从现在

569

---

① Compare especially *GS*, vol. V/1, pp. 422-424.

② Compare *Das Passagen-Werk*, *GS*, vol. V/1, pp. 48, 59, 824-846, 并且尤其是他关于摄影的历史的著名论文, *GS*, vol. II/1, pp. 368-385; vol. III, pp. 495-507.

③ *Das Passagen*-Werk, vol. V/1, p. 494.

到过去,为了让这些先驱在当下爆炸从而使得革命得以完成……"①

通过千变万化令人着迷的意象(Zwangsvorstellungen)掩盖包围在它周围的每一件事情属于商品生产的本性:作为商品的事物需要体验主体希望－象征的特点。如果它的实际用途、它的使用价值,仅仅构成它真正本质的永久外壳:普遍的交换能力、交换价值,那么,一种劳动产品就成了商品。生活在一个呈现为商品巨大聚集的(实际的或是潜在的)世界里,意味着赋予与它们平凡的用途,与它们有用的特征毫无关系的对象以意义,意味着不再对超越性而是对内在性以及事实上是编造(通过展示、时尚、广告等等)的事物赋予意义,再一次成为物化的,因为它们实际上压制和隐藏了它们自身的创造性,它们在人类劳动和建构中的起源。这赋予日常事物以虚幻的光辉,一个**光晕**(aure-ole):一个微弱的神圣的残存。商品社会与其说是一个理性贫乏的社会,不如说是给每个事物都加上了一个允诺世俗幸福的咒语的重新施魅的社会,但是对于幸福它所提供的是个体与他们自身产品以及其他个性的异化,一个对交换价值的审美光彩的深刻移情。② 并且正是新奇事物的诱惑对于这种幻象的吸引力的持存负有主要责任。"新奇不是依靠商品的使用价值的一种品质。它不可分离地归属于由集体无意识的形象产生的幻觉的来源。它是错误意识的典范,其中时尚是不

---

① *Das Passagen-Werk*, vol. V/2, p. 1032.

② "由商品生产最初限定的新创造和生活形式...进入普遍的幻象。它不仅首先在理论阐述,在这些创造变成'理想化'(*verklärt*)的意识形态的转换中展示出来,而且已经以一种感觉的方式在它们的片刻呈现中展示出来。它们作为幻象展示自身。"*Das Passagen-Werk*, *GS*, vol. V/2, p. 1256. "这些意象是作为希望的意象,同时在其中集体同时努力去克服和美化社会产品的不成熟和生产的社会秩序的缺乏,"*Dass Passagen-Werk*, vol. V/1, pp. 46-47. "世界博览会美化商品的交换价值。它们创造了一个结构,在其中它们的使用价值减弱成背景。它们打开了一个幻象的世界,在其中人们使自身处于矛盾之中。由于它把它们提升到商品的水平,娱乐性工业对于它们来说变得更加容易。它们通过欣赏与它们自身和他人的异化从而屈从于它的操控,"*Dass Passagen-Werk*, pp. 50-51. "事实上,一个人几乎不能把交换价值的'消费'设想为除了移情于它之外的任何事物",给阿多诺的信,1938 年 12 月 9 日,*Briefe*, vol. 2, p. 799 等等。

知疲惫的代理人。"①正是被强加的和被感觉唤醒的意义的外在性和独断性使它们永不停止地变化,并且正是意义特有的不稳定性和不断变动最终动员古老的、无意识的希望－形象,揭露出它们在"总是相同"中的隐蔽本质:对于作为本源上纯粹无意义的商品世界的基础的抽象劳动来说,工作被降低到没有质的区别和所有结果的独立性的单纯体力付出。"这种观点不是存在于'相同事物一再发生'(again and again the same)的事实中,当然,这里甚至更少的是外部循环的意味。这种观点更是对在其中新事物根本没有发生变化的世界的相面术,这个新事物在它所有的部分中保持着总是相同。——这构成地狱的永恒。"②并且:

> 事物作为商品第一次在使人们彼此疏远方面施加它的
> 影响。它通过它的价格发生影响。移情进入商品的交换价
> 值,进入它相同的底层——这成了决定性的一点。(被劳动
> 占用的时间的绝对的质的同一性产生了交换价值——这就
> 是与感觉俗气的颜色形成鲜明对照的灰色背景。)③

新颖性和总是相同的矛盾,用它最基本的形式在接连不断的变化的时尚与大规模的生产的结合中显示自身,构成了现代性的拜物教世界中经验的本质。④

> 过去的最初历史(*das urgeschichtliche Moment*)的面
> 貌——这既是技术发展的结果又是其发展的前提条件——
> 已经不再像曾经那样,被教堂和家庭的传统伪装起来。古老
> 的前历史的战栗环绕着先前我们父辈的世界,因为我们不再

571

---

① *Das Passagen-Werk*,*GS*,vol. Ⅴ/1,p. 55.
② *Das Passagen-Werk*,*GS*,vol. Ⅴ/2,p. 676.
③ *Das Passagen-Werk*,*GS*,vol. Ⅴ/1,p. 488.
④ "发达资本主义商品生产的辩证法:产品的新颖性需要——作为需要的刺激物——直到现在未知的意义。同时,'总是相同'以各种奇怪的方式呈现在大批量生产之中,"*Das Passagen-Werk*,*GS*,vol. Ⅴ/1,p. 417. "……新颖和总是相同之间的矛盾……产生了幻觉,通过它使商品的拜物教特征遮掩了历史的真正特征,"给霍克海默的信,1938 年 8 月 3 日,*GS*,vol. Ⅴ/2,p. 1166.

受传统的束缚了。技术的符号世界(*Merkwelten*)消解得越迅速,它们中的神秘性显露得就越快和越粗鲁,一个完全不同的符号世界必须被建立并且更加快速地反对自身。①

个人与他们的环境的实际关联越来越少地以习惯性操作和照料他们精通的一个熟悉环境里的固定物体的能力为特征——他们与"技术的符号世界"的关系越来越多地被**品味**(taste)控制。② 当代经验的特有结构需要审美的特征——绝非偶然地本雅明用一个美学现代主义最喜欢的术语之一来界定它:**体验**。鉴于这个世界的物体已经失去了由传统固定下来的永恒的意义的事实,"真正的"经验变成私人化的,转变为一个不可交流的内在事件。随着经验的传统组织形式,以及记忆的社会构架的崩溃,它需要一个类似于震惊的瞬间,然而这个瞬间——归因于现在自觉的感受与过去潜意识的愿望直接并存——是由一种移情的色彩所赋予的。[这里,本雅明的震惊理论再一次清晰地与尼采和后尼采的审美观念的爆炸性瞬间(Plötzlichkeit)理论相类似。]③

当然,颇具讽刺意味的是本雅明发现德国美学(German aesthetics)的核心特征(美好的幻觉、品味、体验、**瞬间**)在堕落的世界,以及商品的"地狱"中直接得以实现。但这也是通过揭露"**在文化中**的经济表达"的计划所意味的内容,经济不仅被认为是作为一个复杂的、多

---

① *Das Passagen-Werk*, vol. V/1, p. 576.

② "消费者……当他作为一个购买者时经常是无知的",然而"他的品味的重要性得到了提升——无论是对于他还是对于制造商。对于消费者来说,它具有一个或多或少精心掩盖他专业知识缺乏的价值。它对于制造商的价值是对于消费的一个新鲜的刺激","Methodenfragment," *GS*, vol. I/3, pp. 1167-1168. "习惯构成了集体共享的经验(*Erfahrung*)的支架,这些经验被片刻(*Erlebnis*)的主观经验解构," *GS*, vol. V/1, p. 430.

③ 事实上,经验,通过集体共享组织起来的和合成为整体的经验,在现代性条件下传统的固定的含义分裂为两支:进入经验,难以形容的私有化,主观移情的经验,和信息,它可以无限制地传播和验证,但它保持着与个人生活的完全无关和分离。用这种方式,现代文化的二元结构,它对立地分裂为艺术和直接指向日常经验结构的表达的科学。Compare first of all *Der Erzähler*, *GS*, vol. II/2, pp. 438-465, and *Über einige Motive bei Baudelaire*, *GS*, vol. I/2, pp. 607-655.

层面的和经过中介的客观的社会制度的组织形式,而且被认为是作为
"感官上体面的最初现象":被历史限定的个人在其中和通过他们的物
质实践活动生活于他们的世界的方式。因为**文化**——最近兴起的与
商品生产的胜利紧密相关①的特定概念——在现代世界确切地取代了
真正的、有效的共同体建构的传统。换言之:"文化"是使过去和现在
的艺术作品、科学以及诸如此类的事物融入一个通过它特有的特征剥
夺它们真正影响的传统的历史性的特定方式:引导集体行动和具有
"变革的功效"的能力。② 作为"文化的对象"这样的作品无非是"永远
不会打破人类意识表层的难以忘怀的事情和事件的沉积,因为他们从
来都不是真实的,那是政治的、经验的"③。本雅明的批判首先针对的
不是把文化的意识形态识别为与统治者的"特权的总和"相等同,也不
是针对它实际上对于少数人的"文化垄断"(monopoly of cultivation)的
依赖④,虽然,他很清楚这些事实。这一批判直接针对的是文化就其本
身而论,被理解为获得了当下社会认同和意义的"精神"劳动的具有特
定倾向的产品,一种客观地强加在为它们的创造性和它们的接受性理
解提供条件并且只是使文化的概念更加明确的这些作品上的关系。⑤

573

① Compare *GS*,vol.Ⅴ/1,p.584;vol.Ⅴ/2,p.1256.有时,本雅明用一种更锋利的,更加令人震惊的(并且也是更加成问题的)方式指出这种观点:"文化概念的形成似乎归属于法西斯主义早期的一个阶段。"*Pariser Brief I*(1936),*GS*,vol.Ⅲ,p.485.

② *Das Passagen-Werk*,*GS*,vol.Ⅴ/1,p.489.

③ *Eduard Fuchs*...,*GS*,vol.Ⅱ/2,p.477.也可以参见:"关于'拯救'的观念……从哪里现象可以被拯救? 不仅在于,与其说是从声名狼藉和轻视到他们已经堕落的地方,不如说是以一种他们特定的传承态度从他们经常被呈现的灾难性的方式中,在他们'作为遗产的评估中'……传承的是大灾难。"*Das Passagen-Werk*,*GS*,vol.Ⅴ/1,p.591.

④ "用文化[Kulturmenschheit]人类学的形象的类比来设想无阶级社会的存在形式将是荒谬的,"*Das Passagen-Werk*,*GS*,vol.Ⅴ/1,p.583.

⑤ 在这方面,他对于法兰克福学派作品的评论是独特的(*Ein deutsches Institut freier Forschung*[1938]),谈到马尔库塞著名的关于"肯定性文化"的论文,本雅明只是强调这个内容的消极方面(compare *GS*,volⅢ,pp.525-526)。他对于公认的文化历史"杰作"的明显的疏远态度,也属于这个内容:作为与文化构成的彻底同化和基础,这些作品在目前不能被建成真正的、有效的经验的客观对象。除此之外,在普遍的"永久和过时的意义上,这对于他来说也是微不足道的,这当然也是事实:因为他不能理解作为一个合法的批判性的权威的历史。"Radnóti,"Benjamin's Dialectic of Art and Society,"p.163.

574 对于本雅明来说,对于现代性文化的分析商品概念的中心并不意味着仅仅专注于"精神价值"商品化的事实。它更关注艺术的、知识等的劳动产品转化为精神价值,交换价值的"精神化"(spiritualization)。如其所是,文化是一个在其中"资产阶级享受自身虚假意识的第二秩序"的幻象。①

文化是一种与陷入其范围之中的那些人类成就之间的物化的 - 正在物化的(reified-reifying)关系,是这些成就的物化的 - 正在物化的概念:它将它们转换成可用的对象,转换成有价值的[至少在观念上(at least ideally)]构成整个人类财富的"商品"。② 它们声称的普遍性不是从它们假定为日常的、物质的商品中,而是从精神商品或者价值中得出的;文化意味着把它们构想为"理想的对象"(ideal objects):独特的、自成一体的、独立的、无缝的连贯的意义整体。如同日常生活的物化的 - 拜物教的经验,文化经验也需要它的拜物教的特征,因为它隐藏并且/或者把这些意义的产生和重新产生的方式神秘化了。"作为所有那些被认为是独立的结构(Gebilde)的总体,如果不是来自于它们产生于其中的生产过程,而是来自于它们持续的过程,那么文化概念具有拜物教的特征,它呈现出一种物化的形式。"③当本雅明强调指出,文化的每一个记载同时也是野蛮的记载,因为它压制了很多匿名苦工的存在时④,他所指的不仅是那些乏味的体力劳动,它们——从文化中被排除——生产使"伟大天才的创造成就"成为可能的物质条件,而且同样是指那些"文化商品"的接受和传播的匿名劳动,不是简单地维护,而是开放地和现实地保存它们的意义。在文化概念中"不仅这些商品的产生,而且它们的传播,更进一步,在其中它们进一步的发

① *Das Passagen-Werk*, *GS*, vol. V/1, p. 55.
② Compare *GS*, vol. II/2, p. 477; vol. III, p. 525; vol. V/1, p. 584 and so on.
③ *Eduard Fuchs...*, *GS*, vol. II/2, p. 477.
④ *Über den Begriff...*, *GS*, vol. I/2, p. 696.

562

展,即实现改变都归属于持续的社会劳动这样的意识已经丧失了"①。对于作为一个非理性过程的艺术生产的突出"创造力"的强调,从根本上反对各种各样的"编造"——一个有机地附属于"文化"观念的——事实上实现了把受众固定在一种纯粹被动态度上的目的,使他们成为精神"商品"的理想**消费者**。②

575

因此艺术作品转换成"文化价值"意味着现代性条件下商品世界日常经验基本的结构特征和独特的审美体验之间的一致性。这也是一种被制度性地组织和强加的一致性。艺术批判主义的实践,以及更广泛的出版,创造了文化商品的真正市场,在其中它们之间互相竞争。③工业博览会和零售商店代表着博物馆的"结构的秘密模式"④。大体上说,今天审美态度和经验所意味的东西代表了商品经验的"精神化"。首先,艺术作品与作为一种独特的"文化宝藏"的传统结构的结合,强加给它的公众一种移情和沉思的妥协态度,切实地意味着对于它的前存在的(pre-existent)、不变的和取之不尽的意义内容的"接受",把商品感官上的光环转变为作品的**审美的灵韵**:精神的提升产生出距离,以及不可接近性的感受。⑤"什么是确切的灵韵? 一个空间和时间的非凡结构:一个距离的独特现象,尽管它可能在近处。"⑥ "本来远处的物体是难以达到的……在近处一个人可以获得它的物质外

576

---

① *Das Passagen-Werk*, *GS*, vol. Ⅴ/2, p. 1255. 本雅明反对意识形态批判的日常实践的主要观点之一,是从受欢迎的创造性立场和意义的历史开放性中得出来的。意识形态批判,对于作品中的美学意义和它起源时的社会结构之间关系的突出强调,使结构与它的固定的,仅此一次的含义的辨认相关联。"事实上这方面应该随着不同时代而改变,这指导了他们对于作品的回顾," *Pariser Brief* Ⅱ (1936), *GS*, vol. Ⅱ/2, p. 500.

② Compare *Pariser Brief I*, ibid., p. 493.

③ Compare *Das Passage-Werk*, *GS*, vol. Ⅴ/1, pp. 56, 422-423 and so on.

④ Compare ibid., pp. 239, 522;也可以参照作为**内部**暴力愈演愈烈的博物馆特性的描述。然而,这些排比与本雅明的文化组织形式对经济组织形式的某种原因上的依赖,或者这些后者的时间上的先行的假设无关,这点应该被极力地强调。事实上,二者之间真正的历史关系可能是逆向的:"在艺术作品中训练出来的沉思态度,慢慢地转化为一种对于商品的股票更加贪婪的态度," ibid., p. 521.

⑤ Compare *GS*, vol. Ⅴ/2, p. 1255.

⑥ *Das Kunstwerk...* (*Erste Fassung*), *GS*, vol. I/2, p. 440.

表,而不损害保持它外表的样子的距离。"①

同时,审美的灵韵——不仅是经验的一种空间的,同样是一种时间的现象——也意味着美学领域"新的"与"总是相同"之间的基本矛盾的回归。灵韵把"独特性(*Einmäligkeit*)与永久性"紧密地连接在一起②,并且在某种意义上既是客观性的又是主观性的。灵韵作为附着在作品自身中的特征与其"真实性"相等同。然而,真实性确切地意味着艺术对象的经验的单一性,它"此时和当下"但仅仅在这个范围内(insofar)的存在,作为这种独特性(相对于伪造的)见证了它属于一个被设想为普遍有效的传统,也就是,作为永远持续的传统。"事物的真实性是所有那些可流传的(*Tradierbares*)事物的总和,在其中从它产生的时间,从它的物质持存到它的历史见证……艺术作品的独特性与它嵌入其中的传统结构是一致的。"③ 同时暂时性的奇异性与永久性之间的矛盾纠结,构成了一个主观的审美的灵韵经验的基本现象学的特征:瞬间被照亮的经验,在其中时间自身似乎停止,作为暂时性与永久性的统一的"完满现在"(fulfilled present)的悖论。最后,商品的日常经验的矛盾的时间性结构,同样表现在现代艺术活动的相反趋势中:一方面,表现在对于曾经非常激进的革新的强制中,另一方面,表现在朝向瞬间的"博物馆化"(musealisation)的趋势中(例如,作品的创造从最开始就为博物馆的展出做准备)。④

577　　解释性批评的文学作品中经常被讨论的本雅明建立的他自身计划与马克思主义商品理论的关联——或者,甚至范围更窄,与马克思的拜物教理论——至多是贫乏的,并且建立在大量误解的基础上。这个观点已经被阿多诺在他对从 1935 年开始的《拱廊街计划》的第一篇论文的批评性反馈中提出来。⑤阿多诺原则性地反对涉及

① *Das Kunstwerk. . . (Zweite Fassung)*, *Das Passagen-Werk*, *GS*, vol. Ⅴ/2., p. 480.

② *Das Passagen-Werk*, *GS*, vol. Ⅴ/2., p. 479.

③ *Das Passagen-Werk*, *GS*, vol. Ⅴ/2., pp. 477, 479.

④ Compare *Das Passagen-Werk*, *GS*, vol. Ⅴ/1, pp. 55-56, 514.

⑤ 参照阿多诺给本雅明的信,1935 年 8 月 2 日,in Benjamin, *Briefe*, vol. 2, pp. 671-683.

两个大的问题的复合体。一方面,他批评了他所认为的集体意识的本质,各自进入超个体(supraindividual)的主体的无意识和梦幻意象中的古代因素与乌托邦事实(通过参照"最初的"社会的无阶级本质)的类似的等同。关于第一篇论文本身和它们对于《拱廊街计划》(尤其是它后来的详尽阐述)整体的相关性的这些评论的恰当性,都是我不能进入的讨论。我只想说,本雅明在一定程度上承认这些批评性观察的合法性:直接产生它们的路径从他计划的后期论文(1939)中,并且似乎也从他后期对于作品的评论中消失了。另一方面,从他思想的最初时期开始的《拱廊街计划》本质上的连续性,以及集体的梦幻意识和它们的乌托邦潜能的观念中的核心,就是一个很好的例证。①

　　然而,正是阿多诺第二个主要的反对意见与我们的讨论直接相关。他指责本雅明用一种非法的方法,通过把它转换成意识而对马克思的商品拜物教观念"作心理分析",由于这一点,它失去了它的"辩证能力"。"商品的拜物教特征不是一种意识的事实,而在显著的意义上是辩证的,它产生意识。"②从这里他得出了一些基本的关于作为社会状况的自我表现,并因此不具有独立社会"影响"的客观的星丛的辩证意象的观念的方法论结论。③

　　总体上说,从奠基于对本雅明计划的基本意图的无意识的失实陈述,以及在他的位置上阿多诺自身理论前提的悄然替换的争论中,整理出阿多诺真正适当的批评是非常困难的。撇开阿多诺确信无疑的构想(拜物教根本上不是作为意识的事实),作为马克思解释的一个例子,至少与本雅明对这些观念的运用同样存在疑问这一点,"心理主义"的指控[用它非常移情和令人厌恶的方式:"落入资产阶级心理学 578

----

　　①　这种观点被 S. Buck-Morss 非常确切地讨论过,*The Dialectics of Seeing*,Cambridge,MA. MIT Press,1989,especially pp. 279-286.

　　②　给本雅明的信,1935 年 8 月 2 日,in Benjamin,*Briefe*,vol. 2,p. 672.

　　③　Compare *Das Passagen-Werk*,*GS*,vol. Ⅴ/2,p. 678.

(*bourgeois psychology*)的魔力里"]①在一定程度上是相当荒谬的。本雅明从根本上关心的是呈现出在资本主义现代性状况下经验被历史性构成的方式,并且为了这个目标他使用了马克思的商品拜物教理论:为了揭露感知和对于世界的鲜活的、直接的阐释之间存在的基本的共同性,这种阐述是作为个体通过它们的物质实践的特有特征与社会连接起来的方式的表达——在这些条件下仍然保持"无意识"的共同性,但是可以被转换成共同体构成性的(community-forming)力量。如果一个人把"经验"概念当作是(纯粹的)心理学的概念——但是它确实没有用心理学分析原则来进行研究(至少没有在一般含义的水平上),那么这**整个**计划就是"心理分析意义上的"(psychologizing)。并且事实上,它似乎是阿多诺在原则上对于这样一个计划的意义的质疑。他的观点表明,对他来说分析商品社会的唯一合法方式是,一方面,依据客观的、物化的社会结构,另一方面,依据(作为它的关联物和影响)异化的、完全原子化的个别主体两者之间的二元的、正好相反的关系。② 无论这种观点的优点和缺点是什么,它都隐含着对本雅明尝试做的事情的一种彻底的拒绝,并且这几乎不能代表批判性理解的适当基础。

579　　然而,从另一方面来看,阿多诺的指控所涉及的对于马克思的商品拜物教概念的错误理解和运用,在一些方面是非常合法和有充分根据的。马克思一贯强调拜物教现象的"客观性"(objectivity)。在最基本的水平上,这意味着在发挥功能的资本主义经济的框架内,拜物教的表现是以在它们的经济活动中独立的个体来**准确地**定位的,也就是,它们实实在在地发生影响。正是因为这个原因,它们也被这些个

----

① *Das Passagen-Werk*, *GS*, vol. V/2. , p. 672.

② "……谁是梦想的主体? 19 世纪当然只有个体;……客观的剩余价值在个别的主体中确切地实现了自身同时也反对他们。集体意识被创造出来只是为了从真正的客观性和它的关联物,即异化的主观性中转移注意力。现在轮到我们用一种辩证的态度来分化和消除在社会和个体之间存在的这种'意识',而不是激起它作为商品特征的相关意象," *Das Passagen-Werk*, *GS*, vol. V/2. , pp. 674-675.

体在再生产的整个过程中获得的生活经验经常性地确定和加强,这些陈述自身促成了这种可能性。本雅明的"幻象"、"梦幻－意象"和"希望－象征"等等观念似乎很难和马克思的观念相调和,对马克思来说,这些陈述的内容被它们的实际功效和经济功能的需要非常狭窄地限定。事实上,本雅明的观点指向的是被马克思反复和绝对拒绝的商品的概念化:指向它的(在其他人中:黑格尔的)作为被客观化的社会**符号**(sign)的理解。①

然而,如果涉及阿多诺提出的观点的这种分歧,则存在更多根本的理论差异。马克思和本雅明对于作为不仅具有消极意义,但总体上它们引起人类的堕落,而且同时也创造了未来解放的积极条件的历史过程的异化和物化有着相同的辩证的理解方式。他们不仅在把拜物教的日常表现看作是由资本主义社会生活实践的特征客观地限定的方面,而且在承认它们的社会历史功效方面也是一致的。然而,他们是以完全不同的方式理解这些特点的。

马克思的理论首先是**历史过程**的理论,以**再生产**问题为中心,这使他可以调和历史中的连续性和非连续性的观点。它首先指向的是类似于社会的关系,制度安排和对孤立个体来说**实际上**(*de facto*)事先已经给定了现实,对此他只能适应机构的固定外观的消解这样的事情。然而,他试图表明这些关系是如何在这个被历史限定的个体的联合社会活动中日复一日地被生产和再生产出来的,在这个过程中,这些个体自身不断地再生产和改变他们自身活动的"永久的"条件。②对于他来说,关于拜物教的陈述是有社会作用的,因为他认为它们对这个再生产过程是**有功效的**。就行动被理解和动机形成的方式而言,作为相关现实的实践解释,它们用一种特定的方式把个体插入这个关

580

---

① 然而,应该注意到,本雅明在《拱廊街计划》的笔记中从《资本论》中摘录的地方之一,在那里马克思批判了商品的这种观念。see *GS*, vol. V/2, p. 805.

② 这也构成卢卡奇物化理论的最基本的前提:"历史确切地表现为每一种迷恋堕落为一种幻觉,**历史只不过是客观性形式的不断转换的历史,它塑造了人类的存在**。" Lukács, *History and Class Consciousness*, p. 372.

系的系统中——用一种促成它的历史产生和使它得以维持的连续性的方式。它们潜在的解放角色或者乌托邦内容的任何观念对于他的思想来说都是完全陌生的,至少在他理论活动的后期。① 他的辩证法定位在它的革命的战胜的潜能上,被资本主义决定性地在其他地方制造出来。部分地在客观条件下:在它的经济再生产过程的功能日益丧失中,它不断扩张的同时产生了它自身可能性的越来越不安全的条件。部分地,但并非不重要的,他把它定位在"主观的"方面:事实上,这个发展过程中直接的生产者在他们每天的工作和生活活动中,这些(不仅是技术性的,而且是广泛社会性的)需求、态度和能力,只能在根本不同的社会条件下得到满足和训练,他们也使这些社会条件的建立成为可能。正是生产和交往力量的加速累积——最终"只不过促进了个人能力的发展"②,并且构成历史中连续性的轴心的进化——赋予资本主义异化的世界性纪元以"进步"的特征,并且成为人类**进步**历史中的转折点。

这样本雅明对进步观念的毁灭性批判③,虽然直接针对的是德国社会民主党(German Social Democracy),同时也必然涉及马克思自身理论的一些基本前提。这种批判的动机与他自身学术发展历程的独特性分不开,也与他来源于犹太弥赛亚主义和德国浪漫主义传统的思想根基分不开。但是也有一些较少的怪异的和个人的原因,对此,本

① 在这方面,回忆马克思对于"历史的神话"的功效的相关问题的态度是值得的。马克思和本雅明一样意识到唤起"过去的精神"所起的伟大作用,尤其在革命危机的时代。然而,他明确地把这个角色限定在过去的政治革命中。未来的社会革命不能从世界-历史的回忆录中汲取动力和热情("他们的诗歌")——这只能使对于他们独特的任务的意识变得模糊。他们必须面向未来被定位。他们"应该让死者埋葬他们的死者"。Compare Marx-Engels, *Werke*, vol. 8, pp. 115-116. 对于本雅明来说,另一方面,作为"未来几代人的救赎者"的工人阶级的形象实际上削弱了它的力量的来源。"这样的教育使它忘却了它的仇恨和牺牲的意愿。因为这二者都是被奴役的祖先形象所滋养,而不是依靠解放的子孙的理想。" *Über den Begriff. . .*, *GS*, vol. I /2, p. 700.

② Marx-Engels, *Werke*, vol. 3, pp. 67-68. (参见《马克思恩格斯全集》第31卷,人民出版社1998年版,第103页。——译者注)

③ Compare primarily *Über den Begriff. . .*, *GS*, vol. I /2, pp. 697-701.

雅明本人做了清晰的阐述："我们这一代人的经验是：资本主义不会以自然的方式灭亡。"①在这方面，马克思本人是否假设了社会主义革命的历史性的"不可避免"是无关紧要的——他确实认为它的**条件**在资本主义发展过程中会"自然地"（也就是，作为再生产的经济过程的固有的必要性的结果）成熟。

这种假设的不可靠性是经历了德国的（更广义上说是西方的）革命的失败以及法西斯主义兴起的一整代理论家的体验。同时由于他们承认一个明显的经验事实（并且 20 世纪 30 年代早期的经验似乎证实了这种观点），即一个普遍的、客观的资本主义制度经济危机的存在，在革命的主体即无产阶级方面，对他们来说首要的问题是"激进动力的缺乏"。20 世纪 30 年代和 40 年代初期的"西方马克思主义"（Western Marxism），代表一系列试图发现一种填补"主观"和"客观" 582 条件之间的鸿沟的理论方向。它由为寻求新的革命**动力**来源的研究所主导。认为问题主要存在于政治组织方面的葛兰西，在"有机知识分子"（organic intellectual）的神话中发现了答案。卢卡奇提出了伟大的文化传统的解放性潜能的思想，首先是"现实主义者"（realist）艺术消除拜物教的能力。尽管他们的观点中存在所有区别，尤其是关于审美现代性问题上他们各自的判断，但是，在它最普遍的方向上这种解决方案对阿多诺来说同样是不陌生的——只有他认出这根本上不是解决问题的办法：在现代性状况下，高雅文化的作品缺乏大众的社会影响，并且他从这个事实中得出了对于历史性现实的不可避免的消极结论。本雅明也清楚地看出了这后一个问题；然而，这促使他寻求那些**日常的**大众经验的形式，在其上建立起革命性意愿和承诺的**反文化**（counterculture）的基础。并且在这个普遍的意向上，本雅明比大多数他同时代的学者更接近马克思。

但是本雅明不再把探寻到的这些生活经验与工人阶级——作为

---

① *Das Passagen-Werk*, *GS*, vol. V/2, p. 819.

资本主义"文明进步"（civilizing progress）的主体和客体——在它的过程中不可避免地需要的那些"积极"的集体特征相等同。因为从后来历史经验的有利观点来看，这些文明的堆积呈现出来的只是那些把无产阶级**整合**进资本主义社会的特征。面对这样的问题，本雅明计划的独特性在于这样的事实，他认为他能够在经验的那些形式中发现解放的潜能，这些经验形式在整个马克思主义传统中被认为是——作为它真实本质的虚幻的歪曲——确切地作为一个"整体"。① 在某种程度上，一个人可以说他把争论的中心从高雅文化创造的水平移到日常经验的意识形态批判上。高级意识形态，它通常被认为是资本主义社会的"理想化（idealisations）"，也创造出同它的经验事实的距离并且因此在它们的非常"肯定的"本质中也包含否定的时刻，也就是一种乌托邦的潜能。在某种程度上，本雅明把这个特定的思想应用到日常的拜物教意识中。但是至于文化的－意识形态的形式，他们的批判潜能被看作是有意识地向总体性、普遍性以及实际联系的合理化进行努力的功能，赋予它们以规范的效力，拜物教的意象以及对本雅明来说具有相同能力的日常经验，由于它们的梦幻般的"非理性"，内在的不连贯性以及碎片化，把事实上正常的期待转换成残暴的实在性。

这个变化也涉及在辩证法的特定含义中的一个基本变化。对本雅明来说，它不再意味着一个历史过程的矛盾趋势的理论，在它的结构性特征的特定再生产过程中，必然地消除或者削弱独一无二地使这个再生产构成成为可能的那些条件。对本雅明来说，它成为一种**歧义**

---

① 我认为，阿多诺非常合理地指出了这个事实，这些经验确实不是特定阶级的："……在梦幻的集体那里阶级之间依然没有差别，"给本雅明的信，1935 年 8 月 2 日，in Benjamin, *Briefe*, vol. Ⅱ, p. 675. 本雅明固执地坚持工人阶级作为唯一的革命代理人的思想。从马克思的立场看，这也许是他思想最正统的特征。然而，他的理论内容指向一个更加异质的革命行动的概念。每当他援引它的形象，不是有组织的无产阶级，而是出现在他作品中的无组织的和自发的城市人群。

性的(ambiguity)理论,一种历史的**时刻**①"冻结的动荡"(frozen unrest)的理论,在本质上它只是在所有它的万花筒式(kaleidoscopic)的变化中虚无地重复——只要它不被爆破出来。归根结底,马克思和本雅明的理论在历史时间的观念上是不相容的。本雅明把这个后者的独特性理解为一个"历史的索引",它隶属于建立起同过去特定的时刻的象征性(*bildliche*)关联的每一个"当下"(*Jetzzeit*),因此(并且仅仅是因此)成为"合法的"、重新唤起的作为现在经验的能力。②　另一方面,马克思通过它首先意味的是历史变化的长期过程的不可逆性和单向性,在其中非连续的社会变形(metamorphoses)是被叠加在一个基础的不断积累的物质连续性之上的组织方式。

　　这些考察的目的不在于对一个没有结果的问题提供一个答案:本雅明是否是一个"真正"的马克思主义者? 他的观点是对马克思理论的"正统的/原始的"(orthodox/original)含义(作为一些不变的公式)的一个补充,一个正确的改造,或者是一些不可同化的、不同的添加? 这些问题不仅依赖于站不住脚的解释学的预设,而且没有真正的意义。从 20 世纪 50 年代开始,本雅明的观点开始在马克思主义传统的结构中被接受(不是唯一地,而是显著地),并且它们成为——至少涉及现代艺术和文化的理解——他的[在任何意义上高度异质的(highly heterogeneous)]全部作品(当然,尽管甚至这个过程还没有被弄清楚——在一些情况下本雅明是通往远离马克思的路上的跳板。)的一个不可缺少的组成部分。我们在这里得出的与马克思(首要的是同他

584

---

①　"歧义性(*Zweideutigkeit*)是这个辩证法呈现出来的外观,停顿的辩证法的规则。"*Das Passagen-Werk*, *GS*, vol. Ⅴ/1, p. 55. 这种歧义性构成本雅明整个历史观念的基础:正是过去的神话力量被摧毁,过去是"一个单一的灾难",同时,它是一个救赎的未来希望的唯一合法性基础。

②　Compare *Das Passagen-Werk*, *GS*, vol. Ⅴ/1, pp. 576-578.

585 后期的经济著作中的观点）①的联系和对比只服务于一个目的：给予本雅明的根本理论意图和态度更加清晰的关注，它特别地体现在他的"歧义的辩证法"（dialectics of ambiguity）的观念之中。

这个辩证法要求和希望发现历史性"积极的"、潜在地激进的能动力量以超越目前的地狱，在那些社会"消极的"经验形式中，作为欺骗性的幻觉在它们的直接影响中把个体和它的条件连接在一起，因为它们赋予自身似乎总是新的愉悦和美好的错误光辉：

> 根据确定的观点，对于任何给定的时代，关于它不同的"范围"，很容易建立这种二元划分：一方面假定"富有成果的"、"向前看的"、"重要的"、"积极的"的东西，而这个时代的无效的、向后的、不存在的部分都沦落到另外一个方面。甚至这个积极方面的轮廓也不是很清晰地浮现，它们只是被用来表示与消极方面的对立。然而，另一方面，每一个消极方面只因为作为至关重要的、积极的事物的背景而拥有它的价值，因此，具有决定性的重要性的是，再次把一种新的特定类型的区分运用到这个被明显区分的消极部分，用一种变化的观点（但不是评判的标准！）揭示出甚至在它里面与一个以

---

① 在任何情况下，仅仅这样一个对比都不能回答关于本雅明与马克思主义传统的整体之间的关联和传承的广泛的问题，其在 20 世纪 30 年代已经是非常复杂（和矛盾）的。除了一些他对于马克思早期作品中的思想清晰的参考之外[甚至关于《拱廊街计划》的方法论案卷的被选择的格言之一引自《德法年鉴》（Deutsch-Französische Jahrbücher）："意识的革新仅仅存在于人们从自身的睡梦中唤醒世界……"]，为了这个更广泛的目的，人们应该首先考虑本雅明与恩斯特·布洛赫的"正统的"马克思主义之间的关系和传承。也有 K. 柯尔施（K. Korsch）的影响，本雅明主要依赖他对马克思的主要经济理论内容的解释。也存在较少的明显的例如与恩格斯的"原始共产主义"描写的关联，或者与卡尔·考茨基（Karl Kautsky）的基督教社会根源的重建之间的关联（总体上用马克思主义自身内部的"浪漫主义"传统）。当然，这些后者不应该被过分强调。恩格斯和考茨基创造了——现在为了运用的目的——他们（无疑，以彻底的真诚）"历史的秘密"，他们把它看作是描绘 *wie es gewesen war* 的"科学的"历史编纂的客观事实。然而，对本雅明来说，它不是开启革命能量的过去的"秘密"，而是从它们中的"觉醒"：从现在的立场看，是对于他们的建设性特征的重新认识，这种特征允许他们包含的乌托邦动力以一种"世俗"的形式呈现出来。

前的含义不同的积极因素。①

"变换"（*Umschlag*），在其中"消极因素中的积极因素与积极因素中的消极因素相吻合"②，构成本雅明辩证法的最高原则。

因此，本雅明坚持努力去揭示在商品世界盲目崇拜的经验中"乌托邦的"和"愤世嫉俗的"，"威胁的"和"迷人的"因素之间的相互转换和一致性。③ 这些经验，并且确切地在那些方面里通过它们——作为幻象——掩盖了事实，同时暴露一种无意识的，原则上超越现在，一个作为潜在的激进的能量来源的乌托邦希望的驱动力。一方面，这样的时尚

> 规定了仪式，通过它崇拜商品的意愿被尊崇……它站在有机事物的对立面。它为无机世界设法获得生命。它肯定了生命之上的尸体的权利。它至关重要的中枢是为无生命事物的性吸引构建基础的盲目崇拜。对于商品的膜拜使它开始发挥作用。④

它也服务于可识别的阶级利益：时尚是"统治阶级利害关系的相当清晰的伪装"。⑤ 然而，与此同时，本雅明同等地强调"时尚的异常的，革命的和超现实的可能性"，它的"非凡的期待"，它的"与即将来临的事物确定的关联"⑥，它里面"救赎的主旨"⑦。与广告相同：虚伪的魅力和经济的功能与它们"对于乌托邦的日常生活的隐喻"同居在它们那里。⑧ 当然，只要这些实践唤起的仅仅是在私人的主观经验里

586

---

① *Das Passagen-Werk*,*GS*,vol. V/1,p. 573.

② *Ein Jakobiner von heute*(1930),vol. III,p. 265.

③ Compare *Das Passagen-Werk*,*GS*,vol. V/1,pp. 51,96.

④ Ibid.,p. 51. 也可以参照"这里时尚打开了女人和商品——快乐和尸体之间的辩证转换的空间",ibid.,p. 111. 正是这个中介"在这个无机的世界中引诱性欲",ibid.,p. 118. 关于本雅明时尚的理论（关于一个重点，然而，主要关于它的批评方面），参见 Buck-Morss,*The Dialectics of Seeing*,especially pp. 97-101.

⑤ *Das Passagen-Werk*,*GS*,vol. V/1.,p. 121.

⑥ *Das Passagen-Werk*,*GS*,vol. V/1.,pp. 116,112.

⑦ *Zentrapark*,*GS*,vol. I/2,p. 677.

⑧ *Das Passagen-Werk*,*GS*,vol. V/1,p. 236.

展现商品世界对象的无意识的梦幻意象,意象的集体特征只在它们令人着迷的强迫性本质中呈现出来,那么,他们仅仅通过掩盖和美化悲惨的现实来发挥作用。在他们的无意识中,他们只是引导乌托邦能量为它的地狱服务。只有从梦境中"醒来"才能释放他们的激进的能动的潜能:他们必须被提升到有意识的状态,通过把他们无声的共性、团结转换成**集体经验**的事实。

这种歧义的辩证法——一个停顿的辩证法——在本雅明审美的核心观念中发现了它最清晰的表达和详尽的阐述:**灵韵**观念。通过几乎直接重新阐述马克思的拜物教含义的方式,在一个地方他阐述了它的含义:"灵韵的经验依赖于把人类社会中熟知的应答方式转变为无生命事物或者是自然与人类之间的关系。"[1] 在某种程度上,这应该被作为这个概念的基本特征,因为只有它解释了它的那两种"定义"的**统一性**,乍看起来(prima facie)它们没有任何共同性并且只是被本雅明并置:一方面,灵韵的经验是作为"具有回望能力"的事物的天赋[2],另一方面,它是作为"一种距离的独特显示,尽管它可能在近处"[3]。因为这两者都是相同的拜物教的"事物的拟人化"(personification of things)(马克思)的经验的显示——这种由事物的灵韵的距离感产生的不可接近性只不过是把个人空间的不可侵犯性转移到无生命事物上。

正如我努力表明的,艺术作品的灵韵化,在它的世俗的形式里强调的现代性艺术的自律[4]对于本雅明来说是商品拜物教的"精神化",

---

① *Über einige Motive bei Baudelaire*,GS,vol. I/2,p. 646.

② *Über einige Motive bei Baudelaire*,GS,vol. I/2.

③ *Das Kunstwerk...*(*Zweite Fassung*),*Über einige Motive bei Baudelaire*,GS,vol. I/2,p. 480.

④ 本雅明明确地把艺术的灵韵与"自治的幻觉"相等同,ibid.,p. 486. 在现代性状况下,通过把它的情景融入异化的文化传统之中,它代替了前 - 现代艺术在礼仪性的宗教仪式中的嵌入。因此,它以一种世俗的形式保留了艺术的"理论基础"(ibid.,p. 441),它与统治人类命运的神话力量联合并为之服务。

"一个普遍的盲目崇拜的欺骗性的深化"。① 随着一个距离的"提升"，它把艺术从日常生活的结构中分离出来，并且把受众规范性地固定在消极的、私人化的接受态度中；因而它使审美经验成为生活中一个独立的瞬间，缺乏功效，即具有潜在地"政治的"（也就是，共同体的创建和定位）重要性。灵韵逐渐的消失——一个由艺术作品的再生产条件的变化引发的过程——因此是它重新发挥作用，重新获得一个社会活力的前提条件，但现在是非神秘化的、承担解放角色的可能性。

但是："灵韵的衰落和一个更好本质的幻想的衰退——在阶级斗争中处于防御地位的情况下——是相同的。随之灵韵的衰落和潜能（*Potenz*）的衰退归根结底是相同的。"②艺术（并且特定的自然物体或者现象的）作品灵韵的经验也包含——并且确切地在它特定的物化特征中通过把它的对象从特定结构和人类活动的范围中抽取出来——一种预期的－救赎的方面，这种彻底的丧失将是一个激进冲动的根本力量耗竭的信号。灵韵的经验提供了一种关于"自然"的承诺的纯粹主观的实现的短暂瞬间，它在其利用和开发时不再是与我们的努力对抗的对象，而是以一种非强迫的方式使我们与"恩惠"［康德的**大自然的恩惠**(the Kantian Gunst der Natur)］相遇。在这种经验中主体与客体之间的严格区分在人类与他们的世界之间的一种互惠的、模仿性交流的关系中消解了，这个世界的事物"从它们的强制性效用中解放出来"。并且这自然构成了本雅明关于解放的未来的思想中最根本和一贯的要素之一。艺术作品的灵韵被历史地创造出来并且被社会强加（第二自然）了幻象——但是幻象既是（作为令人着迷的－强迫性的观念）非常**敌对的**，并且同时又是创造性的社会想象力的**堕落的练习**(depraved exercises)。这也是本雅明没有毫无保留地接受阿多诺用物化来清晰确定灵韵内涵的建议的原因："所有物化正在忘记……难道

588

---

① H. Schweppenhauser, "Die Vorschule der profanen Erleuchtung," in W. Benjamin, *Über Haschisch*, Frankfurt, Suhrkamp, 1972, p. 22.

② *Das Passagen-Werk*, *GS*, vol. V/1, p. 457.

灵韵一直是被遗忘的事物中的人性要素(vergessenes Menschliches)的踪迹吗……?"一种被阿多诺(与马克思－卢卡奇的物化概念相一致)明确提出的"作为人类劳动的时刻"的人性要素。① 本雅明回应道:"如果情况是这样的,在灵韵中一个人不得不诚实地处理一个'被遗忘的人性要素',那么尽管如此在劳动中现实的事物就不是必要的……在这些事物里面一定存在着没有被劳动创造出来的一种人性要素。"②

589　　这样,被本雅明作为一种发展进程的灵韵的衰落自身是歧义性的:它提出一种与艺术的激进功能和一种危险的,不仅是私有的－移情的、自律的审美经验,而且是与想象和体验成功、幸福的馈赠的能力的消失联系在一起的解放的可能性。灵韵的无痕迹的消失意味的正是这个后者。无疑,在当代的条件下"灵韵的展示"是"第五阶层诗人的事情"(the affair of fifth-rank poets)③,并且这样一种"唯美主义"(aestheticism)可以为法西斯服务。④ 但是真正的艺术,不是现实恐怖的同谋,在使私人的经验中存在的东西无意识地唤起灵韵化的印象进入一个有意识地可辨认和检验的潜在的集体经验的对象之中变得明晰上有它自身的任务。在一些地方,本雅明称这个任务是灵韵向"踪迹"的转变:"踪迹和灵韵。踪迹是一个近处的但可能很远的事物的表征。灵韵是一个很远的却可能在近处事物的表征。在踪迹里我们进

---

① 给本雅明的信,1940 年 2 月 29 日,in Adorno, *Über Walter Benjamin*,pp. 159-160。

② 给阿多诺的信,1940 年 5 月 7 日,in *Briefe*, vol. Ⅱ,p. 849。正是 A. MacNamara 未出版的一篇论文引起了我对于这个交换的重要性的注意。

③ *Das Passagen-Werk*,*GS*,vol. Ⅴ/1,p. 475.

④ Compare *Pariser Brief*Ⅰ,*GS*,vol. Ⅲ,pp. 487-489.

行事物的占有,在灵韵中事物牵制着我们。"①

　　这就是本雅明解释波德莱尔成就的方式:一个艺术家的成就使他——一个已经"给未来强加了一个禁忌"并且他的诗歌风格"至少在外表上已经完全过时"的诗人——成为一个对他自己的阶级统治不满的"秘密代理人",他的梦想是成为布朗基革命行动的同行者。② 这个成就不存在于有意识的意图或者他诗歌的"信息"中,不存在于他的诗歌"述说"的东西里面,而是存在于他们允许被带入的完全的、真正的经验领域之中的东西中。本雅明写道,相对于私人的、主观的经验,波德莱尔"已经给出集体的经验的重要性"。他为此付出了代价:他自身作品的"灵韵的毁坏"。③ 他的诗歌的"破坏性的愤怒"指向的是"至少反对艺术的拜物教的观念"。④ 但是他摧毁了灵韵,因为他把艺术**生产**的世俗基础转换为他自己诗歌的给定形式的原则。他把商品世界的拜物教的私人经验的建构方式转换成意义创造的诗性手段以及他作品的特征和"技术的"脚手架。"正是波德莱尔的工作使灵韵对于商品的独特性<u>显现出来</u>。"⑤

　　这就是本雅明理解由波德莱尔带来的一个被他的同代人看作是不可挽回地过时了的审美形式的复归的方式,尽管如此,它构成了"他

590

---

　　① *Das Passagen-Werk*,*GS*,vol. Ⅴ/1,p. 560. 在一篇令人惊讶的片面和相当敌对的文章中,姚斯认为本雅明从来没有实现在这个引述中表达出来的顿悟:他最终不能克服与灵韵的一种怀旧关系和因此而来的对于后浪漫主义的,非自律艺术的发展的消极态度;see H. R. Jauss,*Studien Zum Epochenwandel der ästhetischen Moderne*,Frankfurt,Suhrkamp,1989,pp. 189-215. 这当然是对本雅明普遍批评的一个逆转,但是总体上它可能比更加普通的对于后灵韵的、"技术进步"的艺术具有的潜能的过高评价的指责更加令人信服。归根结底,姚斯的批评根据这样的事实,他(似乎是这样)拒绝跟随本雅明的弥赛亚主义和当前历史的灾难性观念,以及任何对于现代性的原则上的批判态度。他认为无论是在美学还是在社会意义上,后浪漫主义艺术的"基本意图"的成功是没有问题的:"通过美赋予工业发展的唯物主义以人性,"ibid.,p. 195.

　　② Compare *GS*,vol Ⅰ/2,pp. 657,677;vol. Ⅰ/3,p. 1161;and vol. Ⅰ/2,p. 604.

　　③ Compare *Über einige Motive bei Baudelaire*,*GS*,vol. Ⅰ/2,p. 653.

　　④ *Das Passagen-Werk*,*GS*,vol. Ⅴ/1,p. 399.

　　⑤ *Zentralpark GS*,vol. Ⅰ/2,p. 471.

的想象的指导原则"和"他的诗歌的中枢"①:**寓言**。伴随它的不可预见的和多变的,或者缺乏任何"自然的中介"②的想象和意义之间的相当震惊的变化的关联,伴随由习惯给予事物意义的熟悉结构的碎片化和毁坏,波德莱尔的寓言用主观性强加的感觉填补这些"被挖空了的无价值的东西"。③ 通过纯粹的诗性手段(并且是毫无意图地),这些寓言重建了客观地和无意识地强加给商品世界的主体的经验结构,这个世界通过它的光环成为"隐藏的"、"美化的"、"伤感的"。

> 人类世界的客观环境越来越无情地呈现为商品的表达。同时广告旨在模糊事物的商品特征。商品世界欺骗性的荣耀被它的毁坏性地转变成寓言的方式所抗拒。商品试图从表面上看待其自身。④

"寓言代表着由商品生产出来的这个世纪人们具有的经验。"⑤ "作为波德莱尔理解(*Anschauungsform*)的寓言方式的社会内容的这个商品形式得以澄明。"⑥

然而,这个特性描述依然太过普遍,它没有充分地捕获在波德莱尔寓言的使用中非常显著和独特的东西。为了阐明这种独特性,本雅明反复地把它们同巴洛克(Baroque)寓言进行比较。"巴洛克寓言只是从外部观察尸体。而波德莱尔从内部呈现它。"⑦并且;"早期寓言

---

① *Das Passagen-Werk*,*GS*,vol. V/1,pp. 465,408.

② Compare *Das Passagen-Werk*,*GS*,p. 466.

③ "与事物的每一次亲密接触都是与寓言的意图相异的。触摸它们对它意味着:违背它们。理解(*erkennen*)它们对它意味着:看穿它们。它在哪里居主导地位,习惯就根本不能形成。它刚刚开始从事一件事,就已经抛弃了这种状况。它们逐渐成为过时的比对于女帽商来说新的削价更加迅速。然而逐渐成为过时的意味着:成为相异的,"*Das Passagen-Werk*,*GS*,vol. V/1,p. 423. See also p. 582.

④ *Zentralpark*,*GS*,vol. I/2,p. 671.

⑤ *Das Passagen-Werk*,*GS*,vol. V/1,p. 413.

⑥ Das Passagen-Werk,GS,vol. V/1,p. 422. 但是参见 pp. 438-439 关于波德莱尔"把对于商品的体验追溯到寓言的失败",因为"消除'价值'的幻觉比消除'意义'的幻觉更加困难"。可能这也应该与 468 页关于波德莱尔的对于掌握他,而不是他掌握的寓言的距离的缺乏的评论联系起来(与雪莱形成对比)。

⑦ *Das Passagen-Werk*,*GS*,vol. V/1,p. 415.

的关键人物是尸体。晚期(也就是波德莱尔的)寓言的关键形象是‘纪念品’。"①

> 纪念品是世俗化的遗迹。——纪念品是主观经验('Er-lebnis')的完成。在它里面沉淀下来的是把过去估量为对死去事物的占有的人类不断增长的自我异化,19世纪寓言已经让位于外部世界,目的是安置内部世界。遗迹来自于尸体,纪念品来自于无效的的集体经验(Erfahrung),它委婉地称自身为活的经验(Erlebnis)②

波德莱尔的寓言没有过多赋予世界上的事件和外部生活一些外在的,从他们中去除所有他们的内在感受和内在活力的超越意义。他的寓言的意图在表现最亲密的内部的主观状态以及心情的经常性的野蛮的转变中,并且也在不是进入平淡无奇的,而是进入经常是卑鄙的,无机的对象和日常事物的被提升的思想的经常性野蛮的转变中表达出来。"内在生活的掏空"③是他诗歌的最终成就。寓言的-审美的转变使得"商品在表面上看待其自身",也就是,提升到对于它的经验的无意识结构进行有意识的承认的水平上,揭示蕴含在主观意义看似自由呈现后面的经验主体强制性的碎片化。并且这使商品和谐的、审美的光晕转变为破坏性愤怒的冲动,尽管这个后者仍然保持着非直接性和非客观性。"波德莱尔的寓言承载着——与巴洛克相对立——愤怒的踪迹,为了突破这个世界和使它的和谐形式毁灭它是必要的。"④

> 波德莱尔的破坏性冲动不再对废除障碍感兴趣,这在寓言中显现出来,并且这构成了它退化的趋势。另一方面,虽然,寓言——切实地在它的破坏性的热情中——关注的是从

592

---

①　*Zentralpark*, GS, vol. I/2, p. 689.

②　Das Passagen-Werk, GS, vol. V/1, p. 681.

③　*Das Passagen-Werk*, GS, vol. V/1, p. 440.

④　*Zentralpark*, *GS*, vol. I/2, p. 671.

每一个"给定的命令"中走出来的幻想的驱散,无论是艺术或者生活,总体上或者有机地经过美化的秩序,所有这些使它呈现为可以忍受的。并且这是寓言进步的趋势。①

"波德莱尔的独特意义在于作为第一个用最无可挑剔的方式理解自我异化的人,并且用一个类似的可靠性(*ding-fest gemacht*)把他固定下来,在这个世界的双重意义上:建立他的个性并且武装自身反对这个物化的世界。"②波德莱尔的例子显示出艺术作品,在这个世界的普通意义上似乎是"不合时宜的"和完全非政治的,尽管如此依然能够保持一个批判的潜能,甚至在文化现代性的异化状况下。

"在每个真正的艺术作品存在一个地方,一个人把自身放入其中,被一个新鲜事物触动就像吹来的一阵风。"③但是这依然需要在艺术作品的"新地方""安顿下来"的能力和兴趣(一个只能通过批判性评论的劳动揭示出来的地方)——并且本雅明没有对于这种能力的传播抱有幻想。

没有任何一刻,不论多么不切实际,人们为了一个高雅的艺术一个人可以战胜大众,但总是只是为一个贴近于他们的艺术。并且困难确切地存在于用一种人们可以用最好的良知确认的方式来塑造这个后者:它是一个高雅艺术。这几乎不能通过传播的内容由资产阶级先锋派实现。总体上大众从艺术作品中需要的是可爱的事物。这里是仇恨的等待被点燃的火焰。尽管它的热量刺痛或者烧焦,但它不提供那适合艺术利用的"温暖的舒适"。然而庸俗只不过是带有百

---

① *Das Passagen-Werk*, *GS*, vol. V/1, p. 417.

② *Das Passagen-Werk*, *GS*, p. 405. 这里我试图坚持在本雅明复杂的关于波德莱尔诗歌的解释中只有一条线索,当然,我只是试图给出里面关于寓言的作用的总体解释。对于这个相同主题的方法,受惠于本雅明,但是在它基本的延伸中善变论者反对本雅明的方法,参见 Jauss, *Studien zum Epochenwandel der ästhetischen Moderne*, pp. 166-188. 对于一个解构者的解释和本雅明反对姚思的"辩护",参见 P. de Man, *The Resistance to Theory*, Minneapolis, University of Minnesota Press, 1986, pp. 65-70.

③ *Das Passagen-Werk*, *GS*, vol. V/1, p. 593.

分之百的、绝对的和瞬间用途的特征的艺术。然而,因此庸俗和艺术代替了直接地、不相容地互相反对的神圣的表达形式。然而,他们关心的是新出现的、鲜活的形式,他们把温暖的、有用的、最终幸福的事情包容于自身,他们辩证地把"庸俗"(kitsch)放入自身,用这种方式把他们自身靠近于大众,并且尽管如此他们能够克服庸俗化。当下可能只有电影能够担当这个任务,在任何情况下它最接近这个任务。①

594

由大众文化"新兴的鲜活的"形式开启的本雅明对于"进步"可能性的讨论,与机械复制的新技术紧密相关,尤其是"电影的政治意义"②,因此在他后期作品的整个计划中不得不承担一个战略性的(甚至可以说或是系统性的)功能——只有在它的帮助下,他才能对它面临的**实践的**问题提供某种答案和解决途径:"动力不足"(motivational deficit)的问题。

在一些方面,本雅明对电影的分析,以它的非常精巧的形式出现在《技术复制时代的艺术作品》的论文中③,与对于"高雅"艺术("higher"art)的解放的可能性的讨论相一致和并列,《拱廊街计划》的波德莱尔－档案是非常充分的典型例子。因为他再一次几乎排他性地谈及,经验的历史特定模式和物质制约方式是,或者能够被转化为意义创造的装置,把这些自发经验的方式提升到有意识的认识水平的作品的技术方法,解放了它们的激进的潜能并且就电影而言,现在也拥有了一个直接公共的,或者至少是"集体的"特征。对于本雅明来说,电影(以及照片)的最大成就在于击败了"视觉无意识"(optical unconscious)(一个他与精神分析学的本能的无意识的发现对比得出的

---

① *Das Passagen-Werk*, *GS*, vol. Ⅴ/1, pp. 499-500.

② *Das Passagen-Werk*, *GS*, vol. Ⅴ/1, p. 499.

③ 然而,在《机械复制时代的艺术作品》中关于电影的许多构想和观念是被本雅明从他早期的(1931)论文《摄影小史》中直接接受过来的。

成就),并且因此打开了一个"意识的新领域"。① 他借此表达的是通过这些新媒介不仅丰富了知觉的领域,而且激进地扩展了(既是空间的也是时间的)它们的视觉限度的能力。他至少把同等的重要性给了这样的事实:电影经常打断联系的根深蒂固的过程,用细节的阐明代替亲密的关系。② 并且这里指的不仅仅是对外部的对象世界的知觉,而且也是关于自我理解的无意识机制,既是关于"正常的"自我确认的保持③,也是关于同他人移情的共鸣。如果考虑到本雅明解放的未来的强烈的反个人主义(anti-individualistic)的意象,就容易理解通过对于经验(连同在一个新的、普遍的文化"素养"中,作者和受众之间的区分水准)中的"重复的"和"转瞬即逝的"内容④的强调,"唯一性和永久性"的被期待的克服对于他来说具有的激进的、超越的意义。

然而,并且尽管在分析的策略和论证之间存在这个密切的类似,在《拱廊街计划》和与之直接相关的作品之间仍然存在基本的**理论中断**,一方面,本雅明的论文涉及"机械复制"的新的大众传媒的问题,另一方面,这些后期作品(首先,自然是《技术复制时代的艺术作品》的论文自身)与"歧义的辩证法"的思想毫不相关,与消极性向积极性的转变也毫无关联,那构成前面一组作品的理论和方法的前提。他们使用艺术生产的技术条件中一个累积的变化观念,对它来说一个清晰的"积极"功能,或者至少是潜能,归因于它继而被他们分阶层的雇佣条件所阻止,或者可能仅仅是被延迟的展现。⑤ 这正是"正统"的马克思

① Compare *Erwiderung an Oscar Schmitz* (1927), *GS*, vol. Ⅱ/2, p. 752; *Kleine Geschichte der Photographie*, *GS*, vol. Ⅱ/1, p. 371; and *Das Kunstwerk. . . (Zweite Fassung)*, *GS*, vol. Ⅰ/2, p. 500.

② Compare *GS*, vol. Ⅰ/2, p. 503; vol. Ⅱ/1, p. 379.

③ "在电影中,一个人不能识别他自己的马车,在留声机中不能识别自己的声音。" *Franz Kafka* (1934), *GS*, vol. Ⅱ/2, p. 436.

④ See *GS*, vol. Ⅱ/1, pp. 378-379; vol. Ⅰ/2, p. 479.

⑤ 参照"目前,国际资产阶级电影业找不到一个一致的思想计划。这是它的危机的原因之一。由于电影技术与社会环境的勾结,构成它最直接的指责,它是与资产阶级的荣耀不相容的," *Erwiderung an Oscar Schmitz*, *GS*, vol. Ⅱ/2, p. 753.

主义的解释方案,被本雅明在论及他那一代人的历史经验时激进地拒绝。我认为,这代表他后期理论作品的基本的、未能解决的理论困惑 596 [由于经常遭遇"技术决定论"(technological determinism)的指控而成为不充分的标记]。从根本上说,因为它直接与他首先关心的那个实践任务相关联。并且当人们对这两组论文同时进行大量比较的时候,正在谈论的理论的中断在许多概念化过程或者重点的突然明显的改变中直接显示自身。这里属于经常进行的观察,在《技术复制时代的艺术作品》论文中(同时也在关于哲学的历史这样较早的论文中),"灵韵的衰落"具有清楚明白的进步意义——所有历史的倒退趋势,本雅明在这些语境中涉及的内容[它们是被法西斯主义的"政治美学"(aesthetization of politics)或者对于电影明星的盲目崇拜人为地制造出来的]是与对灵韵的重建和保护所做的社会经济方面的努力连接在一起的。它的衰落过程的歧义性和"危险"的观点在这些作品中完全是缺席的。更重要的可能是这样的事实,商品拜物教的观念——本雅明现代性的"起源"的分析中的焦点问题,并且是当它涉及大众文化现象时非常恰当的一个概念——被介绍进这些作品中,尽管这样,那之后仅仅作为一个边缘性的和外部的考虑。

这里仍然存在这样的问题,是否这个变化的、更加"正统"的概念化实现了它的目的:它是否提供了一个与新媒介有关的一个未开发的、潜在的存在相一致的论证。这是最多疑问的,已经以文本自身的内在根据为基础。最终,人们不得不说——即使一个人完全接受本雅明的分析——变化的经验结构和为解放性改变提供的动力之间的关联(一个它从来没有被清晰地声称,但是由《技术复制时代的艺术作品》论文的整个讨论性的延伸确定性地强烈提出过的关联)仍然相当脆弱。根据本雅明,那种"思想分散的鉴定和检验"(distracted expertise and examination)的姿态,对这种姿态的培育是大众文化的技术进步形式的主要成就,很可能对于面对一个经常和急剧变化的生活世界状况,表达个人态度的"大众的神经分布"具有价值,但它是一个与马克思思想中的"批判意识"的观念相脱离,同时也与无政府主义传统精神中的"背叛意识"相脱离的世界。并且本雅明自己用彻底的清晰性对此进行了陈述:"只要电影资本处于稳定的过程中,一个人就可以指责现代电影不具有革命的价值,它不同于关于艺术的传统观念对于革命性批判的促进。"①

　　　　收音机和电影不仅改变了专业表演的功能,而且同等地改变了在这些录音设备前表演他们自身的那些人的功能,好像那些人在发号施令……这导致了一个新的选择,一个在装置面前的选择,从这里明星和导演开始成为胜利的。②

　　然而,这些分散的、警告式的评论,在某种程度上,被打算和承诺带来更多东西的一个争论的不懈的指向性力量所否决和取消。

　　这样,本雅明的计划以双重的**失败**(échec)告终:甚至放弃他最具原创性和来之不易的理论观念和洞见,也不能推进他的理论的实践目标所能取得的成就。人们能够甚至质疑这个任务本身是否没有被他自己最初的判断变得无意义:大众因为可爱的并且最终是愉悦的事情把注意力转向艺术。因为,一旦"关于快乐的子孙的理想"(并且通过它,艺术预示的,直接的乌托邦功能的)的驱动力被否定,那么,艺术能够为可能与商品的幻象的伪审美(pseudo-aesthetic)的满足和光彩进行竞争的大众提供什么呢? 从这个视角人们能够理解本雅明最含糊的和令人困惑的计划:作为一个绝望的和失败的试图弥合他的计划中这些明显的理论和实践裂缝的直接的"审美的政治化"的计划(当然,没有因而声称去解释它的起源)。最终他的批评者朋友们的一致观点——这些自封的顾问,猜疑地互相反对,唯一同意的观点——结果是正确的预见:世俗的启迪和此世的、革命的救赎观念的内在歧义性

---

① *Das Kunstwerk...* (*Zweite Fassung*), *GS*, vol. I /2, p. 492.
② *Das Kunstwerk...* (*Zweite Fassung*), *GS*, pp. 491-492.

导致了一个代表未解决的矛盾的未完成的作品。①

---

① 这里我已经强调，可以这么说，本雅明理论的"结构"困难和裂隙，因为它们似乎对我比——无疑，其他重要的———个人能够提出的反对一些他的理论结构的基本预设的值得称赞的异议更有意义和症候(至少对这个讨论的独特的结尾来说)。然而，我也想至少在结论里指出几个存在于这后一方面的问题。首先，关于灵韵的概念本身存在一些非常普遍的困难。正是在这个概念的帮助下，本雅明试图解释总体上经典资产阶级文化的艺术自律和审美功能丧失的原因。但是这个概念的含义被他用一种使它直接只是同美术作品相适应的方式清晰地加以说明。"灵韵"意味着什么，例如，就文学的–诗歌的作品来说是不清楚的，并且设想这个概念如何被适当地引申也是不容易的。这可能仅仅是形式上的困难或者不充分好得多。本雅明的主要论文之一:从艺术早期的仪式–崇拜的功能产生的灵韵的作品的历史起源，成为(正如姚斯指出的)非常不大可能是真实的，一旦这个概念的范围以某种方式扩大到同样包含文学作品的程度。总体上，这篇论文代表(无疑是最初的)把现代文化理解为一种宗教世界观的世俗化的那些理论的一个版本。除了总体上反对这样的"世俗化的理论"外——被汉斯·布鲁门贝格非常强有力地阐述和讨论过——在这种特殊的情况下，它也面临着一些实际的，历史的反对。这样，例如，本雅明把艺术作品的价值从崇拜向展示的变化看作是一个世俗化的现象。然而，它能够被令人信服地证明，即这样的一种变化起源于宗教艺术本身，并且与西方朝向一个增强的形象化和戏剧化的，它的开端可以追溯到12 和 13 世纪的中世纪文艺复兴，宗教意识和实践领域的总体上的转化相关联。无论这些考虑的理论重量是什么，无疑更多的实践兴趣把它自身附属于能够被提出的有关本雅明假定的，一方面新的复制技术的发展和另一方面灵韵的衰落之间的关联的问题。他的讨论在这里根本上依赖这样的预设，即存在一些早期的，手工的再生产和新的，工业的–机械的复制之间性质上的，基本的区别，只要他们对于灵韵的影响与复制对象的真实性是相关的———个改变接受的公众与他们自身的原型之间关系的区别。然而，为什么情况会这样他根本没有真正地讨论过。首先，一个被提出的关于机械复制的历史的，无疑，最重要的形式的事实的担心，是关于印刷术，他只是讲述了它对于文学产生的巨大影响是"一个熟悉的故事"。撇开这个论断可能的过于自信的特征，这一点是正在谈论的切实的与文学艺术的自律和审美化的开端相一致的影响，并且不与它们消解的开端相符合。这个担心当一个人意识到美术自律的最初阶段也与作为木刻和蚀刻的艺术手工的再生产的这种形式的传播和发展相"一致"时而被加强。总体上，在什么意义上要么是新的复制的机械形式的更大的逼真要么是更大的有效性(至少就美术艺术作品而言——对于作为电影这样的形式，"复制"自身概念的适用性是非常成问题的)将改变大体上所有这种复制的功能还是不清楚的:把一个它的意义和重要性存在于对于一个不在场的原型的参照中的物体拉近并且通向人们的手边。权威的"名著"的复制可能会被很好地讨论，这在今天已经成为，从明信片到广告形象，我们可视的环境的不可避免的因素，很大程度上促成了它们增强的拜物教的灵韵化。[然后灵韵化的过程同时也已经笼罩了复制他们自身的确定的形式和对象，这只具有第二位的重要性:19 世纪的末期，以作为《美丽的考验》和(belle épreuve)"艺术家的原始的印刷"这样的概念的发展为开端，我们可以这样说，并且以安塞尔姆·基弗从他自己的绘画的图片收集中创造了一种新的艺术作品为结尾。]去灵韵化很可能成为重要的趋势之一，与一些反对它的并存，现代艺术的补偿的趋势。在美术中，这个过程的独特性可能已经部分地被绘画与摄影和电影的竞争所影响(这方面的影响已经被本雅明出色地分析过)。但是他假定的在机械复制和灵韵的消解之间存在的直接关联，没有被他论证过并且似乎是相当站不住脚的。

598　　　然而,我怀疑我们这些"不快乐的子孙"(unhappy grandchildren)能够只接受他的相关的和忠诚的同代人的这种评价。从我们后来者的观点来看,它构成本雅明独特的聪明智慧,使一个人类最终实现解放的思想观念背后的理论的﹣宗教的动力变得清晰(无论什么成为他
599　自己的理由),一劳永逸地解决困扰整个历史的矛盾问题。他由此给那些他与20世纪30年代和40年代西方马克思主义才华横溢的整个精英代表所**共同经历**的失败增添了一种戏剧性的辛酸。他们都试图
600　发现——因缺乏更多的世俗力量——在文化中,尤其是在艺术中,一个能够使他们解决那个时代重大的社会和政治问题的推动力。在很多变化了的历史条件下,通过这种方式他们使在启蒙运动中最初形成的文化的特定观念的背景中的那些期望和希望得以复活和具有意义——并且通过他们的失败,他们证明了解决这样的任务,"文化"无能为力到何种地步。不是他们的答案,首要的是他们的问题构成了我们时代的遗产——更不用说比他们自身的,而且是更加混乱的绝望。

　　本雅明作品的持续魔力可能部分地归因于以某种方式穿透他整个作品的个人魅力:一个无限的接受能力和一个非常怪异的独创性的奇特结合,一个对人的个体性几乎是自我陶醉地敏感的防卫和从来没有熄灭的共同体的吸引力,并且和一直被寻求无名他者的苦难的解答所推动的思考的深刻的道德关怀的奇特结合。然而,这个作品提供的——我认为——除了它丰富的然而是消极的经验和个人的吸引力之外,对于现在来说,更多的并且是更积极的东西,我认为这里首先是一个**歧义的辩证法**的思想。

　　"社会批判理论"在它漫长的历史中已经经历了太多的变化,已经被包括在这样一些不同的,并且部分反对性的理论计划中,以至于一个人能否依然给这个术语一个连贯的意义已经成为可疑的。今天,如果存在依然与这个传统相一致并且使它成为可持续的东西,它一定是人们在当代社会现实自身中不得不发现的这样一个普遍观念——并且不是在某个非时间的标准和价值的一些体系中——它自身批判的

原则和基础以及它的超越性的潜能。并且在这方面,"歧义的辩证法"的概念似乎暗示着一个比设想沿着"那些反动力量与进步力量(客观的和主观的)之间的斗争"的计划实现的普通得多的更加富有想象力的方法。本雅明揭露了文化现代性深刻的歧义性,既存在于它的构成方面(最古代和最现代,无意识和有意识的融合,作为一个个体与诸如此类事物之间新类型的共同纽带的原子化),也存在于它的潜在的历史功能方面(愤世嫉俗的 – 辩护的或者倒退的方面和它的乌托邦的、超越方面的统一),尽管这些潜能只能依据和通过文化领域之外的社会实践才能被发现,但是在这个方面本雅明的思想中依然保持着一个暗示的和定向的力量,用它来拯救他的更加具体的历史诊断和希望的坍塌。①

601

---

① 这些总结性评论我部分地受惠于我妻子 Maria Markus 的一些建议,和 David Robert 对于这篇论文的早期版本的批评式观察。我也感谢罗伯茨教授对于我手稿中的有缺陷的英文的校正。

第二十章　阿多诺和大众文化：
自律性的艺术与文化工业的对立

　　直到20世纪50年代末——20世纪60年代的反主流文化之前，完全不同的青年文化兴起之时——研究高雅文化和大众文化之间关系的一般理论几乎都无一例外地对后者明确表达了一种断然否定的态度。在某种意义上，它们延续了对城市流行文化进行谴责的传统，这种传统从一开始就以高雅文化代表的姿态为特点。就这一点而言，从马修·阿诺德(Matthew Arnold)开始，经由艾略特(T. S. Eliot)、奥特加·伊·加塞特(Ortega y Gasset)、利维斯派(the Leavises)和格林伯格(Greenberg)到德怀特·麦克唐纳(Dwight MacDonald)和阿多诺(仅仅提及人们最熟悉的名字)，存在着一种直接的延续性。在这些理论中，高雅文化和大众文化之间的关系表现为普遍人类价值或审美价值与无价值、没用的甚至破坏性的反价值之间的关系。

　　然而，需要强调的是，只有当我们谈及**一般**理论和对当代文化状况作分析时，才会如此。也有少数理论家——瓦尔特·本雅明是突出的代表——提出了一种更加细致入微的积极的评价。因为即使在这一时期，这种谴责性的观点也并不一定代表着对某些大众文化现象更广泛的文化回应。至少还有一些特殊的大众文化形式(或者在当时被认为属于其领域的大众文化形式),高雅艺术各个领域中的一些重要代表人物对这些大众文化形式表现出了积极的兴趣、欣赏甚至是热情。首先就是摄影、电影和爵士乐。

在这一方面,电影的情况可能是最有趣的。艾略特、弗·雷·利维斯(F. R. Leavis)和阿多诺(至少在其早期著作中)将电影谴责为一种通过廉价的情感刺激将观众降低为没有思想的被动者的牟利形式。十分具有讽刺意味的是,在做出这种判断的时候,艾略特和阿多诺都采用了在本质上同样的、明显无效的伪论证,尽管他们在有关文化和社会之间关系的观点上完全对立。关于电影院,艾略特写道①,"思想被过于快速以至于大脑无法反应的持续无意义的音乐和动作所蒙蔽",导致公众"无精打采而无动于衷"。这在本质上和阿多诺的观点②是一样的:发生在电影里的一切被持续地、毫无阻力地投射在屏幕上这一事实使内容变得物化并消除了揭露冲突和矛盾的可能性,因为电影将所有事物都归纳为"较早"和"较晚"的抽象时间关系。

这种观点不仅反对一些早期前卫代表人物的热情——首先是纪尧姆·阿波利奈尔(Guillaume Apollinaire)③的团体和未来派——因为这种新艺术形式的可能性还没有被广泛证明。从 20 世纪 20 年代开始,明确的美学和电影技术理论得到了详尽的阐述,同时还出现了有规律的、精致的电影批评,引起了广泛的文化共鸣和热烈的讨论。毫无疑问,当时一些大电影导演——尤其是谢尔盖·艾森斯坦(Sergei Eisenstein)、伍瑟沃罗德·普多夫金(Vsevolod Pudovkin)和雷内·克莱尔(René Clair)——在这方面发挥了先锋作用。但是,也有

---

① T. S. Eliot, *Selected Prose*, ed. F. Kemmode, London, Faber & Faber, 1975, p. 174. See also F. R. Leavis, *The Common Pursuit*, Harmondsworth, Penguin, 1952.

② T. W. Adorno, *Gesammelte Schriften*(hereafter *GS*), 16 vols, ed. R. Tiedemann, Frankfurt a/M, Suhrkamp, 1970 – 86, vol. 3, p. 310.

③ 纪尧姆·阿波利奈尔是 19 世纪末 20 世纪初法国最杰出的诗人之一,是超现实主义文艺运动的先驱。——译者注

一些知识分子特别关心这些问题——包括德国的贝拉·巴拉兹①（Béla Balázs）、汉斯·里希特（Hans Richter）、齐格弗里德·克拉考尔（Siegfried Kracauer），法国的让·爱普斯坦（Jean Epstein）、谢尔曼·杜拉克（Germaine Dulac）以及美国的雨果·芒斯特伯格（Hugo Munsterberg）——一些主要的美术和艺术史方面的理论家弗里茨·安海姆（Fritz Arnheim）、欧文·潘诺夫斯基（Erwin Panofsky）也对此投以积极的关注。作家和诗人——阿拉贡（Aragon）和罗伯特·德思诺（Robert Desnos）、迭戈·瓦雷里（Diego Valéry）和萨特——亦对电影的体验表达了敬意。当然，一些艺术家和作家积极地参与了——主要是一些实验的或激进的——电影制作：一方面是弗尔南德·莱热（Fernand Léger）和弗朗西斯·皮卡比亚（Francis Picabia）以及曼·雷（Man Ray）和萨尔瓦多·达利（Salvador Dali），另一方面是让·科克托②（Jean Cocteau）和布莱希特。

爵士乐的情况与电影类似，只是在时间上有所延迟。当然，还是存在一些差异，主要是因为电影是一种全新的文化形式，而爵士乐则必须在已经固定下来的、壁垒分明的、与轻音乐严格相对的领域中找到自己的位置。20 世纪 20 年代，文化兴趣主要指向"交响爵士乐"[伊戈尔·斯特拉文斯基（Igor Stravinsky）、达吕斯·米约③（Darius Milhaud）、阿龙·科普兰（Aaron Copland）和乔治·格什温（George Gershwin）]，它自然而然地被认为是高雅艺术的一种（正当或非正当的）形式。以一种更有争议的方式，类似的要求（独特的美国的艺术音乐形式）是为了将爵士乐选集进行交响乐编曲而提出来的，从 20 世纪 20 年代中期开始在音乐厅由专业白人音乐家组成的管弦乐队来演奏。直到 20 世纪 30 年代后期，区别于现在的大乐队摇摆舞音乐，"真正

----

① 也译作贝拉·鲍拉日。——译者注
② 也译作让·谷克多或尚·考克多，法国导演，是现代主义和先锋艺术的代表。——译者注
③ 达吕斯·米约，法国作曲家，犹太人，创作不拘成法，具有多调性的特点。——译者注

的"或"纯粹的"爵士乐才成为特定美学鉴赏的一个主题以及各种艺术表现的主体,比如亨利·马蒂斯(Henri Matisse)和皮特·蒙德里安①(Piet Mondrian)或弗·司各特·菲茨杰拉德②(F. Scott Fitzgerald)和米歇尔·莱里斯(Michel Leiris)。③

显然,这些特殊艺术形式——摄影、电影和爵士乐——引起了广泛的文化共鸣并不是偶然的。因为它们实际上起源于流行的或大众文化形式的文化生产类型,但最终不是分裂为艺术和商业两种类型,就是像爵士乐一样以适当的方式被区分出来,投入高雅艺术的怀抱。这种发展是一个旷日持久的过程,直到20世纪40年代末期和20世纪50年代才完成。(20世纪20年代和20世纪30年代初期的实验性电影与我们今天所熟悉的艺术电影之间几乎没什么共同之处。)

上述文化批判理论家实际上坚决反对这种过程本身——他们通常对这些形式表现出特殊的敌意(正如在电影方面已经表明的,再如阿多诺有关爵士乐的文章也能够得到证明)。这不是固有的保守主义的问题,这源于他们对高雅艺术的特点和功能以及当代文化的一般状况的理解方式。电影通常能够成为真正的艺术这种假设与它们有关的高雅艺术在我们这个时代的命运的前提相矛盾。这是一种对包罗万象的文化(和社会)危机的诊断,这种诊断为它们的美学分析和评价指出了方向,通常包括对大众文化的排斥。

然而,即便是粗略地了解这些理论及其历史也会迫使我们在这一点上面对一种悖论。一方面,在对大众艺术的排斥方面他们之间存在着大量实质的相似性。同时,他们又同样是前卫的,现代主义艺术某些选择性趋势的忠诚支持者,这些趋势总是被他们以类似的方式进行设想:即作为对现代性的一种美学批判。在他们为其否定和肯定的价

606

---

① 荷兰画家,非具象绘画的创始人之一,风格派运动代表。——译者注
② 也译作弗·斯科特·菲茨杰拉德,是美国著名作家、编剧。——译者注
③ See P. Lopes, *The Rise of a Jazz Art World*, Cambridge, Cambridge University Press, 2002.

值判断所提供的特定美学理由中也存在着一致性。他们代表着一种持续的理论传统,在某种意义上,这种传统甚至表现出一种"发展"的特征。对于这种传统的早期人物而言,比如奥特加·伊·加塞特或艾略特,大众文化并不是具体的兴趣对象——在不经意的旁白中,对它的排斥就已经不言而喻。仅仅从20世纪30年代中期开始,才出现更有规模的批判分析,这种批判分析在阿多诺(和霍克海默)的相关著作中达到顶峰,在今天也仍然是理论上对他们所谓的"文化工业"最尖锐、最完整的批判。然而,这种"进步"伴随着另外一种趋势。原本就表现为轻蔑的忽视态度变成了一种更加不顾一切的谴责。最初被认为在美学上没有任何价值的东西,现代性弊病的微小症状之一,逐渐被认为是严重的,不仅是文化,同时还是道德和/或政治的反向价值,在某种程度上,它自己就要对这些弊病负责,或至少显著地促成了它们的存在。

另一方面,鉴于我们涉及的似乎是一种单一的传统,与这些共同点同时存在的却是在涉及本质意义时出现的极端差异性。这些理论家本质上都在研究有关现代性艺术和文化的使命及其在当代社会中的实际状况和潜在作用的问题。他们甚至在这一方面具有共同的基础:一种针对商品化社会和工业、商业利益至上的否定批判态度。然而,他们阐明这种否定态度的原因不仅是多种多样的,而且在一些典型的例子中甚至是截然相反的。奥特加·伊·加塞特和艾略特是自觉的"精英"。他们坚信,只有能够为(具有价值基础或阶级基础的)精英提供制度保障的具有等级秩序的社会才在文化意义上(并最终在社会意义上)是健康的、可行的。大众化,即大众对全部社会权力的获得,是当前所有异化现象的根本原因,正如奥特加·伊·加塞特在其最有影响力的著作开头几行所宣称的那样,"顾名思义,大众既不该也不能指导他们自己的个人存在,更不用说社会了"(1932:11)①。另一

---

① J. Ortega y Gasset, *The Revolt of the Masses*, London, Allen & Unwin,1932,p. 11.

方面,麦克唐纳和阿多诺的实际政治立场最终来源于马克思主义对资本主义的批判,并以自由个体组成的无阶级社会这一社会主义理想为方向。前者拒斥大众文化是因为他们认为大众将幼稚和粗俗的价值观整平性地强加给整个社会体系,将精神活动降低到基础物质利益的水平。后者谴责大众文化把统治制度的价值有意识地强加给受剥削、受支配的大众,剥夺了他们解放性反抗的可能。然而,无论更深层次的动机和理由是多么的不同,抨击的目标及其在某些方面的特性化都是相同的。对立方的这种矛盾性的一致,即部分是真正的,部分是文化定位表面上的同一性,与直接对立的社会政治观点有关并受其驱动,这种右翼和左翼的碰撞性的合谋在根本上是共同命运的结果:两种对立的激进政治形式被迫撤退到文化领域。

尽管文化批判的保守思潮肯定具有自己随后的和现在的继承者[艾伦·布鲁姆(Alan Bloom)或保罗·约翰逊(Paul Johnson)],但正是阿多诺的文章要么作为批判的对象要么作为思想来源,对后来的讨论施加了并将继续施加最持久的影响。这是可以理解并当之无愧的。在这些理论分析批评的敏锐性、深度和广度上,它们在这个复杂的传统中都是独一无二的。因此,对于他的观点需要更密切的关注和更详细、内在的检验。

首先,阿多诺批判的目标①不仅仅是大众文化,就其通常被理解的意义而言,而是"文化工业"(尽管他经常将这两个词作为同义词使用)。文化工业当然包括所有被称为"大众文化"(他经常将其称为"娱乐产业")的那些东西,但是它不能被简化为这个词,哪怕是最广义的共同理解。他将其范围扩展为传统高雅文化作品(在音乐会、剧院、广播和唱片中)的当代表现和接受。在音乐方面,这一观点非常清

---

①　这种图式分析首先基于阿多诺早期的著作。(他从来没有从根本上改变过他的观点,但是从20世纪50年代和60年代开始的文章引入了一些不重要的修改和限定性条件。)在这些著作中,最重要和最有影响力的当然是与霍克海默合著的《启蒙辩证法》中有关文化工业的章节。我将这一章节当作阿多诺的著作。但是,这仅仅是为了方便。我绝没有任何企图否定或因此预断霍克海默对文章贡献的意思。

楚,对他来说,这不仅属于其特定的兴趣对象和能力范围,还是卓越的资产阶级艺术,即资产阶级"最独特的艺术媒介"。① 正如他在为之努力 30 多年的有关音乐再生产的未完成的计划的注释中所述,"对传统音乐的**整个**官方解释,只针对外表,不仅仅失去了最内在的东西,成为文化工业的碎片,更是明显**虚假的**"②。这绝不是夸张。早在 1938 年的论文《论音乐的拜物特性和听力的退化》(*On the Fetish Character of Music and Regression of Listening*)中,他就已经详细阐述了这种观点的论据。在当代的物化条件下,对经典音乐社会典型的及"正常"的认知和理解表明了所有基本的态度,这种态度表现了普通听众与"轻"音乐之间关系的特点:心不在焉无法集中,将整体分解为孤立的气候性的碎片和感受、关注集中在声音感觉重要性和表演技术完美性上,等等。③ 音乐表演想要获得成功的话,就必须使自己适应听众的这些倾向。通过这种方式,"经典"音乐爱好者和"轻"音乐发烧友之间在美学上的相应区别就被消除了:聆听商品(*Waren-Hören*),聆听商品音乐,不过是一种文化"商品"的安慰性的**消费**,成为每个人的命运——除了孤立的、忍受批评的少数理智的局外者。

出于同样的原因,文化工业概念还包括第三个层次:通常被认为是现代"高雅"/"严肃"艺术真正典范的绝大多数作品。在《启蒙辩证法》中,阿多诺明确地提到欧内斯特·海明威和阿尔弗雷德·德布林(Alfred Döblin),将他们作为文化工业的代表人物。在其他地方,他一般指的是新艺术(*Jugendstil*),具体到奥斯卡·王尔德(Oscar Wilde)、加布里埃莱·邓南遮④(Gabriele D'Annunzio)和莫里斯·梅特林克(Maurice Maeterlinck),将他们视为大众文化的"开端"。然而,同样在音乐方面,他更为具体地发展了这种思想。他将文化工业的出现追溯

---

① *GS*, vol. 12, p. 32.
② T. W. Adorno, *Nachgelassene Schriften*, Abteilung I, Bd 2, Frankfurt a/M, Suhrkamp, 2001, p. 120.
③ *GS*, vol. 14, pp. 21-23, 27-32.
④ 也译作加百列·邓南遮,意大利著名诗人、小说家、剧作家。——译者注

到19世纪中叶,追溯到审美现代主义开端时期理查德·瓦格纳(Richard Wagner)这一有重大影响的人物及其同为进步和倒退趋势的源头:

> 将歌剧交付给艺术家的自主性主权与文化工业的出现缠结在一起。青年尼采的热情使其错误地认可未来的音乐:在其中,我们见证电影从音乐精神中诞生……对于大众文化仅仅是从外部被强加在艺术之上的这一假设最好的反驳就是:由于它自身的解放,艺术被转变成它的对立面。①

对于瓦格纳的作曲技巧进行的详细分析以及他在《总体艺术》(Gesamtkunstwerk)中的思想证明了这种一般性陈述。② 很明显,阿多诺虽然不打算重建大众文化的历史起源,但他零散的言论却揭示了19世纪晚期到20世纪初期艺术音乐发展的一条不间断的脉络,其特征表现为内在的商品化,产生了一整套可以被套用、在技术上强化并置换到其他大众文化种类和流派上的形式手段和策略。柴可夫斯基(Tchaikovsky)和拉赫曼尼诺夫(Rachmaninov)、西贝柳斯(Sibelius)、德沃夏克(Dvořák)和埃尔加(Elgar)、古诺(Gounod)和普契尼(Puccini)、瑞格尔(Reger)和理查德·施特劳斯(Richard Strauss)——他们都是阿多诺所说的非常成功的"低劣的"演唱会音乐和歌剧的例子。他们保留古典音乐形式的空壳(比如声调系统和奏鸣曲形式),但却取消了其内部一致性以及"发展中变化"的原则,对音乐时间的塑造,用一连串静态重复的精确计算的效果来代替。③

所有这些断断续续但又十分一致的历史迹象与阿多诺文化理论的某些基本的假设联系在一起。他没有注意到后期的流行与大众文化之间的联系不仅仅是他对此缺乏兴趣或无知这么简单。早在1932年《社会研究学刊》(Zeitschrift für Sozialforschung)的第一篇文章中,阿

610

---

① GS, vol. 13, pp. 102-103.

② See A. Huyssen, *After the Great Divide: Modernism, Mass Culture, Postmodernism*, Bloomington, Indiana University Press, 1986; G. Markus, "Adorno's Wagner", *Thesis Eleven*, 56 (1999), pp. 25-56.

③ GS, vol. 16, pp. 288-289.

多诺就主张"轻音乐"可以而且必须只从其消费的角度进行分析,因为作为音乐生产的一种形式,它没有提供任何供大家思考的东西:"通俗音乐……没有发展出一种自律性的技巧,作为商品,它只是为了能够快速调整以适应消费需要。"① 大众文化通常从衰退的"高雅"艺术中借鉴所有技术形式上的表现方法,自身经过商业化后成为文化工业的不可或缺的一部分。

因此,经常提到的反对阿多诺"精英主义"的指责完全是空穴来风,至少在这个词的通常意义上就是如此。自封为文化精英的用以与大众文化进行对比的东西——那些可以找到的"经典"的保留剧目和面向"有辨识能力的"观众的多数相对近期的艺术作品——对他来说,所有这些都不过是构成文化工业的某个特殊分支或层面,其力量在于其区分、划分和组织消费者的消费能力。"某种东西被提供给每一个人,没有人可以逃脱;区别被强调和放大。通过提供大规模生产、质量参差不齐的产品来迎合公众,进而提出了完全量化的规则。"② 正如他反复强调的,在当代"被彻底管制"的世界中,"低层"和"高雅"之间的传统分界仅仅是一种意识形态。"严肃和轻松、低层艺术和高雅艺术、自律性艺术和娱乐之间的旧有对立无法再用来表述这种现象。作为填充闲暇时间的手段,所有艺术都变成了娱乐,以至于现在传统自律性艺术的材料和形式也都被整合到'文化商品'之中。"③

阿多诺用甚至不是前卫的深奥艺术来与这种极大扩展的文化工业概念相对比,他对于这种前卫艺术的大多数潮流都没有兴趣甚至怀有敌意。只有少数"真正"艺术的孤独的代表才站在了文化工业的对立面:文学方面的马塞尔·普鲁斯特和詹姆斯·乔伊斯、卡夫卡(Kafka)和塞缪尔·贝克特(Samue Beckett),绘画方面的瓦西里·康定斯基(Wassily Kandinsky)和保罗·克利(Paul Klee),以及无疑最主要的

① *GS*, vol. 18, p. 769.
② *GS*, vol. 3, p. 123.
③ *GS*, vol. 15, p. 11.

音乐方面的阿诺德·勋伯格（Arnold Schönberg）和第二维也纳学派。通常甚至还会受到一些信徒的误解，他们代表艺术发展的线索，仍然在履行艺术的使命：披露这个世界的真相，作品在完全孤立的情况下通过否定而属于这一领域。他们在美学上表现了那些看似无所不能的主体完全的异化和物化状态，这些主体违背了自身活动领域承袭的全部习俗，将自己的理性支配强加于这种活动历史传递的物质之上——迷失并屈从于自身制度非人性、非个体化的理性。这种成功同样需要付出高昂的艺术代价——不仅仅是拒绝交流，也不需要任何稳定的对其支持的受众，而且还要分解美学价值和界定自律性艺术的范畴，进而分离表现方式和意义。这些作品实现了艺术的去艺术化（En-tkunstung）①，它们是艺术终结之后真正的艺术作品，本身不会终结，并将继续发展。

　　虽然阿多诺由此将文化工业的多重特性，即它能够使其产品有能力适合各种文化消费群体被精心研究过的倾向和期望，视为掌控它们的控制权的重要组成部分，但同时他还斩钉截铁地认为："在垄断之下，所有的大众文化都是同一的。"②（出自对同一性思想坚决批判者的一段非常惊人的陈述。）因为通过这种方式得到满足的"品味"的异质性仅仅是一种表面现象，隐藏了主体态度潜在的同质性，即作为一种有意识的**心理技术学**（psychotechnology）的文化工业产品结构特点的一种效果。"音乐的自律性仅仅被这样一种社会心理功能所取代。"③毫无疑问，正如对其进行批判的那些人强调的那样，阿多诺对这些特点的描述是极其抽象和笼统的。他给出的观点也并不一定是新颖的。使他的评论特别有力量的是，他将这些观点组合成一种持续实践的连贯的**统一形式**（Gestalt），由此其功能性的、体系性的理性得

612

---

　　①　此词语不宜翻译。经常在英语中使用的"去审美化"十分具有误导性，因为对于阿多诺来说，艺术是比审美狭义的一个概念。

　　②　*GS*, vol. 3, pp. 141-142.

　　③　T. W. Adorno and G. Simpson, "On Popular Music", *Studies in Philosophy and Social Science*, 9(1941), p. 39.

以揭示。

文化工业的所有产品最重要的特征首先是艺术作品内在一致性和连贯性的解体。它仅仅被分裂成一系列重复出现的效果,即感觉或情绪上的兴奋,只是与最老套的模式相联系。但是重复不仅是个别产品的特点;整个文化工业也表现出对同一标准化的、通用类型的重复(从侦探小说到流行歌曲)。当然,在现代性的条件下,每个作品都必须表现得新颖、独创,但这是一种伪个性化,仅仅是历经考验的、人们所熟悉的原型的表面变化。由此,每一个此类作品以及文化工业本身在其过程的总体性中只是制造了一种停滞,按照本雅明的表述:换汤不换药。在其消费者方面,这种"幼稚的强制重复"[1]本身就是文化工业的一种结构效应,因为其产品仅仅承诺交付一种纯粹愉悦(pleasure)的状态,至少是瞬时的极乐。好莱坞的电影产业也仅仅宣称自己是一个"梦工厂"。此类作品既不提供反思性审美也不提供(正如前工业流行文化的一些作品仍然提供的)直接的身体满足。它们仅仅是暂时的消遣,所持续的时间就是消费所持续的时间。它们只能被重复,因为它们不留下任何可以回味或铭记的东西,然后就会消失。

但是,阿多诺首先关注的是文化工业的**功能**,这也构成了其理论最有影响力和争议的方面。针对大众文化的自由拥护者和保守派批评家,他们以大众文化只是满足作为消费者的大众的欲望为基础而对大众文化进行辩护或排斥,阿多诺主张,"表面上和实际上支持文化工业体系的公众意向是这种体系的一部分,不是它的借口"[2]。他的分析在两个层面上展开。通常,所有工作活动令人心烦的、呆板的特性以及当代资本主义社会中所有个体关乎存在的不安全感剥夺了他们获得真正休闲的能力。"晚期资本主义下的娱乐是劳动的延伸……所有的娱乐都面临这种无可救药的弊病。愉悦成为令人厌倦的东西,因为,为了保持愉悦,它不应该要求任何努力,因而严格地遵循着联合体

---

①   *GS*, vol. 3, p. 305.

②   *GS*, vol. 3, pp. 142-143.

的陈旧惯例。"①

然而,文化工业不仅仅利用了由个体客观处境所导致的这种无力。它本身还创造了一种限定并培养个体被动性的心理结构。它创造的需要恰恰就是它承诺满足的需要。总之,在阿多诺的理解中,"有组织的"资本主义的稳定性是以下面的这个事实为基础的,即在很大程度上支撑着这一制度的需要就是它本身的产物。但是,物质需要仍然与人类的自然基础保持着某种联系。然而,与充分发达的文化工业相关的需要完全是人造的和"被操纵的":它在其无须努力、无须思考、"纯粹"娱乐的虚幻承诺中创造了它要去满足的需要,以这种方式使自己永久存在。

这肯定确保了一个自我再生体系的"合理性"。但是,就个体角度而言,这个正在进行的过程是完全不合理的。他们为什么不能识别出 614 这种不合理并主动抗拒它呢? 阿多诺表明文化工业实际上所传递的东西,指出文化工业产生并实际上由其满足的是一种不合理、病态特性的潜意识需要,由此回答了这个问题。

这种大众文化碎片的、刻板而重复的产品实际上预先设计了它们的接受方式,将其转变成一种"反应机制体系"。② 然而,这样的话,作为心理技术的文化工业就比仅仅是自身的永久存在具有了更深远的影响。它将简化的和同质化的现实感知模式强加给个体,与其说是通过它经常传达的变相伪装的意识形态信息来强加给个人 ,还不如说是通过它的破坏性影响来强加给个人:自发想象和反思能力的系统性衰退,艺术已经在文明的条件下有规律地为它的发展和运用提供了豁免地带。"在大众文化方面,物化不是一种隐喻。"③眼前世界诠释的这些扭曲的、简化的图式——就像马克思的拜物教——实用上是成功的。一般而言,它们确保了个体对体系功能性要求的适应,个人在这

---

① *GS*,vol.3, pp.159-160.

② Adorno and Simpson,"On Popular Music",p.22.

③ *GS*,vol.3, p.334.

个体系中仅仅是一次性处理并且始终可更换的元件。损害主体的自发性经验（*Erfahrung*）的能力并致命性地削弱处于不断焦虑状态中的自我，这是晚期资本主义每个人的命运（正如"虚拟失业"），与此同时，文化工业还为这种损失提供了退化的 - 病态的补偿。在潜意识层面，通过把判断和实施方式上综合式生产的、共享的陈规旧习作为自己的依托，它将自我驱动能量转向替代性的对匿名集体的认同。（由此，在适当的社会和政治条件下，它特别有利于"权威主义个性"这种心理类型的出现。）"这种体系为那些被剥夺了判断和体验的连续性的人们提供了应对现实的模式。他们当然无法把握现实，但是却为无法 615 理解的事物而产生的焦虑做出了补偿。"①文化工业实质上加剧了它为其提供缓和剂的那种不安，以这种方式使自身和体系永久存在，文化工业是这个体系的必要组成部分。

对阿多诺来说，拜物教由此占据了主体心理家园的最深层面。他经常将其心理影响描述为个体蓄意的**病态化**（pathologisation），尽管他对这种方式诱发的精神病态的特点相当模糊。②当他将其描述为社会强加给主体的**稚化**（infantilisation）时，他可能是最有说服力的。将所有自发性排除在外的、被强加在个体活动之上的过度理性化的要求，伴随着对自身状况永久存在的不安全感，对精神施加一种刚性的、不间断的、适应性的压力，这种压力只能与孩童在他们初步社会化过程中所遭遇的经历相比。文化工业通过将"内在导向"行为替换成对社会信号的标准化反应来缓解这种紧张。通过把生活组织成"一场持续的成年礼"，它能够"欺骗那些被延长童年的成年人，这让他们做好准备以便使他们能够以更成熟的方式行事"。③ 因此，文化工业在很大程度上接管了个体社会化的功能，用现实解释和行为的共同模式在其

---

① *GS*, vol. 8, pp. 116-117.

② 他在不同的场合谈到了神经衰弱症、偏执狂、精神分裂症、受虐狂和自恋（see *GS*, vol. 3, pp. 115-117; vol. 14, pp. 26 and 45; vol. 17, pp. 98-99 etc.）。

③ *GS*, vol. 3, pp. 176 and 300.

心理构成的各个层面对他们进行灌输,进而使他们不再反抗这个无所不包的非个人化统治制度所需要功能的执行者。这就是"社会水泥","在今天仍然使商品社会紧密结合的胶水,尽管在经济方面它一直受到谴责"。[1] 因为"出于某种原因会反抗中央控制的需要已经被对个体意识的控制所抑制"[2]。

这就是致命的,由操控和反作用需要组成的看似无懈可击的循环,要想打破这种循环人们只能求助于不可预见的历史开放性。通过揭露这个绝对物化体系的所有非人的消极性,真正的艺术和哲学才能让希望之树常青。

616

> 人们的支配欲望与生俱来。他们不需要受到"影响",作为自由主义者,他们倾向于认同他们关于市场的理念。在制度的强迫下,大众文化只是使他们再次陷入他们已经处于其中的环境——它控制着差距,在实践中额外引入其作为公共道德的官方副本,为人们提供模仿的范例……非人化没有来自外界的力量,没有任何形式的宣传,没有被排除在文化之外。这实际上是体系中被压迫者的内在固有性,他们曾因其贫困而被排除在这一体系之外,而今他们的贫困在于他们无法摆脱该体系这一事实。[3]

正如它所揭露的那样,这种论证是(故意)在绕圈子。它是个体的客观处境,他们集体的决定取决于该体系的逻辑,这种体系的逻辑完全破坏了他们的自发性并由此把所谓的主体变成文化工业被动的和柔顺的客体。但是,恰恰是后者不可避免地巩固了个体总体上的包容和整合性,使这一体系能够"深入人心"。因为它通过他们不加反思的伪行动来鼓励其消费者完成那些认同,即由非个人化统治的客观逻辑所要求的认同,使其变得无法摆脱。文化工业是维持该体系保持完

---

[1] *GS*, vol. 14, p. 25.

[2] *GS*, vol. 3, p. 142.

[3] *GS*, vol. 8, pp. 390-391.

整、封闭、无法撼动的胶水,这是由于文化工业使个体以一种无法反抗的方式处于其自身的想象之中,因为这个体系早已将所有批判性的反抗以及其他资源清理干净了。这种论证就是一种循环论证,使它在原则上无可辩驳。但是,它在理论上的恶意仅仅是在模仿它所揭露的这个体系的现实恶意。

无论人们对这种复杂分析在逻辑上或实质上持何种反对意见,它无疑是理论上的杰作(*tour de force*),能够相对缓和批评家对它的异议。然而,根据阿多诺自己的立场,这种分析似乎并不完全令人满意,也不够充分,可能是因为在这一概念的扩展范围内,这种解释无法适用于**整个**文化工业。把托斯卡尼尼(Toscanini)指挥的贝多芬第五交响曲的演奏视为实际上有助于保持社会体系稳固的“水泥”,无论在心理学还是在社会学上似乎根本没有什么意义。作为消费者心理技术上的病态化和稚化的文化工业,无论对错,对于大众文化,在其通常的、更为狭义的理解上,都是具有意义的——然而,在阿多诺对概念的扩展方面,很明显,是不充分的。尽管如此,后者并不是阿多诺理论的边缘部分。它是《启蒙辩证法》中核心的理论尝试,目的是撕下拜物教的、“肯定的”文化概念的假面具,这是对失败的启蒙进行(自我)批判计划的主要部分和重要内容。

不管怎样,由于这种或那种原因,在关于文化工业的章节的后半部分,阿多诺突然改变了方向,大幅度减少了同先前分析的联系。他回到了他讨论的起点:在晚期资本主义中,一切文化作品都属于商品,都是具有使用价值和交换价值的双重决定性的人类产物。但是,在现代性中,以各种方式近似或冒充艺术作品的所有东西,都不能具有任何实用功能,因为自律性的艺术被假定为本质上和本身就是具有价值的。因此,只要所谓的艺术作品变成了文化“商品”,变成它们使用价值本身的恰恰是它们的交换价值(表现在它们的相对价格中),也就是它们能够满足某种社会承认的、明文规定的需要的能力。只有那些从根本上抵制商品化,即不需要任何社会承认的观众的那些独立的作

617

品,才能摆脱这种命运。

只要对艺术的稳定价格的需求变成总体性的需求,在文化商品的内部经济结构中就会出现一种转变。因为,人们在对抗性社会中希望从艺术作品中获得的用途恰恰是无用性的存在,但是,现在由于被使用过程中的总体的包容,这一点已被完全消除了。只要艺术作品把自身完全等同于需要,它就已经骗取了人们从效用原则中解放出来的机会,而这本来应该是它提供的。在接受文化产品时,交换价值取代了人们所谓的使用价值;亲身经历和完全了解取代了享受,追求声望的人取代了鉴赏家。消费者变成文化工业的意识形态,无法摆脱文化工业的制度……某种事物具有价值不是因为它自身,而是因为它能够被交换。艺术的使用价值,即它存在的模式,被视为一种拜物;而这种拜物,它的社会等级 —— 被误认为艺术地位 —— 变成它独有的使用价值,即人们实际享受到的品质。①

618

阿多诺在 1938 年就已经阐述了对文化工业的这种"经济学演绎"②。

因为商品总是由交换价值和使用价值构成,所以现在纯粹的使用价值,即必须由文化商品所保留其使用价值的幻想在一个彻底的资本主义社会中,正在被纯粹的交换价值所取代,就像交换价值欺骗性地接管使用价值的功能一样。音乐特殊的拜物特性是通过这种等价物形成的:目的在于交换价值的影响造成了这种即时性的出现,它同时因为与对象的无关性而被否认。后者以交换价值的抽象性为基础。所有衍生的"心理的",所有的虚假满足[替代性满足(Ersatzbefriedi-

---

① *GS*, vol. 3, pp. 181-182.
② *GS*, vol. 7, p. 331.

gung)]都以这种社会替代物为基础。①

阿多诺确实将这种分析视为马克思商品理论的一种发展,视为它在晚期资本主义文化领域中的应用。但是,事实上,这只是把文化消费的**声望理论**翻译成了一般化的经济学术语(以十分令人质疑的方式被使用)。在我们更为熟悉的一个术语中,阿多诺[在某些方面预示了布尔迪厄(Bourdieu)]将文化工业形形色色的商品消费均视为是对被简化为经济"基础"的社会差别的肯定和维护。"消费者其实是在崇拜他自己为了买托斯卡尼尼的门票所付出的金钱。他从字面上'取得'了被他物化的和接受为一种客观标准的成功,却并没有在其中认识到自身。但是,他并不是因为喜欢这场音乐会而'取得'成功,而是因为他买了门票。"而且:"仅仅作为商品符号从伟大音乐中保留下来的文雅明显具有阶级意义。它服务于把昂贵文化商品的消费者从悲惨的破产平民中清楚地区分出来的目的。"②

正如这些引文所表明的,阿多诺准备用这种说明来解释其文化工业概念中更为"复杂"的层面。问题是它无法只限制在这些层面之中。恰恰是这种说明所具有的特性使它变得不可能,因为它的前提与事物的完全普遍状态相关:资本主义社会中所有文化商品的商品特性。同样重要的是,以所有文化消费者态度的同质性和同一性这一假设为基础,不管他们所选择的产品被通常认为是"严肃"艺术的典范还是大众艺术,此举将破坏文化工业的这种理念。因此,阿多诺必须将这种分析的范围扩展到这一概念的全部领域。然而,这种"经济学演绎"现在采取了一种假设的方式,假设一种外部强加的、社会强制的高压政治使每个人在他们消费行为的整个范围内"自发地"顺从其社会地位和功能预先建立的等级。(这一点是阿多诺得出关于文化工业和法西斯主义之间深切关系这一最终结论的基础。)"每个人都必须,好像是自发地,按照事先就根据适当的标准所确定下来的自己的等级行事,并

---

① *GS*, vol. 14, pp. 24-25.
② *GS*, vol. 14, pp. 24-25.

设法获得为他这类人特意炮制的那类大众产品。"①

  资产阶级娱乐的旧口号:"你一定要看看",这曾经是市场的无害的欺骗,现在,当娱乐和市场已被取消时,其变成了一个极其严肃的问题。此前,想象的制裁在于个人无法参与交谈这一事实,今天则在于,如果个人不能以正确的方式交谈,即不能毫不费力地再现似乎是他自己对大众文化的规则、传统和判断,那么他的存在就会受到威胁。那样,这个人就会被怀疑是个傻瓜或是个知识分子。②

  仅仅是为了简明扼要,请允许我称其为文化消费的"地位强制"(status compulsion)理论。

  然而,这样一来,在"社会心理"方法和"地位强制"方法之间就出现了一种明显的矛盾,它们的并置构成了阿多诺对文化工业完整的批判理论。毫无疑问,它们确实共享一些基本的前提:现代个体与他们自身活动所创造的所有产品之间物化的和拜物教的关系。但是,在应用于文化工业对象时,具体化这一前提的两种方法却是完全不相容的。第一种方法坚持认为,这些对象履行了一种不可或缺的社会功能,原因在于它们能够对个体的心理家园产生影响,因为这些对象恰恰补偿了自己在一定程度上对主体性产生的削弱。第二种方法认为,这些产品的性质是完全偶然的和暂时的,因为它们不论与消费者的真实需求还是虚假需求都是无关的。人们只是被强加了匿名的、外部的压力,他们必须遵循这些压力以保证他们的(总是不安稳的)生存。不仅如此,阿多诺确实是一位真正不同凡响的思想家,因为在其矛盾性上他极其一致,所以他以最激进的方式在某些方面得出了后一种结论。

  如果大部分广播电台和电影院被关闭,消费者并不会失去太多。不管怎样,从街头走进电影院不再意味着进入梦想

---

① *GS*, vol. 3, p. 144.
② *GS*, vol. 3, pp. 330-331.

世界,并且如果单是这些机构的存在不再能使它们的用途必不可少,那么针对它们的使用需求就不会这么迫切。这种终结不是一种反动的机械破坏。不是那些感到被剥夺的狂热者,而是那些落后者、那些永久失败者。对于家庭主妇而言,电影院的黑暗保证了——尽管电影会进一步加剧她的一体化——一个使她能够独自坐在那里三两个小时而不被打扰的避难所,就像她在有家人的时候仍然经常望向窗外和在晚上休息一样。①

由于能够深入其主体最深的心理层面而保证体系协调一致的这种胶水,同时在心理上却是多余的,对这些主体没有任何真正内在的影响。理论结论中这一相当尖锐的矛盾需要进一步考察其建构性的原则和分析方法。

621　　阿多诺的整个分析是以真正的艺术和文化工业之间的二分式的对比为基础的,这撕裂的两个部分无法综合成一个整体。但是,至少根据阿多诺分析中最基本的一个方面来看,可能有人会认为,这种经常被引用的、对我们文化处境的失范所作的简要描述只是说明一种简单的、逻辑上的不可能性。这两者无法以任何形式合成一个整体是因为这两个概念(以及它们所指定的东西)是绝对不可相容的。"真正的艺术"是一个关于此类作品内在特性的规范性的美学概念。另一方面,如果人们重视其"地位强制"分析的话,"文化工业"就是一个描述性的社会学概念,这一概念确定了由其对象履行的、在本质上独立于其内在特性的、特定的社会功能,因为这种功能很明显地以其"与对象的无关性"为特征。当然,一定有一些历史依据能够说明它是一类特殊的作品,这些作品对于特定社会阶层的成员来说,发挥着对他们的社会地位进行强制的,但看起来似乎是自发的再确认的功能。然而,这类对象在作为"区分"标志的功能方面,却是不相关的。如果是这样

① *GS*, vol. 3, p. 161.

的话,那么阿多诺对文化工业的批判违背了一个背景,即有时候清楚但总是含蓄地存在的、与真正的现代艺术作品作比较这一背景,这是一个严重的不一致的问题,甚至是一种范畴错误。① 他似乎使用了前一种无关的且最终无意义的标准。当然,在分析其他同样很好地、无疑更经常地服务于地位区分(比如人们开什么车)这一目的的那些对象时,他不会进行这种比较——这种比较很明显是无意义的。因为文化工业的产品以"艺术"的身份出现并不是偶然的,不管人们认为它有多么的"低劣"。考虑到他对这一概念的范围的扩展,的确特别需要这样一种对比。所谓严肃艺术"低劣的"、商业化的形式不会无缘无故偶然间才与真正艺术的发展发生关系。只有与始于瓦格纳,经勃拉姆斯 622 和马勒到勋伯格的发展线索进行美学比较时,从瓦格纳到施特劳斯、普契尼或格什温的道路才有意义。给予这个扩展概念合理地位的文化工业的"地位强制"理论,如此一来似乎依赖的是和它相抵触的东西,即在表面上似乎只适用于狭义的大众艺术的"心理学"概念阐释。

因为作为阿多诺分析的起点,这种"心理学"概念阐释实际上把在下一阶段的讨论中将被认为是不相关的东西统一了起来("地位强制"阐释):在真正的艺术和大众艺术之间假定的二分法中,美学特性对社会特性。由此它使对立的两极合理地相容在一起。当然,现代艺术作品的真实性只能通过它内在的美学分析来证明。但是,这样一种分析得出的基本结论是对此类作品真理性内容的揭露,它说明了它们与社会现实之间内在的尽管是否定性的关系,它们在其激进的自律性中使自身保持距离并脱离这种社会现实。在对音乐素材进行总体理性的组织的过程中来证明十二音体系音乐的美学原则,同时把它的特征描述为艺术进步唯一的实现过程。因为只有按照这种方式,它才能把"现实的不一致的图景"表现为"总体压抑"的②,即一个绝对物化的

---

① See U. W. Hohendahl, *Prismatic Thought*; *Theodor W. Adorno*, Lincoln, NE, Nebraska University Press, 1995, p. 140.

② *GS*, vol. 12, p. 109.

世界,一个完全被管制的社会。

另一方面,与之相对的大众文化分析,从根本上关注于揭示其作为"胶水"强化这种社会总体性天衣无缝的社会心理功能,这种分析则是由先前的那些把所有产品变得同一的"美学"特性的(非常简略和表面化的)论据来证明的。这种分析的两个组成部分都提出了一些正当的问题,毫无疑问,它们也是有问题的。当然,我们在这里只能处理与描述文化工业特性相关的一些问题。

一切同样可以适用于文化工业所有产品的那些关键的"美学－形式上的"特点,自然都是否定的－剥夺的(negative-privative)——包括消除创造某种真正全新的、原创的和个人的东西的可能性;由此类产品伪个性化勉强伪装的重复和标准化的压迫;作品的碎片化,对其内在一致性的摧毁,向一系列千篇一律循环效果的转变;由此导致的意义的丧失和总是被延迟的意义(甚至感官－情感的)满足,以这种方式达到刺激重复的目的;进而是停滞,一成不变的东西反复出现,时间的冻结,对任何技术导向的内在发展的排斥;以及通过以上所有种种,既表达又实现了主体性的瓦解,个体自律性的所有痕迹消失殆尽。

这里要提出的问题不仅是这些极其彻底的否定特性描述是否适当的问题。我们首先想要询问的是这样一个基本问题:所有这些否定性是对什么的否定? 问题一经提出,答案便一目了然:它们是对"经典的"、有机的艺术作品的基本特性的否定,也就是作为动态的整体,表现和结构的统一,这种艺术作品辩证地调和了客体与主体的对立,在这种艺术作品的平静所预示的乌托邦式的"应许的幸福"中调和了非个人的理性与自由个体性之间的对立。但是——我们的问题看来确实在此揭开了一个真正的困难——伟大的、有机的传统作品的时代已经一去不复返。这一时代的结束是因为历史本身已经从客观上将它们的乌托邦的承诺转变成今天虚假的幻想,因为实现它的时机(如果曾经出现过的话)已经错过了。因此,我们这个时代真正的艺术作品也必须否定这些特征。事实上,阿多诺不仅将文化工业产品的否定特

623

征追溯到瓦格纳,他还揭示了勋伯格这位晚期艺术现代性的代表人物中期作品中所同样具有的这一特性。

第二维也纳学派(Second Vienna School)的十二音调技法清除了特定作品内部和作品之间实现根本艺术创新的可能性。

> 技法不可避免的封闭性预设了一种虚假的限制。所有超越它的东西、每一个在结构上崭新的东西……已经被确定的各种技法所禁止……只要十二音调技法将变化的原则提升到总体层面,即绝对性,那么它——在概念的一种最终转变中——就已经消除了这种原则。一旦它成为总体的,音乐超越的可能性马上就消失了。一旦所有的东西在同一程度上被吸收到变化之中,就没有任何"主题"会落在后面,同时,所有音乐的外在表现便将自身界定为一排排无须任何差异的序列。在变化的整体中,没有什么东西会再发生变化。①

对重复的明确排斥却使整部音乐变得重复——作为一系列非连续的变化,它破坏了所有音乐的动力,转而变成静态的并将时间凝结为空间。这种碎片化把音乐所有直接可感的意义都消耗殆尽。"消除艺术作品中的虚幻特征是由其自身的一致性所要求的。但是,消除的过程 ——整体意义所要求的——使整体变得没有意义。"②音乐艺术作品变成"巨大的空虚"(yawning emptiness)。③ 它就这样放弃了提供审美愉悦的可能性,否认了自身的自由、自律性、曾经提供的平静。完全理性的控制,在与自然和历史预先赋予的音乐材料之间获得解放的主体所拥有的完全的自由,导致主体对于技术客观理性的完全服从,而这种技术与主观的意图与意义完全不再有关系。完全自由的结果竟然是第二性的"流线型"命运的完全确定。④

624

---

① *GS*, vol. 12 , p. 99.
② *GS*, vol. 12 , p. 71.
③ *GS*, vol. 12 , p. 96.
④ *GS*, vol. 12 , pp. 67-71.

阿多诺自己在很多方面注意到了音乐大众文化和真正艺术之间存在着意义深远的相似之处。"大众音乐对人们行使的权利存在于它的社会对立面之中,存在于那些远离人们的音乐之中。"①"勋伯格晚期作品和爵士乐——以及伊戈尔·斯特拉文斯基的作品——都具有与音乐时代相分离的特性。音乐展现了一幅世界构造的图景——不论好坏与否——都不再承认历史。"②

但是,就勋伯格的十二音体系作品和十二音调技法而言,这些类似之处却在一个重要的方面被打破了。因为其彻底理性化结构鲜明地对立于大众音乐产品所体现出来的无关的表现部分(唤起规范化的情绪),即只与琐碎模式相联系的那些部分。这恰恰是根本上为真正的艺术音乐作品赋予审美和人文意义的东西。因为正是使它们内在地成为一种反映对象的(对于少数仍然能够从事它的人来说)组织上的绝对的理性,必然会揭示其中的真相:一语道破了非人性、异化和物化的特征,工具理性世界最终的非理性,这是我们身处其中的世界,也是这些作品以其激进的自律性似乎已完全远离的世界。

但是,从阿多诺后来对战后音乐发展的反思来看,连这种对立也消失了。20 世纪 50 年代和 60 年代的十二音阶[布莱(Boulez)、斯托克豪森(Stockhausen)]使十二音调作曲的理性化趋势越发激进,使其扩展超越了与节奏、韵律和音色之间的音高关系,与此同时,凯奇(Cage)的即兴音乐以自由的名义拒绝了超越机会原则的、构造组织的理念。这两种趋势代表了一个根本统一体的两个对立面:它们都归入到"消除虚弱自我负担的范畴"(*Entlastung des geschwachten Ichs*)之中。③

由此,文化工业和真正的艺术之间任何**审美上**可以确定的区别似乎都消失了。在它们的二分背后潜藏着它们最终的统一性——它们

---

① *GS*, vol. 12, p. 69.
② *GS*, vol. 12, p. 62.
③ *GS*, vol. 17, p. 271.

是彼此的镜像。在这个意义上,人们或许能够指出,用其"地位强制"分析来补充对文化工业"心理学"的解释仍然是必要的,尽管它们并不相容。因为无论大众文化与真正的艺术在形式上是如何的相似,"地位强制"分析则保证了它们最终是毫不相关的。两者仍然是截然对立且是不可比较的。大众文化直接的、基本的功能性,即强制地对预先赋予的社会地位和差别进行再确认的功能,使它对立于自律艺术根本的机能缺失,这种自律性在当下意味着对交流功能的完全拒绝。它相当于一种有意识的自我牺牲,与有理解力的受众的决裂。阿多诺强调,在勋伯格的音乐方面,由于切断了表现和意义,它必然牺牲作为艺术作品重要特征之一的"直觉力"。作品不再是自我奖励的审美**体验**的对象,它"仅被设定为思想的对象"①。他有一次甚至将它称为哲学理解的批判性的"证据"②。奇怪的是,艺术最极端的自律性却使它变成他律的—— 在今天,它的人文意义只在于它能为我们批判性的、用哲学的方式来理解这个末日世界提供唯一恰当的材料。③ 通过在事实上变成一种单纯的知识手段,它在其解释学的结构中也呈现出某种"科学"的特征:它只针对志趣相投的实践者。

毫无疑问,这些困惑与阿多诺经常提到的"悲观主义"紧密地联系在一起。他把当代世界视为一个"被完全控制的社会",即一个完全异化和物化的世界,这个世界系统地清除了所有可能挑战这个体系的、实际有效的主体态度存在的可能。这是我们生活在其中的、现实的、实际的圈子:一个没有出口的圈子。但是,这同时还是一个充满了不能也不应该被接受的普遍苦难的社会,因为毕竟彻底变革的**客观**条件已经完全具备。然而,只有彼此依赖的真正的艺术与批判性的哲学思想,才能证明需要新的开始,它们也只是在否定意义上实现的。鉴于

626

---

① *GS*, vol. 12, p. 118.

② *GS*, vol. 12, p. 120.

③ C. Menke, *The Sovereignty of Arts：Aesthetic Negativity in Adorno and Derrida*, Cambridge, MA, MIT, 1998, pp. 215-217；D. Roberts, *Art and Enlightenment：Aesthetic Theory after Adorno*, Lincoln, NE, Nebraska University Press, 1991, pp. 148-151.

缺乏直接指向激进社会变革的理性的、实际的意向,即便是在客观可能性的范围内,这种超越性的"他者"仍然停留在难登大雅之堂的想象中,仍然是在思想中无法具体化的。艺术和哲学能够实现的只是展示和理解这个彻底理性化的工具理性的制度所具有的非人的无理性。但是,即便不情愿,它们不是最终也在所有的否定中履行了一种肯定的功能吗? 面对理性无法消除的痛苦,人们除了以自己所能实现的最好方式生活下去别无他法——期待着历史隐蔽的上帝的到来。如果一种批判的文化本身的解放意图只会重复:依靠我们自己的力量没有出路,那么这一意图难道不是体系封闭性的一部分吗? 人们能够无视它同大众文化在结构上的相似性吗? 这种相似性由阿多诺自己的分析所揭示,但最终却被他视为仅是表面的相似性,它们难道没有表明他所坚持的它们之间的两极对立事实上却瓦解为最终的同一性吗?

627

对于这些未提出的问题,阿多诺,尤其在他的后期著作中,确实提供了一种答案,指出作为人类有意识的创造,在它们所承诺实现的**终极目标**上,文化工业作品和那些真正的艺术作品之间存在着根本无法逾越的区别。这一点关系到他所提出的愉悦和幸福之间的根本区别。文化工业的对象承诺提供**愉悦**,这种愉悦总是意味着对某些预先存在的需要的满足。它们往往表现为享受、娱乐、快乐的对象。事实上,这种承诺恰恰是虚假的。它的虚幻实际上以此类产品与艺术作品表面上的相似性为基础(此类产品的所有方法都是借用艺术作品的),因为艺术作品常常以庸俗的方式被**误解**(正如在我们的社会中经常如此)或为了追求流行上的成功而在艺术上被**滥用**。"无论具体享受艺术作品的人是谁,都是一个庸人……实际上,越多艺术作品被理解,它们能够被享受的就越少。"它们"不是通往高阶享受的手段"①。文化工业的"商品"一直在削价销售的愉悦往往也不能实现;它们仅提供短暂的消遣,不经意间揭示了愉悦原则本身真正的社会意义。"娱乐总是显

---

① *GS*, vol. 7, pp. 26-27.

露出商业的影响,销售话术的影响,即在商场里面夸夸其谈招揽生意的言辞。但是,商业和娱乐最初的亲密关系是在后者的意义中得到体现的:社会辩护。想要愉悦意味着意见一致。"①

艺术作品不提供轻率的愉悦,它们是"对主导需求的冒犯"②。它们提供的是——按照阿多诺钟爱的司汤达－波德莱尔的方式——应许的幸福(*promesse du bonheur*)。这种幸福不仅是不同于,而是根本上对立于愉悦。因为,将艺术降低到预先给定的人类需求的层次,意味着背弃了它对真理性的要求。甚至在经典有机的、用平静预示着乌托邦式幸福的艺术作品方面,艺术"衡量自身的深刻性也要通过测试自己是否能够着重强调一种和解的真正缺失,借助这种和解来调节其形式上的法则带来的矛盾"③。真正艺术作品所应许的幸福超越了用其附带的愉悦来满足所有真实的或想象的需求;它意味着从追求这种"满足感"所控制的生活中解放出来,即从自我保护支配的所有强迫中解放出来。通过模仿这一从属于每件真正艺术作品的内容,它必然涉及——作为它的承诺——人与自然、主体与客体之间和解的激进的乌托邦,超越工具理性及其劳动的整个领域。这就是艺术作品所具有的"非理性目标"④,这些是在其技术构造程序中,利用最先进的合理性形式对象化的艺术作品,因此证明了"有可能的可能性":超越手段和目的关系的一种"理性"形式。

　　艺术不仅全权代表着比迄今为止一直占主导地位的那些更好的一种实践,而且同样还批判了处于现实核心的和正在运行的,作为非理性的自我保护规则的实践。它出于生产的目的而拆穿了生产的虚假并且选择了一种超越劳动的实践形式。艺术应许的幸福不仅意味着迄今为止的实践都在

---

① *GS*, vol. 3, pp. 166-167.
② *GS*, vol. 7, p. 361.
③ *GS*, vol. 11, p. 601.
④ *GS*, vol. 7, p. 429.

阻碍幸福,而且意味着幸福是超越实践的。将实践与幸福分隔开的方法是由艺术作品中的否定性力量实行的。①

我们这个时代的现代主义艺术作品,其中的幸福不仅是缺席的,而且由于这个体系的恶性循环使幸福变得不可想象,这些艺术作品甚至只能从反面呈现这个承诺。但是,它确实通过展现幸福的缺失和不可展现性而提及了幸福——这构成了它的真实性。今天,真正的艺术作品应该也确实放弃了所有艺术完美性的规范和标准,即自律艺术传统的所有积极的美学价值。它们这样做的原因既不是没有能力或失败的问题,也不是向从来不能鉴赏真正艺术作品的一种更简单的接受方式的让步,因为它们要求整体上有深度的理解。现代主义艺术真实作品的美学"缺陷"是它们自己赋形这一结构原则的结果,这是美学上的需要。这种自我牺牲,即艺术的**去艺术化**,是在其自身终结后继续存在的代价。此类作品是对它们无法再唤起的东西的挽歌。因此,它们为批判思想提供了批判的"证据"以思考能够超越可想象领域之外的不懈努力的源泉和意义。

这可能是阿多诺对大众文化和真正艺术之间关系所给出的最终和最一致的答案,使它们之间这种无法调和的对立合法化。愉悦和幸福之间最根本的区别在最基本的层面上为它们的美学和社会特征带来了一种统一,这也同样决定了它们的结构原则。但是,这种成功需要付出沉重的代价。因为,目前,这种区别的表述的基础是在常规上接受一种历史哲学的观点,这种观点不再是乌托邦的,在其特性上却是末世论的。② 只要后者仍然以手段和目的区别为前提,出于总体实用的考虑,那么社会生活形式的理念就不仅超越了强制劳动的负担,而且还超越了实践本身:这是静止的绝对富裕的天国的图景。它不再是人类"真实历史"的开端,正如马克思一样,对他来说,自由王国仍然

---

① *GS*, vol. 7, p. 26.

② A. Wellmer, *Dialektik der Moderne und Postmoderne: Vernunftkritik nach Adorno*, Frankfurt a/M, Suhrkamp, 1985.

受到一种集体生产生活方式的限制，无论有多么的人性化，这种形式仍然是一种必然王国。对阿多诺来说，在字面上的、明显非黑格尔式的意义上，它是历史的终结。

阿多诺与本雅明都坚持这样一种理念，即最终人类解放（在本雅明的表述中）是将事物从必须有用的强制中解放出来，在人类和周围的自然之间建立一种模拟交往的关系。然而，他们在这方面仍然存在 630 明显差异，持有相当矛盾的结论。本雅明在"世俗的启迪"（profane illumination）这一计划中明确表达了这种理念，即试图把历史上主要被表现在神学语言中的那些集体的梦幻意象世俗化。在这种努力中，他保留了犹太弥赛亚主义的中心思想。人类的意向和行动本身从来都不能带来弥赛亚的完成，但是没有人类的努力，救赎同样是不可能的，人类的努力为弥赛亚不可预见的到来准备可能性的土壤，与作为"进步"的历史灾难的延续性彻底决裂。正是由于这个原因，他所有的批判旨趣都指向日常生活中集体实践和经验的那些细枝末节——尽管它们全部具有拜物教的性质——这种日常生活中的集体实践和经验仍然保有激进能量的火花，一种微弱的"弥赛亚"潜力，指向当前地狱的可超越性。这也界定了他研究艺术和大众文化的整体方法。

对阿多诺来说，这种方法是肯定的实证主义和非理性浪漫主义的一种站不住脚的混合。他自己的观点来源于从西方马克思主义传统继承下来的一种激进化的图式，用以解释西方发达国家革命的僵局。资本主义假定的、正在进行中的普遍危机只能通过把作为革命代理人的无产阶级相对整合到体制中来这种方式而得到解决，这在很大程度上归因于资产阶级意识形态的诱惑。阿多诺将这种解释图式极端化，他在革命超越意义的末世论的激进化观点中也必然如此。商品社会"已经在经济上受到谴责"[1]。他以此来说明，从需要－满足的所有压力（就"真正"的需要而言）中解放出来的客观物质条件已经完全具

---

[1] *GS*, vol. 14, p. 25.

备。似乎这一点构成了他与霍克海默之间不一致的一个基本点,这种不一致使《启蒙辩证法》原本继续下去的计划无疾而终。1946年在他们有关这项计划的一次讨论中,霍克海默表明:"鉴于匮乏性仍然支配着整个地球,有关富裕的计划在很长一段时间内将只能是一个计划"。阿多诺对此回答道:"我不相信……物质商品的缺乏在今天甚至还能成为一种严重的障碍。"[1]正是这种虚幻的信念,使他在"愉悦"和"幸福"之间划出一条绝对的分界线,而且在两者之间没有任何调解。阿多诺的整个理论事业深深地被一种团结一切形式的苦难及其受害者的冲动所鼓舞。不过与此同时,对于我们当今世界苦难的真正原因和特征他又表现出了某种多少令人不寒而栗的无视(无论如何,他似乎把当今世界简化为少数几个"高度发达"的资本主义国家及其所谓的社会主义对手)。这导致了"文化"的双重超负荷,也在表面上使其观点与一种保守主义文化批判的代表性立场结为同盟。一方面,是"文化工业"的一种超负荷,文化工业带有这样一种根深蒂固、无可救药的罪过,即充当非个人的统治制度的"水泥",为理论免除了分析其内部多样性和分化的任务。另一方面,是艺术的一种超负荷,**作为艺术**,作为审美体验的源泉,艺术带着一种在今天根本无法实现的任务。在缺乏有效的社会政治替代物时,"文化"——以及简化为艺术和哲学意义上的文化——仍然是激进知识分子从事批判活动唯一可及的领域,这一悲哀的事实因此只能接受意识形态的且最终循环的自我辩护。因为意识形态的本质在于原始事实向价值的转换——即使获得承认的终极价值能够为促成乌托邦在实际中的实现提供动力。

---

[1] *GS*, vol.12, p.599.

第二十一章　文化的悖论

我们的文化观念,对于大多数的人文学科来说具有基本意义,是一个典型的现代概念。用初步而有意矛盾的方式来描述它:这一概念在很大程度上反映出了**作为文化**的现代性所具有的歧义性、不确定性和矛盾性;它清晰地表达同时又隐藏、掩饰了文化现代性这一特殊计划的困难和不稳定。这种模棱两可和困难的自我表现不仅体现在当今我们熟知的结论中,即文化在与"自然"的对立中获得意义,这种对立必然在概念上是站不住脚、自我解构的。因为实际上,这两个极端概念中的每一个都同样被同一个特征多重的(相互关联却不能化减的)、或明或暗的对立面所分裂:它们分别在一系列绝不可能还原为内在统一的体系差异中获得意义。不过,我们在这里——这是最重要的一点——研究的不仅仅是**静态**语义 – 概念领域的体系歧义性,这种歧义性在那些由"家族"型(family-type)关系构成的概念中十分常见。因为这些歧义已经变成活跃的矛盾——**动态的悖论**(dynamic antinomies)——以这些矛盾为中心,两种对立的趋势、文化进程和纲领,各自都试图以自己的方式解决这些歧义性。现代性文化限定在这两种计划不可调和的共存和争斗中从而打上了深深的烙印。我把这两种计划称为"启蒙运动"和"浪漫主义",使用这些术语只是作为抽象的观念形态：除了其他方面，这些对立的结合体现在一个事实上，很难想象某个著名的现代思想家可以在各个方面清楚地把自己定位在这种划分的任何一边。

谈到**我们的**文化概念，我指的是这个术语的使用不再指涉(个人或集体的)教养状态——既对立于野蛮的、原始的状态又对立于精制的、颓废的状态——而指的是所有那些作为可传承的作品和成就，从根本上把人的存在方式与动物的存在方式区别开来的事物：具体凝结在那些社会实践的结果、人类创造的物质和观念的对象化(objectivation)产物中的"文化"——对立于"自然"现象的无意识的事实性(facticity)①——这些对象化被赋予和传递某种意义。

有一种众所周知的说法解释了这一概念是如何出现的(实际发生于18世纪末期前后)。一种工具的 - 实用主义的概念阐释，认为知识就是力量、知识是主宰的工具——当然它本身受到那些开创了早期现代性的、基本的社会变革的限制——打破了传统的概念阐释，即认为自然是有意义的宇宙(meaningful cosmos)或神的创造物，是规范的来源。正是从那以后，理解人类活动的正当性或价值不可能再以是否符合设想的"自然法则"为基准。从这时起，自然(仅充当各种人类"制造"的"储备")的意义对我们来说只能被理解为人类活动的需要和潜能。然而，单凭这种转变，就会使人类的活动不受任何束缚，也没有共同的标准和方向。"文化"概念就是为了弥补这个规范和价值上的缺失而发明的。同时，它也让人类是制造者的自我认知达到顶峰。我们不仅依照我们的目标改变自然，而且还要积极有效地创造这些目标，当然还有我们解释和指导自身活动所依据的整个意义体系。我们不只是自己之外的万物的主人，也是我们自己生活的主人。

毫无疑问，这是一个伟大的故事(在今天，很大程度上是一种宿命论幻想的故事)，我并不想要否认它的启蒙力量。但是它同时也是一

635

---

① 也译作实际性、现实性等。——译者注

种相当简单化的(simplificatory)叙事,不管在史实上还是概念上都掩盖了极其重要的歧义性和复杂性。通过介绍,我不想从"文化"这一方面,而是从它的对立面,从现代性中对"自然"的理解开始对它们进行图式化的描述。

关于这些复杂事物的历史问题,我必须直接参考文献。为了用去神圣化的(desacralised)、科学的/工具主义的方式从概念上解释自然,也就是这个入世(innerwordly)"征服"理念和态度的必然结果,这就意味着要忽略那些明显促进了这种发展的强大的**宗教**动机。因为根据圣经的旨意履行人类的职责不仅要支配自然,而且——从伽利略(Galileo)开始——"新科学"也被认为并合法化为理解上帝的第二本书。在宗教不确定的时代,当上帝的第一本书的解释——对上帝启示的解释——演变成宗派冲突的问题时,科学允诺通过揭露自然的奥秘,提供一条合理的路径来理解神的造物计划,理解上帝对于世界和人类的终极意图。这种相信科学具有宗教和道德意义的信念不仅主导了法国的启蒙运动,而且其在维多利亚时代的科学中也非常盛行。而且当自然科学被认为既是支配权力的源泉也是道德-宗教洞察力的源泉时,它们的对象,"自然"本身就具有了矛盾的特征。人们只需阅读培根的作品就能明白:自然既是有待征服的、"棘手的"(vexed)、"被拷问的"(put to the rack)存在,也是要被谦虚地倾听,被殷勤地"追求"以实现纯洁而合法结合的东西——他的著作中,极端侵略性的支配态度和充满感情的回应始终交替纠缠。

然而,我们在这里不仅仅要解决一个过往时代的问题,即使我们忽略一个事实,即对科学的准宗教的(quasi-religious)解释也几乎不是过去的事。因为当大自然被作为人类活动的潜力来理解时,它必然也获得用对立方式联系起来的、相反的决定性因素。一方面,自然是被形成的物质和可利用的能源;没有自己的目的,它是为实现我们的目的所用的可塑性材料,是人类生产力和控制力无法想象的,取之不尽用之不竭的宝库。另一方面,自然同时也是,**抵抗**我们意图的全部事

636

物的统称,因为它的必然法则(inexorable laws)不以我们的意志为转移,而且就其整体而言,超出了我们的理解——它恰恰是不受我们控制的事物。

有两个方法可以使这些对立的决定性因素相互联系在一起。一个是——对应于熟悉的现代性形象——"启蒙"的趋势,也许在马克思的表述中得到了最好的概括:突破自然的限制(*Zurückweichen der Naturschranke*)——一种不断进步的理念要把盲目的、抵抗的自然转变成驯服的自然、作为物质资料的自然;一步一步地接近无限遥远的绝对支配的目标。不过,这一支配性观念可能只是处于不断的练习中,不要忘记,**文化**现代性同样表现为一种仍然持恒的反倾向特征。我们被一再告知,不断向定位于无限性的目标靠近是一个没有意义的想法,而且每一次操控的成功接踵而至的是其不可预见性结果的风险和不断加剧的恐惧。而且现代仍然在对此作出回应,在另一种科学和实践的基础上,需要积极和自觉地重建我们与自然的关系:再一次**让**,但现在主要是让**我们自己**与自然和谐一致地生活。这是"浪漫主义"的回应。至少从德国浪漫主义开始[但我们在这里还需要补充约瑟夫·傅立叶(Joseph Fourier)和青年马克思的名字]就一直存在一种与自然和谐、可塑的适应和对话交流的连续性传统——相对于支配和征服的乌托邦。这项任务不是要征服和利用自然——这对于我们这些有限的主体来说,指的并不是宇宙乾坤,而是这个地球及周围环境——而是要使之成为(也许是:使其再一次成为)我们的家园。这些计划并非仅仅是乌托邦式的梦想:浪漫主义自然哲学的传统——例如,亚历山大·冯·洪堡(A. von Humboldt)关于具体自然环境的综合科学——在被忽略了如此之久以后,直到最近才被重新重视,不仅被视为当代生态思想的先驱,而且还表现出文化影响,包括它们对"硬"科学本身(对电磁学,化学,细胞学说等理论)的贡献。

637 　然而,与自然和解的浪漫主义的想法,不只是一个附属的现代性的逆流——引导这一思潮的自然的形象是其文化中根本、有机的组成部分。因为，不同于把自然理解为相异的、无穷的以及无价值的客观性，自然的形象以及对自然的态度不仅是前现代的，带有宗教色彩理解方式的一种遗风。其特定的形式已经在现代性本身固有的、完全世俗的土壤中生根发芽。这种观点把自然理解为一种自我呈现（self-presencing）的标准的理想，同时，它没有支配或强加于我们固定的规则；这个自然是另一个主体，在所有最人性的人类活动中、在各种形式的行动中是最终的伙伴和应答者；这个自然，在其美丽和崇高中极其偏爱地满足我们最深切的人类需求（用康德的话说）。它既不是驯服的，也不是野性的自然，而是审美创造力与观念的**自由的自然**。正如卢卡奇、里特尔、马尔卡德（Marquard）已经令人信服地表明的那样，对宇宙或神圣的自然秩序的概念阐释不能被一种无限的宇宙的阐释方法简单**取代**，因为其合法性仅仅体现在野蛮的真实性上。在现代性中，最初的理念其实**分化为**客观化的、科学的自然概念和主观化的审美的自然概念。

这种论述直接把我们带向了现代**文化**概念的悖论特征的一个重要方面。完全恰当的做法是，我们——在试图从更广泛的角度描述后者的特征之前——要讨论自然/文化二分法不可避免地走向分解的关节点：即**人的**本性（human nature）概念。然而，这样的讨论将会超出一篇论文的容许范围。因此，我必须再一次把自己限制在直接论述之上，这一概念表现出弗格森已经极好地表明的、明显的悖论特征："我们认为艺术有别于自然，但艺术本身是人类固有的。"文化概念既让作为文化的存在的人变得非自然化（denaturalise）**同时**又极大促进了他们的自然化（naturalisation），因为它不再把人与动物的区别定位在某些超自然的能力上，这种能力"因其本性"（例如理性的或者不朽的灵魂等）属于人类。在这里再一次出现了两种对立的、常规的办法来解除这种悖论：揭示文化中的自然**或**自然中的文化。第一种方法的例证是试图——从泰勒（Tylor）到社会生物学——把文化发展看作是类似于有机进化的规律，同样也有一些理论能够作为例证，在自然的给予

638　中寻找所有文化行为基本的先决条件，例如诺姆·乔姆斯基（Noam Chomsky）或克劳德·列维－斯特劳斯（Claude Lévy-Strauss）的大脑固定的神经程序的论述。第二种表现在各种各样把人理解为有缺陷的存在（*Mangelwesen*），即缺乏的存在（在自然的－本能的决定性方面）的表述中［从赫尔德经由恩格斯直到格伦（Gehlen）］，人的生物学特性本身（包括大脑皮层的发育），在很大程度上都是史前和文化适应历史进程的结果。

　　如果我们现在从这些初步的评论直接转向人类世界，即"纯粹"的自然的对立补充，对应之前提到的自然概念的分歧性，我们还是会面对双重的和对比的概念。人类生存的世界一方面把它自己表现为具有较为稳定的制度和对象化，模式化的行动和互动的、庞大的**因果功能的复合体**：也即**社会**。另一方面，它表现为制定的、实质上或观念上体现出来的意义的总体，一种意义的联合体（*Sinnzusammenhang*）：也就是**文化**。典型的现代社会学和人类学学科同时出现，并且从那时起就一直保持一种不稳定的竞争关系。必须面对**抵抗的**自然，面对作为抵制力的自然的正是"社会"。然而，用意识和特定的方向改造和利用作为物质资料的自然的却是"文化"，文化被要求为我们提供活动。

　　这个后者，也就是现代文化概念本身的特点表现为体系上的歧义性。这个词有两种截然不同的、乍看之下完全无关的意义。一方面，在其**广义的或人类学的**意义上，它指的是生物学上非固定的人类行为方式无孔不入的特征——在其主要的当代理解中：它是人类实践及其对象化的意义－承载和意义－传递，或"象征性"的维度（格尔茨）——所有那些让共同体中的个人能够在一个生活世界里生存的东西，极大程度上，每个人都共享对这种文化的解释并由此在这种文化中用相互理解的方式行动。然而，另一方面，这同一个词还被用来——在其**狭义的或价值标示的**（value-marked）意义上——指代一系列被划定范围的、严密特殊的社会实践，主要是艺术与科学：在现代性的条件下，这些活动及其对象化通常被视为自律的（autonomous），也就是,本身就是有价值的。

　　然而,表面上不相关的这两种意义合并在同一个词语下,这并非 639
偶然。它植根于历史上启蒙运动中我们文化概念的起源。启蒙在同
特殊主义传统的斗争中创造了广义的、人类学的文化概念,这种传统
在其神圣品德或古老风俗中一直约束并压抑个人:这种传统被笼统地
视为纯粹的偏见。在这个转变人类过去所有已继承的/可继承的成就
和作品的计划中——从最粗陋的到最尖端或最精湛的——"文化"就
是其中呐喊的口号,把传统转变成**可能性**的宝藏,可以自由并有选择
地用来创造一些新事物,合理地满足不断变化的生存条件的需要。但
是启蒙将这样一种对于生活非模仿的,而是创新的态度同人类**尽善尽
美**的理念有机地联系在一起。不是简单地势不可挡的变革,通过对作
为社会资源的(广义的)文化持续不断的利用而使之成为可能,而是为
这种变革赋予独特的方向,旨在实现人力创造的、但普遍有效的目标,
这些目标只能由**狭义**的文化、作为**独特的**价值创造活动的复合体的
"高雅"文化来提供——这便构成了启蒙的计划。正如广义的文化概
念是要取代固定的和约束性的传统的理念,狭义的"文化"立志取代神
圣的但无理性的、作为生活终极目标的宗教力量。只有科学的和/或
审美的教育能够使人理性地自治(self-government)——孔多塞和席勒
都是这样主张的。文化的两种含义必然同属一体:作为人类集体生活
方式的文化应该由"高雅的"、真正的直接根植于人类创造性自由和合
理性(rationality)中的文化来引导。

　　这两种分析起来不相关的"文化"含义的相互黏附和相互依赖同
样不仅是一次历史的偶然或我们过去的幻觉。因为现代性自身内在
的逻辑再次证实了这一概念,并使其成为必然。矛盾的是,现代
性——把所有历史上的社会都视为文化形式——只有当它把当代的
个人(这是人类学感兴趣的主要主题)复杂的日常活动同**狭义的**、自律
的或制度化的文化领域联系在一起时,才能够把自己理解为一种**广义
的**文化:同高雅文化及其倒影,大众文化联系在一起。因为在当代条 640

件下,这些日常活动——通常——既没有社会已共享的/可共享的意义,**也**没有行动主体经验易懂的含义。大多数人的工作活动变得**技术化**。对他们来说,这些工作没有内在的意义:它们的有意义性及合理性存在于科学中,其应用巩固了作为整体的生产过程的组织,但它们并不存在于劳动者的头脑中(总体上不存在于任何人的头脑中)。另一方面,广义的消费活动,在很大程度上变得**个人化**和**唯美化**——它们似乎成了个人品味问题。毋庸置疑,这些表面上看如此个人的意义雏形实际上是由预制和可操控的社会符码建构的:然而对于个体消费者来说,这些始终是不透明和隐蔽的。客观上,狭义的、高雅的或制度化的现代性文化,在组织广义的、日常的文化上发挥了比以往任何时候都大的作用,但是它肯定不是后者最高的表达或体系化(systematisation)——两者必须被理解为既是必然相互关联的,又是完全不一致的。

这种情况最重要的后果便是经常性的甚至主导性的自我认知(self-perception),即现代性**是文化上不足的**、缺乏意义的世界。在这里,可以用两种相反的观点来说明这种不足,取决于到底是世俗活动的"技术化"(technicisation)还是"伪唯美化"(pseudo-aesthetisation)被视为是文化萎靡不振的典型症状。从第一种观点来看,现代性似乎充满了不完善和不完美的去神圣化/**祛魅**:一种片面的,把一切简化为仅仅是手段的,简化为一个普遍替代性体系的、被删节的合理性状态,这种状态最终使个人听凭外力的摆布——一种"第二自然"——这种状态由去神圣化和祛魅创造,却不由它们控制。从第二种观点来看,现代性似乎充满了被操纵的**复魅**(re-enchantment),通过复魅事物都笼罩在被伪审美意义驱动的无意识冲动编制而成的光环之下——不是要达到统一,而是帮助个人在竞争性的孤立和无力中实现真正的交流。

第一种判断将导向"启蒙"的计划,以贯彻全面的合理化(rationalisation)、用现在主宰历史的过程和力量为己任:达到一种**合理性**

的——合理设计的——未来社会的乌托邦。第二种判断将可能会产生对过去怀旧的、自发文化统一的渴望，以及盼望一种"新神话"到来的"浪漫主义"的想法，或者——用更为务实的风格来说——导致构造一种"传统"，能够让个人从特殊主义的**有机共同体**（organic community）中重获安全和温暖。因为，从后一种角度来说，在享有共同的、不可还原为相互间的自我主义、可互换的功能作用的价值标准的基础上，只有这样的共同体才能给真正个体化（individuation）和稳定的私人关系提供社会前提。

然而，"文化"的这两层含义/概念——广义的和狭义的——本身——单独的每一个——都承受着相当大的、概念上的张力和悖论。就第一种，人类学的概念而言，我将自己限制在一些非常广泛的评论中——只是这种说明的逻辑需要的最低限度，因为对于这个话题我感到难以胜任。

广义的"文化"既是普遍的又是差异的概念。一方面，它指的是全人类共享的、各自必须参与的一般归属或通用的领域。另一方面，它清晰地标志着那些把时间和/或空间上不同的社会彼此区分开来的事物：特殊性的复合体，在偶然区别于其他社会单位的差异性中，统一了某一特定社会单位。这个概念的两个方面都存在问题。我已经在前面提到过"文化不变量"（cultural invariants）观念的疑难的特征：看来，以经验为导向的"文化普遍性"（cultural universals）理论最终必将自己定位在——为了确保其普遍性并使之合法化——作为文化反面的"自然"上。但是对文化概念的特殊化的使用同样存在困难。文化是特殊差异的这种观点，即在与其他社会的区别中辨别一个社会单位的观念，违背了一个事实，即每个具有社会意义的单位本身在文化上都是有区别的，或者至少包括一系列具体而鲜明的特性，经常对立于社会文化立场和作用。关于独特的和统一各种"文化"的这种差异观念，再次被证明是一个不稳定的理想化结构，是宏观文化认同（macrocultural identity）思想的实体化。

642　　　然而,后面提到的这些困难还有另一个更特殊的问题,涉及对一种特殊文化的理解(或者更确切地说,是一系列共享某些基本通用特性的此类文化):现代性文化。我已经指出,从广义的文化概念角度来看,现代社会似乎在本质上是有缺陷的。但同时——从同一个概念的角度来看——现代性具有范式或"最充分发展的"文化特征,因为它能够通过自我反思而知道自己是一种文化。认识到所有文化都是平等的,文化现代性认定自己比其他文化更平等。正是它的这一特殊性——也就是,它自我反思的特征——使它具有普遍性:承认其他社会也是"文化",这种做法赋予它同化/获得/吸收其他"文化成就"的任务和权力——当然,它有资格这样做。

　　　这把我们又带回了广义文化概念普遍性和差异性之间的**关系**问题——不仅从理论上,而且在实践的态度、意识形态和计划中,用以对它们进行思考并将两者联系在一起的方式的问题。我在这里将仅提及在这个方面出现的对立的基本类型。**理论上**,一种直接的进化论[通过其时间化(temporalisation)把差异统一还原]对立于文化相对主义[通过其空间化(spatialisation)把差异法典化并固定]成为人类学理论结构的两极。然后,就**意识形态的态度**而言,一种"启蒙的"世界主义(cosmopolitanism)对立于——在人类学历史本身之中的——浪漫主义 - 怀旧的原始主义的循环形式,而且——在日常社会意识中——对立于形形色色的种族或文化民族主义。最后,在计划和行动策略方面,一种总的现代化拉平(levelling)的思想与社会 - 文化分离主义的纲领截然对立。这些对立关系,虽然在某些方面是相似的,但是彼此之间都不是同一的也不能相互还原。人们也不能给它们附上同样明确的内容和社会意义。"现代化"可以既是外部强加的、擦掉一切分歧的抑制性力量,又是一种能够改善人的命运并提高一个国家的地位的固有的动力。绝大多数情况下两者兼而有之。当一个弱势或受责难的群体在争取认同和自律性的时候,"分离主义"可以代表努力创造一种集体的团结意识。但是,另一方面,它同样也可以表现为试图通过与具有潜在动摇性影响的对外交往的隔绝来保护僵化的权力结构，更不用说，它很可能只是种族隔离政策或种族清洗的一个幌子。

然而，这些对立的趋势和倾向，并不只是局限于对社会间的（inter societal）关系的理解和实践。与之类此的情况在现代社会**之中**也同样存在。现代性可以被理解（当然，也被批评）为一个普遍拉平的社会，其机理抹去一切差异，**同时**也被理解为外部施加给个人固定的差异性的社会，把他们圈限在种族动物园或社会贫民区中，迫使他们接受限制性的、排他性的、无交流的群体团结。因为它是"与生俱来的"认同和团结形式，通过消除归属上的预设，现代性把它们转变成了有待创造的东西——但这样留下了开放的问题：谁来创造？毫无疑问，在这种条件下，认同可以实现、可以选择，或者至少能自由和自觉地接受：**我是**，并且我选择成为一个原住民、犹太人、女性或工人阶级。但是，这种认同更经常地和更主要地是由他人强加给你的：你是——不要试图隐瞒或否认——土佬（Abo）、肮脏的犹太人、只是个女人，抑或只是一个来自工人阶级的粗俗的暴发户。就认同和团结是生成的事物而言，如果文化是意义的容器，那么现代性就无法摆脱双重束缚：通过自我反思，它不得不承认自己的文化，在极大的程度上并且非常彻底地成为被制作和可再制造的东西，同时：它能够由个人生成甚至被个人选择的可能性又是多么微乎其微。

这或许是一个适时的转折点，从这个与广义的、人类学文化概念没什么关系、狂热的题外话转向其概念上的补充：狭义的文化，价值标示意义上的"高雅"文化。因为人们可能会这样认为，至少在这个更受限制的意义上，文化现代性可以逃脱进退两难的困境。因为，根据这个概念，高雅文化恰恰就是只能被真正创造的事物，又可以自由接受的事物，因为对它的占有只能是选择性理解的行为。

不过，如果我们将注意力转向"高雅"文化，第一个让我们感到震惊的是这样一个事实，这个概念的出现伴随着一个新的对立面，同时只有和这个对立面联系在一起它才有意义。后者就是所谓的"流行的"、"商业的"、"大众的"等等,但一般而言指的是**低层的**文化,因为其基本内容通常被认为是高雅文化内容的(劣质的)替代物。这又是一个现代的二分法。事实上,大多数按等级组织起来的社会已经做出了某些区分,即适合绅士和淑女的、为了自身而值得从事的活动,以及那些"卑微的"活动 ,只有考虑到它们所产生和制作的东西具有某种效用时它们才是有价值的活动——**实践**和**创制**之间的区别,自由的和机械的艺术之间的区别,等等。然而,问题不在于有关活动的实际内容与我们对高雅文化和流行文化的区分并不相关。更重要的是:"卑微的"或机械的活动绝不可能被视为"自由"活动的不合格的替代品(或者:也许是自由活动正当的竞争者)——它们只能作为不同的类型被记录编纂。那些妇女在车间或在田里耕作时唱的歌,不可能与教堂里的格里高利弥撒曲相提并论,正如民谣歌手在集市的表演与霹雳舞者、杂耍艺人或乞丐的表演归为同类,绝不可能与牧师用拉丁文书写优美的韵文时所作的活动有可比之处。而我必须指出,如果这些前现代的人类活动的区分只是为了再度确认无法超越的社会不平等的界限的话,那么它们也包含——与我们自己的二分法相比——些许明智之处。我认为,原因在于它所提供的前提中略微存在某些荒谬之处,喜欢摇滚音乐在某种方式上是听勋伯格的替代性选择,或者读一部惊悚小说是对读《芬尼根守灵夜》(*Finnegans Wake*)①的一种——无伤大雅的——替代品。

但是,当然,文化现代性使惊悚小说和乔伊斯,滚石乐队和勋伯格不仅可以比较,而且实际上变成可以替代选择的对象。它能够这样正是借由以下这个过程完成的,首先使两个概念得以出现,高雅文化**对**低层文化,如果有可能的话:即**商品化**(commodification)的过程。在书店或音像店里,上述作品都在那里,摆放得仅数米之遥——供您选择。正是商品化,摧毁了主从的关系网络,它直接赋予高雅文化作品以工

① 是爱尔兰著名作家詹姆斯·乔伊斯最后一部长篇小说。——译者注

具性的功能,而且从这时候起,正是启蒙才有可能把它们设想为高雅文化作品:理解为自由的、可以独自引导我们走向普遍有效的终极目标的、自律的精神活动的化身。然而,同是这种商品化却即刻摧毁了启蒙的这一幻想。文化市场的开放竞争导致那些真正启蒙的,或提供教化和美育情趣的作品,完全输给了那些——从启蒙的观点来看——表达并纯粹再次确认未教化的一般公众糟糕的偏见和粗俗口味的作品。对于高雅文化观念的理想主张来说,主张普遍意义和有效性,与一个不争的事实发生冲突,那就是高雅文化高度受限制的、社会限定的传播和有效性。如果"高雅文化"的理念最初表达了启蒙充满希望的计划,那么紧随其后的诞生的流行的、"低层"意义上的文化,则清楚地说明了它令人沮丧的幻灭,指出它在启迪"民众"方面的无力,当然这些人也会因为这种失败受到指责。

645

　　然而,一旦详细论述这种二分法,它就会被"浪漫主义"重塑和重新诠释,浪漫主义用"民间的"取代"流行的",或在文化民粹主义的理论中随便用什么都能替代它(如"工人阶级文化")。正如个人只有被一个支持的和有凝聚力的共同体认同时才能获得稳定、和谐的自我认同(self-identity)一样,只有植根于适当集体自发的、并在很大程度上匿名的创造,高雅文化自律的对象化才能具有真正的价值和意义。只有这样,自律地跟随自己逻辑的发展,从而变得越来越与个人的生活旨趣相分离,高雅文化的异化才能得以克服;只有这样,其创作才能再次与它们的自我认同的自觉生成具有相关性。对高雅文化和低层文化的意义和潜能不同理解的争斗,不是从阿多诺和"文化研究"学派(cultural studies)之间的争论开始的 ——它的源头更为久远,至少可以回溯到19世纪初叶。

　　对于这一点,做一番历史性评述是十分必要的。很显然,这种二分法只适用于价值标示文化概念的某些部分:主要是艺术(广义上的),其次是人文科学,但不适用于"硬"科学。然而,我们应该记得,从18世纪中叶直到19世纪中叶,一场斗争——在法国大革命期间,一场血腥的斗争——一直在两种相反的自然科学概念间持续：专业专家的科学对"通俗的"科学，这种科学以日常经验或者至少像流行眼镜那样可行的实验为基础，向所有人的评判敞开并欢迎业余爱好者积极参与。不过，这种情况下，另一面——即专家科学——不可逆转地获胜，从制度上把这种胜利确立下来是通过摧毁地方的/局域的研究所并代之以由科学家组成的专业组织来完成的。马拉失败了——不是输给了孔多塞，而是输给了安东尼·拉瓦锡（Antoine Lavoisier）。后者赢了，因为他的科学——在保持其作为纯科学自律性的同时——在19世纪的进程里获得了对现代性的存续来说不可或缺的功能：用马克思的话说，它变成了一种"直接生产力"。高雅艺术和流行艺术之间的永恒争论表明，艺术，尽管形式多样，不具有任何这类确定的或推定的功能，它所能具有的任何社会意义必须由艺术家、批评家和受众不断地再创造和摸索。

很明显，这一点是从这种争论的特征中产生的。相反的评价和解释的一般结构是其中不变的东西，而实际内容却不是这样，这些内容被证明不仅是可变的，而且是可以互换的，取决于当前的社会政治星丛（constellation）和文化专家为了追求各自不同的意识形态旨趣建立的策略。因此，高雅文化被推举为伟大的保守力量，是"标准"（canon）的化身，自己便可确保濒临灭绝的民族的（或更广泛地说：西方的）认同得以留存，由此它可以抵制一个越发国际性的，也因此"相异的"商业文化在时尚驱动下带来的不稳定性。但它同样可以成为一种彻底批判的或乌托邦态度的唯一载体，因为它的原则——自律性——本质上否定了利润动机的普遍支配性，这种利润的支配性不仅渗透进了文化工业，还渗透到了生活的各行各业。人们可以用类似的和同样相反的特征来描述"流行"或者大众文化。一方面，它可以被描述为不过是愤世嫉俗的工具；另一方面，可以认为它在不知不觉和无意间表达了对真正的需要和乌托邦冲动的有效的呼吁。毫无疑问，所有这些行为都被一个事实推动，即实际上能够决定艺术作品是真正自律的还是流行的始终都是批判的知识分子。

最后,结构上属于文化现代性的不仅是对这种二分法的相反的评价,同样还存在着从相反方向上努力克服这种分裂的尝试。逐步把一般公众的文化水平提高到自律的高雅文化水平上来,启蒙的这一计划仍在继续,每次电视上播放《傲慢与偏见》(*Pride and Prejudice*)并且每一个轰动的印象派展览中都能感受到小小的胜利喜悦。然而,在这方面我不能太过讽刺,而不承认我对它的眷恋与同情:我仍然相信,使大学在社会上更容易接近,并不一定意味着将其改造成教育市场,提供给"消费者"一些专门训练,而彻底否定它们是通才教育的机构的想法。

另一方面,通过回归生活而取消艺术的自律性,或者通过内爆来克服这种分裂——历史上从浪漫主义经由达达主义到后现代主义——这样的努力仍然有影响力并持续进行着。但这些再发的努力远没有第一次那么成功。制度化的艺术能够把反传统艺术(anti-art)作品"博物馆化"(musealise)(以及商品化)的能力着实令人印象深刻。今天不仅是马塞尔·杜尚(Marcel Duchamp)的"泉"(*Fountain*),或塔特林(Tatlin)设计完美的复制品被奉为神圣在博物馆展览,通过照片和录像,包括"偶发艺术"(happenings)或克里斯托(Christo)的园林艺术也已经悄然在当代艺术博物馆里占有一席之地。

最后,在这种地形勘察式研究的最后,我们来到了狭义的文化概念、高雅文化本身。人们能够简要地区分出这种概念阐述的四层成就或结果,或者更确切地说,这些由它积极表现和表述的社会文化的进程。

首先,这个概念把一些社会实践以及就它们的内在特性和传统的社会评价来看,相当异质化的社会实践产物统一在一起。这个概念不仅简单地把它们归为一个单一的一般范畴,而且在某些基本方面将它们进行**概念上的均质化**(homogenising)从而实现统一。高雅文化活动公认的范围必须满足下述条件:

647

1. 如果它们不仅能被理解为表述行为的——个人能力的实行——还能被理解为制作某类"作品"的对象化活动（objectifying activities）。

2. 如果它们不只是再生产的，而是"创造性的"，它们的"作品"是新颖和原创的。

3. 如果它们不论以何种方式在物质上得以体现的对象化，只是因为本质上是观念的对象就能被视为具有普遍意义：意义的复合体。

4. 如果它们的重要性，其意义的有效性，原则上可以依据这些实践内在的标准来评判，同时，直接与基本的人类价值标准相关——在经典的理解上，与美和真相关。

一些社会实践被赋予并服从于对象化（objectivisation）、新颖性/创造力、观念化（idealisation）/非物质化（dematerialisation）和自律性的要求，正是持续了几个世纪的文化变革和斗争的结果[一个很好的例子是**编号**音乐作品（opus music）的崛起和"音乐作品艺术"理念的胜利，即反对把音乐当作即兴表演去理解和实践]，也只有通过这种方式我们的高雅文化理念才是完全可表述的和可理解的。此外，通过这种均质化的统一，不仅高雅文化的一般概念得以出现：它的基本组成部分与之类似，也是概念融合过程的结果。同样，不只我们的"艺术"概念——可以细分为五个经典类型——直到 18 世纪末才有了结论，是后文艺复兴发展的结果。"科学"的范式和概念——即"硬"自然科学——也是通过消除甚至在现代性早期还打算保护的分界——从培根到法国百科全书（Encyclopédie）的编纂——才应运而生：作为必然知识形式、演绎的"自然哲学"与作为偶然的、仅仅可能的知识形式、经验的"自然史"之间的界限。

其次，通过这种均质化，高雅文化活动区别于并且高于其他社会实践形式：它们现在被认为其作品是有内在价值的，不用考虑任何后续可能的使用性，本身就是有价值的。它们的自律性意味着从所有固

648

定的和预设的社会任务中解放出来,并且它是通过从社会脱域和去功能化的过程实现的。这绝不意味着否认它们的社会意义,否定它们履行社会基本职能的能力。只是说明,直接决定它们价值的不是后者,而是赋予它们这种能力的、自身内在价值标准的满足。

这就在两个方面之间设定了相互联系,一方面是一些基本价值的实现,另一方面是明确的被法典化和专业的实践,同时,这引发了一种巨大的**价值还原**(value reduction)。在一个宣称能够以常新的对象化形式生产真与美的社会中,**其他**价值——这些价值在前现代社会当然仍然有约束力并且是基本的——呈现出减弱的或可以质疑的客观性特征。一方面"善"与"神圣"隐退为私人的良知和信仰的内在性。另一方面,它们现在"待价而沽"(up for grabs),成为制度化的高雅文化竞争形势与权力角逐的目标,每一个都承诺单凭自己就能代言、保证或代替它们。

第三点要说明的是,因为尽管是在均质化的背景下,但高雅文化实践却被分裂地建构成一个冲突性的领域。高雅文化包括被法典化为两极对立的艺术和科学,人文科学处在二者之间的无主之地(no-man's-land)。分别在科学与艺术中,理性对立于感性想象;非个人的和去个性的客观性对立于个人主观性不可替代的自我表达;一种制度上限制的交流形式对立于无限定的和文化开放的形式;新颖的发现超越并使传统失效对立于仅仅填补和扩展自身传统的原创作品,赋予传统新的意义和更新的相关性;等等。

围绕这些矛盾形成了关于文化,或者更有野心的说法是,关于一般生活的"启蒙的"唯科学化和"浪漫的"唯美化两种相反的计划,眼下,详细说明这一点不仅是不可能的,但愿也是不必要的和无聊的。在文化现代性的条件下,科学的和审美的"态度"已经变得普遍化:它们不再有什么预先确立的领域是适合其"高贵"情趣的。原则上,任何事物、所有事物都可以成为科学研究**或**审美体验(艺术表现)的对象。然而,两者的要求和有效标准却是彼此排斥的。它们陷入了冲突,就像韦伯所说的"诸神之争"。现代性的文化战争——其中的某些方面已经提及过了——在很大程度上是与对手争夺领导权的斗争,并且要把其他对手贬低到一个附属的补充位置上。不过,这种持续竞争的后果之一属于现代高雅文化的本性,并值得单独提出来作为其结果的第四个方面:最初使高雅文化活动的自律性变得合法的、价值**实质性内容的逐步侵蚀**。

650　　现代科学,从直接受社会控制的形式中得到解放,原本在认知上和方法论上表现为特定的方式,是发现客观真理唯一安全的路径。但是,随着其自律性的发展,客观真理本身与科学所能实际传递的东西之间的联系空前紧密——它们所能传递的**东西**,正是我们文化战争中争夺的焦点。因此怀疑开始产生,事实上"真理"不过指的就是对那些社会权力的一般统治来说切实有用的东西——至少是间接地——共同决定了它们的发展。自律艺术许诺创造前所未有的关于美的作品,但它们自己的进展已经过度生长并打破了这个价值概念。一般来说,它们差异甚大的思潮和实践今天能够提供的仅是有些虚幻和无内容的"审美品质"(aesthetic quality),它们所能共同表达的只是一个空洞的名字,如果确有其事的话。因此,它们受到公开质疑,它们只是提供素材以新的和更加微妙的方式对旧社会进行区分。因此,"文化"的观念,现在看来,笼罩着矛盾。它就是那个极其重要的,任何试图理解(也许是挑战与变革)现代性的尝试都要进行基本分析的事物吗?抑或"文化"仅仅是"无业游民的鸦片"(opium of the idle),专注于它只是避免深入探究"社会"的一种方式呢?

随着侵蚀过程的持续,怀疑的目光也落在了"启蒙运动"和"浪漫主义"身上。我想这是一种完全正当和理智的怀疑态度。它们承诺并试图实现的东西——科学设计的合理性社会的理念与想象的、紧密共同体的审美化的理念——与其说是如此遥远的乌托邦,不如说是反乌托邦（dystopias）①和危险的。同样不可能——正如我试图说明的——为上述两种倾向中的任何一种赋予某些稳定不变的社会－政治意义，即使作为一个开放的、未完成的计划。不管这些词语可能意味着什么，它们都不是内在进步的或反动的，民主的或精英的。

但直接指向它们的这种怀疑，尽管可能是正当的，却也是徒劳的。因为"启蒙运动"和"浪漫主义"在结构上是与文化现代性有关的两个伟大计划和倾向。虽然两者的目的都在于克服其构成中多重的歧义性和悖论，但它们拉锯式的斗争，实际上形成一种机制，使这个结构动态再生的机制，而且正是因此现代性实现了并且将继续竭尽全力实现 651 更多的文化融合。

不过，本章的目的只是提供概念地形学的研究，它无法合理地得出这种简要概述的结论：本章主要是对过去的一个理想化的描述。它只表达了个人观点，某种——根据黑格尔（我同意）——在哲学中不存在的东西。我也许可以再系统地阐述这一观点以便更好呼应本章提出的适当的主张。但是关于自己与当前紧迫问题的关系，哲学要求实践者不能躲在一个神秘匿名者的背后，因此我宁愿选择在这里，在最后，继续发表纯粹的个人意见，鉴于针对我刚刚表述的虽然不合理却十分重要的非结论性的观点可能会出现的两种异议，我试图提供可供参考的答案来做出回应。

第一种异议可能会指出，所有想要调解或合并"启蒙运动"和"浪漫主义"的伟大尝试的失败，一般而言，绝不能证明这种努力是不合法或不可能的。这当然是真的——事实上我怀疑，带着它概念的固有的模糊性，哲学是否能够提供历史不可能性的严格证据。然而，作为答复，我想要说明，这种对和解的渴望或希望正是实际上在持续的现代性历史中围绕两种相反趋向的纠纷已经发生并正在发生的事情。因

---

① "dystopia"或"anti-topia"通常被译为"反乌托邦"、"敌托邦"、"反面乌托邦"，来自于文学—虚拟想象的境界，反映的是与乌托邦做代表的理想社会相反的社会状态，一种极端恶劣的最终的社会形态。——译者注

为"启蒙运动"和"浪漫主义"不仅始终都是失败的,它们也一直都是成功的——尽管毫无疑问是以无法预料和不理想的方式。不仅生活世界变得技术化和唯科学化,就连不断增长的唯美化也是随之发展的。"启蒙的"、对自然对象化态度的成功的推进,同时把整个地球变成一个人类的栖息地,整个人类的"家园"——即使所采用的方式,会沦为浪漫主义的笑柄。但是,它日益增强了人对自然的"主宰",它打破了传统把环境划分为驯化的、适合人类的与相异的遥远的领域:只适合低于人类存在物的荒野和神生活的神圣之地。今天,旅行者的足迹已经遍布那些神曾经居住的地方,而且照片、电影、电视,把地球的每个角落都带回自己的家中让人感到心安和熟悉。当然,"和解"的想法指的是不同的情况,不再是对立倾向的相互推进,即通过制度上分离的领域不断的斗争,每一个都争取排他的普遍性。它要求在一个无所不包的、更好的道德框架中,为每一方都建立明确而稳定的空间。然而,正是由于这个原因,这种想法不是要克服现代性的**矛盾**,而是要放弃现代性本身,因为它否认冲突、对抗的多元主义是现代性动力的基本来源。

然而,对现代性的这样一种克服,恰恰才是现实中正在发生或已经发生的事情,至少在文化方面便是如此——这可能就是以"后现代性"的名义而提出的第二种异议。从这种异议的典型观点来看,"启蒙运动"与"浪漫主义"之间的对抗现在已经变得无关紧要了,因为从它一直和只能被表述的分类方式来看——高雅与低层、精英与大众、左翼与右翼、"真实的"和"虚拟的"之间的差别——实际上已经失去了有效性。到目前为止,这种想要——通常的情况就是如此——描述今天的实际境遇的尝试,对我来说(说得委婉一些),是言过其实的。毫无疑问,有迹象表明,当代文化中存在着真正的结构性变化:由于信息革命,科技传播的形式正在发生变化,而且在艺术方面可以发现去对象化的倾向,消解传统艺术"作品"的概念,趋向再物质化的倾向,等等。然而,这些都仍然只是局部的,绝不可能是主导性的趋势,其长远效果极难预见。

　　然而,如果关于什么是真正的乌托邦或反乌托邦的未来,只是这些理论中对当下的直观描述的话,那么这就是问题。这反映出一种事态,启蒙运动和浪漫主义变得越来越无关紧要,只不过这种无关紧要是对于社会行动者当中一个特殊单一的群体来说的:知识分子。这个词通常指的不是一般意义上的文化专家,而是文化的批判(cultural critique)与关于文化的批判(critique of culture)方面的"专家"。传统上,对于启蒙运动和浪漫主义持久的斗争计划进行反复论说并充当先锋的正是知识分子。不过,这个任务——依据我的判断——在今天变得越来越难以始终如一地用知识分子善的良知来履行。然而,更重要的是,对于这个目标来说,知识分子已经不再被真正需要——很大程度上,这个角色已经被真正的专家所取代:经理、各种文化机构和媒体的公关人士,以及在社会和政治机构中他们的顾客和盟友。未来,传统的知识分子可能变成文化生活中新的结构性失业者。我认为这就是一种**危险**,因为它将削弱文化与批判之间不稳定的,但同时——在现代性中——持久的联系。有人甚至会认为,当文化在各种含义和内容上已经在制度上变得根深蒂固时,有一个任务从来没有像现在这样必要过:提出关于分离的、自律领域的"**善**"的问题。它们是否是"善"的——在哪些方面,对于什么、对于谁来说是善的? 但是,是否仍然存在一贯的知识分子立场,这种立场不再赞同"启蒙运动"和"浪漫主义"的幻想,从这种立场出发能够有意义并令人信服地提出这些问题——这篇基本内容只是描述性的论文并不是要解决这个问题,但或许对于我们所有生活来自于文化,或许在某种程度上为文化而生的人来说,这是一个值得集体反思的问题。

653

主要术语译文对照表

（本表中页码为外文原书页码，即中译本边码）

656

641

Hume, David　大卫·休谟　45,241－242n59

Huxley, Thomas Henry　托马斯·亨利·赫胥黎　236n52

I

Idea for a Universal History(Kant)　《世界公民观点之下的普遍历史观念》(康德)　321,383

idealisation　观念化　23,61,70－71

idealism　唯心主义　502－503,553－554

ideology and ideology-critique　意识形态和意识批判

 analysis of cultural forms　文化形式的分析　477－483,486－487

 centrality of ideology in Marx　马克思的意识形态的中心　455－456

 critique of　意识形态批判　493－498

 and cultural traditions　与文化传统　474－477,487－491

 demarcating features of　其标界特征　456－458

 general explication of　意识形态的一般说明　458－460

 overview vis-a-vis cultural production　关于文化生产的概述　441－444

 scope and limits of applicability　适用的范围和界限　468－474,485－486,491－492,495－496

 types and practices of critique　批判的类型和实践　460－467

imagination　想象

 productive emancipation　生产性的解放　26

 reason and　理性和想象　17－18,26－27

imitation　模仿　21

individualism　个人主义　544－547,559n19

inertia　惯性　530

innovativeness　革新性　21,22－23,65－66,448－449

658

661

664

665

国外马克思主义研究文库·东欧新马克思主义译丛

书　目

1.《日常生活》　　　　　　　　　　　　　　[匈]阿格妮丝·赫勒 著

2.《实践——南斯拉夫哲学和社会科学方法论文集》
　　　　　　　　　[南]米哈伊洛·马尔科维奇,加约·彼得洛维奇 编

3.《法国大革命与现代性的诞生》　　　　　[匈]费伦茨·费赫尔 编

4.《当代的马克思——论人道主义共产主义》
　　　　　　　　　　　　　　　　　[南]米哈伊洛·马尔科维奇 著

5.《激进哲学》　　　　　　　　　　　　　[匈]阿格妮丝·赫勒 著

6.《自由、名誉、欺骗和背叛——日常生活札记》
　　　　　　　　　　　　　　[波]莱泽克·科拉科夫斯基 著

7.《卢卡奇再评价》　　　　　　　　　　[匈]阿格妮丝·赫勒 主编

8.《超越正义》　　　　　　　　　　　　[匈]阿格妮丝·赫勒 著

9.《后现代政治状况》　　[匈]阿格妮丝·赫勒,费伦茨·费赫尔 著

10.《理性的异化——实证主义思想史》　[波]莱泽克·科拉科夫斯基 著

11.《马克思主义与人类学——马克思哲学关于"人的本质"的概念》
　　　　　　　　　　　　　　　　　　[匈]乔治·马尔库什 著

12.《语言与生产——范式批判》　　　　　[匈]乔治·马尔库什 著

13.《现代性能够幸存吗?》　　　　　　　[匈]阿格妮丝·赫勒 著

14.《从富裕到实践——哲学与社会批判》[南]米哈伊洛·马尔科维奇 著

15.《经受无穷拷问的现代性》　　　　[波]莱泽克·科拉科夫斯基 著

16.《走向马克思主义的人道主义——关于当代左派的文集》
　　　　　　　　　　　　　　[波]莱泽克·科拉科夫斯基 著

1

17.《历史与真理》 ［波］亚当·沙夫 著

18.《美学的重建——布达佩斯学派论文集》

［匈］阿格妮丝·赫勒,费伦茨·费赫尔 编

19.《人的哲学》 ［波］亚当·沙夫 著

20.《社会主义的人道主义——布达佩斯学派论文集》

［匈］安德拉什·赫格居什等 著

21.《被冻结的革命——论雅各宾主义》 ［匈］费伦茨·费赫尔 著

22.《马克思主义与社会主义》 ［南］普雷德拉格·弗兰尼茨基 著

23.《道德哲学》 ［匈］阿格妮丝·赫勒 著

24.《个性伦理学》 ［匈］阿格妮丝·赫勒 著

25.《历史理论》 ［匈］阿格妮丝·赫勒 著

26.《作为群众运动的法西斯主义》 ［匈］米哈伊·瓦伊达 著

27.《具体的辩证法——关于人与世界问题的研究》

［捷］卡莱尔·科西克 著

28.《作为社会现象的异化》 ［波］亚当·沙夫 著

29.《现代性的危机——来自1968时代的评论与观察》

［捷］卡莱尔·科西克 著

30.《人和他的世界——一种马克思主义观》 ［捷］伊凡·斯维塔克 著

31.《二十世纪中叶的马克思——一位南斯拉夫哲学家重释卡尔·马克思的著作》

［南］加约·彼得洛维奇 著

32.《马克思主义与人类个体》 ［波］亚当·沙夫 著

33.《国家与社会主义——政治论文集》 ［匈］米哈伊·瓦伊达 著

34.《马克思主义的人道主义与实践——实践派论文集》

［美］格尔森·舍尔 编

35.《碎片化的历史哲学》 ［匈］阿格妮丝·赫勒 著

36.《一般伦理学》 ［匈］阿格妮丝·赫勒 著

37.《在理想与现实之间——关于社会主义及其未来的反思》

[南]斯维托扎尔·斯托扬诺维奇 著

38.《文化、科学、社会——文化现代性的构成》 [匈]乔治·马尔库什 著

39.《马克思主义史》(三卷本) [南]普雷德拉格·弗兰尼茨基 著

40.《马克思主义的主要流派》(三卷本) [波]莱泽克·科拉科夫斯基 著